中国建筑业统计年鉴

CONSTRUCTION STATISTICAL YEARBOOK OF CHINA

1997

国家统计局固定资产投资统计司 编

中国统计出版社

(京)新登字 041 号

图书在版编目(CIP)数据

中国建筑业统计年鉴 1997 / 国家统计局固定资产投资统计司编。
－北京：中国统计出版社，1997.11
ISBN 7－5037－2637－7

I. 中…
II. 国 …
III. 建筑业－统计资料－中国－1997－年鉴
IV.F426.9－66

中国版本图书馆 CIP 数据核字(97)第 24225 号

中国统计出版社出版
(北京复外三里河月坛南街 75 号　100826)
新华书店经销
科伦克三莱印务有限公司印刷
*
787×1092 毫米　16 开本　31 印张　80 万字
1997 年 12 月第 1 版　1997 年 12 月北京第 1 次印刷
印数：1－1500 册
*
定价：80.00 元

《中国建筑业统计年鉴－1997》编委会

编 者 说 明

一、《中国建筑业统计年鉴－1997》是一部全面反映中国建筑业发展情况的资料性年刊，是《中国建筑业统计年鉴－1996》的续编。本书收集了全国和各省、自治区、直辖市及国务院有关部门1996年有关建筑业发展方面的统计数据。

二、本年鉴资料主要来源于年度统计报表，同前一本年鉴资料相比，在统计范围和指标分组方面进行了较大调整。统计范围由全国城镇及城镇以上建筑业企业改为资质等级四级及四级以上建筑业企业，统计范围扩大了；指标分组既有按经济类型的分组，也有按行业、资质等级、国务院有关部门的分组；既有反映建筑业企业生产经营状况的指标，也有反映建筑业经济效益的指标。该资料在内容和编排形式上做了进一步的充实和提高。

三、该年鉴资料共分七部分：1.综合；2.国有经济建筑业企业；3.集体经济、私营经济、联营经济、股份制经济建筑业企业；4.外商投资、港、澳、台投资和其他经济建筑业企业；5.建筑业资质等级一级、二级、三级、四级建筑业企业；6.各行业、国务院有关部门建筑业企业；7.大中型建筑业企业。

由于编辑时间比较仓促，本书难免存在一些不完善之处，欢迎广大读者批评指正。

目　录

一、综合

二、国有经济建筑业企业

四、外商投资、港澳台投资和其他经济建筑业企业

六、各行业、国务院有关部门建筑业企业

七、大中型建筑业企业

一、综　合

1－1 主要经济指标完成情况

指 标 名 称	单 位	1993	1994	1995	1996
建筑业总产值	亿元	3 253.5	4 653.3	5 793.8	8 282.2
建筑业增加值	亿元	840.7	1 322.1	1 668.6	2 405.6
#本年提取固定资产折旧	亿元	53.3	82.6	105.5	145.6
应付工资	亿元	412.6	602.3	755.9	1 153.1
应付福利费	亿元	40.0	63.3	84.7	122.9
工程结算税金及附加	亿元	96.3	125.6	157.0	229.7
工程结算利润	亿元	224.1	401.1	494.3	670.0
房屋建筑施工面积	万平方米	65 374.2	78 032.2	89 862.8	129 087.0
房屋建筑竣工面积	万平方米	28 684.8	32 383.3	35 666.3	60 047.9
年末自有机械设备净值	亿元	467.2	498.2	638.6	881.4
年末自有机械设备总功率	万千瓦	4 948.9	5 712.7	7 056.5	9 804.8
资本金	亿元	811.5	972.6	1 261.4	1 936.1
资产总计	亿元	3 719.5	5 404.7	6 718.7	9 242.9
#流动资产	亿元	2 759.3	4 084.7	4 972.8	6 754.1
固定资产	亿元	725.5	993.9	1 370.8	1 976.2
负债合计	亿元	2 736.4	4 216.7	5 164.3	6 895.8
#流动负债	亿元	2 528.1	3 966.3	4 881.1	6 480.9
长期负债	亿元	208.3	250.4	283.2	375.3
资产负债率	%	73.6	78.0	72.7	74.6
利税总额	亿元	159.5	208.3	242.2	357.4
利润总额	亿元	64.1	72.5	74.2	109.4
按建筑业总产值计算的劳动生产率	元/人	2 4214	32 184	38 679	39 033
按建筑业增加值计算的劳动生产率	元/人	6219	9 144	11 140	11 337
房屋建筑面积竣工率	%	43.9	41.5	39.7	46.5
工程质量优良品率	%	38.8	31.1	32.3	29.7
技术装备率	元/人	4 105	3 446	4 364	4 154
动力装备率	千瓦/人	4.3	4.0	4.7	4.6
产值利税率	%	4.9	4.5	4.2	4.3
产值利润率	%	1.9	1.6	1.3	1.3
建筑业企业个数	个	20 998	23 315	24 133	41 364
计算劳动生产率的平均人数	万人	1 343.67	1 445.85	1 497.87	2 121.87

1-2 各地区建筑业总产值和竣工产值

单位: 万元

地区	建筑业总产值	建筑工程产值	安装工程产值	房屋构筑物修理产值	非标准设备制造产值	竣工产值
全国总计	**82 822 497**	**71 585 030**	**9 267 856**	**1 413 746**	**555 866**	**57 399 083**
北京	4 680 761	4 202 093	334 409	138 508	5 751	2 964 336
天津	1 685 191	1 391 441	248 332	19 866	25 553	1 038 316
河北	3 363 064	2 896 562	418 137	19 923	28 442	2 276 422
山西	1 568 405	1 333 399	219 536	10 399	5 071	1 211 847
内蒙古	876 393	715 332	99 534	58 347	3 180	664 276
辽宁	3 976 734	3 116 074	667 732	141 927	51 001	2 939 192
吉林	1 358 990	1 088 122	243 772	19 803	7 292	994 544
黑龙江	2 229 620	1 709 943	465 683	19 989	34 005	1 628 754
上海	4 406 801	3 705 696	573 703	101 178	26 224	2 544 335
江苏	10 140 598	8 994 083	951 995	143 085	51 435	7 383 904
浙江	8 362 780	7 305 238	890 252	134 383	32 907	5 615 597
安徽	2 399 465	2 040 381	293 921	39 995	25 168	1 782 871
福建	2 083 515	1 871 974	185 139	21 176	5 227	1 369 472
江西	972 574	892 760	69 477	7 366	2 971	724 744
山东	5 780 205	4 671 931	935 908	127 910	44 456	3 995 720
河南	2 715 574	2 253 075	400 952	34 283	27 264	1 843 005
湖北	2 844 273	2 523 344	261 281	40 016	19 632	1 591 963
湖南	2 783 849	2 472 478	222 428	69 757	19 185	1 896 417
广东	6 240 552	5 756 629	404 412	57 309	22 202	4 512 997
广西	1 233 093	1 133 305	78 445	10 763	10 580	991 612
海南	151 799	148 085	2 699	795	219	112 992
四川	6 715 859	5 941 311	595 870	139 734	38 945	4 861 607
贵州	660 970	575 895	79 428	3 522	2 126	498 528
云南	1 733 649	1 527 775	152 023	16 292	37 558	1 203 280
西藏	66 122	64 731	1 300	12	79	42 819
陕西	1 294 163	1 159 012	119 904	5 112	10 135	936 561
甘肃	1 037 164	843 398	171 910	15 826	6 030	725 961
青海	277 727	226 746	46 476	2 521	1 984	170 274
宁夏	253 697	211 287	37 693	3 588	1 129	194 981
新疆	928 911	812 931	95 503	10 360	10 116	681 756

1－3 各地区地方和中央建筑业总产值和竣工产值(一)

单位: 万元

地　区	建筑业总产值	建筑工程产值	安装工程产值	房屋构筑物修理产值	非标准设备制造产值	竣工产值
全国总计	**82 822 497**	**71 585 030**	**9 267 856**	**1 413 746**	**555 866**	**57 399 083**
一、地方所属单位	**66 258 930**	**58 745 734**	**5 859 867**	**1 315 200**	**338 129**	**46 565 550**
北　京	3 289 751	3 003 551	155 676	126 848	3 677	2 030 036
天　津	893 059	796 360	75 111	16 483	5 105	531 193
河　北	2 132 094	1 934 975	165 913	15 276	15 930	1 504 114
山　西	673 740	558 041	102 680	8 764	4 255	450 304
内蒙古	739 745	586 054	92 438	58 148	3 105	531 171
辽　宁	3 049 272	2 523 179	361 063	127 031	37 999	2 348 059
吉　林	1 016 405	809 278	184 756	17 072	5 300	837 534
黑龙江	1 637 117	1 397 628	218 095	16 057	5 338	1 146 171
上　海	3 522 307	3 086 602	332 867	83 220	19 618	2 093 215
江　苏	9 534 717	8 553 435	802 961	140 416	37 905	7 092 565
浙　江	8 182 268	7 213 874	804 759	134 371	29 264	5 454 754
安　徽	1 719 281	1 500 254	163 098	35 482	20 447	1 235 975
福　建	1 704 481	1 527 855	151 143	20 998	4 485	1 212 625
江　西	727 495	685 230	33 548	7 037	1 680	561 584
山　东	4 707 211	3 910 043	640 729	120 734	35 705	3 202 072
河　南	1 936 006	1 666 566	230 067	31 865	7 507	1 375 717
湖　北	1 576 313	1 436 449	96 691	37 449	5 725	1 115 327
湖　南	2 122 314	1 934 841	113 932	66 529	6 913	1 519 087
广　东	5 740 951	5 335 401	339 034	55 529	10 988	4 193 708
广　西	1 100 956	1 034 002	53 323	10 675	2 956	822 129
海　南	151 799	148 085	2 699	795	219	112 992
四　川	5 602 092	5 047 219	398 527	133 086	23 260	4 046 604
贵　州	332 105	308 787	19 318	3 140	861	181 707
云　南	1 501 520	1 355 530	98 967	15 826	31 197	1 072 239
西　藏	66 122	64 731	1 300	12	79	42 819
陕　西	734 184	669 789	55 361	4 026	5 008	480 428
甘　肃	783 380	708 556	57 869	14 458	2 498	550 537
青　海	174 283	153 153	16 734	2 521	1 874	133 827
宁　夏	248 114	207 029	36 910	3 047	1 129	189 401
新　疆	659 846	589 238	54 300	8 206	8 102	497 658

1－3 各地区地方所属单位建筑业总产值和竣工产值(二)

单位: 万元

地 区	建筑业总产值	建筑工程产值	安装工程产值	房屋构筑物修理产值	非标准设备制造产值	竣工产值
二、中央所属单位	**16 563 567**	**12 839 296**	**3 407 989**	**98 546**	**217 737**	**10 833 532**
北 京	1 391 010	1 198 543	178 733	11 660	2 074	934 299
天 津	792 133	595 081	173 221	3 383	20 448	507 124
河 北	1 230 969	961 587	252 224	4 646	12 512	772 307
山 西	894 665	775 357	116 857	1 636	816	761 544
内蒙古	136 648	129 278	7 096	199	75	133 106
辽 宁	927 462	592 895	306 669	14 896	13 002	591 132
吉 林	342 584	278 845	59 016	2 732	1 992	157 010
黑龙江	592 503	312 316	247 588	3 933	28 667	482 583
上 海	884 494	619 094	240 836	17 958	6 606	451 120
江 苏	605 881	440 647	149 035	2 670	13 529	291 339
浙 江	180 512	91 364	85 493	12	3 643	160 842
安 徽	680 184	540 127	130 823	4 513	4 721	546 896
福 建	379 034	344 118	33 996	178	742	156 847
江 西	245 079	207 530	35 929	329	1 291	163 159
山 东	1 072 994	761 888	295 179	7 176	8 751	793 648
河 南	779 567	586 508	170 885	2 418	19 757	467 288
湖 北	1 267 960	1 086 895	164 590	2 567	13 907	476 636
湖 南	661 534	537 637	108 495	3 129	12 273	377 330
广 东	499 600	421 228	65 378	1 780	11 214	319 289
广 西	132 136	99 303	25 122	88	7 624	169 484
海 南	–	–	–	–	–	–
四 川	1 113 767	894 092	197 343	6 647	15 685	815 003
贵 州	328 865	267 108	60 110	382	1 264	316 821
云 南	232 129	172 245	53 057	466	6 361	131 041
西 藏	–	–	–	–	–	–
陕 西	559 979	489 223	64 544	1 086	5 127	456 134
甘 肃	253 784	134 843	114 041	1 368	3 532	175 424
青 海	103 445	73 593	29 742	–	109	36 447
宁 夏	5 583	4 258	783	541	–	5 580
新 疆	269 065	223 693	41 204	2 154	2 015	184 098

1－4 各地区单位工程个数及工程质量

地区	单位工程施工个数(个)	#本年新开工个数	#投标承包个数	#本年新开工	单位工程竣工个数(个)	#优良品	工程质量优良品率(%)	投标承包个数占单位工程施工个数的比重(%)
全国总计	**699 661**	**400 415**	**188 001**	**111 745**	**419 246**	**124 436**	**29.7**	**26.9**
北京	21 528	11 116	6 409	2 409	13 193	2 305	17.5	29.8
天津	8 710	5 615	2 356	1 564	5 734	2 256	39.3	27.0
河北	27 918	17 232	13 193	7 936	17 740	7 202	40.6	47.3
山西	18 283	9 670	8 634	4 013	11 417	5 973	52.3	47.2
内蒙古	9 717	6 042	917	636	5 820	1 640	28.2	9.4
辽宁	31 163	22 303	8 183	4 825	22 855	6 188	27.1	26.3
吉林	9 896	7 565	2 455	2 044	7 234	2 607	36.0	24.8
黑龙江	12 106	8 923	2 188	1 336	8 992	2 873	32.0	18.1
上海	30 125	14 095	6 119	3 781	11 151	3 684	33.0	20.3
江苏	67 620	46 311	14 771	10 658	47 408	13 716	28.9	21.8
浙江	62 613	34 387	15 089	9 315	39 002	8 529	21.9	24.1
安徽	34 178	18 227	8 528	4 498	19 564	6 467	33.1	25.0
福建	29 430	11 253	5 797	3 112	11 430	3 134	27.4	19.7
江西	12 170	6 263	3 166	1 835	6 144	1 454	23.7	26.0
山东	56 825	38 068	13 507	8 553	39 750	11 380	28.6	23.8
河南	32 766	19 505	10 410	6 097	19 284	6 130	31.8	31.8
湖北	24 042	13 000	6 231	3 176	13 513	3 689	27.3	25.9
湖南	21 358	12 216	6 056	3 891	12 647	3 525	27.9	28.4
广东	40 479	16 317	7 416	3 770	19 579	6 787	34.7	18.3
广西	14 101	6 371	2 236	1 437	7 378	1 660	22.5	15.9
海南	1 159	691	344	205	720	185	25.7	29.7
四川	58 990	33 196	20 937	12 866	35 478	11 403	32.1	35.5
贵州	9 930	6 304	2 434	1 002	5 960	794	13.3	24.5
云南	24 551	10 203	5 533	3 078	11 156	3 861	34.6	22.5
西藏	330	251	125	110	261	123	47.1	37.9
陕西	12 926	6 087	5 843	3 295	6 882	2 333	33.9	45.2
甘肃	9 495	6 393	4 519	3 011	6 483	2 179	33.6	47.6
青海	2 489	1 699	1 101	718	1 749	574	32.8	44.2
宁夏	3 975	3 045	1 132	708	2 993	373	12.5	28.5
新疆	10 788	8 067	2 372	1 866	7 729	1 412	18.3	22.0

1－5 各地区地方和中央单位工程个数及工程质量(一)

地区	单位工程施工个数(个)	#本年新开工个数	#投标承包个数	#本年新开工	单位工程竣工个数(个)	#优良品	工程质量优良品率(%)	投标承包个数占单位工程施工个数的比重(%)
全国总计	**699 661**	**400 415**	**188 001**	**111 745**	**419 246**	**124 436**	**29.7**	**26.9**
一、地方所属单位	**582 609**	**345 437**	**144 887**	**93 073**	**360 826**	**88 724**	**24.6**	**24.9**
北京	15 729	8 742	3 999	1 818	10 255	1 320	12.9	25.4
天津	5 787	3 898	1 180	893	4 252	1 159	27.3	20.4
河北	21 682	14 092	9 867	6 248	14 700	5 279	35.9	45.5
山西	9 213	5 860	2 433	1 746	5 213	1 340	25.7	26.4
内蒙古	8 441	5 355	893	617	5 112	1 268	24.8	10.6
辽宁	25 059	18 924	6 197	4 015	18 615	3 791	20.4	24.7
吉林	7 113	5 364	1 306	1 132	5 309	1 266	23.8	18.4
黑龙江	9 578	7 182	2 009	1 188	7 409	2 145	29.0	21.0
上海	18 867	11 869	5 491	3 424	9 926	2 741	27.6	29.1
江苏	64 688	44 785	13 808	9 978	45 655	12 495	27.4	21.3
浙江	61 875	33 945	14 980	9 251	38 545	8 135	21.1	24.2
安徽	23 861	14 846	4 532	3 164	15 345	3 612	23.5	19.0
福建	27 818	10 380	5 295	2 844	10 404	2 446	23.5	19.0
江西	10 391	5 333	2 629	1 637	5 434	1 057	19.5	25.3
山东	49 143	33 070	12 162	7 775	33 835	7 571	22.4	24.7
河南	28 002	17 134	7 795	4 963	17 139	4 587	26.8	27.8
湖北	16 845	9 952	3 050	1 947	10 263	1 137	11.1	18.1
湖南	17 765	10 464	4 509	3 182	10 807	2 300	21.3	25.4
广东	38 949	15 389	6 843	3 497	18 649	6 373	34.2	17.6
广西	13 007	6 182	2 138	1 411	6 787	1 202	17.7	16.4
海南	1 159	691	344	205	720	185	25.7	29.7
四川	49 134	28 628	15 245	10 454	31 517	8 991	28.5	31.0
贵州	7 007	4 777	1 248	724	4 864	442	9.1	17.8
云南	23 173	9 502	4 947	2 736	10 533	3 476	33.0	21.3
西藏	330	251	125	110	261	123	47.1	37.9
陕西	7 366	4 265	3 762	2 478	5 190	1 427	27.5	51.1
甘肃	7 640	5 145	4 161	2 808	5 079	1 243	24.5	54.5
青海	2 099	1 457	919	616	1 440	295	20.5	43.8
宁夏	3 825	2 897	1 130	707	2 845	369	13.0	29.5
新疆	7 063	5 058	1 890	1 505	4 723	949	20.1	26.8

1-5 各地区地方和中央单位工程个数及工程质量(二)

地区	单位工程施工个数(个)	#本年新开工个数	#投标承包个数	#本年新开工	单位工程竣工个数(个)	#优良品	工程质量优良品率(%)	投标承包个数占单位工程施工个数的比重(%)
二、中央所属单位	**117 052**	**54 978**	**43 114**	**18 672**	**58 420**	**35 712**	**61.1**	**36.8**
北京	5 799	2 374	2 410	591	2 938	985	33.5	41.6
天津	2 923	1 717	1 176	671	1 482	1 097	74.0	40.2
河北	6 236	3 140	3 326	1 688	3 040	1 923	63.3	53.3
山西	9 070	3 810	6 201	2 267	6 204	4 633	74.7	68.4
内蒙古	1 276	687	24	19	708	372	52.5	1.9
辽宁	6 104	3 379	1 986	810	4 240	2 397	56.5	32.5
吉林	2 783	2 201	1 149	912	1 925	1 341	69.7	41.3
黑龙江	2 528	1 741	179	148	1 583	728	46.0	7.1
上海	11 258	2 226	628	357	1 225	943	77.0	5.6
江苏	2 932	1 526	963	680	1 753	1 221	69.7	32.8
浙江	738	442	109	64	457	394	86.2	14.8
安徽	10 317	3 381	3 996	1 334	4 219	2 855	67.7	38.7
福建	1 612	873	502	268	1 026	688	67.1	31.1
江西	1 779	930	537	198	710	397	55.9	30.2
山东	7 682	4 998	1 345	778	5 915	3 809	64.4	17.5
河南	4 764	2 371	2 615	1 134	2 145	1 543	71.9	54.9
湖北	7 197	3 048	3 181	1 229	3 250	2 552	78.5	44.2
湖南	3 593	1 752	1 547	709	1 840	1 225	66.6	43.1
广东	1 530	928	573	273	930	414	44.5	37.5
广西	1 094	189	98	26	591	458	77.5	9.0
海南	—	—	—	—	—	—	—	—
四川	9 856	4 568	5 692	2 412	3 961	2 412	60.9	57.8
贵州	2 923	1 527	1 186	278	1 096	352	32.1	40.6
云南	1 378	701	586	342	623	385	61.8	42.5
西藏	—	—	—	—	—	—	—	—
陕西	5 560	1 822	2 081	817	1 692	906	53.5	37.4
甘肃	1 855	1 248	358	203	1 404	936	66.7	19.3
青海	390	242	182	102	309	279	90.3	46.7
宁夏	150	148	2	1	148	4	2.7	1.3
新疆	3 725	3 009	482	361	3 006	463	15.4	12.9

1-6 各地区房屋建筑面积和工程质量

地区	房屋建筑施工面积（万平方米）	#本年新开工个数	#投标承包个数	#本年新开工	房屋建筑竣工面积（万平方米）	#优良品	房屋建筑面积优良品率(%)	投标承包面积占房屋建筑施工面积的比重(%)
全国总计	**129 087.0**	**58 969.1**	**54 728.3**	**27 676.5**	**60 047.9**	**19 935.3**	**33.2**	**42.4**
北京	5 328.4	1 964.4	3 327.9	1 196.3	1 967.1	773.3	39.3	62.5
天津	1 560.9	650.4	562.7	278.1	551.3	220.4	40.0	36.1
河北	5 112.1	2 433.9	3 199.5	1 729.1	2 600.3	1 087.5	41.8	62.6
山西	1 583.1	651.4	645.3	279.6	614.5	204.0	33.2	40.8
内蒙古	1 224.9	717.8	236.9	164.5	617.4	221.0	35.8	19.3
辽宁	5 123.9	2 541.9	3 084.2	1 545.6	2 613.2	1 024.2	39.2	60.2
吉林	1 308.7	772.6	536.9	401.5	789.9	290.7	36.8	41.0
黑龙江	2 236.7	1 112.1	1 123.8	497.7	1 253.7	449.7	35.9	50.2
上海	3 876.1	1 622.4	2 588.1	1 100.4	1 360.3	412.1	30.3	66.8
江苏	15 320.4	8 451.8	5 899.0	3 340.3	8 001.4	3 209.8	40.1	38.5
浙江	12 427.6	5 801.0	5 742.8	3 037.7	5 705.3	1 828.8	32.1	46.2
安徽	4 014.6	2 016.6	1 100.7	666.8	1 971.9	421.5	21.4	27.4
福建	3 516.6	1 541.3	1 964.3	800.9	1 422.9	184.5	13.0	55.9
江西	2 082.5	928.1	742.2	376.5	993.7	234.3	23.6	35.6
山东	11 007.1	4 732.2	3 473.7	1 942.5	4 514.8	1 245.7	27.6	31.6
河南	5 335.9	2 609.9	2 527.4	1 362.6	2 726.5	989.9	36.3	47.4
湖北	4 548.8	1 911.1	1 498.3	649.8	1 880.7	346.2	18.4	32.9
湖南	4 662.0	2 208.9	1 338.7	849.3	2 393.1	628.7	26.3	28.7
广东	13 737.3	4 291.6	4 253.2	1 598.8	5 061.8	1 859.3	36.7	31.0
广西	2 574.8	1 089.0	685.1	412.1	1 239.9	228.7	18.4	26.6
海南	253.7	80.4	97.3	42.9	95.0	28.9	30.4	38.3
四川	12 991.8	6 203.1	5 685.1	3 083.9	6 791.4	2 491.0	36.7	43.8
贵州	1 213.9	497.8	589.8	248.2	507.6	139.7	27.5	48.6
云南	2 496.3	1 234.6	651.9	333.7	1 487.6	509.4	34.2	26.1
西藏	118.3	104.7	14.5	10.4	112.2	16.9	15.0	12.2
陕西	1 849.7	878.1	1 220.7	589.7	824.9	380.9	46.2	66.0
甘肃	1 779.4	912.9	1 187.9	656.2	949.3	288.9	30.4	66.8
青海	250.0	133.8	169.1	99.5	139.0	33.9	24.4	67.6
宁夏	344.2	202.2	183.4	109.9	215.5	49.7	23.1	53.3
新疆	1 207.4	673.2	397.8	272.2	645.9	135.7	21.0	32.9

1-7 各地区地方和中央房屋建筑面积和工程质量(一)

地区	房屋建筑施工面积(万平方米)	#本年新开工面积	#投标承包面积	#本年新开工	房屋建筑竣工面积(万平方米)	#优良品面积	房屋建筑面积优良品率(%)	投标承包面积占房屋建筑施工面积的比重(%)
全国总计	**129 087.0**	**58 969.1**	**54 728.3**	**27 676.5**	**60 047.9**	**19 935.3**	**33.2**	**42.4**
一、地方所属单位	**118 841.3**	**55 375.5**	**48 556.7**	**25 426.9**	**57 010.2**	**18 394.4**	**32.3**	**40.9**
北京	4 181.0	1 562.2	2 646.5	964.8	1 590.4	581.2	36.5	63.3
天津	1 103.2	492.4	294.4	175.6	433.2	163.4	37.7	26.7
河北	4 135.8	2 180.8	2 572.4	1 474.4	2 354.6	941.9	40.0	62.2
山西	1 142.0	525.5	403.7	228.9	477.9	146.9	30.7	35.3
内蒙古	1 124.2	670.9	227.9	157.1	580.5	198.2	34.1	20.3
辽宁	4 698.5	2 360.9	2 803.1	1 410.1	2 466.7	947.7	38.4	59.7
吉林	1 132.6	679.6	406.7	330.3	703.7	261.3	37.1	35.9
黑龙江	2 064.8	1 015.1	1 084.2	463.5	1 159.3	401.1	34.6	52.5
上海	3 698.8	1 583.3	2 481.1	1 083.1	1 299.5	364.1	28.0	67.1
江苏	14 944.2	8 291.9	5 565.4	3 200.2	7 922.8	3 171.4	40.0	37.2
浙江	12 408.1	5 786.6	5 741.3	3 036.5	5 701.3	1 825.1	32.0	46.3
安徽	3 607.3	1 868.6	954.4	606.4	1 849.7	366.1	19.8	26.5
福建	3 125.9	1 416.7	1 649.4	714.7	1 373.4	170.9	12.4	52.8
江西	2 007.0	894.3	696.9	360.5	953.2	212.2	22.3	34.7
山东	10 207.5	4 455.9	2 990.3	1 770.3	4 301.5	1 133.7	26.4	29.3
河南	4 887.9	2 436.5	2 227.6	1 228.1	2 620.5	932.7	35.6	45.6
湖北	3 524.6	1 600.6	791.2	417.7	1 725.8	256.8	14.9	22.4
湖南	4 300.7	2 089.8	1 204.4	802.7	2 289.3	572.5	25.0	28.0
广东	13 248.8	4 158.4	3 936.3	1 495.7	4 888.6	1 727.7	35.3	29.7
广西	2 526.9	1 075.1	673.4	409.8	1 218.6	216.3	17.8	26.7
海南	253.7	80.4	97.3	42.9	95.0	28.9	30.4	38.3
四川	12 347.5	5 991.1	5 337.0	2 959.7	6 578.3	2 389.3	36.3	43.2
贵州	828.4	349.0	303.1	145.9	393.1	86.4	22.0	36.6
云南	2 390.9	1 197.6	588.2	313.0	1 431.8	474.0	33.1	24.6
西藏	118.3	104.7	14.5	10.4	112.2	16.9	15.0	12.2
陕西	1 595.0	785.9	1 027.0	542.4	749.6	344.4	45.9	64.4
甘肃	1 692.7	875.2	1 142.3	638.6	910.0	273.3	30.0	67.5
青海	246.7	131.7	165.8	97.4	136.8	33.7	24.6	67.2
宁夏	339.7	197.6	183.4	109.9	210.9	49.0	23.2	54.0
新疆	958.5	517.3	347.5	236.2	481.8	107.3	22.3	36.3

1-7 各地区地方和中央房屋建筑面积和工程质量(二)

地　区	房屋建筑施工面积(万平方米)	#本年新开工面积	#投标承包面积	#本年新开工	房屋建筑竣工面积(万平方米)	#优良品面积	房屋建筑面积优良品率(%)	投标承包面积占房屋建筑施工面积的比重(%)
二、中央所属单位	**10 245.6**	**3 593.6**	**6 171.7**	**2 249.6**	**3 037.7**	**1 540.9**	**50.7**	**60.2**
北　京	1 147.4	402.2	681.4	231.5	376.7	192.1	51.0	59.4
天　津	457.7	158.0	268.3	102.5	118.1	57.1	48.3	58.6
河　北	976.3	253.2	627.1	254.7	245.7	145.6	59.3	64.2
山　西	441.1	125.9	241.6	50.7	136.6	57.1	41.8	54.8
内蒙古	100.7	46.9	9.0	7.4	36.9	22.9	62.0	8.9
辽　宁	425.4	180.9	281.2	135.5	146.4	76.5	52.3	66.1
吉　林	176.1	93.1	130.2	71.2	86.2	29.4	34.1	73.9
黑龙江	171.9	97.0	39.7	34.2	94.4	48.6	51.4	23.1
上　海	177.3	39.1	107.0	17.4	60.8	48.1	79.0	60.4
江　苏	376.2	159.9	333.7	140.1	78.6	38.4	48.8	88.7
浙　江	19.5	14.4	1.4	1.1	4.0	3.7	91.5	7.4
安　徽	407.2	148.0	146.3	60.4	122.1	55.4	45.4	35.9
福　建	390.7	124.5	315.0	86.2	49.5	13.6	27.5	80.6
江　西	75.4	33.8	45.3	16.0	40.5	22.1	54.5	60.1
山　东	799.6	276.3	483.3	172.2	213.3	112.1	52.5	60.4
河　南	448.0	173.4	299.8	134.5	105.9	57.2	54.0	66.9
湖　北	1 024.2	310.5	707.1	232.1	154.9	89.3	57.7	69.0
湖　南	361.3	119.1	134.4	46.6	103.7	56.2	54.2	37.2
广　东	488.5	133.1	316.8	103.0	173.2	131.6	76.0	64.9
广　西	47.9	13.9	11.7	2.3	21.3	12.4	58.3	24.5
海　南	–	–	–	–	–	–	–	–
四　川	644.3	212.0	348.0	124.2	213.2	101.7	47.7	54.0
贵　州	385.4	148.8	286.8	102.3	114.5	53.3	46.6	74.4
云　南	105.4	37.0	63.7	20.7	55.8	35.4	63.4	60.5
西　藏	–	–	–	–	–	–	–	–
陕　西	254.8	92.2	193.7	47.3	75.3	36.5	48.4	76.0
甘　肃	86.7	37.7	45.6	17.6	39.2	15.5	39.6	52.6
青　海	3.3	2.1	3.3	2.1	2.2	0.2	8.6	98.7
宁　夏	4.6	4.6	–	–	4.6	0.7	14.4	–
新　疆	248.9	155.9	50.3	36.0	164.1	28.4	17.3	20.2

1-8 各地区按主要用途分的房屋建筑竣工面积

单位: 万平方米

地区	合计	厂房	住宅	办公用房	商业、居民服务业用房	文化教育用房	医疗用房	科研用房	其他用房
全国总计	**60 047.9**	**7 268.1**	**31 965.0**	**6 641.5**	**5 914.3**	**3 149.2**	**668.8**	**265.1**	**4175.9**
北京	1 967.1	169.0	1 023.0	260.2	200.5	98.9	28.6	46.1	140.7
天津	551.3	86.9	274.6	54.3	36.9	23.9	4.3	4.6	65.7
河北	2 600.3	289.1	1 470.4	315.2	144.0	129.9	24.3	14.2	213.3
山西	614.5	68.4	323.9	77.6	44.9	26.8	7.4	1.5	63.9
内蒙古	617.4	47.3	395.1	58.5	39.8	35.9	5.6	1.5	33.7
辽宁	2 613.2	210.4	1 607.0	232.5	219.5	127.1	20.0	3.2	193.6
吉林	789.9	103.4	468.4	89.7	45.2	37.9	3.8	1.4	40.2
黑龙江	1 253.7	97.5	847.6	96.7	89.6	49.3	7.5	8.0	57.5
上海	1 360.3	243.5	668.1	139.9	154.8	51.6	7.8	6.1	88.5
江苏	8 001.4	1 054.8	3 958.4	879.7	911.7	389.5	96.6	47.9	662.8
浙江	5 705.3	758.5	2 989.2	545.0	663.7	265.5	65.0	23.3	395.2
安徽	1 971.9	285.5	928.4	244.7	265.8	112.2	26.7	9.3	99.3
福建	1 422.9	143.3	766.0	190.6	115.1	80.3	14.0	1.2	112.4
江西	993.7	97.2	549.2	136.4	92.1	53.9	11.1	3.0	50.8
山东	4 514.8	618.2	2 204.9	575.3	447.7	261.3	48.8	9.5	349.2
河南	2 726.5	333.0	1 533.3	329.2	176.1	173.7	40.2	8.0	133.0
湖北	1 880.7	205.4	966.3	226.0	166.1	134.9	29.3	7.1	145.7
湖南	2 393.1	270.1	1 235.2	295.2	231.8	135.3	32.1	12.3	180.9
广东	5 061.8	669.0	2 732.1	451.1	618.3	237.8	36.6	16.5	300.3
广西	1 239.9	131.3	628.1	153.9	134.0	96.8	15.3	3.0	77.5
海南	95.0	3.4	65.4	7.7	7.4	5.1	2.7	0.1	3.2
四川	6 791.4	828.9	3 721.0	697.9	647.9	354.9	80.0	22.8	438.0
贵州	507.6	38.7	303.5	66.5	38.5	28.2	6.3	0.5	25.4
云南	1 487.6	238.6	641.3	215.8	133.1	94.7	21.2	5.1	137.8
西藏	112.2	1.1	80.2	9.1	17.8	3.1	0.3	–	0.7
陕西	824.9	103.4	483.8	81.8	56.3	53.8	6.5	4.0	35.3
甘肃	949.3	79.7	545.7	107.1	126.9	32.5	8.2	3.3	46.0
青海	139.0	16.7	84.5	9.1	9.1	4.6	2.4	0.4	12.3
宁夏	215.5	20.9	129.9	22.4	20.0	10.6	2.2	–	9.4
新疆	645.9	54.9	340.5	72.5	59.9	39.4	14.1	1.1	63.6

1-9 各地区地方和中央按主要用途分的房屋建筑竣工面积(一)

单位:万平方米

地区	合计	厂房	住宅	办公用房	商业、居民服务业用房	文化教育用房	医疗用房	科研用房	其他用房
全国总计	**60 047.9**	**7 268.1**	**31 965.0**	**6 641.5**	**5 914.3**	**3 149.2**	**668.8**	**265.1**	**4 175.9**
一、地方所属单位	**57 010.2**	**6 579.1**	**30 758.8**	**6 317.0**	**5 609.0**	**3 054.5**	**627.3**	**234.6**	**3 829.8**
北京	1 590.4	137.6	872.9	196.6	148.8	80.6	12.6	26.7	114.5
天津	433.2	54.0	224.8	41.4	31.0	22.3	3.5	4.2	51.9
河北	2 354.6	220.5	1 367.5	276.8	133.4	124.4	23.6	12.1	196.5
山西	477.9	53.4	256.4	71.4	36.6	23.5	5.0	1.5	30.1
内蒙古	580.5	41.5	369.3	57.9	38.8	35.2	5.5	1.4	30.9
辽宁	2 466.7	188.8	1 538.6	220.0	209.5	119.8	16.4	2.3	171.3
吉林	703.7	78.7	432.1	82.3	35.7	33.0	3.6	0.2	38.1
黑龙江	1 159.3	79.3	790.8	94.3	81.4	47.1	7.5	7.4	51.5
上海	1 299.5	194.8	666.4	134.8	153.5	51.1	7.8	6.1	85.0
江苏	7 922.8	1 038.5	3 931.3	871.6	892.6	388.6	95.7	47.9	656.6
浙江	5 701.3	758.2	2 988.6	544.9	663.6	265.5	65.0	23.3	392.3
安徽	1 849.7	256.9	885.7	225.1	257.5	108.3	23.4	9.2	83.7
福建	1 373.4	134.0	747.7	187.1	108.7	79.2	11.9	1.2	103.4
江西	953.2	77.5	539.9	132.7	88.2	53.3	11.1	3.0	47.5
山东	4 301.5	585.8	2 146.7	550.9	412.9	250.9	48.1	8.1	298.3
河南	2 620.5	314.4	1 494.3	304.8	170.1	169.8	40.2	8.0	118.9
湖北	1 725.8	140.1	918.9	212.6	155.8	133.2	26.3	6.6	132.2
湖南	2 289.3	240.2	1 203.3	285.7	224.0	132.8	32.1	11.7	159.4
广东	4 888.6	646.7	2 649.4	440.5	566.3	235.5	36.6	16.5	297.2
广西	1 218.6	120.5	623.8	151.7	133.9	96.4	15.3	3.0	74.0
海南	95.0	3.4	65.4	7.7	7.4	5.1	2.7	0.1	3.2
四川	6 578.3	762.5	3 641.8	689.5	619.8	350.3	78.5	19.7	416.1
贵州	393.1	23.9	249.6	41.2	30.5	26.0	6.0	0.5	15.4
云南	1 431.8	209.9	623.7	213.1	130.4	94.5	20.9	5.1	134.2
西藏	112.2	1.1	80.2	9.1	17.8	3.1	0.3	–	0.7
陕西	749.6	80.2	453.1	77.7	53.8	50.5	6.1	4.0	24.2
甘肃	910.0	65.6	533.2	104.0	126.4	30.8	8.1	3.2	38.6
青海	136.8	16.7	82.3	9.1	9.1	4.6	2.4	0.4	12.3
宁夏	210.9	20.9	126.2	22.4	20.0	10.6	2.2	–	8.5
新疆	481.8	33.3	254.7	60.2	51.5	28.4	9.0	1.1	43.6

1-9 各地区地方和中央按主要用途分的房屋建筑竣工面积(二)

单位: 万平方米

地　区	合计	厂房	住宅	办公用房	商业、居民服务业用房	文化教育用房	医疗用房	科研用房	其他用房
二、中央所属单位	**3 037.7**	**689.1**	**1 206.2**	**324.4**	**305.3**	**94.6**	**41.5**	**30.5**	**346.1**
北　京	376.7	31.4	150.1	63.7	51.7	18.2	16.0	19.4	26.2
天　津	118.1	32.9	49.8	12.9	5.9	1.6	0.8	0.4	13.8
河　北	245.7	68.6	102.9	38.4	10.6	5.5	0.8	2.1	16.8
山　西	136.6	15.0	67.5	6.1	8.3	3.3	2.4	0.1	33.8
内蒙古	36.9	5.8	25.8	0.7	1.0	0.7	–	0.1	2.8
辽　宁	146.4	21.5	68.4	12.5	10.0	7.3	3.6	0.9	22.3
吉　林	86.2	24.8	36.3	7.4	9.4	4.8	0.2	1.2	2.1
黑龙江	94.4	18.2	56.8	2.4	8.2	2.2	–	0.6	6.0
上　海	60.8	48.7	1.7	5.1	1.4	0.4	–	–	3.5
江　苏	78.6	16.3	27.1	8.0	19.1	0.9	0.9	–	6.3
浙　江	4.0	0.4	0.5	0.1	0.1	–	–	–	2.9
安　徽	122.1	28.7	42.8	19.6	8.3	3.8	3.4	–	15.6
福　建	49.5	9.3	18.3	3.5	6.3	1.1	2.1	–	9.0
江　西	40.5	19.6	9.3	3.7	3.9	0.6	–	–	3.3
山　东	213.3	32.4	58.2	24.5	34.8	10.4	0.7	1.4	50.9
河　南	105.9	18.6	39.0	24.4	6.0	3.9	–	–	14.2
湖　北	154.9	65.3	47.3	13.3	10.3	1.7	3.0	0.4	13.5
湖　南	103.7	29.9	31.9	9.5	7.8	2.5	–	0.6	21.5
广　东	173.2	22.3	82.7	10.6	52.1	2.3	0.1	–	3.1
广　西	21.3	10.8	4.3	2.2	0.1	0.4	–	–	3.6
海　南	–	–	–	–	–	–	–	–	–
四　川	213.2	66.4	79.1	8.4	28.1	4.5	1.5	3.1	21.9
贵　州	114.5	14.8	53.9	25.4	8.0	2.1	0.3	–	10.0
云　南	55.8	28.7	17.6	2.7	2.7	0.2	0.3	–	3.6
西　藏	–	–	–	–	–	–	–	–	–
陕　西	75.3	23.2	30.7	4.1	2.5	3.2	0.4	–	11.2
甘　肃	39.2	14.0	12.5	3.1	0.5	1.7	0.1	0.1	7.3
青　海	2.2	–	2.2	–	–	–	–	–	–
宁　夏	4.6	–	3.7	–	–	–	–	–	0.9
新　疆	164.1	21.6	85.8	12.3	8.4	11.0	5.1	–	20.0

1-10 各地区各种用途的房屋建筑竣工面积占全部的比重

单位: %

地区	厂房	住宅	办公用房	商业、居民服务业用房	文化教育用房	医疗用房	科研用房	其他用房
全国总计	**12.1**	**53.2**	**11.1**	**9.8**	**5.2**	**1.1**	**0.4**	**7.0**
北　京	8.6	52.0	13.2	10.2	5.0	1.5	2.3	7.2
天　津	15.8	49.8	9.8	6.7	4.3	0.8	0.8	11.9
河　北	11.1	56.5	12.1	5.5	5.0	0.9	0.5	8.2
山　西	11.1	52.7	12.6	7.3	4.4	1.2	0.3	10.4
内蒙古	7.7	64.0	9.5	6.4	5.8	0.9	0.2	5.5
辽　宁	8.1	61.5	8.9	8.4	4.9	0.8	0.1	7.4
吉　林	13.1	59.3	11.4	5.7	4.8	0.5	0.2	5.1
黑龙江	7.8	67.6	7.7	7.1	3.9	0.6	0.6	4.6
上　海	17.9	49.1	10.3	11.4	3.8	0.6	0.4	6.5
江　苏	13.2	49.5	11.0	11.4	4.9	1.2	0.6	8.3
浙　江	13.3	52.4	9.6	11.6	4.7	1.1	0.4	6.9
安　徽	14.5	47.1	12.4	13.5	5.7	1.4	0.5	5.0
福　建	10.1	53.8	13.4	8.1	5.6	1.0	0.1	7.9
江　西	9.8	55.3	13.7	9.3	5.4	1.1	0.3	5.1
山　东	13.7	48.8	12.7	9.9	5.8	1.1	0.2	7.7
河　南	12.2	56.2	12.1	6.5	6.4	1.5	0.3	4.9
湖　北	10.9	51.4	12.0	8.8	7.2	1.6	0.4	7.7
湖　南	11.3	51.6	12.3	9.7	5.7	1.3	0.5	7.6
广　东	13.2	54.0	8.9	12.2	4.7	0.7	0.3	5.9
广　西	10.6	50.7	12.4	10.8	7.8	1.2	0.2	6.3
海　南	3.6	68.8	8.1	7.8	5.4	2.8	0.1	3.4
四　川	12.2	54.8	10.3	9.5	5.2	1.2	0.3	6.4
贵　州	7.6	59.8	13.1	7.6	5.6	1.2	0.1	5.0
云　南	16.0	43.1	14.5	8.9	6.4	1.4	0.3	9.3
西　藏	1.0	71.5	8.1	15.9	2.8	0.3	—	0.6
陕　西	12.5	58.6	9.9	6.8	6.5	0.8	0.5	4.3
甘　肃	8.4	57.5	11.3	13.4	3.4	0.9	0.3	4.8
青　海	12.0	60.8	6.5	6.5	3.3	1.7	0.3	8.8
宁　夏	9.7	60.3	10.4	9.3	4.9	1.0	—	4.4
新　疆	8.5	52.7	11.2	9.3	6.1	2.2	0.2	9.8

1-11 各地区地方和中央各种用途的房屋建筑竣工面积占全部的比重(一)

单位: %

地　区	厂　房	住　宅	办　公 用　房	商业、居 民服务业 用　房	文化教 育用房	医　疗 用　房	科　研 用　房	其他用房
全国总计	**12.1**	**53.2**	**11.1**	**9.8**	**5.2**	**1.1**	**0.4**	**7.0**
一、地方所属单位	**11.5**	**54.0**	**11.1**	**9.8**	**5.4**	**1.1**	**0.4**	**6.7**
北　京	8.7	54.9	12.4	9.4	5.1	0.8	1.7	7.2
天　津	12.5	51.9	9.6	7.2	5.1	0.8	1.0	12.0
河　北	9.4	58.1	11.8	5.7	5.3	1.0	0.5	8.3
山　西	11.2	53.7	14.9	7.7	4.9	1.0	0.3	6.3
内蒙古	7.1	63.6	10.0	6.7	6.1	0.9	0.2	5.3
辽　宁	7.7	62.4	8.9	8.5	4.9	0.7	0.1	6.9
吉　林	11.2	61.4	11.7	5.1	4.7	0.5	—	5.4
黑龙江	6.8	68.2	8.1	7.0	4.1	0.6	0.6	4.4
上　海	15.0	51.3	10.4	11.8	3.9	0.6	0.5	6.5
江　苏	13.1	49.6	11.0	11.3	4.9	1.2	0.6	8.3
浙　江	13.3	52.4	9.6	11.6	4.7	1.1	0.4	6.9
安　徽	13.9	47.9	12.2	13.9	5.9	1.3	0.5	4.5
福　建	9.8	54.4	13.6	7.9	5.8	0.9	0.1	7.5
江　西	8.1	56.6	13.9	9.3	5.6	1.2	0.3	5.0
山　东	13.6	49.9	12.8	9.6	5.8	1.1	0.2	6.9
河　南	12.0	57.0	11.6	6.5	6.5	1.5	0.3	4.5
湖　北	8.1	53.2	12.3	9.0	7.7	1.5	0.4	7.7
湖　南	10.5	52.6	12.5	9.8	5.8	1.4	0.5	7.0
广　东	13.2	54.2	9.0	11.6	4.3	0.7	0.3	6.1
广　西	9.9	51.2	12.4	11.0	7.9	1.3	0.2	6.1
海　南	3.6	68.8	8.1	7.8	5.4	2.8	0.1	3.4
四　川	11.6	55.4	10.5	9.4	5.3	1.2	0.3	6.3
贵　州	6.1	63.5	10.5	7.8	6.6	1.5	0.1	3.9
云　南	14.7	43.6	14.9	9.1	6.6	1.5	0.4	9.4
西　藏	1.0	71.5	8.1	15.9	2.8	0.3	—	0.6
陕　西	10.7	60.4	10.4	7.2	6.7	0.8	0.5	3.2
甘　肃	7.2	58.6	11.4	13.9	3.4	0.9	0.4	4.2
青　海	12.2	60.2	6.7	6.7	3.4	1.8	0.3	9.0
宁　夏	9.9	59.8	10.6	9.5	5.0	1.0	—	4.0
新　疆	6.9	52.9	12.5	10.7	5.9	1.9	0.2	9.0

1-11 各地区地方和中央各种用途的房屋建筑竣工面积占全部的比重(二)

单位: %

地区	厂房	住宅	办公用房	商业、居民服务业用房	文化教育用房	医疗用房	科研用房	其他用房
二、中央所属单位	**22.7**	**39.7**	**10.7**	**10.1**	**3.1**	**1.4**	**1.0**	**11.4**
北京	8.3	39.8	16.9	13.7	4.8	4.2	5.1	7.0
天津	27.9	42.2	10.9	5.0	1.4	0.7	0.3	11.7
河北	27.9	41.9	15.6	4.3	2.2	0.3	0.9	6.8
山西	11.0	49.4	4.5	6.1	2.4	1.8	0.1	24.7
内蒙古	15.7	69.9	1.9	2.7	1.9	–	0.3	7.6
辽宁	14.7	46.7	8.5	6.8	5.0	2.5	0.6	15.2
吉林	28.8	42.1	8.6	10.9	5.6	0.2	1.4	2.4
黑龙江	19.3	60.2	2.5	8.7	2.3	–	0.6	6.4
上海	80.1	2.8	8.4	2.3	0.7	–	–	5.8
江苏	20.7	34.5	10.2	24.3	1.1	1.1	–	8.0
浙江	10.0	12.5	2.5	2.5	–	–	–	72.5
安徽	23.5	35.1	16.1	6.8	3.1	2.8	–	12.8
福建	18.8	37.0	7.1	12.7	2.2	4.2	–	18.2
江西	48.4	23.0	9.1	9.6	1.5	–	–	8.1
山东	15.2	27.3	11.5	16.3	4.9	0.3	0.7	23.9
河南	17.6	36.8	23.0	5.7	3.7	–	–	13.4
湖北	42.2	30.5	8.6	6.6	1.1	1.9	0.3	8.7
湖南	28.8	30.8	9.2	7.5	2.4	–	0.6	20.7
广东	12.9	47.7	6.1	30.1	1.3	0.1	–	1.8
广西	50.7	20.2	10.3	0.5	1.9	–	–	16.9
海南	–	–	–	–	–	–	–	–
四川	31.1	37.1	3.9	13.2	2.1	0.7	1.5	10.3
贵州	12.9	47.1	22.2	7.0	1.8	0.3	–	8.7
云南	51.4	31.5	4.8	4.8	0.4	0.5	–	6.5
西藏	–	–	–	–	–	–	–	–
陕西	30.8	40.8	5.4	3.3	4.2	0.5		14.9
甘肃	35.7	31.9	7.9	1.3	4.3	0.3	0.3	18.6
青海	–	100.0	–	–	–	–	–	–
宁夏	–	80.4	–	–	–	–	–	19.6
新疆	13.2	52.3	7.5	5.1	6.7	3.1	–	12.2

1－12 各地区机械设备装备情况

地区	自有机械设备年末总台数(台)	自有机械设备年末总功率(万千瓦)	#施工机械功率	自有机械设备净值(万元)	技术装备率(元/人)	动力装备率(千瓦/人)
全国总计	**5 649 612**	**9 804.8**	**6 448.9**	**8 814 352**	**4 154**	**4.6**
北京	160 958	416.1	288.4	357 499	4 334	5.0
天津	52 166	135.9	95.9	199 449	7 062	4.8
河北	325 257	468.9	366.9	395 090	3 861	4.6
山西	92 584	189.1	145.0	189 704	4 320	4.3
内蒙古	78 477	133.3	97.2	109 499	3 156	3.8
辽宁	259 320	578.1	427.7	501 735	4 325	5.0
吉林	65 084	177.3	114.8	151 981	3 969	4.6
黑龙江	133 210	351.5	251.3	277 813	4 262	5.4
上海	100 451	182.5	128.4	380 817	7 015	3.4
江苏	497 471	545.9	444.7	729 648	3 460	2.6
浙江	422 889	448.0	374.3	728 762	5 120	3.1
安徽	180 657	250.2	198.5	288 713	3 897	3.4
福建	124 190	177.4	133.7	221 146	5 028	4.0
江西	75 284	102.3	78.4	99 598	3 079	3.2
山东	673 934	799.4	623.8	629 145	3 455	4.4
河南	253 176	312.7	232.7	325 821	3 349	3.2
湖北	250 146	324.5	243.4	437 469	5 718	4.2
湖南	259 718	298.9	241.7	281 425	3 706	3.9
广东	511 102	711.7	592.8	718 047	4 981	4.9
广西	118 835	139.1	110.3	143 426	3 710	3.6
海南	8 510	18.4	14.3	27 261	5 943	4.0
四川	514 223	2 189.2	664.9	761 997	3 396	9.8
贵州	41 202	72.7	50.3	84 808	3 869	3.3
云南	126 340	203.6	126.6	215 488	4 706	4.4
西藏	3 035	19.7	12.2	20 739	12 913	12.3
陕西	112 388	187.4	149.3	190 484	4 552	4.5
甘肃	98 102	161.9	101.4	139 696	2 994	3.5
青海	24 626	40.8	27.4	39 633	2 976	3.1
宁夏	25 710	39.8	28.9	39 884	4 190	4.2
新疆	60 567	128.6	83.6	127 572	4 478	4.5

1－13 各地区地方和中央机械设备装备情况(一)

地区	自有机械设备年末总台数(台)	自有机械设备年末总功率(万千瓦)	#施工机械功率	自有机械设备净值(万元)	技术装备率(元/人)	动力装备率(千瓦/人)
全国总计	**5 649 612**	**9 804.8**	**6 448.9**	**8 814 352**	**4 154**	**4.6**
一、地方所属单位	**5 081 293**	**7 925.0**	**5 064.2**	**6 593 806**	**3 588**	**4.3**
北京	128 615	317.5	227.4	248 298	4 012	5.1
天津	33 661	66.7	46.9	67 636	3 808	3.8
河北	282 473	326.4	268.2	262 023	3 204	4.0
山西	68 161	103.7	77.2	81 575	3 108	4.0
内蒙古	70 659	114.9	83.2	94 336	3 008	3.7
辽宁	223 220	462.5	340.6	395 634	4 074	4.8
吉林	50 176	129.7	82.3	110 555	3 545	4.2
黑龙江	104 395	208.6	150.9	192 359	3 528	3.8
上海	80 641	107.5	70.1	249 792	5 538	2.4
江苏	482 535	506.8	418.3	683 403	3 362	2.5
浙江	415 507	433.6	366.4	714 686	5 096	3.1
安徽	151 514	158.5	120.9	158 335	2 624	2.6
福建	116 269	150.1	112.6	179 260	4 542	3.8
江西	66 112	71.7	53.1	66 970	2 438	2.6
山东	642 972	697.1	553.5	512 810	3 090	4.2
河南	223 531	222.2	176.6	227 816	2 748	2.7
湖北	211 471	186.2	132.7	177 986	3 064	3.2
湖南	234 940	225.4	186.2	205 131	3 087	3.4
广东	496 961	658.7	546.6	637 466	4 619	4.8
广西	110 102	110.1	84.3	119 009	3 305	3.1
海南	8 510	18.4	14.3	27 261	5 943	4.0
四川	467 062	2 037.1	551.4	607 095	3 009	10.1
贵州	29 033	43.0	31.9	42 179	2 708	2.8
云南	115 577	165.8	95.7	172 776	4 165	4.0
西藏	3 035	19.7	12.2	20 739	12 913	12.3
陕西	88 743	100.1	78.0	89 032	3 128	3.5
甘肃	84 187	126.5	77.6	106 587	2 606	3.1
青海	21 190	31.0	19.4	23 649	3 082	4.0
宁夏	25 683	39.7	28.8	39 752	4 206	4.2
新疆	44 358	86.1	56.8	79 655	3 758	4.1

1-13 各地区地方和中央机械设备装备情况(二)

地区	自有机械设备年末总台数(台)	自有机械设备年末总功率(万千瓦)	#施工机械功率	自有机械设备净值(万元)	技术装备率(元/人)	动力装备率(千瓦/人)
二、中央所属单位	**568 319**	**1 879.8**	**1 384.8**	**2 220 547**	**7 820**	**6.6**
北京	32 343	98.6	61.0	109 201	5 302	4.8
天津	18 505	69.2	49.0	131 814	12 580	6.6
河北	42 784	142.5	98.7	133 067	6 478	6.9
山西	24 423	85.4	67.8	108 129	6 121	4.8
内蒙古	7 818	18.4	14.0	15 163	4 547	5.5
辽宁	36 100	115.6	87.1	106 100	5 616	6.1
吉林	14 908	47.6	32.5	41 426	5 826	6.7
黑龙江	28 815	142.9	100.4	85 454	8 011	13.4
上海	19 810	75.0	58.3	131 025	14 272	8.2
江苏	14 936	39.1	26.4	46 246	6 069	5.1
浙江	7 382	14.4	7.9	14 076	6 731	6.9
安徽	29 143	91.7	77.6	130 378	9 485	6.7
福建	7 921	27.3	21.1	41 887	9 272	6.0
江西	9 172	30.6	25.3	32 628	6 691	6.3
山东	30 962	102.3	70.3	116 335	7 201	6.3
河南	29 645	90.5	56.1	98 005	6 807	6.3
湖北	38 675	138.3	110.8	259 483	14 096	7.5
湖南	24 778	73.4	55.5	76 294	8 029	7.7
广东	14 141	53.0	46.1	80 581	13 137	8.6
广西	8 733	28.9	26.0	24 417	9 235	10.9
海南	—	—	—	—	—	—
四川	47 161	152.1	113.5	154 902	6 851	6.7
贵州	12 169	29.7	18.4	42 629	6 717	4.7
云南	10 763	37.8	30.9	42 712	9 924	8.8
西藏	—	—	—	—	—	—
陕西	23 645	87.3	71.3	101 452	7 582	6.5
甘肃	13 915	35.4	23.8	33 108	5 757	6.2
青海	3 436	9.8	8.0	15 984	2 831	1.7
宁夏	27	0.1	0.1	132	1 960	1.8
新疆	16 209	42.5	26.8	47 917	6 573	5.8

1－14 各地区建筑业增加值及其构成(一)

单位:万元

地区	建筑业增加值合计	本年提取固定资产折旧	应付工资总额	应付福利费总额
全国总计	**24 056 186**	**1 455 884**	**11 531 443**	**1 228 556**
北京	1 348 018	70 373	598 223	63 229
天津	510 525	42 771	180 692	20 233
河北	1 004 433	65 288	449 446	57 884
山西	533 155	40 970	217 759	21 344
内蒙古	321 049	19 462	164 804	19 290
辽宁	1 352 915	87 344	634 460	75 500
吉林	451 124	27 810	226 355	23 321
黑龙江	675 666	40 679	322 185	37 816
上海	995 145	58 121	383 406	46 109
江苏	2 540 378	123 465	1 380 182	145 767
浙江	2 099 332	94 025	1 193 127	93 222
安徽	731 606	37 809	340 638	38 558
福建	561 023	27 389	269 335	29 071
江西	260 372	17 414	136 194	13 673
山东	1 770 885	110 238	804 799	94 948
河南	849 905	47 480	390 324	43 602
湖北	941 654	77 654	385 560	40 359
湖南	804 491	43 003	405 012	44 454
广东	1 854 934	118 719	877 382	86 794
广西	365 971	24 171	183 082	18 779
海南	35 148	1 661	20 208	1 987
四川	1 985 461	121 155	1 021 218	108 614
贵州	207 235	18 356	98 889	9 779
云南	496 463	38 610	219 462	24 407
西藏	31 016	7 356	9 063	869
陕西	440 665	33 660	190 807	23 848
甘肃	382 693	18 399	189 813	17 100
青海	92 589	9 184	45 089	5 319
宁夏	89 034	5 933	43 981	4 838
新疆	323 300	27 386	149 945	17 841

1－14 各地区建筑业增加值及其构成(二)

单位: 万元

地区	工程结算税金及附加	工程结算利润	管理费用中的税金	管理费用中的劳动、待业保险费	转作奖金的利润
全国总计	**2 296 771**	**6 699 893**	**182 737**	**730 355**	**69 453**
北京	126 207	444 692	6 819	42 631	4 157
天津	42 307	193 363	2 510	29 723	1 075
河北	97 777	289 385	8 625	37 228	1 200
山西	45 202	178 418	3 820	25 744	103
内蒙古	24 228	79 787	3 663	11 063	1 248
辽宁	115 404	392 882	7 217	40 883	775
吉林	40 482	117 338	2 039	13 973	193
黑龙江	61 915	196 438	3 994	13 524	885
上海	118 933	341 119	6 048	42 775	1 366
江苏	243 038	598 412	13 016	45 248	8 750
浙江	223 050	476 434	9 094	21 184	10 805
安徽	68 350	217 586	5 953	25 210	2 498
福建	69 125	148 109	4 584	14 116	707
江西	25 484	58 504	3 330	6 013	242
山东	171 775	547 418	15 619	39 535	13 447
河南	76 423	256 134	6 787	30 614	1 458
湖北	81 606	310 912	7 454	39 033	925
湖南	77 193	211 819	6 962	19 663	3 614
广东	195 478	529 157	14 192	41 198	7 985
广西	35 308	85 114	3 799	16 547	829
海南	3 767	6 215	740	617	48
四川	176 815	473 407	16 979	70 987	3 713
贵州	17 827	53 854	2 083	6 594	146
云南	50 288	128 829	7 442	28 060	636
西藏	896	11 224	1 361	258	11
陕西	34 377	130 656	3 934	23 690	308
甘肃	31 607	101 611	9 841	14 741	418
青海	7 837	20 289	1 010	3 908	48
宁夏	7 258	21 984	1 260	3 930	152
新疆	26 816	78 801	2 561	21 664	1 712

1－15 各地区地方和中央建筑业增加值及其构成(一)

单位: 万元

地 区	建筑业增加值合计	本年提取固定资产折旧	应付工资总额	应付福利费总额
全国总计	**24 056 186**	**1 455 884**	**11 531 443**	**1 228 556**
一、地方所属单位	**18 267 863**	**987 869**	**9 192 381**	**935 466**
北 京	950 600	43 079	451 080	44 466
天 津	236 024	12 196	83 946	10 118
河 北	603 487	33 672	289 099	37 335
山 西	218 211	16 085	94 198	9 463
内蒙古	260 298	16 548	136 422	15 510
辽 宁	1 002 093	61 220	485 201	55 918
吉 林	321 705	18 545	162 013	18 035
黑龙江	489 043	26 351	234 302	26 848
上 海	693 482	35 542	258 525	30 006
江 苏	2 330 943	109 405	1 298 445	135 778
浙 江	2 032 120	89 579	1 171 104	89 937
安 徽	468 927	21 813	235 280	23 248
福 建	472 320	20 316	239 564	25 174
江 西	188 812	11 735	98 087	8 871
山 东	1 388 382	80 475	640 527	76 653
河 南	584 125	29 027	287 808	25 305
湖 北	459 072	28 257	212 345	20 062
湖 南	598 702	30 274	320 882	32 271
广 东	1 685 257	101 787	810 915	75 741
广 西	306 936	19 640	157 325	16 053
海 南	35 148	1 661	20 208	1 987
四 川	1 539 078	87 678	832 867	85 510
贵 州	93 636	5 227	52 674	4 492
云 南	400 829	29 178	181 405	19 986
西 藏	31 016	7 356	9 063	869
陕 西	229 946	12 912	105 557	12 383
甘 肃	277 172	10 807	141 112	12 384
青 海	60 678	4 285	30 112	3 223
宁 夏	87 668	5 890	43 432	4 815
新 疆	222 150	17 330	108 885	13 024

1－15 各地区地方和中央建筑业增加值及其构成(二)

单位:万元

地　　区	工程结算税金及附加	工程结算利润	管理费用中的税金	管理费用中的劳动、待业保险费	转作奖金的利润
全国总计	**2 296 771**	**6 699 893**	**182 737**	**730 355**	**69 453**
一、地方所属单位	**1 841 863**	**4 787 136**	**154 885**	**431 307**	**63 045**
北　京	86 984	289 203	5 316	32 813	2 339
天　津	20 693	92 960	1 364	15 822	1 075
河　北	64 964	159 866	6 450	13 266	1 165
山　西	21 505	63 355	2 929	10 770	95
内蒙古	20 713	63 401	3 148	5 796	1 239
辽　宁	88 270	278 580	5 429	28 214	739
吉　林	29 940	80 064	1 755	11 529	176
黑龙江	51 138	137 766	3 644	9 724	731
上　海	93 967	250 154	5 125	21 488	1 325
江　苏	223 632	524 990	12 528	34 890	8 725
浙　江	217 194	444 895	8 875	20 405	9 868
安　徽	49 670	128 313	4 770	8 278	2 444
福　建	55 737	115 555	4 193	12 371	591
江　西	21 537	42 144	2 993	3 686	242
山　东	140 005	423 938	14 184	25 522	12 922
河　南	54 131	168 262	5 873	15 168	1 447
湖　北	44 564	136 029	5 947	12 792	923
湖　南	60 211	142 879	6 040	8 996	2 851
广　东	180 943	475 444	13 449	34 844	7 866
广　西	31 188	68 054	3 669	11 837	829
海　南	3 767	6 215	740	617	48
四　川	147 946	338 951	14 819	34 812	3506
贵　州	9 257	17 272	1 508	3 347	141
云　南	44 358	104 082	4 439	18 016	633
西　藏	896	11 224	1 361	258	11
陕　西	20 567	64 672	3 510	10 646	300
甘　肃	25 034	73 835	6 598	7 781	380
青　海	4 689	13 903	779	3 734	48
宁　夏	7 109	21 397	1 247	3 930	152
新　疆	21 256	49 732	2 202	9 955	234

1－15 各地区地方和中央建筑业增加值及其构成(三)

单位:万元

地　区	建筑业增加值合计	本年提取固定资产折旧	应付工资总额	应付福利费总额
二、中央所属单位	**5 788 324**	**468 015**	**2 339 062**	**293 089**
北　京	397 418	27 294	147 144	18 764
天　津	274 501	30 576	96 747	10 115
河　北	400 946	31 616	160 347	20 549
山　西	314 944	24 885	123 561	11 881
内蒙古	60 751	2 913	28 383	3 780
辽　宁	350 822	26 124	149 260	19 582
吉　林	129 418	9 265	64 342	5 286
黑龙江	186 623	14 328	87 883	10 967
上　海	301 663	22 579	124 881	16 103
江　苏	209 435	14 061	81 737	9 988
浙　江	67 212	4 446	22 023	3 285
安　徽	262 679	15 996	105 358	15 311
福　建	88 703	7 073	29 772	3 897
江　西	71 560	5 680	38 107	4 802
山　东	382 503	29 763	164 272	18 295
河　南	265 780	18 453	102 516	18 298
湖　北	482 583	49 397	173 215	20 298
湖　南	205 789	12 729	84 130	12 183
广　东	169 677	16 932	66 467	11 053
广　西	59 035	4 531	25 757	2 726
海　南	–	–	–	–
四　川	446 383	33 477	188 350	23 104
贵　州	113 599	13 129	46 216	5 287
云　南	95 633	9 432	38 057	4 421
西　藏	–	–	–	–
陕　西	210 719	20 748	85 251	11 465
甘　肃	105 522	7 592	48 701	4 715
青　海	31 911	4 899	14 978	2 096
宁　夏	1 365	44	549	23
新　疆	101 150	10 056	41 060	4 816

1－15 各地区地方和中央建筑业增加值及其构成(四)

单位:万元

地　区	工程结算税金及附加	工程结算利润	管理费用中的税金	管理费用中的劳动、待业保险费	转作奖金的利润
二、中央所属单位	**454 908**	**1 912 758**	**27 852**	**299 049**	**6 409**
北　京	39 223	155 489	1 504	9 818	1 817
天　津	21 614	100 403	1 146	13 901	–
河　北	32 813	129 519	2 175	23 963	35
山　西	23 697	115 063	892	14 974	8
内蒙古	3 515	16 387	515	5 267	9
辽　宁	27 133	114 302	1 789	12 669	36
吉　林	10 542	37 274	284	2 444	17
黑龙江	10 777	58 672	350	3 800	154
上　海	24 966	90 965	923	21 287	41
江　苏	19 406	73 422	488	10 358	25
浙　江	5 856	31 539	219	780	937
安　徽	18 680	89 273	1 183	16 932	54
福　建	13 387	32 554	391	1 745	116
江　西	3 946	16 361	337	2 327	–
山　东	31 770	123 481	1 434	14 013	525
河　南	22 292	87 872	914	15 446	11
湖　北	37 043	174 883	1 507	26 241	2
湖　南	16 982	68 939	922	10 667	762
广　东	14 535	53 713	743	6 354	119
广　西	4 120	17 060	130	4 709	–
海　南	–	–	–	–	–
四　川	28 869	134 456	2 160	36 175	208
贵　州	8 570	36 582	575	3 247	6
云　南	5 930	24 747	3 003	10 045	2
西　藏	–	–	–	–	–
陕　西	13 811	65 985	424	13 044	7
甘　肃	6 573	27 776	3 243	6 959	38
青　海	3 148	6 385	231	174	–
宁　夏	149	587	13	–	–
新　疆	5 560	29 069	358	11 710	1 478

1-16 各地区建筑业劳动生产率

地　区	建筑业企业个数(个)	计算劳动生产率的平均人数(万人)	按总产值计算的劳动生产率(元/人)	按增加值计算的劳动生产率(元/人)	人均竣工产值(元/人)	人均施工面积(平米/人)	人均竣工面积(平米/人)
全国总计	**41 364**	**2 121.87**	**39 033**	**11 337**	**27 051**	**60.8**	**28.3**
北　京	1 292	82.48	56 750	16 344	35 940	64.6	23.8
天　津	335	28.24	59 672	18 077	36 766	55.3	19.5
河　北	1 729	102.32	32 867	9 816	22 247	50.0	25.4
山　西	770	43.91	35 719	12 142	27 599	36.1	14.0
内蒙古	835	34.70	25 255	9 252	19 143	35.3	17.8
辽　宁	2 386	116.02	34 277	11 661	25 334	44.2	22.5
吉　林	815	38.29	35 488	11 780	25 971	34.2	20.6
黑龙江	1 696	65.19	34 203	10 365	24 985	34.3	19.2
上　海	918	54.29	81 173	18 331	46 867	71.4	25.1
江　苏	2 958	210.91	48 080	12 045	35 010	72.6	37.9
浙　江	3 133	142.34	58 751	14 748	39 451	87.3	40.1
安　徽	1 478	74.09	32 387	9 875	24 064	54.2	26.6
福　建	1 424	43.99	47 367	12 754	31 134	79.9	32.3
江　西	1 010	32.35	30 065	8 049	22 404	64.4	30.7
山　东	4 010	182.10	31 742	9 725	21 943	60.4	24.8
河　南	2 278	97.30	27 910	8 735	18 942	54.8	28.0
湖　北	1 696	76.51	37 177	12 308	20 808	59.5	24.6
湖　南	1 656	75.94	36 657	10 593	24 972	61.4	31.5
广　东	1 873	144.15	43 293	12 868	31 308	95.3	35.1
广　西	815	38.66	31 900	9 468	25 653	66.6	32.1
海　南	110	4.59	33 094	7 663	24 634	55.3	20.7
四　川	4 157	224.37	29 933	8 849	21 668	57.9	30.3
贵　州	560	21.92	30 153	9 454	22 743	55.4	23.2
云　南	941	45.79	37 861	10 842	26 278	54.5	32.5
西　藏	43	1.61	41 169	19 311	26 660	73.6	69.9
陕　西	796	41.84	30 928	10 531	22 382	44.2	19.7
甘　肃	513	46.66	22 230	8 202	15 560	38.1	20.3
青　海	212	13.32	20 852	6 952	12 785	18.8	10.4
宁　夏	357	9.52	26 653	9 354	20 484	36.2	22.6
新　疆	568	28.49	32 607	11 348	23 931	42.4	22.7

1-17 各地区地方和中央建筑业劳动生产率(一)

地　区	建筑业企业个数(个)	计算劳动生产率的平均人数(万人)	按总产值计算的劳动生产率(元/人)	按增加值计算的劳动生产率(元/人)	人均竣工产值(元/人)	人均施工面积(平米/人)	人均竣工面积(平米/人)
全国总计	**41 364**	**2 121.87**	**39 033**	**11 337**	**27 051**	**60.8**	**28.3**
一、地方所属单位	**39 624**	**1 837.91**	**36 051**	**9 939**	**25 336**	**64.7**	**31.0**
北　京	1 079	61.88	53 161	15 361	32 804	67.6	25.7
天　津	303	17.76	50 277	13 287	29 905	62.1	24.4
河　北	1 630	81.78	26 071	7 379	18 392	50.6	28.8
山　西	724	26.24	25 672	8 315	17 158	43.5	18.2
内蒙古	801	31.37	23 584	8 299	16 935	35.8	18.5
辽　宁	2 219	97.12	31 396	10 318	24 176	48.4	25.4
吉　林	758	31.18	32 593	10 316	26 857	36.3	22.6
黑龙江	1 558	54.52	30 027	8 970	21 023	37.9	21.3
上　海	864	45.11	78 086	15 374	46 404	82.0	28.8
江　苏	2 915	203.29	46 902	11 466	34 889	73.5	39.0
浙　江	3 124	140.25	58 340	14 489	38 893	88.5	40.7
安　徽	1 398	60.34	28 492	7 771	20 483	59.8	30.7
福　建	1 376	39.47	43 186	11 967	30 724	79.2	34.8
江　西	984	27.47	26 481	6 873	20 442	73.1	34.7
山　东	3 929	165.94	28 367	8 367	19 296	61.5	25.9
河　南	2 210	82.90	23 353	7 046	16 594	59.0	31.6
湖　北	1 635	58.10	27 132	7 902	19 197	60.7	29.7
湖　南	1 603	66.44	31 943	9 011	22 864	64.7	34.5
广　东	1 805	138.01	41 597	12 211	30 386	96.0	35.4
广　西	804	36.01	30 573	8 523	22 830	70.2	33.8
海　南	110	4.59	33 094	7 663	24 634	55.3	20.7
四　川	4 041	201.76	27 767	7 628	20 057	61.2	32.6
贵　州	524	15.57	21 324	6 012	11 667	53.2	25.2
云　南	926	41.49	36 193	9 662	25 846	57.6	34.5
西　藏	43	1.61	41 169	19 311	26 660	73.6	69.9
陕　西	749	28.47	25 792	8 078	16 878	56.0	26.3
甘　肃	479	40.91	19 151	6 776	13 459	41.4	22.2
青　海	208	7.67	22 713	7 908	17 441	32.2	17.8
宁　夏	352	9.45	26 252	9 276	20 040	35.9	22.3
新　疆	473	21.20	31 127	10 479	23 476	45.2	22.7

1-17 各地区地方和中央建筑业劳动生产率(二)

地　区	建筑业企业个数(个)	计算劳动生产率的平均人数(万人)	按总产值计算的劳动生产率(元/人)	按增加值计算的劳动生产率(元/人)	人均竣工产值(元/人)	人均施工面积(平米/人)	人均竣工面积(平米/人)
二、中央所属单位	**1 740**	**283.96**	**58 331**	**20 385**	**38 152**	**36.1**	**10.7**
北　京	213	20.60	67 534	19 295	45 361	55.7	18.3
天　津	32	10.48	75 598	26 197	48 398	43.7	11.3
河　北	99	20.54	59 923	19 518	37 596	47.5	12.0
山　西	46	17.67	50 644	17 828	43 109	25.0	7.7
内蒙古	34	3.34	40 973	18 216	39 911	30.2	11.1
辽　宁	167	18.89	49 089	18 569	31 288	22.5	7.7
吉　林	57	7.11	48 182	18 202	22 082	24.8	12.1
黑龙江	138	10.67	55 545	17 495	45 240	16.1	8.9
上　海	54	9.18	96 344	32 859	49 138	19.3	6.6
江　苏	43	7.62	79 507	27 483	38 231	49.4	10.3
浙　江	9	2.09	86 316	32 139	76 910	9.3	1.9
安　徽	80	13.75	49 483	19 110	39 786	29.6	8.9
福　建	48	4.52	83 902	19 635	34 719	86.5	11.0
江　西	26	4.88	50 257	14 674	33 458	15.5	8.3
山　东	81	16.16	66 414	23 675	49 124	49.5	13.2
河　南	68	14.40	54 147	18 461	32 457	31.1	7.4
湖　北	61	18.41	68 882	26 216	25 893	55.6	8.4
湖　南	53	9.50	69 621	21 657	39 711	38.0	10.9
广　东	68	6.13	81 452	27 663	52 055	79.6	28.2
广　西	11	2.64	49 978	22 329	64 104	18.1	8.0
海　南	—	—	—	—	—	—	—
四　川	116	22.61	49 260	19 743	36 046	28.5	9.4
贵　州	36	6.35	51 820	17 900	49 922	60.7	18.0
云　南	15	4.30	53 932	22 219	30 446	24.5	13.0
西　藏	—	—	—	—	—	—	—
陕　西	47	13.38	41 853	15 749	34 091	19.0	5.6
甘　肃	34	5.75	44 126	18 347	30 501	15.1	6.8
青　海	4	5.65	18 324	5 653	6 456	0.6	0.4
宁　夏	5	0.07	82 831	20 255	82 786	67.9	67.9
新　疆	95	7.29	36 910	13 876	25 255	34.1	22.5

1-18 各地区资本金及资产构成(一)

单位: 万元

地　区	资本金合　计	资产总计	#流动资产合计	#存　货	#在建工程
全国总计	**19 361 229**	**92 428 516**	**67 541 292**	**23 709 801**	**15 567 382**
北　京	805 811	6 381 093	5 157 283	1 735 663	696 567
天　津	383 679	1 948 560	1 386 062	286 253	134 543
河　北	860 195	3 255 183	2 162 025	560 302	246 771
山　西	362 025	2 184 869	1 515 011	418 890	214 106
内蒙古	273 735	1 134 321	788 832	225 690	97 666
辽　宁	1 256 649	5 113 176	3 576 823	849 393	377 416
吉　林	329 967	1 693 130	1 144 679	213 054	88 219
黑龙江	689 629	2 602 391	1 832 865	462 160	166 310
上　海	762 838	4 944 223	3 878 967	1 109 269	757 738
江　苏	1 669 240	9 386 068	7 507 764	3 386 427	2 632 530
浙　江	1 631 648	6 641 432	4 910 861	2 206 290	1 649 711
安　徽	571 376	2 228 763	1 538 988	460 907	267 670
福　建	504 029	3 103 290	2 475 771	1 176 845	973 843
江　西	279 594	1 321 256	946 942	472 668	346 883
山　东	1 374 397	6 040 547	4 148 174	1 219 220	632 941
河　南	707 268	2 554 272	1 712 514	571 909	305 115
湖　北	731 683	3 209 684	2 135 648	662 218	338 786
湖　南	651 672	2 438 586	1 660 376	491 966	319 134
广　东	1 609 930	11 375 738	9 203 031	3 853 042	3 248 913
广　西	356 713	1 848 344	1 410 119	628 621	528 123
海　南	45 148	201 714	143 093	37 312	26 081
四　川	1 848 361	5 716 193	3 672 071	1 346 008	835 330
贵　州	208 070	1 022 041	731 240	226 895	163 806
云　南	353 516	1 409 660	939 314	286 916	159 044
西　藏	14 472	117 114	70 193	13 196	-
陕　西	342 690	1 617 950	1 045 401	310 157	143 990
甘　肃	284 098	1 075 059	665 419	193 799	81 367
青　海	85 887	363 819	218 408	52 182	20 748
宁　夏	102 520	360 662	236 084	74 685	41 758
新　疆	264 390	1 139 380	727 336	177 864	72 272

1-18 各地区资本金及资产构成(二)

单位: 万元

地　　区	固定资产合计	固定资产原价合计	#生产经营用	固定资产折旧	#本年折旧	无形及递延资产合计	#无形资产
全国总计	**19 762 208**	**26 858 952**	**18 648 070**	**7 653 773**	**1 455 884**	**735 716**	**413 571**
北　京	785 243	1 134 139	704 540	358 968	70 373	27 336	12 777
天　津	450 373	717 367	558 363	270 935	42 771	10 897	3 652
河　北	945 236	1 260 275	877 053	352 667	65 288	23 796	12 084
山　西	582 802	778 178	456 334	203 295	40 970	10 742	3 468
内蒙古	296 738	401 112	267 281	110 384	19 462	11 608	9 222
辽　宁	1 285 942	1 817 102	1 292 191	560 080	87 344	51 730	38 383
吉　林	462 152	629 746	363 064	172 968	27 810	8 798	7 366
黑龙江	681 604	919 607	686 737	253 987	40 679	20 960	11 563
上　海	636 767	948 301	771 557	342 712	58 121	77 274	42 004
江　苏	1 523 164	2 034 889	1 564 456	545 179	123 465	38 141	20 446
浙　江	1 371 258	1 720 294	1 352 037	377 746	94 025	45 610	24 609
安　徽	583 664	901 465	511 646	317 800	37 809	10 330	6 174
福　建	459 091	582 093	449 230	167 076	27 389	29 565	19 008
江　西	295 620	384 522	229 528	101 651	17 414	10 201	6 299
山　东	1 403 555	1 899 763	1 229 611	542 682	110 238	68 860	43 456
河　南	713 558	949 248	605 488	617 363	47 455	24 324	17 882
湖　北	911 007	1 264 383	863 939	374 542	77 654	31 942	20 805
湖　南	636 269	831 030	621 230	218 822	43 003	30 374	16 123
广　东	1 617 649	2 174 430	1 591 340	591 256	118 719	87 701	38 207
广　西	352 261	460 142	327 732	118 031	24 171	17 425	15 241
海　南	51 443	60 766	38 425	12 065	1 661	1 019	638
四　川	1 672 816	2 273 345	1 553 389	641 190	121 155	45 470	27 779
贵　州	207 496	285 621	185 748	78 686	18 356	14 299	1 139
云　南	388 479	517 288	346 285	169 447	38 610	8 513	4 796
西　藏	40 686	63 561	38 964	24 307	7 356	51	—
陕　西	485 229	658 299	407 463	180 110	33 660	12 077	2 353
甘　肃	349 080	434 851	275 673	102 933	18 399	5 983	2 596
青　海	129 469	163 802	92 246	47 836	9 184	1 355	999
宁　夏	103 359	135 699	100 767	32 960	5 933	5 500	3 871
新　疆	340 195	457 631	285 751	132 402	27 386	3 837	631

1-19 各地区地方和中央资本金及资产构成(一)

单位: 万元

地区	资本金合计	资产总计	#流动资产合计	#存货	#在建工程
全国总计	**19 361 229**	**92 428 516**	**67 541 292**	**23 709 801**	**15 567 382**
一、地方所属单位	**15 920 070**	**72 844 814**	**54 604 252**	**20 542 190**	**14 280 224**
北京	549 093	4 560 624	3 750 605	1 399 406	536 276
天津	213 503	1 025 555	766 857	150 896	62 689
河北	635 213	1 963 267	1 314 594	323 748	153 238
山西	182 797	959 302	677 964	179 313	103 914
内蒙古	238 754	989 588	683 786	177 567	89 926
辽宁	1 010 993	3 873 794	2 726 957	621 771	278 942
吉林	264 856	1 289 601	872 597	140 220	53 213
黑龙江	521 701	1 954 777	1 394 768	365 497	149 476
上海	631 447	3 976 329	3 206 006	961 037	677 309
江苏	1 567 312	8 684 473	7 004 636	3 280 119	2 597 174
浙江	1 604 191	6 431 262	4 773 346	2 171 353	1 633 248
安徽	418 370	1 476 607	1 055 000	360 067	238 508
福建	443 842	2 658 427	2 150 553	1 128 453	956 081
江西	237 382	1 096 018	835 295	442 398	338 281
山东	1 138 096	4 790 276	3 429 394	1 068 945	581 611
河南	563 550	1 766 340	1 189 808	450 455	259 733
湖北	553 241	1 767 798	1 227 264	382 796	212 731
湖南	562 694	1 807 522	1 230 719	407 349	288 215
广东	1 444 198	10 610 878	8 713 466	3 745 292	3 188 969
广西	317 928	1 649 142	1 279 640	600 108	517 364
海南	45 148	201 714	143 093	37 312	26 081
四川	1 533 259	4 447 083	2 898 557	1 135 989	765 786
贵州	124 273	603 247	464 376	179 957	148 854
云南	310 905	1 175 466	804 617	254 407	152 858
西藏	14 472	117 114	70 193	13 196	-
陕西	209 500	847 910	578 061	194 108	102 405
甘肃	206 185	717 181	455 259	134 044	56 209
青海	63 354	238 774	148 559	33 581	14 530
宁夏	102 142	356 272	232 270	73 527	41 348
新疆	211 670	808 472	526 011	129 277	55 254

1－19 各地区地方和中央资本金及资产构成(二)

单位：万元

地 区	资本金合 计	资产总计	#流动资产合计	#存 货	#在建工程
二、中央所属单位	**3 441 159**	**19 583 703**	**12 937 040**	**3 167 611**	**1 287 159**
北 京	256 718	1 820 468	1 406 678	336 257	160 291
天 津	170 175	923 004	619 205	135 356	71 854
河 北	224 981	1 291 916	847 431	236 554	93 533
山 西	179 228	1 225 568	837 047	239 576	110 193
内 蒙 古	34 981	144 733	105 046	48 123	7 740
辽 宁	245 656	1 239 382	849 865	227 622	98 474
吉 林	65 111	403 529	272 082	72 834	35 007
黑 龙 江	167 928	647 613	438 097	96 663	16 834
上 海	131 391	967 894	672 961	148 232	80 429
江 苏	101 928	701 595	503 128	106 309	35 356
浙 江	27 458	210 170	137 515	34 937	16 463
安 徽	153 006	752 156	483 988	100 840	29 162
福 建	60 188	444 863	325 218	48 392	17 762
江 西	42 212	225 238	111 646	30 270	8 602
山 东	236 301	1 250 272	718 780	150 275	51 330
河 南	143 718	787 932	522 705	121 454	45 382
湖 北	178 442	1 441 886	908 384	279 422	126 055
湖 南	88 978	631 064	429 657	84 617	30 918
广 东	165 732	764 860	489 565	107 750	59 944
广 西	38 785	199 201	130 479	28 513	10 760
海 南	－	－	－	－	－
四 川	315 102	1 269 110	773 514	210 019	69 544
贵 州	83 797	418 793	266 863	46 938	14 952
云 南	42 612	234 194	134 698	32 509	6 186
西 藏	－	－	－	－	－
陕 西	133 189	770 039	467 339	116 049	41 585
甘 肃	77 912	357 877	210 159	59 755	25 158
青 海	22 532	125 045	69 849	18 601	6 217
宁 夏	378	4 390	3 814	1 158	410
新 疆	52 720	330 908	201 325	48 587	17 018

1–19 各地区地方和中央资本金及资产构成(三)

单位:万元

地　　区	固定资产合计	固定资产原价合计	#生　产经营用	固定资产折旧	#本　年折　旧	无形及递延资产合计	#无　形资　产
全国总计	**19 762 208**	**26 858 952**	**18 648 070**	**7 653 773**	**1 455 884**	**735 716**	**413 571**
一、地方所属单位	**14 373 997**	**18 969 830**	**13 345 630**	**5 469 192**	**987 844**	**606 270**	**367 648**
北　京	490 130	703 748	428 592	222 005	43 079	22 897	11 058
天　津	197 022	270 868	196 982	76 361	12 196	5 847	2 295
河　北	561 611	700 275	521 761	170 405	33 672	14 543	9 752
山　西	242 749	327 708	189 257	92 338	16 085	5 995	1 941
内 蒙 古	258 683	345 747	226 687	92 427	16 548	11 568	9 212
辽　宁	959 884	1 317 553	957 343	385 120	61 220	45 834	36 649
吉　林	346 402	466 693	283 712	124 413	18 545	6 058	5 069
黑 龙 江	481 895	633 484	480 920	162 719	26 351	17 990	11 330
上　海	455 212	606 187	471 375	178 874	35 542	51 067	37 876
江　苏	1 367 578	1 812 795	1 415 574	476 274	109 405	31 932	20 136
浙　江	1 311 845	1 637 645	1 305 528	353 910	89 579	41 189	23 555
安　徽	355 023	559 786	307 179	204 764	21 813	8 438	5 468
福　建	373 054	463 963	366 473	134 937	20 316	25 295	18 955
江　西	210 354	269 843	158 481	71 294	11 735	9 872	6 149
山　东	1 021 120	1 380 724	869 229	405 624	80 475	58 305	35 636
河　南	489 026	630 794	401 580	523 092	29 002	20 833	16 286
湖　北	455 715	598 645	393 780	163 533	28 257	24 355	18 417
湖　南	473 974	607 736	450 599	157 434	30 274	22 105	9 841
广　东	1 386 971	1 816 058	1 343 087	460 942	101 787	85 025	37 211
广　西	298 319	381 337	271 391	93 161	19 640	12 166	10 141
海　南	51 443	60 766	38 425	12 065	1 661	1 019	638
四　川	1 265 016	1 674 933	1 186 942	448 785	87 678	39 481	25 068
贵　州	105 038	134 109	85 323	29 607	5 227	12 926	1 139
云　南	299 084	382 101	255 547	123 275	29 178	8 076	4 783
西　藏	40 686	63 561	38 964	24 307	7 356	51	–
陕　西	233 352	304 554	185 642	77 135	12 912	9 470	1 210
甘　肃	218 048	271 802	168 702	61 243	10 807	4 857	2 596
青　海	81 734	97 378	48 903	27 911	4 285	1 285	929
宁　夏	102 784	135 023	100 300	32 859	5 890	5 500	3 871
新　疆	240 245	314 010	197 356	82 378	17 330	2 291	437

1－19 各地区地方和中央资本金及资产构成(四)

单位: 万元

地　　区	固定资产合计	固定资产原价合计	#生产经营用	固定资产折旧	#本年折旧	无形及递延资产合计	#无形资产
二、中央所属单位	**5 388 211**	**7 889 122**	**5 302 440**	**2 550 889**	**468 015**	**129 446**	**45 923**
北　京	295 113	430 391	275 948	136 963	27 294	4 439	1 719
天　津	253 351	446 499	361 381	194 575	30 576	5 050	1 357
河　北	383 625	560 000	355 292	182 261	31 616	9 253	2 332
山　西	340 052	450 470	267 077	110 957	24 885	4 747	1 527
内蒙古	38 056	55 365	40 594	17 957	2 913	40	10
辽　宁	326 058	499 549	334 848	174 960	26 124	5 896	1 734
吉　林	115 750	163 052	79 353	48 554	9 265	2 739	2 297
黑龙江	199 708	286 123	205 817	91 267	14 328	2 970	232
上　海	181 555	342 114	300 182	163 838	22 579	26 207	4 128
江　苏	155 587	222 094	148 882	68 905	14 061	6 209	311
浙　江	59 413	82 649	46 509	23 837	4 446	4 421	1 054
安　徽	228 642	341 678	204 467	113 036	15 996	1 892	707
福　建	86 038	118 130	82 757	32 139	7 073	4 269	53
江　西	85 266	114 678	71 047	30 357	5 680	329	151
山　东	382 434	519 039	360 383	137 058	29 763	10 554	7 819
河　南	224 532	318 454	203 909	94 272	18 453	3 491	1 597
湖　北	455 292	665 738	470 159	211 008	49 397	7 587	2 388
湖　南	162 295	223 293	170 631	61 388	12 729	8 269	6 281
广　东	230 678	358 372	248 254	130 314	16 932	2 676	997
广　西	53 942	78 805	56 341	24 870	4 531	5 259	5 100
海　南	—	—	—	—	—	—	—
四　川	407 801	598 413	366 447	192 405	33 477	5 989	2 711
贵　州	102 458	151 512	100 425	49 079	13 129	1 373	
云　南	89 395	135 187	90 739	46 172	9 432	437	13
西　藏	—	—	—	—	—	—	—
陕　西	251 877	353 745	221 821	102 975	20 748	2 607	1 143
甘　肃	131 032	163 049	106 971	41 691	7 592	1 125	—
青　海	47 735	66 424	43 343	19 925	4 899	70	70
宁　夏	575	676	467	101	44	—	—
新　疆	99 950	143 621	88 395	50 025	10 056	1 546	193

1－20 各地区负债及所有者权益

单位: 万元

地　区	负债合计	流动负债合计	长期负债合计	所有者权益合计	#股　本
全国总计	**68 958 281**	**64 808 821**	**3 752 013**	**23 470 236**	**1 094 435**
北　京	5 158 627	5 003 406	155 221	1 222 465	58 190
天　津	1 472 811	1 337 704	120 719	475 748	10 869
河　北	2 241 637	2 059 729	159 281	1 013 546	16 592
山　西	1 714 897	1 586 094	126 849	469 972	32 323
内蒙古	834 397	770 722	59 384	299 924	12 797
辽　宁	3 713 976	3 463 228	211 568	1 399 200	41 473
吉　林	1 236 640	1 184 102	52 538	456 490	10 879
黑龙江	1 848 945	1 723 211	125 735	753 445	43 462
上　海	3 953 077	3 717 915	190 967	991 146	15 313
江　苏	7 311 690	7 074 939	177 832	2 074 379	140 285
浙　江	4 666 064	4 525 387	140 678	1 975 368	173 142
安　徽	1 608 682	1 523 624	83 849	620 081	24 179
福　建	2 453 915	2 370 952	59 638	649 374	86 811
江　西	975 304	896 627	60 214	345 951	9 852
山　东	4 433 655	3 981 963	350 345	1 606 893	61 839
河　南	1 703 281	1 575 280	120 295	850 991	30 768
湖　北	2 328 484	2 072 397	249 498	881 200	34 439
湖　南	1 677 962	1 566 034	111 928	760 624	11 871
广　东	9 225 987	8 820 727	404 478	2 149 752	184 847
广　西	1 427 811	1 354 926	72 885	420 533	10 991
海　南	148 722	131 736	16 082	52 992	1 861
四　川	3 710 168	3 448 034	244 278	2 006 025	26 006
贵　州	784 500	747 084	37 416	237 541	1 320
云　南	993 176	892 360	94 619	416 484	4 745
西　藏	64 137	62 182	1 955	52 977	383
陕　西	1 201 272	1 079 375	112 090	416 678	8 891
甘　肃	731 327	650 770	76 709	343 731	19 146
青　海	265 827	244 754	14 409	97 992	327
宁　夏	255 980	229 132	22 210	104 682	6 446
新　疆	815 330	714 429	98 342	324 051	14 389

1-21 各地区地方和中央负债及所有者权益(一)

单位:万元

地　　区	负债合计	流动负债合计	长期负债合计	所有者权益合计	#股　　本
全国总计	**68 958 281**	**64 808 821**	**3 752 013**	**23 470 236**	**1 094 435**
一、地方所属单位	**54 175 656**	**51 315 323**	**2 472 246**	**18 669 158**	**1 040 967**
北　京	3 704 695	3 606 201	98 494	855 929	34 896
天　津	793 880	742 170	37 322	231 675	9 362
河　北	1 266 982	1 184 194	60 922	696 284	16 542
山　西	761 038	705 793	53 290	198 264	29 441
内蒙古	725 639	684 741	40 099	263 949	12 797
辽　宁	2 768 336	2 582 605	147 216	1 105 458	38 993
吉　林	935 984	905 096	30 888	353 617	10 465
黑龙江	1 398 154	1 331 151	67 003	556 623	43 019
上　海	3 185 723	3 018 482	123 056	790 606	15 313
江　苏	6 758 421	6 554 022	146 713	1 926 052	137 782
浙　江	4 526 599	4 396 034	130 565	1 904 663	173 142
安　徽	1 046 643	990 918	54 517	429 964	24 129
福　建	2 103 650	2 037 251	43 073	554 777	86 600
江　西	818 935	748 777	51 695	277 083	7 073
山　东	3 494 643	3 181 285	212 179	1 295 633	58 721
河　南	1 121 696	1 044 024	70 018	644 644	29 446
湖　北	1 200 262	1 068 718	125 698	567 536	33 939
湖　南	1 189 137	1 105 810	83 327	618 386	7 919
广　东	8 693 250	8 314 027	378 441	1 917 629	179 902
广　西	1 278 900	1 230 308	48 592	370 243	10 991
海　南	148 722	131 736	16 082	52 992	1 861
四　川	2 815 135	2 620 459	176 920	1 631 948	26 006
贵　州	477 603	456 987	20 616	125 645	1 320
云　南	812 774	738 581	69 816	362 691	4 745
西　藏	64 137	62 182	1 955	52 977	383
陕　西	630 201	568 071	52 326	217 709	8 220
甘　肃	474 883	441 010	30 025	242 299	19 146
青　海	170 941	154 477	9 800	67 833	327
宁　夏	252 590	225 742	22 210	103 682	6 446
新　疆	556 105	484 472	69 391	252 367	12 041

1-21 各地区地方和中央负债及所有者权益(二)

单位:万元

地区	负债合计	流动负债合计	长期负债合计	所有者权益合计	#股本
二、中央所属单位	**14 782 625**	**13 493 498**	**1 279 767**	**4 801 078**	**53 468**
北京	1 453 932	1 397 205	56 727	366 536	23 293
天津	678 931	595 534	83 397	244 073	1 507
河北	974 654	875 535	98 359	317 262	50
山西	953 859	880 301	73 559	271 709	2 882
内蒙古	108 758	85 981	19 286	35 975	–
辽宁	945 640	880 623	64 351	293 742	2 479
吉林	300 656	279 006	21 650	102 873	414
黑龙江	450 791	392 060	58 732	196 822	442
上海	767 354	699 433	67 911	200 540	–
江苏	553 268	520 917	31 119	148 326	2 502
浙江	139 465	129 352	10 113	70 705	–
安徽	562 039	532 706	29 332	190 117	50
福建	350 266	333 701	16 565	94 597	210
江西	156 369	147 850	8 519	68 868	2 779
山东	939 012	800 679	138 166	311 260	3 118
河南	581 585	531 256	50 278	206 347	1 322
湖北	1 128 223	1003 679	123 800	313 664	500
湖南	488 826	460 224	28 602	142 238	3 952
广东	532 737	506 700	26 037	232 123	4 945
广西	148 911	124 618	24 293	50 290	–
海南	–	–	–	–	–
四川	895 033	827 575	67 358	374 077	–
贵州	306 897	290 098	16 799	111 896	–
云南	180 402	153 779	24 804	53 792	–
西藏	–	–	–	–	–
陕西	571 070	511 304	59 765	198 969	671
甘肃	256 445	209 760	46 685	101 432	–
青海	94 886	90 277	4 609	30 159	–
宁夏	3 390	3 390	–	1 000	–
新疆	259 225	229 957	28 951	71 684	2 348

1-22 各地区工程结算收入及工程结算利润

单位:万元

地　区	工程结算收入	工程结算成本	工程结算税金及附加	工程结算利润	管理费用	#税　金	#财产保险费	#劳动、待业保险费
全国总计	**71 893 332**	**62 896 668**	**2 296 771**	**6 699 893**	**5 039 750**	**182 737**	**37 377**	**730 355**
北　京	4 313 392	3 742 493	126 207	444 692	360 317	6 819	1 752	42 631
天　津	1 670 681	1 435 011	42 307	193 363	120 721	2 510	438	29 723
河　北	3 111 277	2 724 114	97 777	289 385	209 920	8 625	1 146	37 228
山　西	1 566 712	1 343 092	45 202	178 418	134 254	3 820	345	25 744
内蒙古	827 669	723 654	24 228	79 787	77 646	3 663	378	11 063
辽　宁	3 840 414	3 332 128	115 404	392 882	320 912	7 217	4 465	40 883
吉　林	1 321 428	1 163 609	40 482	117 338	105 686	2 039	435	13 973
黑龙江	2 116 489	1 858 136	61 915	196 438	163 844	3 994	1 424	13 524
上　海	3 799 605	3 339 553	118 933	341 119	311 306	6 048	1 556	42 775
江　苏	7 406 627	6 565 176	243 038	598 412	429 277	13 016	2 761	45 248
浙　江	6 509 315	5 809 830	223 050	476 434	305 695	9 094	1 914	21 184
安　徽	2 200 632	1 914 697	68 350	217 586	157 092	5 953	1 229	25 210
福　建	1 916 282	1 699 048	69 125	148 109	114 282	4 584	448	14 116
江　西	777 680	693 692	25 484	58 504	52 892	3 330	662	6 013
山　东	4 945 229	4 226 036	171 775	547 418	327 291	15 619	3 319	39 535
河　南	2 431 276	2 098 719	76 423	256 134	180 819	6 787	3 538	30 614
湖　北	2 624 390	2 231 871	81 606	310 912	230 215	7 454	1 046	39 033
湖　南	2 390 946	2 101 935	77 193	211 819	149 842	6 962	679	19 663
广　东	5 743 461	5 018 826	195 478	529 157	376 085	14 192	1 520	41 198
广　西	1 015 309	894 887	35 308	85 114	73 482	3 799	436	16 547
海　南	137 073	127 090	3 767	6 215	6 136	740	69	617
四　川	5 415 250	4 765 028	176 815	473 407	358 150	16 979	4 171	70 987
贵　州	623 226	551 546	17 827	53 854	45 891	2 083	426	6 594
云　南	1 550 006	1 370 890	50 288	128 829	100 106	7 442	793	28 060
西　藏	75 556	63 435	896	11 224	10 218	1 361	9	258
陕　西	1 197 413	1 032 379	34 377	130 656	119 785	3 934	674	23 690
甘　肃	971 278	838 060	31 607	101 611	75 171	9 841	1 136	14 741
青　海	253 896	225 770	7 837	20 289	20 318	1 010	64	3 908
宁　夏	236 022	206 780	7 258	21 984	20 717	1 260	135	3 930
新　疆	904 800	799 183	26 816	78 801	81 678	2 561	408	21 664

1-23 各地区地方和中央工程结算收入及工程结算利润(一)

单位:万元

地　区	工程结算收入	工程结算成本	工程结算税金及附加	工程结算利润	管理费用	#税金	#财产保险费	#劳动、待业保险费
全国总计	**71 893 332**	**62 896 668**	**2 296 771**	**6 699 893**	**5 039 750**	**182 737**	**37 377**	**730 355**
一、地方所属单位	55 514 245	48 885 246	1 841 863	4 787 136	3 565 221	154 885	29 169	431 307
北　京	2 880 688	2 504 502	86 984	289 203	246 413	5 316	1 324	32 813
天　津	881 323	767 670	20 693	92 960	62 772	1 364	250	15 822
河　北	1 916 078	1 691 248	64 964	159 866	110 523	6 450	658	13 266
山　西	682 701	597 841	21 505	63 355	56 383	2 929	164	10 770
内蒙古	691 773	607 660	20 713	63 401	62 670	3 148	365	5 796
辽　宁	2 875 118	2 508 268	88 270	278 580	223 844	5 429	2 930	28 214
吉　林	981 021	871 017	29 940	80 064	78 979	1 755	292	11 529
黑龙江	1 517 246	1 328 342	51 138	137 766	117 245	3 644	1 174	9 724
上　海	3 026 574	2 682 453	93 967	250 154	223 164	5 125	1 098	21 488
江　苏	6 782 942	6 034 320	223 632	524 990	383 670	12 528	2 535	34 890
浙　江	6 314 815	5 652 726	217 194	444 895	284 667	8 875	1 858	20 405
安　徽	1 518 640	1 340 657	49 670	128 313	89 131	4 770	764	8 278
福　建	1 544 386	1 373 094	55 737	115 555	91 163	4 193	415	12 371
江　西	556 871	493 190	21 537	42 144	36 906	2 993	647	3 686
山　东	3 863 484	3 299 541	140 005	423 938	239 166	14 184	2 881	25 522
河　南	1 669 648	1 447 255	54 131	168 262	113 072	5 873	3 321	15 168
湖　北	1 354 153	1 173 560	44 564	136 029	109 833	5 947	767	12 792
湖　南	1 798 401	1 595 311	60 211	142 879	100 787	6 040	530	8 996
广　东	5 217 134	4 560 747	180 943	475 444	332 928	13 449	1 393	34 844
广　西	881 322	782 080	31 188	68 054	57 473	3 669	370	11 837
海　南	137 073	127 090	3 767	6 215	6 136	740	69	617
四　川	4 318 356	3 831 458	147 946	338 951	243 543	14 819	2 396	34 812
贵　州	313 541	287 011	9 257	17 272	19 157	1 508	306	3 347
云　南	1 334 767	1 186 328	44 358	104 082	77 807	4 439	757	18 016
西　藏	75 556	63 435	896	11 224	10 218	1 361	9	258
陕　西	644 199	558 960	20 567	64 672	59 230	3 510	304	10 646
甘　肃	711 270	612 401	25 034	73 835	47 015	6 598	1 038	7 781
青　海	162 850	144 257	4 689	13 903	13 874	779	51	3 734
宁　夏	229 826	201 320	7 109	21 397	20 332	1 247	135	3 930
新　疆	632 490	561 502	21 256	49 732	47 119	2 202	365	9 955

1-23 各地区地方和中央工程结算收入及工程结算利润(二)

单位:万元

地　区	工程结算收入	工程结算成本	工程结算税金及附加	工程结算利润	管理费用	#税　金	#财产保险费	#劳动、待业保险费
二、中央所属单位	**16 379 087**	**14 011 421**	**454 908**	**1 912 758**	**1 474 529**	**27 852**	**8 207**	**299 049**
北　京	1 432 703	1 237 991	39 223	155 489	113 904	1 504	428	9 818
天　津	789 358	667 340	21 614	100 403	57 949	1 146	187	13 901
河　北	1 195 199	1 032 867	32 813	129 519	99 397	2 175	488	23 963
山　西	884 011	745 251	23 697	115 063	77 871	892	181	14 974
内蒙古	135 896	115 994	3 515	16 387	14 976	515	12	5 267
辽　宁	965 296	823 860	27 133	114 302	97 068	1 789	1 534	12 669
吉　林	340 407	292 591	10 542	37 274	26 708	284	143	2 444
黑龙江	599 243	529 794	10 777	58 672	46 599	350	250	3 800
上　海	773 031	657 100	24 966	90 965	88 142	923	458	21 287
江　苏	623 684	530 856	19 406	73 422	45 607	488	226	10 358
浙　江	194 500	157 104	5 856	31 539	21 027	219	57	780
安　徽	681 993	574 040	18 680	89 273	67 961	1 183	465	16 932
福　建	371 896	325 955	13 387	32 554	23 119	391	33	1 745
江　西	220 808	200 501	3 946	16 361	15 986	337	14	2 327
山　东	1 081 745	926 494	31 770	123 481	88 125	1 434	437	14 013
河　南	761 628	651 464	22 292	87 872	67 747	914	217	15 446
湖　北	1 270 237	1 058 311	37 043	174 883	120 382	1 507	279	26 241
湖　南	592 545	506 624	16 982	68 939	49 055	922	149	10 667
广　东	526 327	458 080	14 535	53 713	43 157	743	126	6 354
广　西	133 987	112 806	4 120	17 060	16 010	130	65	4 709
海　南	–	–	–	–	–	–	–	–
四　川	1 096 894	933 569	28 869	134 456	114 607	2 160	1 774	36 175
贵　州	309 686	264 535	8 570	36 582	26 735	575	120	3 247
云　南	215 239	184 562	5 930	24 747	22 300	3 003	36	10 045
西　藏	–	–	–	–	–	–	–	–
陕　西	553 214	473 418	13 811	65 985	60 555	424	370	13 044
甘　肃	260 008	225 659	6 573	27 776	28 156	3 243	98	6 959
青　海	91 047	81 513	3 148	6 385	6 443	231	13	174
宁　夏	6 195	5 460	149	587	385	13	–	
新　疆	272 310	237 681	5 560	29 069	34 559	358	44	11 710

1－24 各地区利税及利润总额

单位:万元

地区	利税总额	#利润总额	#应交所得税	#转作奖金的利润	#应付利润	#已分配股利
全国总计	**3 573 012**	**1 093 504**	**334 603**	**69 453**	**210 475**	**21 050**
北　京	221 922	88 896	25 835	4 157	11 318	976
天　津	58 548	13 731	4 557	1 075	2 413	143
河　北	146 653	40 251	12 729	1 200	5 578	107
山　西	46 759	－2 263	1 516	103	1 066	815
内蒙古	25 609	－2 282	2 032	1 248	1 328	183
辽　宁	151 009	28 388	17 727	775	7 068	1 036
吉　林	29 538	－12 983	2 989	193	861	18
黑龙江	70 609	4 700	4 172	885	2 760	587
上　海	206 789	81 808	15 670	1 366	21 251	1 826
江　苏	398 725	142 671	35 235	8 750	19 813	1 444
浙　江	397 947	165 803	41 629	10 805	20 991	3 335
安　徽	103 433	29 130	9 017	2 498	6 276	539
福　建	97 241	23 532	8 326	707	6 211	247
江　西	31 383	2 569	2 165	242	1 162	88
山　东	337 597	150 203	45 257	13 447	22 624	1 698
河　南	123 414	40 204	9 175	1 458	9 216	639
湖　北	116 323	27 263	6 690	925	5 939	973
湖　南	119 595	35 440	8 630	3 614	4 778	163
广　东	352 925	143 255	36 394	7 985	34 551	5 413
广　西	50 406	11 299	3 781	829	2 235	－
海　南	5 348	841	412	48	212	122
四　川	254 376	60 582	23 170	3 713	11 593	105
贵　州	17 030	－2 880	1 358	146	754	23
云　南	75 743	18 013	4 478	636	3 929	5
西　藏	3 821	1 564	596	11	10	－
陕　西	39 839	1 528	2 592	308	2 256	106
甘　肃	54 189	12 741	3 517	418	2 193	413
青　海	8 189	－658	708	48	292	36
宁　夏	7 301	－1 217	1 045	152	633	－
新　疆	20 752	－8 625	3 201	1 712	1 165	11

1-25 各地区地方和中央利税及利润总额(一)

单位:万元

地区	利税总额	#利润总额	#应交所得税	#转作奖金的利润	#应付利润	#已分配股利
全国总计	**3 573 012**	**1 093 504**	**334 603**	**69 453**	**210 475**	**21 050**
一、中央所属单位	**3 027 220**	**1 030 472**	**297 144**	**63 045**	**193 132**	**19 726**
北京	160 964	68 664	21 505	2 339	9 077	745
天津	33 281	11 224	3 086	1 075	2 112	143
河北	103 282	31 868	9 640	1 165	4 615	107
山西	24 307	−127	1 210	95	1 022	794
内蒙古	21 592	−2 269	1 964	1 239	1 322	183
辽宁	123 512	29 813	15 353	739	6 279	1 000
吉林	19 454	−12 241	2 447	176	829	18
黑龙江	54 159	−623	3 675	731	2 571	587
上海	171 267	72 175	13 677	1 325	19 808	1 176
江苏	370 644	134 484	32 850	8 725	19 698	1 439
浙江	387 009	160 940	39 954	9 868	20 853	3 335
安徽	82 425	27 985	7 888	2 444	5 966	499
福建	79 256	19 326	7 359	591	5 409	186
江西	28 875	4 345	1 977	242	1 159	88
山东	304 674	150 485	40 493	12 922	20 591	1 558
河南	99 053	39 049	7 907	1 447	8 700	639
湖北	67 773	17 262	4 461	923	4 912	973
湖南	97 662	31 411	7 676	2 851	4 667	163
广东	332 598	138 206	34 500	7 866	30 723	5 272
广西	47 244	12 387	3 566	829	2 143	–
海南	5 348	841	412	48	212	122
四川	221 141	58 376	20 657	3 506	10 725	105
贵州	7 913	−2 852	611	141	642	23
云南	67 321	18 524	4 225	633	3 761	5
西藏	3 821	1 564	596	11	10	–
陕西	28 342	4 265	1 573	300	1 969	106
甘肃	49 231	17 599	3 140	380	1 582	413
青海	4 541	−927	619	48	292	36
宁夏	6 818	−1 538	995	152	619	–
新疆	23 716	258	3 128	234	866	11

1－25 各地区地方和中央利税及利润总额(二)

单位: 万元

地区	利税总额	#利润总额	#应交所得税	#转作奖金的利润	#应付利润	#已分配股利
二、中央所属单位	**545 793**	**63 033**	**37 459**	**6 409**	**17 343**	**1 324**
北京	60 958	20 231	4 330	1 817	2 240	231
天津	25 267	2 507	1 471	—	300	—
河北	43 370	8 382	3 088	35	962	—
山西	22 453	−2 136	306	8	44	21
内蒙古	4 017	−13	68	9	6	—
辽宁	27 497	−1 425	2 375	36	789	36
吉林	10 084	−742	542	17	32	—
黑龙江	16 451	5 324	496	154	189	—
上海	35 522	9 633	1 993	41	1 443	650
江苏	28 081	8 187	2 385	25	115	4
浙江	10 938	4 863	1 675	937	138	—
安徽	21 008	1 145	1 129	54	310	40
福建	17 985	4 207	967	116	803	61
江西	2 508	−1 775	188	—	3	—
山东	32 922	−282	4 763	525	2 033	140
河南	24 361	1 155	1 268	11	516	—
湖北	48 551	10 001	2 229	2	1 027	—
湖南	21 933	4 029	954	762	112	—
广东	20 327	5 049	1 894	119	3 828	140
广西	3 162	−1 088	215	—	93	—
海南	—	—	—	—	—	—
四川	33 235	2 206	2 513	208	868	—
贵州	9 117	−28	746	6	112	—
云南	8 422	−511	253	2	168	—
西藏	—	—	—	—	—	—
陕西	11 499	−2 736	1 019	7	287	—
甘肃	4 958	−4 858	378	38	610	—
青海	3 649	270	90	—	—	—
宁夏	484	322	50	—	14	—
新疆	−2 965	−8 883	72	1 478	299	—

1－26 各地区利润率及利税率

地　　区	产值利润率(%)	产值利税率(%)	资本金利润率(%)	资本金利税率(%)	人均利润(元/人)	人均利税(元/人)	资产负债率(%)
全国总计	**1.3**	**4.3**	**5.6**	**18.5**	**515**	**1 684**	**74.6**
北　　京	1.9	4.7	11.0	27.5	1 078	2 691	80.8
天　　津	0.8	3.5	3.6	15.3	486	2 073	75.6
河　　北	1.2	4.4	4.7	17.0	393	1 433	68.9
山　　西	－0.1	3.0	－0.6	12.9	－52	1 065	78.5
内 蒙 古	－0.3	2.9	－0.8	9.4	－66	738	73.6
辽　　宁	0.7	3.8	2.3	12.0	245	1 302	72.6
吉　　林	－1.0	2.2	－3.9	9.0	－339	771	73.0
黑 龙 江	0.2	3.2	0.7	10.2	72	1 083	71.0
上　　海	1.9	4.7	10.7	27.1	1 507	3 809	80.0
江　　苏	1.4	3.9	8.5	23.9	676	1 890	77.9
浙　　江	2.0	4.8	10.2	24.4	1 165	2 796	70.3
安　　徽	1.2	4.3	5.1	18.1	393	1 396	72.2
福　　建	1.1	4.7	4.7	19.3	535	2 211	79.1
江　　西	0.3	3.2	0.9	11.2	79	970	73.8
山　　东	2.6	5.8	10.9	24.6	825	1 854	73.4
河　　南	1.5	4.5	5.7	17.4	413	1 268	66.7
湖　　北	1.0	4.1	3.7	15.9	356	1 520	72.5
湖　　南	1.3	4.3	5.4	18.4	467	1 575	68.8
广　　东	2.3	5.7	8.9	21.9	994	2 448	81.1
广　　西	0.9	4.1	3.2	14.1	292	1 304	77.2
海　　南	0.6	3.5	1.9	11.8	183	1 166	73.7
四　　川	0.9	3.8	3.3	13.8	270	1 134	64.9
贵　　州	－0.4	2.6	－1.4	8.2	－131	777	76.8
云　　南	1.0	4.4	5.1	21.4	393	1 654	70.5
西　　藏	2.4	5.8	10.8	26.4	974	2 379	54.8
陕　　西	0.1	3.1	0.4	11.6	37	952	74.2
甘　　肃	1.2	5.2	4.5	19.1	273	1 161	68.0
青　　海	－0.2	2.9	－0.8	9.5	－49	615	73.1
宁　　夏	－0.5	2.9	－1.2	7.1	－128	767	71.0
新　　疆	－0.9	2.2	－3.3	7.8	－303	728	71.6

1－27 各地区地方和中央利润率及利税率(一)

地　　区	产值利润率(%)	产值利税率(%)	资本金利润率(%)	资本金利税率(%)	人均利润(元/人)	人均利税(元/人)	资产负债率(%)
全国总计	**1.3**	**4.3**	**5.6**	**18.5**	**515**	**1 684**	**74.6**
一、地方所属单位	**1.6**	**4.6**	**6.5**	**19.0**	**561**	**1 647**	**74.4**
北　京	2.1	4.9	12.5	29.3	1 110	2 601	81.2
天　津	1.3	3.7	5.3	15.6	632	1 874	77.4
河　北	1.5	4.8	5.0	16.3	390	1 263	64.5
山　西	－	3.6	－0.1	13.3	－5	926	79.3
内蒙古	－0.3	2.9	－1.0	9.0	－72	688	73.3
辽　宁	1.0	4.1	2.9	12.2	307	1 272	71.5
吉　林	－1.2	1.9	－4.6	7.3	－393	624	72.6
黑龙江	－	3.3	－0.1	10.4	－11	993	71.5
上　海	2.0	4.9	11.4	27.1	1 600	3 797	80.1
江　苏	1.4	3.9	8.6	23.6	662	1 823	77.8
浙　江	2.0	4.7	10.0	24.1	1 148	2 759	70.4
安　徽	1.6	4.8	6.7	19.7	464	1 366	70.9
福　建	1.1	4.6	4.4	17.9	490	2 008	79.1
江　西	0.6	4.0	1.8	12.2	158	1 051	74.7
山　东	3.2	6.5	13.2	26.8	907	1 836	73.0
河　南	2.0	5.1	6.9	17.6	471	1 195	63.5
湖　北	1.1	4.3	3.1	12.3	297	1 167	67.9
湖　南	1.5	4.6	5.6	17.4	473	1 470	65.8
广　东	2.4	5.8	9.6	23.0	1 001	2 410	81.9
广　西	1.1	4.3	3.9	14.9	344	1 312	77.5
海　南	0.6	3.5	1.9	11.8	183	1 166	73.7
四　川	1.0	3.9	3.8	14.4	289	1 096	63.3
贵　州	－0.9	2.4	－2.3	6.4	－183	508	79.2
云　南	1.2	4.5	6.0	21.7	447	1 623	69.1
西　藏	2.4	5.8	10.8	26.4	974	2 379	54.8
陕　西	0.6	3.9	2.0	13.5	150	996	74.3
甘　肃	2.2	6.3	8.5	23.9	430	1 204	66.2
青　海	－0.5	2.6	－1.5	7.2	－121	592	71.6
宁　夏	－0.6	2.7	－1.5	6.7	－163	721	70.9
新　疆		3.6	0.1	11.2	12	1 119	68.8

1-27 各地区地方和中央利润率及利税率(二)

地 区	产值利润率(%)	产值利税率(%)	资本金利润率(%)	资本金利税率(%)	人均利润(元/人)	人均利税(元/人)	资产负债率(%)
二、中央所属单位	**0.4**	**3.3**	**1.8**	**15.9**	**222**	**1 922**	**75.5**
北 京	1.5	4.4	7.9	23.7	982	2 960	79.9
天 津	0.3	3.2	1.5	14.8	239	2 411	73.6
河 北	0.7	3.5	3.7	19.3	408	2 111	75.4
山 西	−0.2	2.5	−1.2	12.5	−121	1 271	77.8
内蒙古	—	2.9	—	11.5	−4	1 205	75.1
辽 宁	−0.2	3.0	−0.6	11.2	−75	1 455	76.3
吉 林	−0.2	2.9	−1.1	15.5	−104	1 418	74.5
黑龙江	0.9	2.8	3.2	9.8	499	1 542	69.6
上 海	1.1	4.0	7.3	27.0	1 049	3 869	79.3
江 苏	1.4	4.6	8.0	27.6	1 074	3 685	78.9
浙 江	2.7	6.1	17.7	39.8	2 326	5 231	66.4
安 徽	0.2	3.1	0.7	13.7	83	1 528	74.7
福 建	1.1	4.7	7.0	29.9	931	3 981	78.7
江 西	−0.7	1.0	−4.2	5.9	−364	514	69.4
山 东	—	3.1	−0.1	13.9	−17	2 038	75.1
河 南	0.1	3.1	0.8	17.0	80	1 692	73.8
湖 北	0.8	3.8	5.6	27.2	543	2 638	78.2
湖 南	0.6	3.3	4.5	24.6	424	2 308	77.5
广 东	1.0	4.1	3.0	12.3	823	3 314	69.7
广 西	−0.8	2.4	−2.8	8.2	−412	1 196	74.8
海 南	—	—	—	—	—	—	—
四 川	0.2	3.0	0.7	10.5	98	1 470	70.5
贵 州	—	2.8	—	10.9	−4	1 436	73.3
云 南	−0.2	3.6	−1.2	19.8	−119	1 957	77.0
西 藏	—	—	—	—	—	—	—
陕 西	−0.5	2.1	−2.1	8.6	−205	859	74.2
甘 肃	−1.9	2.0	−6.2	6.4	−845	862	71.7
青 海	0.3	3.5	1.2	16.2	48	646	75.9
宁 夏	5.8	8.7	85.1	127.8	4 772	7 168	77.2
新 疆	−3.3	−1.1	−16.8	−5.6	−1 219	−407	78.3

1-28 各地区建筑业企业亏损情况

地　区	建筑业企业个数(个)	亏损企业个数(个)	亏损金额(万元)	亏损面(%)
全国总计	**41 364**	**7 942**	**530 649**	**19.2**
北　京	1 292	308	17 367	23.8
天　津	335	67	11 458	20.0
河　北	1 729	244	20 820	14.1
山　西	770	145	13 317	18.8
内蒙古	835	188	17 411	22.5
辽　宁	2 386	517	56 351	21.7
吉　林	815	239	29 558	29.3
黑龙江	1 696	441	28 545	26.0
上　海	918	156	13 764	17.0
江　苏	2 958	429	20 298	14.5
浙　江	3 133	459	12 607	14.7
安　徽	1 478	302	26 047	20.4
福　建	1 424	331	8 242	23.2
江　西	1 010	213	13 037	21.1
山　东	4 010	577	42 281	14.4
河　南	2 278	454	18 456	19.9
湖　北	1 696	329	22 094	19.4
湖　南	1 656	310	9 175	18.7
广　东	1 873	366	30 043	19.5
广　西	815	165	6 474	20.2
海　南	110	21	1 759	19.1
四　川	4 157	766	36 915	18.4
贵　州	560	176	8 644	31.4
云　南	941	171	7 211	18.2
西　藏	43	8	495	18.6
陕　西	796	164	11 596	20.6
甘　肃	513	92	11 522	17.9
青　海	212	52	2 665	24.5
宁　夏	357	112	5 986	31.4
新　疆	568	140	26 513	24.6

1－29 各地区地方和中央建筑业企业亏损情况(一)

地　区	建筑业企业个数(个)	亏损企业个数(个)	亏损金额(万元)	亏损面(%)
全国总计	**41 364**	**7 942**	**530 649**	**19.2**
一、地方所属单位	**39 624**	**7 555**	**384 470**	**19.1**
北　京	1 079	246	12 669	22.8
天　津	303	59	4 401	19.5
河　北	1 630	225	13 640	13.8
山　西	724	135	9 490	18.6
内蒙古	801	180	15 733	22.5
辽　宁	2 219	487	45 224	21.9
吉　林	758	232	26 848	30.6
黑龙江	1 558	416	23 850	26.7
上　海	864	151	8 944	17.5
江　苏	2 915	426	19 692	14.6
浙　江	3 124	459	12 607	14.7
安　徽	1 398	282	13 637	20.2
福　建	1 376	322	7 722	23.4
江　西	984	207	8 322	21.0
山　东	3 929	565	22 768	14.4
河　南	2 210	435	14 324	19.7
湖　北	1 635	315	18 141	19.3
湖　南	1 603	301	7 562	18.8
广　东	1 805	347	22 460	19.2
广　西	804	162	4 739	20.1
海　南	110	21	1 759	19.1
四　川	4 041	738	28 911	18.3
贵　州	524	164	5 777	31.3
云　南	926	167	5 602	18.0
西　藏	43	8	495	18.6
陕　西	749	153	4 310	20.4
甘　肃	479	85	4 371	17.7
青　海	208	52	2 665	25.0
宁　夏	352	112	5 986	31.8
新　疆	473	103	11 821	21.8

1-29 各地区地方和中央建筑业企业亏损情况(二)

地　区	建筑业企业个数(个)	亏损企业个数(个)	亏损金额(万元)	亏损面(%)
二、中央所属单位	**1 740**	**387**	**146 179**	**22.2**
北　京	213	62	4 698	29.1
天　津	32	8	7 057	25.0
河　北	99	19	7 179	19.2
山　西	46	10	3 827	21.7
内蒙古	34	8	1 678	23.5
辽　宁	167	30	11 127	18.0
吉　林	57	7	2 710	12.3
黑龙江	138	25	4 695	18.1
上　海	54	5	4 820	9.3
江　苏	43	3	606	7.0
浙　江	99	–	–	–
安　徽	80	20	12 409	25.0
福　建	48	9	520	18.8
江　西	26	6	4 715	23.1
山　东	81	12	19 513	14.8
河　南	68	19	4 131	27.9
湖　北	61	14	3 954	23.0
湖　南	53	9	1 612	17.0
广　东	68	19	7 583	27.9
广　西	11	3	1 735	27.3
海　南	–	–	–	–
四　川	116	28	8 003	24.1
贵　州	36	12	2 867	33.3
云　南	15	4	1 609	26.7
西　藏	–	–	–	–
陕　西	47	11	7 285	23.4
甘　肃	34	7	7 151	20.6
青　海	4	–	–	–
宁　夏	5	–	–	–
新　疆	95	37	14 692	38.9

二、国有经济建筑业企业

2-1 国有经济主要经济指标完成情况

指　标　名　称	单　位	1996年	1995年	1996年比1995年增减(%)
建筑业总产值	亿元	4 160.2	3 670.3	13.3
建筑业增加值	亿元	1 299.8	1 105.8	17.5
#本年提取固定资产折旧	亿元	91.9	78.8	16.6
应付工资	亿元	573.7	468.8	22.4
应付福利费	亿元	67.7	55.3	22.4
工程结算税金及附加	亿元	111.5	97.9	13.9
工程结算利润	亿元	385.7	343.9	12.2
房屋建筑施工面积	万平方米	48 372.8	44 562.9	8.5
房屋建筑竣工面积	万平方米	17 491.3	15 182.4	15.2
年末自有机械设备净值	亿元	469.2	416.1	12.8
年末自有机械设备总功率	万千瓦	4 213.3	3 984.6	5.7
资本金	亿元	881.8	741.9	18.9
资产总计	亿元	5 355.6	4 342.7	23.3
#流动资产	亿元	3 852.6	3 127.2	23.2
固定资产	亿元	1 182.4	960.6	23.1
负债合计	亿元	4 168.3	3 368.7	23.7
#流动负债	亿元	3 887.1	3 156.3	23.2
长期负债	亿元	267.9	212.4	26.1
资产负债率	%	77.8	77.6	0.2
利税总额	亿元	139.7	134.7	3.7
利润总额	亿元	20.7	30.9	−33.0
按建筑业总产值计算的劳动生产率	元/人	48 604	44 525	9.2
按建筑业增加值计算的劳动生产率	元/人	15 186	13 414	13.2
房屋建筑面积竣工率	%	36.2	34.1	2.1
工程质量优良品率	%	43.5	44.0	−0.5
技术装备率	元/人	5 482	5 048	8.6
动力装备率	千瓦/人	4.9	4.8	2.1
产值利税率	%	3.4	3.7	−0.3
产值利润率	%	0.5	0.8	−0.3
建筑业企业个数	个	9 109	7 531	21.0
计算劳动生产率的平均人数	万人	855.93	824.31	3.8

2-2 各地区国有经济建筑业总产值和竣工产值

单位: 万元

地区	建筑业总产值	建筑工程产值	安装工程产值	房屋构筑物修理产值	非标准设备制造产值	竣工产值
全国总计	**41 602 097**	**35 246 394**	**5 631 461**	**353 337**	**370 905**	**27 686 415**
北京	3 181 252	2 937 629	202 278	37 814	3 532	2 029 400
天津	1 459 173	1 235 595	191 577	9 226	22 774	871 610
河北	2 191 638	1 811 256	347 619	7 779	24 983	1 412 083
山西	1 364 009	1 159 395	193 007	7 094	4 513	1 077 769
内蒙古	441 462	365 353	56 325	18 191	1 593	330 806
辽宁	2 215 449	1 723 735	391 885	61 292	38 536	1 560 164
吉林	1 043 830	854 640	177 606	6 851	4 733	730 556
黑龙江	1 406 694	1 011 796	355 449	6 558	32 891	986 220
上海	2 847 725	2 362 914	425 495	39 552	19 764	1 513 652
江苏	3 698 025	3 127 801	502 222	36 594	31 407	2 490 578
浙江	1 498 098	1 226 657	248 466	5 780	17 195	1 064 922
安徽	1 111 747	940 400	155 368	9 574	6 404	847 081
福建	1 061 512	963 234	92 317	2 358	3 604	646 735
江西	587 136	527 739	53 727	3 237	2 433	365 430
山东	1 909 520	1 518 668	357 154	22 847	10 851	1 287 136
河南	1 678 352	1 359 734	285 892	7 951	24 775	1 058 173
湖北	1 869 986	1 646 767	193 345	13 626	16 248	928 200
湖南	1 241 762	1 065 716	154 008	6 953	15 086	815 924
广东	3 201 167	2 869 672	296 559	16 595	18 341	2 246 927
广西	718 825	655 971	50 895	2 498	9 461	590 107
海南	98 423	97 595	573	236	19	73 655
四川	2 792 240	2 381 569	367 503	16 304	26 863	1 969 039
贵州	521 770	451 635	67 200	1 126	1 808	391 256
云南	929 557	812 132	105 736	2 764	8 925	608 417
西藏	56 848	55 654	1 106	9	79	35 240
陕西	939 676	831 716	96 822	1 488	9 650	704 403
甘肃	501 091	369 553	124 883	1 612	5 043	326 326
青海	227 313	181 396	42 889	1 070	1 959	130 907
宁夏	157 564	128 571	26 548	1 537	907	115 956
新疆	650 252	571 899	67 004	4 820	6 529	477 744

2-3 各地区国有经济地方和中央建筑业总产值和竣工产值(一)

单位:万元

地区	建筑业总产值	建筑工程产值	安装工程产值	房屋构筑物修理产值	非标准设备制造产值	竣工产值
全国总计	**41 602 097**	**35 246 394**	**5 631 461**	**353 337**	**370 905**	**27 686 415**
一、地方所属单位	**25 506 428**	**22 635 290**	**2 445 404**	**270 061**	**155 673**	**17 242 387**
北京	1 868 348	1 780 726	53 920	32 243	1 458	1 149 527
天津	669 576	640 514	20 893	5 843	2 326	364 618
河北	980 090	864 154	99 712	3 753	12 471	657 240
山西	469 516	384 209	76 150	5 459	3 698	316 382
内蒙古	313 361	244 535	49 316	17 992	1 518	203 687
辽宁	1 372 385	1 160 404	139 537	46 580	25 864	1 048 609
吉林	702 802	577 111	118 715	4 234	2 741	574 764
黑龙江	844 920	724 076	112 276	4 344	4 224	527 294
上海	2 001 320	1 750 894	215 658	21 594	13 174	1 098 036
江苏	3 106 765	2 694 735	360 111	34 042	17 878	2 211 864
浙江	1 318 638	1 136 345	162 973	5 768	13 552	904 193
安徽	448 357	411 920	28 726	5 917	1 794	311 232
福建	689 444	622 963	61 261	2 358	2 862	496 185
江西	343 937	321 192	18 695	2 908	1 141	204 624
山东	926 554	784 638	119 077	18 854	3 985	575 474
河南	898 844	773 285	115 007	5 533	5 018	590 944
湖北	608 273	563 566	30 822	11 485	2 401	457 619
湖南	580 848	528 698	45 513	3 824	2 813	438 846
广东	2 711 509	2 457 716	231 851	14 815	7 126	1 934 219
广西	587 421	557 402	25 773	2 410	1 837	421 232
海南	98 423	97 595	573	236	19	73 655
四川	1 710 477	1 508 596	179 824	10 871	11 187	1 177 827
贵州	193 832	185 355	7 189	744	544	74 747
云南	697 427	639 886	52 679	2 298	2 564	477 376
西藏	56 848	55 654	1 106	9	79	35 240
陕西	380 320	343 041	32 353	402	4 523	248 269
甘肃	268 292	244 896	20 979	812	1 606	169 317
青海	123 869	107 803	13 147	1 070	1 849	94 460
宁夏	151 981	124 313	25 765	996	907	110 376
新疆	382 050	349 067	25 801	2 669	4 514	294 535

2-3 各地区国有经济地方和中央建筑业总产值和竣工产值(二)

单位:万元

地区	建筑业总产值	建筑工程产值	安装工程产值	房屋构筑物修理产值	非标准设备制造产值	竣工产值
二、地方所属单位	**16 095 669**	**12 611 104**	**3 186 057**	**83 276**	**215 231**	**10 444 028**
北京	1 312 905	1 156 903	148 358	5 571	2 074	879 873
天津	789 596	595 081	170 685	3 383	20 448	506 991
河北	1 211 548	947 102	247 907	4 027	12 512	754 843
山西	894 494	775 185	116 857	1 636	816	761 388
内蒙古	128 101	120 819	7 009	199	75	127 119
辽宁	843 064	563 331	252 348	14 713	12 672	511 555
吉林	341 028	277 529	58 891	2 617	1 992	155 792
黑龙江	561 774	287 719	243 173	2 214	28 667	458 925
上海	846 405	612 020	209 837	17 958	6 590	415 616
江苏	591 260	433 067	142 111	2 552	13 529	278 714
浙江	179 460	90 312	85 493	12	3 643	160 729
安徽	663 390	528 480	126 641	3 657	4 611	535 849
福建	372 068	340 271	31 056	—	742	150 550
江西	243 199	206 547	35 032	329	1 291	160 805
山东	982 966	734 030	238 077	3 993	6 867	711 663
河南	779 508	586 449	170 885	2 418	19 757	467 229
湖北	1 261 712	1 083 201	162 522	2 142	13 847	470 581
湖南	660 914	537 017	108 495	3 129	12 273	377 078
广东	489 658	411 956	64 708	1 780	11 214	312 708
广西	131 403	98 570	25 122	88	7 624	168 875
海南	—	—	—	—	—	—
四川	1 081 762	872 973	187 680	5 434	15 676	791 212
贵州	327 938	266 281	60 011	382	1 264	316 509
云南	232 129	172 245	53 057	466	6 361	131 041
西藏	—	—	—	—	—	—
陕西	559 356	488 675	64 469	1 086	5 127	456 134
甘肃	232 799	124 657	103 905	800	3 437	157 010
青海	103 445	73 593	29 742	—	109	36 447
宁夏	5 583	4 258	783	541	—	5 580
新疆	268 202	222 832	41 204	2 151	2 015	183 209

2-4 各地区国有经济单位工程个数及工程质量

地区	单位工程施工个数(个)	#本年新开工个数	#投标承包个数	#本年新开工	单位工程竣工个数(个)	#优良品	工程质量优良品率(%)	投标承包个数占单位工程施工个数的比重(%)
全国总计	**265 502**	**137 750**	**90 354**	**45 635**	**141 350**	**61 529**	**43.5**	**34.0**
北京	9 541	4 030	4 484	1 546	4 457	1 345	30.2	47.0
天津	5 385	3 326	1 787	1 111	2 996	1 455	48.6	33.2
河北	14 815	8 426	7 379	4 035	8 614	4 351	50.5	49.8
山西	13 672	6 327	7 270	2 996	8 327	5 374	64.5	53.2
内蒙古	4 824	2 284	478	286	2 094	842	40.2	9.9
辽宁	12 658	7 846	4 068	2 035	8 054	3 337	41.4	32.1
吉林	6 736	4 975	2 011	1 661	4 712	2 080	44.1	29.9
黑龙江	7 203	5 221	918	548	5 099	1 964	38.5	12.7
上海	18 072	6 098	2 881	1 690	4 465	2 508	56.2	15.9
江苏	18 545	11 882	5 374	3 569	12 287	4 476	36.4	29.0
浙江	7 825	4 561	2 862	1 738	5 040	1 433	28.4	36.6
安徽	11 417	5 437	5 080	1 994	6 353	3 257	51.3	44.5
福建	4 867	2 499	2 044	958	2 740	1 131	41.3	42.0
江西	4 912	2 622	1 456	683	2 355	765	32.5	29.6
山东	14 094	8 486	3 362	1 902	9 334	4 064	43.5	23.9
河南	14 378	8 267	5 614	2 889	7 356	3 147	42.8	39.0
湖北	11 612	5 365	4 128	1 701	5 665	2 893	51.1	35.5
湖南	7 523	4 011	2 714	1 433	4 054	1 960	48.3	36.1
广东	17 972	5 451	3 566	1 633	7 295	3 740	51.3	19.8
广西	5 381	2 353	709	357	2 868	900	31.4	13.2
海南	432	219	144	65	241	48	19.9	33.3
四川	20 355	9 605	9 229	4 506	9 183	4 246	46.2	45.3
贵州	4 689	2 516	1 682	486	2 088	473	22.7	35.9
云南	7 064	3 675	3 528	1 589	3 729	1 922	51.5	49.9
西藏	238	173	101	93	186	95	51.1	42.4
陕西	7 791	2 930	3 380	1 556	2 810	1 397	49.7	43.4
甘肃	3 181	1 771	1 513	795	1 804	776	43.0	47.6
青海	1 417	882	803	490	931	441	47.4	56.7
宁夏	2 022	1 503	495	300	1 398	197	14.1	24.5
新疆	6 881	5 009	1 294	990	4 815	912	18.9	18.8

2-5 各地区国有经济地方和中央单位工程个数及工程质量(一)

地　区	单位工程施工个数(个)	#本年新开工个数	#投标承包个数	#本年新开工	单位工程竣工个数(个)	#优良品	工程质量优良品率(%)	投标承包个数占单位工程施工个数的比重(%)
全国总计	**265 502**	**137 750**	**90 354**	**45 635**	**141 350**	**61 529**	**43.5**	**34.0**
一、地方所属单位	160 701	90 437	47 930	27 559	91 231	29 315	32.1	29.8
北　京	5 260	2 381	2 142	1 001	2 684	579	21.6	40.7
天　津	2 486	1 616	611	440	1 530	374	24.4	24.6
河　北	8 981	5 640	4 141	2 432	5 935	2 609	44.0	46.1
山　西	4 618	2 527	1 069	729	2 139	743	34.7	23.1
内蒙古	3 631	1 648	454	267	1 435	497	34.6	12.5
辽　宁	7 765	5 346	2 126	1 265	4 931	1 249	25.3	27.4
吉　林	3 963	2 784	863	750	2 796	739	26.4	21.8
黑龙江	4 846	3 613	788	442	3 645	1 267	34.8	16.3
上　海	7 436	4 373	2 255	1 334	3 629	1 902	52.4	30.3
江　苏	15 934	10 592	4 479	2 957	10 753	3 333	31.0	28.1
浙　江	7 101	4 130	2 762	1 683	4 593	1 047	22.8	38.9
安　徽	4 101	2 355	1 127	683	2 418	497	20.6	27.5
福　建	3 351	1 694	1 558	700	1 802	448	24.9	46.5
江　西	3 154	1 704	929	493	1 654	373	22.6	29.5
山　东	9 350	6 346	2 202	1 294	6 281	1 818	28.9	23.6
河　南	9 619	5 901	2 999	1 755	5 216	1 604	30.8	31.2
湖　北	4 538	2 431	949	473	2 524	344	13.6	20.9
湖　南	3 934	2 262	1 169	726	2 217	735	33.2	29.7
广　东	16 506	4 556	3 000	1 367	6 409	3 340	52.1	18.2
广　西	4 293	2 166	611	331	2 281	443	19.4	14.2
海　南	432	219	144	65	241	48	19.9	33.3
四　川	11 145	5 555	3 585	2 133	5 745	1 898	33.0	32.2
贵　州	1 782	1 000	497	208	1 005	122	12.1	27.9
云　南	5 686	2 974	2 942	1 247	3 106	1 537	49.5	51.7
西　藏	238	173	101	93	186	95	51.1	42.4
陕　西	2 236	1 113	1 299	739	1 118	491	43.9	58.1
甘　肃	2 250	1 336	1 202	636	1 267	377	29.8	53.4
青　海	1 027	640	621	388	622	162	26.0	60.5
宁　夏	1 872	1 355	493	299	1 250	193	15.4	26.3
新　疆	3 166	2 007	812	629	1 819	451	24.8	25.6

2-5 各地区国有经济地方和中央单位工程个数及工程质量(二)

地区	单位工程施工个数(个)	#本年新开工个数	#投标承包个数	#本年新开工	单位工程竣工个数(个)	#优良品	工程质量优良品率(%)	投标承包个数占单位工程施工个数的比重(%)
二、中央所属单位	**104 801**	**47 313**	**42 424**	**18 076**	**50 119**	**32 214**	**64.3**	**40.5**
北京	4 281	1 649	2 342	545	1 773	766	43.2	54.7
天津	2 899	1 710	1 176	671	1 466	1 081	73.7	40.6
河北	5 834	2 786	3 238	1 603	2 679	1 742	65.0	55.5
山西	9 054	3 800	6 201	2 267	6 188	4 631	74.8	68.5
内蒙古	1 193	636	24	19	659	345	52.4	2.0
辽宁	4 893	2 500	1 942	770	3 123	2 088	66.9	39.7
吉林	2 773	2 191	1 148	911	1 916	1 341	70.0	41.4
黑龙江	2 357	1 608	130	106	1 454	697	47.9	5.5
上海	10 636	1 725	626	356	836	606	72.5	5.9
江苏	2 611	1 290	895	612	1 534	1 143	74.5	34.3
浙江	724	431	100	55	447	386	86.4	13.8
安徽	7 316	3 082	3 953	1 311	3 935	2 760	70.1	54.0
福建	1 516	805	486	258	938	683	72.8	32.1
江西	1 758	918	527	190	701	392	55.9	30.0
山东	4 744	2 140	1 160	608	3 053	2 246	73.6	24.5
河南	4 759	2 366	2 615	1 134	2 140	1 543	72.1	54.9
湖北	7 074	2 934	3 179	1 228	3 141	2 549	81.2	44.9
湖南	3 589	1 749	1 545	707	1 837	1 225	66.7	43.0
广东	1 466	895	566	266	886	400	45.1	38.6
广西	1 088	187	98	26	587	457	77.9	9.0
海南	–	–	–	–	–	–	–	–
四川	9 210	4 050	5 644	2 373	3 438	2 348	68.3	61.3
贵州	2 907	1 516	1 185	278	1 083	351	32.4	40.8
云南	1 378	701	586	342	623	385	61.8	42.5
西藏	–	–	–	–	–	–	–	–
陕西	5 555	1 817	2 081	817	1 692	906	53.5	37.5
甘肃	931	435	311	159	537	399	74.3	33.4
青海	390	242	182	102	309	279	90.3	46.7
宁夏	150	148	2	1	148	4	2.7	1.3
新疆	3 715	3 002	482	361	2 996	461	15.4	13.0

2-6 各地区国有经济房屋建筑面积和工程质量

地　区	房屋建筑施工面积(万平方米)	#本年新开工面积	#投标承包面积	#本年新开工	房屋建筑竣工面积(万平方米)	#优良品面积	房屋建筑面积优良品率(%)	投标承包面积占房屋建筑施工面积的比重(%)
全国总计	**48 372.8**	**18 256.5**	**26 452.3**	**10 550.4**	**17 491.3**	**7 326.9**	**41.9**	**54.7**
北　京	3 405.6	1 115.3	2 487.1	820.6	1 075.8	556.1	51.7	73.0
天　津	1 274.9	462.0	438.8	192.7	378.8	171.3	45.2	34.4
河　北	2 603.9	1 022.7	1 751.9	841.6	1 033.6	490.5	47.5	67.3
山　西	1 130.3	386.2	464.2	169.5	377.4	142.6	37.8	41.1
内蒙古	492.5	239.4	121.2	72.3	189.8	69.8	36.7	24.6
辽　宁	2 223.2	849.7	1 453.9	589.4	869.9	390.4	44.9	65.4
吉　林	925.6	506.1	394.1	284.4	503.7	189.4	37.6	42.6
黑龙江	957.0	464.0	405.7	168.2	489.0	204.2	41.8	42.4
上　海	2 330.9	811.7	1 817.0	694.1	602.5	248.9	41.3	78.0
江　苏	5 015.5	2 125.9	2 486.4	1 101.8	1 933.9	1 013.0	52.4	49.6
浙　江	1 471.6	583.1	1 161.6	478.0	570.4	176.2	30.9	78.9
安　徽	1 155.6	454.1	476.7	225.5	398.0	139.9	35.2	41.2
福　建	1 440.5	503.6	1 066.6	300.7	417.3	63.1	15.1	74.0
江　西	853.9	341.6	384.4	140.4	333.7	120.0	36.0	45.0
山　东	2 231.6	929.1	1 225.4	529.7	782.8	317.6	40.6	54.9
河　南	2 291.8	1 016.3	1 289.9	582.6	865.0	318.7	36.8	56.3
湖　北	2 224.6	726.1	1 044.0	358.4	653.3	165.9	25.4	46.9
湖　南	1 285.2	508.2	446.6	231.8	467.0	194.3	41.6	34.8
广　东	5 356.6	1 443.3	2 563.2	753.8	1 720.5	877.5	51.0	47.9
广　西	1 071.2	346.0	261.6	90.3	378.5	110.6	29.2	24.4
海　南	168.7	32.8	67.8	21.8	38.2	11.5	30.1	40.2
四　川	4 067.6	1 568.6	2 234.7	902.0	1 597.5	698.7	43.7	54.9
贵　州	764.2	281.3	468.2	176.2	256.1	84.7	33.1	61.3
云　南	1 009.3	412.9	375.6	142.1	445.3	199.4	44.8	37.2
西　藏	26.2	14.8	11.0	9.0	20.4	9.9	48.6	41.9
陕　西	851.5	317.3	682.2	247.5	286.8	138.8	48.4	80.1
甘　肃	602.8	229.6	414.2	170.8	224.5	86.1	38.4	68.7
青　海	150.6	78.3	118.4	65.6	81.7	21.1	25.9	78.6
宁　夏	175.7	81.7	88.5	41.4	97.2	27.1	27.9	50.4
新　疆	814.1	404.9	251.4	148.2	402.8	89.4	22.2	30.9

2-7 各地区国有经济地方和中央房屋建筑面积和工程质量(一)

地　区	房屋建筑施工面积(万平方米)	#本年新开工面积	#投标承包面积	#本年新开工	房屋建筑竣工面积(万平方米)	#优良品面积	房屋建筑面积优良品率(%)	投标承包面积占房屋建筑施工面积的比重(%)
全国总计	**48 372.8**	**18 256.5**	**26 452.3**	**10 550.4**	**17 491.3**	**7 326.9**	**41.9**	**54.7**
一、地方所属单位	**38 418.4**	**14 840.7**	**20 384.3**	**8 386.9**	**14 605.7**	**5 828.5**	**39.9**	**53.1**
北　京	2 296.1	730.5	1 813.0	593.6	713.1	365.8	51.3	79.0
天　津	817.2	304.0	170.5	90.2	260.7	114.3	43.8	20.9
河　北	1 639.2	778.7	1 133.2	595.1	797.2	350.7	44.0	69.1
山　西	691.2	261.7	222.7	118.8	242.8	85.6	35.2	32.2
内蒙古	418.6	209.4	112.2	65.0	165.5	55.0	33.2	26.8
辽　宁	1 823.0	681.7	1 180.8	460.5	739.0	318.9	43.2	64.8
吉　林	750.3	413.8	264.7	214.0	418.2	160.0	38.3	35.3
黑龙江	824.3	394.3	390.3	156.4	417.1	162.6	39.0	47.4
上　海	2 154.6	773.1	1 710.0	676.7	542.6	201.3	37.1	79.4
江　苏	4 646.6	1 972.2	2 158.8	967.6	1 859.9	976.0	52.5	46.5
浙　江	1 453.0	569.2	1 160.5	476.9	567.0	172.5	30.4	79.9
安　徽	785.5	329.0	339.1	173.8	288.9	86.0	29.8	43.2
福　建	1 052.4	381.2	754.2	216.7	368.9	50.3	13.6	71.7
江　西	784.3	310.2	340.1	125.1	294.8	98.8	33.5	43.4
山　东	1 459.3	671.8	758.8	369.9	586.8	208.2	35.5	52.0
河　南	1 843.8	842.8	990.1	448.1	759.1	261.5	34.5	53.7
湖　北	1 203.4	418.5	336.9	126.3	501.3	76.7	15.3	28.0
湖　南	924.7	390.0	312.3	185.2	363.7	138.1	38.0	33.8
广　东	4 873.8	1 314.2	2 246.4	650.7	1 552.3	748.6	48.2	46.1
广　西	1 024.5	332.2	249.9	88.0	358.1	98.4	27.5	24.4
海　南	168.7	32.8	67.8	21.8	38.2	11.5	30.1	40.2
四　川	3 463.4	1 378.9	1 900.6	788.2	1 403.4	600.2	42.8	54.9
贵　州	379.2	132.6	181.6	73.9	141.8	31.5	22.2	47.9
云　南	904.0	375.8	311.9	121.4	389.5	164.0	42.1	34.5
西　藏	26.2	14.8	11.0	9.0	20.4	9.9	48.6	41.9
陕　西	598.4	226.8	488.5	200.2	211.5	102.4	48.4	81.6
甘　肃	528.0	197.0	373.7	156.7	192.0	70.9	36.9	70.8
青　海	147.3	76.2	115.2	63.5	79.4	21.0	26.4	78.2
宁　夏	171.1	77.1	88.5	41.4	92.6	26.5	28.6	51.7
新　疆	566.4	250.0	201.1	112.2	239.9	61.6	25.7	35.5

2-7 各地区国有经济地方和中央房屋建筑面积和工程质量(二)

地　区	房屋建筑施工面积(万平方米)	#本年新开工面积	#投标承包面积	#本年新开工	房屋建筑竣工面积(万平方米)	#优良品面积	房屋建筑面积优良品率(%)	投标承包面积占房屋建筑施工面积的比重(%)
二、中央所属单位	**9 954.4**	**3 415.8**	**6 068.0**	**2 163.5**	**2 885.6**	**1 498.3**	**51.9**	**61.0**
北　京	1 109.5	384.8	674.0	227.0	362.6	190.3	52.5	60.8
天　津	457.7	158.0	268.3	102.5	118.1	57.1	48.3	58.6
河　北	964.7	244.0	618.7	246.5	236.3	139.8	59.2	64.1
山　西	439.2	124.5	241.6	50.7	134.6	57.1	42.4	55.0
内蒙古	73.9	30.1	9.0	7.4	24.3	14.8	60.9	12.2
辽　宁	400.2	168.0	273.1	128.8	130.9	71.5	54.6	68.2
吉　林	175.3	92.2	129.4	70.4	85.4	29.4	34.4	73.8
黑龙江	132.7	69.7	15.4	11.8	71.8	41.6	57.9	11.6
上　海	176.3	38.6	107.0	17.4	59.9	47.6	79.3	60.7
江　苏	368.9	153.8	327.5	134.2	74.0	37.1	50.1	88.8
浙　江	18.7	13.9	1.1	1.1	3.3	3.7	109.7	6.0
安　徽	370.2	125.1	137.6	51.7	109.1	53.9	49.4	37.2
福　建	388.1	122.3	312.4	84.0	48.4	12.9	26.6	80.5
江　西	69.5	31.3	44.3	15.3	39.0	21.3	54.6	63.6
山　东	772.2	257.3	466.6	159.8	196.1	109.3	55.8	60.4
河　南	448.0	173.4	299.8	134.5	105.9	57.2	54.0	66.9
湖　北	1 021.2	307.6	707.1	232.1	152.0	89.1	58.7	69.2
湖　南	360.5	118.3	134.4	46.6	103.3	56.2	54.4	37.3
广　东	482.7	129.0	316.8	103.0	168.3	128.9	76.6	65.6
广　西	46.8	13.7	11.7	2.3	20.3	12.2	60.0	25.1
海　南	–	–	–	–	–	–	–	–
四　川	604.1	189.6	334.1	113.9	194.1	98.5	50.8	55.3
贵　州	385.0	148.6	286.6	102.3	114.3	53.1	46.5	74.4
云　南	105.4	37.0	63.7	20.7	55.8	35.4	63.4	60.5
西　藏	–	–	–	–	–	–	–	–
陕　西	253.1	90.5	193.7	47.3	75.3	36.5	48.4	76.5
甘　肃	74.8	32.6	40.5	14.1	32.5	15.3	46.9	54.2
青　海	3.3	2.1	3.3	2.1	2.2	0.2	8.6	98.7
宁　夏	4.6	4.6	–	–	4.6	0.7	14.4	–
新　疆	247.7	155.0	50.3	36.0	162.8	27.8	17.1	20.3

2-8 各地区国有经济按主要用途分的房屋建筑竣工面积

单位: 万平方米

地区	合计	厂房	住宅	办公用房	商业、居民服务业用房	文化教育月房	医疗用房	科研用房	其他用房
全国总计	**17 491.3**	**2 349.3**	**8 611.5**	**1 982.6**	**2 014.2**	**757.4**	**202.8**	**143.2**	**1 430.3**
北京	1 075.8	62.9	545.2	149.9	120.5	47.8	19.8	34.4	95.3
天津	378.8	59.7	189.0	30.8	24.8	12.0	2.2	4.6	55.8
河北	1 033.6	167.2	559.3	125.4	57.2	49.5	12.6	8.8	53.6
山西	377.4	51.8	185.4	33.2	32.3	16.8	4.8	1.2	51.8
内蒙古	189.8	25.9	110.0	14.9	15.3	8.8	1.4	0.4	13.2
辽宁	869.9	86.8	463.7	81.4	120.9	37.8	10.8	1.5	66.9
吉林	503.7	71.3	277.0	62.4	32.8	28.1	1.8	1.4	28.8
黑龙江	489.0	57.5	294.3	35.4	46.8	22.1	4.1	6.1	22.8
上海	602.5	105.8	244.3	80.0	105.7	20.4	3.0	2.6	40.8
江苏	1 933.9	221.9	879.8	220.8	287.4	92.1	24.2	17.3	190.4
浙江	570.4	91.9	255.3	56.9	82.0	21.5	10.5	10.9	41.3
安徽	398.0	70.2	147.0	61.0	55.5	17.6	6.1	4.5	36.0
福建	417.3	46.8	160.0	69.9	51.4	14.1	3.6	—	71.5
江西	333.7	57.8	152.0	45.9	42.3	13.6	2.4	2.6	17.2
山东	782.8	115.5	313.6	100.3	107.9	39.7	6.3	4.6	95.0
河南	865.0	117.9	448.6	114.6	68.0	48.8	10.5	2.6	54.0
湖北	653.3	124.3	296.8	66.1	78.5	24.3	15.1	4.2	43.9
湖南	467.0	80.6	199.4	62.0	56.6	18.6	6.0	3.4	40.3
广东	1 720.5	173.9	936.6	199.1	243.4	57.0	8.0	8.3	94.2
广西	378.5	37.7	198.7	34.0	49.6	21.6	2.7	0.7	33.5
海南	38.2	2.7	28.7	1.2	2.6	0.5	0.8	—	1.7
四川	1 597.5	232.7	825.5	156.7	161.2	66.1	19.0	15.4	120.9
贵州	256.1	25.8	147.1	39.1	15.8	9.8	3.6	—	14.8
云南	445.3	116.4	157.7	35.1	56.2	18.4	7.1	2.8	51.5
西藏	20.4	0.9	4.8	7.8	3.8	2.3	0.3	—	0.4
陕西	286.8	48.3	155.6	23.6	18.0	11.7	1.9	4.0	23.7
甘肃	224.5	35.9	122.6	16.4	21.8	8.2	1.1	0.1	18.3
青海	81.7	10.2	50.2	5.5	3.8	1.9	2.1	0.1	7.9
宁夏	97.2	9.5	56.8	12.3	9.0	2.5	1.1	—	6.0
新疆	402.8	39.4	206.4	41.1	43.1	23.5	9.7	0.6	39.0

2-9 各地区国有经济地方和中央按主要用途分的房屋建筑竣工面积(一)

单位:万平方米

地区	合计	厂房	住宅	办公用房	商业、居民服务业用房	文化教育用房	医疗用房	科研用房	其他用房
全国总计	**17 491.3**	**2 349.3**	**8 611.5**	**1 982.6**	**2 014.2**	**757.4**	**202.8**	**143.2**	**1 430.3**
一、地方所属单位	14 605.7	1 679.0	7 497.7	1 669.4	1 718.1	667.5	162.9	114.4	1 096.8
北京	713.1	32.0	397.6	89.8	73.5	30.2	4.0	16.6	69.4
天津	260.7	26.8	139.2	17.9	18.9	10.3	1.4	4.2	41.9
河北	797.2	98.9	463.6	88.4	46.7	44.0	11.9	6.6	37.2
山西	242.8	36.8	119.9	27.1	24.1	13.5	2.5	1.1	18.0
内蒙古	165.5	20.1	95.8	14.6	14.4	8.6	1.4	0.3	10.5
辽宁	739.0	68.4	404.8	69.4	111.2	30.5	7.8	0.6	46.2
吉林	418.2	46.5	241.5	55.0	23.3	23.3	1.6	0.2	26.8
黑龙江	417.1	41.4	256.1	33.5	38.7	20.2	4.1	5.5	17.7
上海	542.6	57.8	242.6	74.9	104.4	20.0	3.0	2.6	37.4
江苏	1 859.9	205.6	853.3	213.2	269.1	91.5	23.3	17.3	186.6
浙江	567.0	91.7	254.8	56.7	81.9	21.5	10.5	10.9	39.0
安徽	288.9	44.7	111.5	41.7	48.3	14.2	2.9	4.5	21.1
福建	368.9	37.6	141.9	66.5	45.1	13.2	2.0	—	62.6
江西	294.8	38.2	143.5	42.3	38.6	13.2	2.4	2.6	13.9
山东	586.8	83.5	267.0	77.9	74.6	29.8	5.7	3.2	45.2
河南	759.1	99.4	409.6	90.2	62.0	44.9	10.5	2.6	39.8
湖北	501.3	59.0	251.5	53.1	68.2	22.7	12.1	3.7	30.8
湖南	363.7	51.0	167.5	52.6	48.7	16.2	6.0	2.9	18.8
广东	1 552.3	154.7	855.7	188.5	191.3	54.7	7.9	8.3	91.1
广西	358.1	27.1	195.0	31.9	49.6	21.2	2.7	0.7	30.0
海南	38.2	2.7	28.7	1.2	2.6	0.5	0.8	—	1.7
四川	1 403.4	170.2	757.5	148.6	133.2	62.4	17.6	12.3	101.6
贵州	141.8	11.0	93.2	13.8	7.8	7.9	3.3	—	4.8
云南	389.5	87.8	140.1	32.4	53.5	18.2	6.8	2.8	47.9
西藏	20.4	0.9	4.8	7.8	3.8	2.3	0.3	—	0.4
陕西	211.5	25.1	124.9	19.5	15.5	8.4	1.6	4.0	12.5
甘肃	192.0	22.8	114.1	13.8	21.5	7.0	1.1	0.1	11.5
青海	79.4	10.2	47.9	5.5	3.8	1.9	2.1	0.1	7.9
宁夏	92.6	9.5	53.1	12.3	9.0	2.5	1.1	—	5.1
新疆	239.9	17.8	120.6	29.4	34.7	12.5	4.7	0.6	19.5

2-9 各地区国有经济地方和中央按主要用途分的房屋建筑竣工面积(二)

单位:万平方米

地区	合计	厂房	住宅	办公用房	商业、居民服务业用房	文化教育用房	医疗用房	科研用房	其他用房
二、中央所属单位	**2 885.6**	**670.3**	**1 113.8**	**313.2**	**296.1**	**89.9**	**39.9**	**28.8**	**333.6**
北京	362.6	30.9	147.5	60.1	47.1	17.6	15.8	17.8	25.8
天津	118.1	32.9	49.8	12.9	5.9	1.6	0.8	0.4	13.8
河北	236.3	68.3	95.7	37.0	10.5	5.5	0.8	2.1	16.4
山西	134.6	15.0	65.6	6.1	8.3	3.3	2.4	0.1	33.8
内蒙古	24.3	5.8	14.2	0.4	1.0	0.2	—	0.1	2.7
辽宁	130.9	18.4	58.9	12.0	9.7	7.3	3.0	0.9	20.6
吉林	85.4	24.8	35.5	7.4	9.4	4.8	0.2	1.2	2.1
黑龙江	71.8	16.1	38.2	1.9	8.1	1.9	—	0.6	5.1
上海	59.9	48.0	1.6	5.1	1.3	0.4	—	—	3.4
江苏	74.0	16.2	26.5	7.6	18.3	0.7	0.9	—	3.7
浙江	3.3	0.3	0.5	0.1	0.1	—	—	—	2.4
安徽	109.1	25.6	35.5	19.3	7.1	3.4	3.2	—	15.0
福建	48.4	9.3	18.1	3.3	6.3	0.9	1.6	—	9.0
江西	39.0	19.6	8.5	3.5	3.7	0.4	—	—	3.3
山东	196.1	32.0	46.6	22.5	33.3	9.9	0.6	1.4	49.8
河南	105.9	18.6	39.0	24.4	6.0	3.9	—	—	14.2
湖北	152.0	65.3	45.3	13.0	10.3	1.6	3.0	0.4	13.1
湖南	103.3	29.6	31.8	9.5	7.8	2.5	—	0.6	21.5
广东	168.3	19.2	80.9	10.6	52.1	2.3	0.1	—	3.1
广西	20.3	10.6	3.7	2.0	0.1	0.4	—	—	3.6
海南	—	—	—	—	—	—	—	—	—
四川	194.1	62.5	68.0	8.1	27.9	3.7	1.5	3.1	19.3
贵州	114.3	14.8	53.9	25.4	8.0	2.0	0.3	—	10.0
云南	55.8	28.7	17.6	2.7	2.7	0.2	0.3	—	3.6
西藏	—	—	—	—	—	—	—	—	—
陕西	75.3	23.2	30.7	4.1	2.5	3.2	0.4	—	11.2
甘肃	32.5	13.2	8.5	2.6	0.3	1.2	—	—	6.7
青海	2.2	—	2.2	—	—	—	—	—	—
宁夏	4.6	—	3.7	—	—	—	—	—	0.9
新疆	162.8	21.6	85.8	11.6	8.4	11.0	5.0	—	19.5

2-10 各地区国有经济各种用途的房屋建筑竣工面积占全部的比重

单位：%

地区	厂房	住宅	办公用房	商业、居民服务业用房	文化教育用房	医疗用房	科研用房	其他用房
全国总计	**13.4**	**49.2**	**11.3**	**11.5**	**4.3**	**1.2**	**0.8**	**8.2**
北京	5.8	50.7	13.9	11.2	4.4	1.8	3.2	8.9
天津	15.8	49.9	8.1	6.5	3.2	0.6	1.2	14.7
河北	16.2	54.1	12.1	5.5	4.8	1.2	0.9	5.2
山西	13.7	49.1	8.8	8.6	4.5	1.3	0.3	13.7
内蒙古	13.6	58.0	7.9	8.1	4.6	0.7	0.2	7.0
辽宁	10.0	53.3	9.4	13.9	4.3	1.2	0.2	7.7
吉林	14.2	55.0	12.4	6.5	5.6	0.4	0.3	5.7
黑龙江	11.8	60.2	7.2	9.6	4.5	0.8	1.2	4.7
上海	17.6	40.5	13.3	17.5	3.4	0.5	0.4	6.8
江苏	11.5	45.5	11.4	14.9	4.8	1.3	0.9	9.8
浙江	16.1	44.8	10.0	14.4	3.8	1.8	1.9	7.2
安徽	17.6	36.9	15.3	13.9	4.4	1.5	1.1	9.0
福建	11.2	38.3	16.8	12.3	3.4	0.9	–	17.1
江西	17.3	45.5	13.8	12.7	4.1	0.7	0.8	5.2
山东	14.8	40.1	12.8	13.8	5.1	0.8	0.6	12.1
河南	13.6	51.9	13.2	7.9	5.6	1.2	0.3	6.2
湖北	19.0	45.4	10.1	12.0	3.7	2.3	0.6	6.7
湖南	17.3	42.7	13.3	12.1	4.0	1.3	0.7	8.6
广东	10.1	54.4	11.6	14.1	3.3	0.5	0.5	5.5
广西	10.0	52.5	9.0	13.1	5.7	0.7	0.2	8.9
海南	7.1	75.1	3.1	6.8	1.3	2.1	–	4.5
四川	14.6	51.7	9.8	10.1	4.1	1.2	1.0	7.6
贵州	10.1	57.4	15.3	6.2	3.8	1.4	–	5.8
云南	26.1	35.4	7.9	12.6	4.1	1.6	0.6	11.6
西藏	4.4	23.5	38.2	18.6	11.3	1.5	–	2.0
陕西	16.8	54.3	8.2	6.3	4.1	0.7	1.4	8.3
甘肃	16.0	54.6	7.3	9.7	3.7	0.5	–	8.2
青海	12.5	61.4	6.7	4.7	2.3	2.6	0.1	9.7
宁夏	9.8	58.4	12.7	9.3	2.6	1.1	–	6.2
新疆	9.8	51.2	10.2	10.7	5.8	2.4	0.1	9.7

2-11 各地区国有经济地方和中央各种用途的房屋建筑竣工面积占全部的比重(一)

单位: %

地区	厂房	住宅	办公用房	商业、居民服务业用房	文化教育用房	医疗用房	科研用房	其他用房
全国总计	**13.4**	**49.2**	**11.3**	**11.5**	**4.3**	**1.2**	**0.8**	**8.2**
一、地方所属单位	11.5	51.3	11.4	11.8	4.6	1.1	0.8	7.5
北京	4.5	55.8	12.6	10.3	4.2	0.6	2.3	9.7
天津	10.3	53.4	6.9	7.2	4.0	0.5	1.6	16.1
河北	12.4	58.2	11.1	5.9	5.5	1.5	0.8	4.7
山西	15.2	49.4	11.2	9.9	5.6	1.0	0.5	7.4
内蒙古	12.1	57.9	8.8	8.7	5.2	0.8	0.2	6.3
辽宁	9.3	54.8	9.4	15.0	4.1	1.1	0.1	6.3
吉林	11.1	57.7	13.2	5.6	5.6	0.4	—	6.4
黑龙江	9.9	61.4	8.0	9.3	4.8	1.0	1.3	4.2
上海	10.7	44.7	13.8	19.2	3.7	0.6	0.5	6.9
江苏	11.1	45.9	11.5	14.5	4.9	1.3	0.9	10.0
浙江	16.2	44.9	10.0	14.4	3.8	1.9	1.9	6.9
安徽	15.5	38.6	14.4	16.7	4.9	1.0	1.6	7.3
福建	10.2	38.5	18.0	12.2	3.6	0.5	—	17.0
江西	13.0	48.7	14.3	13.1	4.5	0.8	0.9	4.7
山东	14.2	45.5	13.3	12.7	5.1	1.0	0.5	7.7
河南	13.1	54.0	11.9	8.2	5.9	1.4	0.3	5.2
湖北	11.8	50.2	10.6	13.6	4.5	2.4	0.7	6.1
湖南	14.0	46.1	14.5	13.4	4.5	1.6	0.8	5.2
广东	10.0	55.1	12.1	12.3	3.5	0.5	0.5	5.9
广西	7.6	54.5	8.9	13.9	5.9	0.8	0.2	8.4
海南	7.1	75.1	3.1	6.8	1.3	2.1	—	4.5
四川	12.1	54.0	10.6	9.5	4.4	1.3	0.9	7.2
贵州	7.8	65.7	9.7	5.5	5.6	2.3	—	3.4
云南	22.5	36.0	8.3	13.7	4.7	1.7	0.7	12.3
西藏	4.4	23.5	38.2	18.6	11.3	1.5	—	2.0
陕西	11.9	59.1	9.2	7.3	4.0	0.8	1.9	5.9
甘肃	11.9	59.4	7.2	11.2	3.6	0.6	0.1	6.0
青海	12.8	60.3	6.9	4.8	2.4	2.6	0.1	9.9
宁夏	10.3	57.3	13.3	9.7	2.7	1.2	—	5.5
新疆	7.4	50.3	12.3	14.5	5.2	2.0	0.3	8.1

2-11 各地区国有经济地方和中央各种用途的房屋建筑竣工面积占全部的比重(二)

单位: %

地　　区	厂　房	住　宅	办　公 用　房	商业、 居　民 服务业 用　房	文化教 育用房	医　疗 用　房	科　研 用　房	其　他 用　房
二、中央所属单位	**23.2**	**38.6**	**10.9**	**10.3**	**3.1**	**1.4**	**1.0**	**11.6**
北　京	8.5	40.7	16.6	13.0	4.9	4.4	4.9	7.1
天　津	27.9	42.2	10.9	5.0	1.4	0.7	0.3	11.7
河　北	28.9	40.5	15.7	4.4	2.3	0.3	0.9	6.9
山　西	11.1	48.7	4.5	6.2	2.5	1.8	0.1	25.1
内蒙古	23.9	58.4	1.6	4.1	0.8	–	0.4	11.1
辽　宁	14.1	45.0	9.2	7.4	5.6	2.3	0.7	15.7
吉　林	29.0	41.6	8.7	11.0	5.6	0.2	1.4	2.5
黑龙江	22.4	53.2	2.6	11.3	2.6	–	0.8	7.1
上　海	80.1	2.7	8.5	2.2	0.7	–	–	5.7
江　苏	21.9	35.8	10.3	24.7	0.9	1.2	–	5.0
浙　江	9.1	15.2	3.0	3.0	–	–	–	72.7
安　徽	23.5	32.5	17.7	6.5	3.1	2.9	–	13.7
福　建	19.2	37.4	6.8	13.0	1.9	3.3	–	18.6
江　西	50.3	21.8	9.0	9.5	1.0	–	–	8.5
山　东	16.3	23.8	11.5	17.0	5.0	0.3	0.7	25.4
河　南	17.6	36.8	23.0	5.7	3.7	–	–	13.4
湖　北	43.0	29.8	8.6	6.8	1.1	2.0	0.3	8.6
湖　南	28.7	30.8	9.2	7.6	2.4	–	0.6	20.8
广　东	11.4	48.1	6.3	31.0	1.4	0.1	–	1.8
广　西	52.2	18.2	9.9	0.5	2.0	–	–	17.7
海　南	–	–	–	–	–	–	–	–
四　川	32.2	35.0	4.2	14.4	1.9	0.8	1.6	9.9
贵　州	12.9	47.2	22.2	7.0	1.7	0.3	–	8.7
云　南	51.4	31.5	4.8	4.8	0.4	0.5	–	6.5
西　藏	–	–	–	–	–	–	–	–
陕　西	30.8	40.8	5.4	3.3	4.2	0.5	–	14.9
甘　肃	40.6	26.2	8.0	0.9	3.7	–	–	20.6
青　海	–	100.0	–	–	–	–	–	–
宁　夏	–	80.4	–	–	–	–	–	19.6
新　疆	13.3	52.7	7.1	5.2	6.8	3.1	–	12.0

2－12 各地区国有经济机械设备装备情况

地 区	自有机械设备年末总台数(台)	自有机械设备年末总功率(万千瓦)	#施工机械功率	自有机械设备净值(万元)	技术装备率(元/人)	动力装备率(千瓦/人)
全国总计	**1 870 826**	**4 213.3**	**2 995.3**	**4 692 164**	**5 482**	**4.9**
北 京	81 024	204.3	113.6	227 575	4 421	4.0
天 津	35 906	108.8	73.0	177 906	7 682	4.7
河 北	122 192	256.6	185.9	231 590	4 790	5.3
山 西	56 949	153.7	116.4	168 747	5 082	4.6
内蒙古	30 955	67.6	47.0	64 547	4 583	4.8
辽 宁	102 077	288.7	201.4	263 464	5 121	5.6
吉 林	47 247	133.2	87.4	122 220	4 534	4.9
黑龙江	71 048	258.6	179.5	184 219	5 049	7.1
上 海	48 369	136.8	93.8	265 537	9 026	4.7
江 苏	141 378	247.0	194.4	306 507	5 240	4.2
浙 江	53 258	97.0	69.0	128 946	5 925	4.5
安 徽	55 380	139.6	113.0	175 882	6 747	5.4
福 建	27 878	65.6	45.9	99 724	5 949	3.9
江 西	28 561	60.5	45.3	61 531	3 971	3.9
山 东	183 721	194.0	129.3	202 751	5 185	5.0
河 南	115 520	195.1	135.9	209 260	4 305	4.0
湖 北	89 843	208.0	160.3	325 252	8 831	5.6
湖 南	64 721	139.2	103.7	150 680	6 194	5.7
广 东	142 953	306.9	232.6	362 720	6 003	5.1
广 西	40 373	89.4	68.3	96 814	5 763	5.3
海 南	3 306	11.4	9.0	16 637	7 091	4.9
四 川	142 302	344.8	244.9	309 988	4 287	4.8
贵 州	22 201	53.5	35.6	67 755	4 977	3.9
云 南	28 270	82.0	57.9	94 413	5 986	5.2
西 藏	2 657	19.4	11.9	19 899	16 892	16.5
陕 西	42 252	135.0	104.5	141 261	6 168	5.9
甘 肃	29 464	67.3	45.5	62 963	3 996	4.3
青 海	13 678	32.8	21.0	33 430	3 292	3.2
宁 夏	11 338	24.2	16.0	24 294	4 994	5.0
新 疆	36 005	92.2	53.2	95 650	5 378	5.2

2-13 各地区国有经济地方和中央机械设备装备情况(一)

地　区	自有机械设备年末总台数(台)	自有机械设备年末总功率(万千瓦)	#施工机械功率	自有机械设备净值(万元)	技术装备率(元/人)	动力装备率(千瓦/人)
全国总计	**1 870 826**	**4 213.3**	**2 995.3**	**4 692 164**	**5 482**	**4.9**
一、地方所属单位	**1 327 280**	**2 384.3**	**1 648.1**	**2 525 800**	**4 328**	**4.1**
北　京	51 761	108.4	54.6	123 565	3 856	3.4
天　津	17 506	40.0	24.1	46 127	3 601	3.1
河　北	80 628	119.0	90.8	103 121	3 634	4.2
山　西	32 669	68.5	48.7	60 678	3 889	4.4
内蒙古	23 745	50.0	33.8	50 150	4 490	4.5
辽　宁	69 995	183.3	121.7	165 724	4 753	5.3
吉　林	32 381	85.7	55.1	81 183	4 079	4.3
黑龙江	45 475	119.0	81.9	102 467	3 796	4.4
上　海	29 032	63.0	36.7	137 204	6 644	3.1
江　苏	126 727	208.2	168.1	260 779	5 105	4.1
浙　江	45 973	82.7	61.2	114 895	5 826	4.2
安　徽	27 691	50.2	36.8	47 417	3 581	3.8
福　建	20 328	39.7	26.1	58 987	4 774	3.2
江　西	19 482	29.9	19.9	29 415	2 755	2.8
山　东	157 258	105.2	68.6	97 566	3 934	4.2
河　南	85 883	104.6	79.8	111 260	3 252	3.1
湖　北	51 721	71.2	50.7	69 819	3 757	3.8
湖　南	40 052	65.9	48.3	74 499	5 017	4.4
广　东	128 973	254.7	187.2	283 277	5 196	4.7
广　西	31 771	60.6	42.4	72 492	5 114	4.3
海　南	3 306	11.4	9.0	16 637	7 091	4.9
四　川	97 103	195.3	133.8	159 187	3 152	3.9
贵　州	10 088	23.9	17.3	25 158	3 449	3.3
云　南	17 507	44.1	27.0	51 701	4 508	3.8
西　藏	2 657	19.4	11.9	19 899	16 892	16.5
陕　西	18 887	47.9	33.2	40 239	4 207	5.0
甘　肃	17 221	35.7	24.1	32 996	3 077	3.3
青　海	10 242	22.9	12.9	17 446	3 869	5.1
宁　夏	11 311	24.0	15.9	24 162	5 037	5.0
新　疆	19 907	49.8	26.5	47 751	4 533	4.7

2-13 各地区国有经济地方和中央机械设备装备情况(二)

地　区	自有机械设备年末总台数(台)	自有机械设备年末总功率(万千瓦)	#施工机械功率	自有机械设备净值(万元)	技术装备率(元/人)	动力装备率(千瓦/人)
二、中央所属单位	**543 546**	**1 829.0**	**1 347.2**	**2 166 363**	**7 954**	**6.7**
北　京	29 263	95.9	59.0	104 010	5 352	4.9
天　津	18 400	68.7	48.9	131 779	12 734	6.6
河　北	41 564	137.6	95.1	128 469	6 433	6.9
山　西	24 280	85.2	67.6	108 070	6 141	4.8
内蒙古	7 210	17.6	13.2	14 397	4 941	6.0
辽　宁	32 082	105.4	79.8	97 740	5 897	6.4
吉　林	14 866	47.5	32.4	41 037	5 817	6.7
黑龙江	25 573	139.7	97.7	81 752	8 614	14.7
上　海	19 337	73.8	57.2	128 333	14 636	8.4
江　苏	14 651	38.9	26.2	45 728	6 168	5.2
浙　江	7 285	14.3	7.8	14 051	6 883	7.0
安　徽	27 689	89.4	76.2	128 465	10 014	7.0
福　建	7 550	25.9	19.7	40 737	9 244	5.9
江　西	9 079	30.6	25.3	32 116	6 667	6.4
山　东	26 463	88.9	60.7	105 186	7 353	6.2
河　南	29 637	90.5	56.1	98 000	6 808	6.3
湖　北	38 122	136.8	109.6	255 433	13 997	7.5
湖　南	24 669	73.2	55.4	76 182	8 040	7.7
广　东	13 980	52.2	45.4	79 442	13 470	8.9
广　西	8 602	28.8	25.9	24 323	9 264	11.0
海　南	–	–	–	–	–	–
四　川	45 199	149.5	111.1	150 800	6 918	6.9
贵　州	12 113	29.7	18.3	42 597	6 742	4.7
云　南	10 763	37.8	30.9	42 712	9 924	8.8
西　藏	–	–	–	–	–	–
陕　西	23 365	87.2	71.3	101 022	7 573	6.5
甘　肃	12 243	31.5	21.5	29 966	5 951	6.3
青　海	3 436	9.8	8.0	15 934	2 831	1.7
宁　夏	27	0.1	0.1	132	1 960	1.8
新　疆	16 098	42.4	26.7	47 899	6 603	5.8

2-14 各地区国有经济建筑业增加值及其构成(一)

单位:万元

地　区	建筑业增加值合计	本年提取固定资产折旧	应付工资总额	应付福利费总额
全国总计	**12 998 115**	**918 798**	**5 736 835**	**677 472**
北　京	973 499	53 344	431 269	47 645
天　津	448 657	40 141	157 221	17 581
河　北	645 072	47 605	264 878	38 850
山　西	474 811	37 291	189 463	18 402
内蒙古	173 288	11 213	82 552	9 674
辽　宁	752 865	54 715	340 329	42 265
吉　林	345 807	23 861	172 066	17 171
黑龙江	438 794	30 199	201 696	24 243
上　海	627 638	42 539	240 359	30 746
江　苏	1 012 076	57 416	510 822	58 991
浙　江	354 526	23 245	164 212	17 479
安　徽	386 872	25 710	162 075	21 385
福　建	279 184	16 039	124 127	12 481
江　西	163 651	11 831	89 695	9 344
山　东	636 915	44 430	273 768	30 391
河　南	564 430	35 483	247 594	31 820
湖　北	662 346	61 924	254 194	28 974
湖　南	393 729	24 278	178 055	22 921
广　东	1 060 343	73 998	476 874	55 911
广　西	235 141	17 105	114 482	13 592
海　南	19 665	656	11 207	1 511
四　川	979 648	66 317	455 784	53 594
贵　州	162 261	16 430	72 796	7 648
云　南	269 650	20 715	110 268	13 588
西　藏	27 390	7 284	7 348	838
陕　西	336 345	28 743	136 748	18 447
甘　肃	203 679	11 957	97 680	10 935
青　海	77 243	8 478	36 650	4 321
宁　夏	54 545	4 363	25 249	2 820
新　疆	238 042	21 489	107 371	13 903

2-14 各地区国有经济建筑业增加值及其构成(二)

单位:万元

地区	工程结算税金及附加	工程结算利润	管理费用中的税金	管理费用中的劳动、待业保险费	转作奖金的利润
全国总计	**1 114 554**	**3 856 713**	**75 827**	**633 749**	**15 833**
北京	87 964	310 535	3 966	40 694	1 918
天津	34 409	168 677	2 050	28 686	111
河北	60 760	195 244	4 219	33 738	221
山西	38 910	162 768	2 768	25 257	48
内蒙古	10 795	46 431	2 400	10 236	12
辽宁	60 691	218 739	3 713	32 555	142
吉林	30 526	88 355	1 461	12 446	80
黑龙江	33 863	135 630	2 047	11 793	677
上海	68 455	204 137	3 381	38 262	241
江苏	88 316	26 156	4 312	33 128	2 266
浙江	37 916	101 716	1 816	10 270	2 127
安徽	30 076	122 719	2 118	22 885	96
福建	34 637	79 967	1 366	10 724	155
江西	12 132	34 355	1 339	5 000	45
山东	52 984	208 133	3 396	25 787	1 975
河南	48 819	170 150	2 717	28 210	362
湖北	52 575	227 370	3 097	34 312	101
湖南	31 450	118 513	2 128	17 473	1 088
广东	103 293	310 610	6 167	35 082	1 592
广西	16 984	56 918	1 088	15 151	179
海南	1 914	3 499	371	517	11
四川	74 050	260 482	5 718	64 294	591
贵州	12 691	45 553	1 174	6 040	73
云南	23 559	70 567	4 173	26 870	90
西藏	742	9 963	967	258	11
陕西	23 975	104 909	1 391	22 144	12
甘肃	13 867	51 958	3 680	13 604	2
青海	6 292	17 030	680	3 800	9
宁夏	4 257	13 510	1 019	3 386	59
新疆	17 651	56 918	1 101	21 147	1 538

2－15各地区国有经济地方和中央建筑业增加值及其构成(一)

单位:万元

地区	建筑业增加值合计	本年提取固定资产折旧	应付工资总额	应付福利费总额
全国总计	**12 998 115**	**918 798**	**5 736 835**	**677 472**
一、地方所属单位	**7 380 367**	**460 792**	**3 473 203**	**393 533**
北京	601 983	27 361	293 437	29 916
天津	175 854	9 576	61 035	7 542
河北	252 872	16 504	110 084	18 922
山西	160 009	12 411	65 973	6 531
内蒙古	116 162	8 367	56 415	6 125
辽宁	437 941	30 703	204 955	24 376
吉林	216 934	14 607	108 047	11 930
黑龙江	261 814	16 255	119 405	13 687
上海	337 466	20 537	119 586	15 379
江苏	806 570	43 616	431 124	49 287
浙江	287 592	18 806	142 392	14 208
安徽	131 554	9 950	60 654	6 510
福建	192 480	9 201	95 009	8 753
江西	92 553	6 178	51 722	4 542
山东	285 134	17 309	122 041	13 766
河南	298 666	17 030	145 096	13 523
湖北	180 908	12 802	81 459	8 722
湖南	188 188	11 556	94 074	10 771
广东	895 380	57 072	412 824	45 174
广西	176 272	12 576	88 845	10 884
海南	19 665	656	11 207	1 511
四川	546 156	33 680	273 292	31 165
贵州	48 910	3 312	26 695	2 375
云南	174 017	11 283	72 211	9 167
西藏	27 390	7 284	7 348	838
陕西	125 994	8 020	51 685	7 057
甘肃	106 129	4 793	53 603	6 739
青海	45 332	3 580	21 673	2 224
宁夏	53 180	4 319	24 700	2 796
新疆	137 260	11 449	66 611	9 114

2－15 各地区国有经济地方和中央建筑业增加值及其构成(二)

单位:万元

地　区	工程结算税金及附加	工程结算利润	管理费用中的税金	管理费用中的劳动、待业保险费	转作奖金的利润
全国总计	**1 114 554**	**3 856 713**	**75 827**	**633 749**	**15 833**
一、地方所属单位	**674 892**	**2 000 707**	**49 627**	**337 771**	**10 157**
北　京	51 242	166 694	2 565	31 025	257
天　津	12 878	69 199	907	14 829	111
河　北	28 529	67 087	2 060	9 881	196
山　西	15 248	47 726	1 876	10 286	41
内蒙古	7 654	30 735	1 888	4 989	11
辽　宁	36 868	117 541	2 684	20 954	140
吉　林	20 020	51 199	1 179	10 015	62
黑龙江	24 130	79 066	1 786	8 011	525
上　海	44 605	118 016	2 512	17 031	200
江　苏	69 338	188 839	3 834	22 773	2 241
浙　江	32 063	70 225	1 597	9 491	1 190
安　徽	11 923	35 454	1 093	6 022	53
福　建	21 506	48 068	977	9 005	39
江　西	8 226	18 254	1 003	2 673	45
山　东	23 775	95 357	2 314	12 493	1 921
河　南	26 528	82 274	1 803	12 763	351
湖　北	15 699	52 633	1 591	8 103	100
湖　南	14 491	49 592	1 206	6 824	326
广　东	89 032	258 585	5 432	28 735	1 473
广　西	12 887	39 860	957	10 442	179
海　南	1 914	3 499	371	517	11
四　川	46 212	129 760	3 638	28 794	385
贵　州	4 137	9 059	601	2 797	67
云　南	17 628	45 820	1 170	16 826	87
西　藏	742	9 963	967	258	11
陕　西	10 191	38 978	967	9 100	5
甘　肃	8 033	25 834	446	6 684	2
青　海	3 144	10 645	449	3 626	9
宁　夏	4 108	12 923	1 006	3 386	59
新　疆	12 141	27 820	745	9 439	60

2-15 各地区国有经济地方和中央建筑业增加值及其构成(三)

单位:万元

地　区	建筑业增加值合计	本年提取固定资产折旧	应付工资总额	应付福利费总额
二、中央所属单位	**5 617 747**	**458 006**	**2 263 632**	**283 939**
北　京	371 516	25 983	137 832	17 729
天　津	272 803	30 565	96 187	10 039
河　北	392 200	31 100	154 794	19 928
山　西	314 801	24 880	123 490	11 871
内蒙古	57 126	2 846	26 138	3 548
辽　宁	314 924	24 011	135 374	17 889
吉　林	128 873	9 255	64 019	5 242
黑龙江	176 979	13 943	82 292	10 556
上　海	290 172	22 002	120 773	15 367
江　苏	205 506	13 801	79 698	9 705
浙　江	66 934	4 439	21 819	3 271
安　徽	255 318	15 760	101 421	14 875
福　建	86 704	6 838	29 118	3 728
江　西	71 098	5 653	37 973	4 802
山　东	351 781	27 121	151 727	16 626
河　南	265 764	18 453	102 498	18 297
湖　北	481 438	49 122	172 735	20 252
湖　南	205 541	12 722	83 980	12 150
广　东	164 963	16 926	64 050	10 737
广　西	58 869	4 530	25 637	2 708
海　南	—	—	—	—
四　川	433 492	32 637	182 492	22 430
贵　州	113 350	13 118	46 101	5 273
云　南	95 633	9 432	38 057	4 421
西　藏	—	—	—	—
陕　西	210 352	20 723	85 064	11 390
甘　肃	97 550	7 164	44 076	4 196
青　海	31 911	4 899	14 978	2 096
宁　夏	1 365	44	549	23
新　疆	100 782	10 040	40 759	4 789

2-15 各地区国有经济地方和中央建筑业增加值及其构成(四)

单位: 万元

地　区	工程结算税金及附加	工程结算利润	管理费用中的税金	管理费用中的劳动、待业保险费	转作奖金的利润
二、中央所属单位	**439 662**	**1 856 006**	**26 200**	**295 979**	**5 675**
北　京	36 722	143 841	1 400	9 669	1 661
天　津	21 531	99 478	1 146	13 857	—
河　北	32 232	128 157	2 159	23 857	26
山　西	23 662	115 043	892	14 971	8
内蒙古	3 141	15 696	511	5 246	1
辽　宁	23 823	101 197	1 029	11 602	2
吉　林	10 506	37 157	282	2 431	17
黑龙江	9 733	56 564	261	3 782	152
上　海	23 850	86 121	869	21 231	41
江　苏	18 978	72 517	478	10 355	25
浙　江	5 852	31 491	219	779	937
安　徽	18 152	87 265	1 026	16 863	43
福　建	13 130	31 898	389	1 719	116
江　西	3 906	16 100	337	2 327	—
山　东	29 209	112 776	1 082	13 294	54
河　南	22 291	87 876	914	15 446	11
湖　北	36 877	174 737	1 506	26 209	1
湖　南	16 960	68 921	922	10 649	762
广　东	14 261	52 025	736	6 348	119
广　西	4 097	17 058	130	4 709	—
海　南	—	—	—	—	—
四　川	27 838	130 722	2 079	35 501	206
贵　州	8 555	36 494	573	3 243	6
云　南	5 930	24 747	3 003	10 045	2
西　藏	—	—	—	—	—
陕　西	13 784	65 931	424	13 044	7
甘　肃	5 834	26 125	3 235	6 920	—
青　海	3 148	6 385	231	174	—
宁　夏	149	587	13	—	—
新　疆	5 510	29 098	356	11 708	1 478

2-16 各地区国有经济建筑业劳动生产率

地　区	建筑业企业个数(个)	计算劳动生产率的平均人数(万人)	按总产值计算的劳动生产率(元/人)	按增加值计算的劳动生产率(元/人)	人均竣工产值(元/人)	人均施工面积(平米/人)	人均竣工面积(平米/人)
全国总计	**9 109**	**855.93**	**48 604**	**15 186**	**32 347**	**56.5**	**20.4**
北　京	391	51.48	61 799	18 911	39 423	66.2	20.9
天　津	125	23.16	63 010	19 374	37 638	55.1	16.4
河　北	502	48.35	45 329	13 342	29 206	53.9	21.4
山　西	224	33.20	41 081	14 300	32 460	34.0	11.4
内蒙古	212	14.08	31 346	12 304	23 489	35.0	13.5
辽　宁	557	51.45	43 064	14 634	30 327	43.2	16.9
吉　林	402	26.96	38 722	12 828	27 101	34.3	18.7
黑龙江	588	36.48	38 557	12 027	27 032	26.2	13.4
上　海	257	29.42	96 803	21 335	51 454	79.2	20.5
江　苏	539	58.50	63 217	17 301	42 576	85.7	33.1
浙　江	354	21.76	68 835	16 290	48 932	67.6	26.2
安　徽	248	26.07	42 645	14 840	32 493	44.3	15.3
福　建	201	16.76	63 324	16 655	38 581	85.9	24.9
江　西	236	15.50	37 890	10 561	23 582	55.1	21.5
山　东	714	39.11	48 829	16 287	32 914	57.1	20.0
河　南	520	48.60	34 532	11 613	21 772	47.2	17.8
湖　北	403	36.83	50 771	17 983	25 201	60.4	17.7
湖　南	278	24.32	51 049	16 186	33 543	52.8	19.2
广　东	565	60.42	52 981	17 549	37 188	88.7	28.5
广　西	177	16.80	42 786	13 996	35 124	63.8	22.5
海　南	36	2.35	41 950	8 382	31 393	71.9	16.3
四　川	595	72.30	38 618	13 549	27 233	56.3	22.1
贵　州	145	13.61	38 331	11 920	28 743	56.1	18.8
云　南	117	15.77	58 933	17 096	38 573	64.0	28.2
西　藏	20	1.18	48 258	23 252	29 915	22.3	17.3
陕　西	155	22.90	41 027	14 685	30 755	37.2	12.5
甘　肃	96	15.76	31 801	12 926	20 710	38.3	14.2
青　海	84	10.15	22 386	7 607	12 892	14.8	8.0
宁　夏	125	4.86	32 389	11 212	23 836	36.1	20.0
新　疆	243	17.79	36 558	13 383	26 859	45.8	22.6

2-17 各地区国有经济地方和中央建筑业劳动生产率(一)

地　区	建筑业企业个数(个)	计算劳动生产率的平均人数(万人)	按总产值计算的劳动生产率(元/人)	按增加值计算的劳动生产率(元/人)	人均竣工产值(元/人)	人均施工面积(平米/人)	人均竣工面积(平米/人)
全国总计	**9 109**	**855.93**	**48 604**	**15 186**	**32 347**	**56.5**	**20.4**
一、地方所属单位	**7 727**	**583.56**	**43 708**	**12 647**	**29 547**	**65.8**	**25.0**
北　京	256	32.04	58 306	18 786	35 873	71.7	22.3
天　津	94	12.81	52 271	13 728	28 464	63.8	20.4
河　北	424	28.38	34 537	8 911	23 160	57.8	28.1
山　西	180	15.60	30 089	10 254	20 276	44.3	15.6
内蒙古	187	11.17	28 054	10 400	18 235	37.5	14.8
辽　宁	462	34.87	39 356	12 559	30 071	52.3	21.2
吉　林	347	19.90	35 312	10 900	28 879	37.7	21.0
黑龙江	491	26.99	31 302	9 700	19 535	30.5	15.5
上　海	215	20.65	96 920	16 343	53 175	104.3	26.3
江　苏	504	51.08	60 817	15 789	43 299	91.0	36.4
浙　江	347	19.72	66 861	14 582	45 847	73.7	28.8
安　徽	200	13.24	33 862	9 935	23 505	59.3	21.8
福　建	157	12.36	55 796	15 577	40 156	85.2	29.9
江　西	211	10.68	32 208	8 667	19 162	73.4	27.6
山　东	644	24.80	37 361	11 497	23 204	58.8	23.7
河　南	453	34.21	26 275	8 731	17 275	53.9	22.2
湖　北	350	18.58	32 735	9 736	24 627	64.8	27.0
湖　南	227	14.85	39 117	12 673	29 554	62.3	24.5
广　东	501	54.52	49 731	16 422	35 475	89.4	28.5
广　西	167	14.18	41 440	12 435	29 716	72.3	25.3
海　南	36	2.35	41 950	8 382	31 393	71.9	16.3
四　川	500	50.51	33 867	10 814	23 320	68.6	27.8
贵　州	112	7.29	26 572	6 705	10 247	52.0	19.4
云　南	102	11.47	60 810	15 173	41 624	78.8	34.0
西　藏	20	1.18	48 258	23 252	29 915	22.3	17.3
陕　西	109	9.56	39 765	13 174	25 958	62.6	22.1
甘　肃	81	10.72	25 023	9 898	15 792	49.2	17.9
青　海	80	4.51	27 471	10 054	20 949	32.7	17.6
宁　夏	120	4.80	31 681	11 085	23 008	35.7	19.3
新　疆	150	10.53	36 272	13 031	27 963	53.8	22.8

2-17 各地区国有经济地方和中央建筑业劳动生产率(二)

地　区	建筑业企业个数(个)	计算劳动生产率的平均人数(万人)	按总产值计算的劳动生产率(元/人)	按增加值计算的劳动生产率(元/人)	人均竣工产值(元/人)	人均施工面积(平米/人)	人均竣工面积(平米/人)
二、中央所属单位	**1 382**	**272.37**	**59 094**	**20 625**	**38 345**	**36.5**	**10.6**
北　京	135	19.43	67 560	19 118	45 277	57.1	18.7
天　津	31	10.35	76 303	26 362	48 993	44.2	11.4
河　北	78	19.97	60 663	19 638	37 795	48.3	11.8
山　西	44	17.60	50 827	17 888	43 264	25.0	7.6
内蒙古	25	2.91	43 965	19 606	43 628	25.4	8.3
辽　宁	95	16.57	50 865	19 000	30 864	24.1	7.9
吉　林	55	7.05	48 343	18 268	22 084	24.8	12.1
黑龙江	97	9.49	59 191	18 647	48 354	14.0	7.6
上　海	42	8.77	96 529	33 093	47 399	20.1	6.8
江　苏	35	7.41	79 756	27 721	37 596	49.8	10.0
浙　江	7	2.04	87 910	32 788	78 735	9.2	1.6
安　徽	48	12.83	51 710	19 902	41 769	28.9	8.5
福　建	44	4.41	84 432	19 675	34 164	88.1	11.0
江　西	25	4.82	50 482	14 758	33 379	14.4	8.1
山　东	70	14.31	68 710	24 590	49 745	54.0	13.7
河　南	67	14.39	54 154	18 463	32 460	31.1	7.4
湖　北	53	18.25	69 136	26 381	25 786	56.0	8.3
湖　南	51	9.48	69 747	21 691	39 793	38.0	10.9
广　东	64	5.90	83 027	27 971	53 023	81.9	28.5
广　西	10	2.63	50 051	22 423	64 323	17.8	7.8
海　南	—	—	—	—	—	—	—
四　川	95	21.80	49 625	19 886	36 296	27.7	8.9
贵　州	33	6.32	51 907	17 941	50 098	60.9	18.1
云　南	15	4.30	53 932	22 219	30 446	24.5	13.0
西　藏	—	—	—	—	—	—	—
陕　西	46	13.34	41 931	15 769	34 193	19.0	5.6
甘　肃	15	5.04	46 233	19 373	31 182	14.9	6.5
青　海	4	5.65	18 324	5 653	6 456	0.6	0.4
宁　夏	5	0.07	82 831	20 255	82 786	67.9	67.9
新　疆	93	7.25	36 974	13 893	25 257	34.1	22.4

2-18 各地区国有经济资本金及资产构成(一)

单位:万元

地区	资本金合计	资产总计	#流动资产合计	#存货	#在建工程
全国总计	**8 817 802**	**53 556 313**	**38 525 967**	**11 069 541**	**6 409 483**
北京	514 174	4 918 900	3 979 967	1 293 045	494 547
天津	319 240	1 687 778	1 177 071	221 406	87 630
河北	450 309	2 373 989	1 606 982	380 844	150 990
山西	297 371	1 965 074	1 358 330	366 320	183 375
内蒙古	139 889	681 689	467 851	119 379	33 535
辽宁	644 562	3 072 124	2 103 707	489 320	208 399
吉林	255 779	1 361 912	899 420	151 906	54 967
黑龙江	390 112	1 754 935	1 235 191	286 762	91 691
上海	412 904	3 094 884	2 351 467	672 368	460 075
江苏	579 775	4 193 655	3 354 283	1 271 576	988 294
浙江	245 705	1 439 371	1 041 613	242 117	149 879
安徽	250 694	1 318 136	896 738	209 233	99 678
福建	164 642	1 203 307	903 272	241 870	167 293
江西	130 710	791 778	532 879	239 197	169 877
山东	433 266	2 483 531	1 563 969	318 663	130 350
河南	409 860	1 759 112	1 166 218	327 020	150 554
湖北	370 778	2 217 761	1 456 329	414 645	205 593
湖南	230 177	1 293 366	884 737	221 448	121 922
广东	741 230	6 390 687	5 157 646	1 750 556	1 422 406
广西	175 714	1 340 988	1 063 383	448 394	375 281
海南	27 043	142 178	102 505	20 492	14 665
四川	715 276	2 947 060	1 891 583	514 422	250 162
贵州	135 240	843 417	608 076	171 414	120 461
云南	130 691	802 554	559 219	148 990	75 619
西藏	10 629	108 786	66 685	12 350	-
陕西	215 471	1 293 345	830 338	230 970	92 389
甘肃	135 222	671 229	400 576	108 313	40 726
青海	64 216	314 903	184 788	41 005	14 194
宁夏	57 144	222 317	140 773	34 552	15 490
新疆	169 980	867 549	540 370	120 965	39 442

2-18 各地区国有经济资本金及资产构成(二)

单位:万元

地区	固定资产合计	固定资产原价合计	#生产经营用	固定资产折旧	#本年折旧	无形及递延资产合计	#无形资产
全国总计	**1 1824 272**	**16 778 195**	**11 088 920**	**5 540 537**	**918 773**	**403 081**	**223 102**
北京	585 914	876 749	585 029	295 460	53 344	12 242	6 049
天津	411 447	665 642	515 934	257 081	40 141	9 269	2 796
河北	653 898	912 394	593 434	276 307	47 605	18 876	8 766
山西	528 925	714 249	412 818	187 593	37 291	7 873	2 723
内蒙古	188 588	263 120	162 301	77 113	11 213	6 663	5 645
辽宁	816 052	1 178 406	770 785	378 634	54 715	36 644	28 015
吉林	390 546	534 417	290 038	148 158	23 861	5 903	4 837
黑龙江	467 962	648 500	469 321	193 588	30 199	9 799	2 769
上海	410 984	664 053	549 547	266 603	42 539	55 145	27 749
江苏	689 946	950 543	692 479	268 708	57 416	16 864	7 094
浙江	300 986	400 007	289 263	106 532	23 245	10 566	4 594
安徽	363 556	614 605	315 707	251 049	25 710	5 033	3 557
福建	223 944	302 630	219 609	107 160	16 039	16 526	11 193
江西	197 222	261 310	156 899	67 427	11 831	6 867	3 898
山东	643 077	862 635	536 171	231 615	44 430	30 157	19 569
河南	500 977	685 570	430 032	558 125	35 458	17 544	12 992
湖北	643 274	927 792	633 543	289 665	61 924	19 150	11 409
湖南	334 384	452 464	336 653	125 567	24 278	13 866	10 679
广东	899 581	1 276 314	903 021	393 025	73 998	38 390	18 782
广西	219 270	305 730	216 608	88 317	17 105	12 702	11 541
海南	34 132	38 365	23 445	5 419	656	922	628
四川	845 851	1 213 009	750 888	373 528	66 317	18 603	9 720
贵州	165 015	232 965	148 182	68 300	16 430	13 169	451
云南	202 406	302 057	198 537	102 673	20 715	2 175	918
西藏	35 865	59 824	36 989	23 971	7 284	51	–
陕西	390 446	542 128	321 488	154 233	28 743	6 575	1 469
甘肃	229 344	286 919	158 724	69 034	11 957	3 444	1 155
青海	116 411	149 036	84 768	43 486	8 478	1 314	973
宁夏	69 347	94 703	70 491	25 390	4 363	3 910	2 832
新疆	264 919	362 059	216 217	106 774	21 489	2 838	297

2-19 各地区国有经济地方和中央资本金及资产构成(一)

单位:万元

地　区	资本金合计	资产总计	#流动资产合计	#存货	#在建工程
全国总计	**8 817 802**	**53 556 313**	**38 525 967**	**11 069 541**	**6 409 483**
一、地方所属单位	**5 533 268**	**34 641 470**	**26 090 115**	**8 105 850**	**5 224 787**
北　京	288 583	3 270 356	2 715 140	1 027 727	355 577
天　津	149 159	766 774	559 665	86 163	15 834
河　北	232 895	1 106 814	775 313	147 498	58 863
山　西	118 287	741 259	522 804	126 957	73 238
内蒙古	105 900	542 580	367 237	72 991	26 952
辽　宁	423 832	1 921 031	1 317 178	279 730	112 020
吉　林	191 160	960 960	629 078	79 443	19 965
黑龙江	233 258	1 136 447	816 302	195 829	76 909
上　海	287 196	2 205 522	1 750 526	564 421	419 022
江　苏	482 413	3 519 009	2 871 239	1 178 636	956 263
浙　江	218 324	1 229 928	904 797	207 291	133 476
安　徽	102 599	581 962	425 528	113 137	71 241
福　建	105 437	778 289	590 674	197 007	152 840
江　西	89 549	568 556	422 526	209 263	161 547
山　东	229 054	1 334 628	908 821	188 717	92 980
河　南	266 242	971 238	643 546	205 588	105 192
湖　北	198 226	783 602	550 317	135 879	79 650
湖　南	141 710	663 037	455 564	136 938	91 062
广　东	580 188	5 644 723	4 683 721	1 646 168	1 364 670
广　西	138 286	1 143 657	934 651	419 885	364 522
海　南	27 043	142 178	102 505	20 492	14 665
四　川	411 424	1 719 764	1 147 035	314 689	187 845
贵　州	51 679	425 392	341 827	124 510	105 529
云　南	88 079	568 360	424 522	116 481	69 433
西　藏	10 629	108 786	66 685	12 350	–
陕　西	83 451	525 778	364 321	116 188	52 072
甘　肃	62 609	335 436	206 880	53 421	17 941
青　海	41 684	189 858	114 939	22 404	7 977
宁　夏	56 766	217 927	136 959	33 394	15 080
新　疆	117 607	537 619	339 814	72 652	22 424

2-19 各地区国有经济地方和中央资本金及资产构成(二)

单位: 万元

地 区	资本金合计	资产总计	#流动资产合计	#存货	#在建工程
二、中央所属单位	**3 284 534**	**18 914 843**	**12 435 851**	**2 963 692**	**1 184 695**
北 京	225 591	1 648 544	1 264 827	265 318	138 971
天 津	170 081	921 004	617 406	135 242	71 797
河 北	217 414	1 267 175	831 669	233 346	92 127
山 西	179 083	1 223 815	835 526	239 363	110 137
内 蒙 古	33 989	139 109	100 615	46 388	6 583
辽 宁	220 730	1 151 093	786 529	209 590	96 379
吉 林	64 620	400 952	270 342	72 464	35 002
黑 龙 江	156 854	618 488	418 889	90 933	14 782
上 海	125 708	889 362	600 941	107 947	41 053
江 苏	97 362	674 646	483 044	92 940	32 031
浙 江	27 381	209 443	136 816	34 826	16 403
安 徽	148 094	736 175	471 210	96 096	28 437
福 建	59 205	425 018	312 599	44 863	14 454
江 西	41 161	223 222	110 352	29 934	8 330
山 东	204 212	1 148 903	655 148	129 945	37 370
河 南	143 618	787 874	522 671	121 432	45 362
湖 北	172 552	1 434 159	906 012	278 766	125 943
湖 南	88 467	630 329	429 173	84 509	30 861
广 东	161 041	745 964	473 925	104 388	57 736
广 西	37 428	197 331	128 732	28 509	10 760
海 南	—	—	—	—	—
四 川	303 853	1 227 295	744 548	199 733	62 317
贵 州	83 562	418 025	266 249	46 904	14 931
云 南	42 612	234 194	134 698	32 509	6 186
西 藏	—	—	—	—	—
陕 西	132 019	767 567	466 017	114 781	40 318
甘 肃	72 613	335 793	193 695	54 892	22 785
青 海	22 532	125 045	69 849	18 601	6 217
宁 夏	378	4 390	3 814	1 158	410
新 疆	52 373	329 930	200 556	48 313	17 018

2-19 各地区国有经济地方和中央资本金及资产构成(三)

单位:万元

地区	固定资产合计	固定资产原价合计	#生产经营用	固定资产折旧	#本年折旧	无形及递延资产合计	#无形资产
全国总计	**11 824 272**	**16 778 195**	**11 088 920**	**5 540 537**	**918 773**	**403 081**	**223 102**
一、地方所属单位	**6 555 098**	**9 052 463**	**5 911 110**	**3 035 883**	**460 767**	**279 234**	**180 167**
北京	307 303	467 362	317 743	163 190	27 361	8 836	4 533
天津	158 195	219 267	154 673	62 531	9 576	4 220	1 439
河北	278 136	362 264	245 822	96 748	16 504	9 750	6 465
山西	189 085	264 002	145 795	76 662	12 411	3 145	1 195
内蒙古	151 556	209 183	122 906	59 597	8 367	6 633	5 645
辽宁	509 467	708 443	457 775	214 554	30 703	32 227	26 723
吉林	275 474	372 285	211 408	99 848	14 607	3 323	2 675
黑龙江	277 901	374 567	273 506	104 881	16 255	6 841	2 537
上海	233 086	327 044	254 259	104 213	20 537	28 990	23 673
江苏	537 852	732 941	547 633	200 801	43 616	10 742	6 866
浙江	241 596	317 389	242 772	82 734	18 806	6 145	3 540
安徽	137 937	277 508	114 670	139 571	9 950	3 265	2 852
福建	139 502	186 910	139 191	75 879	9 201	12 283	11 148
江西	112 579	147 254	85 984	37 142	6 178	6 538	3 748
山东	288 915	382 309	206 940	104 999	17 309	21 685	13 510
河南	276 452	367 128	226 135	463 857	17 005	14 053	11 395
湖北	192 682	267 542	168 150	79 445	12 802	11 921	9 285
湖南	172 339	229 749	166 554	64 506	11 556	5 596	4 398
广东	671 741	921 775	658 162	263 710	57 072	35 713	17 786
广西	165 440	227 048	160 390	63 458	12 576	7 442	6 442
海南	34 132	38 365	23 445	5 419	656	922	628
四川	446 058	626 217	394 081	184 748	33 680	12 643	7 010
贵州	62 704	81 649	47 802	19 271	3 312	11 796	451
云南	113 011	166 871	107 799	56 502	11 283	1 738	905
西藏	35 865	59 824	36 989	23 971	7 284	51	–
陕西	139 719	189 858	100 817	51 583	8 020	3 968	326
甘肃	103 798	132 369	60 177	30 357	4 793	2 321	1 155
青海	68 676	82 612	41 425	23 561	3 580	1 244	903
宁夏	68 772	94 027	70 024	25 289	4 319	3 910	2 832
新疆	165 123	218 698	128 083	56 855	11 449	1 291	104

2-19 各地区国有经济地方和中央资本金及资产构成(四)

单位:万元

地区	固定资产合计	固定资产原价合计	#生产经营用	固定资产折旧	#本年折旧	无形及递延资产合计	#无形资产
二、中央所属单位	**5 269 174**	**7 725 732**	**5 177 810**	**2 504 653**	**458 006**	**123 847**	**42 935**
北京	278 611	409 387	267 286	132 269	25 983	3 406	1 517
天津	253 252	446 375	361 260	194 550	30 565	5 050	1 357
河北	375 762	550 129	347 611	179 559	31 100	9 126	2 301
山西	339 840	450 247	267 023	110 931	24 880	4 728	1 527
内蒙古	37 033	53 937	39 396	17 516	2 846	30	—
辽宁	306 585	469 963	313 010	164 080	24 011	4 417	1 293
吉林	115 072	162 131	78 629	48 311	9 255	2 580	2 162
黑龙江	190 061	273 933	195 815	88 708	13 943	2 958	232
上海	177 898	337 009	295 288	162 390	22 002	26 155	4 076
江苏	152 094	217 602	144 846	67 906	13 801	6 122	228
浙江	59 390	82 618	46 491	23 798	4 439	4 421	1 054
安徽	225 619	337 097	201 037	111 478	15 760	1 767	705
福建	84 442	115 719	80 418	31 281	6 838	4 243	45
江西	84 643	114 056	70 915	30 286	5 653	329	151
山东	354 162	480 326	329 231	126 616	27 121	8 472	6 059
河南	224 524	318 442	203 897	94 268	18 453	3 491	1 597
湖北	450 591	660 250	465 393	210 220	49 122	7 229	2 125
湖南	162 045	222 716	170 099	61 061	12 722	8 269	6 281
广东	227 840	354 539	244 859	129 314	16 926	2 676	997
广西	53 830	78 682	56 218	24 859	4 530	5 259	5 100
海南	—	—	—	—	—	—	—
四川	399 792	586 792	356 807	188 780	32 637	5 961	2 710
贵州	102 311	151 316	100 380	49 029	13 118	1 373	—
云南	89 395	135 187	90 739	46 172	9 432	437	13
西藏	—	—	—	—	—	—	—
陕西	250 727	352 270	220 671	102 650	20 723	2 607	1 143
甘肃	125 546	154 550	98 547	38 677	7 164	1 123	—
青海	47 735	66 424	43 343	19 925	4 899	70	70
宁夏	575	676	467	101	44	—	—
新疆	99 796	143 361	88 134	49 919	10 040	1 546	193

2－20 各地区国有经济负债及所有者权益

单位:万元

地　　区	负债合计	流动负债合计	长期负债合计	所有者权益合计	#股本
全国总计	**41 682 702**	**38 870 687**	**2 678 967**	**11 873 611**	**282 279**
北　　京	4 110 778	3 976 391	134 388	808 122	20 390
天　　津	1 288 822	1 171 773	117 049	398 955	6 501
河　　北	1 773 096	1 643 025	126 878	600 893	—
山　　西	1 554 936	1 437 483	116 936	410 138	28 715
内 蒙 古	513 475	461 511	48 468	168 214	—
辽　　宁	2 330 922	2 176 885	151 129	741 201	16 224
吉　　林	998 920	952 544	46 376	362 992	1 472
黑 龙 江	1 290 745	1 190 867	99 878	464 190	633
上　　海	2 535 912	2 344 884	174 142	558 972	—
江　　苏	3 426 689	3 297 511	106 840	766 966	42 585
浙　　江	1 060 313	1 000 229	60 084	379 058	6 878
安　　徽	999 711	949 658	50 053	318 425	1 299
福　　建	953 600	906 155	42 563	249 708	9 969
江　　西	598 542	541 378	47 082	193 235	3 287
山　　东	1 902 087	1 654 740	201 829	581 444	7 374
河　　南	1 211 452	1 122 418	87 956	547 661	13 155
湖　　北	1 703 004	1 524 064	177 960	514 758	2 152
湖　　南	967 624	905 320	62 305	325 741	6 216
广　　东	5 300 807	5 064 402	235 715	1 089 879	93 704
广　　西	1 102 269	1 042 771	59 499	238 719	855
海　　南	111 525	98 954	12 571	30 653	1 125
四　　川	2 064 551	1 920 269	139 893	882 508	4 739
贵　　州	666 299	634 003	32 296	177 118	—
云　　南	632 934	558 040	72 959	169 620	—
西　　藏	62 261	60 596	1 665	46 524	383
陕　　西	992 942	891 092	93 797	300 403	2 915
甘　　肃	486 322	420 387	64 715	184 906	3 245
青　　海	234 188	219 151	12 583	80 715	110
宁　　夏	160 227	142 673	16 263	62 090	855
新　　疆	647 748	561 511	85 095	219 800	7 498

2-21 各地区国有经济地方和中央负债及所有者权益(一)

单位:万元

地　区	负债合计	流动负债合计	长期负债合计	所有者权益合计	#股本
全国总计	**41 682 702**	**38 870 687**	**2 678 967**	**11 873 611**	**282 279**
一、地方所属单位	**27 392 977**	**25 856 160**	**1 412 564**	**7 248 494**	**242 625**
北　京	2 791 629	2 712 018	79 611	478 727	4 584
天　津	611 743	578 091	33 652	155 031	4 993
河　北	815 778	783 401	29 945	291 036	–
山　西	602 680	558 717	43 446	138 578	25 833
内蒙古	409 370	380 185	29 183	133 209	–
辽　宁	1 446 843	1 356 302	87 834	474 187	14 334
吉　林	700 300	675 569	24 731	260 660	1 389
黑龙江	854 256	813 086	41 170	282 191	633
上　海	1 837 891	1 714 784	106 231	367 631	–
江　苏	2 893 986	2 797 160	75 721	625 023	40 318
浙　江	921 544	871 573	49 971	308 384	6 878
安　徽	450 535	428 732	21 803	131 426	1 299
福　建	618 786	585 295	28 610	159 503	9 969
江　西	443 414	394 769	38 563	125 142	507
山　东	1 030 608	918 757	66 501	304 020	7 374
河　南	629 924	591 221	37 678	341 314	11 833
湖　北	576 699	522 136	54 328	206 903	2 152
湖　南	479 090	445 382	33 708	183 947	2 264
广　东	4 782 372	4 571 861	209 821	862 351	89 559
广　西	955 275	920 069	35 205	188 382	855
海　南	111 525	98 954	12 571	30 653	1 125
四　川	1 201 387	1 122 948	74 051	518 377	4 739
贵　州	359 991	344 473	15 517	65 401	–
云　南	452 532	404 261	48 155	115 828	–
西　藏	62 261	60 596	1 665	46 524	383
陕　西	422 048	379 963	34 033	103 731	2 244
甘　肃	245 303	225 664	18 418	90 133	3 245
青　海	139 302	128 875	7 974	50 556	110
宁　夏	156 837	139 283	16 263	61 090	855
新　疆	389 065	332 032	56 207	148 554	5 150

2-21 各地区国有经济地方和中央负债及所有者权益(一)

单位: 万元

地　　区	负债合计	流动负债合计	长期负债合计	所有者权益合计	#股本
二、中央所属单位	**14 289 725**	**13 014 527**	**1 266 403**	**4 625 118**	**39 654**
北　京	1 319 149	1 264 373	54 776	329 395	15 806
天　津	677 079	593 681	83 397	243 925	1 507
河　北	957 318	859 624	96 934	309 857	–
山　西	952 256	878 766	73 490	271 560	2 882
内 蒙 古	104 104	81 327	19 286	35 005	–
辽　宁	884 079	820 583	63 296	267 014	1 890
吉　林	298 620	276 975	21 645	102 332	84
黑 龙 江	436 489	377 781	58 708	181 999	–
上　海	698 021	630 100	67 911	191 341	–
江　苏	532 703	500 351	31 119	141 943	2 267
浙　江	138 769	128 656	10 113	70 674	–
安　徽	549 176	520 926	28 250	186 999	–
福　建	334 814	320 861	13 953	90 205	–
江　西	155 128	146 609	8 519	68 093	2 779
山　东	871 478	735 983	135 328	277 424	–
河　南	581 527	531 197	50 278	206 347	1 322
湖　北	1 126 304	1 001 928	123 633	307 855	–
湖　南	488 534	459 937	28 597	141 795	3 952
广　东	518 435	492 541	25 894	227 528	4 145
广　西	146 995	122 701	24 293	50 336	–
海　南	–	–	–	–	–
四　川	863 164	797 322	65 842	364 131	–
贵　州	306 308	289 530	16 778	111 717	–
云　南	180 402	153 779	24 804	53 792	–
西　藏	–	–	–	–	–
陕　西	570 894	511 128	59 765	196 673	671
甘　肃	241 019	194 723	46 296	94 774	–
青　海	94 886	90 277	4 609	30 159	–
宁　夏	3 390	3 390	–	1 000	–
新　疆	258 683	229 478	28 888	71 247	2 348

2－22 各地区国有经济工程结算收入及工程结算利润

单位：万元

地区	工程结算收入	工程结算成本	工程结算税金及附加	工程结算利润	管理费用	#税金	#财产保险费	#劳动、待业保险费
全国总计	**38 682 314**	**33 711 047**	**1 114 554**	**3 856 713**	**3 155 867**	**75 827**	**22 107**	**633 749**
北京	3 101 011	2 702 511	87 964	310 535	265 185	3 966	1 041	40 694
天津	1 450 681	1 247 595	34 409	168 677	105 659	2 052	355	28 686
河北	2 080 200	1 824 196	60 760	195 244	157 810	4 219	645	33 738
山西	1 386 653	1 184 975	38 910	162 768	123 742	2 768	247	25 257
内蒙古	419 652	362 426	10 795	46 431	49 468	2 400	180	10 236
辽宁	2 147 680	1 868 250	60 691	218 739	193 492	3 713	3 854	32 555
吉林	1 020 560	901 679	30 526	88 355	83 193	1 461	326	12 446
黑龙江	1 346 575	1 177 082	33 863	135 630	117 480	2 047	1 210	11 793
上海	2 312 111	2 039 519	68 455	204 137	202 833	3 381	1 259	38 262
江苏	2 954 136	2 604 464	88 316	261 356	196 157	4 312	1 138	33 128
浙江	1 380 693	1 241 062	37 916	101 716	82 667	1 816	527	10 270
安徽	1 057 298	904 503	30 076	122 719	101 945	2 118	728	22 885
福建	1 017 565	902 962	34 637	79 967	59 814	1 366	258	10 724
江西	485 322	438 835	12 132	34 355	34 528	1 339	515	5 000
山东	1 799 059	1 537 942	52 984	208 133	148 657	3 396	1 148	25 787
河南	1 582 005	1 363 036	48 819	170 150	131 590	2 717	1 945	28 210
湖北	1 782 537	1 502 591	52 575	227 370	167 999	3 097	429	34 312
湖南	1 146 465	996 501	31 450	118 513	90 171	2 128	335	17 473
广东	3 193 407	2 779 504	103 293	310 610	225 230	6 167	1 049	35 082
广西	594 878	520 975	16 984	56 918	52 028	1 088	273	15 151
海南	95 695	90 282	1 914	3 499	4 614	371	25	517
四川	2 561 489	2 226 957	74 050	260 482	216 002	5 718	3 224	64 294
贵州	494 544	436 300	12 691	45 553	37 992	1 174	208	6 040
云南	820 066	725 940	23 559	70 567	65 444	4 173	236	26 870
西藏	67 890	57 185	742	9 963	9 047	967	2	258
陕西	898 252	769 368	23 975	104 909	88 202	1 391	511	22 144
甘肃	490 351	424 526	13 867	51 958	48 554	3 680	241	13 604
青海	207 767	184 444	6 292	17 030	17 201	680	48	3 800
宁夏	151 519	133 752	4 257	13 510	14 049	1 019	80	3 386
新疆	636 254	561 685	17 651	56 918	65 114	1 101	69	21 147

2－23 各地区国有经济地方和中央工程结算收入及工程结算利润(一)

单位:万元

地区	工程结算收入	工程结算成本	工程结算税金及附加	工程结算利润	管理费用	#税金	#财产保险费	#劳动、待业保险费
全国总计	**38 682 314**	**33 711 047**	**1 114 554**	**3 856 713**	**3 155 867**	**75 827**	**22 107**	**633 749**
一、地方所属单位	**22 771 846**	**20 096 246**	**674 892**	**2 000 707**	**1 728 241**	**49 627**	**14 048**	**337 771**
北京	1 749 367	1 531 431	51 242	166 694	161 766	2 565	639	31 025
天津	663 860	581 783	12 878	69 199	48 032	907	168	14 829
河北	902 788	807 173	28 529	67 087	59 982	2 060	157	9 881
山西	503 680	440 707	15 248	47 726	45 886	1 876	66	10 286
内蒙古	292 358	253 969	7 654	30 735	35 241	1 888	168	4 989
辽宁	1 270 224	1 115 814	36 868	117 541	109 302	2 684	2 360	20 954
吉林	681 371	610 153	20 020	51 199	56 688	1 179	183	10 015
黑龙江	775 119	671 923	24 130	79 066	72 235	1 786	965	8 011
上海	1 576 896	1 414 275	44 605	118 016	116 904	2 512	813	17 031
江苏	2 342 942	2 084 764	69 338	188 839	151 562	3 834	920	22 773
浙江	1 187 245	1 084 956	32 063	70 225	61 677	1 597	471	9 491
安徽	390 993	343 616	11 923	35 454	35 589	1 093	270	6 022
福建	653 202	583 627	21 506	48 068	37 125	977	225	9 005
江西	265 838	239 358	8 226	18 254	18 839	1 003	501	2 673
山东	802 510	683 377	23 775	95 357	66 780	2 314	748	12 493
河南	820 400	711 598	26 528	82 274	63 853	1 803	1 728	12 763
湖北	516 798	448 466	15 699	52 633	48 167	1 591	150	8 103
湖南	554 688	490 605	14 491	49 592	41 165	1 206	186	6 824
广东	2 680 001	2 332 384	89 032	258 585	183 232	5 432	925	28 735
广西	461 298	408 551	12 887	39 860	36 038	957	208	10 442
海南	95 695	90 282	1 914	3 499	4 614	371	25	517
四川	1 493 999	1 318 027	46 212	129 760	105 225	3 638	1 454	28 794
贵州	185 780	172 585	4 137	9 059	11 363	601	90	2 797
云南	604 826	541 378	17 628	45 820	43 145	1 170	200	16 826
西藏	67 890	57 185	742	9 963	9 047	967	2	258
陕西	345 156	295 986	10 191	38 978	27 690	967	141	9 100
甘肃	259 704	225 838	8 033	25 834	21 879	446	146	6 684
青海	116 720	102 932	3 144	10 645	10 758	449	35	3 626
宁夏	145 324	128 293	4 108	12 923	13 664	1 006	80	3 386
新疆	365 172	325 211	12 141	27 820	30 746	745	25	9 439

2-23 各地区国有经济地方和中央工程结算收入及工程结算利润(二)

单位:万元

地区	工程结算收入	工程结算成本	工程结算税金及附加	工程结算利润	管理费用	#税金	#财产保险费	#劳动、待业保险费
二、中央所属单位	**15 910 468**	**13 614 801**	**439 662**	**1 856 006**	**1 427 626**	**26 200**	**8 058**	**295 979**
北京	1 351 643	1 171 080	36 722	143 841	103 420	1 400	403	9 669
天津	786 821	665 812	21 531	99 478	57 627	1 146	187	13 857
河北	1 177 412	1 017 023	32 232	128 157	97 828	2 159	487	23 857
山西	882 973	744 268	23 662	115 043	77 856	892	181	14 971
内蒙古	127 294	108 457	3 141	15 696	14 228	511	12	5 246
辽宁	877 456	752 436	23 823	101 197	84 191	1 029	1 495	11 602
吉林	339 189	291 526	10 506	37 157	26 505	282	143	2 431
黑龙江	571 456	505 159	9 733	56 564	45 196	261	245	3 782
上海	735 215	625 244	23 850	86 121	85 929	869	446	21 231
江苏	611 194	519 700	18 978	72 517	44 595	478	218	10 355
浙江	193 448	156 105	5 852	31 491	20 990	219	57	779
安徽	666 305	560 887	18 152	87 265	66 356	1 026	458	16 863
福建	364 363	319 335	13 130	31 898	22 689	389	33	1 719
江西	219 483	199 477	3 906	16 100	15 689	337	14	2 327
山东	996 549	854 565	29 209	112 776	81 877	1 082	400	13 294
河南	761 605	651 438	22 291	87 876	67 737	914	217	15 446
湖北	1 265 739	1 054 125	36 877	174 737	119 832	1 506	279	26 209
湖南	591 777	505 895	16 960	68 921	49 006	922	149	10 649
广东	513 406	447 120	14 261	52 025	41 998	736	123	6 348
广西	133 579	112 424	4 097	17 058	15 990	130	65	4 709
海南	–	–	–	–	–	–	–	–
四川	1 067 490	908 930	27 838	130 722	110 777	2 079	1 770	35 501
贵州	308 763	263 715	8 555	36 494	26 629	573	118	3 243
云南	215 239	184 562	5 930	24 747	22 300	3 003	36	10 045
西藏	–	–	–	–	–	–	–	–
陕西	553 096	473 381	13 784	65 931	60 513	424	370	13 044
甘肃	230 647	198 688	5 834	26 125	26 675	3 235	94	6 920
青海	91 047	81 513	3 148	6 385	6 443	231	13	174
宁夏	6 195	5 460	149	587	385	13	–	–
新疆	271 082	236 474	5 510	29 098	34 368	356	44	11 708

2-24 各地区国有经济利税及利润总额

单位: 万元

地区	利税总额	利润总额	#应交所得税	#转作奖金的利润	#应付利润	#已分配股利
全国总计	**1 397 443**	**207 062**	**111 148**	**15 833**	**62 712**	**6 318**
北京	140 774	48 844	14 133	1 918	3 484	385
天津	42 278	5 817	2 995	111	1 014	–
河北	73 149	8 170	5 236	221	2 391	–
山西	35 638	−6 040	723	48	529	746
内蒙古	5 789	−7 406	578	12	197	–
辽宁	51 948	−12 456	4 692	142	2 998	53
吉林	13 370	−18 617	1 352	80	403	6
黑龙江	33 206	−2 704	1 771	677	429	–
上海	112 403	40 567	7 411	241	8 818	417
江苏	131 599	38 971	11 107	2 266	6 392	90
浙江	59 930	20 198	4 995	2 127	1 119	–
安徽	28 307	−3 887	1 577	96	306	2
福建	44 696	8 693	2 494	155	1 008	61
江西	11 024	−2 447	1 139	45	242	16
山东	64 769	8 389	8 129	1 975	3 229	113
河南	60 646	9 110	3 754	362	2 486	12
湖北	61 254	5 582	3 158	101	2 656	7
湖南	39 559	5 981	2 023	1 088	391	8
广东	189 148	79 688	17 248	1 592	18 885	4 392
广西	19 834	1 762	1 753	179	349	–
海南	2 151	−134	251	11	9	–
四川	84 265	4 497	7 387	591	2 154	10
贵州	10 432	−3 433	1 054	73	513	–
云南	28 892	1 160	1 340	90	612	–
西藏	3 041	1 332	565	11	10	–
陕西	23 544	−1 822	1 454	12	507	–
甘肃	12 970	−4 577	554	2	618	–
青海	6 161	− 811	605	9	200	2
宁夏	2 938	−2 338	510	59	384	–
新疆	3 726	−15 026	1 156	1 538	378	–

2-25 各地区国有经济地方和中央利税及利润总额(一)

单位：万元

地区	利税总额	利润总额	#应交所得税	#转作奖金的利润	#应付利润	#已分配股利
全国总计	**1 397 443**	**207 062**	**111 148**	**15 833**	**62 712**	**6 318**
一、地方所属单位	**883 585**	**159 066**	**77 999**	**10 157**	**48 271**	**6 004**
北京	84 157	30 350	10 683	257	2 099	234
天津	17 363	3 578	1 524	111	714	—
河北	30 602	13	2 251	196	1 443	—
山西	13 220	−3 904	418	41	485	725
内蒙古	2 189	−7 353	537	11	191	—
辽宁	30 725	−8 827	2 965	140	2 308	16
吉林	3 304	−17 895	811	62	371	6
黑龙江	18 604	−7 312	1 478	525	371	—
上海	81 432	34 315	6 074	200	8 286	417
江苏	104 256	31 084	8 773	2 241	6 289	90
浙江	49 010	15 350	3 322	1 190	981	—
安徽	8 237	−4 779	540	53	73	2
福建	27 133	4 650	1 552	39	321	—
江西	8 520	−709	954	45	239	16
山东	38 747	12 658	4 477	1 921	1 472	113
河南	36 272	7 941	2 487	351	1 970	12
湖北	12 681	−4 609	940	100	1 652	7
湖南	17 649	1 952	1 074	326	280	8
广东	169 688	75 224	15 476	1 473	15 162	4 347
广西	16 678	2 834	1 538	179	256	—
海南	2 151	−134	251	11	9	—
四川	53 645	3 795	5 151	385	1 538	10
贵州	1 316	−3 422	309	67	401	—
云南	20 469	1 671	1 087	87	444	—
西藏	3 041	1 332	565	11	10	—
陕西	12 090	932	435	5	220	—
甘肃	8 732	253	268	2	36	—
青海	2 512	−1 081	515	9	200	2
宁夏	2 455	−2 659	460	59	370	—
新疆	6 704	−6 182	1 084	60	79	—

2－25 各地区国有经济地方和中央利税及利润总额(二)

单位:万元

地　　区	利税总额	利润总额	#应　交所得税	#转作奖金的利润	#应付利润	#已分配股利
二、中央所属单位	**513 858**	**47 996**	**33 149**	**5 675**	**14 441**	**315**
北　京	56 616	18 494	3 450	1 661	1 384	151
天　津	24 916	2 239	1 471	—	300	—
河　北	42 548	8 157	2 985	26	949	—
山　西	22 418	－2 136	306	8	44	21
内蒙古	3 599	－53	41	1	6	—
辽　宁	21 223	－3 629	1 728	2	690	36
吉　林	10 066	－722	541	17	32	—
黑龙江	14 601	4 607	293	152	58	—
上　海	30 971	6 252	1 337	41	532	—
江　苏	27 343	7 887	2 334	25	103	—
浙　江	10 919	4 848	1 673	937	137	—
安　徽	20 070	892	1 037	43	233	—
福　建	17 562	4 043	942	116	686	61
江　西	2 505	－1 738	185	—	3	—
山　东	26 022	－4 269	3 652	54	1 757	—
河　南	24 374	1 169	1 268	11	516	—
湖　北	48 574	10 191	2 218	1	1 003	—
湖　南	21 911	4 029	949	762	112	—
广　东	19 461	4 464	1 772	119	3 723	45
广　西	3 155	－1 072	215	—	93	—
海　南	—	—	—	—	—	—
四　川	30 619	702	2 237	205	616	—
贵　州	9 117	－11	745	6	112	—
云　南	8 422	－511	253	2	168	—
西　藏	—	—	—	—	—	—
陕　西	11 455	－2 753	1 018	7	287	—
甘　肃	4 239	－4 830	286	—	581	—
青　海	3 649	270	90	—	—	—
宁　夏	484	322	50	—	14	—
新　疆	－2 978	－8 844	72	1 478	299	—

2-26 各地区国有经济利润率及利税率

地　区	产值利润率(%)	产值利税率(%)	资本金利润率(%)	资本金利税率(%)	人均利润(元/人)	人均利税(元/人)	资产负债率(%)
全国总计	**0.5**	**3.4**	**2.3**	**15.8**	**242**	**1 633**	**77.8**
北　京	1.5	4.4	9.5	27.4	949	2 735	83.6
天　津	0.4	2.9	1.8	13.2	251	1 826	76.4
河　北	0.4	3.3	1.8	16.2	169	1 513	74.7
山　西	−0.4	2.6	−2.0	12.0	−182	1 073	79.1
内蒙古	−1.7	1.3	−5.3	4.1	−526	411	75.3
辽　宁	−0.6	2.3	−1.9	8.1	−242	1 010	75.9
吉　林	−1.8	1.3	−7.3	5.2	−691	496	73.3
黑龙江	−0.2	2.4	−0.7	8.5	−74	910	73.5
上　海	1.4	3.9	9.8	27.2	1 379	3 821	81.9
江　苏	1.1	3.6	6.7	22.7	666	2 250	81.7
浙　江	1.3	4.0	8.2	24.4	928	2 754	73.7
安　徽	−0.3	2.5	−1.6	11.3	−149	1 086	75.8
福　建	0.8	4.2	5.3	27.1	519	2 666	79.2
江　西	−0.4	1.9	−1.9	8.4	−158	711	75.6
山　东	0.4	3.4	1.9	14.9	215	1 656	76.6
河　南	0.5	3.6	2.2	14.8	187	1 248	68.9
湖　北	0.3	3.3	1.5	16.5	152	1 663	76.8
湖　南	0.5	3.2	2.6	17.2	246	1 626	74.8
广　东	2.5	5.9	10.8	25.5	1 319	3 131	82.9
广　西	0.2	2.8	1.0	11.3	105	1 181	82.2
海　南	−0.1	2.2	−0.5	8.0	−57	917	78.4
四　川	0.2	3.0	0.6	11.8	62	1 165	70.1
贵　州	−0.7	2.0	−2.5	7.7	−252	766	79.0
云　南	0.1	3.1	0.9	22.1	74	1 832	78.9
西　藏	2.3	5.4	12.5	28.6	1 131	2 582	57.2
陕　西	−0.2	2.5	−0.8	10.9	−80	1 028	76.8
甘　肃	−0.9	2.6	−3.4	9.6	−290	823	72.5
青　海	−0.4	2.7	−1.3	9.6	−80	607	74.4
宁　夏	−1.5	1.9	−4.1	5.1	−481	604	72.1
新　疆	−2.3	0.6	−8.8	2.2	−845	210	74.7

2-27 各地区国有经济地方和中央利润率及利税率(一)

地 区	产值利润率(%)	产值利税率(%)	资本金利润率(%)	资本金利税率(%)	人均利润(元/人)	人均利税(元/人)	资产负债率(%)
全国总计	**0.5**	**3.4**	**2.3**	**15.8**	**242**	**1 633**	**77.8**
一、地方所属单位	**0.6**	**3.5**	**2.9**	**16.0**	**273**	**1 514**	**79.1**
北 京	1.6	4.5	10.5	29.2	947	2 626	85.4
天 津	0.5	2.6	2.4	11.6	279	1 355	79.8
河 北	–	3.1	–	13.1	–	1 078	73.7
山 西	−0.8	2.8	−3.3	11.2	−250	847	81.3
内 蒙 古	−2.3	0.7	−6.9	2.1	−658	196	75.4
辽 宁	−0.6	2.2	−2.1	7.2	−253	881	75.3
吉 林	−2.5	0.5	−9.4	1.7	−899	166	72.9
黑 龙 江	−0.9	2.2	−3.1	8.0	−271	689	75.2
上 海	1.7	4.1	11.9	28.4	1662	3 944	83.3
江 苏	1.0	3.4	6.4	21.6	608	2 041	82.2
浙 江	1.2	3.7	7.0	22.4	778	2 485	74.9
安 徽	−1.1	1.8	−4.7	8.0	−361	622	77.4
福 建	0.7	3.9	4.4	25.7	376	2 196	79.5
江 西	−0.2	2.5	−0.8	9.5	−66	798	78.0
山 东	1.4	4.2	5.5	16.9	510	1 562	77.2
河 南	0.9	4.0	3.0	13.6	232	1 060	64.9
湖 北	−0.8	2.1	−2.3	6.4	−248	682	73.6
湖 南	0.3	3.0	1.4	12.5	131	1 189	72.3
广 东	2.8	6.3	13.0	29.2	1380	3 112	84.7
广 西	0.5	2.8	2.0	12.1	200	1 177	83.5
海 南	−0.1	2.2	−0.5	8.0	−57	917	78.4
四 川	0.2	3.1	0.9	13.0	75	1 062	69.9
贵 州	−1.8	0.7	−6.6	2.5	−469	180	84.6
云 南	0.2	2.9	1.9	23.2	146	1 785	79.6
西 藏	2.3	5.4	12.5	28.6	1131	2 582	57.2
陕 西	0.2	3.2	1.1	14.5	97	1 264	80.3
甘 肃	0.1	3.3	0.4	13.9	24	814	73.1
青 海	−0.9	2.0	−2.6	6.0	−240	557	73.4
宁 夏	−1.7	1.6	−4.7	4.3	−554	512	72.0
新 疆	−1.6	1.8	−5.3	5.7	−587	636	72.4

2－27 各地区国有经济地方和中央利润率及利税率(二)

地　区	产值利润率(%)	产值利税率(%)	资本金利润率(%)	资本金利税率(%)	人均利润(元/人)	人均利税(元/人)	资产负债率(%)
二、中央所属单位	**0.3**	**3.2**	**1.5**	**15.6**	**176**	**1 887**	**75.5**
北　京	1.4	4.3	8.2	25.1	952	2 913	80.0
天　津	0.3	3.2	1.3	14.6	216	2 408	73.5
河　北	0.7	3.5	3.8	19.6	408	2 130	75.5
山　西	－0.2	2.5	－1.2	12.5	－121	1 274	77.8
内蒙古	－	2.8	－0.2	10.6	－18	1 235	74.8
辽　宁	－0.4	2.5	－1.6	9.6	－219	1 280	76.8
吉　林	－0.2	3.0	－1.1	15.6	－102	1 427	74.5
黑龙江	0.8	2.6	2.9	9.3	485	1 538	70.6
上　海	0.7	3.7	5.0	24.6	713	3 532	78.5
江　苏	1.3	4.6	8.1	28.1	1 064	3 688	79.0
浙　江	2.7	6.1	17.7	39.9	2 375	5 349	66.3
安　徽	0.1	3.0	0.6	13.6	70	1 564	74.6
福　建	1.1	4.7	6.8	29.7	918	3 986	78.8
江　西	－0.7	1.0	－4.2	6.1	－361	520	69.5
山　东	－0.4	2.6	－2.1	12.7	－298	1 819	75.9
河　南	0.1	3.1	0.8	17.0	81	1 693	73.8
湖　北	0.8	3.8	5.9	28.1	558	2 662	78.5
湖　南	0.6	3.3	4.6	24.8	425	2 312	77.5
广　东	0.9	4.0	2.8	12.1	757	3 300	69.5
广　西	－0.8	2.4	－2.9	8.4	－408	1 202	74.5
海　南	－	－	－	－	－	－	－
四　川	0.1	2.8	0.2	10.1	32	1 405	70.3
贵　州	－	2.8	－	10.9	－2	1 443	73.3
云　南	－0.2	3.6	－1.2	19.8	－119	1 957	77.0
西　藏	－	－	－	－	－	－	－
陕　西	－0.5	2.0	－2.1	8.7	－206	859	74.4
甘　肃	－2.1	1.8	－6.7	5.8	－959	842	71.8
青　海	0.3	3.5	1.2	16.2	48	646	75.9
宁　夏	5.8	8.7	85.1	127.8	4 772	7 168	77.2
新　疆	－3.3	－1.1	－16.9	－5.7	－1 219	－410	78.4

2-28 各地区国有经济建筑业企业亏损情况

地区别	建筑业企业个数(个)	亏损企业个数(个)	亏损金额(万元)	亏损面(%)
全国总计	**9 109**	**2 352**	**378 046**	**25.8**
北　京	391	87	9 909	22.3
天　津	125	24	9 801	19.2
河　北	502	101	18 194	20.1
山　西	224	63	12 180	28.1
内蒙古	212	60	13 763	28.3
辽　宁	557	164	42 100	29.4
吉　林	402	119	27 140	29.6
黑龙江	588	154	21 539	26.2
上　海	257	35	6 862	13.6
江　苏	539	88	9 846	16.3
浙　江	354	63	5 161	17.8
安　徽	248	99	19 789	39.9
福　建	201	57	2 880	28.4
江　西	236	67	11 068	28.4
山　东	714	175	25 978	24.5
河　南	520	142	12 360	27.3
湖　北	403	114	16 702	28.3
湖　南	278	87	5 319	31.3
广　东	565	144	15 963	25.5
广　西	177	46	4 535	26.0
海　南	36	17	1 513	47.2
四　川	595	150	22 071	25.2
贵　州	145	60	7 357	41.4
云　南	117	32	5 528	27.4
西　藏	20	7	492	35.0
陕　西	155	34	9 025	21.9
甘　肃	96	24	9 481	25.0
青　海	84	20	2 134	23.8
宁　夏	125	47	4 871	37.6
新　疆	243	72	24 483	29.6

2-29 各地区国有经济地方和中央建筑业企业亏损情况(一)

地区别	建筑业企业个数(个)	亏损企业个数(个)	亏损金额(万元)	亏损面(%)
全国总计	**9 109**	**2 352**	**378 046**	**25.8**
一、地方所属单位	**7 727**	**2 044**	**235 829**	**26.5**
北　京	256	57	6 870	22.3
天　津	94	16	2 744	17.0
河　北	424	84	11 066	19.8
山　西	180	53	8 353	29.4
内蒙古	187	52	12 084	27.8
辽　宁	462	138	31 049	29.9
吉　林	347	113	24 451	32.6
黑龙江	491	140	16 938	28.5
上　海	215	31	2 075	14.4
江　苏	504	86	9 245	17.1
浙　江	347	63	5 161	18.2
安　徽	200	85	7 585	42.5
福　建	157	48	2 361	30.6
江　西	211	62	6 390	29.4
山　东	644	168	6 885	26.1
河　南	453	124	8 242	27.4
湖　北	350	103	13 058	29.4
湖　南	227	78	3 707	34.4
广　东	501	126	8 523	25.1
广　西	167	44	2 816	26.3
海　南	36	17	1 513	47.2
四　川	500	125	14 562	25.0
贵　州	112	49	4 511	43.8
云　南	102	28	3 919	27.5
西　藏	20	7	492	35.0
陕　西	109	23	1 740	21.1
甘　肃	81	20	2 652	24.7
青　海	80	20	2 134	25.0
宁　夏	120	47	4 871	39.2
新　疆	150	37	9 830	24.7

2－29 各地区国有经济地方和中央建筑业企业亏损情况(二)

地区别	建筑业企业个数(个)	亏损企业个数(个)	亏损金额(万元)	亏损面(%)
二、中央所属单位	**1 382**	**308**	**142 217**	**22.3**
北　京	135	30	3 040	22.2
天　津	31	8	7 057	25.8
河　北	78	17	7 127	21.8
山　西	44	10	3 827	22.7
内蒙古	25	8	1 678	32.0
辽　宁	95	26	11 051	27.4
吉　林	55	6	2 688	10.9
黑龙江	97	14	4 601	14.4
上　海	42	4	4 787	9.5
江　苏	35	2	601	5.7
浙　江	7	－	－	－
安　徽	48	14	12 203	29.2
福　建	44	9	520	20.5
江　西	25	5	4 678	20.0
山　东	70	7	19 093	10.0
河　南	67	18	4 118	26.9
湖　北	53	11	3 644	20.8
湖　南	51	9	1 612	17.6
广　东	64	18	7 440	28.1
广　西	10	2	1 719	20.0
海　南	－	－	－	－
四　川	95	25	7 509	26.3
贵　州	33	11	2 846	33.3
云　南	15	4	1 609	26.7
西　藏	－	－	－	－
陕　西	46	11	7 285	23.9
甘　肃	15	4	6 829	26.7
青　海	4	－	－	－
宁　夏	5	－	－	－
新　疆	93	35	14 653	37.6

三、集体经济、私营经济、联营经济和股份制经济建筑业企业

3-1 各地区集体经济建筑业总产值和竣工产值

单位:万元

地　区	建筑业总产值	建筑工程产值	安装工程产值	房屋构筑物修理产值	非标准设备制造产值	竣工产值
全国总计	**36 956 751**	**32 705 444**	**3 132 000**	**953 284**	**166 024**	**26 849 064**
北　京	1 238 649	1 056 196	100 733	79 626	2 094	745 242
天　津	206 341	144 863	50 187	10 297	993	151 925
河　北	1 087 488	1 004 783	68 096	11 324	3 284	804 685
山　西	186 112	159 087	23 540	2 932	553	122 986
内蒙古	381 670	305 642	36 460	38 288	1 280	298 443
辽　宁	1 656 514	1 302 437	262 349	79 297	12 432	1 308 704
吉　林	260 266	189 110	58 210	11 328	1 618	220 922
黑龙江	687 662	575 791	99 277	12 376	218	541 811
上　海	1 057 594	908 412	106 755	38 285	4 142	698 660
江　苏	6 044 725	5 505 098	416 894	102 734	19 999	4 597 170
浙　江	5 820 054	5 204 363	492 003	115 356	8 332	3 822 188
安　徽	1 221 648	1 045 262	129 971	27 708	18 707	889 562
福　建	836 235	756 375	61 670	16 566	1 623	607 639
江　西	379 123	360 276	14 208	4 101	538	355 853
山　东	3 575 628	2 896 858	546 988	99 845	31 937	2 524 119
河　南	976 203	845 769	103 328	24 736	2 369	742 081
湖　北	791 426	720 560	43 223	24 343	3 300	563 095
湖　南	1 512 196	1 380 881	65 245	61 970	4 100	1 063 282
广　东	2 782 448	2 677 062	73 323	28 202	3 861	2 103 913
广　西	487 166	453 914	24 781	7 352	1 119	386 948
海　南	52 299	49 826	1 713	558	201	39 027
四　川	3 647 245	3 316 716	200 446	118 212	11 871	2 729 057
贵　州	130 204	115 756	12 201	1 929	317	102 279
云　南	760 082	680 333	40 539	10 694	28 517	563 467
西　藏	9 273	9 076	194	3	—	7 578
陕　西	335 945	309 420	22 490	3 551	484	220 447
甘　肃	446 463	389 514	42 165	13 800	984	339 726
青　海	47 292	42 470	3 362	1 449	11	37 731
宁　夏	80 076	68 136	10 112	1 755	72	67 217
新　疆	258 723	231 455	21 534	4 667	1 066	193 307

3-2 各地区集体经济单位工程个数及工程质量

地 区	单位工程施工个数(个)	#本年新开工个数	#投标承包个数	#本年新开工	单位工程竣工个数(个)	#优良品	工程质量优良品率(%)	投标承包个数占单位工程施工个数的比重(%)
全国总计	**389 578**	**240 512**	**89 227**	**60 622**	**255 780**	**57 471**	**22.5**	**22.9**
北 京	8 804	5 108	1 706	773	6 351	815	12.8	19.4
天 津	3 096	2 099	517	405	2 567	688	26.8	16.7
河 北	12 362	8 294	5 476	3 670	8 650	2 630	30.4	44.3
山 西	4 233	3 072	1 268	945	2 846	561	19.7	30.0
内蒙古	4 340	3 393	369	310	3 380	725	21.4	8.5
辽 宁	17 705	13 824	3 953	2 669	14 337	2 748	19.2	22.3
吉 林	2 821	2 306	406	352	2 251	442	19.6	14.4
黑龙江	4 244	3 243	1 003	624	3 407	740	21.7	23.6
上 海	9 327	6 281	2 381	1 483	5 442	990	18.2	25.5
江 苏	46 106	32 193	8 781	6 612	32 978	8 504	25.8	19.0
浙 江	47 254	25 211	10 203	6 326	29 048	5 952	20.5	21.6
安 徽	21 911	12 307	3 299	2 399	12 749	3 127	24.5	15.1
福 建	12 203	7 305	3 131	1 765	7 409	1 590	21.5	25.7
江 西	7 151	3 571	1 672	1 121	3 716	678	18.2	23.4
山 东	40 214	28 048	9 448	6 216	28 843	6 990	24.2	23.5
河 南	17 508	10 670	4 470	3 013	11 290	2 776	24.6	25.5
湖 北	11 130	6 866	1 934	1 352	7 128	677	9.5	17.4
湖 南	13 640	8 084	3 319	2 438	8 473	1 539	18.2	24.3
广 东	21 444	10 282	3 613	2 020	11 643	2 841	24.4	16.8
广 西	8 460	3 901	1 489	1 059	4 357	726	16.7	17.6
海 南	720	468	198	138	477	136	28.5	27.5
四 川	36 011	21 976	11 078	7 950	24 588	6 589	26.8	30.8
贵 州	4 959	3 593	644	441	3 697	258	7.0	13.0
云 南	16 981	6 248	1 944	1 457	7 080	1 794	25.3	11.4
西 藏	92	78	24	17	75	28	37.3	26.1
陕 西	4 831	2 952	2 317	1 627	3 878	882	22.7	48.0
甘 肃	5 801	4 291	2 678	2 007	4 396	1 334	30.3	46.2
青 海	810	600	283	221	572	109	19.1	34.9
宁 夏	1 640	1 299	583	371	1 346	152	11.3	35.5
新 疆	3 780	2 949	1 040	841	2 806	450	16.0	27.5

3-3 各地区集体经济房屋建筑面积和工程质量

地　区	房屋建筑施工面积(万平方米)	#本年新开工面积	#投标承包面积	#本年新开工	房屋建筑竣工面积(万平方米)	#优良品面积	房屋建筑面积优良品率(%)	投标承包面积占房屋建筑施工面积的比重(%)
全国总计	**74 668.4**	**37 772.3**	**25 435.2**	**15 704.2**	**39 827.3**	**11 610.2**	**29.2**	**34.1**
北　京	1 752.2	782.6	740.0	333.0	820.9	198.3	24.2	42.2
天　津	277.1	183.8	123.4	84.9	165.4	47.1	28.5	44.5
河　北	2 350.3	1 329.4	1 352.8	837.2	1 477.3	543.8	36.8	57.6
山　西	415.6	243.1	169.8	102.4	221.1	57.0	25.8	40.9
内蒙古	614.4	405.5	99.4	79.2	366.8	137.9	37.6	16.2
辽　宁	2 761.7	1 603.3	1 592.0	925.9	1 679.1	613.5	36.5	57.6
吉　林	311.0	221.4	126.0	101.4	240.3	78.6	32.7	40.5
黑龙江	1 102.0	549.8	620.1	271.1	662.9	206.9	31.2	56.3
上　海	1 200.9	633.8	598.4	325.3	618.4	135.9	22.0	49.8
江　苏	9 718.4	6 039.9	3 067.0	2 070.0	5 802.1	2 057.7	35.5	31.6
浙　江	9 520.4	4 515.1	3 883.4	2 244.0	4 459.7	1 410.0	31.6	40.8
安　徽	2 759.4	1 507.0	601.3	424.8	1 517.2	270.4	17.8	21.8
福　建	1 836.0	904.7	777.2	433.2	901.4	104.8	11.6	42.3
江　西	1 210.0	574.0	350.0	229.8	649.8	113.0	17.4	28.9
山　东	8 345.8	3 601.5	2 035.3	1 301.5	3 554.3	857.3	24.1	24.4
河　南	2 897.3	1 522.3	1 157.2	734.9	1 774.9	652.3	36.8	39.9
湖　北	2 008.4	1 069.9	410.9	267.5	1 123.5	140.4	12.5	20.5
湖　南	3 333.6	1 673.3	884.4	610.5	1 898.3	429.3	22.6	26.5
广　东	7 879.0	2 682.1	1 410.3	740.1	3 233.7	931.4	28.8	17.9
广　西	1 451.9	719.8	413.8	316.9	837.4	112.1	13.4	28.5
海　南	84.2	47.3	29.1	20.7	56.5	17.1	30.2	34.6
四　川	8 404.3	4 374.7	3 255.3	2 074.0	4 904.1	1 680.9	34.3	38.7
贵　州	413.7	198.6	103.9	63.3	234.6	50.9	21.7	25.1
云　南	1 411.2	777.5	261.9	184.5	991.2	281.8	28.4	18.6
西　藏	92.0	89.9	3.5	1.4	91.8	7.0	7.6	3.7
陕　西	950.3	532.8	515.9	325.4	510.7	233.1	45.7	54.3
甘　肃	945.7	570.1	581.4	389.9	638.6	168.9	26.4	61.5
青　海	93.9	53.3	46.4	32.8	55.7	12.7	22.8	49.4
宁　夏	144.4	104.9	83.3	59.6	104.0	19.3	18.6	57.7
新　疆	383.3	260.8	141.5	119.1	235.1	40.9	17.4	36.9

3-4 各地区集体经济按主要用途分的建筑竣工面积

单位: 万平方米

地区	合计	厂房	住宅	办公用房	商业、居民服务业用房	文化教育用房	医疗用房	科研用房	其他用房
全国总计	**39 827.3**	**4 622.2**	**21 934.3**	**4 330.2**	**3 610.4**	**2 259.5**	**439.6**	**118.2**	**2 512.9**
北京	820.9	101.0	442.6	102.0	62.2	49.4	8.8	11.7	43.3
天津	165.4	26.6	82.3	22.6	12.1	12.0	2.1	—	7.7
河北	1 477.8	116.6	847.2	178.7	84.5	77.3	11.4	5.5	156.7
山西	221.1	15.7	129.7	40.0	12.0	9.2	2.5	0.4	11.4
内蒙古	366.8	19.0	246.5	36.3	19.0	23.2	4.0	0.9	18.0
辽宁	1 679.1	117.9	1 104.6	141.9	91.2	87.1	9.2	1.7	125.6
吉林	240.3	30.7	159.1	22.5	7.6	7.7	2.0	—	10.5
黑龙江	662.9	35.3	488.6	54.4	32.9	21.7	1.8	1.8	26.5
上海	618.4	119.4	349.9	49.6	26.7	26.7	0.9	3.1	42.1
江苏	5 802.1	804.8	2 949.0	633.2	579.7	283.2	71.3	30.1	450.7
浙江	4 459.7	574.4	2 403.9	426.5	513.7	214.6	50.9	11.9	263.8
安徽	1 517.2	204.6	761.5	177.6	197.6	91.9	19.1	4.6	60.2
福建	901.4	89.7	541.1	106.4	55.8	59.0	10.1	0.7	38.5
江西	649.8	39.3	391.2	89.5	48.7	39.5	8.6	0.4	32.6
山东	3 554.3	477.3	1 799.1	440.5	334.5	214.6	40.4	4.9	243.0
河南	1 774.9	188.7	1 048.3	204.8	103.6	120.1	28.0	5.4	76.0
湖北	1 123.5	75.1	617.9	139.0	78.4	105.5	10.7	2.6	94.3
湖南	1 898.3	186.8	1 018.0	230.1	174.8	114.3	26.0	8.9	139.4
广东	3 233.7	476.9	1 769.7	239.8	360.9	172.5	28.4	8.2	177.4
广西	837.4	90.4	415.9	116.8	82.1	73.5	12.6	2.3	43.8
海南	56.5	0.7	36.7	6.5	4.8	4.6	1.5	0.1	1.6
四川	4 904.1	576.5	2 746.4	495.1	454.0	274.6	57.1	7.3	293.2
贵州	234.6	12.8	143.5	26.6	21.2	17.8	2.4	0.1	10.2
云南	991.2	115.9	461.8	173.6	73.6	70.0	13.7	2.3	80.3
西藏	91.8	0.2	75.4	1.2	13.9	0.8	0.1	—	0.2
陕西	510.7	51.3	313.3	54.2	35.8	40.6	4.5	—	11.0
甘肃	638.6	41.7	364.6	77.7	99.3	22.0	6.0	2.8	24.4
青海	55.7	6.4	33.5	3.5	4.9	2.7	0.2	0.3	4.3
宁夏	104.0	11.1	63.7	9.2	8.4	7.6	1.1	—	2.8
新疆	235.1	15.5	129.1	30.5	16.5	15.8	4.1	0.3	23.3

3－5 各地区集体经济各种用途的房屋建筑竣工面积占全部的比重

单位：%

地　区	厂房	住宅	办公用房	商业、居民服务业用房	文化教育用房	医疗用房	科研用房	其他用房
全国总计	**11.6**	**55.1**	**10.9**	**9.1**	**5.7**	**1.1**	**0.3**	**6.3**
北　京	12.3	53.9	12.4	7.6	6.0	1.1	1.4	5.3
天　津	16.1	49.8	13.7	7.3	7.3	1.3	－	4.7
河　北	7.9	57.3	12.1	5.7	5.2	0.8	0.4	10.6
山　西	7.1	58.7	18.1	5.4	4.2	1.1	0.2	5.2
内蒙古	5.2	67.2	9.9	5.2	6.3	1.1	0.2	4.9
辽　宁	7.0	65.8	8.5	5.4	5.2	0.5	0.1	7.5
吉　林	12.8	66.2	9.4	3.2	3.2	0.8	－	4.4
黑龙江	5.3	73.7	8.2	5.0	3.3	0.3	0.3	4.0
上　海	19.3	56.6	8.0	4.3	4.3	0.1	0.5	6.8
江　苏	13.9	50.8	10.9	10.0	4.9	1.2	0.5	7.8
浙　江	12.9	53.9	9.6	11.5	4.8	1.1	0.3	5.9
安　徽	13.5	50.2	11.7	13.0	6.1	1.3	0.3	4.0
福　建	10.0	60.0	11.8	6.2	6.5	1.1	0.1	4.3
江　西	6.0	60.2	13.8	7.5	6.1	1.3	0.1	5.0
山　东	13.4	50.6	12.4	9.4	6.0	1.1	0.1	6.8
河　南	10.6	59.1	11.5	5.8	6.8	1.6	0.3	4.3
湖　北	6.7	55.0	12.4	7.0	9.4	1.0	0.2	8.4
湖　南	9.8	53.6	12.1	9.2	6.0	1.4	0.5	7.3
广　东	14.7	54.7	7.4	11.2	5.3	0.9	0.3	5.5
广　西	10.8	49.7	13.9	9.8	8.8	1.5	0.3	5.2
海　南	1.2	65.0	11.5	8.5	8.1	2.7	0.2	2.8
四　川	11.8	56.0	10.1	9.3	5.6	1.2	0.1	6.0
贵　州	5.5	61.2	11.3	9.0	7.6	1.0	－	4.3
云　南	11.7	46.6	17.5	7.4	7.1	1.4	0.2	8.1
西　藏	0.2	82.1	1.3	15.1	0.9	0.1	－	0.2
陕　西	10.0	61.3	10.6	7.0	7.9	0.9	－	2.2
甘　肃	6.5	57.1	12.2	15.5	3.4	0.9	0.4	3.8
青　海	11.5	60.1	6.3	8.8	4.8	0.4	0.5	7.7
宁　夏	10.7	61.3	8.8	8.1	7.3	1.1	－	2.7
新　疆	6.6	54.9	13.0	7.0	6.7	1.7	0.1	9.9

3-6 各地区集体经济机械设备装备情况

地区	自有机械设备年末总台数（台）	自有机械设备年末总功率（万千瓦）	#施工机械功率	自有机械设备净值（万元）	技术装备率（元/人）	动力装备率（千瓦/人）
全国总计	**3 516 927**	**5 060.3**	**3 008.2**	**3 692 724**	**3 152**	**4.3**
北京	72 589	107.2	72.0	118 506	4 451	4.0
天津	14 899	24.7	20.6	19 455	4 130	5.2
河北	191 177	201.3	171.4	151 580	3 001	4.0
山西	27 300	30.7	24.5	14 979	1 496	3.1
内蒙古	40 592	57.1	43.5	36 236	1 992	3.1
辽宁	152 457	271.5	212.3	225 929	3 615	4.3
吉林	16 008	41.7	25.7	23 809	2 422	4.2
黑龙江	54 981	80.1	62.3	77 725	3 178	3.3
上海	36 372	31.8	26.0	81 990	4 555	1.8
江苏	334 701	279.3	236.0	381 865	2 595	1.9
浙江	317 977	299.7	260.0	501 820	4 903	2.9
安徽	119 924	104.2	80.6	105 882	2 297	2.3
福建	85 988	88.0	70.4	99 597	4 309	3.8
江西	45 685	41.1	32.6	37 468	2 257	2.5
山东	472 958	465.3	375.4	397 424	2 948	3.5
河南	130 896	112.5	92.3	109 587	2 384	2.4
湖北	151 520	104.0	77.5	91 226	2 520	2.9
湖南	184 663	156.7	135.7	127 034	2 505	3.1
广东	351 645	390.5	348.0	332 928	4 266	5.0
广西	76 301	48.1	40.6	44 153	2 087	2.3
海南	5 180	7.0	5.3	10 606	5 029	3.3
四川	347 045	1 795.7	376.4	415 481	2 908	12.6
贵州	17 798	18.3	14.1	15 979	2 042	2.3
云南	92 700	112.9	65.8	115 751	4 084	4.0
西藏	378	0.3	0.3	840	1 962	0.7
陕西	66 455	50.1	43.2	44 860	2 505	2.8
甘肃	63 041	86.2	50.5	65 537	2 362	3.1
青海	10 285	7.7	6.2	4 904	1 646	2.6
宁夏	11 971	13.2	10.9	10 316	2 618	3.4
新疆	23 441	33.3	28.0	29 259	2 860	3.3

3-7 各地区集体经济建筑业增加值及其构成(一)

单位: 万元

地区	建筑业增加值合计	本年提取固定资产折旧	应付工资总额	应付福利费总额
全国总计	**9 907 749**	**473 375**	**5 260 394**	**500 874**
北京	303 926	13 308	143 505	12 660
天津	56 306	2 171	22 050	2 477
河北	336 024	16 395	171 784	18 117
山西	52 251	3 047	25 458	2 607
内蒙古	128 910	6 153	72 148	8 728
辽宁	566 101	29 956	283 232	31 893
吉林	85 749	3 358	44 858	5 180
黑龙江	198 100	8 709	101 656	11 412
上海	270 471	10 589	107 240	12 714
江苏	1 433 552	61 187	822 107	81 688
浙江	1 476 125	58 209	887 533	63 978
安徽	325 533	10 967	159 469	16 226
福建	234 198	9 362	123 230	14 401
江西	95 327	5 513	45 809	4 298
山东	1 030 339	60 135	482 894	60 014
河南	265 719	10 771	134 552	10 752
湖北	222 548	12 167	108 163	9 306
湖南	400 891	18 465	221 907	21 184
广东	727 582	40 221	371 457	29 045
广西	125 036	6 709	65 989	4 896
海南	14 391	958	8 279	392
四川	925 653	49 481	523 677	50 270
贵州	41 794	1 742	24 130	2 078
云南	215 579	16 887	104 238	10 156
西藏	3 626	71	1 715	31
陕西	98 628	4 602	50 931	5 021
甘肃	150 808	5 082	78 361	4 916
青海	14 401	687	8 053	979
宁夏	28 867	1 086	15 844	1 593
新疆	79 313	5 388	40 127	3 862

3-7 各地区集体经济建筑业增加值及其构成(二)

单位: 万元

地区	工程结算税金及附加	工程结算利润	管理费用中的税金	管理费用中的劳动、待业保险费	转作奖金的利润
全国总计	**1 065 931**	**2 474 838**	**98 451**	**81 912**	**48 027**
北京	31 029	101 938	2 623	944	2 081
天津	7 556	21 561	449	1 003	962
河北	35 001	88 001	4 200	3 435	910
山西	5 792	14 072	855	471	52
内蒙古	11 972	29 376	1 124	643	1 233
辽宁	51 544	158 758	3 342	7 866	491
吉林	8 381	22 648	526	909	111
黑龙江	23 344	50 663	1 375	1 084	142
上海	37 923	98 576	1 913	2 548	1 032
江苏	143 875	311 208	8 061	11 638	6 211
浙江	157 668	299 657	6 403	9 508	6 831
安徽	36 328	89 802	3 329	1 773	2 360
福建	28 980	52 955	2 735	2 989	454
江西	13 157	23 773	1 966	1 006	194
山东	110 022	304 004	11 476	11 715	9 921
河南	25 662	79 333	3 801	1 912	1 063
湖北	24 294	63 580	3 977	1 825	763
湖南	44 269	90 704	4 677	2 183	2 497
广东	85 571	193 619	7 548	5 713	5 591
广西	17 798	26 308	2 609	1 364	637
海南	1 831	2 499	367	100	36
四川	96 128	191 866	10 612	6 462	2 843
贵州	4 838	7 695	851	527	67
云南	25 403	55 250	3 086	1 102	543
西藏	154	1 261	394	–	–
陕西	9 832	24 574	2 425	1 535	292
甘肃	14 957	41 260	5 894	741	403
青海	1 442	2 854	317	108	39
宁夏	2 585	7 281	209	362	93
新疆	8 596	19 763	1 306	444	172

3-8 各地区集体经济建筑业劳动生产率

地区	建筑业企业个数(个)	计算劳动生产率的平均人数(万人)	按总产值计算的劳动生产率(元/人)	按增加值计算的劳动生产率(元/人)	人均竣工产值(元/人)	人均施工面积(平米/人)	人均竣工面积(平米/人)
全国总计	**29 044**	**1 171.42**	**31 549**	**8 458**	**22 920**	**63.7**	**34.0**
北京	717	26.62	46 522	11 415	27 990	65.8	30.8
天津	186	4.71	43 806	11 954	32 254	58.8	35.1
河北	1 149	50.50	21 533	6 654	15 933	46.5	29.3
山西	487	10.01	18 591	5 219	12 285	41.5	22.1
内蒙古	523	18.19	20 977	7 085	16 403	33.8	20.2
辽宁	1 729	62.50	26 503	9 057	20 938	44.2	26.9
吉林	374	9.83	26 478	8 724	22 475	31.6	24.4
黑龙江	941	24.46	28 116	8 100	22 153	45.1	27.1
上海	471	18.00	58 758	15 027	38 817	66.7	34.4
江苏	2 251	147.14	41 082	9 743	31 244	66.0	39.4
浙江	2 113	102.35	56 867	14 423	37 346	93.0	43.6
安徽	1 161	46.10	26 502	7 062	19 298	59.9	32.9
福建	1 033	23.11	36 181	10 133	26 290	79.4	39.0
江西	748	16.60	22 835	5 742	21 434	72.9	39.1
山东	3 053	134.81	26 524	7 643	18 724	61.9	26.4
河南	1 625	45.98	21 233	5 780	16 141	63.0	38.6
湖北	1 198	36.20	21 863	6 148	15 555	55.5	31.0
湖南	1 347	50.72	29 815	7 904	20 964	65.7	37.4
广东	1 206	78.04	35 653	9 323	26 959	101.0	41.4
广西	609	21.15	23 029	5 911	18 292	68.6	39.6
海南	71	2.11	24 797	6 823	18 504	39.9	26.8
四川	3 321	142.89	25 525	6 478	19 099	58.8	34.3
贵州	390	7.83	16 639	5 341	13 071	52.9	30.0
云南	771	28.34	26 817	7 606	19 880	49.8	35.0
西藏	23	0.43	21 662	8 469	17 702	215.0	214.5
陕西	586	17.91	18 758	5 507	12 309	53.1	28.5
甘肃	368	27.74	16 094	5 436	12 246	34.1	23.0
青海	109	2.98	15 876	4 834	12 666	31.5	18.7
宁夏	178	3.94	20 318	7 324	17 055	36.6	26.4
新疆	306	10.23	25 291	7 753	18 896	37.5	23.0

3-9 各地区集体经济资本金及资产构成(一)

单位:万元

地 区	资本金合计	资产总计	#流动资产合计	#存货	#在建工程
全国总计	**9 262 292**	**34 133 141**	**25 454 568**	**11 412 618**	**8 392 941**
北 京	200 647	1 154 630	932 422	378 521	167 378
天 津	51 428	234 095	189 268	60 837	44 029
河 北	377 268	796 622	496 631	167 966	90 330
山 西	53 346	191 496	138 201	45 103	26 806
内蒙古	103 983	354 443	251 452	77 300	40 614
辽 宁	571 470	1 897 906	1 363 083	319 168	161 920
吉 林	60 079	252 465	182 240	50 247	30 558
黑龙江	247 732	713 823	507 955	149 927	64 574
上 海	215 117	1 390 822	1 178 840	345 554	242 836
江 苏	1 011 968	4 838 223	3 877 264	2 021 313	1 594 798
浙 江	1 142 704	4 405 880	3 287 173	1 732 566	1 346 453
安 徽	294 961	832 460	586 569	236 732	160 363
福 建	269 542	1 596 252	1 341 758	816 564	704 180
江 西	144 863	518 510	405 226	228 636	172 755
山 东	857 163	3 189 315	2 313 692	824 428	466 879
河 南	264 435	724 449	499 236	233 583	148 145
湖 北	313 152	629 887	395 910	175 896	119 353
湖 南	411 711	1 129 798	766 809	266 671	194 207
广 东	796 128	4 518 522	3 649 552	1 910 233	1 653 934
广 西	168 475	474 547	322 211	171 258	144 811
海 南	16 505	48 377	30 800	14 926	9 996
四 川	1 034 803	2 492 412	1 593 621	768 381	548 234
贵 州	68 521	169 423	117 206	53 159	41 530
云 南	209 912	567 287	354 282	124 506	74 701
西 藏	3 843	8 328	3 508	846	–
陕 西	119 078	304 083	202 984	74 597	49 159
甘 肃	119 637	303 229	192 435	66 308	34 924
青 海	19 814	45 758	31 208	10 496	6 347
宁 夏	31 713	110 780	79 408	32 975	21 614
新 疆	82 291	239 317	163 622	53 920	31 513

3-9 各地区集体经济资本金及资产构成(二)

单位:万元

地区	固定资产合计	固定资产原价合计	#生产经营用	固定资产折旧	#本年折旧	无形及递延资产合计	#无形资产
全国总计	**7 055 291**	**8 973 072**	**6 717 585**	**2 220 774**	**473 375**	**258 504**	**136 555**
北京	163 937	212 645	97 652	53 522	13 308	7 479	811
天津	33 651	45 211	38 544	12 441	2 171	1 441	855
河北	268 733	322 489	262 842	71 207	16 395	4 570	3 202
山西	44 346	53 662	35 102	13 927	3 047	2 675	730
内蒙古	84 973	109 305	83 421	27 405	6 153	2 983	1 912
辽宁	442 017	601 820	491 854	170 855	29 956	13 241	9 092
吉林	60 615	79 641	61 459	20 014	3 358	678	461
黑龙江	177 581	227 706	184 014	52 999	8 709	8 914	7 659
上海	150 295	187 341	139 996	50 321	10 589	11 191	6 236
江苏	776 302	1 014 323	810 855	259 051	61 187	18 838	12 267
浙江	897 191	1 110 977	890 481	231 282	58 209	23 728	11 383
安徽	202 733	264 809	179 687	62 076	10 967	5 003	2 447
福建	195 016	231 594	189 873	51 194	9 362	10 692	6 205
江西	96 685	121 050	71 476	33 748	5 513	3 230	2 305
山东	694 128	949 892	637 576	282 460	50 135	25 970	13 990
河南	192 991	239 883	160 745	54 528	10 771	6 515	4 848
湖北	203 742	249 155	171 622	59 446	12 167	9 816	7 245
湖南	295 358	370 866	277 854	91 875	18 465	16 499	5 434
广东	667 487	829 125	632 660	179 623	40 221	43 911	16 134
广西	126 202	146 462	104 578	28 471	6 709	4 666	3 696
海南	16 419	21 321	14 025	6 459	958	97	10
四川	755 379	969 913	736 450	247 920	49 481	22 229	14 274
贵州	39 462	48 897	35 614	9 637	1 742	1 073	634
云南	175 811	202 520	140 635	63 605	16 887	3 622	1 825
西藏	4 820	3 737	1 974	335	71	—	—
陕西	87 506	107 969	80 117	24 684	4 602	5 406	800
甘肃	95 318	117 478	90 760	27 534	5 082	1 897	1 025
青海	12 321	14 127	7 275	4 237	687	34	24
宁夏	24 739	30 015	23 225	5 834	1 086	1 404	911
新疆	69 533	89 136	65 219	24 084	5 388	701	138

3－10 各地区集体经济负债及所有者权益

单位: 万元

地　　区	负债合计	流动负债合计	长期负债合计	所有者权益合计	#股本
全国总计	**24 040 369**	**22 854 383**	**938 852**	**10 092 772**	**391 395**
北　　京	849 325	834 939	14 386	305 305	10 630
天　　津	171 775	154 193	3 240	62 320	3 962
河　　北	418 853	369 243	31 659	377 769	–
山　　西	144 660	134 819	8 403	46 837	555
内 蒙 古	253 449	243 612	9 041	100 994	524
辽　　宁	1 285 733	1 196 181	55 757	612 173	12 182
吉　　林	177 364	172 927	4 437	75 101	1 768
黑 龙 江	476 078	452 621	23 457	237 745	11 809
上　　海	1 138 692	1 101 865	14 125	252 130	–
江　　苏	3 623 151	3 517 645	69 338	1 215 072	60 406
浙　　江	3 097 783	3 030 454	67 328	1 308 097	88 085
安　　徽	557 223	523 398	32 616	275 237	16 821
福　　建	1 277 364	1 246 533	12 861	318 888	43 383
江　　西	369 173	348 070	12 722	149 337	5 477
山　　东	2 256 983	2 073 482	131 213	932 332	32 656
河　　南	451 171	415 143	29 757	273 278	7 988
湖　　北	356 710	307 273	43 971	273 176	7 693
湖　　南	705 352	656 625	48 727	424 446	5 493
广　　东	3 543 360	3 396 538	146 731	975 162	59 036
广　　西	303 760	290 516	13 244	170 787	5 506
海　　南	27 749	25 464	1 381	20 628	186
四　　川	1 468 059	1 362 691	93 360	1 024 354	3 614
贵　　州	111 892	107 195	4 697	57 531	–
云　　南	337 102	312 268	20 973	230 185	–
西　　藏	1 875	1 585	290	6 453	–
陕　　西	196 341	178 700	17 155	107 742	4 609
甘　　肃	173 586	159 950	11 008	129 642	5 993
青　　海	30 383	25 084	1 685	15 375	53
宁　　夏	81 562	72 942	5 272	29 218	1 768
新　　疆	153 860	142 426	10 017	85 457	1 198

3-11 各地区集体经济工程结算收入及工程结算利润

单位:万元

地区	工程结算收入	工程结算成本	工程结算税金及附加	工程结算利润	管理费用	#税金	#财产保险费	#劳动、待业保险费
全国总计	**29 498 784**	**25 958 016**	**1 065 931**	**2 474 838**	**1 630 798**	**98 451**	**13 323**	**81 912**
北京	966 682	833 716	31 029	101 938	67 917	2 623	587	944
天津	202 299	173 183	7 556	21 561	12 524	449	65	1 003
河北	960 742	837 739	35 001	88 001	48 758	4 200	478	3 435
山西	163 935	144 071	5 792	14 072	9 493	855	91	471
内蒙古	361 950	320 602	11 972	29 376	24 075	1 124	178	643
辽宁	1 589 317	1 379 014	51 544	158 758	118 817	3 342	545	7 866
吉林	250 316	219 286	8 381	22 648	18 735	526	86	909
黑龙江	643 479	569 473	23 344	50 663	38 632	1 375	175	1 084
上海	1 059 412	922 913	37 923	98 576	75 474	1 913	253	2 548
江苏	4 026 721	3 571 639	143 875	311 208	215 934	8 061	1 517	11 638
浙江	4 336 350	3 879 025	157 668	299 657	182 471	6 403	1 210	9 508
安徽	1 085 151	959 022	36 328	89 802	51 197	3 329	477	1 773
福建	744 403	662 469	28 980	52 955	43 112	2 735	160	2 989
江西	286 837	249 908	13 157	23 773	18 060	1 966	143	1 006
山东	2 885 430	2 471 403	110 022	304 004	160 332	11 476	1 994	11 715
河南	797 948	692 953	25 662	79 333	44 449	3 801	1 207	1 912
湖北	663 215	575 341	24 294	63 580	42 211	3 977	282	1 825
湖南	1 216 585	1 081 612	44 269	90 704	58 421	4 677	316	2 183
广东	2 322 532	2 043 342	85 571	193 619	134 199	7 548	381	5 713
广西	405 199	361 093	17 798	26 308	20 253	2 609	149	1 364
海南	40 659	36 329	1 831	2 499	1 304	367	44	100
四川	2 631 392	2 343 398	96 128	191 866	128 355	10 612	854	6 462
贵州	121 057	108 523	4 838	7 695	7 523	851	216	527
云南	693 902	613 249	25 403	55 250	32 640	3 086	519	1 102
西藏	7 665	6 251	154	1 261	1 172	394	7	–
陕西	281 746	247 340	9 832	24 574	30 701	2 425	148	1 535
甘肃	389 485	333 269	14 957	41 260	20 137	5 894	844	741
青海	43 101	38 805	1 442	2 854	2 846	317	16	108
宁夏	71 333	61 467	2 585	7 281	5 410	209	42	362
新疆	249 940	221 581	8 596	19 763	15 649	1 306	338	444

3-12 各地区集体经济利税及利润总额

单位:万元

地区	利税总额	#利润总额	#应交所得税	#转作奖金的利润	#应付利润	#已分配股利
全国总计	**1 940 989**	**776 607**	**196 576**	**48 027**	**120 710**	**7 003**
北京	68 828	35 176	9 648	2 081	5 818	79
天津	15 185	7 180	1 327	962	1 332	143
河北	69 429	30 228	6 964	910	2 894	
山西	10 233	3 586	754	52	530	69
内蒙古	17 912	4 816	1 260	1 233	1 027	118
辽宁	90 469	35 583	11 827	491	2 079	289
吉林	10 775	1 868	1 053	111	279	12
黑龙江	31 834	7 115	2 133	142	1 685	14
上海	72 028	32 192	6 459	1 032	9 126	354
江苏	248 889	96 953	22 404	6 211	12 257	1 163
浙江	277 955	113 884	29 826	6 831	13 828	1 325
安徽	73 101	33 444	6 820	2 360	5 902	440
福建	42 691	10 976	4 457	454	2 799	176
江西	20 257	5 134	1 007	194	911	72
山东	250 802	129 304	34 113	9 921	17 072	1 180
河南	57 430	27 967	5 087	1 063	6 255	515
湖北	44 519	16 248	2 743	763	2 264	131
湖南	77 538	28 592	6 546	2 497	4 241	154
广东	145 379	52 260	16 855	5 591	12 584	217
广西	29 535	9 128	1 918	637	1 833	–
海南	3 318	1 120	147	36	203	122
四川	156 118	49 378	13 876	2 843	8 426	18
贵州	6 134	445	273	67	205	–
云南	44 777	16 288	2 981	543	3 051	–
西藏	780	232	31	–	–	–
陕西	15 536	3 279	1 107	292	1 687	91
甘肃	37 922	17 071	2 660	403	1 415	309
青海	1 844	85	83	39	29	–
宁夏	4 373	1 579	498	93	205	–
新疆	15 397	5 495	1 719	172	772	11

3-13 各地区集体经济利润率及利税率

地　　区	产值利润率(%)	产值利税率(%)	资本金利润率(%)	资本金利税率(%)	人均利润(元/人)	人均利税(元/人)	资产负债率(%)
全国总计	**2.1**	**5.3**	**8.4**	**21.0**	**663**	**1 657**	**70.4**
北　　京	2.8	5.6	17.5	34.3	1 321	2 585	73.6
天　　津	3.5	7.4	14.0	29.5	1 524	3 224	73.4
河　　北	2.8	6.4	8.0	18.4	599	1 375	52.6
山　　西	1.9	5.5	6.7	19.2	358	1 022	75.5
内 蒙 古	1.3	4.7	4.6	17.2	265	984	71.5
辽　　宁	2.1	5.5	6.2	15.8	569	1 447	67.7
吉　　林	0.7	4.1	3.1	17.9	190	1 096	70.3
黑 龙 江	1.0	4.6	2.9	12.9	291	1 302	66.7
上　　海	3.0	6.8	15.0	33.5	1 789	4 002	81.9
江　　苏	1.6	4.1	9.6	24.6	659	1 692	74.9
浙　　江	2.0	4.8	10.0	24.3	1 113	2 716	70.3
安　　徽	2.7	6.0	11.3	24.8	726	1 586	66.9
福　　建	1.3	5.1	4.1	15.8	475	1 847	80.0
江　　西	1.4	5.3	3.5	14.0	309	1 220	71.2
山　　东	3.6	7.0	15.1	29.3	959	1 860	70.8
河　　南	2.9	5.9	10.6	21.7	608	1 249	62.3
湖　　北	2.1	5.6	5.2	14.2	449	1 230	56.6
湖　　南	1.9	5.1	6.9	18.8	564	1 529	62.4
广　　东	1.9	5.2	6.6	18.3	670	1 863	78.4
广　　西	1.9	6.1	5.4	17.5	431	1 396	64.0
海　　南	2.1	6.3	6.8	20.1	531	1 573	57.4
四　　川	1.4	4.3	4.8	15.1	346	1 093	58.9
贵　　州	0.3	4.7	0.6	9.0	57	784	66.0
云　　南	2.1	5.9	7.8	21.3	575	1 580	59.4
西　　藏	2.5	8.4	6.0	20.3	542	1 821	22.5
陕　　西	1.0	4.6	2.8	13.0	183	867	64.6
甘　　肃	3.8	8.5	14.3	31.7	615	1 367	57.2
青　　海	0.2	3.9	0.4	9.3	28	619	66.4
宁　　夏	2.0	5.5	5.0	13.8	401	1 110	73.6
新　　疆	2.1	6.0	6.7	18.7	537	1 505	64.3

3-14 各地区集体经济建筑业企业亏损情况

地　区	建筑业企业个数(个)	亏损企业个数(个)	亏损金额(万元)	亏损面(%)
全国总计	**29 044**	**4 715**	**122 965**	**16.2**
北　京	717	137	3 144	19.1
天　津	186	33	1 368	17.7
河　北	1 149	129	2 417	11.2
山　西	487	71	946	14.6
内蒙古	523	100	2 826	19.1
辽　宁	1 729	325	12 535	18.8
吉　林	374	102	2 089	27.3
黑龙江	941	239	5 072	25.4
上　海	471	49	2 624	10.4
江　苏	2 251	292	9 354	13.0
浙　江	2 113	274	5 035	13.0
安　徽	1 161	182	4 428	15.7
福　建	1 033	216	4 068	20.9
江　西	748	137	1 768	18.3
山　东	3 053	345	14 959	11.3
河　南	1 625	273	5 171	16.8
湖　北	1 198	185	4 454	15.4
湖　南	1 347	218	3 771	16.2
广　东	1 206	196	13 240	16.3
广　西	609	108	1 709	17.7
海　南	71	2	10	2.8
四　川	3 321	566	13 737	17.0
贵　州	390	111	1 228	28.5
云　南	771	128	1 555	16.6
西　藏	23	1	2	4.3
陕　西	586	115	2 441	19.6
甘　肃	368	58	1 140	15.8
青　海	109	25	487	22.9
宁　夏	178	38	436	21.3
新　疆	306	60	951	19.6

3-15 各地区私营经济建筑业总产值和竣工产值

单位：万元

地区	建筑业总产值	建筑工程产值	安装工程产值	房屋构筑物修理产值	非标准设备制造产值	竣工产值
全国总计	**281 736**	**238 251**	**35 391**	**7 807**	**288**	**207 161**
北京	232	–	193	39	–	228
天津	–	–	–	–	–	–
河北	3 670	3 341	268	61	–	2 930
山西	5 706	5 431	147	122	5	4 044
内蒙古	7 396	5 915	213	1 268	–	3 612
辽宁	8 839	8 224	447	168	–	8 237
吉林	2 425	2 365	60	–	–	2 087
黑龙江	3 651	2 840	777	33	–	3 419
上海	3 961	3 600	283	78	–	2 691
江苏	18 142	18 142	–	–	–	14 558
浙江	112 494	96 871	14 451	1 031	142	84 991
安徽	1 455	696	57	702	–	1 356
福建	14 330	11 215	2 691	425	–	6 444
江西	1 742	1 742	–	–	–	952
山东	18 120	14 878	1 469	1 711	62	13 943
河南	5 068	4 556	462	30	20	3 919
湖北	3 025	2 494	516	15	–	2 266
湖南	6 380	5 800	580	–	–	5 139
广东	8 235	5 301	1 902	1 032	–	7 879
广西	7 189	4 652	2 423	115	–	4 132
海南	–	–	–	–	–	–
四川	35 687	28 515	6 939	174	58	23 437
贵州	811	780	26	4	1	566
云南	4 740	2 956	1 129	655	–	4 451
西藏	–	–	–	–	–	–
陕西	4 987	4 860	119	8	–	2 930
甘肃	309	309	–	–	–	109
青海	201	181	18	2	–	19
宁夏	1 830	1 557	140	133	–	1 714
新疆	1 111	1 031	80	–	–	1 108

3-16 各地区私营经济单位工程个数及工程质量

地　区	单位工程施工个数(个)	#本年新开工个数	#投标承包个数	#本年新开工	单位工程竣工个数(个)	#优良品	工程质量优良品率(%)	投标承包个数占单位工程施工个数的比重(%)
全国总计	**3 180**	**2 031**	**747**	**476**	**2 204**	**444**	**20.1**	**23.5**
北　京	6	4	1	–	6	1	16.7	16.7
天　津	–	–	–	–	–	–	–	–
河　北	55	36	11	7	37	7	18.9	20.0
山　西	131	82	36	25	71	19	26.8	27.5
内蒙古	64	54	12	8	43	11	25.6	18.8
辽　宁	45	40	20	16	43	8	18.6	44.4
吉　林	16	13	–	–	15	1	6.7	–
黑龙江	25	21	10	8	22	5	22.7	40.0
上　海	27	25	18	18	1	1	100.0	66.7
江　苏	93	81	3	3	73	7	9.6	3.2
浙　江	989	561	249	126	626	95	15.2	25.2
安　徽	31	16	17	10	24	7	29.2	54.8
福　建	278	158	62	30	156	12	7.7	22.3
江　西	28	19	18	14	19	–	–	64.3
山　东	271	170	29	15	205	24	11.7	10.7
河　南	92	58	32	26	79	22	27.8	34.8
湖　北	53	38	16	13	36	3	8.3	30.2
湖　南	29	20	1	1	18	5	27.8	3.4
广　东	39	11	2	1	20	11	55.0	5.1
广　西	63	14	8	4	28	16	57.1	12.7
海　南	–	–	–	–	–	–	–	–
四　川	381	266	98	66	294	94	32.0	25.7
贵　州	70	56	30	29	58	25	43.1	42.9
云　南	108	53	10	7	90	47	52.2	9.3
西　藏	–	–	–	–	–	–	–	–
陕　西	102	65	48	42	64	19	29.7	47.1
甘　肃	2	1	–	–	1	–	–	–
青　海	131	122	3	–	129	–	–	2.3
宁　夏	34	32	8	3	30	4	13.3	23.5
新　疆	17	15	5	4	16	–	–	29.4

3－17 各地区私营经济房屋建筑面积和工程质量

地　区	房屋建筑施工面积(万平方米)	#本年新开工面积	#投标承包面积	#本年新开工	房屋建筑竣工面积(万平方米)	#优良品面积	房屋建筑面积优良品率(%)	投标承包面积占房屋建筑施工面积的比重(%)
全国总计	**430.3**	**214.8**	**193.2**	**96.8**	**252.5**	**67.1**	**26.6**	**44.9**
北　京	0.1	—	0.1	—	0.1	0.1	56.5	100.0
天　津	—	—	—	—	—	—	—	—
河　北	8.9	4.9	3.0	1.6	5.4	1.1	20.7	33.3
山　西	12.3	9.0	6.3	4.8	6.9	1.9	27.4	51.1
内 蒙 古	13.9	10.9	2.5	2.5	6.3	2.8	44.2	17.7
辽　宁	9.9	7.6	8.3	6.1	8.6	0.9	10.0	84.0
吉　林	1.9	0.6	—	—	1.9	0.2	13.0	—
黑 龙 江	4.5	2.5	4.3	2.3	3.8	2.6	67.5	94.4
上　海	5.4	5.4	5.3	5.3	3.5	1.4	39.1	97.3
江　苏	16.7	9.0	0.6	0.6	8.2	3.9	47.6	3.8
浙　江	174.4	66.3	95.2	33.6	95.0	25.5	26.9	54.6
安　徽	0.8	0.8	0.2	0.2	0.8	0.4	53.3	25.0
福　建	19.8	6.3	13.2	3.9	3.6	0.9	25.2	67.0
江　西	8.7	6.4	5.0	4.0	3.4	—	—	57.5
山　东	30.5	16.3	6.6	3.3	21.9	2.9	13.2	21.6
河　南	11.9	6.6	4.5	3.7	8.1	2.4	30.2	37.3
湖　北	6.5	3.2	3.1	1.8	3.1	0.9	28.6	48.0
湖　南	10.4	6.2	0.2	0.2	7.4	0.5	7.0	2.2
广　东	1.7	0.6	—	—	1.5	—	—	—
广　西	15.0	1.7	4.6	2.2	6.2	3.2	52.5	30.6
海　南	—	—	—	—	—	—	—	—
四　川	53.5	36.5	22.3	13.8	40.8	11.5	28.1	41.7
贵　州	2.3	1.2	0.2	0.1	1.8	—	—	7.6
云　南	4.3	2.6	1.3	1.1	2.5	1.0	38.3	31.1
西　藏	—	—	—	—	—	—	—	—
陕　西	13.4	8.1	5.6	5.3	8.9	2.9	31.9	41.8
甘　肃	—	—	—	—	—	—	—	—
青　海	0.6	0.1	0.3	—	0.2	—	—	44.8
宁　夏	1.9	1.2	0.5	0.3	1.5	0.3	18.2	25.7
新　疆	1.2	0.5	0.1	0.1	1.2	—	—	10.2

3－18 各地区私营经济按主要用途分的房屋建筑竣工面积

单位:万平方米

地　区	合计	厂房	住宅	办公用房	商业、居民服务业用房	文化教育用房	医疗用房	科研用房	其他用房
全国总计	**252.5**	**19.0**	**140.3**	**33.7**	**25.9**	**14.6**	**1.3**	**0.5**	**17.2**
北　京	0.1	—	—	—	—	—	—	—	0.1
天　津	—	—	—	—	—	—	—	—	—
河　北	5.4	0.4	3.3	0.2	0.3	0.6	0.1	—	0.5
山　西	6.9	0.3	3.7	1.5	0.5	0.5	—	—	0.3
内蒙古	6.3	0.8	2.3	1.2	0.7	1.0	—	—	0.3
辽　宁	8.6	—	5.0	1.2	0.5	1.9	—	—	—
吉　林	1.9	—	1.2	—	0.1	0.3	—	—	0.2
黑龙江	3.8	—	2.5	0.8	—	0.3	—	—	0.2
上　海	3.5	—	—	0.1	3.3	0.1	0.1	—	—
江　苏	8.2	—	4.6	1.7	—	0.2	—	0.5	1.1
浙　江	95.0	9.7	49.6	11.9	11.2	4.0	0.5	—	8.0
安　徽	0.8	—	—	—	0.8	—	—	—	—
福　建	3.6	0.8	0.8	0.8	0.2	0.8	—	—	0.1
江　西	3.4	—	1.5	0.7	0.3	0.4	—	—	0.5
山　东	21.9	1.0	14.1	3.6	0.2	1.0	0.1	—	1.8
河　南	8.1	0.7	4.4	0.9	0.6	0.9	0.4	—	0.3
湖　北	3.1	0.2	2.5	0.1	0.1	0.3	—	—	—
湖　南	7.4	—	5.7	—	0.3	0.5	—	—	1.0
广　东	1.5	—	1.4	—	—	—	—	—	0.1
广　西	6.2	0.8	2.1	2.1	1.1	—	—	—	0.1
海　南	—	—	—	—	—	—	—	—	—
四　川	40.8	2.2	27.8	4.7	3.4	0.8	—	—	1.9
贵　州	1.8	—	1.2	0.3	—	0.1	0.1	—	—
云　南	2.5	0.5	1.5	0.3	—	0.1	—	—	0.1
西　藏	—	—	—	—	—	—	—	—	—
陕　西	8.9	1.2	3.4	1.3	1.8	0.6	—	—	0.6
甘　肃	—	—	—	—	—	—	—	—	—
青　海	0.2	—	—	—	0.2	—	—	—	—
宁　夏	1.5	0.2	0.8	0.2	0.2	0.1	—	—	—
新　疆	1.2	—	0.9	0.1	0.1	—	—	—	0.1

3－19 各地区私营经济各种用途的房屋建筑竣工面积占全部的比重

单位: %

地　区	厂房	住宅	办公用房	商业、居民服务业用房	文化教育用房	医疗用房	科研用房	其他用房
全国总计	**7.5**	**55.6**	**13.3**	**10.3**	**5.8**	**0.5**	**0.2**	**6.8**
北　京	–	–	–	–	–	–	–	100.0
天　津	–	–	–	–	–	–	–	–
河　北	7.4	61.1	3.7	5.6	11.1	1.9	–	9.3
山　西	4.3	53.6	21.7	7.2	7.2	–	–	4.3
内蒙古	12.7	36.5	19.0	11.1	15.9	–	–	4.8
辽　宁	–	58.1	14.0	5.8	22.1	–	–	–
吉　林	–	63.2		5.3	15.8	–	–	10.5
黑龙江	–	65.8	21.111	–	7.9	–	–	5.3
上　海	–	–	2.9	94.3	2.9	2.9	–	–
江　苏	–	56.1	20.7	–	2.4	–	6.1	13.4
浙　江	10.2	52.2	12.5	11.8	4.2	0.5	–	8.4
安　徽	–	–	–	100.0	–	–	–	–
福　建	22.2	22.2	22.2	5.6	22.2	–	–	2.8
江　西	–	44.1	20.6	8.8	11.8	–	–	14.7
山　东	4.6	64.4	16.4	0.9	4.6	0.5	–	8.2
河　南	8.6	54.3	11.1	7.4	11.1	4.9	–	3.7
湖　北	6.5	80.6	3.2	3.2	9.7	–	–	–
湖　南	–	77.0	–	4.1	6.8	–	–	13.5
广　东	–	93.3	–	–	–	–	–	6.7
广　西	12.9	33.9	33.9	17.7	–	–	–	1.6
海　南	–	–	–	–	–	–	–	–
四　川	5.4	68.1	11.5	8.3	2.0	–	–	4.7
贵　州	–	66.7	16.7	–	5.6	5.6	–	
云　南	20.0	60.0	12.0	–	4.0	–	–	4.0
西　藏	–	–	–	–	–	–	–	–
陕　西	13.5	38.2	14.6	20.2	6.7	–	–	6.7
甘　肃	–	–	–	–	–	–	–	–
青　海	–	–	–	100.0	–	–	–	–
宁　夏	13.3	53.3	13.3	13.3	6.7	–	–	–
新　疆	–	75.0	8.3	8.3	–	–	–	8.3

3-20 各地区私营经济机械设备装备情况

地　区	自有机械设备年末总台数(台)	自有机械设备年末总功率(万千瓦)	#施工机械功率	自有机械设备净值(万元)	技术装备率(元/人)	动力装备率(千瓦/人)
全国总计	**22 186**	**19.1**	**16.1**	**29 533**	**3 417**	**2.2**
北　京	15	–	–	10	361	–
天　津	–	–	–	–	–	–
河　北	783	1.3	1.1	1 034	4 144	5.1
山　西	742	0.4	0.3	905	3 765	1.7
内蒙古	713	1.1	1.0	890	2 253	2.8
辽　宁	340	0.4	0.4	339	1 847	2.3
吉　林	72	0.1	0.1	416	7 811	2.4
黑龙江	453	0.2	0.1	339	3 390	2.1
上　海	13	–	–	87	876	0.1
江　苏	932	0.5	0.5	1 066	4 245	2.0
浙　江	7 719	4.8	4.4	9 850	3 896	1.9
安　徽	82	0.1	0.1	80	1 405	1.4
福　建	1 438	1.1	1.0	2 571	6 807	2.9
江　西	260	0.2	0.1	113	1 155	1.7
山　东	1 541	2.4	1.4	1 596	1 855	2.8
河　南	704	0.5	0.4	526	2 495	2.5
湖　北	406	0.4	0.3	569	5 806	3.9
湖　南	499	0.5	0.5	1 373	5 472	2.1
广　东	885	0.4	0.3	1 122	7 828	2.7
广　西	541	0.4	0.4	320	1 707	2.2
海　南	–	–	–	–	–	–
四　川	2 067	3.2	2.9	4 484	3 035	2.2
贵　州	79	–	–	39	655	0.7
云　南	882	0.2	0.2	530	1 754	0.7
西　藏	–	–	–	–	–	–
陕　西	749	0.5	0.3	901	4 113	2.2
甘　肃	7	–	–	37	3 491	1.2
青　海	26	–	–	–	–	0.3
宁　夏	187	0.2	0.2	258	2 323	2.0
新　疆	51	–	–	77	2 209	1.2

3-21 各地区私营经济建筑业增加值及其构成(一)

单位: 万元

地区	建筑业增加值合计	本年提取固定资产折旧	应付工资总额	应付福利费总额
全国总计	**80 297**	**4 177**	**39 259**	**4 104**
北京	140	6	79	6
天津	–	–	–	–
河北	1 104	50	604	19
山西	1 988	88	1 021	112
内蒙古	2 691	125	1 726	143
辽宁	3 050	149	1 259	222
吉林	839	14	413	17
黑龙江	1 600	97	1 096	4
上海	873	4	581	72
江苏	5 898	47	2 261	22
浙江	28 505	1 883	14 293	1 143
安徽	349	37	86	29
福建	3 771	200	1 905	241
江西	583	26	338	10
山东	6 140	222	2 892	696
河南	1 567	58	693	125
湖北	1 184	158	541	72
湖南	1 790	49	810	–
广东	1 910	104	669	95
广西	2 379	105	639	129
海南	–	–	–	–
四川	9 661	501	5 406	707
贵州	277	7	138	1
云南	1 237	116	389	28
西藏	–	–	–	–
陕西	1 631	61	911	154
甘肃	21	–	18	–
青海	55	–	16	3
宁夏	710	67	317	33
新疆	346	4	156	21

3-21 各地区私营经济建筑业增加值及其构成(二)

单位：万元

地区	工程结算税金及附加	工程结算利润	管理费用中的税金	管理费用中的劳动、待业保险费	转作奖金的利润
全国总计	**9 010**	**23 186**	**726**	**273**	**437**
北京	8	41	–	–	–
天津	–	–	–	–	–
河北	93	325	36	3	26
山西	138	541	84	4	–
内蒙古	183	505	8	1	–
辽宁	303	1 086	10	34	13
吉林	115	269	1	10	–
黑龙江	115	280	8	1	–
上海	96	118	3	–	–
江苏	491	3 058	19	–	–
浙江	3 770	7 495	151	81	313
安徽	47	147	10	–	7
福建	455	897	74	6	6
江西	70	135	5	1	2
山东	778	1 506	46	40	41
河南	141	499	44	11	2
湖北	73	338	2	–	–
湖南	326	526	78	–	–
广东	231	746	5	60	–
广西	190	1 282	36	8	12
海南	–	–	–	–	–
四川	875	2 148	34	3	14
贵州	45	70	16	–	–
云南	190	485	22	5	–
西藏	–	–	–	–	–
陕西	173	299	32	2	–
甘肃	–	–	2	1	–
青海	12	21	1	1	–
宁夏	49	243	2	–	–
新疆	42	123	2	–	1

3-22 各地区私营经济建筑业劳动生产率

地　区	建筑业企业个数(个)	计算劳动生产率的平均人数(万人)	按总产值计算的劳动生产率(元/人)	按增加值计算的劳动生产率(元/人)	人均竣工产值(元/人)	人均施工面积(平米/人)	人均竣工面积(平米/人)
全国总计	**535**	**8.64**	**32 601**	**9 292**	**23 971**	**49.8**	**29.2**
北　京	3	0.03	8 386	5 047	8 242	3.4	3.4
天　津	—	—	—	—	—	—	—
河　北	15	0.25	14 704	4 421	11 739	35.6	21.5
山　西	35	0.24	23 724	8 265	16 815	51.3	28.7
内蒙古	18	0.40	18 719	6 811	9 142	35.2	16.0
辽　宁	9	0.18	48 141	16 615	44 864	53.7	46.8
吉　林	3	0.05	45 503	15 735	39 156	35.3	35.3
黑龙江	17	0.10	36 508	16 001	34 190	45.0	37.8
上　海	4	0.10	39 889	8 792	27 100	54.6	35.0
江　苏	5	0.25	72 280	23 496	58 002	66.4	32.6
浙　江	154	2.53	44 501	11 276	33 621	69.0	37.6
安　徽	6	0.06	25 712	6 166	23 963	14.1	13.3
福　建	39	0.38	37 940	9 985	17 060	52.3	9.5
江　西	8	0.10	17 870	5 975	9 769	89.2	34.9
山　东	44	0.86	21 055	7 134	16 201	35.5	25.4
河　南	27	0.21	24 028	7 432	18 581	56.6	38.4
湖　北	10	0.10	30 863	12 082	23 121	66.1	31.8
湖　南	5	0.25	25 428	7 136	20 483	41.4	29.5
广　东	9	0.14	57 469	13 332	54 985	11.9	10.2
广　西	6	0.19	38 343	12 687	22 037	79.8	32.9
海　南	—	—	—	—	—	—	—
四　川	56	1.48	24 157	6 539	15 865	36.2	27.6
贵　州	8	0.06	13 578	4 638	9 482	37.8	30.6
云　南	14	0.30	15 689	4 093	14 735	14.3	8.3
西　藏	—	—	—	—	—	—	—
陕　西	22	0.22	22 760	7 443	13 372	60.9	40.8
甘　肃	1	0.01	29 151	1 981	10 283	—	—
青　海	3	0.02	12 432	3 364	1 173	35.8	13.3
宁　夏	9	0.11	16 487	6 400	15 442	17.5	13.9
新　疆	5	0.04	31 743	9 877	31 657	34.9	33.7

3-23 各地区私营经济资本金及资产构成(一)

单位：万元

地区	资本金合计	资产总计	#流动资产合计	#存货	#在建工程
全国总计	**98 219**	**258 423**	**171 037**	**75 855**	**52 505**
北京	663	666	462	379	303
天津	–	–	–	–	–
河北	3 389	3 749	1 971	152	75
山西	1 999	4 767	2 533	280	47
内蒙古	3 830	12 494	9 363	5 091	4 192
辽宁	1 300	7 645	6 407	1 922	1 321
吉林	919	3 013	1 796	382	–
黑龙江	2 082	6 307	3 603	2 158	1 395
上海	413	1 741	1 614	759	261
江苏	1 909	2 442	1 088	652	492
浙江	32 057	104 587	70 041	32 399	19 783
安徽	863	2 914	1 731	1 277	946
福建	6 450	21 619	17 354	7 281	6 867
江西	922	5 418	4 861	3 009	2 742
山东	5 194	14 841	8 768	3 051	2 153
河南	2 074	4 650	2 774	1 583	1 110
湖北	3 748	4 594	2 458	480	167
湖南	2 267	2 624	764	514	429
广东	5 259	8 821	6 188	3 042	2 740
广西	3 210	4 876	3 005	486	267
海南	–	–	–	–	–
四川	13 205	27 122	16 145	7 172	4 700
贵州	602	883	635	365	185
云南	1 262	3 727	2 593	1 696	1 370
西藏	–	–	–	–	–
陕西	2 460	5 076	2 621	1 163	780
甘肃	163	63	2	2	–
青海	78	102	65	–	–
宁夏	1 090	2 325	1 389	407	142
新疆	812	1 358	804	153	37

3-23 各地区私营经济资本金及资产构成(二)

单位:万元

地区	固定资产合计	固定资产原价合计	#生产经营用	固定资产折旧	#本年折旧	无形及递延资产合计	#无形资产
全国总计	**68412**	**80495**	**61225**	**14551**	**4177**	**7287**	**6385**
北京	178	166	163	6	6	16	–
天津	–	–	–	–	–	–	–
河北	1582	1766	1509	191	50	9	–
山西	2211	2343	1906	313	88	1	1
内蒙古	2850	3165	2102	330	125	3	–
辽宁	827	1190	1023	377	149	–	–
吉林	697	917	725	220	14	159	135
黑龙江	1878	2782	2676	905	97	813	806
上海	86	106	85	21	4	–	–
江苏	1212	1280	1203	104	47	–	–
浙江	24259	29143	21451	6278	1883	5552	4967
安徽	937	1001	948	65	37	60	60
福建	3514	4081	3490	643	200	102	4
江西	447	575	130	131	26	110	110
山东	3936	5236	3286	1498	222	44	18
河南	1864	2042	1757	291	58	–	–
湖北	1418	1785	1020	372	158	78	1
湖南	1814	2029	1563	282	49	–	–
广东	2429	2650	2005	220	104	203	200
广西	1453	1638	1387	229	105	5	3
海南	–	–	–	–	–	–	–
四川	9819	11059	9091	1310	501	85	57
贵州	232	248	220	16	7	–	–
云南	905	1104	669	218	116	13	4
西藏	–	–	–	–	–	–	–
陕西	2414	2598	1874	376	61	–	–
甘肃	61	61	–	–	–	–	–
青海	29	28	4	1	–	6	–
宁夏	847	955	662	122	67	25	21
新疆	514	545	276	31	4	4	–

3-24 各地区私营经济负债及所有者权益

单位: 万元

地　区	负债合计	流动负债合计	长期负债合计	所有者权益合计	#股本
全国总计	**150 479**	**145 538**	**4 026**	**107 944**	**16 331**
北　京	147	147	–	519	508
天　津	–	–	–	–	–
河　北	1 238	1 159	79	2 512	–
山　西	1 377	1 147	230	3 390	–
内蒙古	8 701	8 651	50	3 793	–
辽　宁	5 844	5 705	139	1 801	270
吉　林	2 101	1 961	140	911	331
黑龙江	2 803	2 767	36	3 504	–
上　海	1 425	1 425	–	316	–
江　苏	988	978	–	1 453	442
浙　江	59 767	58 802	964	44 820	10 079
安　徽	2 058	2 058	–	856	150
福　建	15 600	15 595	5	6 019	2 373
江　西	4 318	3 953	365	1 099	
山　东	9 762	8 700	882	5 079	17
河　南	2 688	2 468	147	1 962	163
湖　北	2 020	1 814	206	2 574	373
湖　南	474	460	15	2 150	–
广　东	4 536	4 506	30	4 285	–
广　西	2 942	2 926	16	1 933	1 330
海　南	–	–	–	–	–
四　川	14 751	13 972	172	12 371	24
贵　州	334	328	6	549	–
云　南	2 568	2 530	38	1 159	–
西　藏	–	–	–	–	–
陕　西	2 082	1 873	164	2 995	136
甘　肃	–	–	–	63	–
青　海	60	25	34	42	
宁　夏	1 286	982	304	1 038	136
新　疆	607	605	2	751	–

3-25 各地区私营经济工程结算收入及工程结算利润

单位: 万元

地区	工程结算收入	工程结算成本	工程结算税金及附加	工程结算利润	管理费用	#税金	#财产保险费	#劳动、待业保险费
全国总计	**228 748**	**196 552**	**9 010**	**23 186**	**15 332**	**726**	**140**	**273**
北京	228	179	8	41	137	–	1	–
天津	–	–	–	–	–	–	–	–
河北	3 282	2 864	93	325	104	36	3	3
山西	4 182	3 503	138	541	283	84	5	4
内蒙古	5 300	4 612	183	505	557	8	1	1
辽宁	8 832	7 443	303	1 086	477	10	1	34
吉林	2 087	1 703	115	269	187	1	–	10
黑龙江	3 566	3 170	115	280	188	8	–	1
上海	3 701	3 487	96	118	125	2	–	–
江苏	13 599	10 050	491	3 058	3 018	19	10	–
浙江	91 616	80 351	3 770	7 495	4 617	151	29	81
安徽	1 172	977	47	147	98	10	2	–
福建	11 886	10 534	455	897	903	74	9	6
江西	2 354	2 149	70	135	81	5	1	1
山东	14 967	12 683	778	1 506	806	46	7	40
河南	3 845	3 205	141	499	282	44	8	11
湖北	2 424	2 013	73	338	270	2	3	–
湖南	6 367	5 515	326	526	284	78	25	–
广东	7 096	6 119	231	746	355	5		60
广西	6 848	5 376	190	1 282	573	36	6	8
海南	–	–	–	–	–	–	–	–
四川	23 352	20 329	875	2 148	1 260	34	12	3
贵州	790	675	45	70	46	16	–	–
云南	3 811	3 135	190	485	161	22	9	5
西藏	–	–	–	–	–	–	–	–
陕西	4 253	3 782	173	299	180	32	7	2
甘肃	309	309	–	–	40	2		1
青海	179	146	12	21	23	1		1
宁夏	1 734	1 442	49	243	187	2	–	–
新疆	966	802	42	123	90	2	–	–

3-26 各地区私营经济利税及利润总额

单位:万元

地区	利税总额	#利润总额	#应交所得税	#转作奖金的利润	#应付利润	#已分配股利
全国总计	**14806**	**5070**	**1474**	**437**	**1516**	**123**
北京	-80	-88	1	—	—	—
天津	—	—	—	—	—	—
河北	317	188	60	26	24	—
山西	389	167	12	—	1	—
内蒙古	193	2	24	—	23	10
辽宁	861	548	172	13	298	—
吉林	211	95	23	—	—	—
黑龙江	47	-76	—	—	—	—
上海	13	-85	1	—	3	—
江苏	400	-110	5	—	—	—
浙江	5835	1914	456	313	732	99
安徽	65	8	25	7	1	—
福建	471	-58	29	6	34	—
江西	108	33	16	2	8	—
山东	1386	562	158	41	37	1
河南	348	163	20	2	50	12
湖北	61	-14	8	—	7	—
湖南	504	100	—	—	28	—
广东	531	295	85	—	—	—
广西	688	462	91	12	18	—
海南	—	—	—	—	—	—
四川	1486	577	212	14	94	1
贵州	60	-1	4	—	—	—
云南	440	228	38	—	106	—
西藏	—	—	—	—	—	—
陕西	312	107	19	—	49	—
甘肃	3	1	—	—	—	—
青海	16	3	—	—	—	—
宁夏	66	15	5	—	6	—
新疆	76	32	11	1	—	—

3－27 各地区私营经济利润率及利税率

地区	产值利润率(%)	产值利税率(%)	资本金利润率(%)	资本金利税率(%)	人均利润(元/人)	人均利税(元/人)	资产负债率(%)
全国总计	**1.8**	**5.3**	**5.2**	**15.1**	**587**	**1 713**	**58.2**
北京	－37.8	－34.4	－13.3	－12.1	－3 170	－2 888	22.1
天津	－	－	－	－	－	－	－
河北	5.1	8.6	5.5	9.3	753	1 268	33.0
山西	2.9	6.8	8.4	19.5	696	1 619	28.9
内蒙古	－	2.6	－	5.0	5	488	69.6
辽宁	6.2	9.7	42.2	66.2	2 986	4 690	76.4
吉林	3.9	8.7	10.3	22.9	1 782	3 951	69.8
黑龙江	－2.1	1.3	－3.6	2.3	－758	471	44.4
上海	－2.1	0.3	－20.6	3.1	－856	131	81.8
江苏	－0.6	2.2	－5.8	20.9	－438	1 592	40.5
浙江	1.7	5.2	6.0	18.2	757	2 308	57.1
安徽	0.6	4.5	1.0	7.6	148	1 157	70.6
福建	－0.4	3.3	－0.9	7.3	－153	1 245	72.2
江西	1.9	6.2	3.6	11.8	337	1 113	79.7
山东	3.1	7.7	10.8	26.7	654	1 611	65.8
河南	3.2	6.8	7.8	16.7	771	1 644	57.8
湖北	－0.5	2.0	－0.4	1.6	－145	616	44.0
湖南	1.6	7.9	4.4	22.3	400	2 013	18.1
广东	3.6	6.5	5.6	10.1	2 059	3 707	51.4
广西	6.4	9.6	14.4	21.5	2 467	3 675	60.3
海南	－	－	－	－	－	－	－
四川	1.6	4.2	4.4	11.3	391	1 006	54.4
贵州	－0.1	7.4	－0.2	9.9	－17	1 000	37.8
云南	4.8	9.3	18.1	34.9	755	1 458	68.9
西藏	－	－	－	－	－	－	－
陕西	2.1	6.2	4.3	12.6	437	1 419	41.0
甘肃	0.5	1.0	0.9	2.0	132	302	－
青海	1.4	8.1	3.7	20.9	179	1 006	58.7
宁夏	0.8	3.6	1.4	6.0	135	589	55.3
新疆	2.9	6.8	3.9	9.3	914	2 166	44.7

3-28 各地区私营经济建筑业企业亏损情况

地　区	建筑业企业个数(个)	亏损企业个数(个)	亏损金额(万元)	亏损面(%)
全国总计	**535**	**112**	**1 754**	**20.9**
北　京	3	2	89	66.7
天　津	–	–	–	–
河　北	15	1	18	6.7
山　西	35	3	44	8.6
内蒙古	18	5	78	27.8
辽　宁	9	2	14	22.2
吉　林	3	2	22	66.7
黑龙江	17	2	90	11.8
上　海	4	1	90	25.0
江　苏	5	2	127	40.0
浙　江	154	28	405	18.2
安　徽	6	1	5	16.7
福　建	39	20	188	51.3
江　西	8	2	1	25.0
山　东	44	10	115	22.7
河　南	27	2	85	7.4
湖　北	10	6	40	60.0
湖　南	5	1	72	20.0
广　东	9	1	12	11.1
广　西	6	1	38	16.7
海　南	–	–	–	–
四　川	56	10	168	17.9
贵　州	8	2	8	25.0
云　南	14	1	2	7.1
西　藏	–	–	–	–
陕　西	22	5	27	22.7
甘　肃	1	–	–	–
青　海	3	–	–	–
宁　夏	9	1	5	11.1
新　疆	5	1	14	20.0

3－29 各地区联营经济建筑业总产值和竣工产值

单位:万元

地区	建筑业总产值	建筑工程产值	安装工程产值	房屋构筑物修理产值	非标准设备制造产值	竣工产值
全国总计	**203 467**	**154 830**	**35 130**	**13 116**	**389**	**145 910**
北京	1 022	69	953	－	－	422
天津	669	528	141	－	－	1 768
河北	1 057	949	109	－	－	995
山西	2 650	2 460	190	－	－	1 026
内蒙古	2 024	500	1 524	－	－	567
辽宁	2 833	2 515	273	45	－	1 732
吉林	－	－	－	－	－	－
黑龙江	1 220	1 220	－	－	－	112
上海	55 145	35 371	9 734	9 752	288	49 302
江苏	3 468	3 027	209	231		2 341
浙江	26 398	23 507	2 446	410	35	18 549
安徽	3 865	2 954	911	－	－	3 813
福建	40 809	29 606	10 519	683		22 814
江西	571	570	1	1	－	438
山东	1 908	1 091	784	－	33	926
河南	5 343	4 973	295	75	－	3 867
湖北	7 164	6 682	412	70	－	5 218
湖南	304	197	104	3	－	59
广东	5 670	4 225	1 162	284	－	1 981
广西	3 174	3 140	－	34	－	1 690
海南	－	－	－	－	－	－
四川	20 679	14 992	4 792	883	12	17 585
贵州	3 549	3 192	－	357	－	1 858
云南	1 774	1 286	251	237		1 465
西藏	－	－	－	－	－	－
陕西	2 039	1 917	121	－	－	1 261
甘肃	5 981	5 887	94	－	－	2 749
青海	1 396	1 396	－	－	－	429
宁夏	2 124	2 038	67	19	－	1 880
新疆	630	537	38	33	22	1 061

3－30 各地区联营经济单位工程个数及工程质量

地区	单位工程施工个数(个)	#本年新开工个数	#投标承包个数	#本年新开工	单位工程竣工个数(个)	#优良品	工程质量优良品率(%)	投标承包个数占单位工程施工个数的比重(%)
全国总计	**2 291**	**1 499**	**587**	**394**	**1 408**	**546**	**38.8**	**25.6**
北京	18	11	－	－	14	－	－	－
天津	18	10	8	8	12	－	－	44.4
河北	17	7	7	4	14	2	14.3	41.2
山西	28	12	13	5	11	2	18.2	46.4
内蒙古	9	1	1	－	4	3	75.0	11.1
辽宁	25	14	－	－	14	－	－	－
吉林								
黑龙江	5	4	5	4	2	1	50.0	100.0
上海	378	227	114	61	178	25	14.0	30.2
江苏	105	86	28	27	85	47	55.3	26.7
浙江	258	159	70	68	186	36	19.4	27.1
安徽	54	39	22	18	47	10	21.3	40.7
福建	603	456	85	63	371	293	79.0	14.1
江西	20	15	－	－	17	5	29.4	－
山东	71	41	44	24	34	－	－	62.0
河南	45	33	13	10	32	10	31.3	28.9
湖北	112	41	15	9	78	14	17.9	13.4
湖南	9	8	2	2	1	－	－	22.2
广东	65	41	20	4	41	5	12.2	30.8
广西	42	23	－	－	20	6	30.0	－
海南	－	－	－	－	－	－	－	－
四川	125	86	35	25	71	28	39.4	28.0
贵州	115	79	23	23	61	30	49.2	20.0
云南	32	27	2	2	22	3	13.6	6.2
西藏	－	－	－	－	－	－	－	－
陕西	26	15	11	2	22	9	40.9	42.3
甘肃	60	35	42	21	36	－	－	70.0
青海	12	7	12	7	5	－	－	100.0
宁夏	24	11	15	7	15	4	26.7	62.5
新疆	15	11	－	－	15	13	86.7	－

3-31 各地区联营经济房屋建筑面积和工程质量

地区	房屋建筑施工面积(万平方米)	#本年新开工面积	#投标承包面积	#本年新开工	房屋建筑竣工面积(万平方米)	#优良品面积	房屋建筑面积优良品率(%)	投标承包面积占房屋建筑施工面积的比重(%)
全国总计	**303.1**	**159.8**	**125.2**	**69.5**	**157.9**	**27.5**	**17.4**	**41.3**
北京	0.1	0.1	–	–	0.1	–	–	–
天津	3.1	–	–	–	3.1	–	–	–
河北	4.6	0.6	0.6	0.3	3.9	0.2	6.4	12.9
山西	4.8	2.1	2.4	1.3	2.2	0.3	13.5	50.7
内蒙古	1.4	–	–	–	1.1	1.1	100.0	–
辽宁	6.3	2.7	–	–	0.7	–	–	–
吉林	–	–	–	–	–	–	–	–
黑龙江	0.4	0.3	0.4	0.3	0.1	0.1	57.1	100.0
上海	81.7	42.8	37.5	12.1	40.6	4.2	10.4	46.0
江苏	3.1	2.7	2.0	1.9	2.7	0.7	27.3	65.7
浙江	32.4	20.2	9.7	9.7	18.0	1.9	10.7	29.8
安徽	0.8	0.6	0.5	0.5	0.8	–	–	64.5
福建	38.3	23.3	21.5	15.0	15.1	2.4	15.6	56.0
江西	3.8	2.9	–	–	3.1	–	–	–
山东	6.5	2.1	6.1	1.7	0.2	–	–	93.5
河南	7.9	5.2	3.2	2.7	5.6	0.6	10.8	40.7
湖北	19.8	6.4	6.8	1.7	10.0	2.2	22.2	34.3
湖南	0.3	0.3	0.3	0.3	0.1			81.8
广东	6.8	3.9	1.3	1.3	4.2	0.4	9.5	19.5
广西	8.0	3.5	–	–	4.6	0.7	15.5	–
海南	–	–	–	–	–	–	–	–
四川	25.4	15.8	8.9	8.6	17.0	7.0	41.0	34.9
贵州	13.9	8.1	2.3	2.3	5.4	1.4	25.4	16.3
云南	3.7	2.8	0.7	0.5	2.4	0.5	22.0	17.6
西藏	–	–	–	–	–	–	–	–
陕西	4.4	1.7	1.5	0.3	3.4	1.3	37.2	33.5
甘肃	15.5	8.1	12.4	6.3	8.1	–	–	80.2
青海	3.9	1.2	3.9	1.2	0.8	–	–	100.0
宁夏	4.3	2.1	3.3	1.8	2.6	0.5	20.3	76.6
新疆	1.9	0.6	–	–	1.9	1.9	98.0	–

3－32 各地区联营经济按主要用途分的房屋建筑竣工面积

单位: 万平方米

地区	合计	厂房	住宅	办公用房	商业、居民服务业用房	文化教育用房	医疗用房	科研用房	其他用房
全国总计	**157.9**	**10.1**	**101.1**	**15.7**	**9.1**	**8.0**	**4.4**	**0.4**	**9.2**
北京	0.1	—	0.1	—	—	—	—	—	—
天津	3.1	—	3.1	—	—	—	—	—	—
河北	3.9	—	0.1	3.4	0.1	0.2	—	—	0.1
山西	2.2	0.4	1.6	0.2	—	—	—	—	0.1
内蒙古	1.1	—	1.1	—	—	—	—	—	—
辽宁	0.7	0.7	—	—	—	—	—	—	—
吉林	—	—	—	—	—	—	—	—	—
黑龙江	0.1	—	0.1	—	—	—	—	—	—
上海	40.6	3.7	27.7	2.4	1.0	1.8	3.3	0.4	0.3
江苏	2.7	0.5	1.5	0.2	0.3	0.1	—	—	0.2
浙江	18.0	0.6	13.5	0.3	1.5	1.2	0.1	—	0.9
安徽	0.8	0.2	0.2	0.2	—	0.1	—	—	0.1
福建	15.1	—	11.3	1.6	2.2	—	—	—	0.1
江西	3.1	—	2.4	—	0.7	—	—	—	0.1
山东	0.2	—	0.2	—	—	—	—	—	—
河南	5.6	0.2	3.1	0.2	0.8	0.8	—	—	0.5
湖北	10.0	—	5.0	0.1	0.1	0.5	0.2	—	4.0
湖南	0.1	—	0.1	—	—	—	—	—	—
广东	4.2	1.5	1.5	0.8	0.1	—	—	—	0.3
广西	4.6	0.5	2.9	0.5	0.3	0.3	—	—	—
海南	—	—	—	—	—	—	—	—	—
四川	17.0	0.9	10.5	3.1	0.8	1.4	0.2	—	0.1
贵州	5.4	0.1	4.6	0.2		0.3	0.2	—	—
云南	2.4	—	1.0	0.5	0.3	0.1	0.1	—	0.3
西藏									
陕西	3.4	0.6	2.1	0.6	—	—	—	—	—
甘肃	8.1	—	4.8	0.8	0.8	0.8	0.3	—	0.5
青海	0.8	—	0.6	—	—	—	—	—	−0.1
宁夏	2.6	—	1.7	0.4	—	0.1	—	—	0.3
新疆	1.9	—	0.2	0.1	0.1	0.1	0.1	—	1.2

3-33 各地区联营经济各种用途的房屋建筑竣工面积占全部的比重

单位: %

地区	厂房	住宅	办公用房	商业、居民服务业用房	文化教育用房	医疗用房	科研用房	其他用房
全国总计	**6.4**	**64.0**	**9.9**	**5.8**	**5.1**	**2.8**	**0.3**	**5.8**
北京	–	100.0	–	–	–	–	–	–
天津	–	100.0	–	–	–	–	–	–
河北	–	2.6	87.2	2.6	5.1	–	–	2.6
山西	18.2	72.7	9.1	–	–	–	–	4.5
内蒙古	–	100.0	–	–	–	–	–	–
辽宁	100.0	–	–	–	–	–	–	–
吉林	–	–	–	–	–	–	–	–
黑龙江	–	100.0	–	–	–	–	–	–
上海	9.1	68.2	5.9	2.5	4.4	8.1	1.0	0.7
江苏	18.5	55.6	7.4	11.1	3.7	–	–	7.4
浙江	3.3	75.0	1.7	8.3	6.7	0.6	–	5.0
安徽	25.0	25.0	25.0	–	12.5			12.5
福建	–	74.8	10.6	14.6	–	–	–	0.7
江西	–	77.4	–	22.6	–	–	–	3.2
山东	–	100.0	–	–	–	–	–	–
河南	3.6	55.4	3.6	14.3	14.3	–	–	8.9
湖北	–	50.0	1.0	1.0	5.0	2.0	–	40.0
湖南	–	100.0	–	–	–	–	–	–
广东	35.7	35.7	19.0	2.4	–	–	–	7.1
广西	10.9	63.0	10.9	6.5	6.5	–	–	–
海南								
四川	5.3	61.8	18.2	4.7	8.2	1.2	–	0.6
贵州	1.9	85.2	3.7	–	5.6	3.7	–	–
云南	–	41.7	20.8	12.5	4.2	4.2	–	12.5
西藏	–	–	–	–	–	–	–	–
陕西	17.6	61.8	17.6	–	–	–	–	–
甘肃	–	59.3	9.9	9.9	9.9	3.7	–	6.2
青海	–	75.0	–	–	–	–	–	12.5
宁夏	–	65.4	15.4	–	3.8	–	–	11.5
新疆	–	10.5	5.3	5.3	5.3	5.3		63.2

3－34 各地区联营经济机械设备装备情况

地　区	自有机械设备年末总台数(台)	自有机械设备年末总功率(万千瓦)	#施工机械功率	自有机械设备净值(万元)	技术装备率(元/人)	动力装备率(千瓦/人)
全国总计	**25 224**	**23.8**	**18.8**	**32 379**	**4 868**	**3.6**
北　京	167	–	–	52	1 546	1.3
天　津	4	–	–	–	6	–
河　北	409	0.3	0.2	316	423	0.4
山　西	6 438	1.9	1.5	861	6 801	15.0
内蒙古	255	0.6	0.6	537	6 431	7.7
辽　宁	242	0.4	0.3	156	2 104	4.9
吉　林	–	–	–	–	–	–
黑龙江	344	0.4	0.1	1 076	17 793	7.1
上　海	4 734	2.9	1.5	7 410	7 124	2.8
江　苏	932	0.7	0.5	794	6 619	6.0
浙　江	2 316	3.0	2.5	3 861	7 005	5.4
安　徽	364	1.5	1.4	2 378	22 538	13.9
福　建	874	4.0	3.6	3 809	4 568	4.7
江　西	106	0.1	0.1	45	3 559	9.1
山　东	137	0.1	0.1	107	1 576	2.1
河　南	759	0.6	0.6	703	2 252	2.0
湖　北	767	0.7	0.3	676	2 588	2.7
湖　南	79	0.3	0.3	162	4 325	8.6
广　东	515	0.3	0.2	385	3 209	2.3
广　西	222	0.1	0.1	135	1 431	1.0
海　南	–	–	–	–	–	–
四　川	2 523	3.3	2.8	3 229	3 317	3.4
贵　州	722	0.5	0.3	672	3 258	2.6
云　南	157	0.2	0.2	158	2 324	3.2
西　藏	–	–	–	–	–	–
陕　西	673	0.3	0.2	933	4 786	1.4
甘　肃	810	0.7	0.7	642	2 465	2.6
青　海	176	–	–	1 007	29 012	1.3
宁　夏	464	0.7	0.6	2 235	16 146	5.2
新　疆	35	0.1	0.1	40	1 613	6.0

3-35 各地区联营经济建筑业增加值及其构成(一)

单位:万元

地　　区	建筑业增加值合计	本年提取固定资产折旧	应付工资总额	应付福利费总额
全国总计	**55 405**	**2 435**	**26 656**	**3 226**
北　　京	365	24	190	28
天　　津	205	41	50	4
河　　北	506	28	403	2
山　　西	483	20	164	28
内 蒙 古	1 060	43	448	42
辽　　宁	626	22	248	31
吉　　林	–	–	–	–
黑 龙 江	348	5	256	7
上　　海	9 472	144	5 943	482
江　　苏	773	30	286	16
浙　　江	6 361	406	3 366	247
安　　徽	2 272	249	349	53
福　　建	10 903	307	3 585	986
江　　西	174	4	61	2
山　　东	395	20	102	16
河　　南	2 891	45	1 114	40
湖　　北	2 583	137	1 596	119
湖　　南	189	2	154	13
广　　东	1 848	131	501	68
广　　西	644	33	336	36
海　　南	–	–	–	–
四　　川	6 827	389	3 514	821
贵　　州	1 416	135	882	20
云　　南	515	10	305	–
西　　藏	–	–	–	–
陕　　西	885	64	609	62
甘　　肃	2 182	62	1 116	13
青　　海	281	6	213	3
宁　　夏	1 014	68	713	87
新　　疆	184	8	152	–

3-35 各地区联营经济建筑业增加值及其构成(二)

单位: 万元

地 区	工程结算税金及附加	工程结算利润	管理费用中的税金	管理费用中的劳动、待业保险费	转作奖金的利润
全国总计	**5 652**	**16 206**	**666**	**608**	**45**
北 京	21	102	–	–	–
天 津	19	90	1	–	–
河 北	8	62	2	–	–
山 西	75	197	–	–	–
内蒙古	62	466	–	–	–
辽 宁	83	229	1	13	–
吉 林	–	–	–	–	–
黑龙江	28	52	–	–	–
上 海	1 272	1 602	20	9	–
江 苏	146	283	2	12	1
浙 江	1 081	1 245	6	11	1
安 徽	129	1 316	208	–	32
福 建	955	4 831	87	152	–
江 西	30	72	6	–	–
山 东	37	195	6	20	–
河 南	163	1 090	129	310	–
湖 北	159	547	24	1	–
湖 南	3	14	2	1	–
广 东	236	846	54	14	2
广 西	88	104	46	–	–
海 南	–	–	–	–	–
四 川	560	1 508	12	25	3
贵 州	84	265	16	20	6
云 南	62	124	14	–	–
西 藏	–	–	–	–	–
陕 西	68	63	19	–	–
甘 肃	193	765	13	20	–
青 海	46	13	–	–	–
宁 夏	45	100	–	–	–
新 疆	–	23	–	1	–

3-36 各地区联营经济建筑业劳动生产率

地 区	建筑业企业个数（个）	计算劳动生产率的平均人数（万人）	按总产值计算的劳动生产率（元/人）	按增加值计算的劳动生产率（元/人）	人均竣工产值（元/人）	人均施工面积（平米/人）	人均竣工面积（平米/人）
全国总计	**187**	**6.65**	**30 593**	**8 331**	**21 939**	**45.6**	**23.7**
北 京	3	0.03	30 507	10 899	12 597	1.7	1.7
天 津	4	0.07	9 905	3 036	26 200	45.6	45.6
河 北	4	0.75	1 414	677	1 331	6.2	5.3
山 西	3	0.13	20 932	3 816	8 104	37.8	17.6
内蒙古	2	0.08	24 240	12 699	6 793	17.4	13.7
辽 宁	5	0.07	38 186	8 438	23 348	84.4	10.0
吉 林	—	—	—	—	—	—	—
黑龙江	1	0.06	20 165	5 760	1 851	6.9	2.3
上 海	22	1.04	53 019	9 107	47 401	78.5	39.0
江 苏	10	0.12	28 922	6 450	19 526	25.9	22.9
浙 江	27	0.55	47 891	11 540	33 651	58.8	32.7
安 徽	5	0.11	36 634	21 540	36 144	7.2	7.2
福 建	26	0.83	48 943	13 076	27 361	46.0	18.2
江 西	4	0.01	45 000	13 732	34 528	295.6	244.4
山 东	4	0.07	27 977	5 793	13 585	95.1	3.4
河 南	10	0.31	17 103	9 253	12 380	25.2	17.9
湖 北	6	0.26	27 437	9 894	19 985	75.8	38.3
湖 南	2	0.04	8 112	5 029	1 560	8.7	3.7
广 东	11	0.12	47 215	15 391	16 499	56.7	35.2
广 西	5	0.09	33 730	6 846	17 960	85.2	48.6
海 南	—	—	—	—	—	—	—
四 川	13	0.97	21 244	7 014	18 065	26.1	17.5
贵 州	5	0.21	17 210	6 869	9 011	67.4	26.2
云 南	3	0.07	26 088	7 574	21 544	54.4	34.7
西 藏	—	—	—	—	—	—	—
陕 西	5	0.19	10 462	4 539	6 470	22.4	17.3
甘 肃	3	0.26	22 961	8 376	10 554	59.5	31.2
青 海	1	0.03	40 233	8 104	12 357	113.8	21.6
宁 夏	2	0.14	15 350	7 327	13 581	30.9	18.5
新 疆	1	0.02	25 403	7 411	42 782	76.6	76.6

3－37 各地区联营经济资本金及资产构成(一)

单位:万元

部　门	资本金合计	资产总计	#流动资产合计	#存货	#在建工程
全国总计	**82 751**	**204 627**	**141 400**	**53 232**	**33 525**
北　京	1 060	1 758	1 454	1 301	–
天　津	1 501	2 105	1 139	356	347
河　北	2 125	1 130	647	2	–
山　西	2 233	4 192	2 704	2 249	336
内蒙古	844	3 754	2 860	1 280	–
辽　宁	547	6 085	5 573	1 745	719
吉　林	–	–	–	–	–
黑龙江	118	1 683	509	–	–
上　海	15 375	34 469	20 511	4 182	2 787
江　苏	2 629	5 014	3 623	832	599
浙　江	7 929	18 762	12 621	3 841	2 586
安　徽	4 961	9 731	5 269	2 846	151
福　建	7 711	51 050	39 343	16 347	14 640
江　西	558	596	414	211	124
山　东	1 451	5 863	5 341	583	270
河　南	1 325	2 132	1 443	580	481
湖　北	3 645	7 812	5 617	1 053	148
湖　南	550	577	392	251	231
广　东	4 563	8 384	5 572	2 683	2 103
广　西	980	2 359	1 726	1 061	537
海　南	–	–	–	–	–
四　川	12 903	23 507	18 251	9 275	5 635
贵　州	1 747	2 421	1 442	578	485
云　南	327	840	635	205	174
西　藏	–	–	–	–	–
陕　西	1 931	2 331	589	72	5
甘　肃	2 792	4 425	2 759	1 032	550
青　海	57	216	39	4	–
宁　夏	2 787	3 130	705	662	617
新　疆	103	299	221	1	–

3-37 各地区联营经济资本金及资产构成(二)

单位: 万元

地　区	固定资产合计	固定资产原价合计	#生　产经营用	固定资产折旧	#本　年折　旧	无形及递延资产合计	#无　形资　产
全国总计	**51 080**	**60 442**	**47 700**	**10 512**	**2 435**	**2 129**	**1 315**
北　京	292	382	128	90	24	12	–
天　津	961	947	557	133	41	–	–
河　北	483	659	600	198	28	–	–
山　西	1 480	1 532	1 263	56	20	4	–
内蒙古	543	753	546	210	43	–	–
辽　宁	424	509	493	85	22	47	47
吉　林	–	–	–	–	–	–	–
黑龙江	1 174	1 199	1 005	25	5	–	–
上　海	10 895	11 786	10 486	956	144	804	608
江　苏	1 366	1 832	1 809	466	30	21	4
浙　江	5 986	7 048	6 117	1 665	406	48	–
安　徽	3 273	4 453	2 931	1 180	249	61	57
福　建	6 670	7 714	7 346	1 055	307	283	158
江　西	166	185	70	41	4	– 14	– 15
山　东	273	385	271	112	20	–	–
河　南	666	767	546	102	45	–	–
湖　北	1 584	2 214	1 432	645	137	403	401
湖　南	185	194	137	9	2	–	–
广　东	2 486	2 750	1 208	312	131	321	–
广　西	545	648	459	110	33	2	–
海　南	–	–	–	–	–	–	–
四　川	4 579	6 167	4 771	1 598	389	77	–
贵　州	912	1 260	1 079	348	135	50	50
云　南	202	215	130	125	10	–	–
西　藏	–	–	–	–	–	–	–
陕　西	1 658	1 760	1 303	102	64	6	6
甘　肃	1 662	1 876	1 801	214	62	5	–
青　海	177	177	–	71	6	–	–
宁　夏	2 359	2 950	1 153	591	68	–	–
新　疆	78	78	58	15	8	–	–

3-38 各地区联营经济负债及所有者权益

单位: 万元

地 区	负债合计	流动负债合计	长期负债合计	所有者权益合计	#股本
全国总计	**124 519**	**120 840**	**3 250**	**80 108**	**6 404**
北 京	923	923	–	836	–
天 津	715	715	–	1 390	–
河 北	144	114	30	986	–
山 西	2 068	1 391	677	2 123	1 767
内蒙古	3 212	3 212	–	542	–
辽 宁	4 667	4 664	3	1 418	–
吉 林	–	–	–	–	–
黑龙江	105	105	–	1 579	–
上 海	19 733	19 370	1	14 736	–
江 苏	3 199	3 141	57	1 815	50
浙 江	11 014	10 992	23	7 748	829
安 徽	2 401	2 401	–	7 330	2 000
福 建	38 573	38 282	226	12 477	1 230
江 西	112	111	2	484	110
山 东	5 558	5 558	–	306	–
河 南	640	628	12	1 492	–
湖 北	4 263	4 123	140	3 549	–
湖 南	85	58	27	492	8
广 东	6 616	5 384	1 232	1 768	–
广 西	1 372	1 366	5	987	410
海 南	–	–	–	–	–
四 川	13 981	13 681	298	9 526	–
贵 州	1 853	1 513	340	568	–
云 南	460	390	70	380	–
西 藏	–	–	–	–	–
陕 西	440	432	8	1 891	–
甘 肃	1 564	1 504	60	2 862	–
青 海	33	33	–	183	–
宁 夏	639	600	39	2 491	–
新 疆	149	149	–	150	–

3－39 各地区联营经济工程结算收入及工程结算利润

单位: 万元

地　区	工程结算收入	工程结算成本	工程结算税金及附加	工程结算利润	管　理费　用	#税　金	#财产保险费	#劳动、待　业保险费
全国总计	**166 282**	**144 425**	**5 652**	**16 206**	**12 213**	**666**	**429**	**608**
北　京	690	567	21	102	86	－	2	－
天　津	676	567	19	90	112	1	－	－
河　北	585	515	8	62	31	2	－	－
山　西	2 234	1 963	75	197	173	－	－	－
内蒙古	1 792	1 265	62	466	315	－	－	－
辽　宁	2 472	2 160	83	229	241	1	－	13
吉　林	－	－	－	－	－	－	－	－
黑龙江	1 161	1 081	28	52	33	－	－	－
上　海	48 084	45 210	1 272	1 602	1 462	20	2	9
江　苏	4 131	3 701	146	283	270	2	1	12
浙　江	19 098	16 773	1 081	1 245	957	6	2	11
安　徽	3 950	2 505	129	1 316	762	208	－	－
福　建	27 347	21 560	955	4 831	3 322	87	1	152
江　西	829	727	30	72	10	6	－	－
山　东	1 373	1 142	37	195	176	6	7	20
河　南	5 127	3 874	163	1 090	847	129	371	310
湖　北	4 740	4 034	159	547	566	24	13	1
湖　南	125	107	3	14	20	2	－	1
广　东	5 789	4 707	236	846	618	54	1	14
广　西	1 815	1 623	88	104	141	46	－	－
海　南	－	－	－	－	－	－	－	－
四　川	18 173	16 105	560	1 508	1 227	12	8	25
贵　州	3 057	2 708	84	265	131	16	－	20
云　南	1 674	1 488	62	124	37	14	2	－
西　藏	－	－	－	－	－	－	－	－
陕　西	2 083	1 952	68	63	107	19	5	－
甘　肃	5 941	4 983	193	765	456	13	16	20
青　海	1 396	1 337	46	13	11	－	－	－
宁　夏	1 309	1 165	45	100	99	－	－	－
新　疆	630	607	－	23	1	－	－	1

3-40 各地区联营经济利税及利润总额

单位: 万元

地　区	利税总额	#利润总额	#应交所得税	#转作奖金的利润	#应付利润	#已分配股利
全国总计	**12 084**	**5 766**	**896**	**45**	**2 374**	**3**
北　京	50	29	10	–	15	–
天　津	-5	- 25	1	–	–	–
河　北	28	18	4	–	–	–
山　西	75	–	1	–	–	–
内蒙古	121	59	9	–	–	–
辽　宁	72	- 12	–	–	–	–
吉　林	–	–	–	–	–	–
黑龙江	28	–	–	–	–	–
上　海	1 617	325	223	–	241	–
江　苏	133	- 15	2	1	2	2
浙　江	1 377	290	42	1	25	–
安　徽	942	605	18	32	58	–
福　建	3 518	2 476	350	–	1 777	–
江　西	41	5	2	–	–	–
山　东	28	- 15	1	–	1	–
河　南	527	235	10	–	129	1
湖　北	283	100	23	–	–	–
湖　南	15	10	–	–	–	–
广　东	418	128	21	2	46	–
广　西	112	- 22	2	–	34	–
海　南	–	–	–	–	–	–
四　川	1 738	1 166	91	3	23	–
贵　州	171	71	5	6	2	–
云　南	127	51	4	–	17	–
西　藏	–	–	–	–	–	–
陕　西	97	10	6	–	6	–
甘　肃	458	252	64	–	–	–
青　海	49	3	–	–	–	–
宁　夏	46	1	–	–	–	–
新　疆	19	19	6	–	–	–

3－41 各地区联营经济利润率及利税率

地　区	产值利润　率(%)	产值利税　率(%)	资本金利润率(%)	资本金利税率(%)	人均利润(元/人)	人均利税(元/人)	资产负债率(%)
全国总计	**2.8**	**5.9**	**7.0**	**14.6**	**867**	**1 817**	**60.9**
北　京	2.8	5.0	2.7	4.8	863	1 510	52.5
天　津	－3.7	－0.7	－1.6	－0.3	－366	－74	34.0
河　北	1.7	2.6	0.8	1.3	23	37	12.8
山　西	－	2.8	－	3.4	1	591	49.3
内蒙古	2.9	5.9	7.0	14.3	704	1 441	85.6
辽　宁	－0.4	2.5	－2.1	13.1	－158	965	76.7
吉　林	－	－	－	－	－	－	－
黑龙江	－	2.3	－	23.6	－	460	6.2
上　海	0.6	2.9	2.1	10.5	312	1 555	57.2
江　苏	－0.4	3.8	－0.6	5.0	－127	1 107	63.8
浙　江	1.1	5.2	3.7	17.4	526	2 497	58.7
安　徽	15.7	24.4	12.2	19.0	5 738	8 931	24.7
福　建	6.1	8.6	32.1	45.6	2 969	4 219	75.6
江　西	0.8	7.1	0.8	7.2	362	3 181	18.8
山　东	－0.8	1.5	－1.0	2.0	－218	415	94.8
河　南	4.4	9.8	17.7	39.7	751	1 684	30.0
湖　北	1.4	4.0	2.7	7.8	384	1 085	54.6
湖　南	3.5	5.3	1.9	2.9	280	427	14.7
广　东	2.3	7.4	2.8	9.2	1 067	3 483	78.9
广　西	－0.7	3.6	－2.2	11.5	－228	1 201	58.2
海　南	－	－	－	－	－	－	－
四　川	5.6	8.4	9.0	13.5	1 198	1 786	59.5
贵　州	2.0	4.8	4.1	9.8	345	829	76.5
云　南	2.9	7.2	15.7	39.0	756	1 875	54.8
西　藏	－	－	－	－	－	－	－
陕　西	0.5	4.7	0.5	5.0	50	493	18.9
甘　肃	4.2	7.7	9.0	16.4	969	1 757	35.3
青　海	0.2	3.5	4.9	85.8	81	1 409	15.3
宁　夏	0.1	2.2	0.1	1.7	10	336	20.4
新　疆	3.0	3.0	18.7	18.7	774	774	49.9

3－42 各地区联营经济建筑业企业亏损情况

地 区	建筑业企业个数(个)	亏损企业个数(个)	亏损金额(万元)	亏损面(%)
全国总计	**187**	**48**	**1 028**	**25.7**
北 京	3	–	–	–
天 津	4	2	26	50.0
河 北	4	2	6	50.0
山 西	3	1	4	33.3
内蒙古	2	–	–	–
辽 宁	5	1	14	20.0
吉 林	–	–	–	–
黑龙江	1	–	–	–
上 海	22	7	412	31.8
江 苏	10	2	31	20.0
浙 江	27	6	85	22.2
安 徽	5	1	8	20.0
福 建	26	6	87	23.1
江 西	4	2	4	50.0
山 东	4	1	21	25.0
河 南	10	2	5	20.0
湖 北	6	1	4	16.7
湖 南	2	1	1	50.0
广 东	11	2	29	18.2
广 西	5	3	58	60.0
海 南	–	–	–	–
四 川	13	5	213	38.5
贵 州	5	–	–	–
云 南	3	–	–	–
西 藏	–	–	–	–
陕 西	5	1	13	20.0
甘 肃	3	2	9	66.7
青 海	1	–	–	–
宁 夏	2	–	–	–
新 疆	1	–	–	–

3-43 各地区股份制经济建筑业总产值和竣工产值

单位:万元

地 区	建筑业总产值	建筑工程产值	安装工程产值	房屋构筑物修理产值	非标准设备制造产值	竣工产值
全国总计	**2 761 792**	**2 417 961**	**287 364**	**42 107**	**14 360**	**1 815 388**
北 京	124 603	114 407	3 975	6 222	–	107 870
天 津	9 022	4 069	3 167	–	1 786	6 662
河 北	70 485	68 363	1 442	506	173	49 184
山 西	7 045	5 074	1 720	251	–	3 684
内蒙古	40 728	36 246	3 576	600	307	28 886
辽 宁	55 890	52 626	3 105	127	33	37 267
吉 林	40 704	37 202	1 877	1 625	–	34 119
黑龙江	124 329	112 270	10 140	1 022	896	93 800
上 海	210 015	199 250	8 391	1 298	1 076	124 001
江 苏	266 967	243 271	21 856	1 813	28	190 458
浙 江	750 467	609 463	123 977	11 704	5 324	513 069
安 徽	44 951	39 078	5 474	341	57	32 539
福 建	83 361	74 998	7 430	933	–	53 854
江 西	3 794	2 224	1 542	28	–	2 046
山 东	211 982	185 302	21 692	3 416	1 572	122 928
河 南	32 117	26 068	4 458	1 490	100	21 213
湖 北	164 249	140 198	22 353	1 613	84	87 173
湖 南	13 855	10 783	2 372	700	–	6 863
广 东	137 122	124 122	12 300	699	–	82 971
广 西	15 428	14 318	346	765	–	7 721
海 南	404	–	404	–	–	–
四 川	201 095	185 818	11 586	3 550	141	110 166
贵 州	4 636	4 532	–	105	–	2 569
云 南	30 140	26 813	1 290	1 920	116	20 433
西 藏	–	–	–	–	–	–
陕 西	10 965	10 548	352	65	–	6 856
甘 肃	80 160	75 076	4 752	330	3	54 454
青 海	1 131	957	160	–	14	797
宁 夏	9 201	8 131	779	143	149	6 455
新 疆	16 944	6 756	6 847	840	2 500	7 350

3-44 各地区股份制经济单位工程个数及工程质量

地　区	单位工程施工个数(个)	#本年新开工个数	#投标承包个数	#本年新开工	单位工程竣工个数(个)	#优良品	工程质量优良品率(%)	投标承包个数占单位工程施工个数的比重(%)
全国总计	**20 104**	**12 563**	**5 513**	**3 517**	**12 691**	**3 161**	**24.9**	**27.4**
北　京	2 201	1 255	137	35	1 641	78	4.8	6.2
天　津	28	23	5	5	18	17	94.4	17.9
河　北	502	323	283	185	301	157	52.2	56.4
山　西	179	150	42	41	133	13	9.8	23.5
内蒙古	439	279	40	28	268	49	18.3	9.1
辽　宁	284	227	72	57	190	54	28.4	25.4
吉　林	270	225	32	28	229	81	35.4	11.9
黑龙江	595	409	238	138	441	163	37.0	40.0
上　海	757	532	451	353	304	79	26.0	59.6
江　苏	1 555	1 178	422	297	1 103	391	35.4	27.1
浙　江	5 117	3 106	1 399	879	3 281	821	25.0	27.3
安　徽	610	311	98	68	264	25	9.5	16.1
福　建	762	470	293	167	432	38	8.8	38.5
江　西	52	33	17	14	36	5	13.9	32.7
山　东	1 455	853	508	311	864	211	24.4	34.9
河　南	496	340	236	127	349	126	36.1	47.6
湖　北	939	549	122	95	464	69	14.9	13.0
湖　南	94	45	17	14	63	12	19.0	18.1
广　东	357	173	143	61	164	96	58.5	40.1
广　西	148	77	30	17	101	11	10.9	20.3
海　南	2	–	–	–	–	–	–	–
四　川	1 936	1 154	425	265	1 203	407	33.8	22.0
贵　州	97	60	55	23	56	8	14.3	56.7
云　南	330	173	48	23	210	94	44.8	14.5
西　藏	–	–	–	–	–	–	–	–
陕　西	164	118	77	63	99	24	24.2	47.0
甘　肃	377	232	268	172	178	62	34.8	71.1
青　海	99	68	–	–	92	18	19.6	–
宁　夏	184	137	22	20	145	15	10.3	12.0
新　疆	75	63	33	31	62	37	59.7	44.0

3－45 各地区股份制经济房屋建筑面积和工程质量

地区	房屋建筑施工面积(万平方米)	#本年新开工面积	#投标承包面积	#本年新开工	房屋建筑竣工面积(万平方米)	#优良品面积	房屋建筑面积优良品率(%)	投标承包面积占房屋建筑施工面积的比重(%)
全国总计	**4 449.9**	**2 140.2**	**2 240.3**	**1 088.9**	**1 928.1**	**811.7**	**42.1**	**50.3**
北　京	92.4	17.9	62.0	12.8	37.2	15.1	40.4	67.1
天　津	－	－	－	－	－	－	－	－
河　北	137.9	72.9	90.0	47.6	76.6	51.0	66.6	65.2
山　西	17.5	9.4	1.2	1.0	4.3	1.9	43.5	6.6
内蒙古	100.3	59.6	11.5	10.3	51.3	7.7	15.0	11.5
辽　宁	74.9	53.4	26.7	22.5	43.2	18.5	42.8	35.7
吉　林	65.2	40.6	12.8	11.7	40.4	22.1	54.6	19.7
黑龙江	170.6	95.5	93.3	55.9	97.9	36.0	36.7	54.7
上　海	126.1	78.0	76.0	36.1	35.5	9.4	26.6	60.3
江　苏	508.7	241.8	333.3	157.1	226.7	123.4	54.4	65.5
浙　江	1 024.1	510.7	515.2	238.9	461.5	189.5	41.1	50.3
安　徽	85.8	44.8	20.5	14.8	45.7	9.9	21.6	23.9
福　建	144.2	82.8	67.8	36.1	72.6	9.0	12.4	47.0
江　西	4.8	2.2	1.8	1.1	3.4	0.9	26.3	37.5
山　东	347.8	156.8	193.2	100.5	132.4	66.4	50.1	55.6
河　南	88.4	51.9	68.8	36.0	41.5	13.6	32.7	77.8
湖　北	282.6	101.4	31.0	19.7	86.6	36.3	41.9	11.0
湖　南	17.3	10.1	6.3	5.6	12.9	2.9	22.4	36.3
广　东	370.5	115.3	244.1	80.6	72.3	36.4	50.4	65.9
广　西	28.1	17.4	5.1	2.7	12.7	2.0	16.1	18.3
海　南	－	－	－	－	－	－	－	－
四　川	417.2	197.1	149.8	78.5	217.1	87.3	40.2	35.9
贵　州	19.8	8.6	15.4	6.4	9.7	2.8	28.5	77.8
云　南	64.4	36.2	12.3	5.4	43.6	26.6	61.0	19.1
西　藏	－	－	－	－	－	－	－	－
陕　西	28.1	17.0	13.4	10.1	13.7	4.5	33.0	47.5
甘　肃	210.3	101.5	176.5	86.2	74.7	32.7	43.8	83.9
青　海	0.6	0.6	－	－	0.3	－	－	－
宁　夏	15.6	10.6	7.4	6.6	9.5	2.4	25.8	47.6
新　疆	6.8	6.2	4.9	4.9	4.8	3.5	71.7	71.8

3-46 各地区股份制经济按主要用途分的房屋建筑竣工面积

单位:万平方米

地 区	合 计	厂 房	住 宅	办公用房	商业、居民服务业用房	文化教育用房	医疗用房	科研用房	其他用房
全国总计	**1 928.1**	**188.2**	**1 005.1**	**237.1**	**202.1**	**95.6**	**17.4**	**2.7**	**179.8**
北 京	37.2	0.9	28.5	1.7	4.7	0.8	–	–	0.6
天 津	–	–	–	–	–	–	–	–	–
河 北	76.6	4.5	58.6	7.5	1.7	1.8	0.3	–	2.3
山 西	4.3	0.1	1.4	2.6	–	0.2	–	–	–
内蒙古	51.3	1.7	34.9	6.1	4.8	2.9	0.2	0.2	0.6
辽 宁	43.2	4.8	23.8	7.9	6.2	0.3	–	–	0.2
吉 林	40.4	1.1	30.0	3.4	4.3	1.1	–	–	0.5
黑龙江	97.9	4.8	62.1	6.1	9.9	5.1	1.7	0.1	8.1
上 海	35.5	3.4	23.0	1.3	6.4	0.3	–	–	1.1
江 苏	226.7	22.4	106.5	21.8	42.7	13.1	1.1		19.1
浙 江	461.5	66.0	205.1	41.5	52.8	20.0	2.7	0.6	72.8
安 徽	45.7	6.6	19.0	4.8	10.3	2.1	1.4	0.3	1.3
福 建	72.6	4.7	43.4	11.2	4.9	5.8	0.3	0.5	1.9
江 西	3.4	0.1	1.9	0.4	0.1	0.5	–	–	0.4
山 东	132.4	17.2	66.9	27.9	4.5	5.6	1.8	–	8.6
河 南	41.5	5.9	24.8	6.6	1.6	2.0	–	–	0.6
湖 北	86.6	4.5	42.8	20.4	7.8	4.3	3.2	0.2	3.3
湖 南	12.9	1.4	9.1	1.4	0.1	0.7	0.1	–	0.2
广 东	72.3	12.8	14.7	6.6	1.9	8.0	–	–	28.2
广 西	12.7	1.8	7.9	0.5	0.9	1.4	–	–	0.1
海 南	–	–	–	–	–	–	–	–	–
四 川	217.1	14.2	105.7	35.8	25.1	11.8	3.5	0.1	20.8
贵 州	9.7	–	7.1	0.3	1.5	0.1	–	0.4	0.4
云 南	43.6	5.7	16.9	6.3	2.9	5.9	0.2	–	5.6
西 藏	–	–	–	–	–	–	–	–	–
陕 西	13.7	1.9	8.5	2.0	0.5	0.7	–	–	0.1
甘 肃	74.7	1.5	52.2	12.1	4.0	1.1	0.7	0.4	2.8
青 海	0.3	–	0.3	–	–	–	–	–	–
宁 夏	9.5	0.1	6.5	0.3	2.4	–	–	–	0.4
新 疆	4.8	–	3.8	0.7	0.1	–	0.1	0.1	–

3-47 各地区股份制经济各种用途的房屋建筑竣工面积占全部的比重

单位：%

地区	厂房	住宅	办公用房	商业、居民服务业用房	文化教育用房	医疗用房	科研用房	其他用房
全国总计	**9.8**	**52.1**	**12.3**	**10.5**	**5.0**	**0.9**	**0.1**	**9.3**
北京	2.4	76.6	4.6	12.6	2.2	–	–	1.6
天津	–	–	–	–	–	–	–	–
河北	5.9	76.5	9.8	2.2	2.3	0.4	–	3.0
山西	2.3	32.6	60.5	–	4.7	–	–	–
内蒙古	3.3	68.0	11.9	9.4	5.7	0.4	0.4	1.2
辽宁	11.1	55.1	18.3	14.4	0.7	–	–	0.5
吉林	2.7	74.3	8.4	10.6	2.7	–	–	1.2
黑龙江	4.9	63.4	6.2	10.1	5.2	1.7	0.1	8.3
上海	9.6	64.8	3.7	18.0	0.8	–	–	3.1
江苏	9.9	47.0	9.6	18.8	5.8	0.5	–	8.4
浙江	14.3	44.4	9.0	11.4	4.3	0.6	0.1	15.8
安徽	14.4	41.6	10.5	22.5	4.6	3.1	0.7	2.8
福建	6.5	59.8	15.4	6.7	8.0	0.4	0.7	2.6
江西	2.9	55.9	11.8	2.9	14.7	–	–	11.8
山东	13.0	50.5	21.1	3.4	4.2	1.4	–	6.5
河南	14.2	59.8	15.9	3.9	4.8	–	–	1.4
湖北	5.2	49.4	23.6	9.0	5.0	3.7	0.2	3.8
湖南	10.9	70.5	10.9	0.8	5.4	0.8		1.6
广东	17.7	20.3	9.1	2.6	11.1	–	–	39.0
广西	14.2	62.2	3.9	7.1	11.0	–	–	0.8
海南	–	–	–	–	–	–	–	–
四川	6.5	48.7	16.5	11.6	5.4	1.6	–	9.6
贵州	–	73.2	3.1	15.5	1.0	–	4.1	4.1
云南	13.1	38.8	14.4	6.7	13.5	0.5	–	12.8
西藏	–	–	–	–	–	–	–	–
陕西	13.9	62.0	14.6	3.6	5.1	–	–	0.7
甘肃	2.0	69.9	16.2	5.4	1.5	0.9	0.5	3.7
青海	–	100.0	–	–	–	–	–	–
宁夏	1.1	68.4	3.2	25.3	–	–	–	4.2
新疆	–	79.2	14.6	2.1	–	2.1	2.1	–

3-48 各地区股份制经济机械设备装备情况

地区	自有机械设备年末总台数(台)	自有机械设备年末总功率(万千瓦)	#施工机械功率	自有机械设备净值(万元)	技术装备率(元/人)	动力装备率(千瓦/人)
全国总计	**159 860**	**331.0**	**277.2**	**268 300**	**4 436**	**5.5**
北京	2 674	6.7	5.5	4 775	1 829	2.6
天津	255	2.3	2.1	1 427	7 729	12.3
河北	9 492	8.1	6.8	8 449	3 901	3.7
山西	863	1.3	1.3	1 862	7 844	5.5
内蒙古	5 309	6.6	4.8	6 650	3 566	3.5
辽宁	2 262	10.8	10.0	5 466	3 896	7.7
吉林	1 685	1.8	1.1	3 654	3 013	1.5
黑龙江	6 177	11.9	9.1	13 624	3 462	3.0
上海	3 283	7.7	3.9	13 016	6 641	3.9
江苏	13 139	13.1	10.7	23 984	6 521	3.6
浙江	33 569	35.7	32.9	65 041	5 126	2.8
安徽	3 164	3.8	2.7	3 032	2 043	2.6
福建	6 392	13.4	11.9	12 051	6 012	6.7
江西	632	0.3	0.3	440	3 229	2.5
山东	11 812	129.1	112.1	19 470	3 519	23.3
河南	3 434	2.3	2.1	3 819	2 115	1.3
湖北	6 144	9.5	3.7	15 730	5 450	3.3
湖南	8 973	1.8	1.3	1 539	4 725	5.4
广东	6 586	9.5	8.0	15 307	6 352	3.9
广西	1 378	1.1	0.9	1 985	5 141	2.8
海南	–	–	–	–	–	–
四川	19 057	39.9	36.1	27 000	4 439	6.6
贵州	402	0.3	0.3	363	1 674	1.4
云南	4 246	3.1	2.5	4 455	3 829	2.7
西藏	–	–	–	–	–	–
陕西	2 153	1.4	1.1	2 472	4 294	2.4
甘肃	4 152	6.9	4.0	8 485	3 181	2.6
青海	338	0.1	0.1	190	1 823	0.8
宁夏	1 450	1.2	1.0	2 451	6 499	3.1
新疆	839	1.5	0.9	1 565	4 131	3.9

3-49 各地区股份制经济建筑业增加值及其构成(一)

单位:万元

地 区	建筑业增加值合计	本年提取固定资产折旧	应付工资总额	应付福利费总额
全国总计	**758 284**	**41 126**	**369 746**	**33 705**
北 京	33 584	1 494	13 580	1 279
天 津	1 892	240	916	93
河 北	18 983	1 074	10 513	847
山 西	2 721	181	1 369	161
内蒙古	14 309	1 857	7 665	654
辽 宁	18 030	980	6 482	763
吉 林	15 500	378	7 609	757
黑龙江	35 087	1 581	16 588	2 013
上 海	40 592	2 639	14 056	919
江 苏	63 737	3 615	34 622	4 110
浙 江	193 095	7 958	101 758	8 973
安 徽	13 455	517	7 669	783
福 建	22 469	1 041	12 214	528
江 西	622	38	287	18
山 东	76 522	3 746	37 932	3 035
河 南	8 330	680	4 187	395
湖 北	50 680	2 866	20 210	1 827
湖 南	5 009	98	2 584	322
广 东	38 679	3 468	16 952	887
广 西	2 579	217	1 467	108
海 南	238	15	34	18
四 川	56 861	4 008	29 184	2 888
贵 州	1 488	41	943	33
云 南	7 614	567	3 721	607
西 藏	—	—	—	—
陕 西	2 953	174	1 508	147
甘 肃	24 875	1 202	11 952	1 208
青 海	374	6	85	10
宁 夏	3 371	276	1 631	272
新 疆	4 635	166	2 027	50

3-49 各地区股份制经济建筑业增加值及其构成(二)

单位:万元

地区	工程结算税金及附加	工程结算利润	管理费用中的税金	管理费用中的劳动、待业保险费	转作奖金的利润
全国总计	**72 110**	**228 695**	**4 521**	**12 006**	**3 625**
北京	3 308	12 995	54	893	19
天津	120	520	3	1	
河北	1 678	4 693	168	33	23
山西	229	674	99	9	1
内蒙古	1 118	2 712	131	175	4
辽宁	1 868	7 637	50	255	6
吉林	1 178	4 939	38	603	2
黑龙江	4 393	9 405	525	646	65
上海	2 885	18 368	62	1 705	42
江苏	7 514	13 719	145	224	212
浙江	18 588	55 431	570	1 155	1 338
安徽	1 385	2 343	258	502	3
福建	2 704	5 549	283	167	18
江西	93	171	13	3	–
山东	6 338	24 797	472	1 586	1 384
河南	945	1 949	78	107	11
湖北	4 310	18 355	333	2 838	60
湖南	473	1 490	46	6	9
广东	3 562	13 711	79	185	166
广西	245	502	19	22	1
海南	17	154	–	–	–
四川	4 588	15 754	497	184	241
贵州	169	270	27	6	1
云南	853	1 654	146	68	2
西藏	–	–	–	–	–
陕西	312	739	68	8	4
甘肃	2 498	7 413	240	376	13
青海	34	230	8	–	–
宁夏	278	728	10	176	–
新疆	427	1 794	100	72	1

3-50 各地区股份制经济建筑业劳动生产率

地　区	建筑业企业个数（个）	计算劳动生产率的平均人数（万人）	按总产值计算的劳动生产率（元/人）	按增加值计算的劳动生产率（元/人）	人均竣工产值（元/人）	人均施工面积（平米/人）	人均竣工面积（平米/人）
全国总计	**1 601**	**60.49**	**45 658**	**12 536**	**30 012**	**73.6**	**31.9**
北　京	55	2.61	47 735	12 866	41 325	35.4	14.3
天　津	3	0.18	48 873	10 251	36 088	–	–
河　北	38	2.17	32 540	8 764	22 706	63.7	35.3
山　西	13	0.24	29 676	11 463	15 518	73.7	18.0
内蒙古	73	1.86	21 838	7 672	15 488	53.8	27.5
辽　宁	43	1.40	39 833	12 850	26 560	53.4	30.8
吉　林	26	1.21	33 562	12 780	28 132	53.8	33.3
黑龙江	139	3.94	31 594	8 916	23 836	43.3	24.9
上　海	37	1.96	107 151	20 710	63 266	64.3	18.1
江　苏	84	3.68	72 585	17 329	51 783	138.3	61.6
浙　江	417	12.69	59 147	15 219	40 437	80.7	36.4
安　徽	38	1.48	30 296	9 069	21 931	57.8	30.8
福　建	75	2.00	41 585	11 209	26 865	72.0	36.2
江　西	13	0.14	27 857	4 570	15 022	35.1	24.7
山　东	101	5.53	38 318	13 832	22 220	62.9	23.9
河　南	58	1.81	17 785	4 613	11 747	48.9	23.0
湖　北	48	2.89	56 907	17 559	30 202	97.9	30.0
湖　南	13	0.33	42 552	15 384	21 079	53.0	39.6
广　东	25	2.41	56 904	16 051	34 432	153.8	30.0
广　西	17	0.39	39 970	6 681	20 003	72.9	32.9
海　南	1	0.01	32 605	19 185	–	–	–
四　川	137	6.08	33 062	9 349	18 113	68.6	35.7
贵　州	12	0.22	21 376	6 859	11 843	91.2	44.6
云　南	29	1.16	25 905	6 544	17 562	55.4	37.4
西　藏	–	–	–	–	–	–	–
陕　西	25	0.58	19 043	5 129	11 906	48.8	23.8
甘　肃	33	2.67	30 054	9 326	20 416	78.9	28.0
青　海	9	0.10	10 878	3 601	7 668	5.6	2.8
宁　夏	30	0.38	24 400	8 940	17 113	41.3	25.2
新　疆	9	0.38	44 729	12 236	19 403	17.9	12.8

3－51 各地区股份制经济资本金及资产构成(一)

单位: 万元

地　区	资本金合计	资产总计	#流动资产合计	#存货	#在建工程
全国总计	**718 319**	**3 090 650**	**2 305 664**	**806 559**	**512 036**
北　京	38 822	148 566	114 980	34 888	22 278
天　津	2 798	9 106	5 248	2 183	1 679
河　北	22 173	66 524	47 437	8 776	4 459
山　西	2 604	13 849	10 921	4 846	3 544
内蒙古	23 949	75 521	52 580	21 300	19 302
辽　宁	21 051	77 566	60 776	28 525	2 169
吉　林	11 379	65 193	53 618	9 903	2 619
黑龙江	45 286	118 467	81 546	21 666	7 174
上　海	42 764	202 076	139 890	22 073	12 705
江　苏	45 775	241 319	185 158	62 469	41 747
浙　江	160 378	535 777	395 573	157 473	107 762
安　徽	14 712	53 016	40 422	9 618	6 108
福　建	36 351	156 903	114 178	73 179	62 365
江　西	2 087	4 500	3 142	1 430	1 214
山　东	45 232	258 791	194 671	52 932	28 178
河　南	15 729	29 470	16 146	5 290	2 823
湖　北	29 731	329 951	263 168	66 400	12 040
湖　南	3 932	8 662	5 726	1 775	1 188
广　东	32 176	302 641	253 891	140 921	128 776
广　西	8 091	23 634	17 941	6 710	6 524
海　南	250	356	280	1	－
四　川	60 522	194 383	128 639	38 163	20 265
贵　州	1 958	5 896	3 880	1 379	1 145
云　南	10 720	30 510	19 273	10 652	6 841
西　藏	－	－	－	－	－
陕　西	3 401	12 381	8 289	3 223	1 580
甘　肃	21 082	82 109	58 459	14 590	3 088
青　海	1 324	1 874	1 614	458	197
宁　夏	7 221	17 489	10 553	4 373	2 989
新　疆	6 820	24 121	17 665	1 363	1 275

3－51 各地区股份制经济资本金及资产构成(二)

单位: 万元

地区	固定资产合计	固定资产原价合计	#生产经营用	固定资产折旧	#本年折旧	无形及递延资产合计	#无形资产
全国总计	**578 359**	**734 589**	**557 270**	**181 219**	**41 126**	**46 888**	**35 822**
北京	18 012	22 338	9 290	4 382	1 494	2 693	2 162
天津	2 850	3 749	1 812	899	240	23	–
河北	16 966	18 791	15 126	4 048	1 074	282	82
山西	2 712	2 537	1 978	632	181	168	–
内蒙古	18 786	23 535	17 895	5 091	1 857	1 942	1 665
辽宁	13 255	18 124	15 163	4 889	980	940	889
吉林	7 896	11 561	8 742	3 715	378	1 932	1 891
黑龙江	29 949	35 894	26 579	6 003	1 581	1 424	329
上海	38 022	52 140	43 617	18 068	2 639	7 780	7 175
江苏	39 205	48 849	42 746	13 462	3 615	725	440
浙江	116 629	140 376	115 882	25 391	7 958	4 324	2 743
安徽	10 172	12 644	8 882	2 471	517	48	12
福建	21 037	26 018	19 740	5 517	1 041	587	308
江西	1 071	1 368	920	298	38	2	–
山东	41 765	53 924	37 693	19 108	3 746	11 796	9 392
河南	11 806	13 793	6 630	2 253	680	93	19
湖北	55 631	76 909	50 959	23 242	2 866	1 536	1 049
湖南	2 915	3 530	3 383	756	98	9	9
广东	31 666	45 687	40 629	14 137	3 468	4 087	2 686
广西	4 707	5 543	4 580	868	217	46	–
海南	55	105	105	50	15	–	–
四川	51 544	66 305	48 036	15 483	4 008	2 887	2 257
贵州	1 875	2 252	653	385	41	7	4
云南	8 066	10 094	5 085	2 074	567	2 610	2 049
西藏	–	–	–	–	–	–	–
陕西	3 052	3 633	2 470	657	174	91	78
甘肃	20 056	25 592	21 652	5 846	1 202	558	417
青海	258	258	54	12	6	2	2
宁夏	4 944	5 736	4 337	798	276	158	105
新疆	3 455	3 305	2 632	686	166	137	62

3-52 各地区股份制经济负债及所有者权益

单位: 万元

地　区	负债合计	流动负债合计	长期负债合计	所有者权益合计	#股本
全国总计	**2 171 061**	**2 070 431**	**94 032**	**919 588**	**337 781**
北　京	105 620	104 846	774	42 946	16 356
天　津	4 124	3 694	430	4 982	110
河　北	41 164	40 089	472	25 360	16 306
山　西	10 979	10 381	597	2 870	902
内蒙古	50 763	48 949	1 814	24 758	12 273
辽　宁	53 166	52 881	271	24 400	9 932
吉　林	51 606	50 025	1 581	13 587	7 074
黑龙江	76 001	73 660	2 340	42 466	31 019
上　海	102 740	100 140	1 248	99 336	15 313
江　苏	184 535	183 451	983	56 784	25 844
浙　江	345 529	338 926	6 603	190 248	60 934
安　徽	39 923	38 829	1 094	13 092	3 041
福　建	122 557	119 507	3 022	34 346	21 859
江　西	2 791	2 748	43	1 709	905
山　东	200 324	183 969	14 599	58 468	20 561
河　南	14 372	12 202	1 989	15 098	5 181
湖　北	252 785	225 866	26 919	77 166	23 245
湖　南	3 270	2 830	440	5 392	155
广　东	257 923	241 395	16 528	44 718	22 155
广　西	15 675	15 554	121	7 959	2 890
海　南	28	28	—	327	250
四　川	125 781	118 105	7 035	68 602	14 909
贵　州	4 121	4 045	76	1 775	1 320
云　南	17 174	16 195	579	13 336	4 745
西　藏	—	—	—	—	—
陕　西	9 118	6 929	966	3 263	1 230
甘　肃	58 902	58 592	311	23 207	9 907
青　海	692	392	—	1 182	14
宁　夏	9 927	9 654	273	7 563	3 658
新　疆	9 471	6 548	2 923	14 650	5 693

3-53 各地区股份制经济工程结算收入及工程结算利润

单位: 万元

地区	工程结算收入	工程结算成本	工程结算税金及附加	工程结算利润	管理费用	#税金	#财产保险费	#劳动、待业保险费
全国总计	**2 327 917**	**2 027 112**	**72 110**	**228 695**	**147 127**	**4 521**	**900**	**12 006**
北京	107 940	91 637	3 308	12 995	10 469	54	9	893
天津	6 800	6 159	120	520	541	3	9	1
河北	58 719	52 348	1 678	4 693	2 651	168	20	33
山西	6 825	5 922	229	674	292	99	2	9
内蒙古	35 936	32 105	1 118	2 712	3 032	131	13	175
辽宁	55 120	45 615	1 868	7 637	4 159	50	32	255
吉林	37 174	31 057	1 178	4 939	2 939	38	17	603
黑龙江	117 121	103 322	4 393	9 405	7 083	525	39	646
上海	179 498	158 245	2 885	18 368	14 895	62	10	1 705
江苏	216 481	195 249	7 514	13 719	7 403	145	63	224
浙江	560 685	486 667	18 588	55 431	28 988	570	113	1 155
安徽	40 795	37 067	1 385	2 343	2 214	258	21	502
福建	69 422	61 169	2 704	5 549	3 841	283	5	167
江西	2 309	2 045	93	171	193	13	2	3
山东	189 619	158 483	6 338	24 797	11 883	472	106	1 586
河南	24 997	22 103	945	1 949	1 554	78	1	107
湖北	165 809	143 144	4 310	18 355	17 651	333	315	2 838
湖南	12 934	10 971	473	1 490	733	46	4	6
广东	124 540	107 267	3 562	13 711	7 556	79	1	185
广西	6 468	5 721	245	502	390	19	6	22
海南	404	233	17	154	75	–	–	–
四川	163 922	143 580	4 588	15 754	9 608	497	67	184
贵州	3 779	3 340	169	270	200	27	2	6
云南	22 852	20 345	853	1 654	1 400	146	25	68
西藏	–	–	–	–	–	–	–	–
陕西	10 527	9 476	312	739	509	68	3	8
甘肃	82 189	72 277	2 498	7 413	5 385	240	13	376
青海	1 079	814	34	230	164	8	–	–
宁夏	8 206	7 201	278	728	749	10	1	176
新疆	15 769	13 548	427	1 794	569	100	2	72

3－54 各地区股份制经济利税及利润总额

单位：万元

地区	利税总额	#利润总额	#应交所得税	#转作奖金的利润	#应付利润	#已分配股利
全国总计	**153 555**	**76 924**	**18 915**	**3 625**	**15 410**	**5 143**
北京	5 496	2 134	1 019	19	515	226
天津	158	35	30	－	－	－
河北	3 074	1 228	326	23	257	107
山西	364	36	22	1	3	－
内蒙古	1 354	105	158	4	81	55
辽宁	5 061	3 143	829	6	776	694
吉林	4 468	3 252	552	2	178	－
黑龙江	5 354	436	266	65	646	572
上海	10 139	7 192	963	42	1 678	308
江苏	12 511	4 852	1 327	212	435	103
浙江	44 752	25 594	5 704	1 338	4 512	1 555
安徽	387	－1 256	540	3	6	97
福建	4 377	1 390	472	18	358	10
江西	8	－98	1	－	－	－
山东	15 653	8 843	2 152	1 384	1 616	145
河南	1 632	609	159	11	147	11
湖北	10 321	5 678	741	60	966	748
湖南	1 081	562	26	9	24	1
广东	10 166	6 525	1 459	166	2 122	304
广西	330	66	17	1	2	－
海南	108	91	14	－	－	－
四川	10 037	4 952	1 514	241	806	76
贵州	234	38	23	1	34	23
云南	1 024	25	20	2	14	5
西藏	－	－	－	－	－	－
陕西	349	－31	7	4	8	14
甘肃	3 537	799	227	13	143	89
青海	77	35	9	－	30	－
宁夏	－80	－368	32	－	38	－
新疆	1 587	1 060	308	1	14	－

3－55 各地区股份制经济利润率及利税率

地　区	产值利润　率(%)	产值利税　率(%)	资本金利润率(%)	资本金利税率(%)	人均利润(元/人)	人均利税(元/人)	资产负债率(%)
全国总计	**2.8**	**5.6**	**10.7**	**21.4**	**1 272**	**2 539**	**70.2**
北　京	1.7	4.4	5.5	14.2	817	2 105	71.1
天　津	0.4	1.7	1.2	5.6	187	853	45.3
河　北	1.7	4.4	5.5	13.9	567	1 419	61.9
山　西	0.5	5.2	1.4	13.9	151	1 529	79.3
内蒙古	0.3	3.3	0.4	5.7	56	726	67.2
辽　宁	5.6	9.1	14.9	24.0	2 240	3 606	68.5
吉　林	8.0	11.0	28.6	39.3	2 681	3 684	79.2
黑龙江	0.4	4.3	1.0	11.8	111	1 361	64.2
上　海	3.4	4.8	16.8	23.7	3 669	5 173	50.8
江　苏	1.8	4.7	10.6	27.3	1 319	3 402	76.5
浙　江	3.4	6.0	16.0	27.9	2 017	3 527	64.5
安　徽	−2.8	0.9	−8.5	2.6	−847	261	75.3
福　建	1.7	5.3	3.8	12.0	694	2 184	78.1
江　西	−2.6	0.2	−4.7	0.4	−722	59	62.0
山　东	4.2	7.4	19.5	34.6	1 598	2 829	77.4
河　南	1.9	5.1	3.9	10.4	337	903	48.8
湖　北	3.5	6.3	19.1	34.7	1 967	3 576	76.6
湖　南	4.1	7.8	14.3	27.5	1 725	3 318	37.8
广　东	4.8	7.4	20.3	31.6	2 708	4 219	85.2
广　西	0.4	2.1	0.8	4.1	171	855	66.3
海　南	22.4	26.6	36.2	43.0	7 306	8 669	8.0
四　川	2.5	5.0	8.2	16.6	814	1 650	64.7
贵　州	0.8	5.0	1.9	11.9	173	1 074	69.9
云　南	0.1	3.4	0.2	9.5	22	880	56.3
西　藏	—	—	—	—	—	—	—
陕　西	−0.3	3.2	−0.9	10.3	−54	606	73.6
甘　肃	1.0	4.4	3.8	16.8	300	1 326	71.7
青　海	3.1	6.9	2.7	5.9	337	746	36.9
宁　夏	−4.0	−0.9	−5.1	−1.1	−977	−213	56.8
新　疆	6.3	9.4	15.5	23.3	2 799	4 191	39.3

3-56 各地区股份制经济建筑业企业亏损情况

地　区	建筑业企业个数(个)	亏损企业个数(个)	亏损金额(万元)	亏损面(%)
全国总计	**1 601**	**367**	**11 277**	**22.9**
北　京	55	27	1 107	49.1
天　津	3	2	60	66.7
河　北	38	4	57	10.5
山　西	13	3	42	23.1
内蒙古	73	22	742	30.1
辽　宁	43	12	953	27.9
吉　林	26	9	183	34.6
黑龙江	139	40	1 749	28.8
上　海	37	7	118	18.9
江　苏	84	22	309	26.2
浙　江	417	70	1 299	16.8
安　徽	38	14	1 759	36.8
福　建	75	14	149	18.7
江　西	13	4	139	30.8
山　东	101	13	195	12.9
河　南	58	17	235	29.3
湖　北	48	7	115	14.6
湖　南	13	2	8	15.4
广　东	25	5	79	20.0
广　西	17	6	36	35.3
海　南	1	–	–	–
四　川	137	23	336	16.8
贵　州	12	3	51	25.0
云　南	29	8	96	27.6
西　藏	–	–	–	–
陕　西	25	7	68	28.0
甘　肃	33	3	2	9.1
青　海	9	4	24	44.4
宁　夏	30	16	505	53.3
新　疆	9	3	859	33.3

四、外商投资、港澳台投资和其他经济建筑业企业

4-1 各地区外商投资经济建筑业总产值和竣工产值

单位: 万元

地　区	建筑业总产值	建筑工程产值	安装工程产值	房屋构筑物修理产值	非标准设备制造产值	竣工产值
全国总计	**505 132**	**395 054**	**82 798**	**24 711**	**2 570**	**348 997**
北　京	81 932	58 605	15 131	8 195	—	43 140
天　津	7 017	3 925	2 750	342	—	3 609
河　北	5 151	4 835	316	—	—	4 763
山　西	1 327	464	863	—	—	893
内蒙古	1 696	1 200	496	—	—	1 343
辽　宁	19 376	12 832	5 584	960	—	13 131
吉　林	9 488	4 070	5 418	—	—	5 525
黑龙江	1 911	1 911	—	—	—	1 557
上　海	109 158	86 613	13 694	8 161	690	72 336
江　苏	46 954	40 404	6 550	—	—	43 007
浙　江	85 820	77 219	6 721	—	1 880	66 991
安　徽	11 137	8 478	1 372	1 286	—	4 334
福　建	30 456	25 317	5 039	100	—	20 018
江　西	208	208	—	—	—	24
山　东	37 621	34 064	3 486	71	—	30 849
河　南	5 347	1 915	3 431	—	—	4 126
湖　北	2 043	1 407	289	348	—	1 512
湖　南	—	—	—	—	—	—
广　东	34 103	20 985	8 062	5 056	—	22 858
广　西	1 310	1 310	—	—	—	1 014
海　南	—	—	—	—	—	—
四　川	8 417	4 739	3 567	111	—	5 259
贵　州	—	—	—	—	—	—
云　南	1 983	1 983	—	—	—	586
西　藏	—	—	—	—	—	—
陕　西	1	1	—	—	—	1
甘　肃	1 646	1 566	—	80	—	1 652
青　海	301	301	—	—	—	301
宁　夏	728	701	28	—	—	168
新　疆	—	—	—	—	—	—

4-2 各地区外商投资经济单位工程个数及工程质量

地区	单位工程施工个数(个)	#本年新开工个数	#投标承包个数	#本年新开工	单位工程竣工个数(个)	#优良品	工程质量优良品率(%)	投标承包个数占单位工程施工个数的比重(%)
全国总计	**4165**	**2867**	**722**	**521**	**2786**	**762**	**27.4**	**17.3**
北京	382	309	51	34	326	33	10.1	13.4
天津	93	82	—	—	82	51	62.2	—
河北	46	36	6	6	19	8	42.1	13.0
山西	17	10	—	—	11	3	27.3	—
内蒙古	17	11	3	2	12	2	16.7	17.6
辽宁	172	134	37	27	85	25	29.4	21.5
吉林	24	21	6	3	18	—	—	25.0
黑龙江	13	11	—	—	11	—	—	—
上海	756	461	127	75	341	36	10.6	16.8
江苏	650	510	105	94	454	238	52.4	16.2
浙江	754	539	91	65	519	156	30.1	12.1
安徽	61	47	5	5	52	34	65.4	8.2
福建	339	234	165	121	217	58	26.7	48.7
江西	7	3	3	3	1	1	100.0	42.9
山东	353	246	58	41	258	59	22.9	16.4
河南	96	25	19	10	60	12	20.0	19.8
湖北	51	28	4	3	40	—	—	7.8
湖南	—	—	—	—	—	—	—	—
广东	216	74	20	15	176	20	11.4	9.3
广西	7	3	—	—	4	1	25.0	—
海南	—	—	—	—	—	—	—	—
四川	53	38	21	17	46	24	52.2	39.6
贵州	—	—	—	—	—	—	—	—
云南	11	3	1	—	8	1	12.5	9.1
西藏	—	—	—	—	—	—	—	—
陕西	2	2	—	—	2	—	—	—
甘肃	25	20	—	—	25	—	—	—
青海	11	11	—	—	11	—	—	—
宁夏	9	9	—	—	8	—	—	—
新疆	—	—	—	—	—	—	—	—

4－3 各地区外商投资经济房屋建筑面积和工程质量

地 区	房屋建筑施工面积(万平方米)	#本年新开工面积	#投标承包面积	#本年新开工	房屋建筑竣工面积(万平方米)	#优良品面积	房屋建筑面积优良品率(%)	投标承包面积占房屋建筑施工面积的比重(%)
全国总计	**352.1**	**181.0**	**100.4**	**73.4**	**174.2**	**37.1**	**21.3**	**28.5**
北 京	38.7	25.7	27.4	18.8	10.8	2.5	22.8	70.8
天 津	5.0	3.9	—	—	3.2	2.0	64.1	—
河 北	3.3	1.4	0.3	—	2.1	0.2	9.1	9.1
山 西	0.1	0.1	—	—	0.1	0.1	100.0	—
内蒙古	—	—	—	—	—	—	—	—
辽 宁	17.5	5.0	3.3	1.9	2.5	0.9	35.0	18.7
吉 林	3.6	3.6	3.6	3.6	2.0	—	—	100.0
黑龙江	—	—	—	—	—	—	—	—
上 海	73.1	31.8	24.4	16.9	33.3	6.4	19.2	33.4
江 苏	13.1	8.0	4.3	3.5	9.5	5.1	53.4	32.8
浙 江	109.5	64.4	14.2	8.7	55.3	13.5	24.4	12.9
安 徽	5.6	4.2	0.7	0.7	3.5	0.7	20.7	12.1
福 建	23.3	13.5	12.5	11.3	6.8	0.3	3.9	53.8
江 西	1.4	1.1	1.1	1.1	0.3	0.3	100.0	76.9
山 东	11.9	8.3	3.1	2.7	6.6	1.2	18.2	25.9
河 南	30.8	2.6	3.6	2.4	27.2	1.4	5.0	11.7
湖 北	1.4	1.1	0.6	0.6	1.1	—	—	44.3
湖 南	—	—	—	—	—	—	—	—
广 东	6.8	2.8	—	—	4.4	1.6	37.8	—
广 西	0.6	0.6	—	—	0.6	—	—	—
海 南	—	—	—	—	—	—	—	—
四 川	2.9	1.4	1.4	1.4	2.5	0.9	35.0	47.2
贵 州	—	—	—	—	—	—	—	—
云 南	0.8	0.3	—	—	0.5	0.1	21.7	—
西 藏	—	—	—	—	—	—	—	—
陕 西	—	—	—	—	—	—	—	—
甘 肃	1.8	0.5	—	—	1.8	—	—	—
青 海	0.3	0.3	—	—	0.3	—	—	—
宁 夏	0.7	0.7	—	—	—	—	—	—
新 疆	—	—	—	—	—	—	—	—

4-4 各地区外商投资经济按主要用途分的房屋建筑竣工面积

单位: 万平方米

地区	合计	厂房	住宅	办公用房	商业、居民服务业用房	文化教育用房	医疗用房	科研用房	其他用房
全国总计	**174.2**	**49.3**	**71.3**	**17.2**	**17.5**	**7.2**	**2.5**	**0.1**	**9.2**
北京	10.8	3.7	1.4	3.0	2.3	–	–	–	0.4
天津	3.2	0.6	–	0.5	–	–	–	–	2.1
河北	2.1	–	1.7	–	–	0.5	–	–	–
山西	0.1	–	–	0.1	–	–	–	–	–
内蒙古	–	–	–	–	–	–	–	–	–
辽宁	2.5	0.1	1.1		0.7	–	–	–	0.7
吉林	2.0	0.3	0.6	1.1	–	–	–	–	–
黑龙江	–	–	–	–	–	–	–	–	–
上海	33.3	3.7	10.7	4.6	8.7	2.0	0.3	–	3.2
江苏	9.5	3.2	2.9	1.4	1.6	0.4	–	–	–
浙江	55.3	12.2	37.3	2.6	0.7	1.8	0.4	–	0.2
安徽	3.5	2.1	0.1	0.2	0.7	0.2	0.1	–	–
福建	6.8	1.2	3.8	0.6	0.5	0.6	–	–	–
江西	0.3	–	0.3	–	–	–	–	–	–
山东	6.6	1.7	2.3	1.4	0.3	–	0.2	–	0.8
河南	27.2	19.5	3.3	0.5	0.2	1.0	1.3		1.5
湖北	1.1	–	0.8	0.1	–	–	–	0.1	–
湖南	–	–	–	–	–	–	–	–	–
广东	4.4	0.4	1.3	0.7	1.5	0.2	0.2	–	–
广西	0.6	–	0.6	–	–	–	–	–	–
海南	–	–	–	–	–	–	–	–	–
四川	2.5	0.1	1.6	0.3	0.1	–	–	–	0.4
贵州									
云南	0.5	–	0.2	–	0.1	0.1	–	–	–
西藏	–	–	–	–	–	–	–	–	–
陕西	–	–	–	–	–	–	–	–	–
甘肃	1.8	0.4	1.1	–	–	0.3	–	–	–
青海	0.3	–	–	0.1	0.2	–	–	–	–
宁夏	–	–	–	–	–	–	–	–	–
新疆	–	–	–	–	–	–	–	–	–

4－5 各地区外商投资经济各种用途的房屋建筑竣工面积占全部的比重

单位：%

地　区	厂　房	住　宅	办　公用　房	商业、居民服务业用　房	文化教育用房	医　疗用　房	科　研用　房	其他用房
全国总计	**28.3**	**40.9**	**9.9**	**10.0**	**4.1**	**1.4**	**0.1**	**5.3**
北　京	34.3	13.0	27.8	21.3	–	–	–	3.7
天　津	18.8		15.6	–	–	–	–	65.6
河　北	–	81.0	–	–	23.8	–	–	–
山　西	–	–	100.0	–	–	–	–	–
内蒙古	–	–	–	–	–	–	–	–
辽　宁	4.0	44.0	–	28.0	–	–	–	28.0
吉　林	15.0	30.0	55.0	–	–	–	–	–
黑龙江	–		–	–	–	–	–	–
上　海	11.1	32.1	13.8	26.1	6.0	0.9		9.6
江　苏	33.7	30.5	14.7	16.8	4.2	–	–	–
浙　江	22.1	67.5	4.7	1.3	3.3	0.7	–	0.4
安　徽	60.0	2.9	5.7	20.0	5.7	2.9	–	–
福　建	17.6	55.9	8.8	7.4	8.8	–	–	–
江　西	–	100.0	–	–	–	–	–	–
山　东	25.8	34.8	21.2	4.5	–	3.0	–	12.1
河　南	71.7	12.1	1.8	0.7	3.7	4.8	–	5.5
湖　北	–	72.7	9.1	–	–	–	9.1	–
湖　南	–	–	–	–	–	–	–	–
广　东	9.1	29.5	15.9	34.1	4.5	4.5	–	–
广　西	–	100.0	–	–	–	–	–	–
海　南	–	–	–	–	–	–	–	–
四　川	4.0	64.0	12.0	4.0	–	–	–	16.0
贵　州	–	–	–	–	–	–	–	–
云　南	–	40.0	–	20.0	20.0	–	–	–
西　藏	–	–	–	–	–	–	–	–
陕　西	–	–	–	–	–	–	–	–
甘　肃	22.2	61.1	–	–	16.7	–	–	–
青　海	–	–	33.3	66.7	–	–	–	–
宁　夏	–	–	–	–	–	–	–	–
新　疆	–	–	–	–	–	–	–	–

4-6 各地区外商投资经济机械设备装备情况

地区	自有机械设备年末总台数(台)	自有机械设备年末总功率(万千瓦)	#施工机械功率	自有机械设备净值(万元)	技术装备率(元/人)	动力装备率(千瓦/人)
全国总计	**26 987**	**29.2**	**19.3**	**49 283**	**5 720**	**3.4**
北京	1 971	0.7	0.6	2 380	2 495	0.7
天津	764	–	–	304	3 584	0.4
河北	751	1.0	1.0	959	8 957	9.5
山西	66	1.0	1.0	2 077	140 351	64.4
内蒙古	286	0.2	0.2	273	5 009	3.0
辽宁	855	2.2	2.0	3 629	14 766	9.1
吉林	55	0.4	0.3	1 425	8 370	2.5
黑龙江	110	0.1	0.1	568	8 872	2.1
上海	4 256	1.4	1.4	5 602	2 509	0.6
江苏	2 287	0.9	0.8	2 277	5 038	2.1
浙江	5 330	5.7	3.7	12 507	8 303	3.8
安徽	601	0.3	0.2	242	2 796	3.7
福建	1 087	1.2	0.8	2 832	5 572	2.3
江西	40	–	–	2	474	1.0
山东	2 141	4.3	3.5	5 662	5 647	4.3
河南	979	1.1	0.9	1 390	10 113	8.3
湖北	440	0.4	0.4	3 496	40 560	5.1
湖南	–	–	–	–	–	–
广东	4241	1.8	1.4	1 688	3 577	3.8
广西	20	–	–	20	600	0.4
海南	–	–	–	–	–	–
四川	382	0.4	0.3	227	965	1.8
贵州	–	–	–	–	–	–
云南	57	5.3	–	126	2 101	87.6
西藏	–	–	–	–	–	–
陕西	10	–	–	8	10 000	4.1
甘肃	119	0.4	0.4	1 409	20 330	6.0
青海	61	0.1	0.1	77	4 392	7.2
宁夏	78	0.1	0.1	101	6 030	4.7
新疆	–	–	–	–	–	–

4-7 各地区外商投资经济建筑业增加值及其构成(一)

单位:万元

地 区	建筑业增加值合计	本年提取固定资产折旧	应付工资总额	应付福利费总额
全国总计	**129 253**	**8 326**	**44 460**	**4 357**
北 京	20 256	1 129	4 516	695
天 津	2 246	75	255	38
河 北	1 196	77	440	38
山 西	472	304	40	4
内蒙古	426	32	175	35
辽 宁	7 530	1 069	2 078	194
吉 林	2 491	139	958	132
黑龙江	670	39	320	85
上 海	22 316	983	6 953	486
江 苏	9 258	423	3 262	314
浙 江	23 375	1 767	12 092	847
安 徽	1 573	127	264	38
福 建	6 539	285	2 476	126
江 西	14	3	4	2
山 东	13 906	1 067	4 829	574
河 南	3 189	311	616	336
湖 北	948	233	385	24
湖 南	–	–	–	–
广 东	8 917	116	2 599	185
广 西	192	1	163	17
海 南	–	–	–	–
四 川	2 596	85	1 373	131
贵 州	–	–	–	–
云 南	380	3	184	17
西 藏	–	–	–	–
陕 西	9	6	4	1
甘 肃	433	34	370	19
青 海	197	2	42	2
宁 夏	125	18	57	15
新 疆	–	–	–	–

4-7 各地区外商投资经济建筑业增加值及其构成(二)

单位: 万元

地　区	工程结算税金及附加	工程结算利润	管理费用中的税金	管理费用中的劳动、待业保险费	转作奖金的利润
全国总计	**15 975**	**54 744**	**1 377**	**955**	**940**
北　京	2 339	11 541	155	8	127
天　津	124	1 718	2	33	–
河　北	121	530		11	20
山　西	28	87	7	2	–
内蒙古	51	124	1	9	–
辽　宁	436	3 607	29	117	–
吉　林	225	1 037	1	–	–
黑龙江	80	146	–	–	–
上　海	5 444	7 852	502	116	20
江　苏	850	4 266	138	46	42
浙　江	2 218	6 337	62	115	62
安　徽	280	813	3	48	
福　建	877	2 741	29	75	70
江　西	2			3	
山　东	1 028	6 060	104	278	36
河　南	362	1 514	8	61	19
湖　北	68	219	18	1	–
湖　南					
广　东	1 085	5 180	273	23	544
广　西	3	1	–	1	–
海　南	–	–	–	–	–
四　川	234	726	43	4	–
贵　州	–	–	–	–	–
云　南	66	105	–	5	–
西　藏	–	–	–	–	–
陕　西	–	−2	–	–	–
甘　肃	41	−31	–	–	–
青　海	8	141	2	–	–
宁　夏	4	30	–	–	–
新　疆	–	–	–	–	–

4-8 各地区外商投资企业建筑业劳动生产率

地　区	建筑业企业个数(个)	计算劳动生产率的平均人数(万人)	按总产值计算的劳动生产率(元/人)	按增加值计算的劳动生产率(元/人)	人均竣工产值(元/人)	人均施工面积(平米/人)	人均竣工面积(平米/人)
全国总计	**388**	**8.62**	**58 630**	**15 002**	**40 508**	**40.9**	**20.2**
北　京	64	0.95	85 910	21 239	45 235	40.6	11.3
天　津	10	0.08	82 650	26 453	42 508	58.6	37.4
河　北	7	0.11	48 095	11 166	44 470	30.8	20.1
山　西	4	0.01	89 689	31 899	60 311	10.1	8.1
内蒙古	3	0.05	31 066	7 800	24 601	–	–
辽　宁	19	0.25	78 830	30 635	53 422	71.0	10.4
吉　林	4	0.17	55 716	14 629	32 443	20.9	11.7
黑龙江	3	0.06	29 863	10 469	24 328	–	–
上　海	64	2.23	48 893	9 996	32 400	32.7	14.9
江　苏	32	0.45	103 904	20 486	95 170	28.9	21.0
浙　江	34	1.51	56 974	15 518	44 474	72.7	36.7
安　徽	5	0.09	128 600	18 161	50 048	65.2	39.9
福　建	28	0.51	59 928	12 868	39 389	45.8	13.3
江　西	1	–	54 737	3 684	6 316	359.2	82.8
山　东	43	1.00	37 519	13 868	30 766	11.9	6.6
河　南	11	0.14	38 884	23 192	30 007	224.3	197.9
湖　北	13	0.09	23 705	10 995	17 538	16.8	12.3
湖　南	–	–	–	–	–	–	–
广　东	17	0.47	72 283	18 899	48 449	14.5	9.2
广　西	1	0.03	39 697	5 812	30 727	16.8	16.8
海　南	–	–	–	–	–	–	–
四　川	12	0.24	35 773	11 031	22 352	12.4	10.6
贵　州	–	–	–	–	–	–	–
云　南	2	0.06	32 995	6 326	9 750	12.6	8.2
西　藏	–	–	–	–	–	–	–
陕　西	1	–	1 250	11 500	1 250	–	–
甘　肃	3	0.07	23 746	6 251	23 833	25.3	25.3
青　海	3	0.02	17 119	11 210	17 119	17.0	17.0
宁　夏	4	0.02	43 617	7 467	10 084	41.9	–
新　疆	–	–	–	–	–	–	–

4-9 各地区外商投资经济资本金及资产构成(一)

单位: 万元

地　区	资本金合计	资产总计	#流动资产合计	#存货	#在建工程
全国总计	**184 354**	**593 447**	**476 843**	**146 333**	**83 622**
北　京	26 255	89 554	76 398	11 749	6 053
天　津	3 585	7 928	6 673	616	500
河　北	1 543	3 870	1 999	690	152
山　西	3 663	4 535	1 953	76	–
内蒙古	624	4 076	3 596	695	–
辽　宁	9 255	28 072	19 669	4 372	1 049
吉　林	795	6 887	4 809	386	75
黑龙江	1 213	1 494	752	321	288
上　海	38 451	114 821	102 008	34 371	22 629
江　苏	10 067	44 781	37 088	14 964	2 029
浙　江	27 930	86 206	64 620	24 175	16 143
安　徽	1 838	7 771	6 103	414	35
福　建	8 804	38 219	30 366	10 385	8 840
江　西	454	454	420	186	171
山　东	17 829	54 889	40 501	11 666	1 120
河　南	5 055	14 294	9 517	1 624	768
湖　北	6 580	9 432	4 281	1 500	688
湖　南	–	–	–	–	–
广　东	11 959	51 647	46 115	22 100	18 253
广　西	244	1 940	1 852	710	702
海　南	–	–	–	–	–
四　川	4 264	9 287	7 073	1 975	1 511
贵　州	–	–	–	–	–
云　南	350	755	595	255	–
西　藏	–	–	–	–	–
陕　西	150	169	158	49	28
甘　肃	2 012	10 404	8 647	2 035	1 847
青　海	154	531	454	216	10
宁　夏	1 279	1 431	1 197	802	732
新　疆	–	–	–	–	–

4-9 各地区外商投资经济资本金及资产构成(二)

单位: 万元

地区	固定资产合计	固定资产原价合计	#生产经营用	固定资产折旧	#本年折旧	无形及递延资产合计	#无形资产
全国总计	**91 695**	**116 591**	**87 898**	**26 631**	**8 326**	**7 044**	**3 058**
北京	9 229	11 696	6 107	2 874	1 129	1 492	866
天津	667	816	633	163	75	80	–
河北	1 757	2 072	1 653	315	77	43	32
山西	2 567	3 236	2 869	669	304	15	15
内蒙古	369	446	308	77	32	17	–
辽宁	7 532	10 207	8 498	3 158	1 069	685	332
吉林	1 654	2 205	1 477	551	139	4	–
黑龙江	739	970	874	230	39	–	–
上海	10 167	12 616	10 756	2 741	983	994	104
江苏	5 603	6 720	5 806	1 124	423	1 369	478
浙江	17 296	22 044	19 218	4 792	1 767	952	625
安徽	1 110	1 426	1 378	315	127	4	3
福建	4 712	5 263	4 861	851	285	110	11
江西	28	33	32	5	3	6	–
山东	11 725	16 469	7 467	4 903	1 067	360	129
河南	3 297	4 942	4 124	1 674	311	57	3
湖北	4 124	4 491	3 909	368	233	628	410
湖南	–	–	–	–	–	–	–
广东	5 326	6 609	4 103	1 283	116	95	47
广西	84	120	120	36	1	4	–
海南	–	–	–	–	–	–	–
四川	1 646	1 861	1 501	214	85	47	–
贵州	–	–	–	–	–	–	–
云南	137	167	167	30	3		
西藏	–	–	–	–	–	–	–
陕西	10	33	33	23	6	–	–
甘肃	1 633	1 804	1 804	171	34	79	–
青海	77	86	61	9	2	–	–
宁夏	204	257	140	54	18	3	3
新疆	–	–	–	–	–	–	–

4-10 各地区外商投资经济负债及所有者权益

单位: 万元

地区	负债合计	流动负债合计	长期负债合计	所有者权益合计	#股本
全国总计	**406 120**	**385 682**	**15 490**	**187 327**	**26 308**
北京	55 072	50 902	4 170	34 482	2 093
天津	4 388	4 356	–	3 540	137
河北	1 933	968	87	1 936	113
山西	637	637	–	3 899	95
内蒙古	3 388	3 388	–	688	–
辽宁	19 227	14 804	4 007	8 845	1 663
吉林	4 463	4 460	3	2 424	110
黑龙江	464	464	–	1 030	–
上海	88 190	85 680	508	26 631	–
江苏	30 961	30 122	538	13 820	5 418
浙江	56 037	55 631	407	30 169	5 265
安徽	5 856	5 778	77	1 915	680
福建	26 305	25 809	138	11 914	4 676
江西	367	367	–	87	73
山东	38 641	37 048	947	16 248	428
河南	9 271	9 057	198	5 023	2 979
湖北	3 331	3 251	81	6 100	600
湖南	–	–	–	–	–
广东	39 216	35 517	3 699	12 431	1 827
广西	1 792	1 792	–	148	–
海南	–	–	–	–	–
四川	5 366	5 308	58	3 921	–
贵州	–	–	–	–	–
云南	407	407	–	348	–
西藏	–	–	–	–	–
陕西	45	45	–	125	–
甘肃	10 111	9 540	571	293	–
青海	338	41	–	193	150
宁夏	314	312	2	1 117	–
新疆	–	–	–	–	–

4-11 各地区外商投资经济工程结算收入及工程结算利润

单位:万元

地区	工程结算收入	工程结算成本	工程结算税金及附加	工程结算利润	管理费用	#税金	#财产保险费	#劳动、待业保险费
全国总计	**464 836**	**394 118**	**15 975**	**54 744**	**39 868**	**1 377**	**241**	**955**
北京	84 296	70 417	2 339	11 541	9 245	155	51	8
天津	7 467	5 624	124	1 718	1 196	2	1	33
河北	4 263	3 613	121	530	203	–	–	11
山西	1 327	1 212	28	87	188	7	–	2
内蒙古	1 696	1 521	51	124	85	1	2	9
辽宁	19 222	15 179	436	3 607	2 137	29	18	117
吉林	9 016	7 754	225	1 037	471	1	–	–
黑龙江	1 911	1 685	80	146	151	–	–	–
上海	102 156	88 860	5 444	7 852	7 749	502	14	116
江苏	32 435	27 319	850	4 266	3 282	138	6	46
浙江	72 922	64 367	2 218	6 337	3 761	62	20	115
安徽	7 961	6 868	280	813	536	3	1	48
福建	27 679	24 060	877	2 741	1 729	29	4	75
江西	29	28	2	–	20	–	–	3
山东	34 294	27 205	1 028	6 060	3 076	104	41	278
河南	5 721	3 845	362	1 514	815	8	5	61
湖北	2 272	1 986	68	219	771	18	2	1
湖南								
广东	38 274	32 008	1 085	5 180	3 033	273	72	23
广西	101	98	3	1	97	–	1	1
海南	–	–	–	–	–	–	–	–
四川	7 644	6 684	234	726	653	43	1	4
贵州	–	–	–	–	–	–	–	–
云南	2 215	2 044	66	105	83	–	1	5
西藏	–	–	–	–	–	–	–	–
陕西	1	3	–	–2	18	–	–	–
甘肃	1 505	1 495	41	–31	406	–	–	–
青海	280	130	8	141	62	2	–	–
宁夏	147	112	4	30	100	–	–	–
新疆	–	–	–	–	–	–	–	–

4-12 各地区外商投资经济利税及利润总额

单位: 万元

地　区	利税总额	#利润总额	#应交所得税	#转作奖金的利润	#应付利润	#已分配股利
全国总计	**29 629**	**12 277**	**3 436**	**940**	**3 162**	**754**
北　京	4 668	2 174	609	127	772	60
天　津	739	613	161	–	–	–
河　北	362	241	123	20	–	–
山　西	30	–5	1	–	–	–
内蒙古	65	13	2	–	–	–
辽　宁	1 001	536	76	–	290	1
吉　林	724	498	8	–	–	–
黑龙江	57	– 23	–	–	–	–
上　海	5 951	5	223	20	278	35
江　苏	1 668	680	178	42	322	–
浙　江	3 955	1 675	308	62	537	198
安　徽	389	106	20	–	4	–
福　建	1 492	586	494	70	232	–
江　西	– 55	– 57	–	–	–	–
山　东	3 959	2 827	608	36	180	156
河　南	490	120	45	19	119	88
湖　北	– 277	– 363	1	–	45	87
湖　南	–	–	–	–	–	–
广　东	4 964	3 606	525	544	281	96
广　西	– 95	– 98	–	–	–	–
海　南	–	–	–	–	–	–
四　川	277	–	45	–	68	–
贵　州	–	–	–	–	–	–
云　南	89	23				
西　藏	–	–	–	–	–	–
陕　西	– 21	– 21	–	–	–	–
甘　肃	– 790	– 831	1	–	–	–
青　海	50	40	11	–	33	33
宁　夏	– 64	– 68	–	–	–	–
新　疆	–	–	–	–	–	–

4－13 各地区外商投资经济利润率及利税率

地 区	产值利润率(%)	产值利税率(%)	资本金利润率(%)	资本金利税率(%)	人均利润(元/人)	人均利税(元/人)	资产负债率(%)
全国总计	**2.4**	**5.9**	**6.7**	**16.1**	**1 425**	**3 439**	**68.4**
北 京	2.7	5.7	8.3	17.8	2 280	4 895	61.5
天 津	8.7	10.5	17.1	20.6	7 225	8 714	55.3
河 北	4.7	7.0	15.6	23.4	2 247	3 373	50.0
山 西	－0.4	2.3	－0.1	0.8	－ 331	2 068	14.0
内蒙古	0.8	3.8	2.1	10.4	238	1 187	83.1
辽 宁	2.8	5.2	5.8	10.8	2 182	4 074	68.5
吉 林	5.2	7.6	62.6	91.0	2 923	4 249	64.8
黑龙江	－1.2	3.0	－1.9	4.7	－ 355	895	31.1
上 海	－	5.5	－	15.5	2	2 666	76.8
江 苏	1.4	3.6	6.8	16.6	1 504	3 692	69.1
浙 江	2.0	4.6	6.0	14.2	1 112	2 626	65.0
安 徽	1.0	3.5	5.8	21.2	1 223	4 497	75.4
福 建	1.9	4.9	6.7	16.9	1 154	2 936	68.8
江 西	－27.4	－26.6	－12.5	－12.2	－14 974	－14 579	80.8
山 东	7.5	10.5	15.9	22.2	2 819	3 948	70.4
河 南	2.2	9.2	2.4	9.7	872	3 562	64.9
湖 北	－17.8	－13.6	－5.5	－4.2	－4 216	－3 219	35.3
湖 南	－	－	－	－	－	－	－
广 东	10.6	14.6	30.2	41.5	7 644	10 522	75.9
广 西	－7.5	－7.3	－40.3	－39.1	－2 979	－2 885	92.4
海 南	－	－	－	－	－	－	－
四 川	－	3.3	－	6.5	－1	1 173	57.8
贵 州	－	－	－	－	－	－	－
云 南	1.2	4.5	6.5	25.5	381	1 486	53.9
西 藏	－	－	－	－	－	－	－
陕 西	－2 090.0	－2 070.0	－13.9	－13.8	－26 125	－25 875	26.3
甘 肃	－50.5	－48.0	－41.3	－39.3	－11 997	－11 410	97.2
青 海	13.2	16.7	25.9	32.7	2 267	2 858	63.7
宁 夏	－9.3	－8.7	－5.3	－5.0	－4 066	－3 802	21.9
新 疆	－	－	－	－	－	－	－

4－14 各地区外商投资经济建筑业企业亏损情况

地 区	建筑业企业个数(个)	亏损企业个数(个)	亏损金额(万元)	亏损面(%)
全国总计	**388**	**147**	**7 406**	**37.9**
北 京	64	28	2 050	43.8
天 津	10	4	79	40.0
河 北	7	3	56	42.9
山 西	4	3	78	75.0
内蒙古	3			
辽 宁	19	4	335	21.1
吉 林	4	2	45	50.0
黑龙江	3	2	23	66.7
上 海	64	30	1 622	46.9
江 苏	32	11	415	34.4
浙 江	34	8	348	23.5
安 徽	5	1	5	20.0
福 建	28	5	78	17.9
江 西	1	1	57	100.0
山 东	43	9	300	20.9
河 南	11	6	201	54.5
湖 北	13	9	490	69.2
湖 南	－	－	－	－
广 东	17	3	9	17.6
广 西	1	1	98	100.0
海 南	－	－	－	－
四 川	12	8	181	66.7
贵 州	－	－	－	－
云 南	2	1	6	50.0
西 藏	－	－	－	－
陕 西	1	1	21	100.0
甘 肃	3	2	837	66.7
青 海	3	1	5	33.3
宁 夏	4	4	68	100.0
新 疆	－	－	－	－

4－15 各地区港、澳、台投资经济建筑业总产值和竣工产值

单位: 万元

地　区	建筑业总产值	建筑工程产值	安装工程产值	房屋构筑物修理产值	非标准设备制造产值	竣工产值
全国总计	**468 517**	**390 392**	**58 156**	**18 638**	**1 331**	**315 247**
北　京	52 062	34 180	11 146	6 611	125	37 159
天　津	2 971	2 460	510	–	–	2 742
河　北	1 123	613	257	252	2	843
山　西	–	–	–	–	–	–
内蒙古	1 416	476	940	–	–	619
辽　宁	16 939	13 453	3 446	39	–	8 885
吉　林	1 976	435	600	–	941	1 035
黑龙江	2 806	2 806	–	–	–	1 836
上　海	122 591	108 924	9 351	4 052	264	83 181
江　苏	61 754	55 778	4 264	1 712	–	45 229
浙　江	59 843	58 203	1 639	–	–	37 463
安　徽	2 267	1 780	336	151	–	2 427
福　建	16 813	11 230	5 472	111	–	11 969
江　西	–	–	–	–	–	–
山　东	24 866	20 590	4 256	20	–	15 258
河　南	13 145	10 059	3 086	–	–	9 627
湖　北	5 960	5 236	723	–	–	4 306
湖　南	480	480	–	–	–	480
广　东	71 315	54 771	11 104	5 441	–	46 047
广　西	–	–	–	–	–	–
海　南	673	665	8	–	–	310
四　川	4 939	3 737	953	248	–	2 578
贵　州	–	–	–	–	–	–
云　南	1 844	1 844	–	–	–	1 056
西　藏	–	–	–	–	–	–
陕　西	–	–	–	–	–	–
甘　肃	489	489	–	–	–	459
青　海	48	–	48	–	–	48
宁　夏	945	930	15	–	–	504
新　疆	1 252	1 252	–	–	–	1 186

4-16 各地区港、澳、台投资经济单位工程个数及工程质量

地　区	单位工程施工个数(个)	#本年新开工个数	#投标承包个数	#本年新开工	单位工程竣工个数(个)	#优良品	工程质量优良品率(%)	投标承包个数占单位工程施工个数的比重(%)
全国总计	**14 270**	**2 772**	**739**	**510**	**2 592**	**430**	**16.6**	**5.2**
北　京	565	394	30	21	388	33	8.5	5.3
天　津	90	75	39	35	59	45	76.3	43.3
河　北	58	54	30	28	53	10	18.9	51.7
山　西	–	–	–	–	–	–	–	–
内蒙古	24	20	14	2	19	8	42.1	58.3
辽　宁	255	202	33	21	113	16	14.2	12.9
吉　林	27	25	–	–	7	3	42.9	–
黑龙江	19	13	13	13	10	–	–	68.4
上　海	802	465	147	101	416	45	10.8	18.3
江　苏	555	376	58	56	417	52	12.5	10.5
浙　江	295	162	189	102	203	30	14.8	64.1
安　徽	46	35	3	3	36	3	8.3	6.5
福　建	10 378	131	17	8	105	12	11.4	0.2
江　西	–	–	–	–	–	–	–	–
山　东	355	212	58	44	202	29	14.4	16.3
河　南	151	112	26	22	118	37	31.4	17.2
湖　北	111	83	12	3	81	20	24.7	10.8
湖　南	3	2	–	–	2	1	50.0	–
广　东	382	284	52	36	237	74	31.2	13.6
广　西	–	–	–	–	–	–	–	–
海　南	5	4	2	2	2	1	50.0	40.0
四　川	55	35	14	12	48	8	16.7	25.5
贵　州	–	–	–	–	–	–	–	–
云　南	8	7	–	–	2	–	–	–
西　藏	–	–	–	–	–	–	–	–
陕　西	–	–	–	–	–	–	–	–
甘　肃	19	15	–	–	18	1	5.6	–
青　海	2	2	–	–	2	1	50.0	–
宁　夏	45	44	2	1	39	1	2.6	4.4
新　疆	20	20	–	–	15	–	–	–

4－17 各地区港、澳、台投资经济房屋建筑面积和工程质量

地　区	房屋建筑施工面积(万平方米)	#本年新开工面积	#投标承包面积	#本年新开工	房屋建筑竣工面积(万平方米)	#优良品面积	房屋建筑面积优良品率(%)	投标承包面积占房屋建筑施工面积的比重(%)
全国总计	**449.0**	**212.7**	**158.3**	**80.3**	**181.6**	**47.1**	**26.0**	**35.3**
北　京	38.5	22.8	11.4	11.1	22.3	1.3	6.0	29.5
天　津	0.8	0.7	0.5	0.5	0.8	—	—	57.2
河　北	1.0	0.9	0.9	0.9	0.1	0.1	79.3	92.7
山　西	—	—	—	—	—	—	—	—
内蒙古	2.3	2.3	2.3	0.2	2.0	1.7	83.5	100.0
辽　宁	30.5	20.3	—	—	9.1	0.1	0.6	0.1
吉　林	0.5	0.5	0.5	0.5	0.6	0.5	71.8	100.0
黑龙江	—	—	—	—	—	—	—	—
上　海	57.6	18.4	29.4	10.7	26.3	6.0	22.8	51.1
江　苏	43.8	24.5	5.4	5.3	17.1	5.6	32.9	12.3
浙　江	83.8	37.0	55.0	20.1	39.1	11.0	28.2	65.6
安　徽	2.6	2.6	0.4	0.4	2.6	0.1	1.9	15.0
福　建	14.4	7.2	5.5	0.8	6.0	3.9	64.5	38.1
江　西	—	—	—	—	—	—	—	—
山　东	32.2	17.4	4.0	3.2	15.8	0.4	2.8	12.4
河　南	7.8	5.0	0.2	0.2	4.2	0.8	19.7	3.2
湖　北	5.4	3.0	1.9	—	3.1	0.5	17.1	34.1
湖　南	1.5	0.5	—	—	0.9	0.4	39.1	—
广　东	115.3	43.7	34.2	22.9	24.7	11.9	48.2	29.7
广　西	—	—	—	—	—	—	—	—
海　南	0.8	0.3	0.3	0.3	0.3	0.3	100.0	42.7
四　川	8.4	4.3	6.4	3.1	5.0	2.5	50.1	76.8
贵　州	—	—	—	—	—	—	—	—
云　南	1.4	1.1	—	—	1.3	—	—	—
西　藏	—	—	—	—	—	—	—	—
陕　西	—	—	—	—	—	—	—	—
甘　肃	—	—	—	—	—	—	—	—
青　海	—	—	—	—	—	—	—	—
宁　夏	0.2	0.2	—	—	—	—	—	—
新　疆	0.1	0.1	—	—	0.1	—	—	—

4-18 各地区港、澳、台投资经济按主要用途分的房屋建筑竣工面积

单位:万平方米

地区	合计	厂房	住宅	办公用房	商业、居民服务业用房	文化教育用房	医疗用房	科研用房	其他用房
全国总计	**181.6**	**23.9**	**85.6**	**20.2**	**32.2**	**4.0**	**0.6**	**0.1**	**14.8**
北京	22.3	0.5	5.3	3.7	10.9	0.9	–	–	1.0
天津	0.8	–	0.2	0.5	–	–	–	–	0.2
河北	0.1	–	–	–	0.1	–	–	–	–
山西	–	–	–	–	–	–	–	–	–
内蒙古	2.0	–	0.2	–	–	–	–	–	1.7
辽宁	9.1	–	8.8	–	–	–	–	–	0.2
吉林	0.6	–	–	0.3	0.3	–	–	–	–
黑龙江	–	–	–	–	–	–	–	–	–
上海	26.3	7.5	12.4	1.9	3.0	0.2	0.3	0.1	1.0
江苏	17.1	2.0	12.8	0.5	0.1	0.2	–	–	1.3
浙江	39.1	2.3	20.7	4.8	1.3	2.1	–	–	8.0
安徽	2.6	1.8	0.1	0.3	0.2	–	–	–	0.2
福建	6.0	–	5.7	0.1	–	–	–	–	0.2
江西	–	–	–	–	–	–	–	–	–
山东	15.8	4.9	8.7	1.5	0.2	0.3	–	–	0.1
河南	4.2	–	0.8	1.6	1.3	0.1	–	–	0.3
湖北	3.1	1.4	0.3	0.1	1.2	–	–	–	0.1
湖南	0.9	–	0.8	–	0.1	–	–	–	–
广东	24.7	3.5	6.3	4.2	10.5	0.1	–	–	0.1
广西	–	–	–	–	–	–	–	–	–
海南	0.3	–	–	–	–	–	0.3	–	–
四川	5.0	–	1.1	0.4	3.0	0.2	–	–	0.3
贵州	–	–	–	–	–	–	–	–	–
云南	1.3	–	1.3	–	–	–	–	–	–
西藏	–	–	–	–	–	–	–	–	–
陕西	–	–	–	–	–	–	–	–	–
甘肃	–	–	–	–	–	–	–	–	–
青海	–	–	–	–	–	–	–	–	–
宁夏	–	–	–	–	–	–	–	–	–
新疆	0.1	–	–	0.1	–	–	–	–	–

4-19 各地区港、澳、台投资经济各种用途的房屋建筑竣工面积占全部的比重

单位：%

地区	厂房	住宅	办公用房	商业、居民服务业用房	文化教育用房	医疗用房	科研用房	其他用房
全国总计	**13.2**	**47.1**	**11.1**	**17.7**	**2.2**	**0.3**	**0.1**	**8.1**
北京	2.2	23.8	16.6	48.9	4.0	–	–	4.5
天津	–	25.0	62.5	–	–	–	–	25.0
河北	–	–	–	100.0	–	–	–	–
山西	–	–	–	–	–	–	–	–
内蒙古	–	10.0	–	–	–	–	–	85.0
辽宁	–	96.7	–	–	–	–	–	2.2
吉林	–	–	50.0	50.0	–	–	–	–
黑龙江	–	–	–	–	–	–	–	–
上海	28.5	47.1	7.2	11.4	0.8	1.1	0.4	3.8
江苏	11.7	74.9	2.9	0.6	1.2	–	–	7.6
浙江	5.9	52.9	12.3	3.3	5.4	–	–	20.5
安徽	69.2	3.8	11.5	7.7	–	–	–	7.7
福建	–	95.0	1.7	–	–	–	–	3.3
江西	–	–	–	–	–	–	–	–
山东	31.0	55.1	9.5	1.3	1.9	–	–	0.6
河南	–	19.0	38.1	31.0	2.4	–	–	7.1
湖北	45.2	9.7	3.2	38.7	–	–	–	3.2
湖南	–	88.9	–	11.1	–	–	–	–
广东	14.2	25.5	17.0	42.5	0.4	–	–	0.4
广西	–	–	–	–	–	–	–	–
海南	–	–	–	–	–	100.0	–	–
四川	–	22.0	8.0	60.0	4.0	–	–	6.0
贵州	–	–	–	–	–	–	–	–
云南	–	100.0	–	–	–	–	–	–
西藏	–	–	–	–	–	–	–	–
陕西	–	–	–	–	–	–	–	–
甘肃	–	–	–	–	–	–	–	–
青海	–	–	–	–	–	–	–	–
宁夏	–	–	–	–	–	–	–	–
新疆	–	–	100.0	–	–	–	–	–

4-20 各地区港、澳、台投资经济机械设备装备情况

地区	自有机械设备年末总台数(台)	自有机械总备年末总功率(万千瓦)	#施工机械功率	自有机械设备净值(万元)	技术装备率(元/人)	动力装备率(千瓦/人)
全国总计	**23 821**	**124.1**	**111.6**	**44 874**	**5 174**	**14.3**
北京	2 518	97.2	96.6	4 201	5 843	135.1
天津	338	0.1	0.1	358	9 933	3.2
河北	186	0.1	0.1	297	6 540	2.9
山西	3	–	–	13	2 660	5.1
内蒙古	367	0.1	0.1	366	14 996	4.2
辽宁	1 044	2.7	1.1	2 723	20 832	20.7
吉林	7	0.1	–	372	6 920	1.0
黑龙江	37	–	–	236	4 507	0.9
上海	3 327	1.8	1.7	6 970	4 556	1.2
江苏	4 080	4.3	1.7	13 151	17 221	5.6
浙江	2 340	1.7	1.6	5 198	6 664	2.2
安徽	818	0.4	0.3	952	10 824	4.7
福建	533	4.2	0.2	562	1 454	10.9
江西	–	–	–	–	–	–
山东	1 598	4.0	1.9	2 090	3 042	5.9
河南	884	0.5	0.5	536	2 107	2.1
湖北	1 026	1.5	0.9	520	3 755	10.9
湖南	40	–	–	11	1 100	3.0
广东	3 666	2.3	2.2	3 761	1 493	0.9
广西	–	–	–	–	–	–
海南	24	–	–	18	154	0.1
四川	352	1.1	0.9	1 021	5 511	6.2
贵州	–	–	–	–	–	–
云南	8	–	–	36	900	0.1
西藏	–	–	–	–	–	–
陕西	–	–	–	–	–	–
甘肃	284	0.3	0.1	403	8 404	6.3
青海	45	–	–	–	–	0.2
宁夏	100	0.1	0.1	96	4 686	2.9
新疆	196	1.4	1.3	981	29 647	41.2

4-21 各地区港、澳、台投资经济建筑业增加值及其构成(一)

单位: 万元

地区	建筑业增加值合计	本年提取固定资产折旧	应付工资总额	应付福利费总额
全国总计	**111 764**	**6 936**	**46 525**	**4 364**
北京	15 815	1 054	4 813	917
天津	1 219	104	200	39
河北	460	25	96	6
山西	9	8	1	–
内蒙古	365	40	90	14
辽宁	4 286	413	632	104
吉林	629	58	391	56
黑龙江	484	31	266	18
上海	22 245	1 171	8 184	677
江苏	14 971	745	6 769	616
浙江	14 190	407	8 023	416
安徽	731	158	230	32
福建	3 958	155	1 798	308
江西	–	–	–	–
山东	6 422	611	2 267	217
河南	3 778	132	1 568	134
湖北	1 282	169	442	31
湖南	215	4	65	9
广东	15 419	668	8 234	587
广西	–	–	–	–
海南	853	31	688	65
四川	2 250	242	1 117	87
贵州	–	–	–	–
云南	776	278	308	10
西藏	–	–	–	–
陕西	–	–	–	–
甘肃	336	56	115	8
青海	27	–	19	–
宁夏	265	43	95	9
新疆	781	332	113	5

4-21 各地区港、澳、台投资经济建筑业增加值及其构成(二)

单位:万元

地 区	工程结算税金及附加	工程结算利润	管理费用中的税金	管理费用中的劳动、待业保险费	转作奖金的利润
全国总计	**11 224**	**41 402**	**905**	**838**	**430**
北 京	1 511	7 420	22	89	12
天 津	78	797	3	–	2
河 北	35	292	–	7	–
山 西	–	–	–	–	–
内蒙古	46	174	1	–	–
辽 宁	453	2 694	73	40	123
吉 林	46	71	3	5	–
黑龙江	46	123	–	–	–
上 海	2 384	9 582	143	135	31
江 苏	1 827	4 494	338	200	17
浙 江	1 377	3 974	12	39	58
安 徽	38	264	10	–	–
福 建	518	1 169	10	4	3
江 西	–	–	–	–	–
山 东	580	2 637	91	109	90
河 南	332	1 598	12	4	1
湖 北	122	458	3	56	–
湖 南	14	119	4	–	–
广 东	1 481	4 353	65	120	90
广 西	–	–	–	–	–
海 南	5	62	1	–	–
四 川	158	600	34	14	2
贵 州	–	–	–	–	–
云 南	48	120	2	9	–
西 藏	–	–	–	–	–
陕 西	–	–	–	–	–
甘 肃	18	131	8	–	–
青 海	1	7	1	–	–
宁 夏	5	86	21	6	–
新 疆	100	180	51	–	–

4－22 各地区港、澳、台投资经济建筑业劳动生产率

地区	建筑业企业个数（个）	计算劳动生产率的平均人数（万人）	按总产值计算的劳动生产率（元/人）	按增加值计算的劳动生产率（元/人）	人均竣工产值（元/人）	人均施工面积（平米/人）	人均竣工面积（平米/人）
全国总计	**417**	**8.67**	**54 021**	**12 887**	**36 349**	**51.8**	**20.9**
北京	56	0.72	72 399	21 993	51 675	53.6	31.0
天津	7	0.04	82 517	33 853	76 172	23.1	23.1
河北	8	0.05	24 742	10 126	18 575	21.0	1.9
山西	1	0.01	20	1 780	—	—	—
内蒙古	4	0.02	58 041	14 943	25 377	95.4	80.6
辽宁	23	0.13	129 598	32 791	67 979	233.5	69.4
吉林	5	0.05	36 721	11 690	19 238	8.5	11.9
黑龙江	4	0.05	53 660	9 254	35 107	—	—
上海	62	1.53	80 141	14 542	54 377	37.6	17.2
江苏	35	0.76	80 862	19 604	59 223	57.4	22.4
浙江	19	0.78	76 721	18 192	48 029	107.5	50.2
安徽	8	0.09	25 767	8 310	27 580	29.5	29.5
福建	22	0.39	43 523	10 246	30 983	37.4	15.6
江西	—	—	—	—	—	—	—
山东	49	0.69	36 179	9 344	22 200	46.8	23.0
河南	27	0.25	51 710	14 863	37 871	30.5	16.3
湖北	17	0.14	43 030	9 253	31 094	39.1	22.1
湖南	1	0.01	48 000	21 460	48 000	145.3	94.5
广东	38	2.52	28 307	6 120	18 277	45.8	9.8
广西	—	—	—	—	—	—	—
海南	2	0.12	5 648	7 158	2 601	6.9	2.7
四川	11	0.19	26 652	12 141	13 913	45.1	27.1
贵州	—	—	—	—	—	—	—
云南	2	0.04	46 100	19 400	26 400	35.1	33.2
西藏	—	—	—	—	—	—	—
陕西	—	—	—	—	—	—	—
甘肃	5	0.05	10 198	6 992	9 573	—	—
青海	1	—	15 967	9 033	15 967	—	—
宁夏	6	0.02	46 333	12 990	24 716	9.8	—
新疆	4	0.03	37 816	23 589	35 819	3.6	3.6

4-23 各地区港、澳、台投资经济资本金及资产构成(一)

单位:万元

地区	资本金合计	资产总计	#流动资产合计	#存货	#在建工程
全国总计	**174 587**	**544 234**	**437 341**	**134 138**	**76 987**
北京	23 614	65 844	50 987	15 635	5 960
天津	5 126	7 548	6 664	855	357
河北	1 295	3 482	2 556	760	497
山西	220	209	180	–	–
内蒙古	616	2 345	1 130	646	23
辽宁	8 224	22 236	16 519	4 054	1 734
吉林	999	3 442	2 699	169	–
黑龙江	378	3 185	2 649	1 260	1 173
上海	33 814	99 427	81 915	29 762	16 445
江苏	16 929	59 982	48 627	14 563	4 572
浙江	11 231	42 191	33 726	10 997	6 379
安徽	2 297	2 900	1 498	549	258
福建	10 529	35 941	29 500	11 219	9 658
江西	–	–	–	–	–
山东	14 038	32 987	21 114	7 843	3 991
河南	8 791	20 165	17 180	2 228	1 233
湖北	3 949	9 300	7 055	2 049	617
湖南	100	303	260	160	160
广东	17 922	94 159	83 675	23 478	20 673
广西	–	–	–	–	–
海南	1 350	10 804	9 508	1 893	1 420
四川	5 201	13 722	9 713	2 156	1 305
贵州	–	–	–	–	–
云南	193	1 433	1 198	222	214
西藏	–	–	–	–	–
陕西	–	–	–	–	–
甘肃	2 307	2 766	2 174	1 302	169
青海	121	348	221	1	–
宁夏	958	2 781	1 940	875	143
新疆	4 385	6 736	4 654	1 464	6

4-23 各地区港、澳、台投资经济资本金及资产构成(二)

单位: 万元

地 区	固定资产合计	固定资产原价合 计	#生 产经营用	固定资产折旧	#本 年折 旧	无形及递延资产合计	#无 形资 产
全国总计	**76 347**	**96 916**	**71 744**	**22 206**	**6 936**	**10 629**	**7 310**
北 京	7 139	9 712	6 146	2 603	1 054	3 382	2 869
天 津	797	1 001	883	219	104	83	1
河 北	319	517	392	211	25	15	2
山 西	23	48	38	25	8	6	–
内蒙古	629	788	707	159	40	–	–
辽 宁	5 500	6 399	3 929	970	413	163	5
吉 林	622	826	539	252	58	121	42
黑龙江	528	706	451	178	31	2	–
上 海	13 057	16 946	14 278	3 950	1 171	1 360	132
江 苏	9 509	11 302	9 530	2 244	745	325	163
浙 江	6 807	8 281	7 433	1 479	407	429	297
安 徽	917	1 297	1 226	379	158	120	39
福 建	4 199	4 793	4 311	657	155	1 264	1 128
江 西	–	–	–	–	–	–	–
山 东	8 459	11 008	6 959	2 616	611	532	357
河 南	1 959	2 251	1 654	391	132	115	21
湖 北	1 121	1 893	1 308	772	169	326	291
湖 南	42	56	56	14	4	–	–
广 东	8 197	10 802	7 221	2 640	668	686	358
广 西	–	–	–	–	–	–	–
海 南	837	975	850	137	31	–	–
四 川	2 432	3 089	1 200	657	242	1 537	1 471
贵 州	–	–	–	–	–	–	–
云 南	230	318	256	630	278	5	–
西 藏	–	–	–	–	–	–	–
陕 西	–	–	–	–	–	–	–
甘 肃	549	639	532	90	56	–	–
青 海	127	–	–	–	–	–	–
宁 夏	649	762	495	120	43	1	–
新 疆	1 696	2 508	1 348	812	332	157	133

4-24 各地区港、澳、台投资经济负债及所有者权益

单位:万元

地区	负债合计	流动负债合计	长期负债合计	所有者权益合计	#股本
全国总计	**358 643**	**337 831**	**16 575**	**185 591**	**32 767**
北京	36 207	34 703	1 503	29 637	8 113
天津	2 987	2 973	–	4 561	159
河北	1 653	1 579	74	1 829	172
山西	15	15	–	194	–
内蒙古	1 410	1 398	11	935	–
辽宁	13 213	10 905	260	9 023	1 203
吉林	2 115	2 115	–	1 327	123
黑龙江	2 381	2 358	23	803	–
上海	64 418	62 584	943	35 009	–
江苏	41 707	41 630	75	18 275	5 442
浙江	30 835	25 572	5 263	11 356	525
安徽	827	819	8	2 073	187
福建	19 917	19 069	824	16 024	3 321
江西	–	–	–	–	–
山东	20 199	18 366	875	12 787	803
河南	13 687	13 364	237	6 478	1 301
湖北	5 539	5 393	2	3 762	376
湖南	33	33	–	269	–
广东	73 305	72 762	543	20 853	8 125
广西	–	–	–	–	–
海南	9 420	7 290	2 130	1 384	300
四川	11 127	7 714	3 341	2 595	2 586
贵州	–	–	–	–	–
云南	1 383	1 383	–	50	–
西藏	–	–	–	–	–
陕西	–	–	–	–	–
甘肃	706	706	–	2 060	–
青海	100	–	100	248	–
宁夏	1 966	1 910	56	815	30
新疆	3 494	3 190	304	3 242	–

4－25 各地区港、澳、台投资经济工程结算收入及工程结算利润

单位：万元

地区	工程结算收入	工程结算成本	工程结算税金及附加	工程结算利润	管理费用	#税金	#财产保险费	#劳动、待业保险费
全国总计	**485 636**	**433 010**	**11 224**	**41 402**	**35 086**	**905**	**229**	**838**
北京	51 537	42 606	1 511	7 420	7 108	22	59	89
天津	2 757	1 882	78	797	688	3	8	－
河北	1 077	750	35	292	293	－	－	7
山西								
内蒙古	1 343	1 123	46	174	115	1	4	－
辽宁	16 967	13 820	453	2 694	1 436	73	12	40
吉林	1 976	1 859	46	71	131	3	5	5
黑龙江	1 525	1 357	46	123	152	－	－	－
上海	92 239	80 273	2 384	9 582	7 931	143	18	135
江苏	158 562	152 240	1 827	4 494	3 193	338	26	200
浙江	40 561	35 210	1 377	3 974	1 561	12	10	39
安徽	2 075	1 774	38	264	232	10	－	－
福建	17 981	16 294	518	1 169	1 560	10	13	4
江西	－	－	－	－	－	－	－	－
山东	20 238	17 021	580	2 637	2 312	91	16	109
河南	11 633	9 703	332	1 598	1 283	12	1	4
湖北	3 252	2 672	122	458	680	3	2	56
湖南	480	347	14	119	19	4	－	－
广东	51 404	45 570	1 481	4 353	5 014	65	16	120
广西	－	－	－	－	－	－	－	－
海南	314	247	5	62	144	1	1	－
四川	5 157	4 399	158	600	633	34	4	14
贵州	－	－	－	－	－	－	－	－
云南	2 076	1 908	48	120	116	2	2	9
西藏	－	－	－	－	－	－	－	－
陕西	－	－	－	－	－	－	－	－
甘肃	508	359	18	131	112	8	22	－
青海	48	40	1	7	4	1	－	－
宁夏	687	596	5	86	113	21	12	6
新疆	1 240	961	100	180	256	51	－	－

4-26 各地区港、澳、台投资经济利税及利润总额

单位: 万元

地　区	利税总额	#利润总额	#应交所得税	#转作奖金的利润	#应付利润	#已分配股利
全国总计	**21 168**	**9 039**	**1 920**	**430**	**4 363**	**1 705**
北　京	2 162	629	410	12	714	226
天　津	191	110	43	2	66	－
河　北	23	－12	15	－	12	－
山　西	－23	－23	－	－	－	－
内蒙古	177	130	－	－	－	－
辽　宁	1 528	1 002	120	123	627	－
吉　林	－16	－65	－	－	－	－
黑龙江	－4	－50	2	－	－	－
上　海	4 124	1 597	390	31	1 107	712
江　苏	3 496	1 331	211	17	404	86
浙　江	3 667	2 278	228	58	165	158
安　徽	77	29	5	－	－	－
福　建	－3	－531	30	3	4	－
江　西	－	－	－	－	－	－
山　东	964	293	92	90	489	103
河　南	2 346	2 002	99	1	31	－
湖　北	152	27	17	－	3	－
湖　南	118	100	15		85	－
广　东	2 300	754	201	90	633	404
广　西	－	－	－	－	－	－
海　南	－230	－236	－	－	－	－
四　川	124	－68	30	2	7	－
贵　州	－	－	－	－	－	－
云　南	34	－16	1	－	－	－
西　藏	－	－	－	－	－	－
陕　西	－	－	－	－	－	－
甘　肃	18	－8	11	－	17	15
青　海	5	3	－	－	－	－
宁　夏	－5	－31	－	－	－	－
新　疆	－55	－206	－	－	－	－

4－27 各地区港、澳、台投资经济利润率及利税率

地　区	产值利润率(%)	产值利税率(%)	资本金利润率(%)	资本金利税率(%)	人均利润(元/人)	人均利税(元/人)	资产负债率(%)
全国总计	**1.9**	**4.5**	**5.2**	**12.1**	**1 042**	**2 441**	**65.9**
北　京	1.2	4.2	2.7	9.2	874	3 006	55.0
天　津	3.7	6.4	2.1	3.7	3 056	5 306	39.6
河　北	−1.1	2.0	−0.9	1.7	−271	491	47.5
山　西	−	−	−10.3	−10.3	−4 520	−4 520	7.2
内蒙古	9.2	12.5	21.0	28.7	5 311	7 238	60.1
辽　宁	5.9	9.0	12.2	18.6	7 663	11 682	59.4
吉　林	−3.3	−0.8	−6.5	−1.6	−1 199	−292	61.4
黑龙江	−1.8	−0.2	−13.3	−1.2	−962	−86	74.8
上　海	1.3	3.4	4.7	12.2	1 044	2 696	64.8
江　苏	2.2	5.7	7.9	20.7	1 743	4 579	69.5
浙　江	3.8	6.1	20.3	32.7	2 920	4 702	73.1
安　徽	1.3	3.3	1.3	3.3	327	862	28.5
福　建	−3.2		−5.0	−	−1 375	−9	55.4
江　西	−	−	−	−	−	−	−
山　东	1.2	3.9	2.1	6.9	427	1 403	61.2
河　南	15.2	17.8	22.8	26.7	7 877	9 228	67.9
湖　北	0.4	2.5	0.7	3.8	191	1 094	59.6
湖　南	20.8	24.7	100.0	118.4	10 000	11 840	11.0
广　东	1.1	3.2	4.2	12.8	299	913	77.9
广　西	−	−	−	−	−	−	−
海　南	−35.1	−34.1	−17.5	−17.0	−1 981	−1 928	87.2
四　川	−1.4	2.5	−1.3	2.4	−366	670	81.1
贵　州	−	−	−	−	−	−	−
云　南	−0.9	1.8	−8.2	17.7	−395	852	96.5
西　藏	−	−	−	−	−	−	−
陕　西	−	−	−	−	−	−	−
甘　肃	−1.6	3.6	−0.3	0.8	−167	365	25.5
青　海	6.7	9.6	2.6	3.8	1 067	1 533	28.7
宁　夏	−3.3	−0.5	−3.2	−0.5	−1 510	−245	70.7
新　疆	−16.4	−4.4	−4.7	−1.2	−6 211	−1 656	51.9

4－28 各地区港、澳、台投资经济建筑业企业亏损情况

地　区	建筑业企业个数(个)	亏损企业个数(个)	亏损金额(万元)	亏损面(%)
全国总计	**417**	**182**	**7 837**	**43.6**
北　京	56	26	1 045	46.4
天　津	7	2	124	28.6
河　北	8	2	62	25.0
山　西	1	1	23	100.0
内蒙古	4	1	2	25.0
辽　宁	23	9	401	39.1
吉　林	5	4	65	80.0
黑龙江	4	3	59	75.0
上　海	62	27	2 036	43.5
江　苏	35	12	217	34.3
浙　江	19	6	79	31.6
安　徽	8	2	30	25.0
福　建	22	13	791	59.1
江　西	－	－	－	－
山　东	49	23	703	46.9
河　南	27	12	399	44.4
湖　北	17	7	289	41.2
湖　南	1	－	－	－
广　东	38	14	700	36.8
广　西	－	－	－	－
海　南	2	2	236	100.0
四　川	11	4	209	36.4
贵　州	－	－	－	－
云　南	2	1	25	50.0
西　藏	－	－	－	－
陕　西	－	－	－	－
甘　肃	5	2	42	40.0
青　海	1	0	－	－
宁　夏	6	5	94	83.3
新　疆	4	4	206	100.0

4-29 各地区其他经济建筑业总产值和竣工产值

单位:万元

地区	建筑业总产值	建筑工程产值	安装工程产值	房屋构筑物修理产值	非标准设备制造产值	竣工产值
全国总计	**43 005**	**36 704**	**5 555**	**746**	–	**30 899**
北京	1 007	1 007	–	–	–	873
天津	–	–	–	–	–	–
河北	2 452	2 423	29	–	–	939
山西	1 555	1 486	69	–	–	1 445
内蒙古	–	–	–	–	–	–
辽宁	894	252	642	–	–	1 071
吉林	300	300	–	–	–	300
黑龙江	1 347	1 308	39	–	–	–
上海	612	612	–	–	–	512
江苏	562	562	–	–	–	562
浙江	9 606	8 956	547	103	–	7 427
安徽	2 396	1 733	431	232	–	1 759
福建	–	–	–	–	–	–
江西	–	–	–	–	–	–
山东	560	480	80	–	–	560
河南	–	–	–	–	–	–
湖北	420	–	420	–	–	192
湖南	8 871	8 621	118	132	–	4 670
广东	490	490	–	–	–	420
广西	–	–	–	–	–	–
海南	–	–	–	–	–	–
四川	5 558	5 225	82	252	–	4 486
贵州	–	–	–	–	–	–
云南	3 529	428	3 079	22	–	3 404
西藏	–	–	–	–	–	–
陕西	550	550	–	–	–	664
甘肃	1 024	1 004	15	5	–	486
青海	44	44	–	–	–	42
宁夏	1 228	1 224	4	–	–	1 086
新疆	–	–	–	–	–	–

4-30 各地区其他经济单位工程个数及工程质量

地　区	单位工程施工个数(个)	#本年新开工个数	#投标承包个数	#本年新开工	单位工程竣工个数(个)	#优良品	工程质量优良品率(%)	投标承包个数占单位工程施工个数的比重(%)
全国总计	**571**	**421**	**112**	**70**	**435**	**93**	**21.4**	**19.6**
北　京	11	5	–	–	10	–	–	–
天　津	–	–	–	–	–	–	–	–
河　北	63	56	1	1	52	37	71.2	1.6
山　西	23	17	5	1	18	1	5.6	21.7
内蒙古	–	–	–	–	–	–	–	–
辽　宁	19	16	–	–	19	–	–	–
吉　林	2	–	–	–	2	–	–	–
黑龙江	2	1	1	1	–	–	–	50.0
上　海	6	6	–	–	4	–	–	–
江　苏	11	5	–	–	11	1	9.1	–
浙　江	121	88	26	11	99	6	6.1	21.5
安　徽	48	35	4	1	39	4	10.3	8.3
福　建	–	–	–	–	–	–	–	–
江　西	–	–	–	–	–	–	–	–
山　东	12	12	–	–	10	3	30.0	–
河　南	–	–	–	–	–	–	–	–
湖　北	34	30	–	–	21	13	61.9	–
湖　南	60	46	3	3	36	8	22.2	5.0
广　东	4	1	–	–	3	–	–	–
广　西	–	–	–	–	–	–	–	–
海　南	–	–	–	–	–	–	–	–
四　川	74	36	37	25	45	7	15.6	50.0
贵　州	–	–	–	–	–	–	–	–
云　南	17	17	–	–	15	–	–	–
西　藏	–	–	–	–	–	–	–	–
陕　西	10	5	10	5	7	2	28.6	100.0
甘　肃	30	28	18	16	25	6	24.0	60.0
青　海	7	7	–	–	7	5	71.4	–
宁　夏	17	10	7	6	12	–	–	41.2
新　疆	–	–	–	–	–	–	–	–

4-31 各地区其他经济房屋建筑面积和工程质量

地区	房屋建筑施工面积(万平方米)	#本年新开工面积	#投标承包面积	#本年新开工	房屋建筑竣工面积(万平方米)	#优良品面积	房屋建筑面积优良品率(%)	投标承包面积占房屋建筑施工面积的比重(%)
全国总计	**61.3**	**31.8**	**23.5**	**13.1**	**35.0**	**7.6**	**21.8**	**38.3**
北京	0.8	—	—	—	—	—	—	—
天津	—	—	—	—	—	—	—	—
河北	2.1	1.2	—	—	0.8	0.6	74.7	—
山西	2.4	1.5	1.3	0.6	2.4	0.2	9.4	53.5
内蒙古	—	—	—	—	—	—	—	—
辽宁	—	—	—	—	—	—	—	—
吉林	1.0	—	—	—	1.0	—	—	—
黑龙江	2.2	—	—	—	—	—	—	—
上海	0.5	0.5	—	—	0.1	—	—	—
江苏	1.2	—	—	—	1.2	0.3	29.7	—
浙江	11.4	4.3	8.6	4.7	6.3	1.1	17.6	75.4
安徽	3.9	2.5	0.5		3.5	0.2	5.8	13.5
福建	—	—	—	—	—	—	—	—
江西	—	—	—	—	—	—	—	—
山东	0.8	0.8	—	—	0.8	—	—	—
河南	—	—	—	—	—	—	—	—
湖北	—	—	—	—	—	—	—	—
湖南	13.8	10.3	0.9	0.9	6.3	1.4	21.7	6.4
广东	0.5	—	—	—	0.5	—	—	—
广西	—	—	—	—	—	—	—	—
海南	—	—	—	—	—	—	—	—
四川	12.5	4.8	6.2	2.5	7.4	2.3	31.0	49.6
贵州	—	—	—	—	—	—	—	—
云南	1.1	1.1	—	—	0.8	0.1	7.2	—
西藏	—	—	—	—	—	—	—	—
陕西	2.2	1.2	2.2	1.2	1.4	0.2	17.1	100.0
甘肃	3.4	3.0	3.4	3.0	1.6	1.2	72.9	100.0
青海	0.1	0.1	—	—	0.1	—	—	—
宁夏	1.5	0.7	0.5	0.3	0.7	—	—	33.8
新疆	—	—	—	—	—	—	—	—

4-32 各地区其他经济按主要用途分的房屋建筑竣工面积

单位：万平方米

地区	合计	厂房	住宅	办公用房	商业、居民服务业用房	文化教育用房	医疗用房	科研用房	其他用房
全国总计	**35.0**	**6.2**	**15.8**	**4.7**	**2.8**	**2.9**	**0.1**	**—**	**2.5**
北京	—	—	—	—	—	—	—	—	—
天津	—	—	—	—	—	—	—	—	—
河北	0.8	0.4	0.3	—	—	—	—	—	0.1
山西	2.4	—	2.1	—	—	—	—	—	0.2
内蒙古	—	—	—	—	—	—	—	—	—
辽宁	—	—	—	—	—	—	—	—	—
吉林	1.0	—	0.4	—	—	0.6	—	—	—
黑龙江	—	—	—	—	—	—	—	—	—
上海	0.1	—	0.1	—	—	—	—	—	—
江苏	1.2	—	1.2	—	—	—	—	—	—
浙江	6.3	1.3	3.6	0.4	0.3	0.4	—	—	0.2
安徽	3.5	—	0.6	0.6	0.7	0.2	—	—	1.4
福建	—	—	—	—	—	—	—	—	—
江西	—	—	—	—	—	—	—	—	—
山东	0.8	0.7	—	0.2	—	—	—	—	—
河南	—	—	—	—	—	—	—	—	—
湖北	—	—	—	—	—	—	—	—	—
湖南	6.3	1.3	2.1	1.8	—	1.2	—	—	0.1
广东	0.5	—	0.5	—	—	—	—	—	—
广西	—	—	—	—	—	—	—	—	—
海南	—	—	—	—	—	—	—	—	—
四川	7.4	2.3	2.4	1.7	0.5	—	0.1	—	0.4
贵州	—	—	—	—	—	—	—	—	—
云南	0.8	0.1	0.8	—	—	—	—	—	—
西藏	—	—	—	—	—	—	—	—	—
陕西	1.4	—	1.0	—	0.2	0.2	—	—	—
甘肃	1.6	0.1	0.5	—	1.0	0.1	—	—	—
青海	0.1	—	—	—	—	—	—	—	0.1
宁夏	0.7	0.1	0.4	0.1	—	0.2	—	—	—
新疆	—	—	—	—	—	—	—	—	—

4-33 各地区其他经济各种用途的房屋建筑竣工面积占全部的比重

单位：%

地区	厂房	住宅	办公用房	商业、居民服务业用房	文化教育用房	医疗用房	科研用房	其他用房
全国总计	**17.7**	**45.1**	**13.4**	**8.0**	**8.3**	**0.3**	–	**7.1**
北京	–	–	–	–	–	–	–	–
天津	–	–	–	–	–	–	–	–
河北	50.0	37.5	–	–	–	–	–	12.5
山西	–	87.5	–	–	–	–	–	8.3
内蒙古	–	–	–	–	–	–	–	–
辽宁	–	–	–	–	–	–	–	–
吉林	–	40.0	–	–	60.0	–	–	–
黑龙江	–	–	–	–	–	–	–	–
上海	–	100.0	–	–	–	–	–	–
江苏	–	100.0	–	–	–	–	–	–
浙江	20.6	57.1	6.3	4.8	6.3	–	–	3.2
安徽	–	17.1	17.1	20.0	5.7	–	–	40.0
福建	–	–	–	–	–	–	–	–
江西	–	–	–		–	–	–	–
山东	87.5	–	25.0	–	–	–	–	–
河南	–	–	–	–	–	–	–	–
湖北	–	–	–	–	–	–	–	–
湖南	20.6	33.3	28.6	–	19.0	–	–	1.6
广东	–	100.0	–	–	–	–	–	–
广西	–	–	–	–	–	–	–	–
海南	–	–	–	–	–	–	–	–
四川	31.1	32.4	23.0	6.8	–	1.4	–	5.4
贵州	–	–	–	–	–	–	–	–
云南	12.5	100.0	–	–	–	–	–	–
西藏	–	–	–	–	–	–	–	–
陕西	–	71.4	–	14.3	14.3	–	–	–
甘肃	6.2	31.3	–	62.5	6.2	–	–	–
青海	–	–	–	–	–	–	–	100.0
宁夏	14.3	57.1	14.3	–	28.6	–	–	–
新疆	–	–	–	–	–	–	–	–

4-34 各地区其他经济机械设备装备情况

地区	自有机械设备年末总台数(台)	自有机械设备年末总功率(万千瓦)	#施工机械功率	自有机械设备净值(万元)	技术装备率(元/人)	动力装备率(千瓦/人)
全国总计	**3 781**	**4.0**	**2.3**	**5 096**	**3 535**	**2.8**
北京	–	–	–	–	–	–
天津	–	–	–	–	–	–
河北	267	0.3	0.2	864	5 578	1.8
山西	223	0.1	–	259	3 611	0.8
内蒙古	–	–	–	–	–	–
辽宁	43	1.4	0.1	28	900	44.3
吉林	10	–	–	85	4 722	1.3
黑龙江	60	0.1	0.1	26	734	2.4
上海	97	0.1	–	205	19 712	6.1
江苏	22	–	–	6	551	0.4
浙江	380	0.4	0.4	1 538	8 509	2.0
安徽	324	0.2	0.2	265	2 630	2.1
福建	–	–	–	–	–	–
江西	–	–	–	–	–	–
山东	26	–	–	43	1 317	0.4
河南	–	–	–	–	–	–
湖北	–	–	–	–	–	–
湖南	743	0.3	0.3	626	2 276	1.1
广东	611	0.1	0.1	136	6 531	3.3
广西	–	–	–	–	–	–
海南	–	–	–	–	–	–
四川	495	0.7	0.5	567	2 597	3.1
贵州	–	–	–	–	–	–
云南	20	–	–	19	470	0.3
西藏	–	–	–	–	–	–
陕西	96	–	–	49	1 200	1.0
甘肃	225	0.2	0.1	220	2 154	2.1
青海	17	–	–	25	2 500	2.6
宁夏	122	0.2	0.1	134	2 727	3.8
新疆	–	–	–	–	–	–

4-35 各地区其他经济建筑业增加值及其构成(一)

单位: 万元

地 区	建筑业增加值合计	本年提取固定资产折旧	应付工资总额	应付福利费总额
全国总计	**15 321**	**712**	**7 568**	**453**
北 京	433	14	272	–
天 津	–	–	–	–
河 北	1 089	34	730	5
山 西	420	30	244	31
内蒙古	–	–	–	–
辽 宁	427	40	199	28
吉 林	110	2	60	8
黑龙江	583	19	306	34
上 海	1 538	52	90	13
江 苏	114	2	54	10
浙 江	3 156	150	1 850	139
安 徽	820	44	495	12
福 建	–	–	–	–
江 西	–	–	–	–
山 东	247	7	115	4
河 南	–	–	–	–
湖 北	83	–	29	6
湖 南	2 668	108	1 437	6
广 东	236	13	95	16
广 西	–	–	–	–
海 南	–	–	–	–
四 川	1 965	132	1 161	116
贵 州	–	–	–	–
云 南	712	34	49	–
西 藏	–	–	–	–
陕 西	214	10	97	15
甘 肃	359	5	202	–
青 海	11	5	11	1
宁 夏	136	12	74	9
新 疆	–	–	–	–

4－35 各地区其他经济建筑业增加值及其构成(二)

单位: 万元

地 区	工程结算税金及附加	工程结算利润	管理费用中的税金	管理费用中的劳动、待业保险费	转作奖金的利润
全国总计	**2316**	**4110**	**264**	**13**	**117**
北 京	27	119	－	2	－
天 津	－	－	－	－	－
河 北	82	239	1	－	－
山 西	30	79	8	－	1
内蒙古	－	－	－	－	－
辽 宁	26	131	1	2	－
吉 林	10	19	10	－	－
黑龙江	46	139	39	－	－
上 海	474	884	25	－	－
江 苏	19	29	－	－	－
浙 江	433	580	74	5	75
安 徽	67	183	17	2	－
福 建	－	－	－	－	－
江 西	－	－	－	－	－
山 东	8	86	27	－	－
河 南	－	－	－	－	－
湖 北	5	44	－	－	－
湖 南	656	453	27	2	20
广 东	19	93	－	－	－
广 西	－	－	－	－	－
海 南	－	－	－	－	－
四 川	221	323	30	1	20
贵 州	－	－	－	－	－
云 南	106	523	－	－	－
西 藏	－	－	－	－	－
陕 西	18	75	－	－	－
甘 肃	33	115	4	－	－
青 海	2	－9	1	－	－
宁 夏	35	6	－	－	－
新 疆	－	－	－	－	－

4-36 各地区其他经济建筑业劳动生产率

地　区	建筑业企业个数（个）	计算劳动生产率的平均人数（万人）	按总产值计算的劳动生产率（元/人）	按增加值计算的劳动生产率（元/人）	人均竣工产值（元/人）	人均施工面积（平米/人）	人均竣工面积（平米/人）
全国总计	**83**	**1.44**	**29 831**	**10 628**	**21 434**	**42.5**	**24.3**
北　京	3	0.03	29 976	12 899	25 982	22.3	—
天　津	—	—	—	—	—	—	—
河　北	6	0.15	15 828	7 034	6 060	13.9	5.3
山　西	3	0.07	21 660	5 855	20 128	34.0	34.0
内蒙古	—	—	—	—	—	—	—
辽　宁	1	0.03	28 746	13 730	34 437	—	—
吉　林	1	0.02	16 667	6 089	16 667	56.7	56.7
黑龙江	3	0.04	38 486	16 646	—	62.4	—
上　海	1	0.01	58 846	147 885	49 231	46.8	10.3
江　苏	2	0.01	52 514	10 664	52 514	110.1	110.1
浙　江	15	0.18	53 130	17 454	41 076	62.8	34.6
安　徽	7	0.10	23 768	8 133	17 451	38.6	34.4
福　建	—	—	—	—	—	—	—
江　西	—	—	—	—	—	—	—
山　东	2	0.03	17 073	7 521	17 073	24.8	24.8
河　南	—	—	—	—	—	—	—
湖　北	1	0.01	79 245	15 736	36 226	—	—
湖　南	10	0.28	32 259	9 703	16 983	50.2	23.1
广　东	2	0.02	23 445	11 278	20 096	25.4	25.4
广　西	—	—	—	—	—	—	—
海南	—	—	—	—	—	—	—
四　川	12	0.22	25 439	8 993	20 533	57.3	33.8
贵　州	—	—	—	—	—	—	—
云　南	3	0.04	88 228	17 798	85 103	28.3	20.9
西　藏	—	—	—	—	—	—	—
陕　西	2	0.04	13 407	5 224	16 207	52.5	34.1
甘　肃	4	0.10	10 039	3 518	4 765	32.9	15.6
青　海	2	0.01	4 370	1 060	4 190	5.4	5.4
宁　夏	3	0.05	25 061	2 780	22 173	30.3	14.6
新　疆	—	—	—	—	—	—	—

4-37 各地区其他经济资本金及资产构成(一)

单位:万元

地 区	资本金合计	资产总计	#流动资产合计	#存货	#在建工程
全国总计	**22 905**	**47 682**	**28 471**	**11 524**	**6 284**
北 京	577	1 174	614	146	49
天 津	–	–	–	–	–
河 北	2 093	5 815	3 802	1 110	268
山 西	590	746	188	16	–
内蒙古	–	–	–	–	–
辽 宁	240	1 542	1 089	287	106
吉 林	16	217	96	60	–
黑龙江	2 708	2 497	659	66	15
上 海	4 000	5 983	2 722	200	–
江 苏	187	653	633	59	–
浙 江	3 714	8 660	5 494	2 723	725
安 徽	1 051	1 835	657	240	131
福 建	–	–	–	–	–
江 西	–	–	–	–	–
山 东	223	330	119	54	–
河 南	–	–	–	–	–
湖 北	100	947	829	195	180
湖 南	2 935	3 257	1 686	1 146	996
广 东	693	878	392	29	29
广 西	–	–	–	–	–
海 南	–	–	–	–	–
四 川	2 186	8 700	7 045	4 464	3 518
贵 州	–	–	–	–	–
云 南	61	2 553	1 520	390	125
西 藏	–	–	–	–	–
陕 西	198	564	421	84	49
甘 肃	882	834	367	217	63
青 海	123	88	18	1	–
宁 夏	327	409	119	38	31
新 疆	–	–	–	–	–

4-37 各地区其他经济资本金及资产构成(二)

单位:万元

地区	固定资产合计	固定资产原价合计	#生产经营用	固定资产折旧	#本年折旧	无形及递延资产合计	#无形资产
全国总计	**16 753**	**18 651**	**15 727**	**3 651**	**712**	**154**	**23**
北京	540	451	25	31	14	19	19
天津	–	–	–	–	–	–	–
河北	1 499	1 586	1 497	190	34	–	–
山西	537	570	361	80	30	–	–
内蒙古	–	–	–	–	–	–	–
辽宁	334	446	446	1 112	40	10	4
吉林	121	179	85	58	2	–	–
黑龙江	1 792	1 850	1 819	57	19	6	–
上海	3 261	3 313	2 792	52	52	–	–
江苏	21	41	29	21	2	–	–
浙江	2 103	2 418	2 190	328	150	11	–
安徽	965	1 230	886	265	44	1	–
福建	–	–	–	–	–	–	–
江西	–	–	–	–	–	–	–
山东	191	212	190	370	7	–	–
河南	–	–	–	–	–	–	–
湖北	113	145	145	31	–	5	–
湖南	1 570	1 890	1 585	320	108	–	–
广东	478	493	493	15	13	8	–
广西	–	–	–	–	–	–	–
海南	–	–	–	–	–	–	–
四川	1 566	1 942	1 451	480	132	5	–
贵州	–	–	–	–	–	–	–
云南	721	813	807	92	34	88	–
西藏	–	–	–	–	–	–	–
陕西	143	178	178	35	10	–	–
甘肃	457	483	400	45	5	–	–
青海	70	90	85	20	5	–	–
宁夏	269	320	264	51	12	–	–
新疆	–	–	–	–	–	–	–

4－38 各地区其他经济负债及所有者权益

单位: 万元

地　区	负债合计	流动负债合计	长期负债合计	所有者权益合计	#股本
全国总计	**24 387**	**23 428**	**821**	**23 295**	**1 169**
北　京	556	556	–	618	100
天　津	–	–	–	–	–
河　北	3 554	3 552	2	2 261	–
山　西	225	220	5	521	288
内蒙古	–	–	–	–	–
辽　宁	1 203	1 203	–	339	–
吉　林	70	70	–	147	–
黑龙江	368	368	–	2 128	–
上　海	1 967	1 967	–	4 016	–
江　苏	459	459	–	194	98
浙　江	4 787	4 781	6	3 873	548
安　徽	683	683	–	1 152	1
福　建	–	–	–	–	–
江　西	–	–	–	–	–
山　东	102	102	–	228	–
河　南	–	–	–	–	–
湖　北	833	613	220	114	–
湖　南	1 123	707	416	2 133	–
广　东	222	222	–	656	–
广　西	–	–	–	–	–
海　南	–	–	–	–	–
四　川	6 552	6 294	121	2 148	134
贵　州	–	–	–	–	–
云　南	1 147	1 147	–	1 406	–
西　藏	–	–	–	–	–
陕　西	305	305	–	259	–
甘　肃	136	92	45	697	–
青　海	34	27	7	54	–
宁　夏	60	60	–	349	–
新　疆	–	–	–	–	–

4-39 各地区其他经济工程结算收入及工程结算利润

单位:万元

地区	工程结算收入	工程结算成本	工程结算税金及附加	工程结算利润	管理费用	#税金	#财产保险费	#劳动、待业保险费
全国总计	**38 814**	**32 388**	**2 316**	**4 110**	**3 458**	**264**	**9**	**13**
北京	1 007	861	27	119	169	–	2	2
天津	–	–	–	–	–	–	–	–
河北	2 408	2 088	82	239	69	1	–	–
山西	1 555	1 446	30	79	82	8	–	–
内蒙古	–	–	–	–	–	–	–	–
辽宁	804	647	26	131	153	1	2	2
吉林	300	271	10	19	30	10	1	–
黑龙江	1 151	966	46	139	125	39	–	–
上海	2 404	1 046	474	884	837	25	–	–
江苏	562	514	19	29	20	–	–	–
浙江	7 389	6 377	433	580	673	74	3	5
安徽	2 230	1 980	67	183	108	17	–	2
福建	–	–	–	–	–	–	–	–
江西	–	–	–	–	–	–	–	–
山东	250	156	8	86	49	27	–	–
河南	–	–	–	–	–	–	–	–
湖北	140	91	5	44	68	–	–	–
湖南	7 992	6 883	656	453	194	27	–	2
广东	420	308	19	93	80	–	–	–
广西	–	–	–	–	–	–	–	–
海南	–	–	–	–	–	–	–	–
四川	4 120	3 576	221	323	411	30	1	1
贵州	–	–	–	–	–	–	–	–
云南	3 411	2 782	106	523	224	–	–	–
西藏	–	–	–	–	–	–	–	–
陕西	550	457	18	75	68	–	–	–
甘肃	989	841	33	115	80	4	–	–
青海	46	53	2	-9	7	1	–	–
宁夏	1 086	1 045	35	6	11	–	–	–
新疆	–	–	–	–	–	–	–	–

4-40 各地区其他经济利税及利润总额

单位: 万元

地区	利税总额	#利润总额	#应交所得税	#转作奖金的利润	#应付利润	#已分配股利
全国总计	**3 339**	**759**	**236**	**117**	**228**	–
北京	25	-2	6	–	–	–
天津	–	–	–	–	–	–
河北	274	191	–	–	–	–
山西	53	15	2	1	2	–
内蒙古	–	–	–	–	–	–
辽宁	71	44	11	–	–	–
吉林	5	-15	–	–	–	–
黑龙江	87	2	–	–	–	–
上海	514	15	–	–	–	–
江苏	27	8	2	–	–	–
浙江	478	-29	69	75	73	–
安徽	165	81	13	–	–	–
福建	–	–	–	–	–	–
江西	–	–	–	–	–	–
山东	35	–	3	–	–	–
河南	–	–	–	–	–	–
湖北	11	6	–	–	–	–
湖南	777	94	20	20	9	–
广东	17	-2	–	–	–	–
广西	–	–	–	–	–	–
海南	–	–	–	–	–	–
四川	330	79	17	20	14	–
贵州	–	–	–	–	–	–
云南	359	253	93	–	129	–
西藏	–	–	–	–	–	–
陕西	25	7	–	–	–	–
甘肃	70	33	1	–	–	–
青海	-13	-16	–	–	–	–
宁夏	27	-8	1	–	–	–
新疆	–	–	–	–	–	–

4-41 各地区其他经济利润率及利税率

地区	产值利润率(%)	产值利税率(%)	资本金利润率(%)	资本金利税率(%)	人均利润(元/人)	人均利税(元/人)	资产负债率(%)
全国总计	**1.8**	**7.8**	**3.3**	**14.6**	**526**	**2 316**	**51.1**
北京	-0.2	2.4	-0.4	4.2	-65	729	47.3
天津	-	-	-	-	-	-	-
河北	7.8	11.1	9.1	13.0	1 231	1 762	61.1
山西	1.0	3.4	2.6	9.0	212	740	30.1
内蒙古	-	-	-	-	-	-	-
辽宁	4.9	7.9	18.3	29.6	1 415	2 283	78.0
吉林	-5.0	1.7	-92.6	30.9	-833	278	32.2
黑龙江	0.2	6.5	0.1	3.2	69	2 506	14.7
上海	2.5	84.0	0.4	12.8	1 442	49 423	32.9
江苏	1.5	4.8	4.5	14.5	785	2 533	70.3
浙江	-0.3	5.0	-0.8	12.9	-162	2 643	55.3
安徽	3.4	6.9	7.7	15.7	807	1 637	37.2
福建	-	-	-	-	-	-	-
江西	-	-	-	-	-	-	-
山东	-	6.3	-	15.8	-	1 076	30.8
河南	-	-	-	-	-	-	-
湖北	1.5	2.7	6.5	11.3	1 226	2 132	87.9
湖南	1.1	8.8	3.2	26.5	343	2 826	34.5
广东	-0.3	3.6	-0.2	2.5	-72	837	25.3
广西	-	-	-	-	-	-	-
海南	-	-	-	-	-	-	-
四川	1.4	5.9	3.6	15.1	361	1 513	75.3
贵州	-	-	-	-	-	-	-
云南	7.2	10.2	415.6	589.0	6 337	8 982	44.9
西藏	-	-	-	-	-	-	-
陕西	1.3	4.5	3.5	12.6	171	610	54.0
甘肃	3.2	6.9	3.8	8.0	325	693	16.4
青海	-35.5	-29.7	-12.6	-10.6	-1 550	-1 300	38.2
宁夏	-0.7	2.2	-2.5	8.3	-165	553	14.6
新疆	-	-	-	-	-	-	-

4-42 各地区其他经济建筑业企业亏损情况

地　区	建筑业企业个数(个)	亏损企业个数(个)	亏损金额(万元)	亏损面(%)
全国总计	**83**	**19**	**336**	**22.9**
北　京	3	1	23	33.3
天　津	—	—	—	—
河　北	6	2	10	33.3
山　西	3	—	—	—
内蒙古	—	—	—	—
辽　宁	1	—	—	—
吉　林	1	1	15	100.0
黑龙江	3	1	13	33.3
上　海	1	—	—	—
江　苏	2	—	—	—
浙　江	15	4	195	26.7
安　徽	7	2	23	28.6
福　建	—	—	—	—
江　西	—	—	—	—
山　东	2	1	10	50.0
河　南	—	—	—	—
湖　北	1	—	—	—
湖　南	10	1	4	10.0
广　东	2	1	10	50.0
广　西	—	—	—	—
海　南	—	—	—	—
四　川	12	—	—	—
贵　州	—	—	—	—
云　南	3	—	—	—
西　藏	—	—	—	—
陕　西	2	1	—	50.0
甘　肃	4	1	10	25.0
青　海	2	2	16	100.0
宁　夏	3	1	8	33.3
新　疆	—	—	—	—

五、一级、二级、三级、四级建筑业企业

5-1 各地区一级企业建筑业总产值和竣工产值

单位: 万元

地 区	建筑业总产值	建筑工程产值	安装工程产值	房屋构筑物修理产值	非标准设备制造产值	竣工产值
全国总计	**34 727 406**	**29 572 257**	**4 582 883**	**255 794**	**316 471**	**22 655 843**
北 京	3 202 625	2 981 271	155 378	60 901	5 075	1 958 010
天 津	1 268 684	1 057 551	179 035	8 849	23 249	754 224
河 北	1 707 829	1 417 100	265 822	3 950	20 957	1 051 415
山 西	1 149 642	988 850	151 944	5 183	3 664	902 005
内蒙古	320 221	246 388	42 991	29 050	1 792	235 714
辽 宁	1 797 459	1 440 889	301 131	26 196	29 243	1 271 739
吉 林	732 382	602 632	121 249	4 023	4 478	492 480
黑龙江	934 600	673 665	229 293	947	30 695	586 186
上 海	2 507 156	2 090 508	381 530	18 127	16 991	1 288 908
江 苏	2 780 263	2 408 196	341 003	13 678	17 386	1 847 053
浙 江	2 419 701	2 059 448	316 856	29 874	13 525	1 482 963
安 徽	855 550	698 091	138 212	6 402	12 844	695 701
福 建	580 570	510 053	67 527	663	2 327	420 178
江 西	397 131	360 311	35 415	64	1 341	247 559
山 东	1 683 535	1 284 718	380 371	9 312	9 133	1 126 865
河 南	1 244 325	980 423	238 567	3 232	22 103	774 280
湖 北	1 609 749	1 418 352	171 157	6 811	13 429	714 717
湖 南	1 108 746	973 617	121 329	1 829	11 971	709 771
广 东	2 562 027	2 325 236	210 457	11 329	15 004	1 935 218
广 西	485 927	430 583	45 831	126	9 386	429 576
海 南	25 472	25 472	–	–	–	17 628
四 川	2 169 520	1 868 312	267 050	11 695	22 464	1 542 841
贵 州	397 276	356 582	39 798	385	511	313 724
云 南	805 550	710 952	86 342	503	7 753	489 873
西 藏	9 498	9 498	–	–	–	8 688
陕 西	872 564	779 128	83 860	635	8 940	645 833
甘 肃	479 861	353 388	122 036	63	4 375	317 714
青 海	176 586	146 751	28 224	432	1 179	96 823
宁 夏	88 367	71 036	16 570	–	761	50 508
新 疆	354 589	303 256	43 904	1 536	5 893	247 648

5-2 各地区一级企业单位工程个数及工程质量

地区	单位工程施工个数(个)	#本年新开工个数	#投标承包个数	#本年新开工	单位工程竣工个数(个)	#优良品	工程质量优良品率(%)	投标承包个数占单位工程施工个数的比重(%)
全国总计	**172 797**	**79 170**	**72 931**	**33 190**	**79 281**	**47 351**	**59.7**	**42.2**
北京	6 870	2 577	4 480	1 375	2 575	1 174	45.6	65.2
天津	4 051	2 401	1 401	800	1 976	1 200	60.7	34.6
河北	8 253	4 202	5 193	2 566	4 083	2 606	63.8	62.9
山西	10 476	4 329	6 621	2 562	6 319	4 860	76.9	63.2
内蒙古	3 191	1 076	228	116	911	486	53.3	7.1
辽宁	7 784	3 952	3 295	1 443	4 217	2 480	58.8	42.3
吉林	3 498	2 359	1 315	1 047	1 913	1 371	71.7	37.6
黑龙江	3 684	2 362	554	253	1 962	1 169	59.6	15.0
上海	14 882	4 387	2 094	1 249	3 111	2 217	71.3	14.1
江苏	12 573	6 075	3 568	2 230	5 717	2 668	46.7	28.4
浙江	6 755	3 453	3 961	2 430	3 595	1 414	39.3	58.6
安徽	9 550	4 372	4 389	1 608	5 078	3 613	71.2	46.0
福建	2 667	1 321	1 183	541	1 614	894	55.4	44.4
江西	2 450	1 160	908	365	873	495	56.7	37.1
山东	10 766	6 254	3 228	1 499	7 147	4 280	59.9	30.0
河南	8 115	3 888	3 883	1 667	3 403	2 288	67.2	47.8
湖北	8 566	3 606	3 723	1 441	3 742	2 616	69.9	43.5
湖南	4 630	2 125	1 964	949	2 130	1 300	61.0	42.4
广东	6 956	3 051	2 808	1 195	3 297	1 438	43.6	40.4
广西	2 656	859	300	113	1 333	694	52.1	11.3
海南	103	33	76	28	43	6	14.0	73.8
四川	13 045	5 837	7 448	3 255	5 024	2 946	58.6	57.1
贵州	2 678	1 169	1 402	357	754	314	41.6	52.4
云南	6 140	2 956	3 184	1 351	3 099	1 812	58.5	51.9
西藏	1	1	1	1	1	1	100.0	100.0
陕西	6 319	1 960	2 866	1 158	1 845	1 179	63.9	45.4
甘肃	3 035	1 857	1 380	731	1 900	1 182	62.2	45.5
青海	802	458	573	330	545	312	57.2	71.4
宁夏	636	339	321	186	326	79	24.2	50.5
新疆	1 665	751	584	344	748	257	34.4	35.1

5-3 各地区一级企业房屋建筑面积和工程质量

地区	房屋建筑施工面积(万平方米)	#本年新开工面积	#投标承包面积	#本年新开工	房屋建筑竣工面积(万平方米)	#优良品面积	房屋建筑面积优良品率(%)	投标承包面积占房屋建筑施工面积的比重(%)
全国总计	**39 085.6**	**13 216.4**	**23 887.7**	**8 877.1**	**12 283.3**	**6 147.2**	**50.0**	**61.1**
北京	3 528.0	1 194.6	2 535.4	863.7	1 121.3	618.0	55.1	71.9
天津	1 074.1	372.2	376.8	158.5	269.0	136.3	50.7	35.1
河北	1 732.9	585.8	1 286.3	564.9	559.3	350.2	62.6	74.2
山西	821.5	225.2	332.1	86.4	235.0	101.8	43.3	40.4
内蒙古	283.7	115.4	60.0	32.2	86.0	39.1	45.4	21.2
辽宁	1 782.8	551.3	1 387.0	482.4	577.6	299.6	51.9	77.8
吉林	511.2	237.8	246.2	163.0	221.7	101.3	45.7	48.2
黑龙江	609.0	206.3	350.7	89.5	223.9	111.7	49.9	57.6
上海	1 806.9	593.4	1 506.6	531.8	373.3	205.2	55.0	83.4
江苏	3 998.3	1 608.8	2 290.4	952.4	1 460.1	863.6	59.1	57.3
浙江	3 154.3	1 230.0	2 218.0	1 064.2	1 126.3	521.9	46.3	70.3
安徽	809.6	280.4	348.0	157.7	253.9	116.5	45.9	43.0
福建	678.6	201.2	597.2	164.3	200.8	31.3	15.6	88.0
江西	472.0	148.9	273.3	89.8	152.3	77.8	51.1	57.9
山东	1 821.5	667.9	1 183.4	474.6	523.2	282.5	54.0	65.0
河南	1 462.9	565.4	921.5	354.8	423.3	191.7	45.3	63.0
湖北	1 635.0	461.0	921.0	287.4	342.5	146.1	42.7	56.3
湖南	1 204.8	417.5	397.8	183.6	379.6	192.3	50.7	33.0
广东	4 732.0	1 236.0	2 516.8	704.9	1 450.9	743.6	51.2	53.2
广西	639.2	184.5	175.8	48.3	194.5	77.8	40.0	27.5
海南	89.2	17.6	44.0	14.3	20.1	2.3	11.7	49.3
四川	2 944.7	922.0	1 812.8	628.1	884.3	437.6	49.5	61.6
贵州	520.0	186.4	389.2	145.7	158.3	59.5	37.6	74.8
云南	867.1	302.1	326.2	106.6	389.2	169.7	43.6	37.6
西藏	–	–	–	–	–	–	–	–
陕西	743.9	242.6	611.4	185.6	225.2	110.8	49.2	82.2
甘肃	598.1	236.1	474.6	196.1	211.3	96.9	45.9	79.3
青海	94.6	47.3	92.9	47.1	44.3	13.0	29.3	98.1
宁夏	87.6	35.3	52.1	22.2	42.7	15.4	36.1	59.5
新疆	382.1	143.3	160.0	77.3	133.6	33.7	25.2	41.9

5-4 各地区一级企业按主要用途分的房屋建筑竣工面积

单位: 万平方米

地区	合计	厂房	住宅	办公用房	商业、居民服务业用房	文化教育用房	医疗用房	科研用房	其他用房
全国总计	**12 283.3**	**1 889.3**	**5 296.7**	**1 523.2**	**1 654.4**	**529.1**	**156.4**	**137.6**	**1 096.6**
北京	1 121.3	84.3	522.1	176.7	118.9	74.0	22.3	38.2	84.8
天津	269.0	56.0	106.9	27.6	20.7	8.7	1.9	3.9	43.3
河北	559.3	128.4	263.5	69.0	36.7	18.8	7.5	7.9	27.6
山西	235.0	44.9	90.4	19.6	24.8	9.8	2.8	0.7	42.0
内蒙古	86.0	11.8	44.4	7.8	11.6	3.6	0.8	–	6.0
辽宁	577.6	76.7	241.2	60.4	117.5	26.7	5.6	1.7	47.8
吉林	221.7	57.5	88.2	32.2	25.7	9.1	1.4	1.4	6.2
黑龙江	223.9	34.8	110.6	15.7	22.4	9.6	2.6	6.1	22.0
上海	373.3	78.5	98.6	66.9	91.2	8.2	2.0	2.6	25.3
江苏	1 460.1	159.4	627.5	186.3	239.2	67.5	23.0	15.0	142.2
浙江	1 126.3	175.8	474.4	117.9	157.0	49.2	21.0	17.5	113.5
安徽	253.9	48.9	79.8	44.0	34.9	12.3	3.3	3.5	27.2
福建	200.8	31.8	65.3	42.4	36.7	8.7	3.1	–	12.8
江西	152.3	31.9	53.1	17.9	24.6	11.1	2.2	2.1	9.4
山东	523.2	85.4	186.6	71.3	60.9	28.6	3.5	4.1	82.8
河南	423.3	71.8	175.1	65.4	38.7	31.7	5.6	2.2	32.9
湖北	342.5	102.6	106.1	42.4	51.8	6.6	10.7	1.9	20.5
湖南	379.6	71.4	136.7	66.7	42.6	10.8	2.6	4.1	44.6
广东	1 450.9	133.9	760.8	162.2	227.6	44.4	5.7	7.3	109.0
广西	194.5	26.7	88.5	18.8	31.2	13.1	0.3	0.4	15.5
海南	20.1	1.3	16.8	0.9	0.2	–	0.2	–	0.8
四川	884.3	155.9	386.8	89.4	113.7	37.5	11.4	9.9	79.5
贵州	158.3	19.2	84.8	29.5	8.3	3.2	2.6	–	10.7
云南	389.2	102.3	141.8	29.8	51.7	14.1	7.0	2.8	39.6
西藏	–	–	–	–	–	–	–	–	–
陕西	225.2	40.7	119.2	17.3	16.2	8.2	1.1	3.9	18.5
甘肃	211.3	29.6	121.5	20.1	17.1	6.6	1.8	–	14.4
青海	44.3	6.2	25.5	3.5	1.3	0.6	2.0	–	5.2
宁夏	42.7	4.9	21.8	6.8	5.2	1.2	–	–	2.8
新疆	133.6	16.6	58.8	14.6	25.8	5.2	2.5	0.2	9.8

5-5 各地区一级企业各种用途的房屋建筑竣工面积占全部的比重

单位：%

地区	厂房	住宅	办公用房	商业、居民服务业用房	文化教育用房	医疗用房	科研用房	其他用房
全国总计	**15.4**	**43.1**	**12.4**	**13.5**	**4.3**	**1.3**	**1.1**	**8.9**
北京	7.5	46.6	15.8	10.6	6.6	2.0	3.4	7.6
天津	20.8	39.7	10.3	7.7	3.2	0.7	1.4	16.1
河北	23.0	47.1	12.3	6.6	3.4	1.3	1.4	4.9
山西	19.1	38.5	8.3	10.6	4.2	1.2	0.3	17.9
内蒙古	13.7	51.6	9.1	13.5	4.2	0.9	–	7.0
辽宁	13.3	41.8	10.5	20.3	4.6	1.0	0.3	8.3
吉林	25.9	39.8	14.5	11.6	4.1	0.6	0.6	2.8
黑龙江	15.5	49.4	7.0	10.0	4.3	1.2	2.7	9.8
上海	21.0	26.4	17.9	24.4	2.2	0.5	0.7	6.8
江苏	10.9	43.0	12.8	16.4	4.6	1.6	1.0	9.7
浙江	15.6	42.1	10.5	13.9	4.4	1.9	1.6	10.1
安徽	19.3	31.4	17.3	13.7	4.8	1.3	1.4	10.7
福建	15.8	32.5	21.1	18.3	4.3	1.5	–	6.4
江西	20.9	34.9	11.8	16.2	7.3	1.4	1.4	6.2
山东	16.3	35.7	13.6	11.6	5.5	0.7	0.8	15.8
河南	17.0	41.4	15.5	9.1	7.5	1.3	0.5	7.8
湖北	30.0	31.0	12.4	15.1	1.9	3.1	0.6	6.0
湖南	18.8	36.0	17.6	11.2	2.8	0.7	1.1	11.7
广东	9.2	52.4	11.2	15.7	3.1	0.4	0.5	7.5
广西	13.7	45.5	9.7	16.0	6.7	0.2	0.2	8.0
海南	6.5	83.6	4.5	1.0	–	1.0	–	4.0
四川	17.6	43.7	10.1	12.9	4.2	1.3	1.1	9.0
贵州	12.1	53.6	18.6	5.2	2.0	1.6	–	6.8
云南	26.3	36.4	7.7	13.3	3.6	1.8	0.7	10.2
西藏	–	–	–	–	–	–	–	–
陕西	18.1	52.9	7.7	7.2	3.6	0.5	1.7	8.2
甘肃	14.0	57.5	9.5	8.1	3.1	0.9	–	6.8
青海	14.0	57.6	7.9	2.9	1.4	4.5	–	11.7
宁夏	11.5	51.1	15.9	12.2	2.8	–	–	6.6
新疆	12.4	44.0	10.9	19.3	3.9	1.9	0.1	7.3

5-6 各地区一级企业机械设备装备情况

地区	自有机械设备年末总台数(台)	自有机械设备年末总功率(万千瓦)	#施工机械功率	自有机械设备净值(万元)	技术装备率(元/人)	动力装备率(千瓦/人)
全国总计	**1 240 885**	**3 157.1**	**2 191.6**	**3 624 882**	**6 079**	**5.3**
北京	76 824	292.4	205.8	217 196	4 428	6.0
天津	28 450	90.2	61.5	160 247	8 334	4.7
河北	65 105	172.3	118.9	164 047	5 560	5.8
山西	37 015	117.1	89.2	144 033	5 532	4.5
内蒙古	19 946	46.4	28.3	47 855	5 335	5.2
辽宁	70 647	216.2	146.7	196 114	5 552	6.1
吉林	29 093	85.5	52.0	85 727	5 689	5.7
黑龙江	43 830	184.4	122.4	123 121	6 030	9.0
上海	35 643	118.4	79.4	227 747	10 347	5.4
江苏	85 469	133.8	102.8	205 894	5 485	3.6
浙江	53 142	76.7	55.8	120 970	4 623	2.9
安徽	36 559	107.5	88.1	146 780	8 114	5.9
福建	14 597	36.2	23.3	49 033	5 797	4.3
江西	14 327	39.7	29.8	42 738	4 727	4.4
山东	165 018	152.3	93.6	165 757	5 972	5.5
河南	55 891	130.2	84.6	139 457	5 305	5.0
湖北	52 302	165.3	125.1	289 421	11 430	6.5
湖南	46 435	106.8	80.7	113 241	6 115	5.8
广东	89 397	220.4	153.5	272 516	6 277	5.1
广西	18 773	55.2	41.9	58 641	5 765	5.4
海南	824	0.9	0.5	1 877	2 653	1.2
四川	79 450	235.3	158.5	232 036	5 125	5.2
贵州	14 278	37.6	24.3	54 335	6 239	4.3
云南	23 476	72.5	45.9	83 696	6 245	5.4
西藏	561	4.0	3.6	4 991	30 769	24.9
陕西	33 327	121.1	93.9	130 737	6 507	6.0
甘肃	21 467	55.3	35.2	55 179	4 106	4.1
青海	9 290	23.6	17.5	28 088	3 426	2.9
宁夏	5 055	11.5	6.0	11 668	4 685	4.6
新疆	14 694	48.0	23.0	51 740	6 986	6.5

5-7 各地区一级企业建筑业增加值及其构成(一)

单位: 万元

地区	建筑业增加值合计	本年提取固定资产折旧	应付工资总额	应付福利费总额
全国总计	**10 953 979**	**760 281**	**4 799 567**	**571 295**
北京	926 896	50 180	405 981	46 292
天津	390 511	36 391	136 991	14 853
河北	516 761	39 672	205 613	32 423
山西	419 405	31 523	163 848	15 868
内蒙古	139 191	9 081	66 698	8 663
辽宁	631 959	45 862	276 614	34 647
吉林	268 176	18 891	129 644	12 749
黑龙江	306 011	21 058	136 546	17 146
上海	547 972	39 157	205 734	25 886
江苏	737 355	41 369	363 534	43 034
浙江	534 462	20 154	283 056	23 623
安徽	324 846	20 696	134 497	17 878
福建	179 201	10 875	79 810	8 648
江西	121 031	8 567	66 083	6 878
山东	574 755	39 784	253 639	27 982
河南	430 959	26 804	191 042	25 064
湖北	596 019	56 655	222 487	25 484
湖南	347 948	18 804	158 729	20 672
广东	875 534	65 512	389 581	48 455
广西	178 075	13 108	86 589	10 098
海南	6 448	149	3 602	723
四川	783 952	53 653	359 162	41 618
贵州	124 070	11 756	54 662	5 839
云南	251 101	19 214	104 089	14 979
西藏	3 602	668	188	–
陕西	315 185	27 615	126 596	17 329
甘肃	197 316	11 211	92 605	10 480
青海	61 937	6 617	29 319	3 525
宁夏	30 664	2 613	13 744	1 559
新疆	132 640	12 644	58 886	8 899

5-7 各地区一级企业建筑业增加值及其构成(二)

单位: 万元

地 区	工程结算税金及附加	工程结算利润	管理费用中的税金	管理费用中的劳动、待业保险费	转作奖金的利润
全国总计	**943 146**	**3 276 261**	**56 380**	**561 343**	**14 293**
北 京	84 420	300 208	4 637	37 200	2 023
天 津	30 473	146 465	1 753	23 631	45
河 北	46 923	159 863	2 853	29 419	6
山 西	34 374	148 254	2 060	23 486	8
内蒙古	8 544	35 902	1 860	8 441	–
辽 宁	49 592	192 262	3 222	29 765	4
吉 林	22 085	72 850	733	11 226	–
黑龙江	23 028	97 866	1 002	9 621	254
上 海	60 763	177 384	2 692	36 394	38
江 苏	67 875	192 605	3 039	27 483	1 583
浙 江	64 219	136 523	1 753	8 736	3 603
安 徽	23 644	106 506	1 640	20 063	79
福 建	19 431	50 378	745	9 314	–
江 西	8 477	27 052	590	3 418	36
山 东	50 375	178 408	2 417	25 250	3 100
河 南	35 224	126 301	1 769	24 777	24
湖 北	46 190	208 597	1 835	34 770	–
湖 南	28 685	104 416	1 806	15 935	1 097
广 东	84 134	254 208	4 462	30 389	1 207
广 西	12 096	43 162	407	12 616	–
海 南	774	923	61	216	–
四 川	57 137	210 484	3 104	58 946	152
贵 州	9 491	36 920	698	4 725	20
云 南	21 271	62 929	3 904	24 795	80
西 藏	277	1 613	850	6	–
陕 西	22 416	98 668	1 128	21 435	2
甘 肃	13 759	53 112	3 572	12 577	–
青 海	5 293	13 680	427	3 083	7
宁 夏	2 395	6 833	806	2 713	–
新 疆	9 782	31 888	553	10 913	926

5-8 各地区一级企业建筑业劳动生产率

地区	建筑业企业个数(个)	计算劳动生产率的平均人数(万人)	按总产值计算的劳动生产率(元/人)	按增加值计算的劳动生产率(元/人)	人均竣工产值(元/人)	人均施工面积(平米/人)	人均竣工面积(平米/人)
全国总计	**1 862**	**596.26**	**58 242**	**18 371**	**37 997**	**65.6**	**20.6**
北京	119	49.05	65 290	18 896	39 917	71.9	22.9
天津	54	19.23	65 978	20 308	39 223	55.9	14.0
河北	92	29.50	57 884	17 515	35 636	58.7	19.0
山西	42	26.04	44 156	16 109	34 645	31.6	9.0
内蒙古	28	8.97	35 697	15 516	26 276	31.6	9.6
辽宁	131	35.32	50 890	17 892	36 005	50.5	16.4
吉林	37	15.07	48 600	17 796	32 681	33.9	14.7
黑龙江	72	20.42	45 774	14 987	28 709	29.8	11.0
上海	78	22.01	113 909	24 896	58 560	82.1	17.0
江苏	142	37.54	74 067	19 643	49 206	106.5	38.9
浙江	60	26.17	92 464	20 423	56 668	120.5	43.0
安徽	48	18.09	47 297	17 958	38 460	44.8	14.0
福建	27	8.46	68 638	21 186	49 676	80.2	23.7
江西	26	9.04	43 922	13 386	27 379	52.2	16.8
山东	109	27.76	60 652	20 706	40 597	65.6	18.8
河南	98	26.29	47 334	16 394	29 454	55.7	16.1
湖北	72	25.32	63 575	23 539	28 227	64.6	13.5
湖南	58	18.52	59 871	18 789	38 327	65.1	20.5
广东	201	43.42	59 011	20 166	44 574	109.0	33.4
广西	25	10.17	47 772	17 507	42 232	62.8	19.1
海南	8	0.71	36 002	9 113	24 916	126.1	28.4
四川	136	45.27	47 919	17 316	34 077	65.0	19.5
贵州	28	8.71	45 617	14 246	36 023	59.7	18.2
云南	43	13.40	60 110	18 737	36 554	64.7	29.0
西藏	1	0.16	58 555	22 205	53 561	–	–
陕西	54	20.09	43 429	15 687	32 144	37.0	11.2
甘肃	29	13.44	35 705	14 682	23 640	44.5	15.7
青海	15	8.20	21 541	7 555	11 811	11.5	5.4
宁夏	11	2.49	35 483	12 313	20 281	35.2	17.2
新疆	18	7.41	47 881	17 911	33 440	51.6	18.0

5-9 各地区一级企业资本金及资产构成(一)

单位: 万元

地　区	资本金合计	资产总计	#流动资产合计	#存货	#在建工程
全国总计	**6 026 785**	**43 457 150**	**31 678 533**	**8 992 696**	**5 060 735**
北　京	454 155	4 550 170	3 665 700	1 173 119	407 847
天　津	267 450	1 420 902	983 490	157 559	43 333
河　北	299 529	1 844 065	1 253 648	294 846	116 937
山　西	221 425	1 654 475	1 133 912	301 066	135 578
内蒙古	85 177	503 634	350 885	86 661	13 350
辽　宁	472 207	2 473 772	1 714 327	360 311	137 699
吉　林	163 985	1 028 103	706 539	121 583	42 758
黑龙江	218 402	1 194 698	853 580	185 687	53 951
上　海	290 912	2 479 028	1 875 022	504 964	337 201
江　苏	340 817	3 223 057	2 633 023	1 069 629	853 376
浙　江	200 832	1 432 446	1 088 633	294 859	214 310
安　徽	174 916	1 056 132	718 610	166 797	73 983
福　建	82 865	643 290	445 380	115 247	72 609
江　西	64 495	495 163	324 337	169 336	120 258
山　东	352 821	2 160 133	1 374 732	257 268	95 129
河　南	235 872	1 273 935	857 863	224 642	87 460
湖　北	231 995	2 018 416	1 347 730	357 947	137 039
湖　南	156 339	1 095 590	757 718	163 177	71 326
广　东	531 523	5 578 960	4 583 141	1 608 365	1 335 952
广　西	87 516	909 651	728 950	287 667	236 695
海　南	9 812	48 762	34 438	4 165	2 971
四　川	441 069	2 341 047	1574 731	386 459	151 927
贵　州	72 248	653 979	492 192	144 341	104 954
云　南	103 171	684 535	480 087	133 350	67 305
西　藏	5 348	16 114	5 711	1 526	–
陕　西	191 032	1 215 863	778 754	209 232	74 857
甘　肃	115 545	632 792	389 021	108 837	43 569
青　海	45 220	248 471	149 748	35 809	12 027
宁　夏	27 509	113 761	70 158	11 737	5 026
新　疆	82 595	466 208	306 475	56 513	11 309

5-9 各地区一级企业资本金及资产构成(二)

单位:万元

地区	固定资产合计	固定资产原价合计	#生产经营用	固定资产折旧	#本年折旧	无形及递延资产合计	#无形资产
全国总计	**9 152 870**	**13 206 645**	**8 720 670**	**4 163 794**	**760 281**	**314 750**	**165 817**
北京	547 252	816 972	523 132	273 126	50 180	12 391	8 144
天津	355 226	583 065	451 346	229 872	36 391	7 920	2 064
河北	502 413	724 661	449 046	226 319	39 672	15 254	8 164
山西	453 446	612 709	352 046	159 485	31 523	5 353	1 736
内蒙古	134 141	191 480	115 857	57 962	9 081	5 446	5 293
辽宁	641 154	949 268	597 532	314 478	45 862	18 486	12 059
吉林	284 936	401 872	195 843	117 969	18 891	5 424	4 705
黑龙江	311 748	444 175	315 898	136 841	21 058	5 525	1 785
上海	329 248	567 274	484 793	251 021	39 157	41 430	18 167
江苏	468 066	649 308	468 119	186 216	41 369	14 508	6 183
浙江	260 164	347 786	245 751	88 569	20 154	8 581	2 763
安徽	287 682	417 511	251 130	129 829	20 696	2 202	930
福建	144 151	196 062	130 473	80 036	10 875	14 880	10 929
江西	130 024	175 145	109 232	45 157	8 567	771	201
山东	557 849	753 912	482 464	201 109	39 784	32 023	24 633
河南	347 952	488 394	300 095	142 074	26 804	13 477	11 108
湖北	565 637	831 354	571 526	266 282	56 655	11 270	4 728
湖南	260 831	361 600	272 831	104 625	18 804	16 718	5 784
广东	703 282	1 026 216	722 817	333 185	65 512	32 225	15 067
广西	137 390	200 754	141 052	63 673	13 108	10 111	9 750
海南	11 966	12 589	3 672	1 160	149	119	64
四川	594 436	880 282	569 161	288 352	53 653	12 840	6 017
贵州	109 461	161 995	113 484	52 546	11 756	11 924	–
云南	172 411	262 306	175 303	90 991	19 214	1 417	376
西藏	10 380	15 023	3 072	4 643	668	–	–
陕西	367 097	512 112	308 326	146 283	27 615	8 118	1 448
甘肃	205 972	260 092	148 502	63 871	11 211	2 011	550
青海	87 495	120 054	68 098	34 250	6 617	207	193
宁夏	37 191	54 101	39 799	16 911	2 613	3 222	2 772
新疆	133 866	188 572	110 271	56 959	12 644	895	202

5-10 各地区一级企业负债及所有者权益

单位: 万元

地　区	负债合计	流动负债合计	长期负债合计	所有者权益合计	#股本
全国总计	**34 514 695**	**32 234 530**	**2 215 020**	**8 942 455**	**379 729**
北　京	3 807 207	3 695 543	111 663	742 963	36 345
天　津	1 091 703	982 461	109 216	329 199	4 639
河　北	1 407 609	1 304 345	101 557	436 456	2 969
山　西	1 302 822	1 206 450	96 372	351 653	23 190
内蒙古	386 325	346 534	36 298	117 309	1 706
辽　宁	1 889 250	1 778 115	110 258	584 522	18 882
吉　林	771 652	737 804	33 848	256 450	5 197
黑龙江	892 506	815 545	76 961	302 192	573
上　海	2 016 550	1 887 483	128 291	462 478	13 986
江　苏	2 729 361	2 626 362	88 159	493 695	43 403
浙　江	1 092 503	1 049 808	42 695	339 943	40 464
安　徽	820 656	778 156	42 500	235 476	—
福　建	490 018	448 567	36 628	153 272	6 291
江　西	387 184	349 459	37 725	107 979	2 779
山　东	1 666 711	1 453 829	185 372	493 421	14 815
河　南	919 537	851 538	67 978	354 398	3 700
湖　北	1 592 336	1 412 575	179 017	426 081	11 000
湖　南	842 119	785 626	56 493	253 472	6 952
广　东	4 728 554	4 520 819	207 735	850 406	121 439
广　西	769 365	720 839	48 526	140 286	—
海　南	39 091	35 931	3 160	9 671	20
四　川	1 766 027	1 647 257	117 769	575 019	7 228
贵　州	540 867	519 336	21 531	113 112	—
云　南	547 238	480 153	67 084	137 297	—
西　藏	3 848	3 848	—	12 266	—
陕　西	938 650	845 996	85 236	277 213	2 244
甘　肃	467 296	406 600	59 596	165 496	6 902
青　海	188 477	178 445	10 031	59 994	4
宁　夏	82 580	74 777	7 803	31 181	—
新　疆	336 654	290 329	45 517	129 553	5 000

5-11 各地区一级企业工程结算收入及工程结算利润

单位: 万元

地 区	工程结算收入				管理费用			
		工程结算成本	工程结算税金及附加	工程结算利润		#税 金	#财产保险费	#劳动、待业保险费
全国总计	**32 476 977**	**28 257 570**	**943 146**	**3 276 261**	**2 561 141**	**56 380**	**15 617**	**561 343**
北 京	3 011 158	2 626 530	84 420	300 208	242 989	4 637	917	37 200
天 津	1 261 640	1 084 703	30 473	146 465	84 242	1 753	289	23 631
河 北	1 662 666	1 455 880	46 923	159 863	124 127	2 853	473	29 419
山 西	1 220 789	1 038 161	34 374	148 254	107 913	2 060	201	23 486
内蒙古	313 249	268 802	8 544	35 902	38 354	1 860	81	8 441
辽 宁	1 721 577	1 479 724	49 592	192 262	158 521	3 222	2 694	29 765
吉 林	724 578	629 643	22 085	72 850	61 187	733	244	11 226
黑龙江	890 580	769 687	23 028	97 866	86 806	1 002	414	9 621
上 海	2 017 920	1 779 773	60 763	177 384	173 529	2 692	1 201	36 394
江 苏	2 188 149	1 927 670	67 875	192 605	135 143	3 039	877	27 483
浙 江	2 015 968	1 815 226	64 219	136 523	90 980	1 753	723	8 736
安 徽	843 533	713 382	23 644	106 506	85 092	1 640	589	20 063
福 建	585 226	515 417	19 431	50 378	37 865	745	203	9 314
江 西	354 029	318 500	8 477	27 052	22 539	590	347	3 418
山 东	1 613 839	1 385 056	50 375	178 408	124 116	2 417	635	25 250
河 南	1 188 032	1 026 506	35 224	126 301	97 596	1 769	351	24 777
湖 北	1 593 595	1 338 808	46 190	208 597	154 686	1 835	620	34 770
湖 南	1 019 024	885 923	28 685	104 416	72 163	1 806	312	15 935
广 东	2 654 529	2 316 186	84 134	254 208	177 721	4 462	815	30 389
广 西	436 843	381 585	12 096	43 162	38 353	407	244	12 616
海 南	28 295	26 598	774	923	2 194	61	–	216
四 川	2 060 254	1 792 633	57 137	210 484	174 595	3 104	2 235	58 946
贵 州	393 047	346 637	9 491	36 920	28 688	698	106	4 725
云 南	739 097	654 897	21 271	62 929	57 552	3 904	273	24 795
西 藏	9 152	7 262	277	1 613	1 742	850	–	6
陕 西	839 363	718 278	22 416	98 668	82 115	1 128	452	21 435
甘 肃	486 992	420 122	13 759	53 112	45 154	3 572	224	12 577
青 海	164 715	145 742	5 293	13 680	13 536	427	25	3 083
宁 夏	85 229	76 001	2 395	6 833	8 134	806	33	2 713
新 疆	353 909	312 239	9 782	31 888	33 506	553	39	10 913

5-12 各地区一级企业利税及利润总额

单位:万元

地区	利税总额	#利润总额	#应交所得税	#转作奖金的利润	#应付利润	#已分配股利
全国总计	**1 253 128**	**253 602**	**99 183**	**14 293**	**50 128**	**8 089**
北京	144 058	55 001	16 060	2 023	4 260	557
天津	38 848	6 622	2 080	45	533	–
河北	57 580	7 804	4 320	6	2 003	96
山西	33 230	-3 204	522	8	434	22
内蒙古	4 794	-5 610	416	–	155	–
辽宁	46 087	-6 727	4 724	4	2 004	2
吉林	16 625	-6 193	1 177	–	67	–
黑龙江	18 904	-5 126	966	254	56	–
上海	98 488	35 033	5 879	38	4 265	1
江苏	106 776	35 862	8 590	1 583	4 087	137
浙江	113 915	47 943	8 808	3 603	3 733	2 002
安徽	23 956	-1 328	908	79	111	–
福建	23 887	3 711	1 474	–	182	61
江西	8 333	-734	951	36	75	–
山东	62 012	9 220	8 324	3 100	3 176	164
河南	40 046	3 053	2 263	24	452	–
湖北	56 637	8 612	2 816	–	2 656	580
湖南	39 943	9 452	2 430	1 097	1 002	–
广东	161 701	73 105	15 570	1 207	17 061	4 468
广西	14 485	1 982	1 145	–	333	–
海南	365	-470	28	–	–	–
四川	60 922	681	4 526	152	1 372	–
贵州	8 484	-1 705	826	20	114	–
云南	27 238	2 063	1 240	80	972	–
西藏	1 337	210	124	–	–	–
陕西	21 089	-2 455	1 201	2	349	–
甘肃	14 811	-2 520	535	–	584	–
青海	4 992	-728	413	7	53	–
宁夏	46	-3 155	81	–	40	–
新疆	3 541	-6 794	785	926	–	–

5-13 各地区一级企业利润率及利税率

地　区	产值利润　率(%)	产值利税　率(%)	资本金利润率(%)	资本金利税率(%)	人均利润(元/人)	人均利税(元/人)	资产负债率(%)
全国总计	**0.7**	**3.6**	**4.2**	**20.8**	**425**	**2 102**	**79.4**
北　京	1.7	4.5	12.1	31.7	1 121	2 937	83.7
天　津	0.5	3.1	2.5	14.5	344	2 020	76.8
河　北	0.5	3.4	2.6	19.2	264	1 952	76.3
山　西	−0.3	2.9	−1.4	15.0	−123	1 276	78.7
内蒙古	−1.8	1.5	−6.6	5.6	−625	534	76.7
辽　宁	−0.4	2.6	−1.4	9.8	−190	1 305	76.4
吉　林	−0.8	2.3	−3.8	10.1	−411	1 103	75.1
黑龙江	−0.5	2.0	−2.3	8.7	−251	926	74.7
上　海	1.4	3.9	12.0	33.9	1 592	4 475	81.3
江　苏	1.3	3.8	10.5	31.3	955	2 845	84.7
浙　江	2.0	4.7	23.9	56.7	1 832	4 353	76.3
安　徽	−0.2	2.8	−0.8	13.7	−73	1 324	77.7
福　建	0.6	4.1	4.5	28.8	439	2 824	76.2
江　西	−0.2	2.1	−1.1	12.9	−81	922	78.2
山　东	0.5	3.7	2.6	17.6	332	2 234	77.2
河　南	0.2	3.2	1.3	17.0	116	1 523	72.2
湖　北	0.5	3.5	3.7	24.4	340	2 237	78.9
湖　南	0.9	3.6	6.0	25.5	510	2 157	76.9
广　东	2.9	6.3	13.8	30.4	1 684	3 724	84.8
广　西	0.4	3.0	2.3	16.6	195	1 424	84.6
海　南	−1.8	1.4	−4.8	3.7	−664	516	80.2
四　川	−	2.8	0.2	13.8	15	1 346	75.4
贵　州	−0.4	2.1	−2.4	11.7	−196	974	82.7
云　南	0.3	3.4	2.0	26.4	154	2 033	79.9
西　藏	2.2	14.1	3.9	25.0	1 292	8 240	23.9
陕　西	−0.3	2.4	−1.3	11.0	−122	1 050	77.2
甘　肃	−0.5	3.1	−2.2	12.8	−188	1 102	73.8
青　海	−0.4	2.8	−1.6	11.0	−89	609	75.9
宁　夏	−3.6	0.1	−11.5	0.2	−1 267	18	72.6
新　疆	−1.9	1.0	−8.2	4.3	−917	478	72.2

5-14 各地区一级建筑业企业亏损情况

地　区	建筑业企业个数(个)	亏损企业个数(个)	亏损金额(万元)	亏损面(%)
全国总计	**1 862**	**365**	**244 434**	**19.6**
北　京	119	18	8 326	15.1
天　津	54	10	4 600	18.5
河　北	92	14	11 607	15.2
山　西	42	11	7 258	26.2
内蒙古	28	11	8 347	39.3
辽　宁	131	29	31 362	22.1
吉　林	37	11	13 754	29.7
黑龙江	72	19	14 049	26.4
上　海	78	8	4 577	10.3
江　苏	142	16	3 885	11.3
浙　江	60	–	–	–
安　徽	48	14	15 235	29.2
福　建	27	2	1 030	7.4
江　西	26	8	7 926	30.8
山　东	109	19	25 789	17.4
河　南	98	23	5 944	23.5
湖　北	72	26	10 847	36.1
湖　南	58	7	1 659	12.1
广　东	201	41	10 993	20.4
广　西	25	2	1 737	8.0
海　南	8	4	487	50.0
四　川	136	27	14 528	19.9
贵　州	28	8	4 364	28.6
云　南	43	7	3 587	16.3
西　藏	1	–	–	–
陕　西	54	11	8 362	20.4
甘　肃	29	4	7 193	13.8
青　海	15	4	1 193	26.7
宁　夏	11	5	3 696	45.5
新　疆	18	6	12 098	33.3

5－15 各地区二级企业建筑业总产值和竣工产值

单位：万元

地区	建筑业总产值	建筑工程产值	安装工程产值	房屋构筑物修理产值	非标准设备制造产值	竣工产值
全国总计	**21 854 159**	**19 070 775**	**2 230 712**	**437 144**	**115 527**	**14 897 281**
北京	865 765	758 752	67 571	39 177	265	561 116
天津	287 671	248 622	34 788	2 950	1 311	186 881
河北	926 324	816 797	100 970	4 278	4 280	662 381
山西	200 666	160 310	38 433	1 119	804	139 830
内蒙古	203 672	169 758	17 195	16 477	243	158 988
辽宁	927 971	673 976	195 240	45 216	13 538	675 486
吉林	226 179	151 594	70 332	3 218	1 036	173 336
黑龙江	597 339	462 571	128 870	2 814	3 084	480 001
上海	1 057 640	908 720	100 066	45 960	2 894	691 788
江苏	3 481 539	3 121 860	294 281	46 327	19 072	2 480 927
浙江	2 876 293	2 640 064	184 954	40 345	10 929	1 834 833
安徽	552 859	474 486	69 338	6 155	2 880	357 306
福建	489 842	454 942	31 524	2 152	1 224	351 148
江西	140 775	123 545	15 338	1 253	639	90 180
山东	1 807 990	1 430 984	305 591	43 570	27 846	1 113 924
河南	540 805	470 463	61 445	6 626	2 272	364 007
湖北	389 093	333 644	41 401	10 556	3 492	279 434
湖南	594 668	526 559	39 418	25 429	3 262	384 455
广东	2 163 444	2 024 439	112 044	21 451	5 509	1 472 626
广西	296 123	281 249	12 592	2 113	168	219 433
海南	84 093	83 113	732	248	—	65 082
四川	2 126 533	1 881 708	183 336	55 970	5 520	1 440 303
贵州	93 796	81 755	10 129	629	1 283	55 228
云南	224 405	196 927	24 107	2 423	948	177 502
西藏	14 849	13 769	1 080	—	—	12 125
陕西	116 607	100 056	14 791	1 512	248	79 721
甘肃	312 653	275 045	29 934	7 195	478	218 261
青海	25 551	13 618	11 607	138	188	14 124
宁夏	44 710	37 002	7 652	25	31	31 886
新疆	184 303	154 446	25 954	1 819	2 084	124 969

5-16 各地区二级企业单位工程个数及工程质量

地 区	单位工程施工个数(个)	#本年新开工个数	#投标承包个数	#本年新开工	单位工程竣工个数(个)	#优良品	工程质量优良品率(%)	投标承包个数占单位工程施工个数的比重(%)
全国总计	**155 334**	**89 702**	**42 424**	**26 703**	**91 123**	**27 681**	**30.4**	**27.3**
北 京	6 148	3 598	1 122	536	3 960	412	10.4	18.2
天 津	1 811	1 266	580	446	1 392	397	28.5	32.0
河 北	7 595	4 511	3 636	2 234	4 544	1 707	37.6	47.9
山 西	2 288	1 544	521	322	1 511	319	21.1	22.8
内蒙古	1 450	886	195	143	941	387	41.1	13.4
辽 宁	7 230	5 513	1 604	1 002	5 267	1 687	32.0	22.2
吉 林	1 744	1 472	382	332	1 373	576	42.0	21.9
黑龙江	2 494	1 901	661	379	1 923	738	38.4	26.5
上 海	6 417	4 039	2 373	1 437	3 374	888	26.3	37.0
江 苏	18 951	12 968	4 942	3 522	13 320	4 459	33.5	26.1
浙 江	12 590	7 167	4 224	2 425	7 518	2 118	28.2	33.6
安 徽	5 945	3 934	1 403	938	3 918	938	23.9	23.6
福 建	13 422	1 910	1 183	664	2 001	630	31.5	8.8
江 西	1 372	736	366	178	825	192	23.3	26.7
山 东	13 134	8 572	3 845	2 494	8 178	2 597	31.8	29.3
河 南	6 592	4 247	2 209	1 414	3 976	1 000	25.2	33.5
湖 北	3 841	2 111	411	258	2 215	330	14.9	10.7
湖 南	3 811	2 048	943	579	2 284	921	40.3	24.7
广 东	11 936	5 577	2 307	1 155	6 165	2 098	34.0	19.3
广 西	2 762	1 401	442	275	1 471	236	16.0	16.0
海 南	289	149	87	40	132	29	22.0	30.1
四 川	13 170	7 631	5 176	3 313	8 159	2 912	35.7	39.3
贵 州	1 069	545	298	151	560	155	27.7	27.9
云 南	2 086	1 106	535	375	1 316	458	34.8	25.6
西 藏	106	82	68	60	88	59	67.0	64.2
陕 西	1 500	941	604	425	905	295	32.6	40.3
甘 肃	2 639	1 734	1 594	1 034	1 884	497	26.4	60.4
青 海	305	231	143	98	191	59	30.9	46.9
宁 夏	733	565	144	76	483	78	16.1	19.6
新 疆	1 904	1 317	426	398	1 249	509	40.8	22.4

5-17 各地区二级企业房屋建筑面积和工程质量

地区	房屋建筑施工面积（万平方米）	#本年新开工面积	#投标承包面积	#本年新开工	房屋建筑竣工面积（万平方米）	#优良品面积	房屋建筑面积优良品率（%）	投标承包面积占房屋建筑施工面积的比重（%）
全国总计	**36 840.2**	**16 976.7**	**14 391.3**	**7 730.6**	**17 314.6**	**6 152.5**	**35.5**	**39.1**
北京	1 050.4	424.5	581.0	224.7	412.0	87.2	21.2	55.3
天津	327.9	177.1	145.4	86.0	170.3	46.6	27.3	44.4
河北	1 838.9	933.4	1 081.1	614.1	1 060.9	421.4	39.7	58.8
山西	282.1	147.9	129.0	65.5	108.7	44.7	41.1	45.7
内蒙古	317.0	179.2	52.7	37.1	166.8	76.9	46.1	16.6
辽宁	1 317.5	660.2	640.2	326.1	656.2	249.9	38.1	48.6
吉林	205.2	139.6	78.0	64.8	132.9	55.1	41.5	38.0
黑龙江	746.1	336.6	434.6	185.5	393.2	154.6	39.3	58.2
上海	1 138.7	510.7	707.5	340.7	481.9	123.0	25.5	62.1
江苏	5 244.0	2 717.5	1 974.5	1 118.2	2 569.9	1 132.2	44.1	37.7
浙江	4 318.0	2 038.4	1 798.0	952.4	1 875.8	697.4	37.2	41.6
安徽	993.6	493.2	322.0	208.2	404.3	91.0	22.5	32.4
福建	893.2	453.2	422.3	196.3	406.4	75.4	18.5	47.3
江西	286.3	115.7	83.2	38.1	114.4	43.6	38.1	29.1
山东	2 883.1	1 492.6	1 082.5	649.1	1 373.3	474.2	34.5	37.5
河南	1 184.2	581.0	603.1	327.4	607.9	192.5	31.7	50.9
湖北	828.4	346.0	136.4	78.6	385.9	59.9	15.5	16.5
湖南	1 023.8	389.2	238.7	145.7	492.6	144.0	29.2	23.3
广东	5 114.1	1 607.9	1 022.2	476.7	1 887.6	696.8	36.9	20.0
广西	586.1	232.7	107.2	60.9	267.8	44.8	16.7	18.3
海南	97.0	25.3	35.2	14.8	26.6	11.6	43.5	36.3
四川	4 428.1	2 063.8	1 896.5	1 040.6	2 338.1	913.1	39.1	42.8
贵州	233.2	97.7	97.2	38.2	103.5	32.2	31.1	41.7
云南	326.9	200.2	65.8	46.2	176.4	74.2	42.1	20.1
西藏	14.9	8.6	9.4	7.4	9.5	7.7	81.5	62.9
陕西	239.2	124.4	160.4	91.6	116.4	62.4	53.6	67.1
甘肃	612.4	318.2	391.8	231.1	407.8	100.1	24.5	64.0
青海	23.8	12.7	13.9	9.6	14.8	2.0	13.8	58.6
宁夏	50.4	24.0	37.9	20.2	30.6	7.1	23.3	75.1
新疆	235.7	125.1	43.5	34.9	122.1	30.9	25.3	18.5

5-18 各地区二级企业按主要用途分的房屋建筑竣工面积

单位:万平方米

地区	合计	厂房	住宅	办公用房	商业、居民服务业用房	文化教育用房	医疗用房	科研用房	其他用房
全国总计	**17 314.6**	**1 958.8**	**9 476.0**	**1 806.3**	**1 821.1**	**756.3**	**195.0**	**66.4**	**1 234.8**
北京	412.0	25.0	240.0	37.8	58.5	14.6	2.4	5.1	28.5
天津	170.3	9.6	120.3	15.4	11.2	9.2	1.0	0.7	2.9
河北	1 060.9	69.9	632.0	107.3	52.6	59.7	8.5	5.0	125.9
山西	108.7	4.7	65.8	16.9	4.7	5.5	1.2	0.7	9.1
内蒙古	166.8	10.9	112.8	14.6	10.1	8.3	1.8	0.3	8.0
辽宁	656.2	42.0	398.5	63.5	39.3	21.1	9.8	0.6	81.3
吉林	132.9	7.2	83.6	15.9	4.0	7.9	0.2	–	14.1
黑龙江	393.2	21.4	282.5	23.3	35.7	13.0	3.0	1.9	12.5
上海	481.9	81.1	257.2	47.4	37.4	22.8	4.7	1.6	29.7
江苏	2 569.9	349.9	1 172.8	299.9	347.4	119.1	33.0	19.9	227.9
浙江	1 875.8	209.2	1 016.7	159.0	257.0	78.9	20.3	4.7	130.1
安徽	404.3	62.9	193.8	38.5	63.1	20.1	6.6	3.2	16.2
福建	406.4	26.3	246.8	46.9	19.9	11.7	1.6	–	53.2
江西	114.4	12.9	60.9	21.6	9.0	2.4	0.8	0.3	6.3
山东	1 373.3	174.0	670.4	185.6	148.3	68.4	20.2	2.0	104.5
河南	607.9	77.6	341.9	75.8	39.6	31.4	9.7	2.3	29.5
湖北	385.9	29.8	213.2	41.5	36.6	22.5	6.4	0.6	35.3
湖南	492.6	78.8	245.9	60.8	53.1	15.4	8.0	2.0	28.5
广东	1 887.6	272.3	1 048.9	150.7	219.0	92.6	16.2	6.1	81.8
广西	267.8	29.3	148.9	21.9	22.7	13.5	2.7	0.3	28.6
海南	26.6	0.7	19.5	1.5	2.5	0.5	0.8	–	1.1
四川	2 338.1	270.8	1 356.8	253.7	212.8	82.3	26.4	7.1	128.2
贵州	103.5	6.6	67.3	10.1	11.2	4.0	0.2	–	4.1
云南	176.4	28.7	77.1	22.8	24.2	7.6	1.5	0.4	14.2
西藏	9.5	0.9	2.6	2.5	0.7	2.1	0.3	–	0.4
陕西	116.4	15.0	72.1	13.6	4.6	5.2	1.1	–	4.6
甘肃	407.8	25.0	226.8	42.6	83.7	9.5	2.2	1.5	16.6
青海	14.8	0.9	9.0	0.5	2.1	–	–	–	2.3
宁夏	30.6	2.7	18.4	3.4	2.4	1.3	0.8	–	1.7
新疆	122.1	12.7	73.5	11.4	7.5	5.7	3.5	–	7.7

5－19 各地区二级企业各种用途的房屋建筑竣工面积占全部的比重

单位：%

地区	厂房	住宅	办公用房	商业、居民服务业用房	文化教育用房	医疗用房	科研用房	其他用房
全国总计	**11.3**	**54.7**	**10.4**	**10.5**	**4.4**	**1.1**	**0.4**	**7.1**
北京	6.1	58.3	9.2	14.2	3.5	0.6	1.2	6.9
天津	5.6	70.6	9.0	6.6	5.4	0.6	0.4	1.7
河北	6.6	59.6	10.1	5.0	5.6	0.8	0.5	11.9
山西	4.3	60.5	15.5	4.3	5.1	1.1	0.6	8.4
内蒙古	6.5	67.6	8.8	6.1	5.0	1.1	0.2	4.8
辽宁	6.4	60.7	9.7	6.0	3.2	1.5	0.1	12.4
吉林	5.4	62.9	12.0	3.0	5.9	0.2	–	10.6
黑龙江	5.4	71.8	5.9	9.1	3.3	0.8	0.5	3.2
上海	16.8	53.4	9.8	7.8	4.7	1.0	0.3	6.2
江苏	13.6	45.6	11.7	13.5	4.6	1.3	0.8	8.9
浙江	11.2	54.2	8.5	13.7	4.2	1.1	0.3	6.9
安徽	15.6	47.9	9.5	15.6	5.0	1.6	0.8	4.0
福建	6.5	60.7	11.5	4.9	2.9	0.4	–	13.1
江西	11.3	53.2	18.9	7.9	2.1	0.7	0.3	5.5
山东	12.7	48.8	13.5	10.8	5.0	1.5	0.1	7.6
河南	12.8	56.2	12.5	6.5	5.2	1.6	0.4	4.9
湖北	7.7	55.2	10.8	9.5	5.8	1.7	0.2	9.1
湖南	16.0	49.9	12.3	10.8	3.1	1.6	0.4	5.8
广东	14.4	55.6	8.0	11.6	4.9	0.9	0.3	4.3
广西	10.9	55.6	8.2	8.5	5.0	1.0	0.1	10.7
海南	2.6	73.3	5.6	9.4	1.9	3.0	–	4.1
四川	11.6	58.0	10.9	9.1	3.5	1.1	0.3	5.5
贵州	6.4	65.0	9.8	10.8	3.9	0.2	–	4.0
云南	16.3	43.7	12.9	13.7	4.3	0.9	0.2	8.0
西藏	9.5	27.4	26.3	7.4	22.1	3.2	–	4.2
陕西	12.9	61.9	11.7	4.0	4.5	0.9	–	4.0
甘肃	6.1	55.6	10.4	20.5	2.3	0.5	0.4	4.1
青海	6.1	60.8	3.4	14.2	–	–	–	15.5
宁夏	8.8	60.1	11.1	7.8	4.2	2.6	–	5.6
新疆	10.4	60.2	9.3	6.1	4.7	2.9	–	6.3

5-20 各地区二级企业机械设备装备情况

地区	自有机械设备年末总台数（台）	自有机械设备年末总功率（万千瓦）	#施工机械功率	自有机械设备净值（万元）	技术装备率（元/人）	动力装备率（千瓦/人）
全国总计	**1 572 617**	**2 211.8**	**1 747.3**	**2 307 610**	**4 052**	**3.9**
北京	52 281	53.5	37.3	95 858	5 872	3.3
天津	13 677	29.0	19.6	23 178	3 969	5.0
河北	123 853	138.6	113.7	118 741	3 319	3.9
山西	23 812	32.0	22.7	24 661	4 000	5.2
内蒙古	20 573	27.1	20.3	21 663	2 965	3.7
辽宁	66 574	155.4	112.2	134 530	4 402	5.1
吉林	9 786	25.2	18.9	24 291	3 872	4.0
黑龙江	31 516	71.0	52.2	64 327	3 685	4.1
上海	33 733	41.0	29.4	92 285	5 508	2.4
江苏	174 078	210.3	169.9	263 606	4 089	3.3
浙江	129 421	149.1	129.6	254 908	5 689	3.3
安徽	48 276	53.4	41.9	62 132	3 658	3.1
福建	27 032	41.5	28.6	53 232	5 530	4.3
江西	9 317	12.7	8.1	13 399	3 121	3.0
山东	132 633	307.1	254.2	179 078	3 191	5.5
河南	78 062	72.9	57.8	79 742	3 205	2.9
湖北	41 687	49.1	36.5	44 258	3 375	3.7
湖南	60 166	70.0	56.5	71 824	4 311	4.2
广东	181 683	219.1	194.7	252 362	4 788	4.2
广西	30 257	38.2	29.3	45 069	5 373	4.6
海南	3 358	10.8	8.6	16 730	8 087	5.2
四川	185 187	262.9	208.3	224 734	3 140	3.7
贵州	7 639	12.7	8.6	12 421	3 045	3.1
云南	18 974	31.2	14.4	27 658	4 806	5.4
西藏	354	1.2	0.7	2 939	6 930	2.8
陕西	12 372	14.4	10.8	14 357	3 179	3.2
甘肃	34 000	41.0	33.8	42 120	2 286	2.2
青海	2 380	3.1	1.7	3 578	3 509	3.0
宁夏	4 501	8.2	6.2	10 965	7 734	5.8
新疆	15 435	30.1	20.9	32 968	5 718	5.2

5－21 各地区二级企业建筑业增加值及其构成(一)

单位：万元

地　区	建筑业增加值合计	本年提取固定资产折旧	应付工资总额	应付福利费总额
全国总计	**5 823 427**	**326 830**	**2 983 406**	**312 250**
北　京	237 045	11 934	106 492	9 659
天　津	82 380	4 918	30 395	3 858
河　北	256 435	14 030	123 836	12 026
山　西	52 383	6 031	24 397	2 334
内蒙古	67 041	4 332	34 431	3 693
辽　宁	304 614	20 280	151 225	19 013
吉　林	59 334	3 588	31 397	3 314
黑龙江	158 546	9 140	78 582	10 347
上　海	240 854	10 624	94 645	10 930
江　苏	863 259	41 913	489 653	56 079
浙　江	705 219	31 604	422 844	32 024
安　徽	146 834	7 901	74 893	7 890
福　建	122 364	5 330	59 126	9 463
江　西	25 731	1 670	14 919	1 479
山　东	524 386	30 204	241 801	30 588
河　南	166 219	10 584	76 496	7 787
湖　北	112 413	7 908	51 626	5 405
湖　南	164 289	11 467	85 061	9 880
广　东	569 704	32 624	295 933	24 563
广　西	74 236	5 396	36 464	4 235
海　南	17 141	800	10 319	842
四　川	563 417	33 905	302 542	32 530
贵　州	32 058	1 898	16 702	1 590
云　南	48 285	2 856	24 065	2 598
西　藏	3 218	592	285	94
陕　西	30 819	1 610	13 896	1 338
甘　肃	97 129	3 684	48 285	4 008
青　海	7 381	937	3 763	356
宁　夏	17 872	1 361	7 762	1 020
新　疆	72 818	7 709	31 572	3 306

5-21 各地区二级企业建筑业增加值及其构成(二)

单位:万元

地区	工程结算税金及附加	工程结算利润	管理费用中的税金	管理费用中的劳动、待业保险费	转作奖金的利润
全国总计	**572 798**	**1 494 674**	**45 105**	**109 398**	**21 034**
北京	24 671	79 626	774	4 538	648
天津	7 049	30 289	538	5 697	364
河北	26 209	72 183	2 694	5 839	381
山西	4 038	13 518	557	1 536	28
内蒙古	5 468	17 187	535	1 914	520
辽宁	26 307	80 162	1 777	6 171	321
吉林	6 224	12 640	440	1 737	6
黑龙江	16 362	40 436	1 322	2 580	223
上海	26 663	92 059	2 107	4 520	694
江苏	75 913	186 653	3 526	12 510	2 988
浙江	71 651	141 957	2 610	6 146	3 617
安徽	14 597	36 198	1 582	4 041	268
福建	13 536	31 876	901	2 247	115
江西	2 556	3 410	567	1 142	13
山东	56 522	156 307	4 327	8 558	3 921
河南	16 533	50 353	1 341	3 488	362
湖北	9 842	33 472	1 592	2 681	112
湖南	16 287	39 026	1 219	1 950	601
广东	59 700	148 855	4 365	7 275	3 610
广西	8 074	17 195	612	2 645	386
海南	1 534	3 261	208	200	25
四川	56 228	125 831	5 964	7 899	1 481
贵州	2 735	7 623	374	1 174	37
云南	4 745	11 588	574	1 887	29
西藏	201	1 755	98	202	9
陕西	2 909	9 490	295	1 312	32
甘肃	9 234	26 719	3 531	1 858	190
青海	468	1 347	146	365	1
宁夏	1 134	5 580	137	922	43
新疆	5 407	18 078	390	6 362	7

5－22 各地区二级企业建筑业劳动生产率

地　区	建筑业企业个数（个）	计算劳动生产率的平均人数（万人）	按总产值计算的劳动生产率（元/人）	按增加值计算的劳动生产率（元/人）	人均竣工产值（元/人）	人均施工面积（平米/人）	人均竣工面积（平米/人）
全国总计	**5 964**	**569.53**	**38 372**	**10 225**	**26 157**	**64.7**	**30.4**
北　京	298	16.32	53 038	14 522	34 375	64.4	25.2
天　津	76	5.84	49 266	14 108	32 005	56.2	29.2
河　北	362	35.77	25 894	7 168	18 516	51.4	29.7
山　西	68	6.16	32 551	8 497	22 683	45.8	17.6
内蒙古	87	7.30	27 881	9 177	21 764	43.4	22.8
辽　宁	363	30.56	30 366	9 968	22 104	43.1	21.5
吉　林	85	6.27	36 048	9 457	27 626	32.7	21.2
黑龙江	230	17.46	34 219	9 082	27 497	42.7	22.5
上　海	272	16.76	63 121	14 374	41 286	68.0	28.8
江　苏	525	64.47	54 007	13 391	38 485	81.3	39.9
浙　江	308	44.81	64 190	15 738	40 948	96.4	41.9
安　徽	184	16.99	32 547	8 644	21 035	58.5	23.8
福　建	165	9.63	50 887	12 712	36 479	92.8	42.2
江　西	60	4.29	32 791	5 994	21 006	66.7	26.6
山　东	556	56.12	32 218	9 344	19 850	51.4	24.5
河　南	320	24.88	21 738	6 681	14 631	47.6	24.4
湖　北	217	13.12	29 668	8 571	21 306	63.2	29.4
湖　南	174	16.66	35 691	9 860	23 075	61.4	29.6
广　东	427	52.70	41 048	10 809	27 941	97.0	35.8
广　西	99	8.39	35 300	8 850	26 158	69.9	31.9
海　南	26	2.07	40 648	8 285	31 459	46.9	12.8
四　川	668	71.56	29 715	7 873	20 126	61.9	32.7
贵　州	75	4.08	22 994	7 859	13 539	57.2	25.4
云　南	60	5.75	38 996	8 391	30 846	56.8	30.7
西　藏	8	0.42	35 014	7 588	28 590	35.2	22.3
陕　西	59	4.52	25 817	6 823	17 650	53.0	25.8
甘　肃	88	18.42	16 970	5 272	11 847	33.2	22.1
青　海	24	1.02	25 055	7 238	13 850	23.3	14.5
宁　夏	29	1.42	31 537	12 606	22 491	35.6	21.6
新　疆	51	5.77	31 968	12 630	21 676	40.9	21.2

5-23 各地区二级企业资本金及资产构成(一)

单位: 万元

地 区	资本金合计	资产总计	#流动资产合计	#存货	#在建工程
全国总计	**5 592 004**	**24 121 288**	**18 022 032**	**7 349 665**	**5 450 899**
北 京	203 061	1 128 147	939 231	318 607	177 124
天 津	76 336	400 988	305 404	100 956	74 881
河 北	284 608	818 463	547 542	139 126	59 406
山 西	64 440	312 954	233 459	66 531	49 657
内蒙古	68 647	258 635	184 218	60 012	38 051
辽 宁	341 157	1 256 260	883 605	233 521	121 130
吉 林	53 362	270 308	164 997	33 844	20 877
黑龙江	198 210	666 900	467 584	122 170	38 266
上 海	281 242	1 569 740	1 281 561	424 115	299 135
江 苏	565 447	3 401 513	2 789 569	1 277 852	1 022 123
浙 江	528 203	2 132 524	1 565 538	823 684	664 424
安 徽	149 264	487 695	332 255	100 019	73 212
福 建	136 277	756 647	602 340	342 498	285 071
江 西	45 716	236 396	176 742	72 607	56 455
山 东	412 601	1 725 840	1 238 316	432 375	236 143
河 南	193 034	584 667	378 882	129 821	75 157
湖 北	157 254	489 730	348 520	124 238	84 360
湖 南	183 932	521 156	345 399	141 451	117 510
广 东	570 099	3 613 579	2 954 167	1 474 989	1 299 799
广 西	100 238	439 079	320 384	164 937	143 997
海 南	19 015	110 368	83 570	24 771	17 325
四 川	659 040	1 801 535	1 148 358	522 992	377 784
贵 州	43 421	134 728	93 174	31 610	21 750
云 南	46 097	189 137	129 726	42 140	31 572
西 藏	2 460	28 622	17 663	3 137	–
陕 西	42 584	131 929	91 223	23 763	14 319
甘 肃	77 438	248 808	157 954	42 100	15 687
青 海	7 748	38 190	21 451	2 515	659
宁 夏	17 912	87 720	61 466	28 255	18 587
新 疆	63 162	279 028	157 733	45 031	16 437

5－23 各地区二级企业资本金及资产构成(二)

单位:万元

地 区	固定资产合计	固定资产原价合计	#生产经营用	固定资产折旧	#本年折旧	无形及递延资产合计	#无形资产
全国总计	**4 857 866**	**6 484 547**	**4 640 602**	**2 135 970**	**326 805**	**227 158**	**150 806**
北 京	132 930	182 648	112 022	51 903	11 934	7 248	3 414
天 津	72 834	106 471	82 902	35 145	4 918	1 953	1 403
河 北	240 177	299 100	231 475	73 036	14 030	5 684	2 301
山 西	68 819	93 875	56 191	27 943	6 031	2 447	970
内蒙古	64 068	85 329	61 102	22 261	4 332	2 813	1 688
辽 宁	299 649	416 457	327 937	124 238	20 280	25 599	21 663
吉 林	71 089	91 828	63 807	22 528	3 588	873	692
黑龙江	164 026	212 693	166 439	53 274	9 140	9 077	6 764
上 海	183 771	233 316	173 484	56 770	10 624	28 169	18 263
江 苏	501 613	680 414	531 718	189 878	41 913	12 123	8 100
浙 江	449 100	570 980	465 789	128 545	31 604	14 898	10 334
安 徽	127 752	267 029	113 781	139 276	7 901	3 305	2 739
福 建	101 308	121 309	99 130	25 101	5 330	5 775	3 755
江 西	43 347	57 906	31 140	15 850	1 670	5 403	4 606
山 东	362 743	499 800	319 529	145 529	30 204	15 589	9 003
河 南	174 944	230 528	154 382	426 645	10 559	5 979	3 830
湖 北	118 097	156 868	106 449	42 902	7 908	10 090	8 350
湖 南	154 269	198 917	145 595	50 265	11 467	8 084	6 992
广 东	512 325	664 742	518 098	166 170	32 624	29 757	14 150
广 西	95 919	124 443	91 551	29 797	5 396	5 472	4 465
海 南	23 046	27 999	21 247	5 769	800	649	564
四 川	542 673	714 809	486 344	189 930	33 905	17 143	12 096
贵 州	34 694	46 873	29 186	12 281	1 898	836	260
云 南	48 369	61 600	37 932	17 207	2 856	3 014	2 821
西 藏	10 744	13 447	4 280	2 714	592	8	—
陕 西	36 847	47 751	28 893	11 558	1 610	741	188
甘 肃	82 529	100 319	69 410	22 046	3 684	2 266	1 128
青 海	16 318	15 941	11 745	5 056	937	201	—
宁 夏	22 871	29 781	20 898	6 910	1 361	610	58
新 疆	100 995	131 373	78 148	35 444	7 709	1 350	210

5-24 各地区二级企业负债及所有者权益

单位:万元

地 区	负债合计	流动负债合计	长期负债合计	所有者权益合计	#股本
全国总计	**17 626 750**	**16 729 174**	**767 181**	**6 494 538**	**343 767**
北 京	851 656	827 805	23 852	276 491	14 717
天 津	300 759	275 884	10 645	100 229	4 292
河 北	512 069	464 509	38 378	306 394	9 976
山 西	257 611	237 316	20 295	55 343	8 122
内蒙古	193 050	183 681	9 368	65 585	6 184
辽 宁	886 384	806 810	56 573	369 876	17 411
吉 林	185 894	178 622	7 272	84 414	322
黑龙江	471 426	443 327	28 100	195 473	13 609
上 海	1 250 826	1 185 927	52 656	318 914	617
江 苏	2 688 983	2 626 923	43 193	712 530	56 732
浙 江	1 490 086	1 448 593	41 493	642 438	40 951
安 徽	338 359	329 599	8 760	149 335	3 972
福 建	586 218	576 936	8 047	170 428	38 662
江 西	180 767	161 911	6 503	55 628	1 349
山 东	1 264 552	1 159 362	77 674	461 288	23 279
河 南	348 612	324 681	22 304	236 055	15 873
湖 北	333 765	310 251	23 422	155 965	13 852
湖 南	312 936	289 397	23 539	208 219	2 073
广 东	2 869 243	2 770 927	97 538	744 336	43 729
广 西	320 930	310 826	10 104	118 149	3 547
海 南	88 094	78 482	9 601	22 274	1 147
四 川	1 099 954	1 024 855	69 210	701 581	8 402
贵 州	99 306	89 072	10 234	35 423	371
云 南	135 870	128 203	7 070	53 267	72
西 藏	18 422	17 605	817	10 200	–
陕 西	95 585	86 074	9 510	36 344	1 933
甘 肃	150 249	140 424	8 582	98 559	5 300
青 海	28 370	26 281	564	9 820	100
宁 夏	66 874	60 122	6 752	20 847	1 713
新 疆	199 897	164 770	35 126	79 131	5 458

5-25 各地区二级企业工程结算收入及工程结算利润

单位：万元

地　区	工程结算收入	工程结算成本	工程结算税金及附加	工程结算利润	管　理费　用	#税　金	#财产保险费	#劳动、待　业保险费
全国总计	**17 758 193**	**15 690 722**	**572 798**	**1 494 674**	**1 132 172**	**45 105**	**10 533**	**109 398**
北　京	756 322	652 025	24 671	79 626	64 405	774	488	4 538
天　津	283 275	245 937	7 049	30 289	27 286	538	89	5 697
河　北	802 183	703 792	26 209	72 183	51 366	2 694	331	5 839
山　西	151 232	133 676	4 038	13 518	12 790	557	10	1 536
内蒙古	190 682	168 026	5 468	17 187	15 157	535	160	1 914
辽　宁	910 429	803 960	26 307	80 162	70 352	1 777	1 331	6 171
吉　林	225 792	206 929	6 224	12 640	15 375	440	53	1 737
黑龙江	563 123	506 325	16 362	40 436	31 879	1 322	731	2 580
上　海	950 296	831 574	26 663	92 059	80 396	2 107	144	4 520
江　苏	2 562 817	2 300 251	75 913	186 653	143 857	3 526	694	12 510
浙　江	2 088 557	1 874 949	71 651	141 957	80 033	2 610	528	6 146
安　徽	474 514	423 718	14 597	36 198	29 190	1 582	219	4 041
福　建	415 011	369 599	13 536	31 876	23 482	901	77	2 247
江　西	89 958	83 992	2 556	3 410	7 866	567	2	1 142
山　东	1 486 413	1 273 583	56 522	156 307	89 507	4 327	1 039	8 558
河　南	483 461	416 576	16 533	50 353	36 173	1 341	1 744	3 488
湖　北	323 680	280 366	9 842	33 472	30 306	1 592	114	2 681
湖　南	503 579	448 266	16 287	39 026	30 927	1 219	73	1 950
广　东	1 789 469	1 580 913	59 700	148 855	107 101	4 365	313	7 275
广　西	229 146	203 876	8 074	17 195	15 956	612	62	2 645
海　南	77 444	72 649	1 534	3 261	2 445	208	20	200
四　川	1 551 164	1 369 106	56 228	125 831	94 746	5 964	1 290	7 899
贵　州	84 470	74 112	2 735	7 623	8 253	374	78	1 174
云　南	147 894	131 561	4 745	11 588	9 600	574	85	1 887
西　藏	17 556	15 600	201	1 755	1 439	98	2	202
陕　西	93 853	81 453	2 909	9 490	7 996	295	32	1 312
甘　肃	275 243	239 290	9 234	26 719	16 747	3 531	760	1 858
青　海	19 810	17 995	468	1 347	1 878	146	14	365
宁　夏	39 096	32 382	1 134	5 580	4 640	137	31	922
新　疆	171 724	148 239	5 407	18 078	20 024	390	19	6 362

5－26 各地区二级企业利税及利润总额

单位: 万元

地区	利税总额	#利润总额	#应交所得税	#转作奖金的利润	#应付利润	#已分配股利
全国总计	**935 037**	**317 134**	**97 086**	**21 034**	**68 363**	**6 917**
北京	43 451	18 006	4 871	648	3 519	340
天津	8 003	416	1 612	364	594	—
河北	45 262	16 359	4 549	381	1 260	—
山西	2 847	－1 748	266	28	136	725
内蒙古	6 121	118	454	520	336	46
辽宁	36 216	8 132	4 368	321	2 547	646
吉林	－1 514	－8 178	469	6	46	—
黑龙江	20 367	2 683	1 316	223	1 167	567
上海	57 365	28 595	5 470	694	11 810	1 456
江苏	118 565	39 126	10 507	2 988	6 658	524
浙江	126 892	52 631	12 032	3 617	8 178	501
安徽	20 437	4 258	2 018	268	780	4
福建	22 001	7 564	2 289	115	2 704	23
江西	1 593	－1 530	164	13	84	—
山东	114 618	53 769	16 276	3 921	7 627	901
河南	26 223	8 349	1 819	362	2 576	89
湖北	13 223	1 789	947	112	710	208
湖南	27 136	9 630	2 615	601	502	7
广东	105 049	40 984	11 461	3 610	10 226	523
广西	10 044	1 358	696	386	65	—
海南	2 549	807	263	25	9	—
四川	88 547	26 355	8 812	1 481	4 505	33
贵州	1 312	－1 797	179	37	435	12
云南	6 545	1 226	480	29	101	—
西藏	419	120	30	9		
陕西	4 016	812	401	32	75	8
甘肃	21 582	8 817	1 602	190	971	262
青海	341	－273	90	1	34	33
宁夏	1 967	696	306	43	246	—
新疆	3 853	－1 944	723	7	462	8

5-27 各地区二级企业利润率及利税率

地 区	产值利润率(%)	产值利税率(%)	资本金利润率(%)	资本金利税率(%)	人均利润(元/人)	人均利税(元/人)	资产负债率(%)
全国总计	**1.5**	**4.3**	**5.7**	**16.7**	**557**	**1 642**	**73.1**
北 京	2.1	5.0	8.9	21.4	1 103	2 662	75.5
天 津	0.1	2.8	0.5	10.5	71	1 371	75.0
河 北	1.8	4.9	5.7	15.9	457	1 265	62.6
山 西	−0.9	1.4	−2.7	4.4	−284	462	82.3
内蒙古	0.1	3.0	0.2	8.9	16	838	74.6
辽 宁	0.9	3.9	2.4	10.6	266	1 185	70.6
吉 林	−3.6	−0.7	−15.3	−2.8	−1 303	−241	68.8
黑龙江	0.4	3.4	1.4	10.3	154	1 167	70.7
上 海	2.7	5.4	10.2	20.4	1 707	3 424	79.7
江 苏	1.1	3.4	6.9	21.0	607	1 839	79.1
浙 江	1.8	4.4	10.0	24.0	1 175	2 832	69.9
安 徽	0.8	3.7	2.9	13.7	251	1 203	69.4
福 建	1.5	4.5	5.6	16.1	786	2 286	77.5
江 西	−1.1	1.1	−3.3	3.5	−356	371	76.5
山 东	3.0	6.3	13.0	27.8	958	2 042	73.3
河 南	1.5	4.8	4.3	13.6	336	1 054	59.6
湖 北	0.5	3.4	1.1	8.4	136	1 008	68.2
湖 南	1.6	4.6	5.2	14.8	578	1 629	60.0
广 东	1.9	4.9	7.2	18.4	778	1 993	79.4
广 西	0.5	3.4	1.4	10.0	162	1 197	73.1
海 南	1.0	3.0	4.2	13.4	390	1 233	79.8
四 川	1.2	4.2	4.0	13.4	368	1 237	61.1
贵 州	−1.9	1.4	−4.1	3.0	−441	322	73.7
云 南	0.5	2.9	2.7	14.2	213	1 137	71.8
西 藏	0.8	2.8	4.9	17.0	283	987	64.4
陕 西	0.7	3.4	1.9	9.4	180	889	72.5
甘 肃	2.8	6.9	11.4	27.9	479	1 171	60.4
青 海	−1.1	1.3	−3.5	4.4	−268	335	74.3
宁 夏	1.6	4.4	3.9	11.0	491	1 387	76.2
新 疆	−1.1	2.1	−3.1	6.1	−337	668	71.6

5-28 各地区二级建筑业企业亏损情况

地　区	建筑业企业个数(个)	亏损企业个数(个)	亏损金额(万元)	亏损面(%)
全国总计	**5 964**	**1 304**	**142 553**	**21.9**
北　京	298	85	4 366	28.5
天　津	76	19	6 048	25.0
河　北	362	61	4 082	16.9
山　西	68	18	3 979	26.5
内蒙古	87	26	5 507	29.9
辽　宁	363	91	12 328	25.1
吉　林	85	28	10 666	32.9
黑龙江	230	77	8 011	33.5
上　海	272	69	4 680	25.4
江　苏	525	81	9 757	15.4
浙　江	308	17	1 075	5.5
安　徽	184	53	7 329	28.8
福　建	165	30	1 825	18.2
江　西	60	18	2 223	30.0
山　东	556	80	7 160	14.4
河　南	320	87	6 633	27.2
湖　北	217	67	5 459	30.9
湖　南	174	35	3 118	20.1
广　东	427	70	7 989	16.4
广　西	99	35	2 583	35.4
海　南	26	9	720	34.6
四　川	668	138	12 982	20.7
贵　州	75	30	2 517	40.0
云　南	60	14	891	23.3
西　藏	8	3	114	37.5
陕　西	59	14	764	23.7
甘　肃	88	19	3 366	21.6
青　海	24	5	692	20.8
宁　夏	29	7	486	24.1
新　疆	51	18	5 199	35.3

5-29 各地区三级企业建筑业总产值和竣工产值

单位:万元

地 区	建筑业总产值	建筑工程产值	安装工程产值	房屋构筑物修理产值	非标准设备制造产值	竣工产值
全国总计	**18 011 311**	**15 780 853**	**1 713 017**	**445 184**	**72 257**	**13 534 768**
北 京	405 673	332 393	50 914	22 150	216	283 561
天 津	106 349	74 439	24 247	6 742	922	78 632
河 北	519 695	476 307	34 741	6 957	1 690	386 735
山 西	156 821	133 452	19 829	2 966	574	123 515
内蒙古	188 888	158 762	23 468	5 905	754	143 685
辽 宁	878 654	708 081	112 783	50 220	7 570	694 939
吉 林	299 664	248 373	40 483	9 233	1 575	243 462
黑龙江	464 778	381 462	76 089	7 160	67	371 946
上 海	735 031	620 552	76 523	31 971	5 985	487 946
江 苏	2 422 786	2 164 531	208 782	40 386	9 088	1 867 559
浙 江	2 158 299	1 836 744	278 391	37 665	5 499	1 592 653
安 徽	574 911	495 329	56 681	14 926	7 974	399 275
福 建	497 860	442 636	47 200	7 290	734	361 923
江 西	278 289	263 973	11 309	2 512	495	279 663
山 东	1 568 115	1 332 155	187 481	42 950	5 529	1 138 506
河 南	672 849	574 077	81 372	15 665	1 737	506 908
湖 北	522 399	478 148	30 659	11 688	1 904	354 324
湖 南	687 807	614 859	39 863	30 178	2 907	507 972
广 东	1 244 349	1 160 849	63 919	18 055	1 527	912 922
广 西	366 451	342 984	16 251	6 247	969	278 348
海 南	39 963	37 945	1 536	454	28	28 482
四 川	1 884 260	1 710 981	115 327	50 317	7 636	1 471 685
贵 州	116 325	86 177	28 189	1 767	192	91 457
云 南	483 884	439 232	31 726	9 454	3 472	372 828
西 藏	32 364	32 159	126	–	79	14 257
陕 西	194 083	177 989	14 412	1 406	275	126 694
甘 肃	169 374	148 225	14 012	6 161	976	134 523
青 海	50 087	44 332	4 794	450	511	38 927
宁 夏	64 763	54 911	8 030	1 632	189	64 247
新 疆	226 538	208 796	13 881	2 679	1 182	177 195

5－30 各地区三级企业单位工程个数及工程质量

地区	单位工程施工个数(个)	#本年新开工个数	#投标承包个数	#本年新开工	单位工程竣工个数(个)	#优良品	工程质量优良品率(%)	投标承包个数占单位工程施工个数的比重(%)
全国总计	**203 862**	**129 339**	**46 932**	**32 947**	**137 933**	**31 716**	**23.0**	**23.0**
北京	4 060	2 656	565	350	3 051	475	15.6	13.9
天津	1 956	1 388	299	257	1 544	345	22.3	15.3
河北	7 321	4 916	3 019	2 207	5 322	1 854	34.8	41.2
山西	3 453	2 466	746	534	2 366	464	19.6	21.6
内蒙古	2 384	1 835	240	191	1 743	385	22.1	10.1
辽宁	10 318	8 326	2 351	1 676	8 563	1 445	16.9	22.8
吉林	3 017	2 409	544	477	2 530	445	17.6	18.0
黑龙江	2 878	2 105	631	424	2 376	520	21.9	21.9
上海	7 199	4 493	1 455	935	3 722	499	13.4	20.2
江苏	19 398	14 122	3 922	3 128	14 777	4 231	28.6	20.2
浙江	20 070	12 142	4 661	2 937	13 898	3 120	22.4	23.2
安徽	8 413	4 718	1 490	971	4 922	845	17.2	17.7
福建	6 760	4 393	1 775	981	4 309	1 164	27.0	26.3
江西	3 685	1 986	1 015	637	2 024	358	17.7	27.5
山东	18 618	12 447	4 142	2 877	12 959	2 424	18.7	22.2
河南	10 772	7 194	3 017	2 074	7 075	1 655	23.4	28.0
湖北	5 864	3 607	1 065	739	3 621	445	12.3	18.2
湖南	7 227	4 216	1 687	1 221	4 425	828	18.7	23.3
广东	12 328	5 356	2 000	1 224	7 589	2 890	38.1	16.2
广西	6 138	2 918	1 065	731	3 370	554	16.4	17.4
海南	673	437	142	99	467	127	27.2	21.1
四川	22 662	12 727	5 851	4 339	14 828	3 885	26.2	25.8
贵州	2 998	2 032	433	309	2 060	274	13.3	14.4
云南	5 969	3 762	1 253	910	4 074	1 013	24.9	21.0
西藏	126	91	37	37	95	36	37.9	29.4
陕西	2 704	1 567	1 318	936	1 356	492	36.3	48.7
甘肃	2 315	1 600	999	786	1 568	333	21.2	43.2
青海	689	438	214	156	470	126	26.8	31.1
宁夏	1 024	800	288	233	836	90	10.8	28.1
新疆	2 843	2 192	708	571	1 993	394	19.8	24.9

5－31 各地区三级企业房屋建筑面积和工程质量

地区	房屋建筑施工面积(万平方米)	#本年新开工面积	#投标承包面积	#本年新开工	房屋建筑竣工面积(万平方米)	#优良品面积	房屋建筑面积优良品率(%)	投标承包面积占房屋建筑施工面积的比重(%)
全国总计	**36 819.0**	**18 894.2**	**11 777.0**	**7 885.1**	**20 198.8**	**5 498.0**	**27.2**	**32.0**
北京	559.6	240.7	173.1	87.4	308.1	56.1	18.2	30.9
天津	120.3	77.4	36.1	29.4	75.9	12.0	15.8	30.0
河北	1 085.3	625.8	594.7	392.8	652.7	224.2	34.3	54.8
山西	362.2	198.5	135.8	90.1	189.0	37.1	19.6	37.5
内蒙古	325.5	217.9	58.2	45.7	183.6	57.8	31.5	17.9
辽宁	1 428.4	947.5	822.6	592.2	977.1	364.1	37.3	57.6
吉林	432.5	275.1	160.0	128.0	302.2	97.4	32.2	37.0
黑龙江	598.6	359.6	248.8	155.1	427.6	113.3	26.5	41.6
上海	816.0	453.2	337.5	202.0	431.1	78.3	18.2	41.4
江苏	3 742.6	2 408.3	1 108.3	867.0	2 470.2	844.9	34.2	29.6
浙江	3 435.9	1 741.8	1 280.3	757.8	1 804.4	453.6	25.1	37.3
安徽	1 152.3	627.5	272.5	168.9	654.3	117.0	17.9	23.6
福建	1 044.9	510.0	460.6	253.0	499.4	54.5	10.9	44.1
江西	804.6	383.2	246.3	154.0	428.0	69.7	16.3	30.6
山东	4 891.9	1 674.1	860.5	573.7	1 677.5	341.9	20.4	17.6
河南	1 950.1	1 020.8	786.3	521.8	1 202.5	483.0	40.2	40.3
湖北	1 219.6	633.4	261.6	165.2	632.5	90.5	14.3	21.5
湖南	1 495.6	787.7	413.2	299.3	884.9	202.8	22.9	27.6
广东	3 221.0	1 189.5	618.1	363.3	1 434.8	371.8	25.9	19.2
广西	1 115.4	542.0	334.3	253.8	635.8	74.9	11.8	30.0
海南	64.4	35.6	16.1	12.4	45.6	13.7	30.0	25.1
四川	4 307.9	2 389.1	1 550.3	1 077.5	2 652.6	850.4	32.1	36.0
贵州	285.1	137.0	65.4	39.0	154.2	30.9	20.1	22.9
云南	829.5	473.1	194.1	132.3	594.7	195.5	32.9	23.4
西藏	94.0	89.3	2.6	2.6	93.5	2.5	2.6	2.8
陕西	524.5	288.6	281.3	192.5	249.6	120.3	48.2	53.6
甘肃	392.4	243.2	231.7	159.2	214.1	63.0	29.4	59.0
青海	85.1	46.9	44.0	29.9	51.3	14.4	28.1	51.7
宁夏	112.0	71.9	55.7	38.2	76.1	16.7	21.9	49.7
新疆	321.7	205.2	127.1	101.0	195.2	45.7	23.4	39.5

5-32 各地区三级企业按主要用途分的房屋建筑竣工面积

单位:万平方米

地 区	合 计	厂 房	住 宅	办公用房	商业、居民服务业用房	文化教育用房	医疗用房	科研用房	其他用房
全国总计	**20 198.8**	**2 194.8**	**11 705.7**	**2 110.8**	**1 638.9**	**1 104.7**	**207.7**	**44.9**	**1 191.3**
北 京	308.1	39.8	204.4	28.0	15.7	3.3	2.0	1.5	13.4
天 津	75.9	8.6	37.4	5.8	4.3	3.3	1.4	–	15.0
河 北	652.7	52.7	395.0	95.6	36.7	30.3	4.8	0.6	37.1
山 西	189.0	14.4	118.2	27.7	8.2	8.1	3.2	0.3	8.9
内蒙古	183.6	8.4	123.5	16.7	8.6	14.0	2.4	0.6	9.5
辽 宁	977.1	63.0	687.3	77.8	38.3	62.9	3.2	0.4	44.2
吉 林	302.2	19.1	215.1	30.0	12.5	12.2	1.5	–	11.8
黑龙江	427.6	26.0	311.4	33.7	23.2	19.0	1.0	–	13.3
上 海	431.1	70.2	270.9	22.2	24.3	17.4	1.1	1.2	23.8
江 苏	2 470.2	331.4	1 374.4	228.3	202.4	120.8	22.8	9.4	180.7
浙 江	1 804.4	231.9	1 028.1	183.9	161.4	86.7	17.1	0.9	94.4
安 徽	654.3	68.6	323.1	87.7	102.8	36.8	6.0	1.9	27.3
福 建	499.4	44.2	295.2	60.2	39.9	32.3	6.2	0.3	21.1
江 西	428.0	32.3	264.5	53.9	38.4	15.0	4.0	–	19.9
山 东	1 677.5	221.9	872.7	188.8	171.0	96.1	16.0	2.6	108.3
河 南	1 202.5	121.0	761.7	126.1	60.0	67.8	19.6	3.0	43.3
湖 北	632.5	34.8	373.0	76.2	42.4	43.7	7.2	3.3	51.9
湖 南	884.9	75.2	494.1	104.1	82.5	50.0	15.3	4.8	58.9
广 东	1 434.8	221.9	773.5	123.3	135.3	73.6	13.1	3.0	91.1
广 西	635.8	60.7	319.1	91.9	70.7	50.7	11.5	2.2	29.0
海 南	45.6	1.4	27.2	4.9	4.6	4.5	1.7	0.1	1.3
四 川	2 652.6	307.5	1 494.1	264.4	223.7	152.5	28.4	4.4	177.6
贵 州	154.2	7.4	96.9	17.4	13.5	9.5	2.1	0.5	6.9
云 南	594.7	69.4	293.0	71.3	40.8	46.9	9.5	1.7	62.2
西 藏	93.5	–	73.9	4.8	14.6	0.2	–	–	0.1
陕 西	249.6	18.8	156.7	26.1	21.5	19.1	1.1	0.1	6.1
甘 肃	214.1	14.1	136.3	27.3	16.6	8.3	1.3	1.4	8.9
青 海	51.3	6.3	34.7	2.4	2.8	2.0	–	–	3.1
宁 夏	76.1	7.7	47.9	6.2	7.1	3.7	1.1	–	2.5
新 疆	195.2	16.0	102.5	24.1	15.4	13.9	3.0	0.6	19.7

5-33 各地区三级企业各种用途的房屋建筑竣工面积占全部的比重

单位：%

地区	厂房	住宅	办公用房	商业、居民服务业用房	文化教育用房	医疗用房	科研用房	其他用房
全国总计	**10.9**	**58.0**	**10.5**	**8.1**	**5.5**	**1.0**	**0.2**	**5.9**
北京	12.9	66.3	9.1	5.1	1.1	0.6	0.5	4.3
天津	11.3	49.3	7.6	5.7	4.3	1.8	–	19.8
河北	8.1	60.5	14.6	5.6	4.6	0.7	0.1	5.7
山西	7.6	62.5	14.7	4.3	4.3	1.7	0.2	4.7
内蒙古	4.6	67.3	9.1	4.7	7.6	1.3	0.3	5.2
辽宁	6.4	70.3	8.0	3.9	6.4	0.3	–	4.5
吉林	6.3	71.2	9.9	4.1	4.0	0.5	–	3.9
黑龙江	6.1	72.8	7.9	5.4	4.4	0.2	–	3.1
上海	16.3	62.8	5.1	5.6	4.0	0.3	0.3	5.5
江苏	13.4	55.6	9.2	8.2	4.9	0.9	0.4	7.3
浙江	12.9	57.0	10.2	8.9	4.8	0.9	–	5.2
安徽	10.5	49.4	13.4	15.7	5.6	0.9	0.3	4.2
福建	8.9	59.1	12.1	8.0	6.5	1.2	0.1	4.2
江西	7.5	61.8	12.6	9.0	3.5	0.9	–	4.6
山东	13.2	52.0	11.3	10.2	5.7	1.0	0.2	6.5
河南	10.1	63.3	10.5	5.0	5.6	1.6	0.2	3.6
湖北	5.5	59.0	12.0	6.7	6.9	1.1	0.5	8.2
湖南	8.5	55.8	11.8	9.3	5.7	1.7	0.5	6.7
广东	15.5	53.9	8.6	9.4	5.1	0.9	0.2	6.3
广西	9.5	50.2	14.5	11.1	8.0	1.8	0.3	4.6
海南	3.1	59.6	10.7	10.1	9.9	3.7	0.2	2.9
四川	11.6	56.3	10.0	8.4	5.7	1.1	0.2	6.7
贵州	4.8	62.8	11.3	8.8	6.2	1.4	0.3	4.5
云南	11.7	49.3	12.0	6.9	7.9	1.6	0.3	10.5
西藏	–	79.0	5.1	15.6	0.2	–	–	0.1
陕西	7.5	62.8	10.5	8.6	7.7	0.4	–	2.4
甘肃	6.6	63.7	12.8	7.8	3.9	0.6	0.7	4.2
青海	12.3	67.6	4.7	5.5	3.9	–	–	6.0
宁夏	10.1	62.9	8.1	9.3	4.9	1.4	–	3.3
新疆	8.2	52.5	12.3	7.9	7.1	1.5	0.3	10.1

5-34 各地区三级企业机械设备装备情况

地区	自有机械设备年末总台数(台)	自有机械设备年末总功率(万千瓦)	#施工机械功率	自有机械设备净值(万元)	技术装备率(元/人)	动力装备率(千瓦/人)
全国总计	**1 843 200**	**3 461.1**	**1 733.0**	**2 006 470**	**3 230**	**5.6**
北京	24 860	61.2	39.4	35 189	2 880	5.0
天津	8 566	13.4	12.1	7 797	3 203	5.5
河北	100 646	114.4	97.2	81 945	3 234	4.5
山西	23 276	27.6	22.8	15 439	1 868	3.3
内蒙古	22 546	37.8	30.2	21 749	2 718	4.7
辽宁	84 771	140.7	114.4	126 328	3 870	4.3
吉林	19 168	52.0	32.4	31 664	2 584	4.2
黑龙江	35 710	59.3	47.6	60 341	3 655	3.6
上海	27 019	19.9	16.7	50 344	3 807	1.5
江苏	143 333	129.4	108.5	163 628	2 538	2.0
浙江	160 619	157.2	138.5	258 790	5 628	3.4
安徽	55 757	50.8	40.8	47 969	2 237	2.4
福建	47 369	53.3	43.6	59 975	4 730	4.2
江西	28 880	31.4	25.1	21 437	2 008	2.9
山东	153 165	184.1	146.8	185 322	2 943	2.9
河南	90 836	76.5	64.5	78 786	2 419	2.3
湖北	101 562	69.8	52.5	64 234	2 864	3.1
湖南	77 559	70.7	59.1	62 129	2 497	2.8
广东	204 646	233.6	211.2	157 896	4 032	6.0
广西	55 730	37.0	31.5	30 113	2 021	2.5
海南	4 026	6.5	5.0	8 325	4 889	3.8
四川	193 706	1 622.9	240.8	237 676	3 021	20.6
贵州	12 129	15.9	12.1	12 799	2 226	2.8
云南	61 610	73.4	46.1	79 814	4 473	4.1
西藏	1 724	13.8	7.3	11 938	20 882	24.2
陕西	42 574	34.2	30.3	29 181	2 929	3.4
甘肃	28 620	25.2	20.5	26 814	2 749	2.6
青海	8 659	9.7	5.6	4 824	1 979	4.0
宁夏	7 291	11.2	9.3	9 659	3 492	4.0
新疆	16 843	28.4	21.3	24 363	2 812	3.3

5-35 各地区三级企业建筑业增加值及其构成(一)

单位: 万元

地 区	建筑业增加值合计	本年提取固定资产折旧	应付工资总额	应付福利费总额
全国总计	**4 967 005**	**261 966**	**2 552 671**	**231 251**
北 京	121 410	5 965	57 201	4 734
天 津	27 524	1 141	9 449	988
河 北	157 844	8 046	82 412	6 948
山 西	42 640	2 214	20 562	2 219
内蒙古	59 832	3 480	32 061	3 347
辽 宁	293 373	16 628	144 712	16 132
吉 林	92 394	4 175	48 907	5 597
黑龙江	139 628	6 826	68 763	6 693
上 海	177 539	6 663	70 496	7 757
江 苏	596 952	27 604	328 828	29 547
浙 江	598 049	29 025	340 803	24 525
安 徽	151 138	5 879	77 703	7 463
福 建	137 492	4 964	73 083	5 761
江 西	68 842	5 370	34 160	3 292
山 东	452 965	27 293	206 410	25 384
河 南	183 458	7 257	89 373	7 811
湖 北	139 877	7 833	67 171	5 711
湖 南	179 296	8 400	99 425	8 015
广 东	335 651	16 759	159 578	10 821
广 西	88 010	4 394	46 665	3 624
海 南	10 539	636	5 878	407
四 川	494 349	26 343	279 404	27 010
贵 州	35 187	4 109	18 404	1 634
云 南	136 006	13 570	64 209	4 677
西 藏	20 874	6 032	7 378	731
陕 西	56 382	2 752	29 408	2 904
甘 肃	63 295	2 538	35 542	1 776
青 海	15 210	1 205	7 804	1 108
宁 夏	21 494	1 137	12 110	1 265
新 疆	69 756	3 726	34 772	3 370

5-35 各地区三级企业建筑业增加值及其构成(二)

单位: 万元

地 区	工程结算税金及附加	工程结算利润	管理费用中的税金	管理费用中的劳动、待业保险费	转作奖金的利润
全国总计	**533 541**	**1 313 427**	**53 415**	**43 437**	**22 703**
北 京	11 479	41 317	887	572	747
天 津	3 866	12 089	179	294	482
河 北	18 002	39 295	2 087	1 558	502
山 西	4 647	11 716	807	523	49
内蒙古	5 163	15 116	581	386	302
辽 宁	27 640	82 802	1 692	4 113	345
吉 林	8 585	23 705	687	886	148
黑龙江	15 313	40 429	1 046	865	309
上 海	28 764	61 990	916	1 552	599
江 苏	63 050	143 454	4 222	3 086	2 839
浙 江	60 675	137 079	3 306	4 903	2 267
安 徽	18 784	40 330	1 298	728	1 046
福 建	17 421	33 120	1 791	1 685	334
江 西	8 187	15 432	1 511	959	69
山 东	44 250	144 954	5 573	3 880	4 778
河 南	17 799	57 250	2 694	1 936	662
湖 北	14 832	41 359	2 341	1 191	562
湖 南	19 019	42 474	2 195	1 259	1 491
广 东	42 504	101 517	4 071	2 836	2 435
广 西	11 463	18 859	2 215	1 076	287
海 南	1 282	1 721	431	201	17
四 川	48 671	105 612	5 284	3 436	1 412
贵 州	3 487	6 458	639	531	76
云 南	17 051	33 900	1 866	1 146	413
西 藏	209	6 419	65	41	3
陕 西	5 674	13 677	1 697	398	128
甘 肃	5 622	15 884	1 890	170	127
青 海	1 280	3 302	191	330	9
宁 夏	1 863	4 808	209	187	85
新 疆	6 958	17 360	1 044	2 707	180

5-36 各地区三级企业建筑业劳动生产率

地区	建筑业企业个数(个)	计算劳动生产率的平均人数(万人)	按总产值计算的劳动生产率(元/人)	按增加值计算的劳动生产率(元/人)	人均竣工产值(元/人)	人均施工面积(平米/人)	人均竣工面积(平米/人)
全国总计	**16 153**	**621.16**	**28 996**	**7 996**	**21 790**	**59.3**	**32.5**
北京	452	12.22	33 198	9 936	23 205	45.8	25.2
天津	130	2.43	43 690	11 307	32 303	49.4	31.2
河北	677	25.34	20 513	6 230	15 265	42.8	25.8
山西	339	8.27	18 971	5 158	14 942	43.8	22.9
内蒙古	250	8.00	23 605	7 477	17 956	40.7	22.9
辽宁	924	32.64	26 916	8 987	21 288	43.8	29.9
吉林	375	12.26	24 452	7 539	19 866	35.3	24.7
黑龙江	568	16.51	28 154	8 458	22 531	36.3	25.9
上海	419	13.22	55 588	13 427	36 902	61.7	32.6
江苏	1 022	64.47	37 578	9 259	28 967	58.0	38.3
浙江	1 227	45.98	46 937	13 006	34 635	74.7	39.2
安徽	502	21.45	26 807	7 047	18 618	53.7	30.5
福建	447	12.68	39 264	10 843	28 543	82.4	39.4
江西	315	10.67	26 073	6 450	26 201	75.4	40.1
山东	1 526	62.96	24 906	7 194	18 083	77.7	26.6
河南	912	32.57	20 661	5 633	15 566	59.9	36.9
湖北	563	22.43	23 295	6 237	15 800	54.4	28.2
湖南	633	24.88	27 648	7 207	20 419	60.1	35.6
广东	882	39.16	31 773	8 571	23 311	82.2	36.6
广西	428	14.90	24 594	5 907	18 681	74.9	42.7
海南	58	1.70	23 468	6 189	16 725	37.8	26.8
四川	2 070	78.67	23 952	6 284	18 708	54.8	33.7
贵州	224	5.75	20 227	6 118	15 902	49.6	26.8
云南	391	17.84	27 118	7 622	20 894	46.5	33.3
西藏	13	0.57	56 611	36 512	24 937	164.4	163.6
陕西	260	9.96	19 479	5 659	12 716	52.6	25.1
甘肃	194	9.75	17 367	6 490	13 793	40.2	22.0
青海	76	2.44	20 549	6 240	15 971	34.9	21.1
宁夏	110	2.77	23 416	7 771	23 229	40.5	27.5
新疆	166	8.67	26 144	8 050	20 449	37.1	22.5

5－37 各地区三级企业资本金及资产构成(一)

单位: 万元

地 区	资本金合计	资产总计	#流动资产合计	#存货	#在建工程
全国总计	**5 384 431**	**17 599 768**	**12 630 989**	**5 281 173**	**3 721 662**
北 京	108 811	480 090	369 250	160 563	75 420
天 津	34 636	104 882	80 486	23 169	13 420
河 北	205 468	431 368	263 451	92 104	49 394
山 西	51 157	159 841	109 924	38 581	22 772
内蒙古	66 497	208 985	139 482	46 796	29 411
辽 宁	313 168	961 136	673 498	153 322	73 482
吉 林	77 529	291 276	204 956	44 762	19 093
黑龙江	180 959	504 933	347 785	113 716	58 621
上 海	167 068	798 973	647 897	159 714	105 078
江 苏	495 746	1 805 275	1 358 422	674 424	510 013
浙 江	616 694	2 186 222	1 599 904	800 701	595 880
安 徽	165 008	461 449	333 144	138 987	91 765
福 建	159 722	956 621	799 367	466 280	422 768
江 西	99 450	412 950	312 351	168 601	120 002
山 东	394 047	1 461 569	1 052 216	360 349	205 886
河 南	207 155	519 362	356 482	165 962	109 542
湖 北	220 208	469 137	294 946	121 619	76 474
湖 南	209 735	567 936	389 705	123 106	85 924
广 东	412 390	1 810 426	1 383 089	641 768	509 687
广 西	133 555	422 127	311 024	150 402	127 274
海 南	14 732	31 880	15 584	6 641	4 247
四 川	593 103	1 257 885	756 601	351 584	248 154
贵 州	70 728	177 036	103 354	32 810	22 862
云 南	140 377	388 154	242 403	79 027	44 562
西 藏	2 551	62 547	42 663	7 325	－
陕 西	68 746	176 270	119 969	54 366	39 848
甘 肃	59 875	138 422	85 391	30 369	16 534
青 海	21 978	48 980	28 895	9 277	6 061
宁 夏	33 006	88 423	58 705	19 442	11 819
新 疆	60 334	215 611	150 043	45 406	25 671

5-37 各地区三级企业资本金及资产构成(二)

单位: 万元

地　区	固定资产合计	固定资产原价合计	#生　产经营用	固定资产折旧	#本　年折　旧	无形及递延资产合计	#无　形资　产
全国总计	**4 070 229**	**5 097 001**	**3 750 922**	**1 235 861**	**261 966**	**146 630**	**77 012**
北　京	78 850	100 640	51 961	25 218	5 965	6 635	1 122
天　津	18 210	22 814	19 693	4 718	1 141	815	185
河　北	150 377	174 787	144 479	38 350	8 046	1 917	1 353
山　西	42 485	49 946	33 632	11 315	2 214	2 461	602
内蒙古	56 180	69 317	47 898	15 759	3 480	1 652	1 236
辽　宁	247 211	333 586	270 387	93 056	16 628	6 386	4 136
吉　林	74 823	97 126	73 136	24 524	4 175	2 103	1 658
黑龙江	139 978	179 043	141 274	42 529	6 826	5 355	2 837
上　海	107 334	128 466	98 022	30 512	6 663	7 323	5 502
江　苏	363 466	464 681	367 941	114 190	27 604	6 218	3 267
浙　江	478 123	581 123	468 596	115 828	29 025	16 336	8 704
安　徽	107 355	141 075	93 996	33 720	5 879	3 682	2 191
福　建	121 845	144 759	114 751	30 074	4 964	5 375	2 598
江　西	83 927	105 504	60 337	28 867	5 370	3 443	1 415
山　东	326 393	440 958	299 997	134 480	27 293	11 044	5 655
河　南	138 336	168 705	112 822	36 633	7 257	3 986	2 694
湖　北	150 473	184 200	123 906	42 021	7 833	8 607	6 949
湖　南	147 019	181 923	135 073	43 220	8 400	3 881	2 760
广　东	329 397	399 905	289 637	78 870	16 759	24 434	8 450
广　西	94 211	106 365	72 637	19 616	4 394	1 664	1 006
海　南	15 295	18 627	12 277	4 692	636	232	10
四　川	429 147	542 672	396 772	130 525	26 343	11 545	7 610
贵　州	51 469	62 254	33 067	11 126	4 109	1 276	742
云　南	116 887	135 661	94 561	49 256	13 570	3 706	1 401
西　藏	14 446	30 513	29 379	16 072	6 032	43	–
陕　西	47 177	58 507	42 125	14 203	2 752	2 776	711
甘　肃	42 003	51 876	40 810	11 828	2 538	1 091	509
青　海	17 005	17 829	7 265	6 114	1 205	674	674
宁　夏	23 264	27 970	21 359	5 055	1 137	1 142	888
新　疆	57 545	76 167	53 133	23 490	3 726	826	145

5-38 各地区三级企业负债及所有者权益

单位: 万元

地 区	负债合计	流动负债合计	长期负债合计	所有者权益合计	#股本
全国总计	11 933 201	11 240 470	544 519	5 666 567	251 489
北 京	334 375	317 528	16 847	145 716	6 344
天 津	66 157	65 468	563	38 725	1 383
河 北	235 798	213 362	12 177	195 570	3 227
山 西	116 720	109 449	6 887	43 122	846
内蒙古	143 151	133 146	10 002	65 835	3 208
辽 宁	636 547	599 800	26 074	324 589	3 433
吉 林	209 258	200 511	8 747	82 018	4 175
黑龙江	335 843	322 561	13 282	169 091	23 006
上 海	617 264	577 371	9 296	181 709	710
江 苏	1 228 970	1 176 430	34 595	576 306	23 281
浙 江	1 494 848	1 452 202	42 647	691 374	62 487
安 徽	304 340	278 381	24 750	157 109	14 779
福 建	769 685	743 365	10 423	186 935	25 857
江 西	281 803	268 758	8 613	131 148	3 155
山 东	1 018 047	935 473	54 963	443 521	12 706
河 南	329 419	304 151	21 306	189 943	8 896
湖 北	273 191	238 790	30 613	195 945	5 987
湖 南	368 510	347 810	20 700	199 425	1 037
广 东	1 357 326	1 272 996	84 329	453 101	14 585
广 西	294 388	283 334	11 054	127 739	7 096
海 南	12 169	10 115	1 162	19 711	250
四 川	683 302	629 104	44 358	574 583	9 506
贵 州	106 021	101 777	4 244	71 015	475
云 南	233 059	215 198	14 265	155 095	4 390
西 藏	38 996	38 148	848	23 551	–
陕 西	115 470	104 020	10 227	60 800	2 912
甘 肃	83 756	77 405	5 486	54 666	3 560
青 海	30 234	26 147	2 494	18 746	113
宁 夏	59 230	50 754	5 906	29 192	1 475
新 疆	155 324	146 916	7 661	60 287	2 610

5-39 各地区三级企业工程结算收入及工程结算利润

单位: 万元

地区	工程结算收入	工程结算成本	工程结算税金及附加	工程结算利润	管理费用	#税金	#财产保险费	#劳动、待业保险费
全国总计	**14 862 863**	**13 015 894**	**533 541**	**1 313 427**	**925 067**	**53 415**	**7 200**	**43 437**
北京	369 137	316 341	11 479	41 317	34 704	887	278	572
天津	102 579	86 624	3 866	12 089	6 715	179	52	294
河北	457 616	400 319	18 002	39 295	25 257	2 087	238	1 558
山西	141 405	125 041	4 647	11 716	9 839	807	90	523
内蒙古	174 844	154 564	5 163	15 116	13 065	581	71	386
辽宁	843 907	733 465	27 640	82 802	63 102	1 692	188	4 113
吉林	276 759	244 469	8 585	23 705	21 474	687	118	886
黑龙江	437 738	381 996	15 313	40 429	30 395	1 046	206	865
上海	737 788	647 034	28 764	61 990	50 412	916	175	1 552
江苏	1 689 651	1 483 146	63 050	143 454	96 330	4 222	398	3 086
浙江	1 662 817	1 465 063	60 675	137 079	90 752	3 306	405	4 903
安徽	527 935	468 822	18 784	40 330	25 044	1 298	267	728
福建	450 209	399 668	17 421	33 120	28 154	1 791	77	1 685
江西	192 516	168 897	8 187	15 432	14 167	1 511	268	959
山东	1 275 504	1 086 300	44 250	144 954	75 448	5 573	877	3 880
河南	549 581	474 533	17 799	57 250	35 659	2 694	1 315	1 936
湖北	422 127	365 935	14 832	41 359	28 239	2 341	92	1 191
湖南	538 812	477 319	19 019	42 474	31 085	2 195	148	1 259
广东	1 055 750	911 728	42 504	101 517	71 514	4 071	323	2 836
广西	275 645	245 322	11 463	18 859	15 699	2 215	102	1 076
海南	28 960	25 958	1 282	1 721	1 260	431	48	201
四川	1 418 283	1 264 000	48 671	105 612	67 827	5 284	452	3 436
贵州	96 134	86 189	3 487	6 458	6 505	639	169	531
云南	460 301	409 350	17 051	33 900	19 459	1 866	286	1 146
西藏	40 721	34 093	209	6 419	5 885	65	—	41
陕西	166 058	146 707	5 674	13 677	23 721	1 697	114	398
甘肃	146 883	125 377	5 622	15 884	9 560	1 890	88	170
青海	44 061	39 478	1 280	3 302	2 958	191	20	330
宁夏	58 580	51 909	1 863	4 808	4 344	209	43	187
新疆	220 562	196 244	6 958	17 360	16 491	1 044	295	2 707

5-40 各地区三级企业利税及利润总额

单位: 万元

地区	利税总额	#利润总额	#应交所得税	#转作奖金的利润	#应付利润	#已分配股利
全国总计	**942 033**	**355 077**	**94 901**	**22 703**	**62 039**	**3 920**
北京	21 329	8 963	2 918	747	1 821	26
天津	9 402	5 357	561	482	1 099	142
河北	29 173	9 084	2 602	502	1 453	10
山西	7 068	1 614	470	49	291	46
内蒙古	7 819	2 075	606	302	443	122
辽宁	47 391	18 059	6 088	345	1 576	275
吉林	10 162	890	846	148	572	6
黑龙江	21 679	5 320	1 036	309	1 112	11
上海	44 319	14 639	3 707	599	4 285	348
江苏	113 404	46 132	10 215	2 839	6 424	540
浙江	112 210	48 229	15 100	2 267	6 253	526
安徽	32 436	12 354	3 262	1 046	2 252	224
福建	25 125	5 913	2 408	334	1 344	58
江西	11 537	1 839	577	69	358	10
山东	110 585	60 762	14 481	4 778	8 418	482
河南	40 180	19 687	3 612	662	4 408	344
湖北	26 794	9 621	1 821	562	1 614	8
湖南	30 829	9 615	2 364	1 491	2 117	38
广东	71 327	24 752	7 461	2 435	5 848	394
广西	19 175	5 497	1 358	287	1 398	–
海南	2 425	712	95	17	183	122
四川	78 972	25 017	7 583	1 412	4 306	66
贵州	4 390	264	209	76	109	4
云南	28 932	10 015	2 230	413	2 442	3
西藏	1 348	1 074	383	3	10	–
陕西	9 122	1 751	465	128	854	45
甘肃	12 247	4 735	847	127	361	68
青海	1 694	223	103	9	126	–
宁夏	2 054	−18	349	85	165	–
新疆	8 904	902	1 141	180	396	–

5-41 各地区三级企业利润率及利税率

地　区	产值利润率(%)	产值利税率(%)	资本金利润率(%)	资本金利税率(%)	人均利润(元/人)	人均利税(元/人)	资产负债率(%)
全国总计	**2.0**	**5.2**	**6.6**	**17.5**	**572**	**1 517**	**67.8**
北　京	2.2	5.3	8.2	19.6	734	1 746	69.6
天　津	5.0	8.8	15.5	27.1	2 201	3 862	63.1
河　北	1.7	5.6	4.4	14.2	359	1 151	54.7
山　西	1.0	4.5	3.2	13.8	195	855	73.0
内蒙古	1.1	4.1	3.1	11.8	259	977	68.5
辽　宁	2.1	5.4	5.8	15.1	553	1 452	66.2
吉　林	0.3	3.4	1.1	13.1	73	829	71.8
黑龙江	1.1	4.7	2.9	12.0	322	1 313	66.5
上　海	2.0	6.0	8.8	26.5	1 107	3 352	77.3
江　苏	1.9	4.7	9.3	22.9	716	1 759	68.1
浙　江	2.2	5.2	7.8	18.2	1 049	2 440	68.4
安　徽	2.1	5.6	7.5	19.7	576	1 512	66.0
福　建	1.2	5.0	3.7	15.7	466	1 982	80.5
江　西	0.7	4.1	1.8	11.6	172	1 081	68.2
山　东	3.9	7.1	15.4	28.1	965	1 756	69.7
河　南	2.9	6.0	9.5	19.4	605	1 234	63.4
湖　北	1.8	5.1	4.4	12.2	429	1 195	58.2
湖　南	1.4	4.5	4.6	14.7	386	1 239	64.9
广　东	2.0	5.7	6.0	17.3	632	1 821	75.0
广　西	1.5	5.2	4.1	14.4	369	1 287	69.7
海　南	1.8	6.1	4.8	16.5	418	1 424	38.2
四　川	1.3	4.2	4.2	13.3	318	1 004	54.3
贵　州	0.2	3.8	0.4	6.2	46	763	59.9
云　南	2.1	6.0	7.1	20.6	561	1 621	60.0
西　藏	3.3	4.2	42.1	52.9	1 879	2 359	62.3
陕　西	0.9	4.7	2.5	13.3	176	916	65.5
甘　肃	2.8	7.2	7.9	20.5	486	1 256	60.5
青　海	0.4	3.4	1.0	7.7	91	695	61.7
宁　夏	–	3.2	−0.1	6.2	−7	743	67.0
新　疆	0.4	3.9	1.5	14.8	104	1 028	72.0

5－42 各地区三级建筑业企业亏损情况

地　区	建筑业企业个数(个)	亏损企业个数(个)	亏损金额(万元)	亏损面(%)
全国总计	**16 153**	**3 178**	**92 009**	**19.7**
北　京	452	114	3 256	25.2
天　津	130	25	577	19.2
河　北	677	97	4 224	14.3
山　西	339	65	1 570	19.2
内蒙古	250	51	1 213	20.4
辽　宁	924	215	8 753	23.3
吉　林	375	109	3 560	29.1
黑龙江	568	139	3 596	24.5
上　海	419	65	4 387	15.5
江　苏	1 022	138	3 797	13.5
浙　江	1 227	185	4 478	15.1
安　徽	502	115	2 080	22.9
福　建	447	112	3 000	25.1
江　西	315	73	1 896	23.2
山　东	1 526	224	5 784	14.7
河　南	912	195	4 481	21.4
湖　北	563	119	3 907	21.1
湖　南	633	126	2 793	19.9
广　东	882	190	8 412	21.5
广　西	428	89	1 669	20.8
海　南	58	4	228	6.9
四　川	2 070	395	7 398	19.1
贵　州	224	80	1 346	35.7
云　南	391	63	2 053	16.1
西　藏	13	3	141	23.1
陕　西	260	53	1 037	20.4
甘　肃	194	35	646	18.0
青　海	76	21	433	27.6
宁　夏	110	42	1 265	38.2
新　疆	166	36	4 029	21.7

5－43 各地区四级企业建筑业总产值和竣工产值

单位:万元

地区	建筑业总产值	建筑工程产值	安装工程产值	房屋构筑物修理产值	非标准设备制造产值	竣工产值
全国总计	**8 229 622**	**7 161 146**	**741 243**	**275 623**	**51 610**	**6 311 190**
北 京	206 698	129 677	60 547	16 280	194	161 648
天 津	22 486	10 828	10 262	1 325	71	18 579
河 北	209 215	186 359	16 604	4 737	1 515	175 890
山 西	61 276	50 787	9 330	1 130	29	46 497
内蒙古	163 612	140 425	15 881	6 915	391	125 889
辽 宁	372 650	293 127	58 577	20 295	651	297 028
吉 林	100 765	85 523	11 709	3 330	204	85 266
黑龙江	232 904	192 244	31 432	9 069	159	190 621
上 海	106 974	85 916	15 584	5 120	354	75 693
江 苏	1 456 010	1 299 497	107 929	42 695	5 888	1 188 365
浙 江	908 487	768 982	110 051	26 501	2 953	705 148
安 徽	416 146	372 475	29 689	12 513	1 469	330 589
福 建	515 242	464 342	38 888	11 071	943	236 222
江 西	156 379	144 930	7 415	3 538	496	107 342
山 东	720 565	624 073	62 466	32 078	1 948	616 424
河 南	257 594	228 112	19 569	8 760	1 153	197 810
湖 北	323 031	293 200	18 064	10 961	806	243 486
湖 南	392 627	357 443	21 817	12 322	1 045	294 219
广 东	270 732	246 105	17 991	6 474	162	192 231
广 西	84 592	78 488	3 770	2 277	56	64 255
海 南	2 272	1 556	431	93	192	1 800
四 川	535 546	480 311	30 157	21 752	3 326	406 778
贵 州	53 572	51 380	1 311	742	139	38 119
云 南	219 810	180 664	9 849	3 911	25 385	163 077
西 藏	9 410	9 304	94	12	－	7 749
陕 西	110 909	101 839	6 841	1 558	671	84 314
甘 肃	75 276	66 740	5 928	2 407	201	55 463
青 海	25 503	22 045	1 852	1 500	105	20 401
宁 夏	55 858	48 338	5 442	1 931	147	48 341
新 疆	163 480	146 433	11 764	4 326	957	131 944

5-44 各地区四级企业单位工程个数及工程质量

地区	单位工程施工个数(个)	#本年新开工个数	#投标承包个数	#本年新开工	单位工程竣工个数(个)	#优良品	工程质量优良品率(%)	投标承包个数占单位工程施工个数的比重(%)
全国总计	**167 668**	**102 204**	**25 714**	**18 905**	**110 909**	**17 688**	**15.9**	**15.3**
北京	4 450	2 285	242	148	3 607	244	6.8	5.4
天津	892	560	76	61	822	314	38.2	8.5
河北	4 749	3 603	1 345	929	3 791	1 035	27.3	28.3
山西	2 066	1 331	746	595	1 221	330	27.0	36.1
内蒙古	2 692	2 245	254	186	2 225	382	17.2	9.4
辽宁	5 831	4 512	933	704	4 808	576	12.0	16.0
吉林	1 637	1 325	214	188	1 418	215	15.2	13.1
黑龙江	3 050	2 555	342	280	2 731	446	16.3	11.2
上海	1 627	1 176	197	160	944	80	8.5	12.1
江苏	16 698	13 146	2 339	1 778	13 594	2 358	17.3	14.0
浙江	23 198	11 625	2 243	1 523	13 991	1 877	13.4	9.7
安徽	10 270	5 203	1 246	981	5 646	1 071	19.0	12.1
福建	6 581	3 629	1 656	926	3 506	446	12.7	25.2
江西	4 663	2 381	877	655	2 422	409	16.9	18.8
山东	14 307	10 795	2 292	1 683	11 466	2 079	18.1	16.0
河南	7 287	4 176	1 301	942	4 830	1 187	24.6	17.9
湖北	5 771	3 676	1 032	738	3 935	298	7.6	17.9
湖南	5 690	3 827	1 462	1 142	3 808	476	12.5	25.7
广东	9 259	2 333	301	196	2 528	361	14.3	3.3
广西	2 545	1 193	429	318	1 204	176	14.6	16.9
海南	94	72	39	38	78	23	29.5	41.5
四川	10 113	7 001	2 462	1 959	7 467	1 660	22.2	24.3
贵州	3 185	2 558	301	185	2 586	51	2.0	9.5
云南	10 356	2 379	561	442	2 667	578	21.7	5.4
西藏	97	77	19	12	77	27	35.1	19.6
陕西	2 403	1 619	1 055	776	2 776	367	13.2	43.9
甘肃	1 506	1 202	546	460	1 131	167	14.8	36.3
青海	693	572	171	134	543	77	14.2	24.7
宁夏	1 582	1 341	379	213	1 348	126	9.3	24.0
新疆	4 376	3 807	654	553	3 739	252	6.7	14.9

5-45 各地区四级企业房屋建筑面积和工程质量

地区	房屋建筑施工面积(万平方米)	#本年新开工面积	#投标承包面积	#本年新开工	房屋建筑竣工面积(万平方米)	#优良品面积	房屋建筑面积优良品率(%)	投标承包面积占房屋建筑施工面积的比重(%)
全国总计	**16 342.1**	**9 881.8**	**4 672.4**	**3 183.8**	**10 251.1**	**2 137.5**	**20.9**	**28.6**
北京	190.4	104.7	38.5	20.5	125.6	12.0	9.6	20.2
天津	38.7	23.8	4.4	4.2	36.1	25.6	70.9	11.3
河北	455.0	289.0	237.3	157.3	327.3	91.7	28.0	52.2
山西	117.4	79.8	48.3	37.5	81.8	20.4	25.0	41.2
内蒙古	298.7	205.3	65.9	49.5	180.9	47.3	26.1	22.1
辽宁	595.2	382.8	234.4	145.0	402.2	110.7	27.5	39.4
吉林	159.8	120.2	52.7	45.6	133.2	36.9	27.7	33.0
黑龙江	282.9	209.5	89.8	67.6	209.0	70.0	33.5	31.7
上海	114.5	65.0	36.5	25.9	73.9	5.6	7.6	31.9
江苏	2 335.5	1 717.3	525.9	402.8	1 501.2	369.1	24.6	22.5
浙江	1 519.3	790.7	446.4	263.3	898.9	155.8	17.3	29.4
安徽	1 059.1	615.6	158.2	132.1	659.3	97.1	14.7	14.9
福建	899.8	376.9	484.2	187.3	316.3	23.3	7.4	53.8
江西	519.5	280.2	139.4	94.6	299.0	43.2	14.4	26.8
山东	1 410.7	897.5	347.2	245.0	940.7	147.1	15.6	24.6
河南	738.7	442.6	216.6	158.6	492.7	122.6	24.9	29.3
湖北	865.8	470.6	179.3	118.6	519.8	49.6	9.5	20.7
湖南	937.8	614.4	289.0	220.8	636.0	89.6	14.1	30.8
广东	670.2	258.2	96.1	53.9	288.5	47.1	16.3	14.3
广西	234.0	129.8	67.9	49.2	141.7	31.2	22.0	29.0
海南	3.0	1.8	1.9	1.3	2.7	1.3	46.9	63.8
四川	1 311.1	828.1	425.4	337.7	916.4	289.9	31.6	32.4
贵州	175.6	76.7	38.1	25.4	91.6	17.1	18.7	21.7
云南	472.7	259.3	65.9	48.6	327.2	70.0	21.4	13.9
西藏	9.3	6.8	2.5	0.5	9.2	6.7	72.5	26.2
陕西	342.1	222.5	167.6	120.0	233.8	87.4	37.4	49.0
甘肃	176.5	115.4	89.8	69.8	116.1	28.9	24.9	50.9
青海	46.5	26.8	18.3	12.9	28.5	4.4	15.3	39.4
宁夏	94.2	71.0	37.8	29.3	66.0	10.5	15.9	40.1
新疆	267.9	199.5	67.2	59.0	195.0	25.4	13.0	25.1

5—46 各地区四级企业按主要用途分的房屋建筑竣工面积

单位:万平方米

地 区	合 计	厂 房	住 宅	办 公 用 房	商业、居 民 服务业 用 房	文化教 育用房	医 疗 用 房	科 研 用 房	其 他 用 房
全国总计	**10 251.1**	**1 225.3**	**5 486.6**	**1 201.2**	**799.9**	**759.1**	**109.6**	**16.3**	**653.2**
北 京	125.6	19.9	56.6	17.8	7.3	7.0	1.8	1.2	13.9
天 津	36.1	12.8	10.0	5.4	0.7	2.7	–	–	4.5
河 北	327.3	38.1	179.9	43.2	18.0	21.2	3.6	0.8	22.6
山 西	81.8	4.5	49.5	13.4	7.1	3.4	0.1	–	3.9
内蒙古	180.9	16.3	114.4	19.5	9.6	9.9	0.5	0.5	10.2
辽 宁	402.2	28.6	279.9	30.7	24.4	16.4	1.4	0.4	20.3
吉 林	133.2	19.7	81.5	11.6	2.9	8.7	0.7	–	8.1
黑龙江	209.0	15.3	143.2	24.0	8.3	7.7	0.9	–	9.7
上 海	73.9	13.6	41.3	3.4	2.0	3.1	0.1	0.7	9.7
江 苏	1 501.2	214.1	783.7	165.2	122.7	82.2	17.8	3.6	112.0
浙 江	898.9	141.7	470.0	84.2	88.2	50.7	6.6	0.2	57.2
安 徽	659.3	105.1	331.7	74.5	64.9	43.0	10.9	0.7	28.6
福 建	316.3	41.0	158.8	41.2	18.5	27.6	3.1	0.9	25.3
江 西	299.0	20.1	170.7	43.0	20.1	25.4	4.1	0.6	15.1
山 东	940.7	136.9	475.1	129.6	67.4	68.1	9.1	0.8	53.7
河 南	492.7	62.5	254.6	61.9	37.8	42.8	5.2	0.5	27.3
湖 北	519.8	38.3	274.0	65.8	35.3	62.2	4.9	1.3	38.0
湖 南	636.0	44.6	358.5	63.6	53.7	59.1	6.3	1.4	48.9
广 东	288.5	40.9	149.0	14.9	36.5	27.1	1.6	–	18.5
广 西	141.7	14.6	71.6	21.3	9.4	19.5	0.9	0.1	4.5
海 南	2.7	0.1	2.1	0.4	0.1	0.1	–	–	–
四 川	916.4	94.6	483.1	90.4	97.8	82.6	13.8	1.4	52.7
贵 州	91.6	5.4	54.5	9.6	5.5	11.5	1.4	–	3.7
云 南	327.2	38.2	129.4	91.9	16.5	26.0	3.1	0.2	21.9
西 藏	9.2	0.2	3.7	1.8	2.5	0.8	0.1	–	0.2
陕 西	233.8	28.8	135.8	24.7	14.0	21.3	3.0	–	6.1
甘 肃	116.1	11.0	61.2	17.1	9.6	8.0	2.9	0.4	6.1
青 海	28.5	3.2	15.3	2.7	2.9	1.9	0.4	0.4	1.8
宁 夏	66.0	5.6	41.9	6.1	5.3	4.4	0.3	–	2.4
新 疆	195.0	9.6	105.7	22.3	11.1	14.6	5.1	0.2	26.3

5-47 各地区四级企业各种用途的房屋建筑竣工面积占全部的比重

单位：%

地区	厂房	住宅	办公用房	商业、居民服务业用房	文化教育用房	医疗用房	科研用房	其他用房
全国总计	**12.0**	**53.5**	**11.7**	**7.8**	**7.4**	**1.1**	**0.2**	**6.4**
北京	15.8	45.1	14.2	5.8	5.6	1.4	1.0	11.1
天津	35.5	27.7	15.0	1.9	7.5	–	–	12.5
河北	11.6	55.0	13.2	5.5	6.5	1.1	0.2	6.9
山西	5.5	60.5	16.4	8.7	4.2	0.1	–	4.8
内蒙古	9.0	63.2	10.8	5.3	5.5	0.3	0.3	5.6
辽宁	7.1	69.6	7.6	6.1	4.1	0.3	0.1	5.0
吉林	14.8	61.2	8.7	2.2	6.5	0.5	–	6.1
黑龙江	7.3	68.5	11.5	4.0	3.7	0.4	–	4.6
上海	18.4	55.9	4.6	2.7	4.2	0.1	0.9	13.1
江苏	14.3	52.2	11.0	8.2	5.5	1.2	0.2	7.5
浙江	15.8	52.3	9.4	9.8	5.6	0.7	–	6.4
安徽	15.9	50.3	11.3	9.8	6.5	1.7	0.1	4.3
福建	13.0	50.2	13.0	5.8	8.7	1.0	0.3	8.0
江西	6.7	57.1	14.4	6.7	8.5	1.4	0.2	5.1
山东	14.6	50.5	13.8	7.2	7.2	1.0	0.1	5.7
河南	12.7	51.7	12.6	7.7	8.7	1.1	0.1	5.5
湖北	7.4	52.7	12.7	6.8	12.0	0.9	0.3	7.3
湖南	7.0	56.4	10.0	8.4	9.3	1.0	0.2	7.7
广东	14.2	51.6	5.2	12.7	9.4	0.6	–	6.4
广西	10.3	50.5	15.0	6.6	13.8	0.6	0.1	3.2
海南	3.7	77.8	14.8	3.7	3.7			
四川	10.3	52.7	9.9	10.7	9.0	1.5	0.2	5.8
贵州	5.9	59.5	10.5	6.0	12.6	1.5	–	4.0
云南	11.7	39.5	28.1	5.0	7.9	0.9	0.1	6.7
西藏	2.2	40.2	19.6	27.2	8.7	1.1	–	2.2
陕西	12.3	58.1	10.6	6.0	9.1	1.3	–	2.6
甘肃	9.5	52.7	14.7	8.3	6.9	2.5	0.3	5.3
青海	11.2	53.7	9.5	10.2	6.7	1.4	1.4	6.3
宁夏	8.5	63.5	9.2	8.0	6.7	0.5	–	3.6
新疆	4.9	54.2	11.4	5.7	7.5	2.6	0.1	13.5

5-48 各地区四级企业机械设备装备情况

地 区	自有机械设备年末总台数（台）	自有机械设备年末总功率（万千瓦）	#施工机械功率	自有机械设备净值（万元）	技术装备率（元/人）	动力装备率（千瓦/人）
全国总计	**992 910**	**974.8**	**777.0**	**875 390**	**2 614**	**2.9**
北 京	6 993	8.9	5.9	9 256	1 895	1.8
天 津	1 473	3.3	2.7	8 228	11 137	4.4
河 北	35 653	43.6	37.2	30 357	2 592	3.7
山 西	8 481	12.3	10.2	5 572	1 618	3.6
内蒙古	15 412	21.9	18.4	18 233	1 749	2.1
辽 宁	37 328	65.8	54.4	44 763	2 559	3.8
吉 林	7 037	14.7	11.5	10 299	2 193	3.1
黑龙江	22 154	36.7	29.1	30 025	2 779	3.4
上 海	4 056	3.2	2.9	10 441	4 540	1.4
江 苏	94 591	72.4	63.5	96 520	2 172	1.6
浙 江	79 707	65.0	50.4	94 095	3 707	2.6
安 徽	40 065	38.5	27.8	31 831	1 812	2.2
福 建	35 192	46.5	38.2	58 907	4 455	3.5
江 西	22 760	18.5	15.5	22 024	2 641	2.2
山 东	223 118	155.9	129.2	98 989	2 807	4.4
河 南	28 387	33.1	25.8	27 837	2 052	2.4
湖 北	54 595	40.3	29.4	39 555	2 528	2.6
湖 南	75 558	51.3	45.5	34 231	2 155	3.2
广 东	35 376	38.6	33.4	35 273	3 979	4.4
广 西	14 075	8.6	7.6	9 603	1 849	1.7
海 南	302	0.3	0.3	329	3 059	2.8
四 川	55 880	68.1	57.3	67 551	2 341	2.4
贵 州	7 156	6.5	5.3	5 252	1 553	1.9
云 南	22 280	26.6	20.2	24 320	2 767	3.0
西 藏	396	0.6	0.5	871	1 944	1.4
陕 西	24 115	17.6	14.4	16 210	2 229	2.4
甘 肃	14 015	40.4	12.0	15 584	3 092	8.0
青 海	4 297	4.4	2.6	3 142	1 889	2.6
宁 夏	8 863	9.0	7.4	7 591	2 669	3.2
新 疆	13 595	22.1	18.4	18 502	2 781	3.3

5-49 各地区四级企业建筑业增加值及其构成(一)

单位: 万元

地区	建筑业增加值合计	本年提取固定资产折旧	应付工资总额	应付福利费总额
全国总计	**2 311 776**	**106 807**	**1 195 800**	**113 760**
北京	62 667	2 294	28 549	2 544
天津	10 110	320	3 858	534
河北	73 393	3 540	37 585	6 487
山西	18 726	1 201	8 952	923
内蒙古	54 986	2 568	31 615	3 587
辽宁	122 969	4 575	61 909	5 708
吉林	31 219	1 155	16 407	1 660
黑龙江	71 481	3 655	38 294	3 630
上海	28 780	1 677	12 531	1 536
江苏	342 812	12 579	198 167	17 107
浙江	261 602	13 242	146 425	13 051
安徽	108 788	3 332	53 545	5 327
福建	121 967	6 219	57 317	5 199
江西	44 768	1 807	21 032	2 024
山东	218 779	12 958	102 949	10 993
河南	69 269	2 835	33 413	2 939
湖北	93 346	5 259	44 276	3 759
湖南	112 958	4 333	61 797	5 887
广东	74 046	3 825	32 291	2 956
广西	25 649	1 272	13 364	820
海南	1 020	76	408	14
四川	143 743	7 255	80 109	7 456
贵州	15 920	594	9 121	715
云南	61 071	2 969	27 099	2 153
西藏	3 322	63	1 212	44
陕西	38 280	1 684	20 908	2 277
甘肃	24 954	966	13 381	836
青海	8 062	425	4 203	331
宁夏	19 004	823	10 366	995
新疆	48 086	3 306	24 715	2 265

5-49 各地区四级企业建筑业增加值及其构成(二)

单位: 万元

地 区	工程结算税金及附加	工程结算利润	管理费用中的税金	管理费用中的劳动、待业保险费	转作奖金的利润
全国总计	**247 286**	**615 531**	**27 837**	**16 177**	**11 423**
北 京	5 636	23 542	521	321	739
天 津	919	4 521	40	100	184
河 北	6 644	18 045	992	411	311
山 西	2 142	4 930	397	198	18
内蒙古	5 052	11 582	687	322	426
辽 宁	11 865	37 657	526	834	104
吉 林	3 588	8 144	178	124	39
黑龙江	7 212	17 707	623	458	99
上 海	2 743	9 686	333	309	35
江 苏	36 200	75 700	2 228	2 170	1 339
浙 江	26 505	60 876	1 425	1 399	1 318
安 徽	11 325	34 552	1 433	379	1 105
福 建	18 736	32 735	1 148	870	258
江 西	6 264	12 610	662	494	124
山 东	20 629	67 748	3 301	1 847	1 646
河 南	6 867	22 230	983	412	410
湖 北	10 741	27 484	1 686	392	251
湖 南	13 202	25 902	1 742	519	424
广 东	9 140	24 576	1 293	698	733
广 西	3 675	5 899	565	210	156
海 南	177	310	40	1	6
四 川	14 779	31 481	2 628	705	669
贵 州	2 114	2 853	372	164	13
云 南	7 220	20 412	1 097	232	113
西 藏	209	1 437	348	8	-
陕 西	3 377	8 821	814	544	146
甘 肃	2 992	5 897	847	136	101
青 海	796	1 959	246	130	31
宁 夏	1 865	4 763	108	108	23
新 疆	4 669	11 475	574	1 682	600

5-50 各地区四级企业建筑业劳动生产率

地　区	建筑业企业个数（个）	计算劳动生产率的平均人数（万人）	按总产值计算的劳动生产率（元/人）	按增加值计算的劳动生产率（元/人）	人均竣工产值（元/人）	人均施工面积（平米/人）	人均竣工面积（平米/人）
全国总计	**17 385**	**334.92**	**24 572**	**6 903**	**18 844**	**48.8**	**30.6**
北　京	423	4.88	42 314	12 829	33 091	39.0	25.7
天　津	75	0.74	30 436	13 684	25 148	52.3	48.8
河　北	598	11.71	17 867	6 268	15 021	38.9	28.0
山　西	321	3.44	17 797	5 439	13 505	34.1	23.8
内蒙古	470	10.42	15 696	5 275	12 077	28.7	17.4
辽　宁	968	17.49	21 305	7 030	16 981	34.0	23.0
吉　林	318	4.70	21 460	6 649	18 159	34.0	28.4
黑龙江	826	10.81	21 555	6 615	17 642	26.2	19.3
上　海	149	2.30	46 510	12 513	32 910	49.8	32.1
江　苏	1 269	44.44	32 767	7 715	26 744	52.6	33.8
浙　江	1 538	25.38	35 793	10 307	27 781	59.9	35.4
安　徽	744	17.57	23 690	6 193	18 820	60.3	37.5
福　建	785	13.22	38 968	9 224	17 866	68.1	23.9
江　西	609	8.34	18 750	5 368	12 870	62.3	35.9
山　东	1 819	35.26	20 434	6 204	17 481	40.0	26.7
河　南	948	13.57	18 987	5 106	14 581	54.4	36.3
湖　北	844	15.65	20 646	5 966	15 562	55.3	33.2
湖　南	791	15.89	24 716	7 111	18 521	59.0	40.0
广　东	363	8.86	30 542	8 353	21 686	75.6	32.5
广　西	263	5.19	16 286	4 938	12 370	45.1	27.3
海　南	18	0.11	21 097	9 467	16 713	28.0	25.2
四　川	1 283	28.86	18 557	4 981	14 095	45.4	31.8
贵　州	233	3.38	15 845	4 708	11 274	51.9	27.1
云　南	447	8.79	25 005	6 947	18 551	53.8	37.2
西　藏	21	0.45	21 000	7 415	17 293	20.9	20.6
陕　西	423	7.27	15 250	5 263	11 593	47.0	32.1
甘　肃	202	5.04	14 935	4 951	11 004	35.0	23.0
青　海	97	1.66	15 328	4 845	12 262	28.0	17.2
宁　夏	207	2.84	19 636	6 681	16 994	33.1	23.2
新　疆	333	6.65	24 575	7 228	19 834	40.3	29.3

5-51 各地区四级企业资本金及资产构成(一)

单位:万元

地　区	资本金合计	资产总计	#流动资产合计	#存货	#在建工程
全国总计	**2 358 010**	**7 250 310**	**5 209 737**	**2 086 267**	**1 334 086**
北　京	39 784	222 685	183 101	83 374	36 177
天　津	5 258	21 788	16 683	4 569	2 909
河　北	70 589	161 286	97 384	34 226	21 034
山　西	25 004	57 599	37 716	12 712	6 099
内蒙古	53 414	163 067	114 247	32 222	16 854
辽　宁	130 116	422 006	305 392	102 240	45 105
吉　林	35 091	103 443	68 187	12 864	5 492
黑龙江	92 057	235 860	163 916	40 588	15 473
上　海	23 616	96 482	74 487	20 476	16 324
江　苏	267 230	956 223	726 750	364 523	247 019
浙　江	285 920	890 241	656 786	287 046	175 095
安　徽	82 189	223 487	154 978	55 103	28 710
福　建	125 165	746 732	628 683	252 820	193 394
江　西	69 934	176 746	133 511	62 124	50 169
山　东	214 928	693 006	482 911	169 228	95 782
河　南	71 206	176 308	119 287	51 484	32 956
湖　北	122 227	232 401	144 451	58 414	40 914
湖　南	101 666	253 904	167 555	64 232	44 373
广　东	95 919	372 773	282 634	127 920	103 476
广　西	35 404	77 486	49 760	25 614	20 158
海　南	1 589	10 704	9 501	1 736	1 538
四　川	155 148	315 726	192 381	84 973	57 464
贵　州	21 673	56 298	42 520	18 134	14 240
云　南	63 871	147 833	87 099	32 400	15 605
西　藏	4 114	9 830	4 156	1 208	-
陕　西	40 328	93 889	55 454	22 796	14 967
甘　肃	31 240	55 036	33 053	12 493	5 577
青　海	10 940	28 177	18 314	4 581	2 001
宁　夏	24 094	70 758	45 754	15 252	6 326
新　疆	58 299	178 534	113 085	30 915	18 856

5-51 各地区四级企业资本金及资产构成(二)

单位: 万元

地 区	固定资产合计	固定资产原价合计	#生产经营用	固定资产折旧	#本年折旧	无形及递延资产合计	#无形资产
全国总计	**1 681 243**	**2 070 759**	**1 535 877**	**484 455**	**106 807**	**47 177**	**19 936**
北 京	26 210	33 878	17 425	8 720	2 294	1 061	97
天 津	4 103	5 016	4 423	1 201	320	208	–
河 北	52 269	61 728	52 053	14 963	3 540	941	266
山 西	18 051	21 647	14 466	4 552	1 201	481	160
内蒙古	42 349	54 986	42 424	14 402	2 568	1 696	1 005
辽 宁	97 929	117 790	96 335	28 308	4 575	1 253	526
吉 林	31 304	38 920	30 278	7 947	1 155	397	311
黑龙江	65 852	83 695	63 127	21 342	3 655	1 002	176
上 海	16 414	19 245	15 258	4 409	1 677	352	72
江 苏	190 019	240 486	196 678	54 895	12 579	5 292	2 896
浙 江	183 871	220 405	171 900	44 805	13 242	5 795	2 807
安 徽	60 875	75 850	52 739	14 975	3 332	1 140	313
福 建	91 788	119 964	104 876	31 865	6 219	3 534	1 725
江 西	38 322	45 967	28 820	11 777	1 807	583	78
山 东	156 569	205 093	127 621	61 564	12 958	10 204	4 164
河 南	52 326	61 621	38 189	12 012	2 835	882	251
湖 北	76 800	91 962	62 058	23 337	5 259	1 975	777
湖 南	74 150	88 590	67 732	20 713	4 333	1 692	587
广 东	72 645	83 568	60 789	13 030	3 825	1 285	541
广 西	24 741	28 581	22 493	4 945	1 272	178	20
海 南	1 137	1 551	1 229	444	76	19	–
四 川	106 560	135 582	101 112	32 383	7 255	3 942	2 056
贵 州	11 872	14 498	10 011	2 733	594	263	137
云 南	50 812	57 722	38 490	11 994	2 969	375	198
西 藏	5 116	4 577	2 232	876	63	–	–
陕 西	34 109	39 929	28 119	8 065	1 684	443	5
甘 肃	18 575	22 563	16 950	5 189	966	615	410
青 海	8 650	9 978	5 139	2 416	425	272	132
宁 夏	20 033	23 848	18 711	4 085	823	525	153
新 疆	47 788	61 519	44 200	16 510	3 306	767	73

5-52 各地区四级企业负债及所有者权益

单位: 万元

地　区	负债合计	流动负债合计	长期负债合计	所有者权益合计	#股本
全国总计	**4 883 635**	**4 604 648**	**225 292**	**2 366 676**	**119 449**
北　京	165 389	162 530	2 859	57 296	784
天　津	14 191	13 891	294	7 596	555
河　北	86 160	77 513	7 169	75 126	419
山　西	37 744	32 878	3 295	19 855	165
内蒙古	111 872	107 360	3 716	51 195	1 699
辽　宁	301 794	278 504	18 662	120 212	1 747
吉　林	69 836	67 165	2 671	33 608	1 185
黑龙江	149 170	141 778	7 393	86 689	6 272
上　海	68 437	67 134	724	28 045	—
江　苏	664 375	645 224	11 885	291 847	16 869
浙　江	588 627	574 784	13 843	301 613	29 240
安　徽	145 327	137 487	7 839	78 161	5 428
福　建	607 993	602 083	4 539	138 739	16 001
江　西	125 550	116 499	7 373	51 197	2 568
山　东	484 344	433 300	32 336	208 661	11 039
河　南	105 713	94 910	8 707	70 596	2 299
湖　北	129 192	110 782	16 447	103 209	3 601
湖　南	154 397	143 201	11 196	99 507	1 809
广　东	270 864	255 986	14 876	101 909	5 095
广　西	43 128	39 927	3 201	34 359	349
海　南	9 368	7 209	2 159	1 335	444
四　川	160 884	146 817	12 941	154 842	869
贵　州	38 307	36 900	1 406	17 991	473
云　南	77 009	68 806	6 201	70 824	282
西　藏	2 870	2 580	290	6 960	383
陕　西	51 568	43 285	7 117	42 321	1 802
甘　肃	30 026	26 342	3 045	25 011	3 384
青　海	18 746	13 881	1 319	9 431	110
宁　夏	47 296	43 479	1 748	23 462	3 257
新　疆	123 455	112 413	10 038	55 079	1 321

5－53 各地区四级企业工程结算收入及工程结算利润

单位：万元

地区	工程结算收入	工程结算成本	工程结算税金及附加	工程结算利润	管理费用	#税金	#财产保险费	#劳动、待业保险费
全国总计	**6 795 299**	**5 932 482**	**247 286**	**615 531**	**421 369**	**27 837**	**4 027**	**16 177**
北京	176 775	147 597	5 636	23 542	18 219	521	69	321
天津	23 187	17 747	919	4 521	2 477	40	7	100
河北	188 812	164 123	6 644	18 045	9 169	992	104	411
山西	53 286	46 213	2 142	4 930	3 712	397	44	198
内蒙古	148 894	132 261	5 052	11 582	11 070	687	65	322
辽宁	364 501	314 979	11 865	37 657	28 937	526	252	834
吉林	94 299	82 567	3 588	8 144	6 650	178	20	124
黑龙江	225 047	200 128	7 212	17 707	14 764	623	72	458
上海	93 601	81 172	2 743	9 686	6 969	333	36	309
江苏	966 010	854 110	36 200	75 700	53 946	2 228	792	2 170
浙江	741 973	654 592	26 505	60 876	43 930	1 425	258	1 399
安徽	354 650	308 774	11 325	34 552	17 767	1 433	155	379
福建	465 835	414 365	18 736	32 735	24 781	1 148	92	870
江西	141 176	122 302	6 264	12 610	8 320	662	45	494
山东	569 473	481 096	20 629	67 748	38 220	3 301	768	1 847
河南	210 202	181 105	6 867	22 230	11 390	983	129	412
湖北	284 988	246 762	10 741	27 484	16 984	1 686	220	392
湖南	329 531	290 427	13 202	25 902	15 667	1 742	146	519
广东	243 714	209 998	9 140	24 576	19 750	1 293	69	698
广西	73 676	64 102	3 675	5 899	3 473	565	28	210
海南	2 373	1 886	177	310	237	40	1	1
四川	385 549	339 289	14 779	31 481	20 982	2 628	193	705
贵州	49 575	44 607	2 114	2 853	2 445	372	74	164
云南	202 714	175 082	7 220	20 412	13 496	1 097	149	232
西藏	8 127	6 481	209	1 437	1 152	348	7	8
陕西	98 138	85 940	3 377	8 821	5 953	814	76	544
甘肃	62 160	53 271	2 992	5 897	3 710	847	64	136
青海	25 312	22 556	796	1 959	1 945	246	5	130
宁夏	53 116	46 488	1 865	4 763	3 598	108	29	108
新疆	158 605	142 461	4 669	11 475	11 657	574	56	1 682

5-54 各地区四级企业利税及利润总额

单位: 万元

地 区	利税总额	#利润总额	#应交所得税	#转作奖金的利润	#应付利润	#已分配股利
全国总计	**442 813**	**167 690**	**43 433**	**11 423**	**29 945**	**2 124**
北 京	13 083	6 926	1 986	739	1 718	53
天 津	2 294	1 335	303	184	187	1
河 北	14 639	7 003	1 257	311	862	1
山 西	3 613	1 074	258	18	205	23
内蒙古	6 875	1 136	555	426	395	14
辽 宁	21 316	8 925	2 547	104	941	112
吉 林	4 264	498	497	39	176	12
黑龙江	9 658	1 823	853	99	425	8
上 海	6 617	3 541	614	35	891	21
江 苏	59 980	21 552	5 924	1 339	2 644	242
浙 江	44 931	17 001	5 689	1 318	2 827	305
安 徽	26 603	13 845	2 829	1 105	3 133	311
福 建	26 228	6 344	2 155	258	1 981	106
江 西	9 920	2 994	472	124	645	78
山 东	50 382	26 452	6 176	1 646	3 403	150
河 南	16 965	9 115	1 480	410	1 780	207
湖 北	19 668	7 241	1 106	251	959	177
湖 南	21 687	6 743	1 221	424	1 157	117
广 东	14 848	4 415	1 902	733	1 416	29
广 西	6 702	2 462	581	156	439	—
海 南	8	− 209	26	6	19	—
四 川	25 935	8 528	2 249	669	1 410	6
贵 州	2 844	358	144	13	97	7
云 南	13 026	4 709	527	113	414	2
西 藏	717	160	58	—	—	—
陕 西	5 612	1 421	524	146	977	53
甘 肃	5 547	1 708	533	101	276	84
青 海	1 162	120	102	31	79	2
宁 夏	3 233	1 260	310	23	182	—
新 疆	4 454	− 789	551	600	306	3

5－55 各地区四级企业利润率及利税率

地区	产值利润率(%)	产值利税率(%)	资本金利润率(%)	资本金利税率(%)	人均利润(元/人)	人均利税(元/人)	资产负债率(%)
全国总计	**2.0**	**5.4**	**7.1**	**18.8**	**501**	**1 322**	**67.4**
北京	3.4	6.3	17.4	32.9	1 418	2 678	74.3
天津	5.9	10.2	25.4	43.6	1 807	3 105	65.1
河北	3.3	7.0	9.9	20.7	598	1 250	53.4
山西	1.8	5.9	4.3	14.5	312	1 049	65.5
内蒙古	0.7	4.2	2.1	12.9	109	660	68.6
辽宁	2.4	5.7	6.9	16.4	510	1 219	71.5
吉林	0.5	4.2	1.4	12.2	106	908	67.5
黑龙江	0.8	4.1	2.0	10.5	169	894	63.2
上海	3.3	6.2	15.0	28.0	1 540	2 877	70.9
江苏	1.5	4.1	8.1	22.4	485	1 350	69.5
浙江	1.9	4.9	5.9	15.7	670	1 770	66.1
安徽	3.3	6.4	16.8	32.4	788	1 514	65.0
福建	1.2	5.1	5.1	21.0	480	1 984	81.4
江西	1.9	6.3	4.3	14.2	359	1 189	71.0
山东	3.7	7.0	12.3	23.4	750	1 429	69.9
河南	3.5	6.6	12.8	23.8	672	1 250	60.0
湖北	2.2	6.1	5.9	16.1	463	1 257	55.6
湖南	1.7	5.5	6.6	21.3	424	1 365	60.8
广东	1.6	5.5	4.6	15.5	498	1 675	72.7
广西	2.9	7.9	7.0	18.9	474	1 290	55.7
海南	－9.2	0.3	－13.2	0.5	－1 944	70	87.5
四川	1.6	4.8	5.5	16.7	296	899	51.0
贵州	0.7	5.3	1.7	13.1	106	841	68.0
云南	2.1	5.9	7.4	20.4	536	1 482	52.1
西藏	1.7	7.6	3.9	17.4	356	1 601	29.2
陕西	1.3	5.1	3.5	13.9	195	772	54.9
甘肃	2.3	7.4	5.5	17.8	339	1 100	54.6
青海	0.5	4.6	1.1	10.6	72	699	66.5
宁夏	2.3	5.8	5.2	13.4	443	1 137	66.8
新疆	－0.5	2.7	－1.4	7.6	－119	670	69.1

5-56 各地区四级建筑业企业亏损情况

地　区	建筑业企业个数(个)	亏损企业个数(个)	亏损金额(万元)	亏损面(%)
全国总计	**17 385**	**3 095**	**51 653**	**17.8**
北　京	423	91	1 419	21.5
天　津	75	13	233	17.3
河　北	598	72	907	12.0
山　西	321	51	510	15.9
内蒙古	470	100	2 343	21.3
辽　宁	968	182	3 907	18.8
吉　林	318	91	1 577	28.6
黑龙江	826	206	2 889	24.9
上　海	149	14	120	9.4
江　苏	1 269	194	2 860	15.3
浙　江	1 538	257	7 054	16.7
安　徽	744	120	1 403	16.1
福　建	785	187	2 387	23.8
江　西	609	114	992	18.7
山　东	1 819	254	3 548	14.0
河　南	948	149	1 397	15.7
湖　北	844	117	1 881	13.9
湖　南	791	142	1 604	18.0
广　东	363	65	2 648	17.9
广　西	263	39	485	14.8
海　南	18	4	324	22.2
四　川	1 283	206	2 006	16.1
贵　州	233	58	417	24.9
云　南	447	87	680	19.5
西　藏	21	2	240	9.5
陕　西	423	86	1 433	20.3
甘　肃	202	34	317	16.8
青　海	97	22	346	22.7
宁　夏	207	58	539	28.0
新　疆	333	80	5 187	24.0

六、各行业、国务院有关部门建筑业企业

6－1 各行业建筑业总产值和竣工产值

单位: 万元

行业类别	建筑业总产值	建筑工程	安装工程	房屋构筑物修理	非标准设备制造	竣工产值
总　　计	**82 822 497**	**71 585 030**	**9 267 856**	**1 413 746**	**555 866**	**57 399 083**
土木工程建筑业	73 194 728	67 719 438	3 935 188	1 249 619	290 483	50 279 012
房屋建筑业	58 713 680	54 434 535	2 953 889	1 125 102	200 154	40 902 302
矿山建筑业	779 799	641 845	124 612	8 184	5 157	459 615
铁路公路隧道桥梁	8 399 789	8 174 744	174 943	33 313	16 789	5 340 251
堤坝电站码头	2 635 598	2 254 698	326 990	15 449	38 461	1 708 429
其它土木工程	2 665 863	2 213 616	354 753	67 571	29 923	1 868 415
线路管道设备安装业	7 694 118	2 404 379	4 978 417	52 447	258 876	5 696 879
线路管道安装业	3 416 896	1 297 552	2 051 381	15 037	52 925	2 630 701
设备安装业	4 277 222	1 106 827	2 927 035	37 410	205 951	3 066 178
装修装饰业	1 933 652	1 461 213	354 252	111 680	6 507	1 423 191

6－2 各行业单位工程个数及工程质量

行业类别	单位工程施工个数(个)	#本年新开工个数	#投标承包个数	#本年新开工	单位工程竣工个数(个)	#优良品	工程质量优良品率(%)	投标承包个数占单位工程施工个数的比重(%)
总　　计	**699 661**	**400 415**	**188 001**	**111 745**	**419 246**	**124 436**	**29.7**	**26.9**
土木工程建筑业	556 336	307 107	173 099	102 322	315 838	90 993	28.8	31.1
房屋建筑业	444 545	248 166	132 602	83 332	254 225	62 399	24.5	29.8
矿山建筑业	9 357	5 643	2 447	1 394	4 480	1 434	32.0	26.2
铁路公路隧道桥梁	51 528	24 524	27 907	10 987	28 782	17 522	60.9	54.2
堤坝电站码头	18 750	5 991	3 865	2 129	5 073	2 469	48.7	20.6
其它土木工程	32 156	22 783	6 278	4 480	23 278	7 169	30.8	19.5
线路管道设备安装业	114 565	74 574	10 591	6 702	82 075	29 676	36.2	9.2
线路管道安装业	69 787	44 987	4 353	2 882	49 847	16 579	33.3	6.2
设备安装业	44 778	29 587	6 238	3 820	32 228	13 097	40.6	13.9
装修装饰业	28 760	18 734	4 311	2 721	21 333	3 767	17.7	15.0

6-3 各行业房屋建筑面积和工程质量

行业类别	房屋建筑施工面积(万平方米)	#本年新开工面积	#投标承包的面积	#本年新开工	房屋建筑竣工面积(万平方米)	#优良品面积	房屋建筑面积优良品率(%)	投标承包面积占房屋建筑面积的比重(%)
总　计	**129 087.0**	**58 969.1**	**54 728.3**	**27 676.5**	**60 047.9**	**19 935.3**	**33.2**	**42.4**
土木工程建筑业	126 682.6	57 736.7	53 989.2	27 257.3	58 749.6	19 535.4	33.3	42.6
房屋建筑业	120 980.9	55 030.6	51 401.9	25 911.9	56 124.4	18 621.0	33.2	42.5
矿山建筑业	471.7	199.2	141.8	85.6	227.7	86.2	37.9	30.1
铁路公路隧道桥梁	2 322.0	1 167.3	1 188.3	556.1	1 032.5	408.8	39.6	51.2
堤坝电站码头	561.9	266.7	227.2	119.5	248.7	104.2	41.9	40.4
其它土木工程	2 346.0	1 072.9	1 029.9	584.3	1 116.4	315.2	28.2	43.9
线路管道设备安装业	1 227.3	562.6	388.3	203.1	618.6	227.0	36.7	31.6
线路管道安装业	510.8	232.5	190.4	82.0	260.9	101.1	38.8	37.3
设备安装业	716.5	330.1	198.0	121.1	357.8	125.9	35.2	27.6
装修装饰业	1 177.1	669.8	350.8	216.2	679.7	172.9	25.4	29.8

6-4 各行业按主要用途分的房屋建筑竣工面积

单位：万平米

行业类别	合计	厂房	住宅	办公用房	商业、居民服务业用房	文化教育用房	医疗用房	科研用房	其他用房
总　计	**60 047.9**	**7 268.1**	**31 965.0**	**6 641.5**	**5 914.3**	**3 149.2**	**668.8**	**265.1**	**4 175.9**
土木工程建筑业	58 749.6	7 002.6	31 416.5	6 465.1	5 748.3	3 103.5	660.5	261.0	4 092.0
房屋建筑业	56 124.4	6 595.9	30 253.8	6 226.0	5 551.3	3 009.8	642.9	253.0	3 591.5
矿山建筑业	227.7	43.1	121.0	11.9	13.0	13.5	2.8	0.1	22.2
铁路公路隧道桥梁	1 032.5	90.5	447.5	80.1	73.0	26.2	5.5	3.4	306.2
堤坝电站码头	248.7	80.6	100.9	19.0	22.1	5.9	0.3	1.6	18.3
其它土木工程	1 116.4	192.5	493.2	128.0	88.9	48.1	9.0	2.9	153.7
线路管道设备安装业	618.6	167.6	288.6	56.8	47.6	16.5	4.2	2.2	35.2
线路管道安装业	260.9	81.6	117.0	23.4	13.6	7.7	1.1	0.5	16.0
设备安装业	357.8	85.9	171.5	33.4	34.0	8.8	3.2	1.7	19.2
装修装饰业	679.7	97.9	259.9	119.6	118.4	29.2	4.1	1.9	48.8

6-5 各行业按主要用途分的房屋建筑竣工面积占全部的比重

单位: %

行业类别	厂房	住宅	办公用房	商业、居民服务业用房	文化教育用房	医疗用房	科研用房	其他用房
总计	**12.1**	**53.2**	**11.1**	**9.8**	**5.2**	**1.1**	**0.4**	**7.0**
土木工程建筑业	11.9	53.5	11.0	9.8	5.3	1.1	0.4	7.0
房屋建筑业	11.8	53.9	11.1	9.9	5.4	1.1	0.5	6.4
矿山建筑业	18.9	53.2	5.2	5.7	5.9	1.3		9.8
铁路公路隧道桥梁	8.8	43.3	7.8	7.1	2.5	0.5	0.3	29.7
堤坝电站码头	32.4	40.6	7.6	8.9	2.4	0.1	0.6	7.4
其它土木工程	17.2	44.2	11.5	8.0	4.3	0.8	0.3	13.8
线路管道设备安装业	27.1	46.6	9.2	7.7	2.7	0.7	0.4	5.7
线路管道安装业	31.3	44.9	9.0	5.2	2.9	0.4	0.2	6.1
设备安装业	24.0	47.9	9.3	9.5	2.5	0.9	0.5	5.4
装修装饰业	14.4	38.2	17.6	17.4	4.3	0.6	0.3	7.2

6-6 各行业建筑业企业亏损情况

行业类别	建筑业企业个数(个)	亏损企业个数(个)	亏损金额(万元)	亏损面(%)
总计	**41 364**	**7 942**	**530 649**	**19.2**
土木工程建筑业	34 811	6 300	450 179	18.1
房屋建筑业	30 550	5 370	325 717	17.6
矿山建筑业	193	56	26 715	29.0
铁路公路隧道桥梁	1 725	313	57 939	18.1
堤坝电站码头	483	125	16 937	25.9
其它土木工程	1 860	436	22 872	23.4
线路管道设备安装业	3 212	635	53 161	19.8
线路管道安装业	1 570	273	25 637	17.4
设备安装业	1 642	362	27 524	22.0
装修装饰业	3 341	1 007	27 310	30.1

6－7 各行业机械设备装备情况

行业类别	自有机械设备年末总台数(台)	自有机械设备年末总功率(万千瓦)	#施工机械功率	自有机械设备净值(万元)	技术装备率(元/人)	动力装备率(千瓦/人)
总　计	**5 649 612**	**9 804.8**	**6 448.9**	**8 814 352**	**4 154**	**4.6**
土木工程建筑业	5 163 756	8 805.8	5 731.5	7 908 639	4 065	4.5
房屋建筑业	4 481 036	6 516.4	3 929.9	5 364 863	3 231	3.9
矿山建筑业	72 383	273.1	230.1	132 408	5 328	11.0
铁路公路隧道桥梁	291 521	1 107.7	857.5	1 278 005	8 683	7.5
堤坝电站码头	151 778	559.6	461.6	767 704	15 123	11.0
其它土木工程	167 038	348.9	252.4	365 659	5 882	5.6
线路管道设备安装业	353 032	781.7	526.6	772 457	5 803	5.9
线路管道安装业	139 663	285.6	175.6	321 989	5 343	4.7
设备安装业	213 369	496.1	351.0	450 468	6 184	6.8
装修装饰业	132 824	217.3	190.9	133 256	3 086	5.0

6－8 各行业建筑业劳动生产率

行业类别	建筑业企业个数(个)	计算劳动生产率的平均人数(万人)	按总产值计算的劳动生产率(元/人)	按增加值计算的劳动生产率(元/人)	人均竣工产值(元/人)	人均施工面积(平米/人)	人均竣工面积(平米/人)
总　计	**41 364**	**2 121.87**	**39 033**	**11 337**	**27 051**	**60.8**	**28.3**
土木工程建筑业	34 811	1 945.58	37 621	10 748	25 843	65.1	30.2
房屋建筑业	30 550	1 660.62	35 357	9 793	24 631	72.9	33.8
矿山建筑业	193	24.85	31 381	13 794	18 496	19.0	9.2
铁路公路隧道桥梁	1 725	147.18	57 070	16 940	36 283	15.8	7.0
堤坝电站码头	483	50.76	51 919	20 736	33 654	11.1	4.9
其它土木工程	1 860	62.16	42 884	12 222	30 056	37.7	18.0
线路管道设备安装业	3 212	133.11	57 804	19 760	42 799	9.2	4.6
线路管道安装业	1 570	60.27	56 696	19 525	43 651	8.5	4.3
设备安装业	1 642	72.84	58 720	19 954	42 094	9.8	4.9
装修装饰业	3 341	43.18	44 777	11 922	32 956	27.3	15.7

6-9 各行业建筑业增加值及其构成(一)

单位: 万元

行业类别	建筑业增加值合计	本年提取固定资产折旧	应付工资总额	应付福利费总额
总　　计	**24 056 186**	**1 455 884**	**11 531 443**	**1 228 556**
土木工程建筑业	20 911 163	1 266 043	10 218 443	1 056 588
房屋建筑业	16 262 704	809 386	8 324 398	835 781
矿山建筑业	342 759	21 104	164 314	25 786
铁路公路隧道桥梁	2 493 279	234 354	976 634	106 140
堤坝电站码头	1 052 651	140 708	429 108	52 775
其它土木工程	759 771	60 489	323 990	36 106
线路管道设备安装业	2 630 183	165 439	1 112 992	147 232
线路管道安装业	1 176 717	76 815	472 164	65 445
设备安装业	1 453 466	88 624	640 828	81 787
装修装饰业	514 841	24 403	200 009	24 736

6-9 各行业建筑业增加值及其构成(二)

单位: 万元

行业类别	工程结算税金及附加	工程结算利润	管理费用中的税金	管理费用中的劳动、待业保险费	转作奖金的利润
总　　计	**2 296 771**	**6 699 893**	**182 737**	**730 355**	**69 453**
土木工程建筑业	2 039 695	5 609 463	161 987	620 987	62 043
房屋建筑业	1 686 448	4 087 548	134 763	437 591	53 211
矿山建筑业	19 764	85 417	2 054	24 391	71
铁路公路隧道桥梁	197 178	878 986	13 417	90 789	4 219
堤坝电站码头	70 137	310 878	5 337	45 412	1 704
其它土木工程	66 170	246 634	6 416	22 804	2 839
线路管道设备安装业	200 088	890 734	16 020	103 353	5 674
线路管道安装业	93 348	412 921	8 281	50 707	2 964
设备安装业	106 740	477 813	7 738	52 646	2 710
装修装饰业	56 988	199 696	4 730	6 015	1 736

6－10 各行业资本金及资产构成(一)

单位: 万元

行业类别	资本金合计	资产总计	#流动资产合计	#存货	#在建工程
总　计	**19 361 229**	**92 428 516**	**67 541 292**	**23 709 801**	**15 567 382**
土木工程建筑业	16 883 445	80 667 518	58 971 384	21 039 769	14 025 202
房屋建筑业	12 973 230	61 701 099	46 405 888	17 509 872	11 893 460
矿山建筑业	309 502	1 145 601	599 306	140 464	35 619
铁路公路隧道桥梁	1 934 469	10 678 423	7 474 265	2 110 139	1 392 888
堤坝电站码头	873 206	3 909 338	2 263 650	556 497	253 982
其它土木工程	793 038	3 233 058	2 228 274	722 797	449 252
线路管道设备安装业	1 798 607	9 605 609	6 928 827	2 103 740	1 215 132
线路管道安装业	829 317	4 451 263	3 199 044	1 024 838	633 698
设备安装业	969 290	5 154 347	3 729 784	1 078 901	581 434
装修装饰业	679 177	2 155 389	1 641 080	566 292	327 048

6－10 各行业资本金及资产构成(二)

单位: 万元

行业类别	固定资产合计	固定资产原价合　计	#生　产经营用	固定资产折旧	#本年折旧	无形及递延资产合计	#无　形资　产
总　计	**19 762 208**	**26 858 952**	**18 648 070**	**7 653 773**	**1 455 884**	**735 716**	**413 571**
土木工程建筑业	17 272 345	23 437 339	16 353 937	6 671 087	1 266 043	643 281	355 967
房屋建筑业	11 949 961	15 786 692	10 914 458	4 267 081	809 386	483 298	282 857
矿山建筑业	465 827	625 616	383 862	164 456	21 104	6 686	3 041
铁路公路隧道桥梁	2 693 547	3 770 282	2 711 746	1 112 730	234 354	54 346	33 324
堤坝电站码头	1 354 563	2 165 732	1 587 820	823 222	140 708	52 903	11 588
其它土木工程	808 447	1 089 017	756 051	303 598	60 489	46 047	25 158
线路管道设备安装业	2 111 581	2 964 282	1 975 539	891 129	165 439	63 839	42 273
线路管道安装业	1 011 780	1 374 972	892 306	385 506	76 815	20 491	13 231
设备安装业	1 099 802	1 589 309	1 083 233	505 623	88 624	43 348	29 043
装修装饰业	378 281	457 331	318 594	91 557	24 403	28 596	15 331

6—11 各行业负债及所有者权益

单位: 万元

行业类别	负债合计	流动负债合计	长期负债合计	所有者权益合计	#股本
总　计	**68 958 281**	**64 808 821**	**3 752 013**	**23 470 236**	**1 094 435**
土木工程建筑业	60 493 683	56 798 776	3 332 598	20 173 835	941 669
房屋建筑业	46 701 542	44 267 272	2 137 264	14 999 556	759 304
矿山建筑业	785 573	599 785	185 788	360 027	6 060
铁路公路隧道桥梁	8 033 680	7 538 683	446 695	2 644 743	121 214
堤坝电站码头	2 714 129	2 318 430	393 928	1 195 209	26 058
其它土木工程	2 258 758	2 074 606	168 923	974 299	29 034
线路管道设备安装业	6 969 532	6 591 553	363 851	2 636 078	77 994
线路管道安装业	3 205 092	3 061 627	137 149	1 246 170	33 167
设备安装业	3 764 439	3 529 926	226 702	1 389 908	44 827
装修装饰业	1 495 066	1 418 493	55 564	660 323	74 772

6-12 各行业工程结算收入及工程结算利润

单位: 万元

行业类别	工程结算收入	工程结算成本	工程结算税金及附加	工程结算利润	管理费用	#税金	#财产保险费	#劳动、待业保险费
总　计	**71 893 332**	**62 896 668**	**2 296 771**	**6 699 893**	**5 039 750**	**182 737**	**37 377**	**730 355**
土木工程建筑业	63 356 454	55 707 295	2 039 695	5 609 463	4 183 295	161 987	31 853	620 987
房屋建筑业	49 506 361	43 732 365	1 686 448	4 087 548	3 031 280	134 763	25 970	437 591
矿山建筑业	740 326	635 145	19 764	85 417	89 729	2 054	393	24 391
铁路公路隧道桥梁	8 216 963	7 140 799	197 178	878 986	623 960	13 417	2 897	90 789
堤坝电站码头	2 549 251	2 168 237	70 137	310 878	250 562	5 337	1 008	45 412
其它土木工程	2 343 553	2 030 750	66 170	246 634	187 764	6 416	1 585	22 804
线路管道设备安装业	6 867 456	5 776 634	200 088	890 734	700 663	16 020	4 334	103 353
线路管道安装业	3 060 225	2 553 956	93 348	412 921	320 921	8 281	1 409	50 707
设备安装业	3 807 231	3 222 678	106 740	477 813	379 742	7 738	2 925	52 646
装修装饰业	1 669 423	1 412 738	56 988	199 696	155 791	4 730	1 189	6 015

6－13 各行业利税及利润总额

单位: 万元

行业类别	利税总额	#利润总额	#应交所得税	#转作奖金的利润	#应付利润	#已分配股利
总　计	**3 573 012**	**1 093 504**	**334 603**	**69 453**	**210 475**	**21 050**
土木工程建筑业	3 114 083	912 401	275 421	62 043	177 730	17 227
房屋建筑业	2 623 512	802 300	233 276	53 211	149 798	13 880
矿山建筑业	879	－20 938	780	71	1 258	51
铁路公路隧道桥梁	279 104	68 510	23 668	4 219	12 737	1 698
堤坝电站码头	95 910	20 436	5 896	1 704	2 749	21
其它土木工程	114 678	42 092	11 802	2 839	11 188	1 576
线路管道设备安装业	366 513	150 405	48 289	5 674	22 030	2 724
线路管道安装业	182 835	81 207	27 437	2 964	14 120	1 874
设备安装业	183 678	69 199	20 852	2 710	7 911	850
装修装饰业	92 417	30 699	10 893	1 736	10 715	1 099

6－14 各行业利润率及利税率

行业类别	产值利润率(%)	产值利税率(%)	资本金利润率(%)	资本金利税率(%)	人均利润(元/人)	人均利税(元/人)	资产负债率(%)
总　计	**1.3**	**4.3**	**5.6**	**18.5**	**515**	**1 684**	**74.6**
土木工程建筑业	1.2	4.3	5.4	18.4	469	1 601	75.0
房屋建筑业	1.4	4.5	6.2	20.2	483	1 580	75.7
矿山建筑业	－2.7	0.1	－6.8	0.3	－843	35	68.6
铁路公路隧道桥梁	0.8	3.3	3.5	14.4	465	1 896	75.2
堤坝电站码头	0.8	3.6	2.3	11.0	403	1 889	69.4
其它土木工程	1.6	4.3	5.3	14.5	677	1 845	69.9
线路管道设备安装业	2.0	4.8	8.4	20.4	1 130	2 753	72.6
线路管道安装业	2.4	5.4	9.8	22.0	1 347	3 034	72.0
设备安装业	1.6	4.3	7.1	18.9	950	2 522	73.0
装修装饰业	1.6	4.8	4.5	13.6	711	2 140	69.4

6－15 各部门建筑业总产值和竣工产值

单位: 万元

部　门	建筑业总产值	建筑工程产值	安装工程产值	房屋构筑物修理产值	非标准设备制造产值	竣工产值
中央部直属单位						
合　计	**14 447 349**	**11 305 713**	**2 925 145**	**48 156**	**168 335**	**9 595 060**
中建总公司	2 306 826	2 161 153	140 795	660	4 219	1 167 788
冶金部	1 002 768	774 853	197 686	20 270	9 959	650 133
有色金属总公司	344 563	263 957	63 394	415	16 796	214 617
煤炭工业部	875 823	749 905	117 978	6 211	1 730	528 805
石天然气总公司	954 414	398 763	489 959	3 177	62 515	848 333
电力企业联合会	1 950 936	804 078	1 142 635	623	3 600	1 562 398
水电工程总公司	955 167	881 002	58 639	1 323	14 203	557 846
核工业总公司	217 740	156 337	56 530	1 508	3 364	141 977
水利部	28 843	27 811	244	64	724	24 348
石化总公司	250 020	30 193	196 840	4 858	18 128	262 345
化学工程总公司	379 379	83 387	279 198	247	16 547	317 077
机械安装总公司	34 116	7 913	21 905		4 298	17 133
电系工程总公司	13 335		13 212		123	8 229
林业部	19 712	9 571	9 860	281		17 163
航天工业总公司	45 881	43 722	2 090	69		24 320
国家建材局	45 628	13 386	32 242			25 018
轻工总会	10 347	606	9 100		641	2 244
铁道部	4 123 081	4 050 674	63 580	8 012	815	2 689 847
公路建设总公司	190 059	190 059				128 381
港湾建设总公司	614 036	577 610	25 317	438	10 671	329 706
通信建设总公司	72 289	69 034	3 255			67 905
农业部(水产)	11 699	11 699				8 758
广播电影电视部	688		686		2	688

6-16 各部门单位工程个数及工程质量

部门	单位工程施工个数(个)	#本年新开工个数	#投标承包个数	#本年新开工	单位工程竣工个数(个)	#优良品	工程质量优良品率(%)	投标承包个数占单位工程施工个数的比重(%)
中央部直属单位								
合计	**185 697**	**40 092**	**43 958**	**17 720**	**136 250**	**100 904**	**74.1**	**23.7**
中建总公司	4 430	1 835	2 916	1 225	1 481	814	55.0	65.8
冶金部	4 520	2 140	2 112	1 009	1 591	1 218	76.6	46.7
有色金属总公司	3 008	1 436	1 645	712	1 158	524	45.3	54.7
煤炭工业部	11 501	6 755	3 181	1 853	5 005	1 715	34.3	27.7
石天然气总公司	100 045	6 291	1 409	917	99 514	73 200	73.6	1.4
电力企业联合会	11 103	4 729	1 975	1 052	4 959	4 821	97.2	17.8
水电工程总公司	1 397	618	737	356	490	193	39.4	52.8
核工业总公司	1 008	465	807	335	362	142	39.2	80.1
水利部	122	103	53	41	95	38	40.0	43.4
石化总公司	1 401	710	556	229	802	731	91.1	39.7
化学工程总公司	2 079	790	1 352	452	1 293	1 105	85.5	65.0
机械安装总公司	840	416	633	279	535	412	77.0	75.4
电系工程总公司	180	122	32	26	113	49	43.4	17.8
林业部	79	36	25	15	52	13	25.0	31.6
航天工业总公司	148	66	110	37	93	42	45.2	74.3
国家建材局	403	225	346	207	177	174	98.3	85.9
轻工总会	65	36	40	30	33	19	57.6	61.5
铁道部	41 304	11 926	25 430	8 664	17 449	14 716	84.3	61.6
公路建设总公司	95	45	83	42	33	30	90.9	87.4
港湾建设总公司	1 068	572	495	225	321	268	83.5	46.3
通信建设总公司	861	751	4	4	683	677	99.1	0.5
农业部(水产)	17	10	17	10	3	3	100.0	100.0
广播电影电视部	23	15			8			

6-17 各部门房屋建筑面积和工程质量

部门	房屋建筑施工面积(万平方米)	#本年新开工面积	#投标承包面积	#本年新开工	房屋建筑竣工面积(万平方米)	#优良品面积	房屋建筑面积优良品率(%)	投标承包面积占房屋建筑施工面积的比重(%)
中央部直属单位								
合计	**8 251.1**	**2 784.0**	**5 369.7**	**1 790.0**	**2 304.9**	**1 268.5**	**55.0**	**65.1**
中建总公司	3 620.5	1 139.5	2 745.0	890.3	676.8	441.4	65.2	75.8
冶金部	502.8	130.4	307.1	90.3	134.2	94.5	70.4	61.1
有色金属总公司	344.5	125.5	234.4	93.4	114.6	58.9	51.4	68.1
煤炭工业部	681.1	268.0	215.3	103.8	265.6	101.3	38.1	31.6
石天然气总公司	79.7	65.4	37.2	25.6	60.9	36.4	59.8	46.7
电力企业联合会	302.2	79.3	78.3	20.9	77.5	73.5	94.8	25.9
水电工程总公司	97.4	53.5	61.8	20.8	54.9	18.5	33.7	63.5
核工业总公司	323.6	77.1	238.0	54.9	126.1	49.1	38.9	73.5
水利部	2.3	1.1	1.8	1.0	1.9	0.7	38.9	78.4
石化总公司	18.0	8.2	4.3	0.6	13.6	7.8	57.5	23.7
化学工程总公司	88.3	25.1	47.0	18.5	38.9	27.1	69.5	53.2
机械安装总公司								
电系工程总公司	0.5				0.5			
林业部	54.5	51.4			51.0	1.6	3.2	.
航天工业总公司	145.4	25.5	40.8	14.1	39.1	22.4	57.3	28.1
国家建材局								
轻工总会	1.7	0.3	0.7	0.3	0.5	0.3	66.7	42.2
铁道部	1 959.7	716.3	1 351.5	451.0	635.7	331.5	52.1	69.0
公路建设总公司	4.8	3.3	4.8	3.3	1.8	0.4	19.9	100.0
港湾建设总公司	24.2	14.2	1.7	1.2	11.2	3.0	27.1	6.8
通信建设总公司								
农业部(水产)								
广播电影电视部								

6－18 各部门按主要用途分的房屋建筑竣工面积

单位：万平方米

部门	合计	厂房	住宅	办公用房	商业、居民服务业用房	文化教育用房	医疗用房	科研用房	其他用房
中央部直属单位									
合计	**2 304.9**	**638.0**	**811.3**	**234.7**	**254.0**	**63.6**	**22.5**	**18.8**	**261.9**
中建总公司	676.8	114.2	214.7	145.1	100.9	19.4	8.9	6.3	67.3
冶金部	134.2	111.7	11.7	4.2	3.7	2.1			0.8
有色金属总公司	114.6	68.3	18.9	11.9	5.1	1.2		0.0	9.1
煤炭工业部	265.6	58.0	138.4	13.5	15.9	13.2	2.6	0.4	23.7
石天然气总公司	60.9	20.0	28.3	2.8	0.1	0.8	0.1	1.0	7.9
电力企业联合会	77.5	64.2	8.5	1.3	0.3	0.6		0.4	2.2
水电工程总公司	54.9	18.8	24.4	1.5	2.6	1.4		1.9	4.3
核工业总公司	126.1	18.1	73.6	5.5	21.9	0.1	0.9	2.0	3.9
水利部	1.9	1.1	0.5	0.1	0.2				0.0
石化总公司	13.6	8.1	5.2	0.2					0.1
化学工程总公司	38.9	32.8	3.9	0.1					2.1
机械安装总公司									
电系工程总公司	0.5		0.5						
林业部	51.0	48.3	1.0	1.5		0.1			
航天工业总公司	39.1	4.8	15.8	2.4	1.5	2.3	1.9	3.9	6.5
国家建材局									
轻工总会	0.5	0.3	0.1						
铁道部	635.7	64.4	264.3	39.7	101.9	22.5	8.1	2.3	132.5
公路建设总公司	1.8		1.2	0.3					0.4
港湾建设总公司	11.2	4.9	0.2	4.6				0.4	1.1
通信建设总公司									
农业部(水产)									
广播电影电视部									

6-19 各部门各种用途的房屋建筑竣工面积占全部的比重

单位: %

部门	厂房	住宅	办公用房	商业、居民服务业用房	文化教育用房	医疗用房	科研用房	其他用房
中央部直属单位								
合计	**27.7**	**35.2**	**10.2**	**11.0**	**2.8**	**1.0**	**0.8**	**11.4**
中建总公司	16.9	31.7	21.4	14.9	2.9	1.3	0.9	9.9
冶金部	83.2	8.7	3.2	2.8	1.5			0.6
有色金属总公司	59.6	16.5	10.4	4.5	1.1		0.0	7.9
煤炭工业部	21.8	52.1	5.1	6.0	5.0	1.0	0.1	8.9
石天然气总公司	32.8	46.5	4.5	0.1	1.2	0.1	1.6	13.0
电力企业联合会	82.8	11.0	1.7	0.4	0.7		0.6	2.9
水电工程总公司	34.2	44.4	2.8	4.7	2.5		3.5	7.9
核工业总公司	14.4	58.4	4.4	17.3	0.1	0.7	1.5	3.1
水利部	58.9	28.6	2.7	8.3				1.6
石化总公司	59.5	38.3	1.4					0.9
化学工程总公司	84.3	10.0	0.2					5.4
机械安装总公司								
电系工程总公司		100.0						
林业部	94.7	2.0	3.0		0.2			
航天工业总公司	12.2	40.5	6.1	3.8	5.8	4.9	10.1	16.6
国家建材局								
轻工总会	73.3	26.7						
铁道部	10.1	41.6	6.2	16.0	3.5	1.3	0.4	20.8
公路建设总公司		63.6	16.5					19.9
港湾建设总公司	43.9	2.1	40.8				3.6	9.6
通信建设总公司								
农业部(水产)								
广播电影电视部								

6-20 各部门机械设备装备情况

部门	自有机械设备年末总台数(台)	自有机械设备年末总功率(万千瓦)	#施工机械功率	自有机械设备净值(万元)	技术装备率(元/人)	动力装备率(千瓦/人)
中央部直属单位						
合计	**490 502**	**1 720.1**	**1 280.7**	**2 107 124**	**9 656**	**7.9**
中建总公司	30 643	74.0	27.1	94 741	4 177	3.3
冶金部	37 429	115.5	78.8	144 321	8 149	6.5
有色金属总公司	17 259	37.3	23.1	34 106	3 712	4.1
煤炭工业部	73 258	268.9	227.9	148 407	4 546	8.2
石天然气总公司	36 040	146.2	78.1	151 759	12 428	12.0
电力企业联合会	87 013	191.1	138.4	306 715	10 424	6.5
水电工程总公司	60 197	274.7	229.2	398 323	24 851	17.1
核工业总公司	12 835	23.8	11.2	19 675	4 211	5.1
水利部	2 459	12.8	11.8	15 041	27 889	23.7
石化总公司	9 234	13.9	6.1	21 534	6 850	4.4
化学工程总公司	14 055	28.6	16.9	30 839	5 085	4.7
机械安装总公司	2 432	3.4	2.0	2 052	3 201	5.3
电系工程总公司	836	1.9	1.3	768	3 148	8.0
林业部	1 549	7.3	4.6	4 061	4 033	7.3
航天工业总公司	1 017	2.7	1.5	2 325	2 672	3.1
国家建材局	2 307	7.3	4.3	11 610	15 133	9.5
轻工总会	447	0.9	0.4	582	4 970	7.6
铁道部	80 085	369.0	301.6	473 351	9 452	7.4
公路建设总公司	4 603	28.0	20.8	39 572	22 413	15.8
港湾建设总公司	13 814	107.1	91.5	199 230	28 107	15.1
通信建设总公司	2 445	4.0	2.6	5 777	5 072	3.5
农业部(水产)	451	1.7	1.7	2 252	13 483	10.4
广播电影电视部	94	0.1	0.1	84	4 301	2.8

6－21 各部门建筑业增加值及其构成(一)

单位：万元

部门	建筑业增加值合计	本年提取固定资产折旧	应付工资总额	应付福利费总额
中央部直属单位				
合计	**5 383 604**	**434 631**	**1 919 751**	**227 400**
中建总公司	584 993	27 076	218 327	21 667
冶金部	469 635	29 199	171 863	21 363
有色金属总公司	140 931	7 842	43 167	5 271
煤炭工业部	407 132	23 375	156 175	22 803
石天然气总公司	297 308	26 998	102 077	13 469
电力企业联合会	829 912	55 081	336 733	42 789
水电工程总公司	416 139	78 041	149 934	17 910
核工业总公司	89 676	5 548	26 464	3 356
水利部	10 075	1 221	3 451	356
石化总公司	106 466	5 356	43 032	5 951
化学工程总公司	157 735	9 099	61 481	8 769
机械安装总公司	12 838	581	4 822	734
电系工程总公司	5 582	227	1 529	175
林业部	8 483	396	4 352	209
航天工业总公司	18 650	432	8 849	523
国家建材局	25 808	2 506	7 770	1 072
轻工总会	2 592	90	564	149
铁道部	1 461 210	108 489	477 144	47 334
公路建设总公司	55 598	7 884	19 337	2 700
港湾建设总公司	251 086	41 798	72 791	10 079
通信建设总公司	26 610	2 993	7 673	546
农业部(水产)	4 749	383	2 219	175
广播电影电视部	394	16		

6－21 各部门建筑业增加值及其构成(二)

单位: 万元

部门	工程结算税金及附加	工程结算利润	管理费用中的税金	管理费用中的劳动、待业保险费	转作奖金的利润
中央部直属单位					
合计	**289 611**	**17 771**	**395 020**	**1 772 085**	**272**
中建总公司	23 366	1 807	68 812	212 045	
冶金部	48 949	1 684	33 386	128 507	
有色金属总公司	17 732	805	10 426	37 642	
煤炭工业部	32 448	2 195	26 115	101 046	6
石天然气总公司	13 935	1 682	12 015	95 235	266
电力企业联合会	24 049	3 607	62 574	290 120	
水电工程总公司	15 244	856	22 153	108 074	
核工业总公司	9 327	178	7 173	22 582	
水利部	59	3	401	4 523	
石化总公司	9 776	512	8 064	31 755	
化学工程总公司	7 581	651	12 119	49 059	
机械安装总公司	1 396	52	921	4 293	
电系工程总公司	246	27	406	2 481	
林业部	740	35	624	1 496	
航天工业总公司	294	44	919	6 323	
国家建材局	1 181	138	2 812	10 331	
轻工总会	123	385	222	971	
铁道部	67 001	1 207	102 460	557 597	
公路建设总公司	1 792	189	4 938	18 251	
港湾建设总公司	12 891	1 469	17 152	78 616	
通信建设总公司	1 478	237	902	9 433	
农业部(水产)	2	6	405	1 558	
广播电影电视部	1	4	21	148	

6－22 各部门建筑业劳动生产率

部门	建筑业企业个数（个）	计算劳动生产率的平均人数（万人）	按总产值计算的劳动生产率（元/人）	按增加值计算的劳动生产率（元/人）	人均竣工产值（元/人）	人均施工面积（平米/人）	人均竣工面积（平米/人）
中央部直属单位							
合　　计	**610**	**218.21**	**66 208**	**24 671**	**43 971**	**37.8**	**10.6**
中建总公司	62	22.68	101 711	25 793	51 490	159.6	29.8
冶金部	12	17.71	56 622	26 518	36 710	28.4	7.6
有色金属总公司	11	9.19	37 505	15 340	23 361	37.5	12.5
煤炭工业部	151	32.64	26 829	12 472	16 199	20.9	8.1
石天然气总公司	116	12.21	78 158	24 347	69 471	6.5	5.0
电力企业联合会	91	29.42	66 304	28 205	53 099	10.3	2.6
水电工程总公司	20	16.03	59 591	25 962	34 803	6.1	3.4
核工业总公司	8	4.67	46 604	19 194	30 388	69.3	27.0
水利部	3	0.54	53 483	18 681	45 148	4.3	3.6
石化总公司	5	3.14	79 536	33 869	83 456	5.7	4.3
化学工程总公司	13	6.06	62 553	26 008	52 281	14.6	6.4
机械安装总公司	1	0.64	53 224	20 029	26 729		
电系工程总公司	4	0.24	54 674	22 885	33 740	2.1	2.1
林业部	3	1.01	19 577	8 425	17 045	54.1	50.6
航天工业总公司	5	0.87	52 725	21 432	27 947	167.1	44.9
国家建材局	1	0.77	59 473	33 639	32 609		
轻工总会	1	0.12	88 438	22 156	19 179	14.2	3.8
铁道部	85	50.08	82 328	29 177	53 710	39.1	12.7
公路建设总公司	3	1.77	107 645	31 490	72 713	2.7	1.0
港湾建设总公司	7	7.09	86 627	35 423	46 514	3.4	1.6
通信建设总公司	6	1.14	63 473	23 364	59 623		
农业部(水产)	1	0.17	70 051	28 438	52 445		
广播电影电视部	1	0.02	35 122	20 117	35 122		

6－23 各部门资本金及资产构成(一)

单位: 万元

部门	资本金合计	资产总计	#流动资产合计	#存货	#在建工程
中央部直属单位					
合计	**2 771 097**	**17 555 312**	**11 398 073**	**2 633 830**	**976 389**
中建总公司	105 354	1 784 803	1 409 801	222 044	65 067
冶金部	187 497	1 372 991	871 190	217 495	60 700
有色金属总公司	72 942	410 823	240 403	48 734	12 150
煤炭工业部	328 175	1 320 835	695 681	157 456	27 838
石天然气总公司	294 280	981 014	569 014	109 415	28 195
电力企业联合会	399 679	2 595 129	1 815 433	452 740	137 888
水电工程总公司	246 553	1 416 440	777 858	247 052	116 711
核工业总公司	32 504	325 869	225 764	36 522	11 357
水利部	19 281	52 622	24 719	3 521	98
石化总公司	68 196	251 326	153 324	41 818	21 455
化学工程总公司	57 347	426 409	302 715	66 206	25 974
机械安装总公司	4 524	39 822	30 679	7 298	3 464
电系工程总公司	2 028	19 070	15 013	3 183	1 762
林业部	74 304	42 801	28 292	7 704	4 557
航天工业总公司	6 242	33 779	25 602	6 591	726
国家建材局	11 385	70 677	44 609	17 559	11 155
轻工总会	3 375	17 124	11 776	1 764	1 446
铁道部	603 515	4 978 447	3 434 769	869 436	393 489
公路建设总公司	28 918	231 277	156 618	39 078	18 091
港湾建设总公司	209 068	1 124 423	535 568	71 762	30 577
通信建设总公司	11 071	46 287	20 677	5 177	2 870
农业部(水产)	4 626	12 126	7 532	662	289
广播电影电视部	234	1 219	1 037	615	530

6-23 各部门资本金及资产构成(二)

单位: 万元

部门	固定资产合计	固定资产原价合计	#生产经营用	固定资产折旧	#本年折旧	无形及递延资产合计	#无形资产
中央部直属单位							
合计	**5 023 146**	**7 359 760**	**4 930 936**	**2 330 564**	**434 631**	**112 996**	**41 071**
中建总公司	261 185	374 228	261 227	113 504	27 076	6 067	2 361
冶金部	363 555	578 815	351 271	215 288	29 199	1 990	1 129
有色金属总公司	134 527	184 322	98 658	51 998	7 842	6 106	4 445
煤炭工业部	541 350	726 702	413 433	190 099	23 375	7 714	779
石天然气总公司	390 001	541 926	357 904	159 854	26 998	2 829	302
电力企业联合会	639 133	927 485	581 786	283 234	55 081	10 658	9 258
水电工程总公司	539 827	859 141	664 056	314 201	78 041	7 366	3 393
核工业总公司	55 416	99 446	54 503	29 949	5 548	2 656	352
水利部	27 762	36 517	20 847	8 755	1 221	5	
石化总公司	81 966	114 993	66 390	33 027	5 356	1 847	1 846
化学工程总公司	105 546	154 186	82 378	48 792	9 099	754	599
机械安装总公司	8 396	12 513	6 955	4 272	581	420	
电系工程总公司	3 073	4 430	2 013	1 359	227	73	
林业部	12 139	18 612	13 175	6 472	396	2 283	
航天工业总公司	7 394	9 619	6 055	2 274	432		
国家建材局	22 617	34 048	25 244	11 684	2 506	392	385
轻工总会	3 702	4 824	3 201	1 122	90	15	
铁道部	1 300 764	1 743 907	1 168 654	442 559	108 489	14 960	9 436
公路建设总公司	63 042	98 329	76 025	35 330	7 884	551	19
港湾建设总公司	437 776	800 106	651 344	365 150	41 798	44 617	5 258
通信建设总公司	20 024	29 227	21 166	9 206	2 993	957	772
农业部(水产)	3 799	6 064	4 651	2 265	383	738	738
广播电影电视部	151	324		173	16		

6-24 各部门负债及所有者权益

单位:万元

部门	负债合计	流动负债合计	长期负债合计	所有者权益合计	#股本
中央部直属单位					
合计	**13 356 154**	**11 770 589**	**1 579 689**	**4 199 177**	**35 569**
中建总公司	1 595 378	1 510 596	83 759	189 425	
冶金部	1 087 385	992 349	95 036	285 606	23 492
有色金属总公司	291 091	268 965	22 119	119 733	
煤炭工业部	953 668	729 739	223 582	367 167	4 713
石天然气总公司	667 170	521 031	144 025	313 863	2 118
电力企业联合会	1 886 939	1 613 093	273 846	708 190	3 952
水电工程总公司	1 031 173	898 692	132 481	385 268	
核工业总公司	272 840	243 742	27 698	53 029	
水利部	25 311	23 587	1 724	27 311	
石化总公司	143 878	138 036	5 842	107 448	
化学工程总公司	301 088	284 929	16 159	125 322	
机械安装总公司	33 828	30 477	3 351	5 994	
电系工程总公司	15 764	14 071	1 694	3 305	51
林业部	36 560	32 226	4 335	6 240	
航天工业总公司	24 555	21 670	1 900	9 224	
国家建材局	47 015	44 462	2 554	23 662	
轻工总会	13 750	12 815	935	3 375	
铁道部	4 008 638	3 774 494	234 144	969 810	1 242
公路建设总公司	182 959	168 970	13 989	48 318	
港湾建设总公司	704 808	416 188	288 619	419 615	
通信建设总公司	24 009	22 892	1 117	22 278	
农业部(水产)	7 500	6 719	781	4 626	
广播电影电视部	849	849		370	

6－25 各部门工程结算收入及工程结算利润

单位：万元

部门	工程结算收入	工程结算成本	工程结算税金及附加	工程结算利润	管理费用	#税金	#财产保险费	#劳动、待业保险费
中央部直属单位								
合计	**14 194 929**	**12 049 047**	**395 020**	**1 772 085**	**1 336 730**	**17 771**	**5 814**	**289 611**
中建总公司	2 181 359	1 900 501	68 812	212 045	122 307	1 807	135	23 366
冶金部	966 694	804 801	33 386	128 507	137 264	1 684	649	48 949
有色金属总公司	338 825	290 757	10 426	37 642	38 337	805	68	17 732
煤炭工业部	872 320	745 159	26 115	101 046	104 544	2 195	571	32 448
石天然气总公司	952 864	845 614	12 015	95 235	78 901	1 682	698	13 935
电力企业联合会	1 954 981	1 602 287	62 574	290 120	210 028	3 607	888	24 049
水电工程总公司	844 126	713 898	22 153	108 074	88 831	856	212	15 244
核工业总公司	230 440	200 686	7 173	22 582	23 344	178	31	9 327
水利部	27 887	22 964	401	4 523	2 498	3		59
石化总公司	248 122	208 303	8 064	31 755	19 165	512	165	9 776
化学工程总公司	372 107	310 929	12 119	49 059	39 708	651	1 080	7 581
机械安装总公司	31 061	25 847	921	4 293	3 575	52	40	1 396
电系工程总公司	13 335	10 449	406	2 481	1 933	27		246
林业部	19 700	17 580	624	1 496	2 448	35	3	740
航天工业总公司	46 334	39 092	919	6 323	4 167	44	23	294
国家建材局	48 049	34 906	2 812	10 331	6 203	138	26	1 181
轻工总会	6 454	5 261	222	971	816	385	2	123
铁道部	4 119 360	3 480 526	102 460	557 597	364 971	1 207	912	67 001
公路建设总公司	225 703	202 514	4 938	18 251	14 300	189	61	1 792
港湾建设总公司	646 458	550 690	17 152	78 616	65 050	1 469	212	12 891
通信建设总公司	36 365	26 030	902	9 433	7 056	237	39	1 478
农业部(水产)	11 699	9 735	405	1 558	1 150	6		2
广播电影电视部	686	517	21	148	138	4		1

6-26 各部门利税及利润总额

单位：万元

部门	利税总额	#利润总额	#应交所得税	#转作奖金的利润	#应付利润	#已分配股利
中央部直属单位						
合计	**444 110**	**484 112**	**31 319**	**25 870**	**5 633**	**272**
中建总公司	85 567	85 018	14 948	4 775	1 682	
冶金部	30 084	17 596	-4 986	500		
有色金属总公司	1 375	-5 038	-9 856	155		
煤炭工业部	307	-19 692	-28 003	208	906	6
石天然气总公司	21 709	9 751	8 011	1 302	859	266
电力企业联合会	86 632	79 466	20 451	8 702	886	
水电工程总公司	31 045	29 944	8 035	592		
核工业总公司	6 902	-1 569	-449	335		
水利部	1 784	1 593	1 381	27	755	
石化总公司	13 533	9 437	4 957	1 315		
化学工程总公司	14 593	7 578	1 823	566		
机械安装总公司	1 091	316	119	57		
电系工程总公司	753	842	320	120		
林业部	-2 425	-3 023	-3 085	64		
航天工业总公司	1 350	2 168	387	130	-69	
国家建材局	5 255	3 295	2 306	842		
轻工总会	764	169	157	52		
铁道部	107 530	247 646	3 863	2 835	537	
公路建设总公司	7 028	5 553	1 901	601		
港湾建设总公司	26 127	10 320	7 505	2 210		
通信建设总公司	2 655	2 409	1 516	479	75	
农业部(水产)	417	313	5		3	
广播电影电视部	36	18	11	4		

6-27 各部门利润率及利税率

部门	产值利润率(%)	产值利税率(%)	资本金利润率(%)	资本金利税率(%)	人均利润(元/人)	人均利税(元/人)	资产负债率(%)
中央部直属单位							
合计	**0.2**	**3.1**	**1.1**	**16.0**	**144**	**2 035**	**76.1**
中建总公司	0.6	3.7	14.2	81.2	659	3 773	89.4
冶金部	−0.5	3.0	−2.7	16.0	−282	1 699	79.2
有色金属总公司	−2.9	0.4	−13.5	1.9	−1 073	150	70.9
煤炭工业部	−3.2	0.0	−8.5	0.1	−858	9	72.2
石天然气总公司	0.8	2.3	2.7	7.4	656	1 778	72.8
电力企业联合会	1.0	4.4	5.1	21.7	695	2 944	68.0
水电工程总公司	0.8	3.3	3.3	12.6	501	1 937	72.7
核工业总公司	−0.2	3.2	−1.4	21.2	−96	1 477	72.8
水利部	4.8	6.2	7.2	9.3	2 561	3 309	83.7
石化总公司	2.0	5.4	7.3	19.8	1 577	4 305	48.1
化学工程总公司	0.5	3.8	3.2	25.4	301	2 406	57.2
机械安装总公司	0.3	3.2	2.6	24.1	185	1 702	70.6
电系工程总公司	2.4	5.6	15.8	37.1	1 312	3 086	84.9
林业部	−15.6	−12.3	−4.2	−3.3	−3 064	−2 409	82.7
航天工业总公司	0.8	2.9	6.2	21.6	444	1 551	85.4
国家建材局	5.1	11.5	20.3	46.2	3 006	6 850	72.7
轻工总会	1.5	7.4	4.7	22.6	1 342	6 530	66.5
铁道部	0.1	2.6	0.6	17.8	77	2 147	80.3
公路建设总公司	1.0	3.7	6.6	24.3	1 077	3 980	80.5
港湾建设总公司	1.2	4.3	3.6	12.5	1 059	3 686	79.1
通信建设总公司	2.1	3.7	13.7	24.0	1 331	2 332	62.7
农业部(水产)	0.0	3.6	0.1	9.0	30	2 495	51.9
广播电影电视部	1.6	5.3	4.8	15.5	577	1 852	61.9

6-28 各部门建筑业企业亏损情况

部　门	建筑业企业个数(个)	亏损企业个数(个)	亏损金额(万元)	亏损面(%)
中央部直属单位				
合　　计	**610**	**95**	**82 739**	**15.6**
中建总公司	62	6	2 970	9.7
冶金部	12	2	8 149	16.7
有色金属总公司	11	6	10 273	54.5
煤炭工业部	151	53	34 860	35.1
石天然气总公司	116	10	13 227	8.6
电力企业联合会	91	4	5 277	4.4
水电工程总公司	20			
核工业总公司	8	2	1 043	25.0
水利部	3			
石化总公司	5			
化学工程总公司	13			
机械安装总公司	1			
电系工程总公司	4			
林业部	3	1	3 262	33.3
航天工业总公司	5	1	69	20.0
国家建材局	1			
轻工总会	1			
铁道部	85	10	3 609	11.8
公路建设总公司	3			
港湾建设总公司	7			
通信建设总公司	6			
农业部(水产)	1			
广播电影电视部	1			

七、大中型建筑业企业

7-1 各地区大中型企业建筑业总产值和竣工产值

单位:万元

地区	建筑业总产值	建筑工程产值	安装工程产值	房屋构筑物修理产值	非标准设备制造产值	竣工产值
全国总计	**42 185 786**	**36 176 814**	**5 245 389**	**437 678**	**325 906**	**27 642 987**
北京	3 639 056	3 393 236	168 328	74 560	2 932	2 260 464
天津	31 339	11 864	17 329	360	1 786	18 270
河北	2 037 023	1 680 473	326 055	6 019	24 476	1 293 875
山西	1 258 241	1 070 644	178 254	5 471	3 872	985 631
内蒙古	368 396	272 144	49 765	44 452	2 035	282 046
辽宁	2 234 058	1 735 787	397 575	61 891	38 806	1 532 505
吉林	871 488	691 470	168 307	7 222	4 489	603 439
黑龙江	1 227 057	875 586	318 523	1 573	31 375	830 470
上海	2 825 320	2 333 919	439 340	34 514	17 547	1 513 819
江苏	4 721 787	4 188 590	471 878	35 384	25 934	3 145 413
浙江	4 624 080	4 052 429	490 668	64 083	16 900	2 895 235
安徽	1 072 417	897 183	160 495	8 461	6 277	813 227
福建	670 084	597 308	69 623	827	2 327	451 089
江西	430 730	389 814	38 420	1 154	1 341	261 998
山东	2 020 475	1 556 040	427 847	15 891	20 697	1 316 452
河南	1 238 343	977 580	237 986	3 783	18 993	761 354
湖北	1 724 725	1 520 931	179 248	9 912	14 633	763 779
湖南	1 384 530	1 208 759	143 396	17 892	14 483	887 778
广东	3 784 823	3 513 202	240 822	12 379	18 420	2 756 104
广西	522 343	464 102	48 466	279	9 496	462 345
海南	59 625	59 338	116	151	19	47 538
四川	2 070 279	1 815 291	215 717	20 970	18 300	1 460 472
贵州	339 265	298 944	39 233	596	491	294 306
云南	852 929	753 037	90 344	2 060	7 488	521 851
西藏	12 624	11 808	816	—	—	10 982
陕西	861 546	773 621	78 436	596	8 893	635 741
甘肃	515 145	377 620	129 428	3 521	4 576	331 662
青海	181 927	147 063	33 383	482	999	97 004
宁夏	103 609	85 045	17 801	3	761	62 350
新疆	502 523	423 987	67 789	3 189	7 558	345 787

7-2 各地区大中型企业单位工程个数及工程质量

地　区	单位工程施工个数(个)	#本年新开工个数	#投标承包个数	#本年新开工	单位工程竣工个数(个)	#优良品	工程质量优良品率(%)	投标承包个数占单位工程施工个数的比重(%)
全国总计	**208 138**	**102 133**	**82 737**	**39 518**	**103 946**	**54 058**	**52.0**	**39.8**
北　京	10 425	4 775	4 960	1 581	5 078	1 380	27.2	47.6
天　津	221	76	44	26	116	53	45.7	19.9
河　北	10 592	5 442	6 295	3 246	5 322	3 065	57.6	59.4
山　西	11 447	4 948	6 831	2 660	7 038	4 948	70.3	59.7
内蒙古	3 438	1 199	280	155	1 105	651	58.9	8.1
辽　宁	10 626	6 064	3 915	1 851	6 207	2 907	46.8	36.8
吉　林	4 071	2 796	1 518	1 226	2 364	1 525	64.5	37.3
黑龙江	4 381	2 920	743	344	2 525	1 584	62.7	17.0
上　海	16 737	5 476	3 037	1 712	4 313	2 729	63.3	18.1
江　苏	17 209	10 531	5 880	3 900	10 587	4 657	44.0	34.2
浙　江	15 628	8 554	7 084	4 280	8 825	3 076	34.9	45.3
安　徽	10 238	4 896	4 835	1 911	5 618	3 230	57.5	47.2
福　建	2 924	1 473	1 263	571	1 780	943	53.0	43.2
江　西	2 583	1 289	921	412	983	523	53.2	35.7
山　东	12 306	7 594	3 339	1 856	8 190	4 804	58.7	27.1
河　南	8 051	3 991	3 985	1 791	3 412	2 229	65.3	49.5
湖　北	9 062	3 814	3 801	1 486	4 044	2 682	66.3	41.9
湖　南	6 063	2 892	2 328	1 172	3 034	1 828	60.3	38.4
广　东	14 023	6 295	3 981	1 670	6 804	2 576	37.9	28.4
广　西	2 832	962	387	151	1 450	728	50.2	13.7
海　南	229	132	39	21	138	23	16.7	17.0
四　川	12 107	5 451	6 772	2 878	4 833	2 555	52.9	55.9
贵　州	2 336	1 033	1 189	265	650	306	47.1	50.9
云　南	6 402	3 165	3 279	1 407	3 278	1 862	56.8	51.2
西　藏	10	6	1	1	7	3	42.9	10.0
陕　西	6 022	1 686	2 800	1 139	1 562	1 026	65.7	46.5
甘　肃	3 368	1 968	1 479	729	2 023	1 158	57.2	43.9
青　海	827	489	586	336	546	337	61.7	70.9
宁　夏	897	539	378	212	455	96	21.1	42.1
新　疆	3 083	1 677	787	529	1 659	574	34.6	25.5

7-3 各地区大中型企业房屋建筑面积和工程质量

地区	房屋建筑施工面积（万平方米）	#本年新开工面积	#投标承包面积	#本年新开工	房屋建筑竣工面积（万平方米）	#优良品面积	房屋建筑面积优良品率（%）	投标承包面积占房屋建筑施工面积的比重（%）
全国总计	**52 481.7**	**19 478.7**	**28 744.0**	**11 535.0**	**18 522.6**	**8 584.7**	**46.3**	**54.8**
北京	4 173.2	1 444.5	2 926.2	998.9	1 354.8	664.9	49.1	70.1
天津	9.2	3.9	9.0	3.7	5.7	0.4	7.5	97.2
河北	2 273.5	863.5	1 616.5	744.7	881.3	501.8	56.9	71.1
山西	941.3	289.7	407.6	113.6	282.6	119.0	42.1	43.3
内蒙古	340.8	154.4	85.8	52.1	119.0	54.0	45.4	25.2
辽宁	2 360.0	839.5	1 619.9	624.6	838.7	411.7	49.1	68.6
吉林	635.1	321.5	291.6	197.2	298.6	139.0	46.6	45.9
黑龙江	942.5	337.2	561.9	157.8	387.8	178.0	45.9	59.6
上海	2 178.5	759.5	1 807.7	668.9	551.0	257.5	46.7	83.0
江苏	7 332.4	3 255.2	3 548.8	1 641.5	3 004.5	1 584.6	52.7	48.4
浙江	6 423.4	2 794.0	3 583.1	1 796.5	2 520.7	1 082.5	42.9	55.8
安徽	1 077.3	433.6	453.2	231.9	371.4	136.3	36.7	42.1
福建	827.4	263.6	675.3	190.7	229.3	41.3	18.0	81.6
江西	479.9	167.9	287.9	91.7	161.4	79.3	49.2	60.0
山东	2 371.4	905.4	1 446.8	610.6	790.7	381.4	48.2	61.0
河南	1 406.8	573.3	868.2	356.4	424.5	186.2	43.9	61.7
湖北	1 866.5	555.0	960.2	312.6	446.8	169.6	38.0	51.4
湖南	1 521.9	560.4	485.2	241.7	517.6	245.6	47.4	31.9
广东	7 962.5	2 286.8	3 045.2	974.4	2 648.1	1 201.6	45.4	38.2
广西	662.6	182.5	184.9	39.0	219.9	84.9	38.6	27.9
海南	54.2	9.3	11.5	6.2	10.4	0.8	7.4	21.3
四川	3 180.5	1 189.9	1 794.8	690.6	1 122.9	529.9	47.2	56.4
贵州	358.8	129.6	284.6	101.2	112.8	52.5	46.5	79.3
云南	911.3	322.4	327.4	106.4	415.0	183.1	44.1	35.9
西藏	0.4	0.4	—	—	0.4	—	—	—
陕西	722.8	225.9	594.7	196.0	216.1	103.5	47.9	82.3
甘肃	697.1	281.1	511.5	210.2	262.6	106.6	40.6	73.4
青海	97.5	49.9	94.9	49.1	46.9	13.3	28.3	97.4
宁夏	112.3	46.1	71.7	31.1	55.8	19.7	35.3	63.9
新疆	560.9	232.8	187.8	96.0	225.4	55.8	24.8	33.5

7-4 各地区大中型企业按主要用途分的房屋建筑竣工面积

单位:万平方米

地 区	合 计	厂 房	住 宅	办 公 用 房	商业、居 民 服务业 用 房	文化教 育用房	医 疗 用 房	科 研 用 房	其 他 用 房
全国总计	**18 522.6**	**2 580.8**	**8 648.2**	**2 177.3**	**2 399.7**	**831.9**	**235.6**	**165.0**	**1 484.1**
北 京	1 354.8	94.5	667.8	193.7	153.3	81.7	22.7	41.5	99.4
天 津	5.7	0.8	4.6	0.2	–	0.1	–	–	–
河 北	881.3	156.8	457.7	94.1	57.9	40.5	11.2	10.7	52.5
山 西	282.6	47.2	121.2	26.6	27.2	11.9	4.1	0.7	43.8
内蒙古	119.0	14.4	68.8	11.1	12.1	4.6	1.9	–	6.0
辽 宁	838.7	92.3	422.5	86.1	124.4	36.1	13.1	1.7	62.7
吉 林	298.6	62.8	131.3	42.6	27.8	14.6	1.4	1.4	16.6
黑龙江	387.8	40.7	235.6	27.0	32.5	12.1	4.1	7.9	27.8
上 海	551.0	109.9	183.7	83.0	108.7	14.8	5.3	2.9	42.7
江 苏	3 004.5	357.1	1 317.2	385.2	454.4	141.1	40.3	28.0	281.1
浙 江	2 520.7	329.5	1 208.0	246.2	354.7	117.3	37.8	22.2	205.0
安 徽	371.4	67.7	135.0	59.4	49.5	17.6	5.1	4.1	33.0
福 建	229.3	31.8	90.6	44.5	32.7	10.0	3.3	–	16.5
江 西	161.4	35.8	57.2	19.8	24.2	10.5	1.8	2.1	9.9
山 东	790.7	102.0	298.3	130.3	101.2	43.2	7.2	4.8	103.9
河 南	424.5	71.1	190.3	63.0	28.7	24.9	8.0	2.8	35.8
湖 北	446.8	110.4	163.3	50.5	60.1	14.4	13.5	1.9	32.7
湖 南	517.6	85.2	204.7	92.0	54.2	16.5	5.9	3.9	55.1
广 东	2 648.1	328.9	1 381.2	254.2	394.9	110.9	13.4	8.6	156.0
广 西	219.9	32.3	100.8	20.5	32.5	14.7	1.3	0.6	17.2
海 南	10.4	1.1	6.2	0.8	0.6	0.3	0.4	–	0.8
四 川	1 122.9	170.6	549.9	104.4	135.1	51.7	15.2	11.8	84.1
贵 州	112.8	15.6	53.4	25.5	5.9	2.0	0.3	–	10.2
云 南	415.0	108.3	154.4	31.8	55.2	14.2	7.2	3.2	40.6
西 藏	0.4	0.2	0.1	–	–	–	–	–	–
陕 西	216.1	40.4	120.4	18.1	14.0	6.8	1.5	3.9	11.1
甘 肃	262.6	33.1	153.4	32.0	20.1	8.3	1.8	–	13.9
青 海	46.9	6.2	28.2	3.4	1.3	0.6	2.0	–	5.1
宁 夏	55.8	6.8	29.6	7.1	6.3	2.0	0.8	–	3.2
新 疆	225.4	27.2	112.9	24.0	30.2	8.7	5.0	0.2	17.2

7－5 各地区大中型企业各种用途的房屋建筑竣工面积占全部的比重

单位：%

地区	厂房	住宅	办公用房	商业、居民服务业用房	文化教育月房	医疗用房	科研用房	其他用房
全国总计	**13.9**	**46.7**	**11.8**	**13.0**	**4.5**	**1.3**	**0.9**	**8.0**
北京	7.0	49.3	14.3	11.3	6.0	1.7	3.1	7.3
天津	14.0	80.7	3.5	—	1.8	—	—	—
河北	17.8	51.9	10.7	6.6	4.6	1.3	1.2	6.0
山西	16.7	42.9	9.4	9.6	4.2	1.5	0.2	15.5
内蒙古	12.1	57.8	9.3	10.2	3.9	1.6	—	5.0
辽宁	11.0	50.4	10.3	14.8	4.3	1.6	0.2	7.5
吉林	21.0	44.0	14.3	9.3	4.9	0.5	0.5	5.6
黑龙江	10.5	60.8	7.0	8.4	3.1	1.1	2.0	7.2
上海	19.9	33.3	15.1	19.7	2.7	1.0	0.5	7.7
江苏	11.9	43.8	12.8	15.1	4.7	1.3	0.9	9.4
浙江	13.1	47.9	9.8	14.1	4.7	1.5	0.9	8.1
安徽	18.2	36.3	16.0	13.3	4.7	1.4	1.1	8.9
福建	13.9	39.5	19.4	14.3	4.4	1.4	—	7.2
江西	22.2	35.4	12.3	15.0	6.5	1.1	1.3	6.1
山东	12.9	37.7	16.5	12.8	5.5	0.9	0.6	13.1
河南	16.7	44.8	14.8	6.8	5.9	1.9	0.7	8.4
湖北	24.7	36.5	11.3	13.5	3.2	3.0	0.4	7.3
湖南	16.5	39.5	17.8	10.5	3.2	1.1	0.8	10.6
广东	12.4	52.2	9.6	14.9	4.2	0.5	0.3	5.9
广西	14.7	45.8	9.3	14.8	6.7	0.6	0.3	7.8
海南	10.6	59.6	7.7	5.8	2.9	3.8	—	7.7
四川	15.2	49.0	9.3	12.0	4.6	1.4	1.1	7.5
贵州	13.8	47.3	22.6	5.2	1.8	0.3	—	9.0
云南	26.1	37.2	7.7	13.3	3.4	1.7	0.8	9.8
西藏	50.0	25.0	—	—	—	—	—	—
陕西	18.7	55.7	8.4	6.5	3.1	0.7	1.8	5.1
甘肃	12.6	58.4	12.2	7.7	3.2	0.7	—	5.3
青海	13.2	60.1	7.2	2.8	1.3	4.3	—	10.9
宁夏	12.2	53.0	12.7	11.3	3.6	1.4	—	5.7
新疆	12.1	50.1	10.6	13.4	3.9	2.2	0.1	7.6

7-6 各地区大中型企业机械设备装备情况

地区	自有机械设备年末总台数（台）	自有机械设备年末总功率（万千瓦）	#施工机械功率	自有机械设备净值（万元）	技术装备率（元/人）	动力装备率（千瓦/人）
全国总计	**1 798 474**	**3 706.8**	**2 633.5**	**4 407 604**	**5 775**	**4.9**
北京	111 248	229.5	135.9	267 456	4 621	4.0
天津	1 910	3.6	3.0	1 776	2 593	5.3
河北	102 531	219.8	156.6	210 759	5 149	5.4
山西	43 672	127.3	96.2	153 953	5 388	4.5
内蒙古	24 324	54.5	34.1	54 225	5 244	5.3
辽宁	100 597	275.3	188.7	253 906	4 888	5.3
吉林	34 699	98.6	61.7	98 566	5 413	5.4
黑龙江	52 828	207.6	136.9	149 344	5 779	8.0
上海	49 189	139.6	94.6	254 165	9 314	5.1
江苏	167 193	238.5	184.8	342 045	4 893	3.4
浙江	144 944	186.1	151.9	311 896	5 564	3.3
安徽	48 872	125.1	102.0	171 226	7 365	5.4
福建	15 750	39.1	25.4	59 182	6 289	4.2
江西	16 862	45.5	34.2	45 953	4 536	4.5
山东	190 336	200.3	131.9	205 363	5 559	5.4
河南	60 183	132.5	82.9	144 668	5 446	5.0
湖北	62 400	174.4	132.3	301 152	10 415	6.0
湖南	72 070	136.1	104.4	146 381	5 834	5.4
广东	241 070	368.1	285.2	452 872	6 051	4.9
广西	21 527	60.3	44.9	64 789	6 021	5.6
海南	1 716	8.1	6.4	13 761	10 605	6.2
四川	92 220	233.8	163.6	239 176	4 700	4.6
贵州	12 696	35.0	22.9	53 707	7 891	5.1
云南	25 586	74.8	51.7	88 607	6 197	5.2
西藏	588	4.1	3.7	5 964	29 955	20.6
陕西	35 377	123.9	96.4	136 544	6 836	6.2
甘肃	27 247	58.9	38.7	60 404	4 609	4.5
青海	9 141	23.1	17.0	28 463	3 495	2.8
宁夏	6 017	13.0	6.8	13 520	4 648	4.5
新疆	25 681	70.4	38.8	77 782	6 483	5.9

7-7 各地区大中型企业建筑业增加值及其构成(一)

单位: 万元

地 区	建筑业增加值合计	本年提取固定资产折旧	应付工资总额	应付福利费总额
全国总计	**12 820 185**	**846 128**	**5 909 253**	**675 222**
北 京	1 029 432	54 183	454 327	50 249
天 津	7 820	417	2 022	326
河 北	615 028	45 428	252 314	37 094
山 西	442 163	34 836	173 785	16 841
内蒙古	155 887	10 679	74 572	9 563
辽 宁	775 199	54 133	358 691	45 134
吉 林	300 700	21 019	148 368	14 503
黑龙江	371 155	25 236	166 804	22 046
上 海	639 925	44 047	241 559	31 006
江 苏	1 228 752	63 868	656 347	77 706
浙 江	1 082 706	43 518	616 589	50 403
安 徽	373 968	23 553	158 009	20 378
福 建	198 220	12 181	86 933	9 354
江 西	124 783	8 972	69 701	7 150
山 东	688 327	47 166	308 276	33 197
河 南	430 261	27 830	189 225	24 916
湖 北	625 177	58 464	236 384	26 359
湖 南	431 172	25 619	201 715	25 512
广 东	1 200 582	85 243	567 897	58 475
广 西	186 721	14 560	89 602	10 363
海 南	7 968	528	4 369	657
四 川	727 325	47 925	344 936	40 111
贵 州	112 737	11 484	48 019	5 428
云 南	260 337	19 323	106 925	15 123
西 藏	4 368	744	230	47
陕 西	308 484	27 919	123 638	15 662
甘 肃	203 532	11 240	98 605	10 607
青 海	61 936	6 551	29 494	3 474
宁 夏	35 984	2 900	15 903	1 855
新 疆	189 535	16 564	84 013	11 682

7-7 各地区大中型企业建筑业增加值及其构成(二)

单位:万元

地 区	工程结算税金及附加	工程结算利润	管理费用中的税金	管理费用中的劳动、待业保险费	转作奖金的利润
全国总计	**1 127 040**	**3 652 857**	**63 844**	**568 246**	**22 406**
北 京	96 615	332 423	4 587	39 212	2 165
天 津	781	3 940	67	276	9
河 北	55 716	189 145	3 619	31 780	68
山 西	35 992	154 166	2 274	24 277	8
内蒙古	9 483	40 733	1 983	8 874	
辽 宁	61 162	219 039	3 494	33 599	52
吉 林	25 219	77 995	1 041	12 568	14
黑龙江	28 961	116 445	818	11 245	400
上 海	67 032	214 449	3 222	38 693	83
江 苏	109 615	285 979	4 601	33 827	3 191
浙 江	120 822	242 016	3 736	12 144	6 522
安 徽	28 197	120 328	1 908	21 652	58
福 建	23 052	55 882	821	9 998	
江 西	8 648	25 779	851	3 715	33
山 东	61 416	211 345	3 614	27 304	3 992
河 南	34 968	126 832	1 747	24 755	12
湖 北	48 819	218 275	2 387	34 558	69
湖 南	36 314	124 624	2 289	16 698	1 598
广 东	115 979	334 998	6 216	34 291	2 516
广 西	13 472	45 428	500	12 795	
海 南	677	1 543	70	124	
四 川	54 930	186 699	3 788	49 509	573
贵 州	7 868	35 453	556	3 928	
云 南	22 701	67 243	4 120	24 984	82
西 藏	291	2 199	851	6	
陕 西	22 147	96 304	1 225	21 606	19
甘 肃	13 964	54 645	1 383	13 089	
青 海	5 280	13 965	390	2 786	5
宁 夏	2 816	8 580	878	3 057	6
新 疆	14 104	46 401	807	16 898	932

7-8 各地区大中型企业建筑业劳动生产率

地区	建筑业企业个数（个）	计算劳动生产率的平均人数（万人）	按总产值计算的劳动生产率（元/人）	按增加值计算的劳动生产率（元/人）	人均竣工产值（元/人）	人均施工面积（平米/人）	人均竣工面积（平米/人）
全国总计	**2 698**	**763.18**	**55 276**	**16 798**	**36 221**	**68.8**	**24.3**
北京	174	57.87	62 880	17 788	39 059	72.1	23.4
天津	6	0.69	45 743	11 414	26 668	13.5	8.3
河北	139	40.93	49 768	15 026	31 612	55.5	21.5
山西	58	28.57	44 038	15 475	34 497	32.9	9.9
内蒙古	35	10.34	35 628	15 076	27 277	33.0	11.5
辽宁	228	51.95	43 008	14 923	29 502	45.4	16.1
吉林	50	18.21	47 861	16 514	33 140	34.9	16.4
黑龙江	105	25.84	47 482	14 362	32 136	36.5	15.0
上海	86	27.29	103 534	23 450	55 474	79.8	20.2
江苏	229	69.91	67 541	17 576	44 992	104.9	43.0
浙江	232	56.06	82 487	19 314	51 647	114.6	45.0
安徽	75	23.25	46 130	16 086	34 981	46.3	16.0
福建	36	9.41	71 210	21 065	47 937	87.9	24.4
江西	29	10.13	42 517	12 317	25 862	47.4	15.9
山东	149	36.94	54 691	18 632	35 634	64.2	21.4
河南	89	26.56	46 616	16 197	28 660	53.0	16.0
湖北	88	28.92	59 646	21 621	26 414	64.5	15.5
湖南	99	25.09	55 177	17 183	35 380	60.7	20.6
广东	345	74.85	50 567	16 040	36 823	106.4	35.4
广西	27	10.76	48 544	17 353	42 968	61.6	20.4
海南	10	1.30	45 954	6 141	36 638	41.7	8.0
四川	180	50.89	40 685	14 293	28 701	62.5	22.1
贵州	19	6.81	49 848	16 564	43 242	52.7	16.6
云南	43	14.30	59 655	18 208	36 499	63.7	29.0
西藏	2	0.20	63 405	21 941	55 159	1.9	1.9
陕西	53	19.97	43 134	15 445	31 829	36.2	10.8
甘肃	35	13.11	39 308	15 530	25 307	53.2	20.0
青海	13	8.14	22 341	7 606	11 912	12.0	5.8
宁夏	14	2.91	35 622	12 372	21 437	38.6	19.2
新疆	50	12.00	41 886	15 798	28 822	46.7	18.8

7-9 各地区大中型企业资本金及资产构成(一)

单位: 万元

部门	资本金合计	资产总计	#流动资产合计	#存货	#在建工程
全国总计	**7 581 324**	**50 503 199**	**36 963 077**	**11 573 672**	**7 509 530**
北京	468 216	4 460 736	3 559 270	954 177	529 098
天津	9 807	77 907	64 551	42 004	36 604
河北	395 817	2 132 862	1 445 625	333 916	134 786
山西	252 070	1 818 109	1 261 135	343 448	172 725
内蒙古	99 540	550 599	378 247	104 889	22 994
辽宁	619 416	3 004 418	2 077 702	460 642	189 919
吉林	187 061	1 186 756	796 315	144 857	60 212
黑龙江	285 682	1 422 515	1 004 569	215 580	57 342
上海	376 177	3 072 814	2 363 011	716 340	470 186
江苏	584 612	5 140 428	4 260 169	1 787 675	1 450 416
浙江	573 420	3 002 078	2 225 400	931 634	737 571
安徽	206 167	1 197 929	806 249	183 310	82 363
福建	96 185	779 987	564 242	140 719	87 789
江西	79 948	547 362	352 864	154 924	101 059
山东	438 487	2 461 361	1 570 511	310 655	133 738
河南	241 871	1 312 007	875 770	217 618	79 040
湖北	267 841	2 111 418	1 413 868	389 176	154 321
湖南	235 148	1 315 137	886 199	211 306	109 924
广东	882 579	7 642 804	6 191 975	2 507 021	2 126 545
广西	91 920	951 548	759 756	302 802	248 725
海南	12 164	77 545	57 039	19 274	14 043
四川	467 151	2 018 142	1 283 413	363 250	173 958
贵州	70 343	579 500	431 389	135 444	100 419
云南	110 314	707 977	489 141	131 147	62 954
西藏	6 212	22 627	9 557	1 661	–
陕西	198 151	1 213 366	772 649	207 318	76 711
甘肃	122 498	621 539	391 525	108 354	39 060
青海	42 776	239 130	143 933	34 627	11 889
宁夏	33 007	151 268	99 992	30 336	20 102
新疆	126 744	683 328	427 013	89 569	25 038

7-9 各地区大中型企业资本金及资产构成(二)

单位: 万元

地区	固定资产合计	固定资产原价合计	#生产经营用	固定资产折旧	#本年折旧	无形及递延资产合计	#无形资产
全国总计	**10 638 501**	**15 068 788**	**10 271 262**	**4 567 573**	**846 128**	**355 142**	**196 193**
北京	584 719	875 433	571 107	294 805	54 183	15 334	9 387
天津	11 953	15 937	11 209	3 984	417	5	–
河北	597 190	846 338	550 559	257 871	45 428	16 215	8 101
山西	483 846	656 117	377 689	172 989	34 836	6 470	1 883
内蒙古	151 487	215 892	133 890	64 585	10 679	5 065	4 949
辽宁	778 586	1 140 878	749 426	370 161	54 133	30 071	22 900
吉林	321 747	448 438	230 845	129 430	21 019	5 427	4 706
黑龙江	376 764	528 013	398 232	156 487	25 236	8 075	2 985
上海	407 944	675 553	578 305	280 969	44 047	41 176	15 643
江苏	719 750	994 917	765 887	285 470	63 868	16 582	9 750
浙江	590 180	767 693	603 055	183 321	43 518	20 307	11 659
安徽	326 619	482 078	286 966	155 459	23 553	2 805	1 209
福建	157 747	214 662	146 963	85 162	12 181	15 442	11 001
江西	152 225	203 641	124 790	52 541	8 972	756	148
山东	634 401	861 892	562 031	230 202	47 166	27 944	19 504
河南	367 863	516 902	325 479	149 877	27 830	12 623	10 279
湖北	590 849	863 789	606 882	273 505	58 464	13 020	6 638
湖南	341 397	465 251	361 580	129 498	25 619	21 040	9 992
广东	1 061 916	1 487 047	1 118 317	443 751	85 243	58 912	27 854
广西	146 605	215 015	153 039	69 151	14 560	9 411	8 647
海南	17 361	21 682	18 534	4 921	528	718	488
四川	608 825	879 308	555 898	274 642	47 925	9 244	2 880
贵州	106 955	158 366	112 286	51 423	11 484	1 264	–
云南	184 647	276 200	188 076	92 791	19 323	1 508	371
西藏	13 046	18 433	3 072	5 387	744	–	–
陕西	371 692	518 269	316 675	147 845	27 919	8 290	1 445
甘肃	190 596	250 563	136 110	65 573	11 240	2 370	523
青海	84 414	116 271	66 587	33 098	6 551	193	193
宁夏	44 504	62 951	46 028	18 447	2 900	3 231	2 779
新疆	212 671	291 257	171 745	84 229	16 564	1 644	279

7-10 各地区大中型企业负债及所有者权益

单位: 万元

部门	负债合计	流动负债合计	长期负债合计	所有者权益合计	#股本
全国总计	**39 559 188**	**37 139 897**	**2 314 909**	**10 944 011**	**483 069**
北京	3 703 857	3 593 803	110 055	756 878	30 940
天津	62 337	61 100	1 237	15 570	1 424
河北	1 582 374	1 459 769	118 032	550 488	9 453
山西	1 443 536	1 340 179	103 357	374 573	27 779
内蒙古	415 519	371 068	41 359	135 080	474
辽宁	2 267 822	2 107 031	142 103	736 596	26 116
吉林	885 847	851 514	34 333	300 909	4 979
黑龙江	1 048 002	959 772	88 230	374 513	11 111
上海	2 511 357	2 376 318	134 293	561 457	12 986
江苏	4 311 608	4 189 920	99 763	828 820	65 330
浙江	2 188 706	2 114 375	74 331	813 372	73 516
安徽	922 140	876 353	45 787	275 789	—
福建	611 590	571 205	36 945	168 397	8 561
江西	408 437	361 144	39 528	138 925	3 650
山东	1 882 154	1 639 569	208 790	579 207	22 638
河南	944 209	874 253	69 666	367 798	8 935
湖北	1 646 002	1 468 259	177 000	465 416	15 246
湖南	953 483	884 165	69 318	361 654	6 952
广东	6 273 090	6 005 516	267 574	1 369 714	125 876
广西	800 719	750 704	50 015	150 828	—
海南	60 873	51 887	8 986	16 672	1 059
四川	1 423 524	1 326 717	96 807	594 617	5 222
贵州	480 983	461 763	19 220	98 517	—
云南	559 326	491 016	68 310	148 651	—
西藏	8 263	7 573	690	14 364	—
陕西	930 334	835 747	87 171	283 032	3 454
甘肃	442 402	414 076	27 226	179 137	8 304
青海	177 485	167 878	9 607	61 645	—
宁夏	113 435	104 698	8 737	37 833	—
新疆	499 772	422 527	76 437	183 556	9 063

7-11 各地区大中型企业工程结算收入及工程结算利润

单位: 万元

地 区	工程结算收入	工程结算成本	工程结算税金及附加	工程结算利润	管理费用	#税 金	#财产保险费	#劳动、待业保险费
全国总计	**38 277 600**	**33 497 703**	**1 127 040**	**3 652 857**	**2 828 588**	**63 844**	**18 013**	**568 246**
北 京	3 358 872	2 929 834	96 615	332 423	260 730	4 587	1 095	39 212
天 津	29 948	25 227	781	3 940	3 426	67	22	276
河 北	1 958 818	1 713 957	55 716	189 145	142 746	3 619	610	31 780
山 西	1 293 727	1 103 569	35 992	154 166	113 872	2 274	230	24 277
内蒙古	360 145	309 929	9 483	40 733	40 367	1 983	86	8 874
辽 宁	2 158 476	1 878 275	61 162	219 039	184 503	3 494	3 835	33 599
吉 林	862 554	759 340	25 219	77 995	70 742	1 041	263	12 568
黑龙江	1 163 168	1 017 762	28 961	116 445	94 233	818	529	11 245
上 海	2 331 869	2 050 388	67 032	214 449	203 987	3 222	1 238	38 693
江 苏	3 660 144	3 264 550	109 615	285 979	202 771	4 601	1 160	33 827
浙 江	3 652 788	3 289 950	120 822	242 016	147 183	3 736	1 142	12 144
安 徽	1 026 872	878 347	28 197	120 328	96 665	1 908	595	21 652
福 建	674 668	595 734	23 052	55 882	42 082	821	221	9 998
江 西	366 251	331 823	8 648	25 779	24 263	851	496	3 715
山 东	1 924 069	1 651 308	61 416	211 345	143 400	3 614	781	27 304
河 南	1 189 867	1 028 066	34 968	126 832	98 205	1 747	344	24 755
湖 北	1 688 307	1 421 213	48 819	218 275	161 212	2 387	670	34 558
湖 南	1 265 604	1 104 666	36 314	124 624	86 686	2 289	345	16 698
广 东	3 615 764	3 164 787	115 979	334 998	233 121	6 216	840	34 291
广 西	478 587	419 686	13 472	45 428	40 183	500	261	12 795
海 南	54 374	52 155	677	1 543	1 504	70	18	124
四 川	1 936 096	1 694 467	54 930	186 699	149 863	3 788	2 214	49 509
贵 州	342 008	298 687	7 868	35 453	26 511	556	88	3 928
云 南	779 001	689 057	22 701	67 243	59 260	4 120	171	24 984
西 藏	12 278	9 788	291	2 199	2 178	851	–	6
陕 西	828 892	710 441	22 147	96 304	79 618	1 225	434	21 606
甘 肃	506 542	437 933	13 964	54 645	46 908	1 383	183	13 089
青 海	165 225	145 979	5 280	13 965	13 259	390	37	2 786
宁 夏	98 100	86 704	2 816	8 580	9 457	878	53	3 057
新 疆	494 586	434 082	14 104	46 401	49 653	807	52	16 898

7-12 各地区大中型企业利税及利润总额

单位: 万元

地区	利税总额	#利润总额	#应交所得税	#转作奖金的利润	#应付利润	#已分配股利
全国总计	**1 582 717**	**391 833**	**134 355**	**22 406**	**76 224**	**11 943**
北京	155 201	53 999	14 542	2 165	5 553	557
天津	1 266	418	141	9	–	–
河北	76 304	16 969	6 469	68	2 285	96
山西	35 074	-3 192	587	8	489	745
内蒙古	8 115	-3 351	528	–	681	–
辽宁	59 227	-5 429	5 693	52	2 502	648
吉林	11 813	-14 447	1 491	14	191	–
黑龙江	34 856	5 077	1 732	400	1 011	567
上海	119 507	49 253	8 118	83	11 520	848
江苏	173 861	59 645	13 869	3 191	8 061	440
浙江	218 659	94 101	20 680	6 522	10 461	2 172
安徽	29 431	-674	1 539	58	401	–
福建	28 485	4 612	1 601	–	314	61
江西	8 717	-782	941	33	83	
山东	83 489	18 459	11 228	3 992	4 529	381
河南	38 833	2 118	2 245	12	759	–
湖北	62 700	11 494	3 063	69	2 962	704
湖南	54 769	16 166	4 068	1 598	1 220	–
广东	217 579	95 384	22 190	2 516	18 751	4 691
广西	16 108	2 136	1 263	–	327	–
海南	1 250	503	248	–	–	–
四川	61 233	2 515	5 725	573	1 633	32
贵州	7 103	-1 321	773		103	
云南	30 015	3 194	1 425	82	995	
西藏	1 438	296	124	–	–	–
陕西	21 680	-1 692	1 375	19	350	–
甘肃	13 772	-1 575	835	–	584	–
青海	5 890	220	424	5	53	–
宁夏	626	-3 068	112	6	54	–
新疆	5 715	-9 196	1 327	932	351	–

7-13 各地区大中型企业利润率及利税率

地 区	产值利润率(%)	产值利税率(%)	资本金利润率(%)	资本金利税率(%)	人均利润(元/人)	人均利税(元/人)	资产负债率(%)
全国总计	**0.9**	**3.8**	**5.2**	**20.9**	**513**	**2 074**	**78.3**
北 京	1.5	4.3	11.5	33.1	933	2 682	83.0
天 津	1.3	4.0	4.3	12.9	610	1 847	80.0
河 北	0.8	3.7	4.3	19.3	415	1 864	74.2
山 西	−0.3	2.8	−1.3	13.9	−112	1 228	79.4
内蒙古	−0.9	2.2	−3.4	8.2	−324	785	75.5
辽 宁	−0.2	2.7	−0.9	9.6	−1 05	1 140	75.5
吉 林	−1.7	1.4	−7.7	6.3	−7 93	649	74.6
黑龙江	0.4	2.8	1.8	12.2	196	1 349	73.7
上 海	1.7	4.2	13.1	31.8	1 805	4 379	81.7
江 苏	1.3	3.7	10.2	29.7	853	2 487	83.9
浙 江	2.0	4.7	16.4	38.1	1 679	3 901	72.9
安 徽	−0.1	2.7	−0.3	14.3	−29	1 266	77.0
福 建	0.7	4.3	4.8	29.6	490	3 027	78.4
江 西	−0.2	2.0	−1.0	10.9	−77	860	74.6
山 东	0.9	4.1	4.2	19.0	500	2 260	76.5
河 南	0.2	3.1	0.9	16.1	80	1 462	72.0
湖 北	0.7	3.6	4.3	23.4	397	2 168	78.0
湖 南	1.2	4.0	6.9	23.3	644	2 183	72.5
广 东	2.5	5.7	10.8	24.7	1 274	2 907	82.1
广 西	0.4	3.1	2.3	17.5	199	1 497	84.1
海 南	0.8	2.1	4.1	10.3	388	963	78.5
四 川	0.1	3.0	0.5	13.1	49	1 203	70.5
贵 州	−0.4	2.1	−1.9	10.1	−194	1 044	83.0
云 南	0.4	3.5	2.9	27.2	223	2 099	79.0
西 藏	2.3	11.4	4.8	23.2	1 489	7 226	36.5
陕 西	−0.2	2.5	−0.9	10.9	−85	1 085	76.7
甘 肃	−0.3	2.7	−1.3	11.2	−120	1 051	71.2
青 海	0.1	3.2	0.5	13.8	27	723	74.2
宁 夏	−3.0	0.6	−9.3	1.9	−1 055	215	75.0
新 疆	−1.8	1.1	−7.3	4.5	−766	476	73.1

7-14 各地区大中型建筑业企业亏损情况

地　区	建筑业企业个数(个)	亏损企业个数(个)	亏损金额(万元)	亏损面(%)
全国总计	**2 698**	**399**	**263 127**	**14.8**
北　京	174	18	7 990	10.3
天　津	6	–	–	–
河　北	139	16	12 402	11.5
山　西	58	16	8 205	27.6
内蒙古	35	13	8 516	37.1
辽　宁	228	47	35 655	20.6
吉　林	50	15	23 385	30.0
黑龙江	105	17	11 826	16.2
上　海	86	7	4 839	8.1
江　苏	229	21	6 768	9.2
浙　江	232	4	234	1.7
安　徽	75	23	15 935	30.7
福　建	36	2	1 123	5.6
江　西	29	11	8 008	37.9
山　东	149	17	24 914	11.4
河　南	89	19	6 621	21.3
湖　北	88	22	10 012	25.0
湖　南	99	11	2 896	11.1
广　东	345	30	12 292	8.7
广　西	27	3	1 927	11.1
海　南	10	4	548	40.0
四　川	180	30	15 747	16.7
贵　州	19	4	3 746	21.1
云　南	43	6	2 973	14.0
西　藏	2	–	–	–
陕　西	53	13	8 105	24.5
甘　肃	35	6	7 837	17.1
青　海	13	2	280	15.4
宁　夏	14	5	3 696	35.7
新　疆	50	17	16 646	34.0

7－15 各地区大中型企业资产构成

单位：万元

地　区	资产总计	#流动资产合计	#固定资产合计	#专项工程	#无形及递延资产合计	#无形资产
全国总计	**50 503 199**	**36 963 077**	**10 638 501**	**836 997**	**355 142**	**196 193**
北　京	4 460 736	3 559 270	584 719	66 546	15 334	9 387
天　津	77 907	64 551	11 953	91	5	–
河　北	2 132 862	1 445 625	597 190	30 443	16 215	8 101
山　西	1 818 109	1 261 135	483 846	49 045	6 470	1 883
内蒙古	550 599	378 247	151 487	5 047	5 065	4 949
辽　宁	3 004 418	2 077 702	778 586	42 421	30 071	22 900
吉　林	1 186 756	796 315	321 747	17 930	5 427	4 706
黑龙江	1 422 515	1 004 569	376 764	9 711	8 075	2 985
上　海	3 072 814	2 363 011	407 944	60 168	41 176	15 643
江　苏	5 140 428	4 260 169	719 750	56 448	16 582	9 750
浙　江	3 002 078	2 225 400	590 180	49 460	20 307	11 659
安　徽	1 197 929	806 249	326 619	24 887	2 805	1 209
福　建	779 987	564 242	157 747	13 403	15 442	11 001
江　西	547 362	352 864	152 225	5 953	756	148
山　东	2 461 361	1 570 511	634 401	36 763	27 944	19 504
河　南	1 312 007	875 770	367 863	28 767	12 623	10 279
湖　北	2 111 418	1 413 868	590 849	46 043	13 020	6 638
湖　南	1 315 137	886 199	341 397	32 772	21 040	9 992
广　东	7 642 804	6 191 975	1 061 916	93 959	58 912	27 854
广　西	951 548	759 756	146 605	17 022	9 411	8 647
海　南	77 545	57 039	17 361	2 317	718	488
四　川	2 018 142	1 283 413	608 825	50 664	9 244	2 880
贵　州	579 500	431 389	106 955	9 446	1 264	–
云　南	707 977	489 141	184 647	19 012	1 508	371
西　藏	22 627	9 557	13 046	–	–	–
陕　西	1 213 366	772 649	371 692	37 863	8 290	1 445
甘　肃	621 539	391 525	190 596	11 592	2 370	523
青　海	239 130	143 933	84 414	5 233	193	193
宁　夏	151 268	99 992	44 504	1 391	3 231	2 779
新　疆	683 328	427 013	212 671	12 598	1 644	279

7-16 各地区大中型企业总收入及构成

地　区	企业总收入(万元)	工程结算收入(万元)	其他业务收入(万元)	工程结算收入占企业总收入的比重(%)
全国总计	**41 219 389**	**38 277 600**	**2 941 789**	**92.9**
北　京	3 566 225	3 358 872	207 353	94.2
天　津	29 985	29 948	37	99.9
河　北	2 111 389	1 958 818	152 571	92.8
山　西	1 410 142	1 293 727	116 415	91.7
内蒙古	399 120	360 145	38 975	90.2
辽　宁	2 314 542	2 158 476	156 066	93.3
吉　林	925 014	862 554	62 459	93.2
黑龙江	1 231 253	1 163 168	68 085	94.5
上　海	2 732 846	2 331 869	400 977	85.3
江　苏	3 910 244	3 660 144	250 101	93.6
浙　江	3 812 843	3 652 788	160 054	95.8
安　徽	1 103 211	1 026 872	76 339	93.1
福　建	718 535	674 668	43 867	93.9
江　西	383 052	366 251	16 802	95.6
山　东	2 025 315	1 924 069	101 246	95.0
河　南	1 280 663	1 189 867	90 796	92.9
湖　北	1 921 514	1 688 307	233 208	87.9
湖　南	1 339 156	1 265 604	73 552	94.5
广　东	3 800 842	3 615 764	185 077	95.1
广　西	526 020	478 587	47 434	91.0
海　南	54 861	54 374	487	99.1
四　川	2 078 273	1 936 096	142 178	93.2
贵　州	379 044	342 008	37 036	90.2
云　南	844 026	779 001	65 025	92.3
西　藏	12 295	12 278	17	99.9
陕　西	916 352	828 892	87 460	90.5
甘　肃	543 219	506 542	36 678	93.2
青　海	175 985	165 225	10 760	93.9
宁　夏	103 969	98 100	5 868	94.4
新　疆	569 455	494 586	74 868	86.9

7－17 各地区大中型企业营业利润

单位：万元

地区	营业利润	#工程结算利润	#其他业务利润	#管理费用	#财务费用	#利息支出
全国总计	**752 735**	**3 652 857**	**358 119**	**2 828 588**	**430 255**	**417 877**
北京	72 732	332 423	22 714	260 730	21 675	21 722
天津	336	3 940	－142	3 426	36	4
河北	48 737	189 145	19 630	142 746	17 293	19 334
山西	42 225	154 166	13 291	113 872	11 122	21 529
内蒙古	－6 104	40 733	3 444	40 367	9 621	7 902
辽宁	17 025	219 039	19 030	184 503	36 540	33 186
吉林	－3 068	77 995	7 877	70 742	18 198	13 885
黑龙江	8 183	116 445	3 421	94 233	19 843	15 341
上海	65 035	214 449	59 799	203 987	5 226	8 366
江苏	79 936	285 979	23 302	202 771	26 575	23 721
浙江	98 574	242 016	19 509	147 183	15 767	15 614
安徽	16 474	120 328	6 770	96 665	13 961	12 626
福建	11 703	55 882	3 805	42 082	5 902	6 591
江西	－1 426	25 779	1 270	24 263	4 212	4 199
山东	45 598	211 345	11 056	143 400	33 404	31 655
河南	27 361	126 832	10 480	98 205	11 762	12 601
湖北	61 746	218 275	35 177	161 212	29 581	28 278
湖南	31 043	124 624	8 902	86 686	15 797	16 627
广东	93 147	334 998	37 716	233 121	46 446	41 996
广西	3 810	45 428	5 666	40 183	7 102	6 414
海南	138	1 543	349	1 504	250	255
四川	23 877	186 699	13 245	149 863	25 842	21 528
贵州	8 621	35 453	3 510	26 511	3 831	3 899
云南	9 602	67 243	7 064	59 260	5 446	6 042
西藏	－6	2 199	－	2 178	27	27
陕西	7 686	96 304	10 426	79 618	19 425	20 368
甘肃	－579	54 645	1 011	46 908	9 326	7 977
青海	557	13 965	1 685	13 259	1 834	2 254
宁夏	－2 877	8 580	505	9 457	2 505	2 580
新疆	－7 352	46 401	7 605	49 653	11 705	11 357

7-18 各地区大中型企业工资和福利费

地　区	本年应付工资总额(万元)	#主营业务应付工资总额(万元)	主营业务应付工资总额占本年应付工资总额的比重(%)	本年应付福利费(万元)	#主营业务应付福利费(万元)	主营业务应付福利费占本年应付福利费的比重(%)
全国总计	**5 909 253**	**5 327 826**	**90.2**	**675 222**	**591 290**	**87.6**
北　京	454 327	425 734	93.7	50 249	45 953	91.5
天　津	2 022	1 799	89.0	326	195	59.8
河　北	252 314	225 552	89.4	37 094	32 559	87.8
山　西	173 785	147 645	85.0	16 841	14 059	83.5
内蒙古	74 572	58 559	78.5	9 563	7 365	77.0
辽　宁	358 691	325 382	90.7	45 134	40 976	90.8
吉　林	148 368	115 642	77.9	14 503	12 737	87.8
黑龙江	166 804	150 287	90.1	22 046	19 833	90.0
上　海	241 559	223 646	92.6	31 006	28 513	92.0
江　苏	656 347	618 834	94.3	77 706	70 953	91.3
浙　江	616 589	595 100	96.5	50 403	46 594	92.4
安　徽	158 009	142 454	90.2	20 378	18 210	89.4
福　建	86 933	75 480	86.8	9 354	7 737	82.7
江　西	69 701	54 569	78.3	7 150	5 870	82.1
山　东	308 276	278 099	90.2	33 197	29 651	89.3
河　南	189 225	164 534	87.0	24 916	16 933	68.0
湖　北	236 384	204 607	86.6	26 359	20 605	78.2
湖　南	201 715	183 260	90.9	25 512	23 243	91.1
广　东	567 897	498 795	87.8	58 475	48 613	83.1
广　西	89 602	79 479	88.7	10 363	9 354	90.3
海　南	4 369	4 084	93.5	657	567	86.3
四　川	344 936	304 174	88.2	40 111	34 448	85.9
贵　州	48 019	42 905	89.4	5 428	4 701	86.6
云　南	106 925	100 152	93.7	15 123	14 010	92.6
西　藏	230	–	–	47	–	–
陕　西	123 638	109 934	88.9	15 662	13 845	88.4
甘　肃	98 605	93 523	94.8	10 607	10 110	95.3
青　海	29 494	22 589	76.6	3 474	2 619	75.4
宁　夏	15 903	14 589	91.7	1 855	1 692	91.2
新　疆	84 013	66 420	79.1	11 682	9 344	80.0

7-19 各地区大中型企业资本金及构成

地　区	资本金合计(万元)	#国家资本金(万元)	#外商资本金(万元)	国家资本金占资本金合计的比重(%)	外商资本金占资本金合计的比重(%)
全国总计	**5 370 462**	**4 243 701**	**4 687**	**79.0**	**0.1**
北　京	368 744	316 829	724	85.9	0.2
天　津	5 938	4 788	–	80.6	–
河　北	237 838	232 269	–	97.7	–
山　西	222 871	170 995	–	76.7	–
内蒙古	81 474	77 971	–	95.7	–
辽　宁	447 770	394 981	–	88.2	–
吉　林	151 105	135 930	–	90.0	–
黑龙江	211 247	186 334	–	88.2	–
上　海	318 725	239 723	121	75.2	–
江　苏	445 573	255 261	464	57.3	0.1
浙　江	330 153	90 046	69	27.3	–
安　徽	165 478	152 431	–	92.1	–
福　建	71 074	68 167	–	95.9	–
江　西	52 893	44 964	–	85.0	–
山　东	311 368	266 265	29	85.5	–
河　南	183 954	171 584	–	93.3	–
湖　北	209 306	200 262	830	95.7	0.4
湖　南	157 843	112 255	–	71.1	–
广　东	503 233	277 695	2 451	55.2	0.5
广　西	75 742	75 742	–	100.0	–
海　南	2 856	2 856	–	100.0	–
四　川	296 174	275 361	–	93.0	–
贵　州	49 472	49 472	–	100.0	–
云　南	86 655	82 062	–	94.7	–
西　藏	–	–	–	–	–
陕　西	160 620	154 584	–	96.2	–
甘　肃	82 497	71 469	–	86.6	–
青　海	28 302	28 302	–	100.0	–
宁　夏	20 348	20 348	–	100.0	–
新　疆	91 210	84 753	–	92.9	–

7-20 全国各地区大中型建筑业企业

企业名称	平均人数(人)	建筑业总产值(万元)	竣工面积(平方米)	建筑业增加值(万元)	按总产值计算的劳动生产率(元/人)
北京市					
北京市第一住宅建筑工程公司	3 699	28 382	179 530	9 545	76 729
北京市第三城市建设工程公司	5 410	42 030	31 688	16 133	77 690
北京市城市建设工程安装公司	1 502	33 662	0	8 393	224 113
北京市第六建筑工程公司	12 901	84 081	252 698	24 646	65 174
北京市城建道桥工程公司	3 629	29 219	0	10 604	80 514
北京市第一房屋管理修缮工程公司	5 830	22 196	137 366	9 284	38 072
北京市煤气工程公司	570	3 700	0	1 473	64 912
北京市合力电信集团	848	15 363	0	1 857	181 164
北京市机械施工公司	1 912	12 723	1 446	6 608	66 545
北京市城乡建设第三建筑工程公司	1 876	9 757	76 498	1 956	52 010
北京市京易建设联营公司	3 788	21 109	123 918	3 394	55 725
北京市城乡建设第二建筑工程公司	3 521	18 920	139 020	4 645	53 734
北京市城乡建设第四建筑工程公司	3 208	15 700	140 496	4 269	48 939
北京市第五建筑工程公司	14 548	90 345	353 057	20 044	62 101
北京市长城建筑工程总公司	2 650	11 137	86 541	2 724	42 026
北京市城乡建设第五建筑工程公司	1 827	11 842	52 708	3 801	64 816
北京市建筑装饰设计工程公司	720	6 628	0	2 252	92 050
北京建工集团总公司	459	2 460	0	1 499	53 593
北京市华普建筑产业公司	1 135	7 887	13 782	1 932	69 488
北京市光环电信集团	1 420	27 319	0	3 489	192 390
北京北辰正方建筑安装工程有限责任公司	284	4 355	66 640	636	153 338
恒万实业有限公司	4 172	43 867	52 201	13 674	105 145
北京市第二住宅建筑工程公司	6 564	38 208	127 193	8 909	58 208
北京市第一市政工程公司	4 890	31 341	5 909	8 524	64 092
北京市东城区北新建筑工程公司	559	1 331	28 617	265	23 803
北京市第二房屋修建工程公司	2 501	6 679	15 679	3 931	26 705
北京市东城区第二建筑工程公司	1 392	7 242	63 769	2 580	52 028
北京市东城区第三建筑工程公司	1 570	5 366	41 166	1 564	34 180
北京市第一房屋修建工程公司	6 160	24 491	177 725	9 045	39 759
北京市天兴燃气工程公司	237	2 336	0	629	98 557
北京东兴建筑工程公司	2 434	13 614	212 506	6 851	55 931
北京市北联建筑工程公司	1 381	3 508	30 093	1 416	25 400
北京市西城区第三建筑工程公司	1 051	3 634	38 549	977	34 574
北京市西城区建筑工程公司	1 602	5 957	31 645	773	37 187

主要经济技术指标完成情况(一)

按增加值计算的劳动生产率(元/人)	资本金合计(万元)	资产总计(万元)	负债合计(万元)	利润总额(万元)	利税总额(万元)	工程质量优良品率(%)	产值利润率(%)	产值利税率(%)	资产负债率(%)
25 803	1 002	21 710	19 982	383	1 358	52.9	1.4	4.8	92.0
29 821	2 266	57 080	51 502	419	1 565	33.3	1.0	3.7	90.2
55 876	2 185	14 290	10 500	707	865	54.5	2.1	2.6	73.5
19 104	5 870	130 730	115 349	643	3 215	46.2	0.8	3.8	88.2
29 221	3 068	27 782	7 036	413	1 302	66.7	1.4	4.5	25.3
15 925	3 209	69 001	65 031	248	597	74.2	1.1	2.7	94.2
25 840	552	11 315	10 029	192	363	100.0	5.2	9.8	88.6
21 904	1 673	21 639	17 999	476	873	11.3	3.1	5.7	83.2
34 559	11 052	42 317	23 761	101	277	0.0	0.8	2.2	56.1
10 425	913	28 638	27 031	300	620	50.0	3.1	6.4	94.4
8 960	881	36 307	34 571	240	1 031	48.6	1.1	4.9	95.2
13 191	2 000	23 017	19 991	245	771	50.0	1.3	4.1	86.9
13 307	851	25 818	24 309	100	620	56.5	0.6	3.9	94.2
13 778	6 287	138 853	119 269	380	3 225	54.5	0.4	3.6	85.9
10 278	3 154	33 786	30 071	26	384	7.1	0.2	3.5	89.0
20 804	982	12 948	11 002	255	673	77.8	2.2	5.7	85.0
31 282	931	11 356	10 070	106	259	54.5	1.6	3.9	88.7
32 654	2 121	26 090	17 765	449	551	0.0	18.3	22.4	68.1
17 021	300	8 413	7 754	158	242	0.0	2.0	3.1	92.2
24 573	2 784	14 876	11 371	410	818	0.0	1.5	3.0	76.4
22 387	1 000	1 250	249	59	180	0.0	1.4	4.1	19.9
32 776	3 000	43 994	39 780	2 318	3 769	0.0	5.3	8.6	90.4
13 572	1 884	30 530	27 149	580	1 738	54.5	1.5	4.5	88.9
17 431	5 048	43 343	35 417	45	672	62.5	0.1	2.1	81.7
4 735	1 295	2 814	1 586	−17	27	42.9	−1.2	2.0	56.4
15 719	2 373	20 124	17 828	108	297	37.5	1.6	4.4	88.6
18 536	1 434	9 285	7 302	59	295	0.0	0.8	4.1	78.6
9 959	1 300	7 716	648	74	245	5.9	1.4	4.6	8.4
14 684	3 654	98 528	94 129	189	865	59.1	0.8	3.5	95.5
26 561	30	3 010	2 685	197	274	0.0	8.4	11.7	89.2
28 145	1 180	17 153	13 809	38	490	4.8	0.3	3.6	80.5
10 252	380	6 531	5 409	21	210	25.0	0.6	6.0	82.8
9 294	1 500	3 617	1 593	55	172	0.0	1.5	4.7	44.0
4 826	1 007	6 606	4 975	121	329	20.0	2.0	5.5	75.3

7-20 全国各地区大中型建筑业企业

企业名称	平均人数（人）	建筑业总产值（万元）	竣工面积（平方米）	建筑业增加值（万元）	按总产值计算的劳动生产率（元/人）
北京市西城区第二建筑工程公司	710	3 017	21 100	243	42 493
北京市第七建筑工程公司	5 257	38 068	305 674	8 360	72 415
北京市第四市政工程公司	5 681	8 154	0	5 639	14 353
北京市第二建筑工程公司	7 718	60 049	130 242	10 789	77 804
北京市第三市政工程公司	5 859	24 133	20 200	13 946	41 190
北京市第三建筑工程公司	9 500	65 304	471 820	22 248	68 741
北京市第二市政工程公司	4 918	45 340	0	3 936	92 193
北京市设备安装工程公司	5 895	56 141	0	15 258	95 235
北京市自来水工程公司	1 041	4 508	0	2 345	43 306
北京市电话工程公司	342	5 737	0	722	167 737
北京一轻工业建筑工程公司	571	1 017	367	288	17 806
北京市崇文区建筑工程公司	1 152	6 293	34 678	1 141	54 625
北京市第四建筑工程公司	3 943	25 139	79 819	6 847	63 756
北京市崇文区永外建筑工程公司	889	2 420	6 992	969	27 224
北京市第六住宅建筑工程公司	6 496	36 181	229 590	8 273	55 697
北京市城乡建设第一建筑工程公司	3 587	23 209	157 721	5 700	64 703
北京天桥建筑集团公司	5 624	26 185	130 933	9 784	46 560
北京城建集团二公司	6 748	59 916	179 985	18 717	88 790
北京市宣武区陶然亭建筑工程公司	1 730	8 060	48 852	2 033	46 590
北京昊都建筑工程有限责任工程公司	1 117	7 174	80 420	1 920	64 222
北京市第一建筑工程公司	13 307	90 759	353 735	23 032	68 204
北京市朝阳区建筑工程公司	1 848	9 229	35 631	2 391	49 943
北京市第二水利工程处	1 070	3 743	0	2 656	34 978
北京市第七城市建设工程公司	3 498	24 507	71 077	8 966	70 061
北京市第五城市建设工程公司	9 489	68 090	189 121	26 663	71 757
北京市第六市政工程公司	2 183	12 178	0	5 264	55 785
北京市朝阳田华建筑集团公司	9 696	63 832	231 287	7 577	65 833
北京市朝联古建筑机械总公司	886	4 320	315	764	48 760
北京市第五市政工程公司	3 583	16 413	73 875	4 889	45 808
北京城建亚泰工程公司	3 445	23 700	78 155	8 704	68 795
北京市朝阳区第二建筑工程公司	1 121	6 228	26 197	1 755	55 557
北京市华大市政建筑工程公司	408	3 264	0	1 025	80 000
北京正荣建筑工程有限责任公司	4 632	30 641	136 456	8 651	66 150
北京市第三住宅建筑工程公司	6 311	42 783	229 833	14 726	67 791
北京市第一城市建设工程公司	7 519	67 346	181 192	26 784	89 568
北京市城镇建筑工程公司	936	1 350	25 434	706	14 423
北京城建集团公司	1 158	10 101	72 616	2 628	87 230

主要经济技术指标完成情况(二)

按增加值计算的劳动生产率 (元/人)	资本金合计 (万元)	资产总计 (万元)	负债合计 (万元)	利润总额 (万元)	利税总额 (万元)	工程质量优良品率 (%)	产值利润率 (%)	产值利税率 (%)	资产负债率 (%)
3 417	400	1 174	648	82	158	0.0	2.7	5.3	55.2
15 903	2 848	49 189	43 112	733	1 710	38.9	1.9	4.5	87.6
9 926	3 260	47 487	42 244	−1 950	−1 591	0.0	−23.9	−19.5	89.0
13 980	2 841	65 962	59 631	281	1 791	29.2	0.5	3.0	90.4
23 802	3 263	65 445	59 151	203	994	80.0	0.8	4.1	90.4
23 418	6 539	135 678	121 554	891	3 475	67.9	1.4	5.3	89.6
8 003	3 209	51 730	42 819	1	509	90.9	0.0	1.1	82.8
25 882	6 622	67 083	52 968	649	1 138	0.0	1.2	2.0	79.0
22 524	570	22 609	21 651	135	243	21.6	3.0	5.4	95.8
21 105	601	10 068	9 232	282	372	0.0	4.9	6.5	91.7
5 051	1 583	2 798	1 796	−228	−212	0.0	−22.4	−20.8	64.2
9 907	1 600	13 666	11 164	6	227	0.0	0.1	3.6	81.7
17 366	3 399	29 825	23 382	385	1 216	26.7	1.5	4.8	78.4
10 902	500	3 719	3 212	41	124	0.0	1.7	5.1	86.4
12 735	1 011	29 338	26 947	456	1 656	46.2	1.3	4.6	91.8
15 892	3 675	18 339	16 463	296	1 052	55.4	1.3	4.5	89.8
17 397	5 800	23 282	18 398	1 159	2 014	20.0	4.4	7.7	79.0
27 737	3 184	59 386	51 906	1 542	3 412	44.4	2.6	5.7	87.4
11 750	1 571	3 220	1 570	125	390	0.0	1.5	4.8	48.8
17 186	3 000	7 309	4 259	42	298	38.5	0.6	4.2	58.3
17 308	6 394	125 115	106 563	383	3 163	43.6	0.4	3.5	85.2
12 939	1 820	6 016	4 196	128	435	10.0	1.4	4.7	69.7
24 822	1 966	7 376	3 841	285	474	80.0	7.6	12.7	52.1
25 631	706	24 761	23 224	299	1 116	75.0	1.2	4.6	93.8
28 099	2 667	54 006	48 921	920	3 028	47.6	1.4	4.4	90.6
24 112	4 251	21 002	15 617	102	496	87.5	0.8	4.1	74.4
7 815	6 244	36 381	25 169	236	1 208	0.0	0.4	1.9	69.2
8 619	2 800	5 975	2 976	158	282	0.0	3.7	6.5	49.8
13 645	1 511	27 674	24 375	119	598	18.2	0.7	3.6	88.1
25 267	1 500	25 758	23 593	540	1 266	27.3	2.3	5.3	91.6
15 656	229	4 952	4 254	49	212	0.0	0.8	3.4	85.9
25 123	489	6 259	6 560	29	112	0.0	0.9	3.4	104.8
18 677	5 979	39 889	33 368	581	1 582	47.4	1.9	5.2	83.7
23 334	2 433	37 934	32 264	807	2 366	46.2	1.9	5.5	85.1
35 621	2 479	25 489	20 446	1 100	3 072	15.6	1.6	4.6	80.2
7 545	32	1 121	972	10	55	0.0	0.7	4.1	86.7
22 696	17	14 986	14 969	86	418	66.7	0.9	4.1	99.9

7－20 全国各地区大中型建筑业企业

企业名称	平均人数（人）	建筑业总产值（万元）	竣工面积（平方米）	建筑业增加值（万元）	按总产值计算的劳动生产率（元/人）
北京市第四城市建设工程公司	6 502	52 856	147 938	19 155	81 292
北京市水利机械施工处	1 075	3 049	0	2 192	28 361
北京市海淀区信远建筑工程公司	1 557	3 518	25 145	1 692	22 595
北京市长建上地建筑工程公司	500	1 710	27 000	313	34 202
北京市海淀区建筑工程公司	321	5 510	66 325	1 689	171 639
北京市旅游建筑工程公司	618	3 618	59 637	1 232	58 547
北京皇家吉建筑园林工程公司	511	921	1 227	547	18 016
北京市常青市政工程公司	1 159	11 267	2 597	763	97 214
北京市城市建设装饰工程有限责任公司	373	5 061	0	2 007	135 684
北京城建地铁地基工程有限责任公司	1 064	11 918	0	5 302	112 011
北京市丰台区益丰建筑公司	959	6 549	13 272	1 150	68 295
北京市丰台区丰新建筑公司	574	1 311	18 702	101	22 833
北京市丰台区卢沟桥建筑公司	293	2 297	9 446	1 151	78 413
北京市北协建设工程公司	2 907	14 824	53 115	4 944	50 993
北京市东阳建筑工程公司	960	3 497	8 733	806	36 428
北京市新新建筑工程公司	1 931	8 398	71 615	3 375	43 489
北京市门头沟区建筑工程公司	895	3 222	21 278	1 534	35 999
北京市通县水利工程总队	722	2 131	0	723	29 515
北京宋庄建筑集团	2 667	7 037	0	1 301	26 385
通县建筑集团公司	3 606	13 000	65 000	3 279	36 051
北京市大龙建筑工程队	360	3 064	26 000	1 163	85 103
北京市顺义建筑企业集团公司	2 291	9 931	37 687	3 268	43 347
北京市怀柔县建筑企业集团总公司	13 214	63 635	758 212	5 171	48 157
北京市康城隧道工程公司	390	3 367	0	819	86 333
北京市昌平县第二建筑工程公司直属施工公司	2 158	3 600	89 111	1 459	16 683
北京市昌平县建筑公司	2 119	5 388	64 000	819	25 427
北京市第一水利工程处	982	3 331	0	1 934	33 922
北京韩村河建筑集团总公司	14 000	120 000	791 023	21 041	85 714
房山区建筑企业集团总公司	13 882	73 885	609 468	16 032	53 224
房山建工企业集团总公司	11 745	63 916	379 356	6 751	54 419
北京市房山区城乡建筑企业集团总公司	8 976	49 501	230 060	9 772	55 148
北京市长建南郊建筑工程公司	2 000	6 236	48 000	783	31 178
北京市大兴县城建开发市政工程总公司	249	970	0	690	38 944
北京大兴建筑集团公司	5 126	26 111	161 957	4 276	50 938
北京市大兴县建筑工程公司	740	5 770	60 208	1 408	77 977

主要经济技术指标完成情况(三)

按增加值计算的劳动生产率 (元/人)	资本金合计 (万元)	资产总计 (万元)	负债合计 (万元)	利润总额 (万元)	利税总额 (万元)	工程质量优良品率 (%)	产值利润率 (%)	产值利税率 (%)	资产负债率 (%)
29 461	2 742	58 459	52 936	1 387	3 064	37.5	2.6	5.8	90.6
20 393	2 323	6 117	2 160	−179	−45	0.0	−5.9	−1.5	35.3
10 868	69	7 706	7 214	72	190	71.4	2.1	5.4	93.6
6 270	466	3 938	3 534	12	65	0.0	0.7	3.8	89.7
52 611	806	4 508	3 575	30	208	0.0	0.5	3.8	79.3
19 932	1 503	14 732	13 295	69	180	0.0	1.9	5.0	90.2
10 701	158	569	373	8	38	0.0	0.9	4.1	65.5
6 580	600	3 889	3 134	153	203	28.0	1.4	1.8	80.6
53 818	965	6 225	4 845	410	568	0.0	8.1	11.2	77.8
49 832	881	9 307	8 054	401	594	0.0	3.4	5.0	86.5
11 991	967	15 296	14 751	−330	−180	0.0	−5.0	−2.8	96.4
1 754	33	822	755	37	81	0.0	2.8	6.1	91.8
39 300	500	2 365	1 866	25	101	40.0	1.1	4.4	78.9
17 009	2 056	42 653	40 370	255	803	75.0	1.7	5.4	94.6
8 396	83	3 565	3 014	66	172	0.0	1.9	4.9	84.5
17 480	1 177	14 705	10 628	11	266	7.1	0.1	3.2	72.3
17 144	1 700	7 448	4 185	−57	50	0.0	−1.8	1.6	56.2
10 018	1 707	8 748	5 078	363	419	0.0	17.0	19.7	58.0
4 877	1 717	10 198	2 289	560	832	0.0	8.0	11.8	22.4
9 095	5 000	15 857	13 464	336	699	0.0	2.6	5.4	84.9
32 300	425	2 575	1 674	334	430	0.0	10.9	14.0	65.0
14 264	1 364	6 510	5 078	419	670	0.0	4.2	6.7	78.0
3 913	5 000	32 597	24 393	529	900	0.0	0.8	1.4	74.8
21 005	35	1 165	223	227	309	100.0	6.7	9.2	19.1
6 759	1 512	8 856	7 263	108	260	100.0	3.0	7.2	82.0
3 867	1 627	18 107	15 974	41	109	23.5	0.8	2.0	88.2
19 690	1 180	10 887	7 757	130	258	100.0	3.9	7.8	71.3
15 029	6 800	73 433	66 405	4 739	7 439	100.0	3.9	6.2	90.4
11 548	4 866	31 651	22 606	2 547	4 153	17.1	3.4	5.6	71.4
5 748	5 200	25 209	17 595	1 335	3 504	0.0	2.1	5.5	69.8
10 887	5 100	15 730	10 006	825	2 489	1.9	1.7	5.0	63.6
3 916	651	4 201	3 549	211	383	50.0	3.4	6.1	84.5
27 707	899	2 838	1 865	9	39	0.0	1.0	4.1	65.7
8 343	4 487	24 730	17 397	625	1 067	7.7	2.4	4.1	70.3
19 032	1 500	10 865	8 620	65	254	10.0	1.1	4.4	79.3

7-20 全国各地区大中型建筑业企业

企业名称	平均人数(人)	建筑业总产值(万元)	竣工面积(平方米)	建筑业增加值(万元)	按总产值计算的劳动生产率(元/人)
平谷县建筑工程总公司	5 680	20 558	120 127	5 567	36 194
北京东辰建筑工程总公司	1 263	4 415	45 468	1 374	34 956
密云县城市建设工程公司	825	4 717	53 287	1 777	57 176
北京华云建筑工程公司	650	3 343	21 342	1 840	51 425
北京广源装饰装修工程有限公司	150	1 678	0	179	111 887
北京华洋建设开发有限公司	862	3 094	37 951	1 441	35 891
首钢第一建设公司	18 857	48 640	92 769	43 134	25 794
建筑企业集团公司二公司	440	2 130	25 000	373	48 409
顺义建筑企业集团十公司	350	8 800	13 000	356	251 429
北京市水利工程基础处理总队	1 302	6 491	0	3 509	49 857
北京城建东方工程有限公司	1 580	8 182	73 909	2 409	51 787
天津市					
天津振津工程集团有限公司	1 018	5 131	0	784	50 403
天津市水利工程公司	880	4 003	4 144	930	45 486
天津化工厂建筑安装工程总公司	1 234	7 000	42 319	2 202	56 726
天津市光达电力实业公司	258	2 613	0	669	101 298
河北省					
河北省第二建筑工程公司	3 066	16 005	109 526	3 442	52 202
河北省安装工程公司	2 550	25 500	0	4 014	100 000
河北省邮电工程局	769	14 681	0	1 640	190 912
河北省第四建筑工程公司	7 135	72 983	312 970	24 461	102 289
石家庄市设备安装公司	1 039	3 574	0	1 662	34 398
石家庄建工集团公司	4 548	14 276	172 499	5 347	31 389
正定县建筑公司	3 045	10 900	101 723	1 972	35 796
唐山市市政建设总公司	2 336	9 791	0	2 057	41 914
唐山清源环保机械公司	1 335	4 320	0	1 433	32 360
唐山建设(集团)公司	4 159	31 310	190 237	8 078	75 282
唐山市西郊建筑公司	1 600	5 300	79 216	3 434	33 125
丰润县建筑工程公司	2 258	6 218	57 860	2 303	27 538
丰润县建筑安装工程有限公司	2 400	7 150	77 427	2 651	29 792
建安集团有限公司	1 471	4 055	105 274	1 423	27 566
乐亭县建筑工和公司	1 600	5 000	36 356	2 030	31 250
玉田林南仓建筑工程公司	2 330	6 705	86 000	2 679	28 777

主要经济技术指标完成情况(四)

按增加值计算的劳动生产率(元/人)	资本金合计(万元)	资产总计(万元)	负债合计(万元)	利润总额(万元)	利税总额(万元)	工程质量优良品率(%)	产值利润率(%)	产值利税率(%)	资产负债率(%)
9 802	1 828	15 126	11 203	1 085	1 539	85.7	5.3	7.5	74.1
10 877	3 350	7 128	4 837	100	253	0.0	2.3	5.7	67.9
21 536	1 180	6 676	5 829	−58	90	7.7	−1.2	1.9	87.3
28 314	1 140	6 174	4 916	176	282	0.0	5.3	8.4	79.6
11 960	522	1 183	2	−107	−79	0.0	−6.4	−4.7	0.1
16 719	2 406	6 585	1 684	555	650	0.0	17.9	21.0	25.6
22 874	24 300	115 323	99 649	−2 880	−1 231	23.1	−5.9	−2.5	86.4
8 486	211	2 912	2 701	33	72	0.0	1.6	3.4	92.7
10 186	73	1 246	1 167	53	79	0.0	0.6	0.9	93.6
26 949	2 707	14 020	7 718	202	371	0.0	3.1	5.7	55.0
15 249	501	10 665	9 928	0	204	25.0	0.0	2.5	93.1
7 706	1 478	4 043	1 391	95	114	100.0	1.9	2.2	34.4
10 570	1 513	4 906	1 168	104	245	30.0	2.6	6.1	23.8
17 844	1 314	5 486	3 801	18	162	0.0	0.3	2.3	69.3
25 919	900	8 799	7 672	131	218	100.0	5.0	8.3	87.2
11 227	2 023	16 761	14 126	4	566	46.7	0.0	3.5	84.3
15 742	2 455	30 727	27 812	221	1 109	87.4	0.9	4.3	90.5
21 324	649	4 568	2 322	37	337	67.6	0.2	2.3	50.8
34 283	5 221	37 231	32 736	712	2 929	58.1	1.0	4.0	87.9
16 001	1 102	3 630	2 444	84	211	50.0	2.3	5.9	67.3
11 756	3 046	18 236	14 116	117	646	40.5	0.8	4.5	77.4
6 476	1 026	4 749	3 480	45	395	21.1	0.4	3.6	73.3
8 805	2 151	51 165	46 876	67	67	54.2	0.7	0.7	91.6
10 733	1 187	6 550	4 051	21	69	40.0	0.5	1.6	61.9
19 422	4 615	31 348	25 251	15	1 010	59.0	0.0	3.2	80.6
21 460	1 566	2 692	1 422	305	894	35.3	5.8	16.9	52.8
10 198	1 565	2 698	47	120	403	40.0	1.9	6.5	1.7
11 046	1 559	2 251	1 357	489	705	74.2	6.8	9.9	60.3
9 673	2 055	3 232	916	51	190	44.0	1.3	4.7	28.3
12 688	1 500	4 112	1 470	656	822	52.9	13.1	16.4	35.7
11 499	3 008	5 378	2 185	473	690	46.7	7.1	10.3	40.6

7－20 全国各地区大中型建筑业企业

企业名称	平均人数（人）	建筑业总产值（万元）	竣工面积（平方米）	建筑业增加值（万元）	按总产值计算的劳动生产率（元/人）
秦皇岛市第二建筑工程公司	4 226	22 888	214 152	6 612	54 160
秦皇岛市第一建筑工程公司	3 463	10 774	132 711	3 219	31 113
河北省第三建筑工程公司	2 945	10 004	105 082	2 384	33 970
秦皇岛市第三建筑工程公司	2 753	12 398	128 522	2 242	45 035
秦皇岛市安装工程公司	1 407	5 870	0	2 195	41 723
秦皇岛市海港区第三建筑工程公司	3 765	17 001	198 070	5 614	45 155
抚宁县建筑工程公司	1 110	2 571	20 305	940	23 162
河北省冶金建设公司	3 976	21 131	67 480	7 596	53 146
邯郸市市政工程公司	1 727	5 516	0	1 834	31 940
邯郸建工集团有限公司	10 908	33 493	322 485	10 828	30 705
武安市二建集团有限公司	2 300	4 500	75 000	1 331	19 565
邢台市第二建筑工程公司	1 337	3 513	52 121	1 422	26 279
邢台市第一建筑公司	1 580	3 500	45 575	1 277	22 152
邢台市路桥建设总公司	650	2 200	0	800	33 846
河北省第一建筑工程公司	8 852	56 689	411 643	12 421	64 041
保定建工集团有限公司	2 034	10 494	100 354	2 709	51 595
保定城乡建设集团有限责任公司	3 068	11 951	205 347	2 231	38 952
保定市第二建筑工程公司	2 852	10 115	172 386	1 858	35 466
张家口市第一建筑工程公司	4 711	16 113	147 989	5 186	34 203
张家口市第二建筑工程公司	3 595	10 633	123 922	3 314	29 578
宣化钢铁公司建筑安装工程公司	975	2 328	5 260	1 277	23 877
宣化钢铁公司矿山建筑公司	1 624	2 011	7 623	502	12 385
承德市建筑安装工程总公司	6 150	16 999	185 417	5 437	27 641
沧州市第一建筑安装工程有限公司	1 060	3 128	28 495	557	29 509
沧州市第三建筑安装工程有限公司	564	1 974	26 405	579	35 004
临漳县建设工程集团公司	4 360	6 890	127 800	3 111	15 803
河北省第二建设公司永年公司	1 270	6 180	124 260	1 577	48 661
河北省辛集市建筑公司	1 004	4 024	122 688	1 204	40 080
保定城乡建筑安装公司	2 150	6 110	86 750	1 284	28 419
定州市城建一公司	3 500	5 820	35 200	1 913	16 629
定州市第五建筑工程公司	1 981	3 000	46 000	981	15 144
定州市第二建筑工程公司	2 210	5 400	37 200	755	24 434
定州市城建三公司	1 160	2 242	38 171	926	19 328
定州市城建公司	2 090	2 100	25 000	852	10 048
定州市第三建筑工程公司	2 000	3 500	33 000	890	17 500
定州市建设工程集团公司	2 100	6 050	37 069	840	28 810
定州市电力建设工程公司	1 200	4 120	2 600	1 002	34 333
定州市建设工程公司	1 880	3 977	42 000	1 245	21 154
河北省定兴县第三建筑公司	2 320	6 200	30 200	806	26 724

主要经济技术指标完面情况(五)

按增加值计算的劳动生产率(元/人)	资本金合计(万元)	资产总计(万元)	负债合计(万元)	利润总额(万元)	利税总额(万元)	工程质量优良品率(%)	产值利润率(%)	产值利税率(%)	资产负债率(%)
15 647	3 269	31 094	25 383	627	1 425	76.8	2.7	6.2	81.6
9 295	2 554	18 500	15 617	107	494	72.2	1.0	4.6	84.4
8 096	1 873	11 478	9 662	1	320	55.6	0.0	3.2	84.2
8 145	1 055	13 027	10 590	127	554	92.5	1.0	4.5	81.3
15 599	970	6 889	5 443	30	190	62.1	0.5	3.2	79.0
14 911	1 000	17 915	14 620	750	1 293	60.0	4.4	7.6	81.6
8 473	1 667	3 186	1 313	−3	82	21.4	−0.1	3.2	41.2
19 105	2 927	26 354	17 406	6	638	72.2	0.0	3.0	66.0
10 619	1 432	5 818	3 397	66	222	82.4	1.2	4.0	58.4
9 926	11 344	58 995	36 403	−2 337	−1 248	11.7	−7.0	−3.7	61.7
5 788	3 680	3 915	1 154	80	263	35.3	1.8	5.9	29.5
10 638	965	3 445	2 914	16	153	15.8	0.5	4.3	84.6
8 085	1 004	5 438	4 334	63	189	71.4	1.8	5.4	79.7
12 311	2 240	14 327	10 672	19	19	0.0	0.9	0.9	74.5
14 032	2 546	35 131	30 299	203	2 051	38.9	0.4	3.6	86.2
13 321	5 100	25 440	19 820	28	436	75.9	0.3	4.2	77.9
7 271	2 753	14 223	10 918	24	376	59.7	0.2	3.1	76.8
6 514	609	8 145	6 630	19	298	69.8	0.2	2.9	81.4
11 009	1 784	15 548	12 855	11	607	34.6	0.1	3.8	82.7
9 219	1 571	12 468	10 868	−397	−70	45.9	−3.7	−0.7	87.2
13 096	1 742	5 789	5 566	0	5	0.0	0.0	0.2	96.1
3 089	1 182	2 859	1 447	0	66	0.0	0.0	3.3	50.6
8 840	1 619	23 658	22 279	−1 558	−1 000	42.5	−9.2	−5.9	94.2
5 255	1 606	2 184	583	−12	94	36.4	−0.4	3.0	26.7
10 262	1 547	2 496	972	26	94	40.0	1.3	4.8	38.9
7 135	1 520	1 897	846	96	797	27.2	1.4	11.6	44.6
12 420	594	31 338	29 361	102	218	53.8	1.7	3.5	93.7
11 996	1 046	3 508	2 373	91	236	69.6	2.3	5.9	67.6
5 973	1 683	1 861	246	406	551	0.0	6.7	9.0	13.2
5 466	1 806	2 160	850	0	196	33.3	0.0	3.4	39.4
4 951	1 588	1 231	115	30	44	37.5	1.0	1.4	9.3
3 416	1 669	1 432	326	66	135	0.0	1.2	2.5	22.8
7 983	1 346	1 694	126	61	140	0.0	2.7	6.2	7.4
4 078	1 556	1 982	426	4	36	20.0	0.2	1.7	21.5
4 451	1 576	1 758	182	28	188	22.2	0.8	5.4	10.4
3 998	1 600	2 735	1 942	5	58	0.0	0.1	1.0	71.0
8 350	1 549	2 322	411	12	145	11.8	0.3	3.5	17.7
6 624	1 782	1 775	172	57	265	18.2	1.4	6.7	9.7
3 474	500	1 750	800	5	55	0.0	0.1	0.9	45.7

7-20 全国各地区大中型建筑业企业

企业名称	平均人数 (人)	建筑业总产值 (万元)	竣工面积 (平方米)	建筑业增加值 (万元)	按总产值计算的劳动生产率 (元/人)
河北省唐县第一建筑公司	3 250	5 600	90 000	881	17 231
河北省涞水县建筑工程总公司	3 551	6 155	75 710	1 201	17 333
河北省安新县电力安装工程公司	1 300	4 220	0	261	32 462
高碑店市建筑企业集团公司	4 013	14 200	180 237	3 614	35 385
河北省保定安国市第一建筑安装工程公司	4 325	6 520	133 071	2 756	15 075
廊坊市城市建筑安装工程一公司	4 505	8 060	146 587	1 094	17 891
廊坊市城市建筑安装工程二公司	1 498	4 702	112 319	1 207	31 388
三河市六建公司	2 000	13 040	86 933	5 292	65 200
固安县长征建筑工程有限责任公司	400	3 000	46 000	437	75 000
沧州水利工程处	293	2 287	0	528	78 065
沧州市第一建筑工程公司	1 522	7 074	56 950	2 220	46 482
泊头市第一建筑工程公司	2 640	6 388	127 000	2 572	24 197
河间市建筑安装工程总公司	4 010	12 200	125 549	3 897	30 424
河北省东光县建筑公司	2 000	5 735	44 800	1 485	28 675
河北省交通厅公路工程局	7 326	59 056	7 571	3 121	80 611
河北省水利工程局	3 397	14 772	3 875	5 283	43 485
石家庄市市政建设总公司	2 683	12 514	0	3 083	46 643
秦皇岛市市政工程总公司	1 010	6 957	0	2 349	68 885
邢台市市政工程公司	700	5 049	0	1 443	72 129
保定市政工程公司	1 096	5 587	0	789	50 974
黄骅市渤海建筑工程有限公司	1 880	2 180	36 900	1 097	11 596
唐山钢铁集团有限责任公司建筑安装公司	4 401	22 167	98 270	5 847	50 368
廊坊市交通局第二工程队	660	4 847	0	455	73 439
石家庄市第一建筑工程公司	2 246	5 785	63 409	1 523	25 757
唐山市新区建筑工程公司	1 290	2 728	16 450	925	21 147
滦南县建筑工程公司	1 100	3 192	59 358	459	29 018
秦皇岛市海港区第一建筑工程公司	1 730	7 392	72 688	2 700	42 729
清苑县建筑公司	4 600	12 005	77 147	2 946	26 098
廊坊市宏伟建设集团有限公司	1 899	3 846	33 482	1 309	20 254
定州市城建九公司	1 890	5 600	26 800	1 191	29 630
定州市西城建筑工程公司	1 800	3 800	29 600	1 231	21 111
河北省唐县宏达建筑工程公司	1 840	4 485	42 641	1 458	24 376
河北省唐县建筑集团公司	990	3 500	38 000	1 195	35 354
山西省					
山西省工业设备安装公司	4 463	27 533	0	4 027	61 692
中国第十三冶金建设公司	22 032	142 011	80 651	55 999	64 457
山西省第五建筑工程公司	8 244	4 024	130 630	5 361	4 882

主要经济技术指标完成情况(六)

按增加值计算的劳动生产率(元/人)	资本金合计(万元)	资产总计(万元)	负债合计(万元)	利润总额(万元)	利税总额(万元)	工程质量优良品率(%)	产值利润率(%)	产值利税率(%)	资产负债率(%)
2 710	1 662	1 250	70	300	468	82.6	5.4	8.4	5.6
3 382	1 600	2 184	795	9	150	4.9	0.1	2.4	36.4
2 010	1 900	2 948	2 233	32	57	100.0	0.8	1.3	75.7
9 006	3 319	6 684	3 100	690	1 021	14.3	4.9	7.2	46.4
6 372	1 660	5 147	2 684	244	444	27.6	3.8	6.8	52.1
2 430	1 847	5 613	3 628	−98	56	31.0	−1.2	0.7	64.6
8 056	1 499	7 579	5 691	−533	−396	26.9	−11.3	−8.4	75.1
26 458	314	9 986	996	3 615	3 628	100.0	27.7	27.8	10.0
10 928	1 510	1 760	180	80	80	50.0	2.7	2.7	10.2
18 010	666	2 522	726	17	73	100.0	0.7	3.2	28.8
14 586	740	4 649	3 796	14	258	40.9	0.2	3.6	81.7
9 742	1 536	1 776	1 441	79	296	56.5	1.2	4.6	81.1
9 718	3 625	7 151	1 505	52	534	17.5	0.4	4.4	21.1
7 425	1 510	1 647	67	103	285	0.0	1.8	5.0	4.1
4 260	16 415	84 654	55 669	−741	323	100.0	−1.3	0.5	65.8
15 552	10 833	23 363	12 944	116	446	89.5	0.8	3.0	55.4
11 489	3 816	14 190	10 318	292	410	60.0	2.3	3.3	72.7
23 258	2 003	8 661	6 842	106	345	14.3	1.5	5.0	79.0
20 609	673	5 059	2 643	12	178	66.7	0.2	3.5	52.2
7 196	201	6 741	5 135	413	614	66.7	7.4	11.0	76.2
5 835	2 026	2 443	1 400	25	127	27.3	1.1	5.8	57.3
13 286	4 651	38 248	34 151	765	1 208	21.0	3.5	5.4	89.3
6 888	2 049	3 445	1 395	15	29	100.0	0.3	0.6	40.5
6 782	1 535	8 646	7 148	−324	−152	63.2	−5.6	−2.6	82.7
7 168	1 536	1 915	384	34	97	20.0	1.2	3.6	20.0
4 173	1 512	2 978	2 399	97	203	0.0	3.0	6.4	80.6
15 609	775	8 645	7 049	166	387	73.9	2.2	5.2	81.5
6 404	1 667	2 925	806	473	877	34.6	3.9	7.3	27.5
6 892	3 088	3 276	188	3	92	50.0	0.1	2.4	5.7
6 302	1 300	2 200	1 210	47	227	0.0	0.8	4.1	55.0
6 837	1 509	1 518	19	72	286	44.4	1.9	7.5	1.3
7 926	1 680	1 680	98	223	386	20.0	5.0	8.6	5.9
12 075	2 080	2 580	580	99	226	33.3	2.8	6.5	22.5
9 024	2 602	25 885	22 379	261	1 114	48.9	0.9	4.0	86.5
25 417	15 118	149 081	109 179	59	4 261	89.2	0.0	3.0	73.2
6 503	4 436	28 694	23 856	600	1 777	29.5	14.9	44.2	83.1

7－20 全国各地区大中型建筑业企业

企业名称	平均人数（人）	建筑业总产值（万元）	竣工面积（平方米）	建筑业增加值（万元）	按总产值计算的劳动生产率（元/人）
山西省机械施工公司	1 985	6 618	0	2 926	33 342
山西省第六建筑工程公司	3 641	1 065	45 315	1 929	2 925
山西省第二建筑工程公司	5 436	20 879	127 500	5 865	38 409
山西省第四建筑工程公司	8 775	4 189	203 266	5 541	4 774
山西省太原市第一建筑工程公司	4 789	11 091	117 639	5 170	23 159
山西省太原市安装工程公司	1 465	4 047	0	1 568	27 623
山西省太原市第三建筑工程公司	3 217	6 456	77 886	1 563	20 068
山西省太原市市政工程公司	2 739	9 250	0	2 308	33 771
山西省太原市第二建筑工程公司	2 152	4 588	37 257	1 319	21 321
山西省水利建筑工程局	3 213	5 885	0	3 231	18 316
山西省公路局第一工程公司	1 450	14 143	0	3 669	97 541
山西省太原太原钢铁(集团)建设有限公司	3 809	16 619	30 024	5 366	43 630
山西省大同市建筑安装工程公司	2 219	5 095	54 714	1 907	22 961
山西省阳泉市建筑安装业总会	7 892	16 913	146 807	5 538	21 431
山西长治市建筑工程总公司	1 869	2 517	21 655	884	13 469
山西省第三建筑工程公司	5 586	14 714	130 032	1 630	26 341
山西省忻州地区建筑工程总公司	1 700	4 844	76 701	1 710	28 495
山西省吕梁地区建筑安装公司	1 728	3 822	19 788	729	22 118
山西省晋中建筑总公司	2 406	8 358	51 091	1 960	34 738
山西省冶金建设公司	3 045	4 607	9 863	1 124	15 130
山西省公路局第二工程公司	1 288	5 632	4 500	563	43 727
山西省第一建筑工程公司	6 139	21 005	129 933	6 608	34 216
山西省运城地区建筑工程总公司	2 601	9 324	82 054	2 608	35 848
山西省运城地区水利工程建设总队	339	1 320	0	412	38 929
山西省河津市建筑工程总公司	2 450	9 675	54 560	1 933	39 490
内蒙古自治区					
内蒙古第二电力建设工程公司	3 433	8 852	15 445	3 106	25 785
内蒙古自治区送变电工程公司	2 412	13 294	7 189	5 190	55 116
内蒙古自治区黄河工程局	2 011	6 322	5 229	3 458	31 439
呼和浩特市市政工程总公司	1 676	3 295	0	1 811	19 658
内蒙古自治区第三建筑工程公司	3 689	13 356	111 407	4 654	36 206
内蒙古自治区第一建筑工程公司	7 221	19 349	138 048	5 868	26 795
呼和浩特市建筑工程公司	4 814	14 408	50 184	6 017	29 928
内蒙古第二建筑安装工程有限责任公司	702	2 334	0	1 079	33 249
内蒙古公路工程局	1 297	10 558	0	2 674	81 406
内蒙古自治区第一电力建设工程公司	2 414	11 105	0	4 737	46 001
包头市第一建筑工程公司	3 048	8 587	92 184	3 459	28 173

主要经济技术指标完成情况(七)

按增加值计算的劳动生产率(元/人)	资本金合计(万元)	资产总计(万元)	负债合计(万元)	利润总额(万元)	利税总额(万元)	工程质量优良品率(%)	产值利润率(%)	产值利税率(%)	资产负债率(%)
14 739	3 397	13 189	7 387	21	190	72.7	0.3	2.9	56.0
5 297	1 157	13 560	13 250	−512	−63	18.2	−48.1	−5.9	97.7
10 790	1 650	24 178	21 780	−27	598	34.6	−0.1	2.9	90.1
6 315	3 477	38 608	35 128	1 096	2 281	25.8	26.2	54.4	91.0
10 795	2 402	22 542	16 059	83	488	27.5	0.7	4.4	71.2
10 703	1 367	6 898	4 272	17	167	25.9	0.4	4.1	61.9
4 860	1 144	8 954	8 196	2	223	19.0	0.0	3.5	91.5
8 426	2 215	15 709	11 111	−808	−653	50.0	−8.7	−7.1	70.7
6 131	2 587	4 401	5 365	0	150	13.3	0.0	3.3	121.9
10 055	6 017	18 391	14 770	−197	−70	18.2	−3.3	−1.2	80.3
25 306	11 300	60 318	53 923	59	103	0.0	0.4	0.7	89.4
14 088	8 039	22 101	14 062	393	1174	83.6	2.4	7.1	63.6
8 594	1 223	8 208	7 571	−752	−552	10.5	−14.8	−10.8	92.2
7 017	3 074	38 761	28 943	−189	731	1.4	−1.1	4.3	74.7
4 732	796	4 518	4 065	99	194	42.9	3.9	7.7	90.0
2 918	1 571	27 612	25 664	−1 468	−1 015	24.0	−10.0	−6.9	92.9
10 059	834	14 194	11 675	−65	127	39.5	−1.3	2.6	82.3
4 221	392	4 319	3 677	−91	−15	12.5	−2.4	−0.4	85.1
8 145	1 034	9 384	8 519	−387	−148	21.4	−4.6	−1.8	90.8
3 693	1 286	14 553	15 301	−1 148	−978	53.8	−24.9	−21.2	105.1
4 375	3 248	8 563	7 768	−437	−402	60.0	−7.8	−7.1	90.7
10 764	2 522	26 069	22 001	0	720	35.6	0.0	3.4	84.4
10 028	927	8 732	7 899	110	369	39.3	1.2	4.0	90.5
12 162	162	1 227	423	451	455	0.0	34.2	34.5	34.5
7 892	947	12 596	11 396	139	453	31.6	1.4	4.7	90.5
9 047	6 280	43 279	34 515	−1 492	−1 264	100.0	−16.9	−14.3	79.7
21 517	2 533	26 764	20 606	11	382	93.8	0.1	2.9	77.0
17 198	4 029	9 011	6 316	52	272	100.0	0.8	4.3	70.1
10 805	1 442	9 900	5 722	32	210	17.4	1.0	6.4	57.8
12 616	2 121	22 457	16 603	−209	82	38.7	−1.6	0.6	73.9
8 127	3 591	29 258	24 298	−2 876	−2 091	28.6	−14.9	−10.8	83.0
12 499	2 500	29 851	23 347	107	720	21.4	0.7	5.0	78.2
15 372	476	4 606	2 988	−299	−196	32.0	−12.8	−8.4	64.9
20 617	3 004	14 876	10 567	−113	136	0.0	−1.1	1.3	71.0
19 621	4 200	15 908	10 058	1	385	100.0	0.0	3.5	63.2
11 348	2 755	13 947	9 875	179	465	13.2	2.1	5.4	70.8

7-20 全国各地区大中型建筑业企业

企业名称	平均人数（人）	建筑业总产值（万元）	竣工面积（平方米）	建筑业增加值（万元）	按总产值计算的劳动生产率（元/人）
内蒙古自治区安装工程公司	2 665	7 223	0	3 188	27 105
内蒙古第三电力建设工程公司	6 018	15 565	73 177	7 102	25 864
内蒙古第一机械制造厂建筑安装维修工程公司	1 028	4 007	70 541	1 367	38 982
包钢第五建筑安装工程公司	2 319	9 762	13 410	2 754	42 096
包头钢铁公司建筑安装工程公司	8 372	38 481	21 833	19 848	45 964
包头市市政工程公司	1 523	6 905	1 646	3 285	45 341
包钢民用建筑工程部	1 403	7 323	73 741	3 230	52 193
包头钢铁公司修建部	2 057	13 325	0	4 248	64 780
包钢冶金炉修理厂	916	7 117	0	2 423	77 697
内蒙古第四建筑工程公司	3 531	7 970	81 914	2 587	22 571
内蒙古乌达矿务局建筑安装总公司	1 648	3 576	19 609	1 672	21 697
内蒙古自治区辽河工程局	1 314	2 147	0	813	16 342
赤峰第一建筑工程公司	2 700	7 723	54 252	1 686	28 604
赤峰市松山区第二建筑公司	1 804	5 028	65 000	1 943	27 871
翁牛特旗紫城建筑公司	1 740	4 200	41 280	1 840	24 138
翁牛特旗宏远建筑公司	1 802	3 810	35 000	1 386	21 143
赤峰市平庄建筑工程(集团)有限公司	2 702	4 254	44 000	2 345	15 744
呼伦贝尔盟公路工程局	403	3 230	0	469	80 154
哲里木盟第一建筑安装工程总公司	3 106	5 039	44 191	1 968	16 223
内蒙古大兴安岭林业建工局	4 326	9 041	26 101	5 948	20 899
辽宁省					
沈铁分局沈阳建筑工程段	1 459	6 860	32 248	2 152	47 019
辽宁省路桥建设二公司	1 328	14 082	0	3 980	106 036
辽宁省政府机关房产修建工程公司	640	1 634	31 293	424	25 531
辽宁省路桥二公司	1 328	14 082	0	3 980	106 036
沈阳天工建筑实业总公司	339	1 633	20 924	480	48 171
沈阳市第一建筑工程公司	4 457	15 602	202 998	1 718	35 006
沈阳市第二建筑工程公司	6 368	25 792	128 108	5 629	40 503
沈阳市第一住宅建筑公司	1 756	9 352	108 186	3 082	53 256
辽宁省建筑工程机械施工公司	902	5 518	12 641	1 799	61 172
沈阳市市政建设工程公司	5 374	21 653	0	7 243	40 291
沈阳市自来水安装公司	913	3 105	0	692	34 010
辽宁省工业安装工程公司	4 409	21 000	0	5 998	47 630
沈阳市经协市政建设工程总公司	150	1 172	0	235	78 133
沈阳市自来水工程公司	987	7 152	2 898	1 660	72 462
沈阳市煤气工程公司	2 071	4 864	0	3 435	23 485
沈阳高等级公路建设总公司	2 298	31 257	0	6 744	136 018

主要经济技术指标完成情况(八)

按增加值计算的劳动生产率(元/人)	资本金合计(万元)	资产总计(万元)	负债合计(万元)	利润总额(万元)	利税总额(万元)	工程质量优良品率(%)	产值利润率(%)	产值利税率(%)	资产负债率(%)
11 962	1 075	15 813	13 198	-57	310	16.7	-0.8	4.3	83.5
11 802	4 139	22 634	18 485	0	405	46.0	0.0	2.6	81.7
13 298	791	1 745	1 131	-87	34	6.7	-2.2	0.9	64.8
11 878	1 511	10 077	8 543	69	397	33.3	0.7	4.1	84.8
23 707	3 502	38 677	32 898	709	2 052	75.0	1.8	5.3	85.1
21 568	1 821	10 985	6 417	282	618	43.8	4.1	8.9	58.4
23 022	1 049	13 950	12 767	104	337	25.0	1.4	4.6	91.5
20 652	3 659	5 107	1 234	1 242	1 242	100.0	9.3	9.3	24.2
26 452	1 825	4 373	2 548	347	360	100.0	4.9	5.1	58.3
7 327	1 353	9 170	7 961	-739	-426	9.3	-9.3	-5.3	86.8
10 146	1 216	6 003	4 616	11	150	18.4	0.3	4.2	76.9
6 187	1 321	4 606	3 226	-394	-305	100.0	-18.4	-14.2	70.0
6 245	3 086	27 892	22 407	20	446	60.0	0.3	5.8	80.3
10 769	1 616	3 533	3 247	309	481	66.7	6.2	9.6	91.9
10 572	1 580	3 753	2 227	294	434	40.0	7.0	10.3	59.3
7 691	1 353	2 332	797	152	249	100.0	4.0	6.5	34.2
8 679	1 851	5 866	3 969	938	990	100.0	22.0	23.3	67.7
11 640	730	4 040	3 419	49	51	100.0	1.5	1.6	84.6
6 335	2 471	9 339	5 986	-723	-519	43.8	-14.3	-10.3	64.1
13 749	6 188	21 660	14 342	1	255	65.0	0.0	2.8	66.2
14 751	1 516	5 409	3 521	103	293	50.0	1.5	4.3	65.1
29 971	3 510	16 280	7 216	468	829	100.0	3.3	5.9	44.3
6 631	476	1 669	1 193	-16	39	60.0	-1.0	2.4	71.5
29 971	3 510	16 280	7 216	468	829	100.0	3.3	5.9	44.3
14 171	285	2 095	1 429	-8	49	12.5	-0.5	3.0	68.2
3 855	1 337	16 298	27 218	-4 494	-4 242	7.7	-28.8	-27.2	167.0
8 840	1 839	26 012	36 927	-2 286	-1 763	8.9	-8.9	-6.8	142.0
17 554	3 476	26 443	26 136	-790	-514	23.8	-8.4	-5.5	98.8
19 950	2 103	6 861	3 964	240	372	0.0	4.4	6.8	57.8
13 479	6 055	25 881	14 293	2	629	0.0	0.0	2.9	55.2
7 575	707	3 779	3 113	-53	75	0.0	-1.7	2.4	82.4
13 603	5 764	26 666	19 494	733	1447	68.2	3.5	6.9	73.1
15 667	1 110	1 769	2 429	-160	-121	50.0	-13.7	-10.3	137.3
16 824	2 645	5 459	2 676	15	226	0.0	0.2	3.2	49.0
16 587	2 142	15 384	12 024	100	195	23.0	2.1	4.0	78.2
29 349	3 074	35 950	26 594	486	1503	100.0	1.6	4.8	74.0

7-20 全国各地区大中型建筑业企业

企业名称	平均人数（人）	建筑业总产值（万元）	竣工面积（平方米）	建筑业增加值（万元）	按总产值计算的劳动生产率（元/人）
沈阳市第二市政建设工程公司	2 151	8 049	0	2 612	37 419
沈阳市工业安装工程公司	3 476	45 059	773	9 454	129 630
沈阳化工建设工程总公司	1 585	10 138	4 291	2 419	63 962
沈阳市第二住宅建筑公司	3 969	17 087	287 006	3 923	43 050
沈阳市第四建筑工程(集团)公司	10 699	48 311	521 655	11 232	45 155
沈阳市第三建筑工程公司	6 668	30 685	204 959	4 683	46 018
辽宁省沈安建筑公司	1 670	5 358	9 335	1 401	32 084
沈阳市第八建筑工程公司	833	3 510	38 247	402	42 138
沈阳重型机械厂锅炉动力设备安装工程公司	620	1 113	0	904	17 952
沈阳鼓风机厂建筑安装工程公司	382	1 064	4 300	316	27 853
沈阳精大稀机电设备安装公司	622	1 201	0	447	19 314
新民市住宅建筑工程公司	4 800	10 500	100 500	3 418	21 875
辽宁省第二建筑工程公司	5 409	30 018	202 078	7 761	55 496
沈阳正大建筑工程公司	2 470	3 125	36 905	828	12 653
东北电力管理局电力通讯工程公司	172	2 625	0	1 213	152 599
沈阳市华宁建筑工程有限公司	721	3 174	17 000	715	44 024
沈阳市第九建筑工程有限公司	1 780	2 200	100 075	1 539	12 360
沈阳市第十建筑工程有限公司	115	1 538	25 632	191	133 739
沈阳市第三住宅建筑公司	848	5 186	67 481	477	61 157
沈阳市第四住宅建筑公司	1 186	4 675	79 501	946	39 417
沈阳市第七建筑工程公司	757	1 471	72 233	223	19 432
东北建筑安装工程总公司	853	6 360	34 244	674	74 560
大连瓦房店市岗店建筑工程公司	1 179	5 316	41 705	1 436	45 089
大连经济技术开发区大孤山建筑公司	1 231	5 228	50 702	1 386	42 470
大连港港湾工程公司	733	7 403	5 700	1 495	100 995
大连机电安装公司	1 470	9 086	0	3 089	61 807
大连市政工程总公司	1 871	13 178	0	2 701	70 432
大连第一建筑工程公司	7 729	35 718	159 657	10 027	46 213
大连住宅建筑工程公司	2 875	10 062	106 063	3 604	34 997
大连市政设施管修处	1 320	13 085	0	3 988	99 125
大连第二建筑工程公司	5 853	27 418	139 627	7 444	46 845
大连第五建筑工程公司	2 025	15 018	53 744	4 632	74 163
大连建筑设计装饰工程公司	384	2 399	0	611	62 471

主要经济技术指标完成情况(九)

按增加值计算的劳动生产率(元/人)	资本金合计(万元)	资产总计(万元)	负债合计(万元)	利润总额(万元)	利税总额(万元)	工程质量优良品率(%)	产值利润率(%)	产值利税率(%)	资产负债率(%)
12 142	2 529	18 212	13 418	1	219	0.0	0.0	2.7	73.7
27 197	4 487	29 961	22 489	16	1 252	100.0	0.0	2.8	75.1
15 265	3 500	11 526	7 359	2	345	19.2	0.0	3.4	63.8
9 883	2 097	19 373	19 580	−140	627	15.1	−0.8	3.7	101.1
10 498	5 435	62 292	56 877	129	1 641	6.0	0.3	3.4	91.3
7 024	4 110	29 311	42 619	−4 189	−3 819	18.9	−13.7	−12.4	145.4
8 389	1 293	4 560	3 388	103	249	0.0	1.9	4.6	74.3
4 832	1 220	20 036	17 269	−1 146	−1 124	11.1	−32.7	−32.0	86.2
14 582	364	2 407	2 115	2	40	0.0	0.2	3.6	87.9
8 264	183	858	663	3	36	100.0	0.3	3.4	77.2
7 185	542	1 704	562	100	137	0.0	8.3	11.4	33.0
7 121	1 579	4 254	2 530	20	306	32.0	0.2	2.9	59.5
14 348	5 052	47 262	34 247	1 201	2 160	45.8	4.0	7.2	72.5
3 352	1 559	2 803	1 246	−2	102	0.0	−0.1	3.3	44.4
70 512	416	3 886	3 058	24	119	0.0	0.9	4.5	78.7
9 924	1 500	1 631	1 634	−2	91	100.0	−0.1	2.9	100.1
8 648	1 000	1 985	675	12	210	50.0	0.5	9.6	34.0
16 600	1 991	2 753	2 744	3	72	42.9	0.2	4.7	99.7
5 630	154	5 824	7 868	673	844	0.0	13.0	16.3	135.1
7 974	135	4 393	6 980	−336	−151	0.0	−7.2	−3.2	158.9
2 941	1 000	6 877	7 157	−693	−641	20.0	−47.1	−43.6	104.1
7 906	2 600	3 475	870	86	299	0.0	1.3	4.7	25.0
11 258	3 587	10 458	6 790	115	244	87.0	2.2	4.7	64.9
20 402	2 421	4 715	2 253	143	219	70.1	1.9	3.0	47.8
21 016	3 245	10 724	5 297	50	309	62.5	0.6	3.4	49.4
14 435	4 565	20 404	14 776	8	407	59.0	0.1	3.1	72.4
12 974	3 135	54 050	46 229	145	1049	71.4	0.4	2.9	85.5
12 537	2 193	17 624	14 265	184	474	30.8	1.8	4.7	80.9
30 216	2 431	22 528	15 776	26	154	79.5	0.2	1.2	70.0
12 718	3 353	35 098	24 538	80	1019	47.1	0.3	3.7	69.9
22 874	1 519	18 749	15 816	20	453	53.8	0.1	3.0	84.4
15 922	671	4 981	2 579	−229	−128	69.2	−9.6	−5.3	51.8

7-20 全国各地区大中型建筑业企业

企业名称	平均人数（人）	建筑业总产值（万元）	竣工面积（平方米）	建筑业增加值（万元）	按总产值计算的劳动生产率（元/人）
大连第四建筑工程公司	3 569	20 499	37 180	7 054	57 435
大连华南建筑工程公司	1 568	8 124	84 043	3 021	51 811
大连化学工业公司建筑安装工程公司	1 125	4 005	13 161	2 547	35 600
大连第三建筑工程公司	3 064	20 038	49 484	6 425	65 398
大连市旅顺经济开发区建筑安装工程总公司	2 503	8 935	61 782	4 322	35 697
大连金华建筑安装工程总公司	2 058	8 013	65 037	3 771	38 936
大连市金州区第一建筑工程公司	5 180	28 243	167 314	13 406	54 523
大连市金州区第三建筑工程公司	1 890	11 511	35 588	4 514	60 903
大连市金州区育才建筑工程公司	1 235	6 035	17 587	1 600	48 866
大连庄河市建筑安装工程公司	1 986	7 003	99 451	2 222	35 262
大连庄河市第一建筑工程公司	2 300	4 470	74 200	544	19 435
大连庄河市第二建筑工程公司	935	3 188	42 300	1 346	34 096
大连辽宁建设集团第二工业安装公司	487	2 646	0	1 061	54 343
大连电力建设总公司	128	5 746	0	4 623	448 906
大连三川建筑股份有限公司	1 358	6 608	82 080	2 796	48 659
东北金城建筑安装工程总公司大连水陆工程局	870	9 016	18 771	1 906	103 628
大连八一建筑工程总队	1 340	6 650	34 900	1 867	49 627
大连华南第二建筑工程公司	1 408	5 188	26 476	2 408	36 847
大连亿达建筑总公司	2 325	12 001	239 467	3 603	51 616
大连瓦房店市第一建筑工程公司	1 863	3 009	25 100	621	16 151
大连庄河市建筑工程总公司	1 093	2 883	9 112	643	26 377
大连庄河市明阳建筑工程公司	1 094	6 008	15 163	1 805	54 918
大连庄河市第三建筑工程公司	550	3 015	47 163	1 016	54 818
鞍山市第一建筑工程公司	1 747	3 562	0	1 091	20 390
鞍山市第二建筑工程公司	1 305	3 406	27 445	840	26 097
鞍山市市政工程公司	1 274	4 668	0	1 754	36 644
鞍山市机电安装公司	815	1 405	23 489	634	17 242
鞍山市第九建筑公司	3 100	14 811	97 420	485	47 777
鞍山市第五建筑工程公司	1 214	5 542	21 058	1 726	45 651
鞍山市第八建筑工程公司	2 513	12 480	73 645	4 544	49 662
鞍山市市政设施维修总公司	802	2 337	0	1 136	29 142
鞍山市住宅建设总公司	1 380	4 667	71 197	1 517	33 817
鞍钢附属企业公司烧结安装公司	1 621	2 487	0	2 434	15 342
鞍钢附属企业公司修建工程公司	1 526	2 984	0	658	19 554
鞍山钢铁公司第二建设公司	930	1 933	5 810	946	20 785
海城市第五建筑工程公司	618	1 625	18 455	546	26 294
海城市大屯镇建筑工程公司	526	1 600	14 950	519	30 418

主要经济技术指标完成情况(十)

按增加值计算的劳动生产率(元/人)	资本金合计(万元)	资产总计(万元)	负债合计(万元)	利润总额(万元)	利税总额(万元)	工程质量优良品率(%)	产值利润率(%)	产值利税率(%)	资产负债率(%)
19 766	3 360	27 490	22 211	21	726	50.0	0.1	3.5	80.8
19 270	2 007	10 512	8 440	366	640	18.2	4.5	7.9	80.3
22 643	762	5 132	3 985	94	307	0.0	2.3	7.7	77.7
20 970	1 778	25 555	19 469	47	674	64.3	0.2	3.4	76.2
17 267	2 900	21 772	18 687	826	1 102	50.0	9.2	12.3	85.8
18 326	3 124	6 720	2 827	789	1 033	70.0	9.8	12.9	42.1
25 880	4 242	18 063	5 529	2 542	3 546	93.5	9.0	12.6	30.6
23 884	5 640	8 372	2 627	783	1 134	75.0	6.8	9.9	31.4
12 959	1 550	4 465	2 904	0	50	75.0	0.0	0.8	65.0
11 188	3 018	3 739	838	417	502	93.3	6.0	7.2	22.4
2 366	3 060	6 513	3 334	16	51	0.0	0.4	1.1	51.2
14 396	1 559	2 001	531	153	259	66.7	4.8	8.1	26.5
21 782	306	3 122	1 275	161	273	61.1	6.1	10.3	40.8
361 164	2 635	10 610	7 201	1 050	1 549	100.0	18.3	27.0	67.9
20 591	3 631	14 229	8 865	24	241	100.0	0.4	3.6	62.3
21 907	1 500	8 954	6 773	268	497	62.5	3.0	5.5	75.6
13 930	1 771	4 854	2 794	134	266	15.8	2.0	4.0	57.6
17 101	1 000	17 201	16 596	475	690	100.0	9.2	13.3	96.5
15 495	3 259	10 979	6 355	36	378	73.8	0.3	3.1	57.9
3 332	2 457	3 991	1 032	61	179	100.0	2.0	6.0	25.9
5 883	1 280	2 438	1 616	−75	24	33.3	−2.6	0.8	66.3
16 499	1 602	3 733	2 089	97	193	71.4	1.6	3.2	56.0
18 480	2 020	2 513	493	193	284	100.0	6.4	9.4	19.6
6 244	1 750	10 070	9 420	−489	−372	0.0	−13.7	−10.4	93.5
6 434	172	8 388	6 522	−82	46	0.0	−2.4	1.4	77.7
13 768	878	9 126	6 820	13	147	0.0	0.3	3.1	74.7
7 784	801	5 169	4 083	−381	−331	12.5	−27.1	−23.6	79.0
1 566	388	984	439	131	176	100.0	0.9	1.2	44.7
14 217	1 520	6 390	4 894	27	153	100.0	0.5	2.8	76.6
18 082	3 900	13 046	8 574	1 049	1 450	75.0	8.4	11.6	65.7
14 163	569	2 702	1 212	134	219	0.0	5.7	9.4	44.8
10 993	605	12 278	10 894	1	136	26.7	0.0	2.9	88.7
15 015	1 719	7 069	4 810	70	128	0.0	2.8	5.1	68.0
4 312	926	4 247	3 330	145	222	0.0	4.9	7.4	78.4
10 172	102	4 030	3 831	11	87	0.0	0.6	4.5	95.1
8 833	1 183	1 927	744	57	110	50.0	3.5	6.8	38.6
9 867	1 758	2 745	916	70	126	50.0	4.4	7.9	33.4

7-20 全国各地区大中型建筑业企业

企业名称	平均人数（人）	建筑业总产值（万元）	竣工面积（平方米）	建筑业增加值（万元）	按总产值计算的劳动生产率（元/人）
海城市第三建筑工程公司	1 041	2 200	7 178	690	21 134
海城市第八建筑工程公司	1 320	3 300	0	1 082	25 000
鞍山钢铁集团公司计控技术工程公司	1 641	4 160	0	3 272	25 350
鞍山钢铁集团公司修建公司	8 432	31 233	0	13 063	37 041
鞍山钢铁公司房产公司	8 078	33 616	223 282	11 083	41 614
鞍山钢铁集团公司建设公司	9 619	53 824	22 002	30 642	55 956
鞍钢矿山建设公司	3 291	15 512	21 967	8 164	47 135
抚顺辽电建筑安装公司	947	4 445	11 772	2 641	46 937
抚顺市第一建筑工程公司	4 162	16 830	92 946	5 814	40 437
抚顺市第二建筑工程公司	2 962	10 041	99 643	4 244	33 899
抚顺市第一住宅建筑公司	1 641	2 400	23 885	754	14 626
抚顺市第三建筑工程公司	2 150	7 440	41 091	2 385	34 604
抚顺电力建筑安装工程公司	1 207	1 800	0	2 258	14 913
抚顺市石化建筑安装工程公司	14 305	2 120	0	188	1 482
抚顺电力安装公司	1 550	5 058	0	2 704	32 632
抚顺市市政建设公司	2 533	9 290	0	3 781	36 675
抚顺油二东方建筑安装公司	650	2 183	0	1 217	33 585
抚顺铝厂建筑安装公司	1 633	6 844	33 133	2 457	41 911
抚顺矿务局老虎台建筑工程公司	1 853	3 300	35 395	1 751	17 809
辽宁省工业安装工程公司	549	1 916	0	678	34 898
抚顺远大建筑安装工程有限责任公司	2 258	12 758	14 371	3 614	56 501
抚顺市公路工程处	891	3 649	0	1 167	40 954
抚顺市市政设施管理处	794	3 628	0	1 566	45 694
本溪钢铁公司矿山建设公司	4 026	25 720	78 013	10 843	63 884
本溪钢铁公司第三建筑工程公司	2 112	11 677	19 700	5 728	55 287
本钢第二建筑工程公司	2 046	13 257	28 900	4 951	64 795
本溪钢铁公司修建工程公司	3 773	13 590	0	6 813	36 019
本溪钢铁公司本钢机电安装工程公司	1 361	8 621	0	4 183	63 344
本溪钢铁公司第一建筑工程公司	2 498	12 632	21 000	5 986	50 569
本溪市建筑安装有限责任公司	2 110	7 253	30 560	3 148	34 376
本溪市华厦建筑工程有限责任公司	943	1 733	0	522	18 383
本溪市工业建筑工程有限责任公司	1 672	2 603	16 316	323	15 566
本溪市公共建筑工程有限责任公司	1 301	1 966	18 945	318	15 113
本溪市明一建筑安装工程公司	764	3 200	44 066	837	41 885
丹东市第二建筑工程公司	1 637	2 860	29 189	1 029	17 471
丹东市第一建筑工程公司	2 158	3 660	30 517	1 883	16 960
丹东市房屋建设总公司	2 044	2 753	53 261	1 731	13 468

主要经济技术指标完成情况(十一)

按增加值计算的劳动生产率(元/人)	资本金合计(万元)	资产总计(万元)	负债合计(万元)	利润总额(万元)	利税总额(万元)	工程质量优良品率(%)	产值利润率(%)	产值利税率(%)	资产负债率(%)
6 628	1 515	5 379	3 850	15	88	100.0	0.7	4.0	71.6
8 200	1 468	8 801	7 316	3	3	0.0	0.1	0.1	83.1
19 940	7 188	7 349	6 389	1 027	1 029	100.0	24.7	24.7	86.9
15 493	14 462	39 224	19 241	−1 743	−1 694	0.0	−5.6	−5.4	49.1
13 720	10 400	26 414	24 598	−799	359	33.3	−2.4	1.1	93.1
31 855	31 000	112 739	66 320	342	1 914	93.3	0.6	3.6	58.8
24 807	8 699	21 900	13 339	434	786	88.9	2.8	5.1	60.9
27 884	2 687	5 934	934	117	301	60.0	2.6	6.8	15.7
13 969	3 079	24 345	23 923	206	755	0.0	1.2	4.5	98.3
14 329	2 346	22 042	18 472	0	343	47.6	0.0	3.4	83.8
4 593	1 580	4 797	3 584	−78	11	30.0	−3.3	0.4	74.7
11 094	3 072	9 140	9 412	26	263	62.5	0.4	3.5	103.0
18 712	2 000	4 099	2 930	12	105	40.0	0.7	5.8	71.5
132	975	5 281	4 155	−359	−295	0.0	−16.9	−13.9	78.7
17 447	1 626	7 379	5 721	36	227	0.0	0.7	4.5	77.5
14 925	3 339	17 692	8 065	40	306	52.6	0.4	3.3	45.6
18 728	715	1 808	1 048	153	237	3.6	7.0	10.9	58.0
15 046	1 505	3 936	2 257	78	311	37.5	1.1	4.5	57.3
9 451	3 702	9 037	5 161	20	121	50.0	0.6	3.7	57.1
12 346	252	1 711	1 732	77	142	0.0	4.0	7.4	101.2
16 004	1 498	5 493	2 857	236	518	75.0	1.9	4.1	52.0
13 103	1 589	2 814	798	19	139	100.0	0.5	3.8	28.4
19 719	1 322	8 865	5 545	32	218	0.0	0.9	6.0	62.5
26 932	4 290	18 028	13 737	258	925	81.8	1.0	3.6	76.2
27 120	3 665	12 871	8 885	208	735	85.7	1.8	6.3	69.0
24 198	1 699	10 349	7 399	376	841	100.0	2.8	6.3	71.5
18 057	4 700	22 795	18 385	−185	224	81.1	−1.4	1.6	80.7
30 732	3 518	10 379	6 861	437	738	33.3	5.1	8.6	66.1
23 965	3 515	11 248	9 019	376	927	100.0	3.0	7.3	80.2
14 920	410	7 475	5 601	618	860	15.4	8.5	11.9	74.9
5 533	1 550	5 099	2 951	0	14	0.0	0.0	0.8	57.9
1 934	1 550	9 372	6 453	0	56	16.7	0.0	2.1	68.9
2 443	2 631	6 065	3 433	0	25	50.0	0.0	1.3	56.6
10 950	1 693	4 988	3 295	33	144	100.0	1.0	4.5	66.1
6 285	1 793	6 266	584	−394	−286	50.0	−13.8	−10.0	9.3
8 725	3 021	13 830	10 117	−904	−759	33.3	−24.7	−20.7	73.2
8 471	1 418	9 321	8 014	−298	−165	83.3	−10.8	−6.0	86.0

7－20 全国各地区大中型建筑业企业

企业名称	平均人数（人）	建筑业总产值（万元）	竣工面积（平方米）	建筑业增加值（万元）	按总产值计算的劳动生产率（元/人）
宽甸满族自治县建筑工程公司	667	2 876	7 343	841	43 118
丹东市市政建设总公司	1 452	3 244	1 566	1 803	22 340
锦州市房屋建筑工程公司	838	2 075	53 206	561	24 761
锦州市建筑安装公司	1 927	8 381	73 051	2 851	43 494
锦州市第三建筑工程公司	1 436	4 513	64 640	929	31 428
两锦电力安装总公司	484	2 538	0	592	52 440
锦州道桥工程总公司	3 027	15 802	0	3 525	52 204
锦州市第一建筑公程公司	2 172	6 195	70 502	1 537	28 523
锦州市市政工程总公司	1 307	3 062	0	1 008	23 429
锦州市凌河区建筑工程公司	840	1 900	31 265	300	22 619
黑山县建筑安装工程总公司	2 465	5 096	61 844	1 337	20 673
营口市第一建筑工程公司	1 984	7 430	109 449	2 729	37 449
盖州市批一建筑工程公司	960	3 092	38 914	587	32 208
辽宁省阜新房产建设总公司	2 090	6 648	103 614	1 472	31 808
阜新市工业设备安装公司	1 021	3 036	0	1 331	29 734
阜新市第二建筑工程公司	1 650	2 810	2 000	1 092	17 031
阜新电力安装公司	573	4 020	0	1 276	70 159
阜新市第一建筑工程公司	2 344	6 791	60 126	1 617	28 974
阜新矿务局海州矿山机电安装总公司	8 966	1 072	0	472	1 196
辽宁省第三建筑工程公司	2 955	8 190	49 492	2 431	27 716
辽阳建发集团总公司	760	1 178	14 262	492	15 507
辽阳市第二建筑工程公司	1 089	2 632	53 359	504	24 169
辽阳市第一建筑工程公司	2 162	8 155	113 968	2 754	37 719
辽阳石化建筑安装工程公司	2 364	11 615	2 665	4 147	49 132
辽阳市市政工程公司	1 228	2 631	0	1 256	21 425
盘锦市第一建筑工程公司	1 548	3 360	36 379	1 441	21 705
辽宁省石油化工建设公司	1 113	1 424	4 000	577	12 794
盘锦市建筑公司	1 060	2 208	31 000	260	20 830
大洼县建筑开发总公司	2 830	7 864	99 427	2 357	27 789
铁岭市住宅建筑第一工程公司	646	2 278	2 459	810	35 262
铁岭市第一建筑工程公司	1 231	3 937	31 073	1 287	31 981
铁岭市公路建设开发总公司	350	2 750	0	188	78 571
清河电力建筑安装工程公司	881	5 750	23 338	1 189	65 272
朝阳市第一建筑工程公司	4 012	12 052	111 762	4 477	30 039
朝阳市第三建筑工程公司	1 743	6 006	86 619	2 070	34 458
辽宁省朝阳二建总公司	2 721	11 584	93 700	1 955	42 572
朝阳电力安装总公司	1 094	3 635	1 721	1 912	33 227
北票矿务局建筑安装工程公司	1 904	2 130	9 948	845	11 185
北票矿务局基本建设工程处	1 049	1 644	6 566	796	15 670

主要经济技术指标完成情况(十二)

按增加值计算的劳动生产率(元/人)	资本金合计(万元)	资产总计(万元)	负债合计(万元)	利润总额(万元)	利税总额(万元)	工程质量优良品率(%)	产值利润率(%)	产值利税率(%)	资产负债率(%)
12 604	122	4 322	3 310	14	128	0.0	0.5	4.4	76.6
12 419	3 188	6 057	2 759	1	50	48.0	0.0	1.5	45.6
6 697	1 500	2 835	1 304	−9	37	61.5	−0.4	1.8	46.0
14 793	1 605	11 289	9 046	14	296	40.0	0.2	3.5	80.1
6 468	1 578	7 184	5 087	−314	−173	62.5	−6.9	−3.8	70.8
12 229	237	6 200	5 306	1	95	82.4	0.0	3.7	85.6
11 645	5 129	21 911	15 263	379	520	38.2	2.4	3.3	69.7
7 076	3 800	16 136	12 653	16	206	68.8	0.3	3.3	78.4
7 712	1 412	5 944	3 248	33	47	0.0	1.1	1.5	54.6
3 575	187	1 243	1 047	8	39	55.6	0.4	2.0	84.2
5 426	1 998	2 260	262	13	178	0.0	0.3	3.5	11.6
13 753	3 177	14 369	8 845	14	270	21.1	0.2	3.6	61.6
6 118	1 520	3 218	1 639	2	104	41.2	0.0	3.4	50.9
7 045	628	9 119	8 141	26	252	57.7	0.4	3.8	89.3
13 040	1 173	5 868	3 992	0	109	0.0	0.0	3.6	68.0
6 621	427	6 515	5 541	92	190	100.0	3.3	6.8	85.0
22 269	1 564	4 367	2 645	32	151	0.0	0.8	3.8	60.6
6 899	434	6 875	6 471	22	247	38.5	0.3	3.6	94.1
526	569	2 289	1 135	4	33	0.0	0.4	3.1	49.6
8 227	1 467	9 476	9 525	−581	−382	33.3	−7.1	−4.7	100.5
6 472	975	3 613	2 093	−172	−135	66.7	−14.6	−11.4	57.9
4 629	505	7 161	6 116	−266	−107	0.0	−10.1	−4.1	85.4
12 740	1 168	12 531	7 632	108	415	20.6	1.3	5.1	60.9
17 543	3 808	9 752	8 381	46	327	0.0	0.4	2.8	85.9
10 227	1 293	9 762	4 659	−351	−343	32.6	−13.3	−13.0	47.7
9 308	597	7 278	5 880	10	203	27.3	0.3	6.1	80.8
5 182	4 200	5 872	2 386	−153	−92	43.8	−10.7	−6.4	40.6
2 450	5 311	1 725	1 280	−101	−11	0.0	−4.6	−0.5	74.2
8 328	204	3 503	2 966	167	167	29.4	2.1	2.1	84.7
12 546	173	3 426	1 714	41	116	0.0	1.8	5.1	50.0
10 459	62	5 848	4 160	0	120	57.1	0.0	3.1	71.1
5 360	11	2 759	2 752	−4	76	100.0	−0.1	2.8	99.7
13 493	1 282	4 110	1 114	49	209	93.8	0.9	3.6	27.1
11 159	8 287	22 027	13 740	30	392	22.6	0.2	3.3	62.4
11 877	3 270	12 072	9 186	−631	−420	50.0	−10.5	−7.0	76.1
7 187	3 262	9 187	7 622	−2 247	−2 065	21.7	−19.4	−17.8	83.0
17 478	1 101	4 721	4 205	−11	116	7.1	−0.3	3.2	89.1
4 436	1 187	2 945	1 758	1	82	62.5	0.0	3.9	59.7
7 591	103	3 536	2 491	−17	29	7.7	−1.0	1.7	70.4

7-20 全国各地区大中型建筑业企业

企业名称	平均人数(人)	建筑业总产值(万元)	竣工面积(平方米)	建筑业增加值(万元)	按总产值计算的劳动生产率(元/人)
葫芦岛锌厂工程总公司	1 685	8 000	10 000	2 851	47 478
绥中县第四建筑工程公司	2 462	6 500	103 602	1 834	26 401
葫芦岛市建筑安装工程公司	3 845	12 150	109 089	1 987	31 599
锦西化工总厂工程公司	1 029	4 973	22 455	1 742	48 328
辽宁省工业安装工程公司第四分公司	518	2 012	0	691	38 842
辽宁省第一建筑工程公司	3 044	13 042	83 261	3 084	42 845
葫芦岛市泛太机械化建安有限公司	114	3 300	0	1 224	289 474
吉林省					
吉林省水利水电工程局	2 700	14 923	0	5 936	55 271
吉林省第二建筑公司	6 997	25 439	126 650	9 741	36 357
吉林省第一建筑公司	10 333	47 801	283 044	19 850	46 261
吉林省安装公司	2 947	11 202	0	5 759	38 012
长春星宇集团股份有限公司	4 191	17 072	202 971	4 884	40 735
长春建工集团总公司	9 009	20 650	210 569	4 644	22 922
吉林省公路工程局	6 455	69 498	0	9 016	107 665
长春市市政工程公司	3 525	16 414	0	3 543	46 565
吉林化学工业公司江北建筑安装公司	2 468	15 828	26 131	4 271	64 134
吉化集团公司建设公司	7 799	75 061	96 083	34 220	96 244
吉林电力工程公司	510	4 901	10 718	1 177	96 092
吉林市第四建筑工程公司	2 802	4 014	34 505	557	14 324
吉林市第三建筑工程公司	2 325	5 786	76 006	1 422	24 886
吉林市市政建设总公司	2 929	10 014	0	5 464	34 189
吉林市安装公司	2 391	4 967	1 500	1 636	20 774
吉林市第一建筑工程公司	8 865	34 185	113 866	15 745	38 562
吉林市第二建筑工程公司	4 387	12 029	144 507	3 423	27 420
吉林冶金建设公司	2 889	8 365	31 985	2 741	28 956
吉林化学公司华强建筑安装公司	2 724	21 443	18 855	7 637	78 719
吉林市丰满建安企业总公司	2 862	7 785	70 573	2 859	27 201
吉林省永吉建设有限公司	1 788	4 074	34 227	464	22 783
吉林市公路工程处	685	3 164	0	337	46 194
四平市一建集团股份有限公司	2 922	8 787	62 094	6 789	30 073
四平市第三建筑公司	2 075	4 800	98 831	428	23 133
四平市道路桥梁工程处	466	4 500	0	1 143	96 567
辽源市建筑公司	2 121	2 177	24 764	1 061	10 264
通化市第二建筑公司	1 120	2 221	9 368	911	19 829

主要经济技术指标完成情况(十三)

按增加值计算的劳动生产率(元/人)	资本金合计(万元)	资产总计(万元)	负债合计(万元)	利润总额(万元)	利税总额(万元)	工程质量优良品率(%)	产值利润率(%)	产值利税率(%)	资产负债率(%)
16 919	4 000	9 619	6 515	151	494	0.0	1.9	6.2	67.7
7 449	1 503	5 075	3 489	11	224	0.0	0.2	3.4	68.7
5 167	1 951	16 471	14 595	5	198	25.9	0.0	1.6	88.6
16 927	1 175	2 348	1 015	14	186	1.1	0.3	3.7	43.2
13 340	509	3 559	3 406	170	215	50.0	8.4	10.7	95.7
10 132	2 573	17 588	12 593	414	731	27.8	3.2	5.6	71.6
107 368	526	4 753	4 363	67	99	0.0	2.0	3.0	91.8
21 986	4 250	30 631	19 994	88	243	8.7	0.6	1.6	65.3
13 922	7 339	48 349	34 045	202	1 104	24.0	0.8	4.3	70.4
19 210	6 806	61 662	46 292	333	1 887	18.9	0.7	3.9	75.1
19 541	3 216	17 104	10 950	132	504	51.7	1.2	4.5	64.0
11 654	3 216	28 862	23 696	1 373	1 822	43.8	8.0	10.7	82.1
5 155	5 762	43 141	41 186	−2 350	−1 846	20.8	−11.4	−8.9	95.5
13 967	9 035	39 566	31 797	−2 114	−191	100.0	−3.0	−0.3	80.4
10 052	5 992	30 134	22 627	113	641	66.7	0.7	3.9	75.1
17 307	1 050	16 938	14 557	201	724	13.6	1.3	4.6	85.9
43 877	12 081	99 439	78 884	1 650	4 675	97.1	2.2	6.2	79.3
23 078	965	3 073	1 641	207	397	74.2	4.2	8.1	53.4
1 989	1 520	12 144	12 144	−3 430	−3 294	22.2	−85.5	−82.1	100.0
6 116	1 375	15 826	13 960	−1 800	−1 563	12.5	−31.1	−27.0	88.2
18 654	2 371	16 038	9 763	162	442	63.0	1.6	4.4	60.9
6 844	1 610	6 660	4 874	−470	−261	0.0	−9.5	−5.3	73.2
17 761	24 013	79 949	52 892	53	1 188	30.6	0.2	3.5	66.2
7 802	3 086	31 382	23 375	−941	−638	23.1	−7.8	−5.3	74.5
9 488	4 222	18 550	15 839	−3 197	−2 911	57.1	−38.2	−34.8	85.4
28 037	2 300	13 535	12 114	258	997	82.1	1.2	4.7	89.5
9 989	49	6 251	4 581	197	376	25.0	2.5	4.8	73.3
2 593	818	8 285	7 747	−925	−806	22.2	−22.7	−19.8	93.5
4 926	2 992	3 664	3 295	−579	−493	100.0	−18.3	−15.6	89.9
23 233	3 125	23 082	18 336	1 768	2 166	66.7	20.1	24.6	79.4
2 062	1 049	9 229	8 093	−2 246	−2 074	0.0	−46.8	−43.2	87.7
24 534	1 379	3 695	3 243	0	160	100.0	0.0	3.6	87.8
5 002	1 027	8 112	4 707	−720	−557	44.4	−33.1	−25.6	58.0
8 137	547	5 573	4 317	4	91	100.0	0.2	4.1	77.5

7-20 全国各地区大中型建筑业企业

企业名称	平均人数（人）	建筑业总产值（万元）	竣工面积（平方米）	建筑业增加值（万元）	按总产值计算的劳动生产率（元/人）
吉林省通化市第一建筑公司	2 460	9 828	81 850	3 137	39 951
通化钢铁集团有限责任公司建筑安装工程公司	2 946	11 594	24 178	6 191	39 353
白山市建筑工程总公司	2 249	5 135	47 714	2 417	22 832
吉林油田管理局建筑公司	3 703	41 282	280 000	4 331	111 481
白城市第一建筑工程总公司	3 629	7 658	51 032	2 705	21 102
白城市建筑工程公司	750	2 137	19 855	848	28 489
白城市公路工程处	684	6 143	0	904	89 814
延边建筑总公司	4 493	16 657	94 881	5 088	37 073
吉林省林业工程公司	3 463	10 166	36 168	1 905	29 357
黑龙江省					
黑龙江省公路桥梁建设总公司	7 680	76 798	0	14 791	99 998
黑龙江省送变电工程公司	1 893	13 917	0	4 653	73 518
哈尔滨市第二建筑工程公司	6 604	22 800	204 345	5 700	34 525
黑龙江省化建建设公司	1 090	2 200	0	1 201	20 183
哈尔滨轻工工程承包总公司	1 506	2 183	13 000	757	14 495
哈尔滨市第一市政工程公司	2 440	12 267	0	2 825	50 273
哈尔滨市第四建筑工程公司	3 431	6 606	85 956	2 421	19 253
哈尔滨市大东企业集团公司	1 477	4 500	87 600	1 118	30 467
哈尔滨市公路工程处	2 763	15 913	0	809	57 592
哈尔滨市华兴建筑工程公司	2 100	11 553	93 600	2 824	55 015
哈尔滨市寰宇建筑工程公司	2 470	8 120	24 480	2 088	32 874
哈尔滨市排水事业管理处	1 415	1 587	0	956	11 216
哈尔滨市第三建筑工程公司	3 720	13 635	197 158	3 853	36 652
哈尔滨市第五建筑工程公司	4 420	13 468	238 090	2 687	30 471
哈尔滨电力实业集团公司	3 358	23 333	58 123	7 114	69 484
黑龙江省新建建筑工程公司	2 772	4 444	0	2 151	16 032
黑龙江通信建设工程局	2 800	18 000	0	5 294	64 286
哈尔滨市第二市政工程公司	2 100	11 835	0	3 465	56 357
东方集团建设发展公司	789	5 707	73 875	1 325	72 327
哈尔滨金马集团股份有限公司	2 200	7 665	25 560	1 281	34 840
哈尔滨市道路桥梁工程处	1 816	6 358	0	2 431	35 013
哈尔滨正大企业集团公司	3 056	12 824	161 792	4 339	41 963
哈尔滨市第六建筑工程公司	1 533	6 554	117 667	1 733	42 753
哈尔滨长城建筑股份有限公司	3 139	12 828	80 307	5 003	40 866
哈尔滨市聚兴建筑工程公司	2 346	8 722	77 977	3 710	37 178
哈尔滨市振兴建筑工程公司	1 650	6 104	106 051	513	36 994
哈尔滨市化工建筑工程总公司	2 200	7 800	56 344	2 856	35 455

主要经济技术指标完成情况(十四)

按增加值计算的劳动生产率(元/人)	资本金合计(万元)	资产总计(万元)	负债合计(万元)	利润总额(万元)	利税总额(万元)	工程质量优良品率(%)	产值利润率(%)	产值利税率(%)	资产负债率(%)
12 751	1 488	19 059	15 117	66	361	45.0	0.7	3.7	79.3
21 014	3 185	15 436	10 673	−462	−402	58.3	−4.0	−3.5	69.1
10 749	890	7 224	5 599	19	200	33.3	0.4	3.9	77.5
11 696	7 841	37 225	13 230	298	433	78.3	0.7	1.0	35.5
7 453	1 620	10 046	4 129	620	821	7.5	8.1	10.7	41.1
11 308	336	2 189	1 678	2	68	0.0	0.1	3.2	76.7
13 216	50	4 836	2 442	46	168	100.0	0.8	2.7	50.5
11 325	882	20 683	16 670	21	568	16.7	0.1	3.4	80.6
5 502	2 140	15 681	12 745	−1 454	−1 140	50.0	−14.3	−11.2	81.3
19 260	12 554	81 468	49 737	16	2 210	0.0	0.0	2.9	61.1
24 580	3 103	21 149	16 200	877	1 356	100.0	6.3	9.7	76.6
8 632	2 338	39 577	32 070	16	795	51.7	0.1	3.5	81.0
11 016	755	7 997	6 116	0	79	0.0	0.0	3.6	76.5
5 027	2 047	8 182	6 105	11	133	0.0	0.5	6.1	74.6
11 579	1 513	18 468	14 116	87	471	55.6	0.7	3.8	76.4
7 057	2 055	7 430	5 375	−5	202	7.1	−0.1	3.1	72.3
7 568	1 600	6 339	4 526	16	168	25.0	0.4	3.7	71.4
2 930	10 050	13 362	5 302	−3 425	−2 992	0.0	−21.5	−18.8	39.7
13 450	2 698	11 777	8 128	221	610	75.0	1.9	5.3	69.0
8 454	800	6 342	3 697	−1	287	50.0	0.0	3.5	58.3
6 755	4 628	6 252	5 091	578	588	0.0	36.4	37.1	81.4
10 357	3 114	17 476	12 145	197	664	38.1	1.4	4.9	69.5
6 079	1 689	7 316	5 613	9	321	66.7	0.1	2.4	76.7
21 185	7 502	47 145	37 348	695	1 626	42.9	3.0	7.0	79.2
7 758	2 659	9 186	5 512	986	1 135	0.0	22.2	25.5	60.0
18 908	133	13 405	10 995	737	964	100.0	4.1	5.4	82.0
16 502	2 400	11 758	9 155	184	691	37.5	1.6	5.8	77.9
16 792	1 532	5 169	3 503	156	343	33.3	2.7	6.0	67.8
5 821	1 344	11 509	10 022	90	350	50.0	1.2	4.6	87.1
13 389	1 731	14 981	9 738	88	288	14.3	1.4	4.5	65.0
14 198	734	12 196	11 017	29	333	76.9	0.2	2.6	90.3
11 307	1 696	6 701	5 231	14	197	13.3	0.2	3.0	78.1
15 938	3 600	7 723	2 491	123	540	62.5	1.0	4.2	32.3
15 814	2 166	10 425	7 148	231	530	0.0	2.6	6.1	68.6
3 112	2 286	4 706	2 171	8	108	7.1	0.1	1.8	46.1
12 983	3 050	14 530	10 434	245	523	50.0	3.1	6.7	71.8

7-20 全国各地区大中型建筑业企业

企业名称	平均人数（人）	建筑业总产值（万元）	竣工面积（平方米）	建筑业增加值（万元）	按总产值计算的劳动生产率（元/人）
哈尔滨市第七建筑工程公司	2 366	6 230	95 817	1 790	26 333
哈尔滨市第一建筑工程公司	5 100	12 312	133 313	3 990	24 141
黑龙江省安装工程公司	2 925	18 057	0	6 633	61 732
黑龙江省第一建筑工程公司	12 498	37 959	212 089	17 978	30 372
哈尔滨市安装公司	1 422	5 066	15 010	1 663	35 624
哈尔滨市宏大建筑工程公司	1 700	6 020	25 414	1 557	35 412
哈尔滨卫星建筑工程公司	2 758	6 996	142 047	1 982	25 365
黑龙江省水利第二工程处	1 227	9 671	0	439	78 822
齐齐哈尔市第一市政工程公司	1 520	3 051	0	635	20 075
齐齐哈尔市房产建筑公司	988	2 659	38 897	1 354	26 917
齐齐哈尔市建筑安装工程公司	2 102	3 029	35 522	1 630	14 408
黑龙江省鸡西市第二建筑工程公司	1 457	5 190	34 459	1 047	35 624
鸡西市第三建筑工程有限公司	2 398	9 984	84 963	2 178	41 634
鸡西市第一建筑工程有限责任公司	2 207	3 938	53 255	895	17 844
双鸭山市建筑工程公司	1 758	4 433	38 814	1 305	25 214
大庆市路桥工程建设有限责任公司	480	3 500	3 780	2 052	72 917
大庆市第三建筑工程公司	2 842	8 835	16 532	3 211	31 087
大庆建筑安装工程集团公司	6 813	28 874	31 179	6 809	42 381
大庆市第二建筑工程公司	9 056	36 711	19 999	19 733	40 538
大庆市城建开发(集团)公司	1 245	3 221	16 460	423	25 871
大庆市让胡路区东方建筑安装工程公司	4 000	26 400	239 611	5 532	66 000
大庆市第三建筑工程公司钻井公司	1 256	14 039	0	2 770	111 774
大庆石油管理局第一采油厂第二工程公司	325	7 002	1 484	1 250	215 446
黑龙江省龙源市政工程有限责任公司	294	2 977	952	596	101 262
黑龙江省伊春林业工程公司	1 540	2 689	6 052	905	17 463
伊春市建筑工程公司	1 560	2 514	33 278	1 075	16 114
佳木斯第二建筑工程公司	2 766	9 479	69 825	3 615	34 272
佳木斯市路桥工程公司	1 360	7 020	0	916	51 615
黑龙江省东方市政建设开发集团公司	1 114	2 405	0	744	21 589
佳木斯市第一建筑工程公司	2 775	5 278	56 572	1 996	19 020
七台河市第二建筑工程公司	815	2 507	35 840	868	30 764
牡丹江市第一建筑工程公司	3 460	9 248	87 275	3 960	26 728
黑龙江省牡丹江市第三建筑工程公司	1 834	4 535	13 005	2 278	24 730
牡丹江市安装总公司	1 592	5 638	7 860	2 341	35 415
牡丹江市第六建筑工程公司	2 100	9 188	53 383	2 678	43 753
牡丹江市市政建设工程总公司	906	2 433	0	1 240	26 857
黑龙江省水利第四工程处	1 119	5 044	3 940	1 266	45 078
黑龙江省牡丹江林业工程公司	2 749	8 175	11 524	2 341	29 737

主要经济技术指标完成情况(十五)

按增加值计算的劳动生产率(元/人)	资本金合计(万元)	资产总计(万元)	负债合计(万元)	利润总额(万元)	利税总额(万元)	工程质量优良品率(%)	产值利润率(%)	产值利税率(%)	资产负债率(%)
7 564	2 100	8 599	7 618	15	216	20.0	0.2	3.5	88.6
7 823	2 068	26 681	23 611	−1 327	−947	22.7	−10.8	−7.7	88.5
22 679	2 141	12 554	9 889	108	725	61.1	0.6	4.0	78.8
14 384	6 215	46 617	36 117	55	1 314	33.3	0.1	3.5	77.5
11 695	978	7 604	6 079	−125	17	42.9	−2.5	0.3	79.9
9 159	1 619	3 095	1 332	2	152	0.0	0.0	2.5	43.0
7 186	861	5 817	5 030	58	263	10.5	0.8	3.8	86.5
3 577	906	4 026	4 223	−1 214	−1 149	85.0	−12.6	−11.9	104.9
4 178	1 125	3 744	2 370	−248	−160	45.0	−8.1	−5.2	63.3
13 710	1 271	5 684	4 413	−53	38	0.0	−2.0	1.4	77.6
7 753	952	7 490	6 176	−186	−52	55.6	−6.2	−1.7	82.5
7 188	560	8 969	7 963	1	177	13.3	0.0	3.4	88.8
9 081	805	11 336	10 214	8	604	50.0	0.1	6.1	90.1
4 054	1 564	7 957	7 089	−697	−474	43.8	−17.7	−12.0	89.1
7 422	1 638	9 822	8 184	113	249	23.1	2.6	5.6	83.3
42 746	4 100	6 773	2 673	690	821	0.0	19.7	23.5	39.5
11 297	1 009	16 826	16 172	−358	−109	71.4	−4.1	−1.2	96.1
9 994	3 447	25 722	21 042	58	647	30.9	0.2	2.2	81.8
21 790	4 437	26 816	19 938	214	1 114	90.6	0.6	3.0	74.3
3 395	3 520	18 286	15 379	20	99	0.0	0.6	3.1	84.1
13 830	2 344	2 388	633	612	1 539	91.1	2.3	5.8	26.5
22 054	996	6 473	5 192	187	235	95.9	1.3	1.7	80.2
38 452	960	6 598	6 418	254	254	100.0	3.6	3.6	97.3
20 272	1 200	2 959	1 758	0	95	93.8	0.0	3.2	59.4
5 874	1 238	6 975	5 981	−280	−184	0.0	−10.4	−6.8	85.8
6 891	962	4 661	4 548	110	160	30.0	4.4	6.4	97.6
13 068	1 873	18 916	15 281	50	369	40.0	0.5	3.9	80.8
6 739	1 800	7 528	6 840	39	207	0.0	0.6	2.9	90.9
6 683	2 100	3 388	1 540	0	5	0.0	0.0	0.2	45.5
7 195	2 479	16 680	12 673	2	124	42.9	0.0	2.3	76.0
10 653	310	4 276	3 508	26	108	54.5	1.0	4.3	82.0
11 446	1 535	14 651	11 845	0	307	25.0	0.0	3.3	80.8
12 424	827	10 676	8 449	0	160	0.0	0.0	3.5	79.1
14 707	851	9 332	7 922	0	212	42.1	0.0	3.8	84.9
12 751	1 003	10 224	8 238	0	358	14.3	0.0	3.9	80.6
13 684	1 335	5 685	3 257	0	14	100.0	0.0	0.6	57.3
11 316	897	3 071	1 746	14	175	0.0	0.3	3.5	56.9
8 514	1 026	9 800	8 903	−204	31	21.4	−2.5	0.4	90.8

7-20 全国各地区大中型建筑业企业

企业名称	平均人数（人）	建筑业总产值（万元）	竣工面积（平方米）	建筑业增加值（万元）	按总产值计算的劳动生产率（元/人）
黑龙江省绥化市水利第五工程处	2 586	11 287	13 654	4 854	43 647
黑龙江省农垦建筑总公司	5 632	27 565	9 027	5 571	48 944
黑龙江省农垦龙垦建筑总公司	3 460	4 309	16 467	333	12 454
上海市					
上海住总(集团)总公司	2 496	24 465	69 833	3 045	98 017
上海东方工程建设总公司	1 057	3 764	73 643	217	35 610
上海浦联工程建设实业有限公司	951	6 988	25 921	1 540	73 481
上海隧道工程股份有限公司	5 978	110 038	0	24 995	184 072
上海山阳集团公司	2 500	24 800	7 000	4 495	99 200
上海振阳建设集团公司	680	6 402	1 800	2 071	94 147
金山建设工程集团公司	6 971	31 765	180 578	8 089	45 567
上海市机械施工公司	3 786	41 314	0	9 272	109 123
上海华盛建设发展总公司	3 501	24 263	82 086	7 222	69 303
上海东亚建筑实业有限公司	5 997	53 786	86 716	6 652	89 688
上海市第一市政工程公司	3 854	54 412	2 927	11 457	141 183
上海第四建筑工程公司	9 938	136 366	325 388	15 427	137 217
上海市工业设备安装公司	7 333	74 239	0	18 877	101 240
上海市第三建筑发展总公司	9 261	112 250	373 062	15 775	121 207
上海市第一建筑工程公司	9 647	120 852	84 954	17 785	125 274
上海市第八建筑工程公司	8 367	96 541	364 471	13 715	115 383
上海电信工程公司	4 786	52 459	0	6 354	109 609
上海市基础工程公司	3 365	64 707	0	8 433	192 294
上海美达建筑装潢工程公司	1 782	9 902	69 055	1 994	55 567
上海市人民防空工程公司	640	6 917	27 034	1 187	108 078
上海汇成(集团)有限公司	1 459	7 298	13 225	2 125	50 021
上海农工商集团建设发展总公司	1 581	9 772	94 229	2 382	61 809
上海市水利工程公司	2 824	9 321	400	1 961	33 006
上海金鹿房产建设实业总公司	1 364	9 065	95 992	1 702	66 459
上海市长宁区市政工程公司	950	9 466	0	3 516	99 642
上海纺织建筑工程公司	1 105	4 787	43 099	1 282	43 321
上海化工建筑公司	689	6 542	66 724	1 702	94 949
上海化工安装公司	1 046	8 559	0	2 224	81 826
上海轻工业建设工程公司	507	5 198	43 100	1 202	102 525
上海第五建筑工程公司	8 528	112 799	351 251	13 808	132 269
上海伟达装饰公司	274	2 047	0	332	74 708
上海市冶金建设公司	1 748	20 657	54 191	5 298	118 175
上海华申安装工程公司	483	4 503	0	1 263	93 230

主要经济技术指标完成情况(十六)

按增加值计算的劳动生产率(元/人)	资本金合计(万元)	资产总计(万元)	负债合计(万元)	利润总额(万元)	利税总额(万元)	工程质量优良品率(%)	产值利润率(%)	产值利税率(%)	资产负债率(%)
18 770	1 146	8 952	6 447	100	482	96.6	0.9	4.3	72.0
9 892	3 653	31 093	24 116	628	1 236	100.0	2.3	4.5	77.6
962	942	10 615	8 425	−111	26	50.0	−2.6	0.6	79.4
12 200	23 766	125 748	86 063	862	1 664	100.0	3.5	6.8	68.4
2 053	2 700	4 132	1 586	−137	−64	17.6	−3.6	−1.7	38.4
16 193	1 050	2 059	953	61	316	28.6	0.9	4.5	46.3
41 812	12 986	80 519	45 744	4 855	5 764	77.8	4.4	5.2	56.8
17 980	7 651	28 383	18 008	1 018	1 349	55.6	4.1	5.4	63.4
30 456	968	11 488	6 780	808	1 018	90.0	12.6	15.9	59.0
11 604	6 448	54 757	48 775	364	1 202	18.8	1.1	3.8	89.1
24 490	4 820	54 111	49 412	411	872	66.7	1.0	2.1	91.3
20 628	4 090	39 013	30 755	3 536	4 604	20.0	14.6	19.0	78.8
11 092	4 277	74 873	67 947	3 110	4 276	50.0	5.8	8.0	90.7
29 728	8 244	62 882	52 115	256	562	63.9	0.5	1.0	82.9
15 523	5 650	65 401	58 796	1 789	5 533	46.2	1.3	4.1	89.9
25 743	8 928	91 249	80 647	467	1 757	49.2	0.6	2.4	88.4
17 034	4 905	94 706	82 962	1 507	4 487	22.6	1.3	4.0	87.6
18 436	4 530	94 238	87 894	1 486	5 623	80.0	1.2	4.7	93.3
16 392	3 890	52 804	49 641	1 199	3 362	52.9	1.2	3.5	94.0
13 276	1 600	14 987	9 400	866	1 163	100.0	1.7	2.2	62.7
25 061	12 286	91 625	76 915	1 287	2 056	16.3	2.0	3.2	83.9
11 190	1 570	18 631	15 351	511	813	33.3	5.2	8.2	82.4
18 547	1 818	9 615	7 637	62	139	0.0	0.9	2.0	79.4
14 565	15 193	28 648	11 624	−116	9	33.3	−1.6	0.1	40.6
15 066	717	11 270	8 539	42	359	25.0	0.4	3.7	75.8
6 944	1 271	25 165	21 345	210	499	100.0	2.3	5.4	84.8
12 478	2 408	24 113	21 245	−207	34	35.3	−2.3	0.4	88.1
37 011	2 200	16 341	13 381	992	1 390	36.4	10.5	14.7	81.9
11 602	1 566	6 807	5 337	16	197	22.2	0.3	4.1	78.4
24 702	1 500	9 198	7 574	1	71	16.7	0.0	1.1	82.3
21 262	2 800	16 549	13 511	20	123	29.4	0.2	1.4	81.6
23 708	1 518	12 508	10 776	5	135	9.1	0.1	2.6	86.2
16 191	4 894	71 652	65 661	1368	3 695	21.7	1.2	3.3	91.6
12 117	500	2 923	1 991	92	161	6.2	4.5	7.9	68.1
30 309	8 688	21 586	12 610	181	608	60.0	0.9	2.9	58.4
26 149	1 500	8 424	6 223	30	123	50.0	0.7	2.7	73.9

7-20 全国各地区大中型建筑业企业

企业名称	平均人数(人)	建筑业总产值(万元)	竣工面积(平方米)	建筑业增加值(万元)	按总产值计算的劳动生产率(元/人)
上海海虹工程公司	922	2 868	46 384	351	31 106
上海港务工程公司	1 888	26 640	920	5 779	141 102
上海市园林工程公司	613	7 965	13 920	1 783	129 935
上海市第七建筑工程公司	10 516	123 774	269 390	15 004	117 701
上海市住益建设发展总公司	3 017	26 525	27 179	5 029	87 918
浦东新区建设总公司北蔡市政公司	1 200	10 846	15 482	3 068	90 383
上海住安建设发展总公司	3 282	50 023	182 202	8 232	152 416
嘉定建筑安装总公司	1 375	5 530	70 173	2 688	40 218
上海公路桥梁工程有限公司	911	13 011	0	5 129	142 821
上海市第二市政工程公司	2 804	54 116	0	10 672	192 996
上海市第二建筑工程公司	8 162	115 158	335 050	15 300	141 090
上海煤气第一管线工程公司	2 824	44 839	0	10 774	158 778
上海煤气第二管线工程公司	1 066	13 271	2 080	2 999	124 493
上海三钢工程建设公司	1 038	6 021	35 680	3 017	58 006
上海住乐建设发展总公司	6 343	50 702	204 718	7 260	79 934
上海裕安实业公司岩土工程公司	898	8 697	0	1 637	96 849
南汇县建筑总公司(各工程处)	2 522	15 195	115 861	5 326	60 250
南汇县建筑工程公司(工程处)	1 090	5 270	47 945	1 419	48 349
奉贤建筑总公司	12 673	69 436	948 567	21 401	54 790
水利建设公司	280	2 995	3 730	593	106 964
上海开天建设(集团)有限公司	2 000	17 758	27 919	538	88 790
金旭实业总公司	595	10 373	794	1 015	174 336
青浦水利建筑工程总公司	527	4 484	16 964	642	85 085
上海中鼎建设开发有限公司	398	3 459	17 410	495	86 910
上海华凯建筑工程有限公司	2 038	7 642	2 100	942	37 498
上海侨苑营造有限公司	800	6 011	0	326	75 138
上海康业建筑装饰工程有限公司	2 031	20 031	0	999	98 626
江苏省					
江苏省工业设备安装公司	3 210	27 912	0	7 759	86 954
南京化学工业(集团)公司建设公司	3 965	14 521	19 815	7 764	36 624
江苏省机械施工公司	2 114	6 635	0	2 098	31 388
江苏省中成建设工程总公司	3 184	21 628	71 148	6 649	67 927
南京市住宅建设总公司	797	5 356	51 723	2 708	67 205
南京市第一人民防空工程公司	574	3 666	0	1 840	63 864
南京市第一建筑工程公司	5 621	55 811	444 192	10 232	99 289
南京三建(集团)公司	8 663	83 018	199 835	18 057	95 831
南京市市政工程总公司	1 926	6 174	0	2 505	32 054

主要经济技术指标完成情况(十七)

按增加值计算的劳动生产率(元/人)	资本金合计(万元)	资产总计(万元)	负债合计(万元)	利润总额(万元)	利税总额(万元)	工程质量优良品率(%)	产值利润率(%)	产值利税率(%)	资产负债率(%)
3 807	1 500	1 771	192	46	205	0.0	1.6	7.1	10.8
30 609	7 414	56 965	48 868	55	469	87.5	0.2	1.8	85.8
29 086	453	8 527	7 858	106	334	54.0	1.3	4.2	92.2
14 268	4 079	68 603	63 258	1 516	4 942	40.0	1.2	4.0	92.2
16 669	3 282	59 623	55 603	1 200	1 874	50.0	4.5	7.1	93.3
25 567	1 200	7 522	5 211	910	1 060	75.0	8.4	9.8	69.3
25 082	3 000	46 191	41 106	1 200	2 741	55.6	2.4	5.5	89.0
19 549	1 573	37 958	37 958	109	427	70.4	2.0	7.7	100.0
56 301	3 000	23 318	17 458	77	406	75.0	0.6	3.1	74.9
38 060	5 892	39 248	30 858	828	1 224	65.6	1.5	2.3	78.6
18 745	3 882	83 107	76 544	1 525	5 405	58.3	1.3	4.7	92.1
38 152	4 041	119 787	112 102	1 138	2 039	0.0	2.5	4.5	93.6
28 133	2 421	24 649	21 217	293	711	9.4	2.2	5.4	86.1
29 066	1 597	9 414	7 608	511	677	27.3	8.5	11.2	80.8
11 446	3 292	47 905	43 753	1 200	2 206	31.0	2.4	4.4	91.3
18 229	1 014	4 588	3 327	12	170	50.0	0.1	2.0	72.5
21 118	3 324	23 359	19 949	387	853	21.1	2.5	5.6	85.4
13 018	2 112	4 964	2 734	151	314	7.4	2.9	6.0	55.1
16 887	17 701	81 227	66 807	1 247	3 838	10.6	1.8	5.5	82.2
21 179	2 050	2 870	1 351	0	74	41.7	0.0	2.5	47.1
2 690	8 562	32 707	2 409	13	55	5.9	0.1	0.3	7.4
17 059	1 458	6 445	4 376	403	639	12.0	3.9	6.2	67.9
12 182	1 509	5 065	3 404	82	202	53.8	1.8	4.5	67.2
12 437	2 500	3 716	1 582	−291	−159	0.0	−8.4	−4.6	42.6
4 622	1 053	5 737	4 079	405	495	0.0	5.3	6.5	71.1
4 075	3 016	17 845	15 844	−40	−29	0.0	−0.7	−0.5	88.8
4 919	1 294	6 574	5 239	46	146	85.7	0.2	0.7	79.7
24 172	4 649	30 236	24 438	132	670	57.8	0.5	2.4	80.8
19 580	3 279	22 662	21 224	−571	−166	82.4	−3.9	−1.1	93.7
9 927	1 562	9 721	9 078	−760	−760	100.0	−11.4	−11.4	93.4
20 884	4 300	14 841	10 102	95	1 064	1.6	0.4	4.9	68.1
33 979	1 075	14 559	14 005	−839	−694	0.0	−15.7	−13.0	96.2
32 061	1 954	9 090	5 377	30	103	0.0	0.8	2.8	59.2
18 203	3 007	43 664	35 932	248	1 358	8.1	0.4	2.4	82.3
20 844	3 477	56 728	47 119	851	2 688	29.4	1.0	3.2	83.1
13 009	9 065	21 067	15 030	−638	−417	36.8	−10.3	−6.8	71.3

7-20 全国各地区大中型建筑业企业

企业名称	平均人数（人）	建筑业总产值（万元）	竣工面积（平方米）	建筑业增加值（万元）	按总产值计算的劳动生产率（元/人）
南京二建股份有限公司	9 645	92 908	655 890	23 687	96 327
南京白下区建筑工程公司	966	1 912	7 697	1 615	19 789
江宁县桥梁建筑工程总公司	1 166	6 556	26 380	1 688	56 231
南京市第六建筑安装工程公司	9 999	74 943	767 816	11 582	74 950
南京环茂建筑安装工程有限公司	2 755	9 217	194 828	3 253	33 456
南京装饰(集团)有限公司	678	5 500	0	1 779	81 121
南京市交通工程公司	498	3 675	0	894	73 805
江苏港宁装潢有限公司	571	5 955	0	1 237	104 291
江宁县建筑工程公司	1 690	8 268	48 060	1 812	48 923
江苏省邮电建设工程局	1 500	37 755	0	2 409	251 700
江苏建筑工程公司	3 257	15 955	124 605	7 187	48 986
南京江河建设公司	563	2 721	0	628	48 325
无锡市工业设备安装总公司	588	11 068	0	2 907	188 238
无锡市第二建筑工程公司	2 532	17 003	123 269	5 070	67 154
无锡市建筑工程公司	3 207	18 281	133 929	6 032	57 005
无锡市第七建筑工程公司	1 547	6 053	54 207	1 612	39 125
江阴市民用建筑安装工程公司	692	8 519	68 770	1 423	123 107
江阴市新桥建筑安装工程公司	1 018	8 150	121 826	3 134	80 059
江阴市金澄建筑集团公司	1 542	17 068	71 964	5 182	110 685
江苏兴业建筑集团公司	1 862	6 058	69 078	2 600	32 536
锡山市建筑实业总公司	1 836	14 669	167 484	3 439	79 894
江阴市申港建筑安装工程公司	901	6 451	81 570	929	71 598
无锡市市政建设工程公司	1 302	13 847	0	4 320	106 353
锡山市公路工程公司	520	15 000	0	1 743	288 462
江苏省煤炭基本建设公司	5 440	17 035	12 830	12 863	31 315
徐州矿务局建井工程处	2 251	7 401	0	5 108	32 881
徐州民用建筑工程总公司	1 876	9 372	163 158	2 834	49 958
徐州华美建筑安装工程公司	1 402	6 005	12 408	2 417	42 833
徐州建筑工程公司	3 662	12 775	111 230	3 352	34 886
徐州第一建筑工程公司	2 004	12 006	83 932	3 352	59 910
江苏丰县建筑安装施工公司	4 069	15 644	184 060	4 967	38 447
铜山县建筑工程总公司	2 032	6 128	49 327	1 136	30 157
常州第二建筑工程公司	2 925	15 155	55 486	6 073	51 812
常州市市政工程公司	3 339	8 657	0	3 148	25 926
常州戚墅堰机车车辆厂建筑工程公司	1 032	2 744	11 132	973	26 588
常州市给水工程公司	160	2 629	0	539	164 294
常州市第一建筑工程公司	3 239	19 264	99 831	7 919	59 474
金坛市建筑安装工程公司	10 000	72 535	275 457	4 284	72 535
金坛市第一建筑安装工程公司	6 534	5 349	275 457	835	8 186

主要经济技术指标完成情况(十八)

按增加值计算的劳动生产率(元/人)	资本金合计(万元)	资产总计(万元)	负债合计(万元)	利润总额(万元)	利税总额(万元)	工程质量优良品率(%)	产值利润率(%)	产值利税率(%)	资产负债率(%)
24 559	3 090	76 727	71 035	1 228	4 417	50.0	1.3	4.8	92.6
16 724	1 005	10 942	7 863	−255	−148	0.0	−13.3	−7.8	71.9
14 480	1 718	7 192	5 361	113	270	2.4	1.7	4.1	74.5
11 583	7 608	65 915	57 260	239	2 132	23.0	0.3	2.8	86.9
11 808	2 727	6 011	2 482	304	703	34.7	3.3	7.6	41.3
26 245	750	13 100	10 017	228	376	0.0	4.1	6.8	76.5
17 956	1 058	5 112	3 850	21	58	100.0	0.6	1.6	75.3
21 673	776	3 392	3 169	45	233	0.0	0.7	3.9	93.4
10 724	1 026	7 288	6 017	581	711	0.0	7.0	8.6	82.6
16 059	430	5 610	3 840	127	274	45.9	0.3	0.7	68.4
22 065	1 490	18 210	14 546	70	652	40.0	0.4	4.1	79.9
11 147	1 601	4 506	2 082	−258	−185	100.0	−9.5	−6.8	46.2
49 447	1 098	12 065	9 703	215	347	50.0	1.9	3.1	80.4
20 026	4 879	23 253	17 439	224	672	23.5	1.3	4.0	75.0
18 810	1 552	32 432	27 892	7	591	18.5	0.0	3.2	86.0
10 418	1 454	12 022	10 323	2	116	22.7	0.0	1.9	85.9
20 569	1 042	21 877	20 233	41	177	0.0	0.5	2.1	92.5
30 788	3 058	9 792	6 196	362	614	22.2	4.4	7.5	63.3
33 608	3 556	17 353	12 977	442	1 046	20.0	2.6	6.1	74.8
13 966	3 946	10 847	7 061	31	206	4.5	0.5	3.4	65.1
18 730	3 100	16 037	12 595	12	497	13.3	0.1	3.4	78.5
10 314	1 599	5 710	3 365	18	88	11.1	0.3	1.4	58.9
33 183	2 601	28 257	23 116	317	318	90.6	2.3	2.3	81.8
33 519	1 938	9 452	6 800	0	0	100.0	0.0	0.0	71.9
23 645	11 470	50 681	39 050	6	445	87.9	0.0	2.6	77.1
22 692	2 287	6 404	3 788	27	95	100.0	0.4	1.3	59.2
15 107	2 574	15 657	11 967	39	338	30.4	0.4	3.6	76.4
17 242	588	7 301	5 840	9	116	9.1	0.1	1.9	80.0
9 154	3 634	35 185	30 300	−255	40	10.8	−2.0	0.3	86.1
16 727	1 506	17 293	14 318	41	358	23.1	0.3	3.0	82.8
12 208	3 312	4 965	1 230	377	894	34.8	2.4	5.7	24.8
5 590	105	1 858	329	1	40	52.6	0.0	0.6	17.7
20 764	880	17 255	12 387	15	436	64.3	0.1	2.9	71.8
9 427	955	38 591	35 752	0	1	66.7	0.0	0.0	92.6
9 426	1 507	4 529	2 984	48	77	33.3	1.8	2.8	65.9
33 675	1 258	2 198	1 407	39	96	85.7	1.5	3.7	64.0
24 449	2 559	25 724	22 937	33	860	81.3	0.2	4.5	89.2
4 284	3 368	29 438	25 238	−33	637	45.7	0.0	0.9	85.7
1 278	1 715	9 297	7 602	31	102	33.3	0.6	1.9	81.8

7-20 全国各地区大中型建筑业企业

企业名称	平均人数（人）	建筑业总产值（万元）	竣工面积（平方米）	建筑业增加值（万元）	按总产值计算的劳动生产率（元/人）
金坛市城东建筑工程公司	2 076	36 126	130 569	2 364	174 019
溧阳市建筑安装工程总公司	4 546	31 500	197 595	2 143	69 292
溧阳市水利市政建筑工程总公司	295	3 227	10 500	897	109 390
溧阳市第二建筑安装工程公司	769	7 350	80 669	3 163	95 579
溧阳市建筑装璜工程总公司	2 889	20 080	120 828	1 936	69 505
武进市建筑安装工程总公司	4 270	21 451	165 099	4 766	50 236
武进市建设工程总公司	4 853	17 823	170 785	3 309	36 727
武进市市政建筑总公司	1 731	12 230	0	2 077	70 653
金坛市第四建筑工程公司	2 525	20 200	26 045	1 570	80 000
溧阳茂盛建筑工程有限公司	1 864	11 035	93 043	2 392	59 201
溧阳市方园建设有限公司	2 320	8 688	138 937	4 620	37 448
苏州工业园区斜塘建筑安装有限公司	672	6 191	68 488	704	92 134
苏州市建筑构配件工程公司	685	4 885	0	2 473	71 308
苏州市市政工程总公司	1 648	6 542	2 819	1 451	39 698
苏州市第一建筑工程总公司	2 327	20 666	112 635	5 330	88 809
江苏苏州第二建筑工程集团公司	2 931	29 040	263 220	8 363	99 078
江苏苏州工业设备安装集团公司	1 632	11 662	0	2 958	71 460
苏州市东吴交通工程公司	675	6 658	0	1 091	98 637
苏州市建鑫建筑安装工程有限责任公司	2 523	13 188	48 323	4 492	52 271
苏州市郊区建筑工程公司	1 636	11 757	110 790	2 173	71 863
江苏通力建设工程集团公司	1 486	12 066	100 101	2 942	81 196
苏州娄东建设集团公司	1 598	6 829	67 507	2 345	42 737
昆山市建筑工程安装总公司	2 356	18 889	152 710	3 610	80 172
吴县江苏华新建设工程集团公司	2 666	16 274	205 171	4 634	61 042
常熟市建筑工程公司	2 147	19 595	146 350	3 570	91 265
张家港市市政建设工程公司	752	8 689	0	1 355	115 545
张家港市建筑工程公司	2 423	25 000	189 372	2 739	103 178
张家港市兴港建筑工程总公司	8 798	57 687	652 216	12 810	65 568
常熟市水利建设工程总承包公司	983	14 168	73 462	2 913	144 130
张家港江苏城宇建筑工程公司	2 461	14 359	150 264	4 434	58 347
苏州市金宇建设集团公司	2 236	13 086	154 803	2 050	58 522
常熟市土木建筑有限公司	3 820	47 540	585 979	9 155	124 451
吴江市建筑工程公司	2 157	8 178	155 596	1 905	37 916
南通市建筑安装工程总公司	6 235	47 092	451 065	18 086	75 529
南通市路桥工程总公司	500	3 880	0	601	77 600
江苏省农垦南通第一建筑工程公司	1 170	6 059	58 497	1 231	51 786
通州市长城建筑安装工程公司	2 380	6 795	50 500	3 205	28 550
如皋市林梓建筑安装工程公司	1 296	6 376	78 946	1 828	49 194
南通市勇敢建筑安装工程公司	2 580	13 276	214 969	6 324	51 457

主要经济技术指标完成情况(十九)

按增加值计算的劳动生产率(元/人)	资本金合计(万元)	资产总计(万元)	负债合计(万元)	利润总额(万元)	利税总额(万元)	工程质量优良品率(%)	产值利润率(%)	产值利税率(%)	资产负债率(%)
11 386	1 500	10 711	9 035	435	764	54.5	1.2	2.1	84.4
4 715	3 205	12 614	9 238	−6	744	28.6	0.0	2.4	73.2
30 424	1 641	6 698	4 125	246	354	33.3	7.6	11.0	61.6
41 126	1 655	16 084	1 467	87	344	0.0	1.2	4.7	9.1
6 700	1 806	9 796	7 934	218	501	28.7	1.1	2.5	81.0
11 161	3 052	32 864	29 293	117	518	44.8	0.5	2.4	89.1
6 819	3 602	28 059	23 748	177	619	29.7	1.0	3.5	84.6
12 002	3 500	20 506	16 218	258	385	0.0	2.1	3.2	79.1
6 217	2 694	8 513	5 797	259	400	66.7	1.3	2.0	68.1
12 833	1 108	3 570	837	305	820	21.4	2.8	7.4	23.4
19 916	1 615	18 532	14 673	402	989	26.7	4.6	11.4	79.2
10 475	1 516	10 927	9 336	60	245	0.0	1.0	4.0	85.4
36 099	1 529	13 969	11 990	35	168	31.4	0.7	3.4	85.8
8 806	1 511	26 154	23 661	56	56	9.1	0.8	0.8	90.5
22 906	3 084	22 139	18 729	103	667	38.5	0.5	3.2	84.6
28 533	3 008	38 491	33 526	301	1 361	82.9	1.0	4.7	87.1
18 126	3 205	17 420	14 068	85	263	37.5	0.7	2.3	80.8
16 163	3 690	13 732	9 780	78	246	100.0	1.2	3.7	71.2
17 804	2 100	17 047	14 908	41	470	50.0	0.3	3.6	87.5
13 283	1 897	29 351	26 672	251	452	11.9	2.1	3.8	90.9
19 801	2 501	11 646	8 033	260	526	38.2	2.2	4.4	69.0
14 676	2 265	9 559	6 580	112	572	19.2	1.6	8.4	68.8
15 324	1 290	13 674	11 648	302	816	20.0	1.6	4.3	85.2
17 383	3 059	39 240	34 452	381	1 001	29.7	2.3	6.2	87.8
16 628	1 541	32 112	27 378	154	564	40.5	0.8	2.9	85.3
18 016	2 469	21 228	17 512	305	526	83.3	3.5	6.1	82.5
11 306	3 050	26 501	23 019	317	750	37.8	1.3	3.0	86.9
14 560	6 349	147 318	134 155	1 407	2 680	64.3	2.4	4.6	91.1
29 635	5 763	4 950	3 210	431	856	8.2	3.0	6.0	64.9
18 017	4 088	28 520	23 269	656	1 154	42.9	4.6	8.0	81.6
9 168	2 467	35 417	29 172	393	780	60.7	3.0	6.0	82.4
23 967	3 228	28 310	24 001	406	1 542	58.6	0.9	3.2	84.8
8 832	1 870	18 438	15 923	21	223	34.5	0.3	2.7	86.4
29 008	3 935	63 505	52 915	359	1 932	44.9	0.8	4.1	83.3
12 014	1 347	8 393	6 781	312	312	0.0	8.0	8.0	80.8
10 523	1 520	2 775	1 218	6	131	18.2	0.1	2.2	43.9
13 468	1 561	3 356	1 770	0	150	58.3	0.0	2.2	52.7
14 109	789	4 294	2 577	77	313	55.0	1.2	4.9	60.0
24 511	1 515	2 943	1 301	5	431	43.5	0.0	3.2	44.2

7-20 全国各地区大中型建筑业企业

企业名称	平均人数（人）	建筑业总产值（万元）	竣工面积（平方米）	建筑业增加值（万元）	按总产值计算的劳动生产率（元/人）
南通市幸福建筑安装工程公司	2 150	8 800	119 630	3 011	40 930
南通市宏华建筑安装工程公司	1 850	7 216	94 148	3 002	39 005
南通市第八建筑安装工程公司	2 424	16 606	158 426	3 089	68 507
江苏省海安县第三建筑安装工程公司	7 009	42 571	440 512	12 741	60 737
南通苏中建筑安装工程公司	10 676	89 786	534 519	21 396	84 101
南通市第五建筑安装公司	3 379	20 656	189 033	7 805	61 131
南通市万通建筑安装工程有限公司	1 104	10 166	19 318	1 245	92 083
江苏南通东正建筑安装工程有限公司	3 709	22 962	203 462	4 548	61 908
通州市第十建筑安装工程公司	2 100	17 270	246 093	3 036	82 238
南通市新华建筑工程公司	3 792	28 765	225 209	5 718	75 856
通州市第四建筑安装工程公司	1 850	14 180	72 195	5 109	76 649
通州市第二建筑安装工程公司	2 030	21 985	218 377	2 870	108 300
通州市基础工程总公司	871	9 460	9 000	2 411	108 606
通州市纱场建筑安装工程公司	3 280	26 210	180 633	9 369	79 909
海门市水利电力建筑工程公司	748	7 200	71 000	1 657	96 257
江苏省南通市第三建筑安装工程公司	20 376	176 570	1 081 700	42 410	86 656
海门市设备安装工程公司	7 979	68 824	361 308	19 688	86 256
海门市建筑安装工程公司	7 826	75 605	426 540	19 221	96 607
江苏海门常乐建工集团有限公司	6 207	48 003	207 188	14 210	77 337
江苏省启东市水利市政建筑工程公司	981	8 351	7 080	2 477	85 127
启东市工业设备安装公司	1 568	19 635	0	5 282	125 223
南通市第二建筑安装工程公司	12 164	103 534	689 204	27 948	85 115
启东市建筑安装工程公司	4 180	41 225	180 958	12 449	98 624
启东市第三建筑安装工程公司	3 620	23 702	208 584	7 077	65 476
启东市第一建筑安装工程公司	4 483	31 779	307 751	8 537	70 887
如皋市水利建筑安装工程公司	480	4 500	1 500	743	93 750
江苏省南通市第七建筑安装工程公司	16 285	114 952	947 486	34 208	70 588
南通市吴窑建筑安装工程公司	3 000	25 000	158 709	5 954	83 333
如皋市建筑基础工程公司	2 355	16 743	184 000	2 885	71 096
通州市建筑安装工程总公司	12 052	97 293	1 137 653	21 709	80 728
南通市第四建筑安装工程公司	5 661	54 651	169 860	14 471	96 539
通州市十总建筑安装工程有限公司	2 411	15 998	181 420	3 729	66 354
连云港市第二建筑工程公司	1 112	2 174	29 366	492	19 553
连云港市朝阳建筑安装公司	1 800	6 152	50 607	1 624	34 177
江苏省赣榆县水利建筑安装工程公司	2 500	6 500	32 700	842	26 000
赣榆县第一建筑安装工程公司第七工程处	1 620	7 135	80 400	791	44 043
连云港市花果山建设工程公司	1 400	6 152	68 000	2 165	43 943
赣榆县第一建筑安装工程公司第二工程处	2 780	12 028	135 656	4 138	43 266
洪泽县建筑安装工程公司	2 218	6 020	84 931	1 390	27 142

主要经济技术指标完成情况(二十)

按增加值计算的劳动生产率(元/人)	资本金合计(万元)	资产总计(万元)	负债合计(万元)	利润总额(万元)	利税总额(万元)	工程质量优良品率(%)	产值利润率(%)	产值利税率(%)	资产负债率(%)
14 006	1 593	2 995	1 336	12	294	53.1	0.1	3.3	44.6
16 229	1 230	4 069	1 955	1	259	7.7	0.0	3.6	48.1
12 742	1 753	11 733	8 660	2	224	29.8	0.0	1.3	73.8
18 178	1 610	18 331	13 777	172	1 240	62.4	0.4	2.9	75.2
20 041	3 218	89 130	83 617	525	2 245	59.6	0.6	2.5	93.8
23 098	2 309	41 743	38 928	107	516	16.9	0.5	2.5	93.3
11 274	1 571	4 122	2 525	10	69	0.0	0.1	0.7	61.3
12 263	4 041	26 830	22 710	−210	179	23.5	−0.9	0.8	84.6
14 457	1 107	2 503	1 396	112	278	70.4	0.6	1.6	55.8
15 079	2 179	58 644	54 902	4 430	4 936	91.3	15.4	17.2	93.6
27 615	1 191	7 293	5 611	225	675	81.3	1.6	4.8	76.9
14 140	1 548	15 152	13 081	253	490	68.0	1.2	2.2	86.3
27 676	651	3 724	2 305	173	479	82.9	1.8	5.1	61.9
28 565	1 734	4 809	2 045	2 359	3 507	57.1	9.0	13.4	42.5
22 154	1 326	3 956	2 444	3	81	60.0	0.0	1.1	61.8
20 814	8 239	141 227	130 437	960	3 870	54.8	0.5	2.2	92.4
24 674	1 576	81 275	78 432	438	1 272	19.4	0.6	1.8	96.5
24 560	2 386	61 861	59 201	946	2 909	29.4	1.3	3.8	95.7
22 894	4 544	25 703	20 843	631	1 125	51.9	1.3	2.3	81.1
25 255	839	7 839	5 889	256	386	44.0	3.1	4.6	75.1
33 684	3 000	14 927	10 815	161	469	56.0	0.8	2.4	72.5
22 976	4 092	126 590	118 821	2 727	6 469	43.0	2.6	6.2	93.9
29 783	3 710	30 687	23 837	259	1 398	78.6	0.6	3.4	77.7
19 550	1 483	12 873	11 211	273	965	18.1	1.2	4.1	87.1
19 044	1 994	14 742	13 007	224	943	40.0	0.7	3.0	88.2
15 479	1 583	3 133	2 438	48	65	41.7	1.1	1.4	77.8
21 006	5 010	83 674	76 280	316	2 805	44.0	0.3	2.4	91.2
19 846	1 762	8 466	5 638	237	946	85.0	0.9	3.8	66.6
12 251	843	6 665	951	107	463	80.0	0.6	2.8	14.3
18 013	5 186	21 819	15 891	872	4 284	50.3	0.9	4.4	72.8
25 563	3 165	64 078	59 332	726	1 883	53.3	1.3	3.4	92.6
15 469	1 708	7 746	6 275	152	748	100.0	1.0	4.7	81.0
4 422	200	5 914	6 048	−643	−552	0.0	−29.6	−25.4	102.3
9 025	1 585	3 062	1 727	123	375	77.8	2.0	6.1	56.4
3 369	1 500	4 952	295	40	289	69.2	0.6	4.4	6.0
4 880	5 119	1 726	435	135	198	89.5	1.9	2.8	25.2
15 467	1 517	3 410	1 399	203	491	59.1	3.3	8.0	41.0
14 883	804	3 218	1 516	384	819	61.5	3.2	6.8	47.1
6 266	1 516	4 348	822	110	259	25.0	1.8	4.3	18.9

7-20 全国各地区大中型建筑业企业

企业名称	平均人数（人）	建筑业总产值（万元）	竣工面积（平方米）	建筑业增加值（万元）	按总产值计算的劳动生产率（元/人）
淮阴县建筑工程公司	853	2 450	21 679	226	28 726
淮阴市建筑安装工程总公司	2 640	10 718	117 784	2 720	40 599
江苏清江建筑安装公司	2 421	12 541	44 785	3 707	51 800
江苏省农垦建筑安装工程公司	1 268	4 430	45 605	1 232	34 937
淮阴市水利建设工程总工司	1 106	5 600	0	1 174	50 633
淮阴市水利机械工程总公司	380	7 880	0	1 711	207 368
盐城市水利建筑工程处	800	5 318	0	1 329	66 473
盐城市交通工程处(集团)	699	6 463	0	1 313	92 461
盐城市建筑安装工程总公司	2 288	22 064	90 455	4 567	96 433
江苏中夏集团公司	1 475	13 143	57 442	1 333	89 105
盐城市第四建筑工程公司	2 915	7 077	76 426	1 698	24 277
盐城市第三建筑工程公司	1 811	6 180	62 952	765	34 125
盐城擎天集团公司	5 403	13 944	168 309	3 647	25 807
阜宁县沟墩镇建筑安装工程公司	8 692	9 870	155 700	4 083	11 355
阜宁县第四建筑工程公司	5 455	7 616	168 340	2 935	13 962
盐城市第二建筑工程公司	8 974	31 624	434 485	5 448	35 240
射阳县建筑工程公司	2 631	6 065	87 335	1 101	23 052
盐城市第八建筑工程公司	8 638	27 186	156 067	5 244	31 473
建湖县建筑工程总公司	7 030	28 832	102 849	7 260	41 013
盐城市天虹建筑工程总公司	5 663	18 839	162 779	5 302	33 267
建湖县庆丰公司	4 506	18 046	88 150	3 502	40 048
江苏省水利建设工程总公司	2 168	15 040	0	5 740	69 374
扬州市工业设备安装公司	1 099	11 816	0	5 487	107 515
扬州苏北工业设备安装总公司	1 165	10 158	0	1 281	87 196
扬州市第二建筑工程公司	1 608	6 373	116 692	1 310	39 636
扬州市第三建筑工程公司	1 400	6 351	45 183	1 753	45 364
扬州市建筑工程公司	3 670	28 784	154 723	10 008	78 432
江苏省建筑安装工程公司	11 872	128 160	685 554	42 334	107 951
扬州市水利基建工程处	1 064	5 960	8 000	515	56 015
扬州市第四建筑安装工程公司	2 240	6 697	64 310	2 129	29 898
仪征市第一建筑安装工程公司	2 689	16 231	143 147	3 931	60 361
仪征市建筑安装工程公司	2 469	10 967	145 554	1 446	44 419
高邮市建筑安装工程公司	1 185	6 107	50 975	1 248	51 536
高邮市第二建筑工程公司	6 656	51 045	384 922	8 714	76 691
江苏省宝应县建筑安装工程总公司	2 332	14 703	161 597	5 306	63 048
宝应县建筑安装工程公司	2 260	15 766	170 258	3 089	69 761
江都市建筑安装工程公司	3 252	36 417	136 020	13 040	111 984
江都市第二建筑安装工程公司	9 253	47 842	471 703	9 329	51 704
江都市第三建筑安装工程公司	4 407	34 710	166 521	6 323	78 761

主要经济技术指标完成情况(二十一)

按增加值计算的劳动生产率(元/人)	资本金合计(万元)	资产总计(万元)	负债合计(万元)	利润总额(万元)	利税总额(万元)	工程质量优良品率(%)	产值利润率(%)	产值利税率(%)	资产负债率(%)
2 646	1 471	2 923	1 611	160	167	50.0	6.5	6.8	55.1
10 302	3 001	26 936	20 658	−465	−110	15.6	−4.3	−1.0	76.7
15 311	3 699	20 227	16 528	52	415	0.0	0.4	3.3	81.7
9 715	236	5 728	4 672	141	298	64.3	3.2	6.7	81.6
10 615	2 743	5 484	1 849	−2	114	50.0	0.0	2.0	33.7
45 029	1 502	8 352	6 337	268	426	0.0	3.4	5.4	75.9
16 618	1 410	10 750	6 110	43	216	0.0	0.8	4.1	56.8
18 780	500	11 882	8 469	558	617	0.0	8.6	9.6	71.3
19 962	4 859	25 133	19 633	5	642	53.8	0.0	2.9	78.1
9 036	2 384	7 879	5 078	134	319	40.0	1.0	2.4	64.5
5 826	2 328	3 548	1 220	170	411	48.5	2.4	5.8	34.4
4 222	1 539	5 078	3 622	−91	−38	62.5	−1.5	−0.6	71.3
6 750	1 614	4 445	2 506	35	442	13.8	0.3	3.2	56.4
4 697	1 627	2 870	588	1	165	30.8	0.0	1.7	20.5
5 381	1 532	6 380	4 743	146	343	76.9	1.9	4.5	74.3
6 071	3 056	7 821	4 118	949	2 675	63.5	3.0	8.5	52.7
4 185	467	9 382	7 556	121	282	30.0	2.0	4.6	80.5
6 071	2 179	4 041	1 514	124	811	15.7	0.5	3.0	37.5
10 327	3 524	6 230	2 270	96	1 067	90.9	0.3	3.7	36.4
9 362	3 200	8 858	4 222	340	971	33.8	1.8	5.2	47.7
7 773	1 432	3 401	1 500	317	744	76.5	1.8	4.1	44.1
26 475	4 238	19 067	12 280	11	366	81.0	0.1	2.4	64.4
49 927	3 116	35 344	32 228	613	1 053	92.9	5.2	8.9	91.2
10 998	1 016	9 423	8 232	50	167	0.0	0.5	1.6	87.4
8 147	1 501	18 492	16 883	0	209	78.6	0.0	3.3	91.3
12 521	1 525	13 172	11 577	23	139	30.8	0.4	2.2	87.9
27 271	3 000	47 152	39 335	334	1 292	92.5	1.2	4.5	83.4
35 659	5 001	284 181	269 633	4 580	6 885	86.0	3.6	5.4	94.9
4 837	2 119	5 961	4 130	83	206	100.0	1.4	3.4	69.3
9 505	1 500	12 807	11 275	16	156	58.8	0.2	2.3	88.0
14 618	2 133	16 410	13 763	629	1 023	13.7	3.9	6.3	83.9
5 859	1 538	12 451	10 717	112	418	12.0	1.0	3.8	86.1
10 533	1 564	5 200	3 608	−6	14	10.5	−0.1	0.2	69.4
13 092	1 508	16 416	14 705	399	982	19.1	0.8	1.9	89.6
22 753	3 320	8 178	5 012	425	753	41.2	2.9	5.1	61.3
13 669	1 572	4 274	2 359	116	211	100.0	0.7	1.3	55.2
40 099	1 286	102 557	97 054	392	989	41.7	1.1	2.7	94.6
10 082	1 820	5 400	2 445	65	828	30.2	0.1	1.7	45.3
14 347	1 539	17 281	14 842	403	990	7.7	1.2	2.9	85.9

7-20 全国各地区大中型建筑业企业

企业名称	平均人数 (人)	建筑业总产值 (万元)	竣工面积 (平方米)	建筑业增加值 (万元)	按总产值计算的劳动生产率 (元/人)
江都市建设工程总公司	6 529	39 173	384 464	4 679	59 998
江都市安装工程总公司	2 400	17 936	9 440	3 553	74 733
江都市建筑安装配套公司	3 122	13 443	125 116	3 986	43 060
江都市振兴建筑安装工程公司	4 244	28 183	169 323	4 396	66 407
江都市工业建筑安装工程公司	2 510	17 105	234 610	3 448	68 146
江都市第五建筑安装工程公司	1 260	10 200	39 687	2 410	80 952
邗江县汉河建筑安装工程公司	1 386	2 197	94 490	2 862	15 851
邗江县第二建筑安装工程公司	4 947	29 970	340 952	6 665	60 583
江苏省邗江县建筑安装工程公司	4 712	49 437	362 871	13 111	104 918
江苏省交通工程总公司	5 118	42 985	0	11 498	83 988
镇江市第二建筑工程公司	2 965	8 110	80 490	3 076	27 354
镇江市建筑工程公司	3 289	12 158	123 603	5 247	36 964
镇江市第四建筑工程公司	2 663	15 851	85 945	4 466	59 521
江苏省镇江市路桥工程公司	798	5 660	0	1 283	70 927
丹徒县建筑安装工程总公司	1 828	6 504	38 515	1 960	35 580
江苏省句容市第二建筑工程公司	3 073	9 226	95 034	3 277	30 022
扬中市建筑安装工程总公司	1 377	6 566	68 863	1 689	47 686
江苏省扬中市第二建筑安装工程公司	2 040	6 510	35 525	1 787	31 912
江苏合发集团有限责任公司	238	6 080	0	1 782	255 462
镇江市市政建设工程总公司	1 600	5 370	0	2 022	33 563
丹阳市建筑工程公司	1 538	6 015	22 904	669	39 109
江苏正太建设股份有限公司	2 897	18 416	206 714	4 007	63 569
泰兴市南新建筑安装工程公司	1 630	13 214	160 659	2 648	81 067
泰兴市古溪建筑安装工程公司	1 350	10 300	53 950	1 883	76 296
姜堰市建筑安装工程公司	826	7 731	61 654	2 018	93 594
江苏省泰兴市第三建筑安装工程公司	1 206	10 424	89 996	2 358	86 438
江苏省泰兴市第一建筑安装工程公司	3 389	45 958	410 455	7 224	135 608
泰兴市建筑安装工程公司	1 428	8 519	75 117	1 889	59 660
江苏河海工程集团公司	2 781	10 131	0	4 247	36 430
江苏省泰兴市第四建筑安装工程公司	2 998	24 513	151 280	5 078	81 765
姜堰市第二建筑安装工程公司	1 870	11 540	104 155	2 687	61 711
姜堰市通达建筑安装工程公司	1 550	7 050	78 000	2 258	45 484
姜堰市第三建筑安装工程公司	1 822	12 863	104 128	2 839	70 598
兴化市建筑工程总公司	4 058	35 790	323 441	4 118	88 195
泰州市建筑工程公司	1 163	3 643	28 226	1 271	31 322
泰州市华厦集团公司 泰州二建安装工程公司	2 565	13 113	71 962	6 138	51 123

主要经济技术指标完成情况(二十二)

按增加值计算的劳动生产率(元/人)	资本金合计(万元)	资产总计(万元)	负债合计(万元)	利润总额(万元)	利税总额(万元)	工程质量优良品率(%)	产值利润率(%)	产值利税率(%)	资产负债率(%)
7 166	3 194	18 309	13 980	44	684	27.5	0.1	1.7	76.4
14 804	1 536	11 876	10 137	−136	24	34.0	−0.8	0.1	85.4
12 768	2 348	24 224	22 053	−94	175	61.5	−0.7	1.3	91.0
10 358	1 521	48 935	46 640	251	765	18.0	0.9	2.7	95.3
13 737	1 820	9 444	7 515	20	536	75.0	0.1	3.1	79.6
19 128	152	11 750	9 861	293	559	39.4	2.9	5.5	83.9
20 646	1 661	15 947	14 165	430	604	0.0	19.6	27.5	88.8
13 474	2 119	26 781	24 369	313	741	22.8	1.0	2.5	91.0
27 826	3 194	70 293	64 901	1 192	2 186	43.3	2.4	4.4	92.3
22 465	12 126	81 549	67 914	807	1 428	100.0	1.9	3.3	83.3
10 375	1 711	17 826	15 719	1	174	27.3	0.0	2.1	88.2
15 954	1 645	18 782	15 038	8	417	16.1	0.1	3.4	80.1
16 772	2 011	19 226	16 479	15	625	34.0	0.1	3.9	85.7
16 081	2 080	4 179	2 102	300	300	100.0	5.3	5.3	50.3
10 720	1 590	9 158	7 979	−392	−156	33.3	−6.0	−2.4	87.1
10 663	1 579	9 611	7 752	135	407	30.0	1.5	4.4	80.7
12 266	1 548	7 700	6 037	7	205	29.3	0.1	3.1	78.4
8 760	1 876	4 029	2 154	43	222	28.6	0.7	3.4	53.4
74 857	2 666	7 504	3 457	656	966	69.2	10.8	15.9	46.1
12 638	1 152	6 144	3 820	26	103	61.9	0.5	1.9	62.2
4 352	1 546	6 065	4 381	−102	−91	72.7	−1.7	−1.5	72.2
13 833	4 520	18 483	12 993	171	637	39.5	0.9	3.5	70.3
16 248	614	5 983	3 669	298	698	35.7	2.3	5.3	61.3
13 950	1 648	3 318	1 374	141	403	15.0	1.4	3.9	41.4
24 436	434	21 493	20 526	417	603	100.0	5.4	7.8	95.5
19 556	2 138	15 137	12 679	232	591	27.3	2.2	5.7	83.8
21 316	7 149	133 996	126 847	1 438	2 159	64.0	3.1	4.7	94.7
13 230	2 291	6 462	3 511	493	615	21.4	5.8	7.2	54.3
15 270	5 014	14 000	6 640	1 256	1 604	0.0	12.4	15.8	47.4
16 940	3 654	19 514	15 049	562	975	7.2	2.3	4.0	77.1
14 367	1 566	27 087	24 293	11	305	40.5	0.1	2.6	89.7
14 567	1 583	16 637	14 205	25	297	72.4	0.4	4.2	85.4
10 148	1 812	11 195	9 710	21	430	47.5	0.1	1.2	86.7
10 928	1 520	11 440	10 502	−863	−756	16.0	−23.7	−20.8	91.8
23 932	3 578	58 675	53 468	423	955	33.3	3.2	7.3	91.1
15 580	1 349	12 385	10 897	27	270	30.8	0.2	2.1	88.0

7-20 全国各地区大中型建筑业企业

企业名称	平均人数（人）	建筑业总产值（万元）	竣工面积（平方米）	建筑业增加值（万元）	按总产值计算的劳动生产率（元/人）
泰州市工业设备安装总公司	645	3 324	0	781	51 536
江苏鼎盛集团	2 885	19 227	196 611	5 020	66 643
泰兴市过船镇建筑安装公司	1 800	13 008	99 935	3 473	72 267
靖江市建筑安装工程公司	2 666	20 255	179 047	3 797	75 975
江苏海洋工程总公司	888	13 455	0	2 668	151 521
靖江市越江建筑实业总公司	868	5 411	68 870	1 559	62 341
宿迁建筑工程公司	3 309	6 555	64 315	2 661	19 809
浙江省					
浙江省大成建设实业公司	1 445	15 731	0	2 174	108 862
浙江省第三建筑工程公司	6 683	88 014	491 222	12 955	131 698
浙江省地质矿产工程公司	887	11 862	0	2 444	133 727
浙江省工业设备安装公司	4 481	44 251	0	10 053	98 753
浙江省第一建筑工程公司	8 519	65 141	637 325	6 648	76 465
浙江省水电建筑安装公司	2 184	20 520	0	3 445	93 956
浙江省第四建工程公司	3 215	80 627	404 993	13 249	250 783
浙江省建工集团总公司	1 322	22 354	180 516	2 839	169 093
浙江钱塘江水利建筑工程公司	673	4 102	0	1 307	60 958
杭州市政工程总公司	1 337	12 913	0	3 339	96 580
杭州市第三建筑工程公司	3 603	23 052	196 711	3 866	63 981
杭州市第四建筑工程公司	1 470	10 012	131 716	1 653	68 112
杭州市设备安装公司	1 390	15 964	0	3 634	114 848
杭州市建筑工程公司	4 462	34 067	328 173	5 795	76 350
杭州第二建筑工程公司	5 092	26 227	271 051	5 311	51 506
浙江省钱江建筑工程公司	2 353	10 579	121 596	2 992	44 958
杭州市公路工程处	1 500	19 667	0	1 630	131 110
杭州电力发展总公司	1 291	25 626	0	8 201	198 496
杭州路达公路工程公司	645	5 304	0	1 345	82 234
杭州市路桥总公司	1 314	3 767	0	1 831	28 671
杭州市江干区第五建筑工程总公司	1 699	18 319	111 598	3 693	107 821
杭州市江干区第四建筑工程公司	980	4 288	66 921	2 319	43 751
杭州时代建筑装璜工程公司	542	4 003	5 061	997	73 862
萧山市建筑实业公司	1 429	20 745	120 730	4 949	145 168
萧山市第三建筑工程公司	3 216	21 960	86 420	3 870	68 284
浙江东南网架集团	300	4 932	0	1 591	164 400
萧山市城南建筑工程公司	1 895	7 165	36 305	2 602	37 810
萧山市第四建筑工程公司	1 100	7 080	89 032	2 204	64 364
浙江省萧山市建筑营造公司	1 640	10 725	139 376	3 117	65 396

主要经济技术指标完成情况(二十三)

按增加值计算的劳动生产率(元/人)	资本金合计(万元)	资产总计(万元)	负债合计(万元)	利润总额(万元)	利税总额(万元)	工程质量优良品率(%)	产值利润率(%)	产值利税率(%)	资产负债率(%)
12 104	1 530	2 998	1 415	0	47	42.9	0.0	1.4	47.2
17 402	4 125	8 051	3 926	778	1 402	73.0	4.0	7.3	48.8
19 292	1 519	14 278	12 071	165	380	9.8	1.3	2.9	84.5
14 243	3 566	49 889	45 652	346	653	38.2	1.7	3.2	91.5
30 047	2 424	10 985	7 446	605	691	91.7	4.5	5.1	67.8
17 964	1 512	5 194	3 464	33	153	35.5	0.6	2.8	66.7
8 041	1 605	4 613	2 355	33	188	60.9	0.5	2.9	51.0
15 045	1 000	21 350	19 429	126	653	100.0	0.8	4.1	91.0
19 384	1 250	44 339	40 809	248	2 670	25.7	0.3	3.0	92.0
27 549	1 257	6 131	4 301	8	217	8.5	0.1	1.8	70.2
22 434	5 174	44 917	36 025	309	1 445	58.9	0.7	3.3	80.2
7 804	1 300	29 367	25 554	169	1 099	36.1	0.3	1.7	87.0
15 773	2 631	26 085	21 928	307	792	38.5	1.5	3.9	84.1
41 209	1 300	33 414	29 226	242	2 886	38.0	0.3	3.6	87.5
21 472	1 947	34 775	31 326	489	932	5.6	2.2	4.2	90.1
19 415	3 675	12 680	8 978	229	286	23.8	5.6	7.0	70.8
24 975	3 150	28 138	21 414	309	324	45.5	2.4	2.5	76.1
10 731	3 159	18 211	14 579	258	732	14.6	1.1	3.2	80.1
11 244	1 151	7 152	5 100	85	240	18.6	0.8	2.4	71.3
26 143	2 919	14 956	11 443	231	638	17.1	1.4	4.0	76.5
12 989	2 117	19 793	15 198	281	1 433	9.4	0.8	4.2	76.8
10 430	3 275	16 154	13 119	160	977	7.1	0.6	3.7	81.2
12 715	9 467	13 610	12 072	226	553	24.2	2.1	5.2	88.7
10 867	3 200	13 022	8 189	98	101	42.9	0.5	0.5	62.9
63 524	4 336	52 084	40 894	5 243	6 255	26.8	20.5	24.4	78.5
20 859	690	9 031	2 099	89	246	100.0	1.7	4.6	23.2
13 933	2 500	13 197	10 632	251	260	4.4	6.7	6.9	80.6
21 739	6 000	27 519	11 677	491	770	10.5	2.7	4.2	42.4
23 663	2 114	11 110	8 662	200	424	0.0	4.7	9.9	78.0
18 395	500	1 879	832	217	379	0.0	5.4	9.5	44.3
34 634	3 580	10 275	5 650	633	1 351	41.7	3.0	6.5	55.0
12 034	300	13 898	5 299	316	1 074	27.8	1.4	4.9	38.1
53 023	3 070	15 397	11 153	234	381	98.4	4.7	7.7	72.4
13 731	1 600	9 500	5 680	380	802	30.8	5.3	11.2	59.8
20 038	1 832	3 218	1 386	127	391	32.1	1.8	5.5	43.1
19 004	1 850	17 346	14 310	237	602	25.6	2.2	5.6	82.5

7-20 全国各地区大中型建筑业企业

企业名称	平均人数（人）	建筑业总产值（万元）	竣工面积（平方米）	建筑业增加值（万元）	按总产值计算的劳动生产率（元/人）
杭州萧宏市政工程公司	1 082	17 958	0	2 532	165 972
浙江萧山建工集团	4 327	29 892	222 884	7 141	69 082
萧山市市政工程公司	1 823	12 500	0	4 413	68 568
浙江省水电建筑第三工程处	1 299	10 540	2 500	2 619	81 140
浙江省萧山市第二建筑工程公司	3 300	25 405	237 124	5 968	76 985
富阳市第二建筑工程有限公司	1 468	6 077	16 475	1 962	41 399
临安市江南建筑工程有限公司	2 100	6 494	64 933	1 910	30 924
余杭市第一建筑工程公司	1 172	6 136	85 903	1 596	52 356
余杭市第二建筑工程有限责任公司	1 700	7 140	131 465	2 426	42 000
建德市建筑工程公司	1 218	5 171	50 097	1 818	42 455
浙江省水电建筑第一工程处	2 116	12 342	2 004	3 845	58 326
浙江省围海工程公司	916	7 244	10 606	2 020	79 083
浙江省路桥工程处	2 690	63 708	0	8 166	236 833
宁波市第二建筑工程公司	4 151	44 285	267 763	7 245	106 686
宁波市建筑安装总公司	6 785	107 313	472 257	17 076	158 162
宁波市市政工程总公司	1 889	21 429	0	5 149	113 439
宁波保税区东方工程实业公司	1 328	3 804	0	2 324	28 645
宁波北仑第一建筑安装工程公司	2 169	12 088	53 816	1 319	55 732
宁波市第四建筑工程公司	1 180	6 124	68 145	1 536	51 897
浙江省第二建筑工程公司	5 025	45 431	198 284	12 272	90 410
浙江海洋工程总公司	526	7 514	0	1 739	142 852
宁波市镇海炼化检修安装工程公司	885	10 239	0	4 235	115 694
浙江省鄞县建筑公司	1 319	10 574	159 933	2 637	80 167
余姚市三江建设公司(原村镇建设公司)	1 244	6 312	39 354	1 682	50 740
余姚市建筑工程公司	725	3 428	47 447	1 078	47 280
宁海县坑道工程公司	460	6 000	0	2 129	130 435
浙江省宁海县第三建筑公司	1 420	6 358	72 011	1 513	44 775
浙江省围海工程公司	916	7 244	10 606	2 020	79 083
象山县建筑安装实业公司	6 053	51 020	474 727	10 867	84 288
浙江宏润集团股份有限公司	8 106	101 565	797 874	20 785	125 296
宁波华丰建设公司	5 032	40 172	278 944	9 481	79 833
宁波华厦建设公司	3 893	35 589	237 071	8 801	91 417
象山县浙东建筑工程公司	1 435	12 594	12 848	2 580	87 763
宁波交通工程(集团)公司	1 162	10 033	0	2 897	86 342
象山二建集团股份有限公司	13 392	126 180	382 588	24 796	94 220
宁波聚实建筑工程有限公司	2 071	20 709	191 860	3 064	99 995
温州路桥工程公司	1 065	8 741	0	1 597	82 076
温州市建设集团公司	6 537	39 009	303 689	8 383	59 673
温州市环城建筑工程公司	1 738	12 476	111 406	2 544	71 783

主要经济技术指标完成情况(二十四)

按增加值计算的劳动生产率(元/人)	资本金合计(万元)	资产总计(万元)	负债合计(万元)	利润总额(万元)	利税总额(万元)	工程质量优良品率(%)	产值利润率(%)	产值利税率(%)	资产负债率(%)
23 400	1 038	5 777	4 294	247	799	38.5	1.4	4.4	74.3
16 503	3 380	18 833	15 383	184	1 468	19.1	0.6	4.9	81.7
24 210	1 500	10 742	8 253	302	739	33.3	2.4	5.9	76.8
20 164	3 208	12 567	9 561	120	339	100.0	1.1	3.2	76.1
18 085	3 070	29 535	26 102	107	763	35.4	0.4	3.0	88.4
13 364	1 516	2 684	893	66	261	0.0	1.1	4.3	33.3
9 097	2 050	5 552	2 833	129	353	14.3	2.0	5.4	51.0
13 614	3 030	11 071	7 519	241	348	4.8	3.9	5.7	67.9
14 272	1 509	18 019	16 120	234	537	22.5	3.3	7.5	89.5
14 929	1 577	7 641	5 162	48	223	25.0	0.9	4.3	67.6
18 171	4 119	12 859	9 078	66	488	50.0	0.5	4.0	70.6
22 052	1 400	7 842	6 550	49	579	85.7	0.7	8.0	83.5
30 359	5 591	44 517	28 628	3 532	4 911	50.0	5.5	7.7	64.3
17 453	7 111	55 142	44 932	662	1 604	27.5	1.5	3.6	81.5
25 167	4 391	114 119	105 243	1 442	3 968	26.2	1.3	3.7	92.2
27 259	2 687	25 178	20 359	666	1 009	64.0	3.1	4.7	80.9
17 501	1 030	3 496	1 090	62	188	57.1	1.6	4.9	31.2
6 082	1 550	9 014	7 279	136	404	13.3	1.1	3.3	80.8
13 018	1 504	5 096	3 445	15	126	25.0	0.2	2.1	67.6
24 423	1 150	30 000	26 886	255	1 991	25.8	0.6	4.4	89.6
33 055	1 113	4 164	3 087	80	127	25.0	1.1	1.7	74.1
47 858	3 241	7 025	1 728	371	517	0.0	3.6	5.1	24.6
19 995	1 552	13 067	11 125	68	371	21.2	0.6	3.5	85.1
13 524	1 521	4 373	2 777	109	290	73.3	1.7	4.6	63.5
14 872	1 520	4 501	2 533	20	158	13.3	0.6	4.6	56.3
46 283	1 200	2 640	1 420	60	348	0.0	1.0	5.8	53.8
10 654	1 503	2 557	914	101	232	15.8	1.6	3.6	35.7
22 053	1 400	7 842	6 550	49	579	85.7	0.7	8.0	83.5
17 953	3 824	39 948	35 012	887	2 166	30.7	1.7	4.2	87.6
25 642	6 361	55 226	41 603	5 248	7 757	58.5	5.2	7.6	75.3
18 842	2 656	16 595	13 146	815	1 730	54.1	2.0	4.3	79.2
22 606	3 210	17 081	13 573	700	1 413	35.7	2.0	4.0	79.5
17 979	2 608	4 032	1 381	128	584	44.4	1.0	4.6	34.2
24 934	3 080	10 224	5 632	156	466	37.5	1.6	4.6	55.1
18 515	3 800	26 155	14 457	4 082	6 519	63.5	3.2	5.2	55.3
14 797	1 520	9 583	7 785	219	586	17.1	1.1	2.8	81.2
14 992	1 073	3 146	1 969	0	63	25.0	0.0	0.7	62.6
12 824	1 928	27 179	23 736	122	626	28.3	0.3	1.6	87.3
14 635	2 027	17 814	15 105	22	205	17.4	0.2	1.6	84.8

7-20 全国各地区大中型建筑业企业

企业名称	平均人数（人）	建筑业总产值（万元）	竣工面积（平方米）	建筑业增加值（万元）	按总产值计算的劳动生产率（元/人）
温州市基础工程公司	270	3 808	0	653	141 037
温州市鹿城第二建筑工程公司	1 117	6 565	43 007	1 340	58 772
温州市鹿城第一建筑工程公司	1 275	8 156	109 984	1 682	63 971
温州市瓯海建筑工程公司	2 764	18 089	215 518	4 333	65 446
温州东瓯建设集团公司	1 982	12 101	204 774	2 968	61 053
永嘉县建筑工程公司第一工程队	780	6 210	19 641	1 030	79 615
乐清市建筑工程公司	1 307	6 013	94 453	1 890	46 005
瑞安市建筑工程公司	1 338	11 281	91 377	3 895	84 310
温州第二井巷工程公司	1 325	2 623	0	2 077	19 796
温州浙南井巷工程公司	2 200	9 139	0	1 936	41 541
嘉兴市建筑安装工程公司	4 750	23 430	325 142	6 060	49 325
平湖市建筑安装实业公司	2 519	7 928	114 121	2 221	31 474
平湖市天正集团有限公司	1 756	5 746	105 176	2 888	32 725
浙江嘉兴新厦建筑集团公司	1 653	6 088	82 113	1 656	36 830
浙江省水利疏浚工程处	612	4 202	1 145	2 127	68 667
湖州市住宅建筑工程公司	1 200	6 058	57 020	1 580	50 485
湖州市建筑安装工程总公司	2 645	14 348	76 136	3 626	54 247
湖州市环渚建筑工程公司	1 170	7 497	80 783	1 821	64 074
湖州市市政工程总公司	880	3 515	0	1 580	39 943
湖州市升山建筑工程有限公司	1 650	7 861	69 036	2 932	47 645
湖州市通讯建筑工程安装公司	1 438	9 565	28 565	2 504	66 516
长兴县第三建筑工程公司	2 227	11 993	41 236	2 352	53 855
绍兴市市政工程公司	810	5 017	0	900	61 942
浙江省水电建筑基础工程公司	541	2 122	0	771	39 224
绍兴市第三建筑安装工程公司	2 883	20 214	153 099	5 133	70 114
绍兴市第一建筑安装工程公司	3 776	30 881	161 981	6 303	81 783
绍兴市禹陵建筑工程公司	2 245	12 642	100 788	3 492	56 313
绍兴市建筑安装工程公司	4 060	27 098	218 194	6 351	66 743
绍兴市公路工程公司	1 022	6 785	0	1 113	66 392
绍兴县第四建筑工程公司	3 006	25 310	105 875	5 620	84 198
绍兴县建筑营造公司	2 150	8 230	93 990	2 498	38 278
绍兴县建筑工程公司	2 760	30 267	140 758	8 608	109 662
绍兴县第一建筑安装工程公司	2 725	16 500	55 569	4 830	60 550
绍兴县平江建筑工程公司	1 015	8 139	131 156	1 809	80 190
绍兴县建筑安装工程公司	2 326	12 008	66 180	5 065	51 625
绍兴县建筑实业公司	1 850	18 050	67 820	4 786	97 568
绍兴县建筑工程有限公司	1 601	8 087	82 600	1 635	50 512
绍兴县第三建筑工程公司	6 528	100 388	488 109	27 101	153 781
绍兴县第六建筑工程公司	3 518	51 138	196 457	12 171	145 362

主要经济技术指标完成情况(二十五)

按增加值计算的劳动生产率(元/人)	资本金合计(万元)	资产总计(万元)	负债合计(万元)	利润总额(万元)	利税总额(万元)	工程质量优良品率(%)	产值利润率(%)	产值利税率(%)	资产负债率(%)
24 193	617	4 489	3 820	15	80	0.0	0.4	2.1	85.1
11 995	1 018	15 749	14 706	10	155	33.3	0.2	2.4	93.4
13 193	1 626	17 781	16 118	39	128	4.9	0.5	1.6	90.6
15 678	1 820	29 544	27 603	124	500	35.3	0.7	2.8	93.4
14 977	2 051	19 002	16 919	85	420	28.3	0.7	3.5	89.0
13 212	1 511	5 458	3 888	2	61	33.3	0.0	1.0	71.2
14 458	1 685	18 156	18 156	300	516	19.4	5.0	8.6	100.0
29 113	1 603	13 194	11 543	80	393	45.9	0.7	3.5	87.5
15 678	1 988	2 610	494	164	257	38.5	6.2	9.8	18.9
8 800	2 671	3 499	820	14	326	77.3	0.2	3.6	23.4
12 757	1 543	14 186	10 389	139	1 161	30.2	0.6	5.0	73.2
8 816	1 538	14 077	12 949	−33	231	11.8	−0.4	2.9	92.0
16 445	1 557	12 492	10 937	−15	243	8.8	−0.3	4.2	87.6
10 019	3 115	8 686	5 544	4	131	29.6	0.1	2.1	63.8
34 758	2 508	8 606	5 075	517	565	50.0	12.3	13.4	59.0
13 168	1 549	8 919	7 688	186	246	23.1	3.1	4.1	86.2
13 709	2 573	24 662	19 894	157	546	14.3	1.1	3.8	80.7
15 568	1 680	11 815	10 067	39	179	32.1	0.5	2.4	85.2
17 950	543	5 985	4 902	102	128	5.9	2.9	3.6	81.9
17 767	2 130	6 574	4 303	74	341	20.0	0.9	4.3	65.4
17 416	2 269	4 164	1 614	664	1 069	20.0	6.9	11.2	38.8
10 563	1 019	26 475	23 914	25	64	15.8	0.2	0.5	90.3
11 106	466	4 899	3 726	102	228	40.7	2.0	4.5	76.1
14 259	873	4 899	4 026	2	57	100.0	0.1	2.7	82.2
17 804	3 210	10 035	6 411	253	936	34.5	1.3	4.6	63.9
16 692	2 906	17 116	14 210	354	1 374	59.4	1.1	4.4	83.0
15 555	1 880	5 741	3 288	337	777	37.0	2.7	6.1	57.3
15 642	3 555	16 564	10 898	448	1 353	23.0	1.7	5.0	65.8
10 888	1 760	2 411	2 411	32	66	0.0	0.5	1.0	100.0
18 696	3 083	4 400	1 029	65	322	41.7	0.3	1.3	23.4
11 618	4 856	6 559	1 521	215	441	20.0	2.6	5.4	23.2
31 190	3 051	13 137	8 757	422	1 368	32.0	1.4	4.5	66.7
17 726	3 104	6 209	2 864	55	386	53.3	0.3	2.3	46.1
17 821	1 516	2 661	995	54	232	28.0	0.7	2.9	37.4
21 776	1 721	10 077	7 652	630	1 161	50.0	5.3	9.7	75.9
25 872	1 530	7 981	6 349	285	831	42.9	1.6	4.6	79.5
10 210	1 508	4 642	2 815	107	375	10.0	1.3	4.6	60.6
41 514	11 899	21 981	8 353	3 320	6 674	51.8	3.3	6.6	38.0
34 597	3 218	19 450	14 118	1 135	2 989	69.0	2.2	5.8	72.6

7-20 全国各地区大中型建筑业企业

企业名称	平均人数(人)	建筑业总产值(万元)	竣工面积(平方米)	建筑业增加值(万元)	按总产值计算的劳动生产率(元/人)
绍兴县安昌建筑工程公司	1 058	6 535	62 223	2 306	61 767
绍兴县第五建筑工程公司	1 930	15 078	69 592	4 242	78 124
绍兴县江桥第二建筑工程公司	2 038	15 500	56 013	4 983	76 055
绍兴县第九建筑安装工程公司	1 971	9 117	97 893	2 950	46 257
绍兴县第二建筑工程公司	3 682	61 801	189 240	14 889	167 846
绍兴县市政工程公司	2 500	18 372	0	4 648	73 489
绍兴县第十二建筑安装工程公司	1 447	6 256	126 755	1 834	43 234
绍兴县第十一建筑安装工程公司	2 531	7 657	101 567	3 489	30 255
绍兴县第八建筑工程公司	1 380	6 356	64 988	1 696	46 059
绍兴县交通工程公司	766	5 399	0	1 442	70 487
上虞市凤山建筑总公司	2 018	15 180	91 869	2 001	75 223
浙江省上虞市建筑工程公司	2 094	9 464	76 784	2 253	45 194
上虞市农垦建筑工程公司	9 900	101 801	777 033	12 753	102 829
上虞市舜江建筑工程公司	2 105	13 120	103 271	2 838	62 328
浙江恒通建筑集团公司	4 621	33 900	102 066	7 971	73 360
浙江中富建筑集团公司	5 650	48 531	276 405	6 464	85 895
浙江省华升建筑工程公司	5 008	46 180	297 679	11 166	92 212
上虞市第八建筑工程公司	2 218	13 815	57 344	2 481	62 286
上虞市新宏建筑工程公司	1 775	10 090	130 226	2 629	56 845
上虞市谢塘建筑工程公司	2 078	13 519	13 762	3 634	65 058
上虞丰惠建筑工程公司	2 089	13 649	107 198	3 730	65 339
上虞市第四建筑工程公司	2 095	7 118	22 075	2 032	33 976
绍兴市水利建筑工程公司	416	3 173	2 000	1 159	76 274
上虞市海滨建筑工程公司	3 820	42 235	157 948	8 517	110 563
上虞市第五建筑工程公司	4 858	48 165	304 245	7 958	99 146
上虞市第七建筑工程公司	850	11 420	42 640	2 950	134 353
上虞市交通工程实业总公司	1 125	8 580	0	2 606	76 267
上虞市樟塘建筑工程有限公司	4 311	28 679	195 598	7 259	66 524
上虞市正大建筑工程公司	2 105	12 410	127 772	2 738	58 955
上虞市装饰实业公司	782	30 800	0	7 779	393 862
浙江省诸暨市第二建筑工程公司	6 780	60 860	358 200	14 185	89 764
诸暨市第八建筑工程公司	4 100	31 800	188 439	4 277	77 561
浙江省诸暨市第五建筑工程公司	5 074	58 066	355 705	15 172	114 438
浙江省诸暨市第三建筑工程公司	5 500	53 810	122 432	11 179	97 836
浙江省诸暨市城乡建筑工程公司	1 800	6 827	87 517	2 408	37 928
浙江省诸暨市工业设备安装公司	3 895	53 000	0	8 309	136 072
诸暨市第十建筑工程公司	1 379	11 631	62 899	2 559	84 344
浙江省诸暨市建筑安装工程公司	6 958	81 570	402 904	14 098	117 232
浙江省诸暨市第四建筑工程公司	3 801	40 160	216 846	8 457	105 656

主要经济技术指标完成情况(二十六)

按增加值计算的劳动生产率(元/人)	资本金合计(万元)	资产总计(万元)	负债合计(万元)	利润总额(万元)	利税总额(万元)	工程质量优良品率(%)	产值利润率(%)	产值利税率(%)	资产负债率(%)
21 794	1 357	4 500	2 651	303	473	35.3	4.6	7.2	58.9
21 981	3 494	7 818	3 629	763	1 633	37.5	5.1	10.8	46.4
24 451	2 732	7 258	3 610	674	1 206	26.7	4.4	7.8	49.7
14 967	1 653	4 783	2 851	306	690	40.0	3.4	7.6	59.6
40 436	3 463	15 580	9 733	869	3 103	47.8	1.4	5.0	62.5
18 594	4 100	5 993	1 019	504	804	16.3	2.7	4.4	17.0
12 672	1 500	3 992	2 293	30	268	10.7	0.5	4.3	57.4
13 785	4 616	6 128	1 482	146	748	18.8	1.9	9.8	24.2
12 288	1 536	2 315	697	106	266	21.1	1.7	4.2	30.1
18 830	1 609	13 387	11 366	33	40	15.0	0.6	0.7	84.9
9 918	1 833	4 262	2 393	389	569	73.3	2.6	3.7	56.1
10 758	2 163	5 780	2 879	232	520	21.4	2.5	5.5	49.8
12 882	3 400	11 512	3 812	1 002	2 960	45.5	1.0	2.9	33.1
13 485	200	3 549	936	332	711	44.4	2.5	5.4	26.4
17 250	3 812	11 095	6 489	467	1 188	23.5	1.4	3.5	58.5
11 441	4 139	6 585	1 399	837	1 462	38.5	1.7	3.0	21.3
22 297	6 211	36 085	29 874	838	1 830	40.5	1.8	4.0	82.8
11 185	1 780	4 117	1 908	386	763	14.3	2.8	5.5	46.4
14 811	1 557	6 776	4 984	201	555	37.5	2.0	5.5	73.6
17 488	1 624	7 391	5 591	231	561	33.3	1.7	4.1	75.6
17 855	2 162	5 454	2 747	571	1 076	34.2	4.2	7.9	50.4
9 699	3 430	3 942	613	49	193	28.6	0.7	2.7	15.6
27 873	1 653	5 204	3 320	152	332	0.0	4.8	10.5	63.8
22 296	3 978	19 729	15 386	1 203	1 925	35.2	2.8	4.6	78.0
16 382	3 465	24 663	18 429	1 861	3 279	37.7	3.9	6.8	74.7
34 711	1 796	4 919	3 123	318	701	25.0	2.8	6.1	63.5
23 169	1 379	4 399	2 756	162	315	11.5	1.9	3.7	62.6
16 838	6 188	8 010	1 821	576	1 589	61.7	2.0	5.5	22.7
13 009	1 633	4 363	1 962	242	705	21.7	1.9	5.7	45.0
99 482	5 168	9 998	3 423	1 738	3 293	56.3	5.6	10.7	34.2
20 922	3 787	20 533	15 373	792	2 012	35.7	1.3	3.3	74.9
10 431	2 181	3 078	906	386	1 008	42.4	1.2	3.2	29.4
29 900	5 158	30 737	26 896	1 183	2 070	35.6	2.0	3.6	87.5
20 325	3 175	8 041	4 806	736	1 830	29.4	1.4	3.4	59.8
13 378	1 558	2 702	1 180	139	413	29.6	2.0	6.0	43.7
21 334	3 264	26 367	22 863	1 002	2 237	55.2	1.9	4.2	86.7
18 554	1 568	5 915	4 283	181	434	27.8	1.6	3.7	72.4
20 261	5 018	22 368	16 247	1 195	2 689	31.0	1.5	3.3	72.6
22 249	3 156	28 663	25 507	717	2 024	46.3	1.8	5.0	89.0

7-20 全国各地区大中型建筑业企业

企业名称	平均人数（人）	建筑业总产值（万元）	竣工面积（平方米）	建筑业增加值（万元）	按总产值计算的劳动生产率（元/人）
诸暨市第七建筑工程公司	5 250	54 074	612 609	9 341	102 998
诸暨市建筑基础施工公司	214	2 639	0	881	123 318
诸暨市水电建筑工程公司	1 805	10 099	51 534	2 228	55 949
诸暨市第六建筑工程公司	1 791	8 749	85 501	2 104	48 850
诸暨市水电建筑工程公司	1 805	10 099	51 534	2 228	55 949
嵊州市第三建筑工程公司	2 050	14 875	101 956	3 496	72 562
浙江省嵊州市建筑工程公司	2 536	25 876	149 730	5 792	102 034
嵊州市公路桥梁建筑安装公司	951	4 812	0	1 286	50 599
浙江绍兴宏伟建筑工程有限公司	2 052	8 171	78 379	2 588	39 822
浙江鲁易建筑安装工程有限公司	1 685	7 012	43 666	2 052	41 614
中外合资浙江泰胜建筑工程有限公司	2 016	11 119	88 099	3 437	55 155
浙江华佳建筑工程有限公司	2 160	9 709	77 803	2 370	44 951
浙江省诸暨市第一建筑工程公司	3 816	50 008	210 845	6 274	131 048
浙江宝业建筑装饰工程有限责任公司	1 692	11 134	36 058	2 810	65 802
金华市第一建筑工程公司	3 044	20 714	292 190	2 575	68 048
浙江省金华市建筑工程公司	2 082	10 742	104 647	2 342	51 597
金华县交通工程公司	1 106	4 507	0	2 026	40 750
武义县建筑工程公司	482	2 569	54 995	366	53 290
义乌市第二建筑工程公司	1 564	6 446	125 730	1 234	41 217
义乌市交通工程建设公司	906	3 560	0	1 266	39 294
义乌市住宅公司	1 380	6 138	93 133	1 279	44 480
义乌市建筑工程公司	2 180	6 180	103 478	1 644	28 349
义乌市稠城镇住宅建筑总公司	995	6 111	60 226	797	61 417
金华市公路桥梁建设有限公司	1 630	23 448	0	2 072	143 853
金华市送变电工程公司	372	5 079	0	1 407	136 532
浙江中天建设工程集团有限公司	7 660	80 100	509 763	24 341	104 569
东阳市第二建筑工程公司	6 523	68 899	257 180	19 927	105 624
东阳市第三建筑工程公司	8 516	71 089	282 079	20 320	83 477
东阳市第四建筑工程公司	6 852	66 320	119 275	23 825	96 789
东阳市第五建筑工程公司	1 877	7 216	57 500	2 542	38 444
东阳市第六建筑工程公司	2 328	10 597	92 624	3 791	45 520
浙江鼎立建筑集团有限公司	3 995	22 574	169 322	7 753	56 505
东阳市第八建筑工程公司	3 256	18 003	158 286	4 645	55 291
东阳市第九建筑工程公司	2 340	9 740	56 001	2 727	41 624
东阳市第十建筑工程公司	1 400	8 200	74 531	2 296	58 571
东阳市路桥建筑工程公司	1 050	8 084	5 610	2 591	76 993
东阳市交通建筑工程公司	1 400	8 600	12 323	2 130	61 429
东阳市横店园林古典建筑公司	2 048	10 800	111 983	3 129	52 734
东阳市城市建设工程公司	1 601	6 682	54 720	1 872	41 736

主要经济技术指标完成情况(二十七)

按增加值计算的劳动生产率(元/人)	资本金合计(万元)	资产总计(万元)	负债合计(万元)	利润总额(万元)	利税总额(万元)	工程质量优良品率(%)	产值利润率(%)	产值利税率(%)	资产负债率(%)
17 792	3 844	12 322	7 405	900	2042	35.9	1.7	3.8	60.1
41 182	2 500	4 549	2 255	101	181	0.0	3.8	6.9	49.6
12 346	1 800	3 280	1 144	189	423	30.3	1.9	4.2	34.9
11 748	1 600	4 297	2 518	99	379	14.3	1.1	4.3	58.6
12 346	1 800	3 280	1 144	189	423	30.3	1.9	4.2	34.9
17 052	1 637	15 300	13 662	23	276	58.8	0.2	1.9	89.3
22 840	3 303	15 236	11 656	171	698	28.2	0.7	2.7	76.5
13 518	1 750	3 094	925	162	289	25.0	3.4	5.0	29.9
12 610	1 506	2 999	1 310	147	342	18.2	1.8	4.2	43.7
12 181	1 740	4 606	2 549	212	451	50.0	3.0	6.4	55.3
17 051	2 035	6 089	3 325	308	610	37.9	2.8	5.5	54.6
10 973	1 904	12 016	9 753	500	790	29.2	5.1	8.1	81.2
16 441	2 706	12 130	6 819	408	1344	25.0	0.8	2.7	56.2
16 611	2 500	5 715	3 201	41	612	50.0	0.4	5.5	56.0
8 459	1 544	17 413	12 838	32	601	23.6	0.2	2.9	73.7
11 248	2 859	21 843	18 984	30	231	34.8	0.3	2.2	86.9
18 316	1 327	5 970	2 704	401	695	53.8	8.9	15.4	45.3
7 589	1 508	3 840	2 880	1	39	13.6	0.1	1.5	75.0
7 889	2 623	8 950	7 272	6	152	8.1	0.1	2.4	81.3
13 976	1 637	2 908	1 271	185	306	25.0	5.2	8.6	43.7
9 271	1 569	6 051	4 367	15	117	3.8	0.2	1.9	72.2
7 540	1 621	15 927	14 183	3	102	11.1	0.0	1.7	89.0
8 014	1 503	14 355	13 092	−94	−67	11.8	−1.5	−1.1	91.2
12 714	1 500	10 559	1 473	0	0	36.0	0.0	0.0	14.0
37 828	1 800	10 617	7 874	195	344	100.0	3.8	6.8	74.2
31 777	6 595	31 399	24 056	1 346	3 954	47.3	1.7	4.9	76.6
30 549	4 054	46 144	36 531	211	2 706	72.1	0.3	3.9	79.2
23 861	4 218	23 539	16 152	1 995	5 124	51.0	2.8	7.2	68.6
34 771	5 364	11 704	5 940	2 429	4 717	51.4	3.7	7.1	50.8
13 542	120	2 533	493	90	371	23.1	1.2	5.1	19.5
16 286	1 611	4 971	2 964	295	647	50.0	2.8	6.1	59.6
19 407	7 018	18 347	11 300	642	1 407	26.3	2.8	6.2	61.6
14 267	3 106	10 014	6 385	510	1 205	35.7	2.8	6.7	63.8
11 655	2 149	2 615	463	131	469	44.4	1.3	4.8	17.7
16 400	164	1 998	186	60	405	29.0	0.7	4.9	9.3
24 678	2 313	4 590	2 277	164	454	20.0	2.0	5.6	49.6
15 215	1 891	4 117	2 143	111	212	38.9	1.3	2.5	52.1
15 279	3 055	10 297	6 994	130	242	6.9	1.2	2.2	67.9
11 693	1 532	2 063	426	78	309	20.0	1.2	4.6	20.6

7-20 全国各地区大中型建筑业企业

企业名称	平均人数（人）	建筑业总产值（万元）	竣工面积（平方米）	建筑业增加值（万元）	按总产值计算的劳动生产率（元/人）
东阳市建筑实业工程公司	2 596	12 806	131 353	2 828	49 330
东阳市华厦建筑工程公司	2 829	15 420	109 800	1 458	54 507
东阳市民用建筑工程公司	3 596	21 026	73 920	7 369	58 471
东阳市中心建筑工程公司	2 500	15 000	63 375	4 207	60 000
东阳市红旗建筑工程公司	1 678	6 120	32 856	1 643	36 472
东阳市建筑营造公司	2 976	15 300	148 500	4 884	51 411
东阳市市政工程总公司	2 239	12 976	34 781	3 447	57 954
浙江广厦集团吴宁建筑工程有限公司	1 600	8 150	80 053	2 650	50 938
浙江省第五建筑工程公司	2 150	12 477	46 673	3 221	58 031
衢州市柯城建筑工程公司	1 073	6 669	53 245	1 517	62 150
衢州市第一建筑工程公司	819	3 857	29 515	1 230	47 092
衢州市路桥公司	838	3 520	0	1 570	42 005
江山市建筑公司	991	6 039	49 522	1 589	60 941
舟山市建筑安装工程公司	2 663	25 513	169 448	6 168	95 804
舟山市第二建筑安装工程公司	1 636	10 272	117 665	2 518	62 788
浙江腾达市政工程集团股份有限公司	2 200	50 280	0	11 112	228 545
临海第六建筑公司	1 705	16 661	108 720	4 944	97 718
台州建筑安装公司	2 280	17 186	101 732	5 290	75 375
临海第一建筑公司	3 503	25 102	197 050	6 456	71 659
临海第四建筑公司	1 300	10 039	153 530	2 685	77 224
仙居交通工程公司	784	9 672	0	2 882	123 369
仙居县第二建筑安装实业公司	1 058	2 410	35 743	674	22 779
浙江省三门县建筑安装工程公司	1 380	6 598	66 466	1 629	47 812
浙江省台州第一建筑安装工程公司	2 627	22 230	115 403	5 790	84 622
台州市路桥第四建筑工程公司	1 700	6 008	284 200	1 945	35 341
黄岩交通建设工程公司	1 450	9 000	1 350	1 854	62 069
台州市椒江交通建设工程有限公司	984	3 518	7 100	1 370	35 752
台州市第三建筑工程公司	2 318	22 588	229 887	5 259	97 446
温岭市民用建筑工程公司	2 005	7 112	47 088	1 824	35 471
温岭市第三建筑工程公司	2 018	6 165	30 432	1 766	30 550
温岭市第二建筑工程公司	2 812	20 503	88 467	5 548	72 911
温岭市第六建筑工程公司	2 602	20 058	154 165	5 467	77 088
温岭市第四建筑工程公司	2 055	12 800	114 121	3 911	62 287
温岭市田洋建筑工程公司	2 428	10 280	128 966	3 951	42 340
温岭市交通工程公司	795	5 136	0	1 837	64 604
温岭市建筑市政工程公司	1 680	6 523	31 100	1 951	38 825
温岭市第五建筑工程公司	895	5 430	0	1 718	60 666
浙江省第七地矿工程总公司	435	3 310	0	956	76 099
浙江省丽水地区建筑安装工程公司	894	3 724	59 306	529	41 660
丽水地区路桥工程处	1 102	3 818	0	736	34 646

主要经济技术指标完成情况(二十八)

按增加值计算的劳动生产率 (元/人)	资本金合计 (万元)	资产总计 (万元)	负债合计 (万元)	利润总额 (万元)	利税总额 (万元)	工程质量优良品率 (%)	产值利润率 (%)	产值利税率 (%)	资产负债率 (%)
10 893	1 826	3 118	1 248	117	561	45.5	0.9	4.4	40.0
5 156	1 508	2 758	1 414	447	950	50.0	2.9	6.2	51.3
20 491	1 779	3 162	1 383	165	1 001	35.3	0.8	4.8	43.7
16 830	1 508	3 054	1 315	71	686	21.4	0.5	4.6	43.0
9 794	1 675	2 762	1 099	24	221	20.0	0.4	3.6	39.8
16 413	1 934	2 912	691	129	678	40.0	0.8	4.4	23.7
15 394	2 058	4 507	4 056	327	539	11.1	2.5	4.2	90.0
16 562	1 682	4 117	2 422	26	338	41.2	0.3	4.1	58.8
14 981	752	9 247	7 678	121	692	21.9	1.0	5.5	83.0
14 135	1 588	12 105	5 259	18	215	41.7	0.3	3.2	43.4
15 015	1 600	7 312	5 562	19	110	0.0	0.5	2.8	76.1
18 736	2 171	2 393	120	40	213	14.3	1.1	6.0	5.0
16 032	1 560	6 984	5 423	45	166	22.7	0.7	2.7	77.7
23 161	2 559	8 512	5 893	150	916	17.6	0.6	3.6	69.2
15 391	1 536	6 143	4 524	125	355	17.5	1.2	3.5	73.6
50 510	6 136	12 881	6 744	3 014	3 923	40.0	6.0	7.8	52.4
28 996	1 525	3 512	1 572	26	411	20.0	0.2	2.5	44.8
23 203	3 120	5 641	2 522	218	810	14.8	1.3	4.7	44.7
18 429	3 382	38 898	35 130	207	455	21.4	0.8	1.8	90.3
20 658	1 133	12 397	11 020	16	378	43.6	0.2	3.8	88.9
36 761	1 000	5 547	3 060	214	532	35.7	2.2	5.5	55.2
6 367	1 500	2 655	1 024	1	82	15.4	0.0	3.4	38.6
11 801	1 542	4 114	2 659	83	218	62.5	1.3	3.3	64.6
22 041	3 677	19 599	15 913	328	713	18.3	1.5	3.2	81.2
11 442	1 500	2 645	902	4	51	12.5	0.1	0.8	34.1
12 786	1 315	4 707	3 080	120	472	20.0	1.3	5.2	65.4
13 926	1 628	4 920	3 289	20	106	0.0	0.6	3.0	66.8
22 688	3 100	14 941	11 624	183	651	35.6	0.8	2.9	77.8
9 096	537	4 643	4 023	60	139	27.8	0.8	2.0	86.6
8 750	1 832	4 259	2 264	79	184	22.2	1.3	3.0	53.2
19 731	3 578	9 758	5 743	526	1 325	50.0	2.6	6.5	58.9
21 009	3 107	14 132	9 402	1 408	1 952	25.0	7.0	9.7	66.5
19 030	1 862	4 735	2 103	487	744	38.7	3.8	5.8	44.4
16 273	1 867	5 589	3 030	871	1 214	32.4	8.5	11.8	54.2
23 113	1 002	9 821	6 815	201	353	14.3	3.9	6.9	69.4
11 613	1 588	2 002	156	466	682	21.4	7.1	10.5	7.8
19 193	1 652	4 054	2 172	152	344	0.0	2.8	6.3	53.6
21 986	1 501	2 565	1 009	−92	−31	10.0	−2.8	−0.9	39.3
5 915	1 649	4 435	2 818	4	116	16.7	0.1	3.1	63.5
6 679	1 120	3 157	751	69	133	0.0	1.8	3.5	23.8

7-20 全国各地区大中型建筑业企业

企业名称	平均人数（人）	建筑业总产值（万元）	竣工面积（平方米）	建筑业增加值（万元）	按总产值计算的劳动生产率（元/人）
安徽省					
合肥电力安装总公司	970	5 648	17 489	2 089	58 231
安徽省机械施工公司	726	1 500	0	489	20 667
安徽省第二建筑工程公司	5 766	24 200	190 194	11 183	41 970
合肥市园林建筑工程公司	300	1 264	1 100	172	42 120
省港航工程公司	1 668	5 500	2 400	1 632	32 974
省公路桥梁工程公司	1 472	12 075	0	1 654	82 031
合肥第二建安总公司	2 461	9 768	104 472	1 917	39 693
省工业设备安装公司	2 997	19 479	0	6 345	64 993
省水利建安总公司	5 518	12 245	6 630	4 475	22 190
省装饰工程公司	744	3 886	1 860	1 138	52 231
合肥建筑集团公司	6 039	24 687	224 861	6 597	40 880
省三建集团公司	6 577	28 626	245 176	9 560	43 525
省建一公司	4 863	21 220	177 095	6 220	43 636
七里塘建安总公司	1 500	24 655	138 058	1 141	164 367
合肥第五建筑工程公司	4 980	12 600	156 188	3 546	25 301
合肥市劳武建安工程公司	1 300	4 608	31 003	1 372	35 446
省湖滨建安工程总公司	3 500	9 250	107 541	3 961	26 429
肥东县永安建筑公司	930	3 628	100 693	935	39 013
芜湖市安装建筑总公司	1 213	9 814	17 490	2 257	80 907
芜湖市第一建筑工程公司	3 974	9 257	104 520	3 191	23 295
蚌埠第一建筑安装工程总公司	2 722	8 567	74 918	898	31 474
蚌埠第二建筑安装工程总公司	1 612	5 387	50 189	1 577	33 418
蚌埠第五建筑安装工程公司	2 400	4 954	123 859	1 276	20 642
安徽省水利建筑工程总公司	1 809	12 724	17 216	2 642	70 339
安徽省疏竣工程总公司	947	3 290	0	1 958	34 744
马鞍山马钢总公司建设公司	6 364	40 080	84 519	17 940	62 980
马鞍山市第一建筑安装公司	1 709	6 772	43 323	1 935	39 626
马鞍山市第二建筑安装公司	1 755	4 318	29 568	943	24 605
马钢利民建筑安装公司	3 606	5 147	6 285	2 958	14 273
马鞍山江东建筑安装有限责任公司	3 364	4 064	5 349	2 884	12 081
马鞍山市市政建设总公司	430	3 459	0	917	80 442
铜陵营造(集团)股份有限公司	1 967	7 414	63 632	3 190	37 692
铜陵华厦建筑安装有限责任公司	1 486	4 958	88 278	1 889	33 363
滁州市建安公司	2 500	6 646	64 699	60	26 584
安徽省阜阳市建筑工程(集团)总公司	3 427	12 761	137 085	4 106	37 237

主要经济技术指标完成情况(二十九)

按增加值计算的劳动生产率(元/人)	资本金合计(万元)	资产总计(万元)	负债合计(万元)	利润总额(万元)	利税总额(万元)	工程质量优良品率(%)	产值利润率(%)	产值利税率(%)	资产负债率(%)
21 536	1 110	2 307	1 501	−36	176	100.0	−0.6	3.1	65.1
6 730	783	3 607	3 436	−400	−390	3.6	−26.7	−26.0	95.3
19 395	1 603	20 818	17 329	47	873	38.1	0.2	3.6	83.2
5 730	566	2 722	2 668	−3	38	0.0	−0.3	3.0	98.0
9 786	833	5 177	4 048	23	189	23.1	0.4	3.4	78.2
11 240	2 348	61 376	58 243	22	140	0.0	0.2	1.2	94.9
7 790	2 138	13 530	11 595	11	65	7.0	0.1	0.7	85.7
21 172	1 885	20 633	16 349	75	715	57.5	0.4	3.7	79.2
8 109	1 672	15 695	9 612	−108	14	26.3	−0.9	0.1	61.2
15 290	205	4 364	4 045	16	148	54.2	0.4	3.8	92.7
10 923	2 614	38 792	33 601	−1 156	−212	12.8	−4.7	−0.9	86.6
14 535	2 307	43 858	36 046	88	1 073	52.9	0.3	3.7	82.2
12 790	1 553	21 504	17 690	1	597	42.1	0.0	2.8	82.3
7 604	446	1 922	353	118	400	0.0	0.5	1.6	18.4
7 120	1 744	4 603	2 053	352	600	12.5	2.8	4.8	44.6
10 558	1 608	2 606	862	74	316	57.1	1.6	5.9	33.1
11 317	1 332	13 482	10 841	563	947	52.8	6.1	10.2	80.4
10 058	1 532	5 160	3 628	5	123	0.0	0.1	3.4	70.3
18 610	927	7 839	5 068	72	321	66.7	0.7	3.3	64.7
8 029	5 706	14 417	10 453	−153	110	3.2	−1.6	1.2	72.5
3 298	2 265	11 397	10 956	−200	0	25.9	−2.3	0.0	96.1
9 780	688	4 059	2 827	−14	114	20.0	−0.3	2.1	69.6
5 315	1 000	385	390	−70	84	21.7	−1.4	1.7	101.5
14 606	936	7 729	6 121	70	455	25.7	0.6	3.6	79.2
20 681	2 172	6 642	3 551	56	160	80.0	1.7	4.9	53.5
28 189	7 334	58 917	42 067	4	1 222	66.3	0.0	3.0	71.4
11 322	1 162	5 170	5 346	11	217	17.6	0.2	3.2	103.4
5 374	1 538	6 034	5 233	12	60	25.0	0.3	1.4	86.7
8 203	3 365	12 309	7 641	−54	218	57.5	−1.0	4.2	62.1
8 573	1 220	1 873	702	−50	170	0.4	−1.2	4.2	37.5
21 326	627	4 176	2 803	49	102	0.0	1.4	2.9	67.1
16 219	1 206	12 278	12 785	−1 374	−1 092	1.5	−18.5	−14.7	104.1
12 709	980	5 655	3 715	57	205	23.8	1.1	4.1	65.7
239	257	284	228	−10	−1	5.9	−0.1	0.0	80.5
11 981	1 112	19 641	14 851	456	850	15.8	3.6	6.7	75.6

7-20 全国各地区大中型建筑业企业

企业名称	平均人数（人）	建筑业总产值（万元）	竣工面积（平方米）	建筑业增加值（万元）	按总产值计算的劳动生产率（元/人）
安徽省砀山县建筑安装工程总公司	2 535	2 100	28 800	1 193	8 284
六安地区建筑安装工程公司	2 230	13 097	58 312	1 077	58 731
六安市建设发展有限公司	2 700	5 200	38 000	992	19 259
皖西建筑安装公司	2 740	8 634	85 795	1 132	31 511
巢湖地区路桥公司	716	2 950	0	162	41 201
福建省					
福建省第二公路工程公司	2 491	13 335	0	3 775	53 532
福州市市政工程公司	1 227	12 580	0	4 396	102 528
福建省第二建筑工程公司	6 180	33 338	148 032	13 333	53 945
福州市第二建筑工程公司	1 555	8 940	109 239	2 371	57 491
福州市第一建筑工程公司	1 316	12 304	106 245	2 452	93 494
福建省第六建筑工程公司	7 208	42 727	134 934	17 101	59 277
福州市第三建筑工程公司	1 657	8 004	123 559	2 556	48 302
福州市第二基础工程公司	768	6 166	15 132	1 657	80 286
福州市基础建筑工程公司	515	7 020	0	1 647	136 311
福建省林业工程公司	4 028	20 198	59 572	3 196	50 143
福建省港口工程公司	586	3 852	2 222	1 198	65 729
福建省第一电力建设公司	2 068	18 517	5 166	9 793	89 540
福建省地矿建设工程公司	1 200	30 359	0	5 712	252 992
福建省建筑机械化施工公司	559	3 383	0	1 607	60 512
厦门市政工程公司	790	7 671	0	3 452	97 103
福建省第四建筑工程公司	3 490	28 254	181 087	9 437	80 958
厦门市路桥工程公司	1 000	6 127	6 600	414	61 270
福建省第一建筑工程公司	5 457	23 660	329 601	8 464	43 358
福建省煤炭工业基本建设公司	1 380	7 480	27 077	1 276	54 203
福建省工业设备安装公司	3 372	22 720	2 700	10 147	67 377
福建省第五建筑工程公司	7 376	53 747	424 039	18 920	72 867
福建省第一公路工程公司	3 339	21 790	0	5 021	65 260
福建省水利水电工程局	2 510	9 401	5 670	3 092	37 455
福建省第七建筑工程公司	3 543	21 527	173 097	5 623	60 759
福建省第三建筑工程公司	2 773	12 846	148 910	3 830	46 325
福建省闽西交通工程公司	1 190	10 311	2 500	1 664	86 645

主要经济技术指标完成情况(三十)

按增加值计算的劳动生产率(元/人)	资本金合计(万元)	资产总计(万元)	负债合计(万元)	利润总额(万元)	利税总额(万元)	工程质量优良品率(%)	产值利润率(%)	产值利税率(%)	资产负债率(%)
4 708	1 200	1 754	450	0	67	26.9	0.0	3.2	25.7
4 831	694	4 201	3 516	39	188	4.0	0.3	1.4	83.7
3 675	1 514	1 095	863	10	117	0.0	0.2	2.3	78.8
4 133	1 684	2 054	1 920	22	199	0.0	0.3	2.3	93.5
2 260	1 810	3 378	2 055	−230	−203	0.0	−7.8	−6.9	60.8
15 155	3 210	14 693	11 031	18	570	66.7	0.1	4.3	75.1
35 825	1 712	8 706	3 730	93	608	60.0	0.7	4.8	42.8
21 574	3 145	32 308	26 945	420	1 922	7.4	1.3	5.8	83.4
15 248	2 270	12 202	10 178	13	404	0.0	0.1	4.5	83.4
18 634	2 515	6 186	3 111	66	533	38.5	0.5	4.3	50.3
23 725	3 539	45 944	35 457	512	2 219	4.0	1.2	5.2	77.2
15 424	1 125	14 758	12 260	163	736	55.0	2.0	9.2	83.1
21 579	1 200	9 419	8 177	0	263	1.9	0.0	4.3	86.8
31 981	1 295	5 899	4 165	45	320	2.9	0.6	4.6	70.6
7 934	3 751	27 671	20 111	39	675	15.8	0.2	3.3	72.7
20 445	1 860	4 785	2 235	25	201	68.2	0.7	5.2	46.7
47 357	3 521	17 057	10 880	61	692	100.0	0.3	3.7	63.8
47 597	3 076	12 963	9 739	133	666	76.7	0.4	2.2	75.1
28 746	1 464	9 882	5 127	20	264	0.0	0.6	7.8	51.9
43 700	1 030	18 359	14 882	220	325	40.0	2.9	4.2	81.1
27 041	2 659	23 258	18 720	105	1 110	0.0	0.4	3.9	80.5
4 139	1 211	7 921	6 526	14	171	46.7	0.2	2.8	82.4
15 511	3 521	27 775	19 890	−997	−41	16.9	−4.2	−0.2	71.6
9 243	1 765	6 779	4 291	8	134	6.6	0.1	1.8	63.3
30 092	4 563	78 980	71 083	303	1 125	70.6	1.3	5.0	90.0
25 650	3 355	47 839	40 766	807	2 812	14.0	1.5	5.2	85.2
15 037	2 377	14 820	12 255	139	654	0.0	0.6	3.0	82.7
12 321	1 302	6 182	4 578	6	304	60.0	0.1	3.2	74.1
15 870	3 146	17 472	13 748	112	657	7.1	0.5	3.1	78.7
13 811	2 845	14 639	10 794	18	492	10.9	0.1	3.8	73.7
13 980	1 323	7 891	6 567	11	219	0.0	0.1	2.1	83.2

7－20 全国各地区大中型建筑业企业

企业名称	平均人数(人)	建筑业总产值(万元)	竣工面积(平方米)	建筑业增加值(万元)	按总产值计算的劳动生产率(元/人)
江西省					
江西省机械施工公司	845	4 376	2 800	1 031	51 789
江西省第二建筑工程公司	8 587	37 419	200 630	12 028	43 576
江西省第一建筑有限责任公司	4 680	14 521	235 625	4 694	31 028
江西省工业设备安装公司	2 338	7 500	0	2 354	32 079
江西省第一房屋建筑公司	856	2 637	41 916	221	30 812
江西省地质工程总公司	3 095	22 206	0	4 829	71 747
江西省航务局港航工程处	432	4 025	150	1 046	93 171
南昌市第三建筑工程公司	4 418	20 058	155 749	4 460	45 401
南昌市第一建筑工程公司	4 778	28 218	96 700	11 303	59 058
江西省水利水电建设总公司	2 541	8 574	0	1 553	33 743
江西省公路桥梁工程局	1 628	12 190	0	979	74 875
萍乡矿务局建筑安装总公司	1 365	5 519	27 363	1 651	40 434
九江市第二建筑工程公司	985	2 436	33 467	560	24 731
九江市第一建筑工程公司	6 028	16 945	74 170	4 804	28 111
江西新钢建筑安装工程有限责任公司	2 126	3 963	1 200	－ 918	18 639
赣南建筑工程总公司	3 484	4 066	41 151	2 760	11 670
江西宜春地区建筑工程总公司	1 800	5 039	39 231	682	27 994
江西省吉安地区建筑安装工程总公司	977	3 652	49 009	806	37 384
抚州地区建筑公司	2 568	7 258	113 829	1 883	28 262
临川市建筑安装工程公司	4 472	10 706	177 735	3 026	23 940
山东省					
济南市历城区建筑安装工程公司	3 997	14 713	114 498	3 658	36 810
长清县第二建筑集团有限责任公司	-3 730	6 180	36 166	3 348	16 568
章丘市第二建筑安装(集团)有限责任公司	1 566	3 065	44 917	1 536	19 572
山东省装饰集团总公司山东省装饰股份有限司	450	3 340	0	626	74 222
山东省工业设备安装总公司	3 288	10 975	0	5 220	33 378
齐鲁建设集团公司	957	3 676	65 000	1 338	38 413
山东省交通工程总公司	2 420	30 905	0	6 809	127 705
山东省中鲁建筑集团总公司	280	2 086	40 373	512	74 518
山东水利工程总公司	1 731	10 296	7 290	1 526	59 479
济南第二市政工程公司	1 090	3 383	0	1 057	31 036
济南四建(集团)有限责任公司	5 135	31 077	88 521	9 773	60 519
济南一建集团总公司	3 837	13 498	158 259	5 526	35 180
山东省机械施工公司	724	2 200	0	1 314	30 385
济南三箭置业集团总公司	3 318	25 188	158 535	7 845	75 913
济南机械化施工公司	278	615	998	448	22 122
济南第一市政工程公司	1 444	5 065	0	1 741	35 078

主要经济技术指标完成情况(三十一)

按增加值计算的劳动生产率(元/人)	资本金合计(万元)	资产总计(万元)	负债合计(万元)	利润总额(万元)	利税总额(万元)	工程质量优良品率(%)	产值利润率(%)	产值利税率(%)	资产负债率(%)
12 200	4 971	10 996	6 013	−364	−246	45.5	−8.3	−5.6	54.7
14 008	2 328	34 682	27 194	1 480	2 805	19.8	4.0	7.5	78.4
10 030	6 911	19 511	15 002	−2 125	−1 583	22.4	−14.6	−10.9	76.9
10 070	1 453	13 639	6 467	−513	−337	47.3	−6.8	−4.5	47.4
2 588	1 531	2 211	1 167	−44	−24	20.0	−1.7	−0.9	52.8
15 603	3 732	21 406	16 316	26	655	85.4	0.1	3.0	76.2
24 208	1 264	5 217	2 583	25	181	0.0	0.6	4.5	49.5
10 096	1 186	9 015	5 380	108	601	34.3	0.5	3.0	59.7
23 657	1 002	90 313	86 205	2 395	3 334	38.9	8.5	11.8	95.5
6 114	1 489	5 299	3 970	−34	−25	45.3	−0.4	−0.3	74.9
6 015	4 087	9 081	2 021	36	36	0.0	0.3	0.3	22.3
12 099	953	4 957	3 778	76	280	2.3	1.4	5.1	76.2
5 681	871	15 147	7 078	0	163	8.3	0.0	6.7	46.7
7 969	847	19 991	18 214	67	345	40.0	0.4	2.0	91.1
−4 317	5 380	14 174	8 794	0	0	0.0	0.0	0.0	62.0
7 923	1 226	24 173	23 893	−728	−582	27.3	−17.9	−14.3	98.8
3 788	530	6 271	3 135	34	142	38.5	0.7	2.8	50.0
8 252	573	6 616	5 098	−94	−38	16.7	−2.6	−1.0	77.1
7 333	3 139	25 860	19 830	23	68	11.8	0.3	0.9	76.7
6 766	1 351	7 453	6 102	194	506	77.8	1.8	4.7	81.9
9 152	4 246	15 064	13 488	119	612	10.2	0.8	4.2	89.5
8 975	1 914	5 228	2 356	386	669	40.0	6.2	10.8	45.1
9 807	3 040	3 529	860	167	457	15.8	5.4	14.9	24.4
13 909	1 510	6 375	4 470	−144	−77	0.0	−4.3	−2.3	70.1
15 876	3 619	20 418	17 237	−568	−218	72.0	−5.2	−2.0	84.4
13 977	922	7 619	5 780	381	401	58.3	10.4	10.9	75.9
28 136	5 730	38 957	30 273	328	689	66.7	1.1	2.2	77.7
18 286	150	9 612	9 156	−246	−175	5.9	−11.8	−8.4	95.3
8 818	6 885	16 004	9 307	−85	48	0.0	−0.8	0.5	58.2
9 697	3 302	13 416	7 881	1	10	31.3	0.0	0.3	58.7
19 033	1 800	58 720	55 561	1 812	2 853	33.3	5.8	9.2	94.6
14 403	3 070	38 786	34 411	37	509	27.3	0.3	3.8	88.7
18 145	1 708	7 200	3 940	2	66	48.4	0.1	3.0	54.7
23 644	4 200	31 855	26 020	169	955	33.3	0.7	3.8	81.7
16 115	446	2 713	1 371	5	8	77.3	0.7	1.2	50.5
12 054	3 266	18 148	12 799	187	204	0.0	3.7	4.0	70.5

7-20 全国各地区大中型建筑业企业

企业名称	平均人数（人）	建筑业总产值（万元）	竣工面积（平方米）	建筑业增加值（万元）	按总产值计算的劳动生产率（元/人）
济南市第二建筑工程总公司	2 823	14 404	59 698	4 496	51 025
山东省建设业(集团)有限责任公司	4 038	25 180	119 648	7 969	62 358
济南建设设备安装有限责任公司	875	5 541	7 000	2 411	63 328
山东省水利工程局	579	2 616	4 790	675	45 180
山东省筑港总公司	2 998	12 250	36 872	2 420	40 861
青岛市第一住宅建筑公司	1 936	6 204	71 285	1 650	32 048
第二建筑公司	2 282	10 049	62 849	4 341	44 037
青岛市第二市政工程公司	1 476	12 698	0	3 992	86 033
青岛市第一市政工程公司	1 965	13 278	0	4 517	67 575
青岛送变电工程公司	1 773	8 855	3 000	3 236	49 946
青岛第一建筑公司	3 097	14 934	128 203	3 456	48 221
青岛市供水工程公司	262	2 535	0	1 159	96 756
青岛港务局港务工程公司	547	2 681	0	908	49 020
青岛工业设备安装工程公司	567	4 239	18 234	964	74 755
青岛安装建设股份有限公司	1 025	7 091	4 973	2 776	69 183
山东省胶州市九龙建筑安装工程总公司	2 997	7 511	115 273	2 515	25 062
胶州市胶东镇建筑公司	2 269	9 066	101 064	3 602	39 956
平度市水利建筑安装工程公司	1 075	5 124	63 150	1 438	47 665
莱西市建筑总公司	2 513	12 062	134 564	3 478	47 998
淄博市建筑工程公司	4 198	18 118	38 126	5 967	43 159
淄川区建设集团总公司	986	3 018	18 620	917	30 609
淄博市临淄区高阳乡建筑工程公司	2 000	9 000	85 749	1 939	45 000
淄博马桥镇建工实业有限公司	1 369	5 187	1 151	1 860	37 888
淄博耿桥建工实业有限公司	1 732	6 211	55 680	2 326	35 860
桓台县建筑总公司荆家分公司	1 330	4 736	47 120	1 876	35 611
淄博果里建工实业有限公司	1 194	5 201	22 715	2 374	43 558
淄博唐山建工实业股份有限总公司	3 740	13 002	18 256	4 791	34 764
桓台县建筑工程总公司侯庄公司	1 787	6 854	50 787	3 287	38 355
淄博邢家建工实业股份有限公司	2 110	10 527	86 446	3 248	49 892
淄博田庄建工实业股份有限公司	3 260	10 086	104 840	4 568	30 939
淄博新城建工集团有限公司	2 200	10 514	98 656	3 767	47 790
山东省建筑工程公司南方公司	720	2 038	30 000	290	28 306
枣庄市市中区第二建筑公司	1 318	3 912	43 810	906	29 678
滕州市安装公司	1 054	4 160	0	744	39 469
滕州市第一建筑工程公司	4 227	15 753	70 789	2 924	37 268
滕州市第二建筑工程公司	2 261	6 254	25 376	2 821	27 660
滕州市第三建筑安装工程公司	1 948	7 158	119 711	1 865	36 745
东营市建筑安装工程公司	686	2 216	19 309	717	32 303
万达集团股份有限公司	630	6 200	61 000	1 210	98 413

主要经济技术指标完成情况(三十二)

按增加值计算的劳动生产率(元/人)	资本金合计(万元)	资产总计(万元)	负债合计(万元)	利润总额(万元)	利税总额(万元)	工程质量优良品率(%)	产值利润率(%)	产值利税率(%)	资产负债率(%)
15 928	2 474	24 513	21 744	9	488	8.3	0.1	3.4	88.7
19 735	1 046	22 409	20 405	519	1 328	44.4	2.1	5.3	91.1
27 558	901	7 629	6 722	10	208	60.0	0.2	3.7	88.1
11 656	1 135	6 621	4 707	−86	−59	0.0	−3.3	−2.2	71.1
8 072	1 401	11 658	6 994	2	243	66.7	0.0	2.0	60.0
8 523	40	14 702	13 567	−1 200	−948	31.3	−19.3	−15.3	92.3
19 023	1 237	12 129	9 495	20	399	72.2	0.2	4.0	78.3
27 047	2 234	16 673	12 880	859	1 391	38.9	6.8	11.0	77.3
22 987	3 000	16 562	12 083	246	674	25.0	1.9	5.1	73.0
18 251	1 416	12 336	10 440	139	368	100.0	1.6	4.2	84.6
11 160	723	17 543	15 183	8	496	39.3	0.1	3.3	86.5
44 225	3 001	9 612	6 564	9	98	0.0	0.4	3.9	68.3
16 609	100	2 785	1 728	−111	−110	0.0	−4.1	−4.1	62.0
17 002	1 100	2 938	351	166	263	95.8	3.9	6.2	11.9
27 083	1 014	8 364	7 231	56	262	0.0	0.8	3.7	86.5
8 391	1 020	2 772	2 586	168	390	45.5	2.2	5.2	93.3
15 875	808	5 328	4 238	142	439	34.8	1.6	4.8	79.5
13 377	242	4 016	4 926	40	183	9.6	0.8	3.6	122.6
13 842	1 530	17 281	14 419	705	1 123	93.5	5.8	9.3	83.4
14 214	7 013	29 405	20 758	7	595	26.7	0.0	3.3	70.6
9 300	6 165	6 750	4 834	49	158	0.0	1.6	5.2	71.6
9 695	969	5 176	1 543	520	695	22.9	5.8	7.7	29.8
13 589	1 527	6 732	5 400	303	459	80.0	5.8	8.8	80.2
13 430	1 707	7 357	5 650	127	328	71.4	2.0	5.3	76.8
14 102	1 536	4 164	2 962	257	461	57.1	5.4	9.7	71.1
19 884	1 560	5 170	3 295	223	407	50.0	4.3	7.3	63.7
12 811	1 902	4 473	2 278	530	953	77.8	4.1	7.3	50.9
18 392	1 620	7 946	6 182	219	778	54.5	3.2	11.4	77.8
15 391	1 130	8 860	5 827	390	732	75.0	3.7	6.9	65.8
14 012	1 730	4 600	3 280	280	698	51.9	2.8	6.9	71.3
17 122	1 915	4 300	2 276	632	947	53.3	6.0	9.0	52.9
4 032	1 450	3 993	2 534	0	70	70.0	0.0	3.4	63.4
6 874	205	6 479	6 253	2	45	57.1	0.1	1.1	96.5
7 059	885	1 693	1 381	28	79	72.0	0.7	1.9	81.6
6 918	3 384	8 887	5 503	100	335	48.0	0.6	2.1	61.9
12 475	1 518	3 149	1 114	218	437	25.0	3.5	7.0	35.4
9 572	831	1 592	1 260	292	532	10.7	4.1	7.4	79.1
10 452	79	4 128	4 179	15	91	42.9	0.7	4.1	101.2
19 206	1 350	4 035	1 816	384	579	78.3	6.2	9.3	45.0

7－20 全国各地区大中型建筑业企业

企业名称	平均人数（人）	建筑业总产值（万元）	竣工面积（平方米）	建筑业增加值（万元）	按总产值计算的劳动生产率（元/人）
山东胜通集团有限公司	1 290	5 896	82 368	3 244	45 705
东营市华隆企业集团	560	1 366	15 180	608	24 391
利津县建筑安装公司	547	2 142	18 957	511	39 159
东营市金宇建筑有限责任公司	2 835	11 887	92 296	5 173	41 929
烟台市建筑工程公司	6 906	48 938	253 986	19 702	70 863
烟台市第四建筑工程公司	2 604	15 368	114 719	3 890	59 018
烟台港务工程公司	1 229	5 203	46 000	2 132	42 336
烟台市市政工程总公司	1 478	6 689	0	3 237	45 255
烟台二建实业股份有限公司	2 298	11 227	44 200	4 710	48 856
烟台市东方建筑安装装饰工程公司	820	2 132	27 920	593	26 004
烟台市第二安装工程公司	1 000	4 000	0	1 409	40 000
烟台市第五建筑工程公司	1 016	4 009	16 463	1 567	39 459
龙口市遇家建筑工程公司	880	4 014	67 115	1 671	45 615
龙口矿务局工程处	1 163	2 911	18 811	1 837	25 028
莱州市建筑工程公司	1 018	4 558	36 817	1 519	44 774
莱州市第三建筑安装工程公司	1 196	5 846	14 395	1 593	48 880
莱州市建发集团总司	2 898	14 487	8 561	4 881	49 990
山东省招远市北关建筑工程公司	1 311	5 888	25 200	1 206	44 912
招远市建筑工程公司	1 120	4 902	30 115	1 307	43 768
山东省黄金建设工程有限公司	428	1 900	0	461	44 397
潍坊建筑安装工程公司	4 781	25 093	79 356	8 622	52 485
潍坊第二建筑工程公司	2 692	9 153	63 793	1 854	34 001
潍坊市第四建筑工程公司	1 260	5 740	24 855	1 795	45 556
诸城市建筑安装股份有限公司	1 451	6 781	35 564	2 281	46 733
山东省寿光市建筑公司	2 836	12 192	28 357	1 570	42 990
寿光市丰城建筑公司	1 450	5 338	35 859	965	36 814
安丘市华安建筑集团公司	1 342	6 190	41 022	1 308	46 125
高密市华鲁建筑公司	1 214	6 068	8 050	1 707	49 984
高密市城里建筑公司	1 306	6 527	8 551	1 011	49 977
高密市兴华建筑公司	1 450	5 003	6 929	1 148	34 503
济宁市建筑工程公司(集团)	3 932	23 926	185 219	7 987	60 850
泰安建筑工程公司	3 641	20 046	86 202	4 907	55 056
山东省泰安市第二建筑安装工程公司	1 996	8 146	98 063	1 949	40 811
山东省建材工业设备安装公司	567	1 752	0	364	30 896
泰安市省庄建筑安装工程总公司	3 800	12 275	116 642	3 376	32 303
山东省肥城市设备工程安装公司	2 998	23 460	7 400	5 734	78 252
山东省肥城市建筑安装工程公司	3 575	13 400	62 376	3 327	37 483
威海市市政工程公司	322	1 028	0	472	31 925
威海建设(集团)股份有限公司	3 115	23 754	69 923	10 976	76 257

主要经济技术指标完成情况(三十三)

按增加值计算的劳动生产率(元/人)	资本金合计(万元)	资产总计(万元)	负债合计(万元)	利润总额(万元)	利税总额(万元)	工程质量优良品率(%)	产值利润率(%)	产值利税率(%)	资产负债率(%)
25 150	2 850	6 097	1 648	0	1 864	34.7	0.0	3.6	27.0
10 864	1 000	1 307	488	153	199	12.5	11.2	14.6	37.3
9 338	503	1 768	1 699	0	54	21.4	0.0	2.5	96.1
18 246	3 808	10 946	7 072	805	1 176	47.1	6.8	9.9	64.6
28 529	7 656	63 516	48 180	1 111	2 549	43.9	2.3	5.2	75.9
14 937	3 148	18 326	15 211	523	963	50.0	3.4	6.3	83.0
17 348	1 482	4 566	2 577	53	201	0.0	1.0	3.9	56.4
21 905	3 448	19 259	12 715	28	112	55.0	0.4	1.7	66.0
20 496	3 628	20 850	16 885	45	309	61.5	0.4	2.8	81.0
7 234	1 109	2 541	1 312	34	118	25.0	1.6	5.5	51.6
14 090	1 500	3 108	2 050	95	292	100.0	2.4	7.3	66.0
15 426	1 117	4 389	2 642	123	273	66.7	3.1	6.8	60.2
18 992	1 165	8 911	6 943	309	439	0.0	7.7	10.9	77.9
15 794	2 125	5 857	3 218	5	181	39.1	0.2	6.2	54.9
14 925	850	3 548	2 068	107	236	83.3	2.4	5.2	58.3
13 321	1 286	3 820	1 954	206	354	25.0	3.5	6.1	51.2
16 843	5 075	6 537	1 600	1 284	3 736	100.0	8.9	25.8	24.5
9 201	1 600	2 600	650	459	608	0.0	7.8	10.3	25.0
11 670	1 200	6 913	6 709	312	374	20.0	6.4	7.6	97.0
10 766	2 010	6 409	4 268	10	46	0.0	0.5	2.4	66.6
18 035	4 323	42 635	30 537	36	876	34.8	0.1	3.5	71.6
6 887	2 582	9 221	9 114	−1 197	−999	0.0	−13.1	−10.9	98.8
14 243	1 526	4 787	3 166	6	135	0.0	0.1	2.4	66.1
15 722	1 116	13 385	12 097	4	116	20.0	0.1	1.7	90.4
5 536	3 246	9 599	6 618	−557	−333	55.6	−4.6	−2.7	68.9
6 657	1 171	3 643	2 454	106	181	0.0	2.0	3.4	67.4
9 745	3 000	4 745	4 215	44	205	50.0	0.7	3.3	88.8
14 058	600	6 272	5 490	480	674	100.0	7.9	11.1	87.5
7 745	1 900	4 650	2 667	38	77	0.0	0.6	1.2	57.4
7 914	899	3 702	1 951	113	237	100.0	2.3	4.7	52.7
20 312	1 715	32 093	30 360	159	1 002	35.0	0.7	4.2	94.6
13 477	3 336	38 746	28 958	−853	−202	20.5	−4.3	−1.0	74.7
9 764	2 100	9 110	8 012	−398	−211	50.0	−4.9	−2.6	88.0
6 422	800	1 202	402	105	131	100.0	6.0	7.5	33.4
8 884	3 480	5 592	2 511	680	1 120	0.0	5.5	9.1	44.9
19 126	1 120	3 465	857	769	1 005	43.5	3.3	4.3	24.7
9 308	3 485	7 998	3 982	14	308	18.4	0.1	2.3	49.8
14 665	700	2 742	1 726	72	75	6.5	7.0	7.3	63.0
35 237	3 428	30 610	23 045	1 455	2 206	100.0	6.1	9.3	75.3

7-20 全国各地区大中型建筑业企业

企业名称	平均人数(人)	建筑业总产值(万元)	竣工面积(平方米)	建筑业增加值(万元)	按总产值计算的劳动生产率(元/人)
文登市建筑工程公司	782	3 843	23 376	1 795	49 143
乳山市建筑工程集团公司	1 610	3 985	168 925	2 038	24 752
日照市建筑工程总公司	2 225	8 908	109 253	4 079	40 036
山东省五莲县建筑安装工程总公司	1 630	6 108	45 478	1 687	37 474
莱钢建安公司	1 787	8 426	1 295	4 075	47 151
莱芜市建筑安装总公司	2 108	5 180	29 634	1 009	24 573
莱芜市第一建筑安装工程公司	1 900	5 500	50 600	1 993	28 947
山东省临沂市建筑安装工程总公司	5 853	29 035	159 856	10 822	49 607
临沂市第二建筑安装工程总公司	3 400	10 151	67 458	1 305	29 856
山东轻工设备工程安装公司	230	923	0	426	40 113
临沂市第四建筑工程公司	1 100	5 107	53 888	721	46 427
山东省临沂市华丰建筑安装工程公司	1 576	412	28 453	819	2 614
蒙阴县建安集团工程公司安装工程公司	1 100	5 475	0	2 455	49 773
蒙阴县第一建筑公司	820	1 850	19 238	901	22 561
德城区天元集团有限责任公司	1 648	5 632	68 094	1 168	34 175
聊城地区建筑安装总公司	7 866	38 188	334 432	13 610	48 548
聊城地区装饰公司	1 095	5 466	43 680	1 090	49 915
菏泽地区建筑总公司	2 296	10 037	107 812	2 397	43 716
曹县建筑工程公司	1 885	5 070	82 006	456	26 897
河南省					
河南省建设总公司	2 060	5 678	19 725	2 222	27 563
河南电力安装公司	1 153	6 427	0	3 905	55 742
河南送变电建设公司	2 117	17 198	0	7 669	81 238
河南省水利第一工程局	2 566	6 382	1 498	2 658	24 871
河南省第一建筑工程公司	5 233	13 452	49 775	5 392	25 706
河南省第五建筑安装工程公司	8 132	26 934	82 549	10 751	33 121
郑州市第一建筑工程公司	3 611	6 541	34 622	3 204	18 114
郑州市市政工程公司	1 824	7 004	0	2 797	38 397
河南省交通公路工程局	2 004	15 378	0	3 407	76 736
荥阳市建筑工程总公司	4 059	12 130	131 764	3 028	29 885
河南省第四建筑公司	7 353	30 011	175 044	9 680	40 814
河南省第三建筑公司	5 375	19 951	114 698	7 587	37 118
洛阳市政工程公司	841	3 490	0	1 349	41 498
洛阳市建筑工程公司	5 240	14 823	124 547	5 833	28 288
河南省工业设备安装工程公司	3 944	18 339	0	7 214	46 498

主要经济技术指标完成情况(三十四)

按增加值计算的劳动生产率(元/人)	资本金合计(万元)	资产总计(万元)	负债合计(万元)	利润总额(万元)	利税总额(万元)	工程质量优良品率(%)	产值利润率(%)	产值利税率(%)	资产负债率(%)
22 957	256	5 672	3 422	210	328	33.3	5.5	8.5	60.3
12 658	1 500	11 138	10 104	162	398	46.2	4.1	10.0	90.7
18 333	353	15 848	15 300	103	350	64.0	1.2	3.9	96.5
10 348	753	6 169	5 415	65	229	41.7	1.1	3.8	87.8
22 802	1 492	16 646	16 646	−149	−149	50.0	−1.8	−1.3	100.0
4 789	880	3 938	3 178	320	364	10.5	6.2	7.0	80.7
10 491	1 800	3 580	2 080	390	572	23.1	7.1	10.4	58.1
18 490	4 373	41 044	29 997	1 748	2 827	57.8	6.0	9.7	73.1
3 839	187	11 983	10 935	70	406	28.6	0.7	4.0	91.3
18 543	270	2 395	1 770	1	17	42.9	0.1	1.8	73.9
6 555	885	4 648	3 581	185	350	63.2	3.6	6.9	77.0
5 200	500	2 755	2 348	219	219	18.2	53.2	53.2	85.2
22 318	2 160	15 342	13 234	322	510	0.0	5.9	9.3	86.3
10 990	1 760	3 917	3 021	20	95	57.1	1.1	5.1	77.1
7 087	888	7 797	6 670	7	17	83.3	0.1	0.3	85.5
17 302	3 033	49 468	42 630	118	1 394	32.5	0.3	3.7	86.2
9 954	1 180	5 736	5 603	20	128	27.1	0.4	2.3	97.7
10 440	3 258	8 638	5 164	−236	92	24.4	−2.3	0.9	59.8
2 417	255	482	225	50	97	13.8	1.0	1.9	46.7
10 786	3 184	12 527	6 541	1	156	50.0	0.0	2.7	52.2
33 868	2 066	11 611	6 125	40	281	100.0	0.6	4.4	52.8
36 226	2 696	34 861	26 963	331	842	100.0	1.9	4.9	77.3
10 357	5 119	12 367	4 776	−48	14	77.8	−0.8	0.2	38.6
10 304	2 669	17 357	12 396	6	295	18.2	0.0	2.2	71.4
13 220	3 145	22 331	18 392	10	826	0.0	0.0	3.1	82.4
8 873	1 095	7 681	3 914	3	169	42.9	0.0	2.6	51.0
15 336	2 470	13 733	8 850	537	680	66.7	7.7	9.7	64.4
17 000	10 130	26 311	14 638	−1 271	−951	100.0	−8.3	−6.2	55.6
7 460	222	2 225	677	194	424	54.3	1.6	3.5	30.4
13 165	2 200	18 689	15 780	55	1158	57.0	0.2	3.9	84.4
14 116	3 618	24 810	17 364	5	749	19.2	0.0	3.3	70.0
16 045	1 305	5 737	4 209	6	137	16.7	0.2	3.9	73.4
11 131	3 016	21 892	15 429	7	411	29.0	0.0	2.8	70.5
18 290	5 184	21 850	16 666	70	516	81:3	0.4	2.8	76.3

7－20 全国各地区大中型建筑业企业

企业名称	平均人数（人）	建筑业总产值（万元）	竣工面积（平方米）	建筑业增加值（万元）	按总产值计算的劳动生产率（元/人）
洛阳市市政工程管理处	1 332	5 893	0	2 830	44 244
河南省第六建筑工程公司	7 715	28 988	262 187	14 094	37 574
中国石油天然气第一建设公司天元开发公司	768	5 649	6 700	501	73 561
洛阳市丰李建筑工程公司	1 220	3 284	56 040	1 069	26 922
平顶山市建筑安装工程总公司	4 032	13 216	113 311	5 440	32 778
河南省第七建筑工程公司	3 425	13 571	38 397	4 740	39 623
安阳市建筑安装公司	3 100	4 050	86 117	1 649	13 065
安阳市城乡建筑公司	2 580	7 210	36 300	1 722	27 946
河南省林州市建筑集团总公司	6 816	25 015	467 146	7 594	36 700
汤阴县城乡建设工程公司	2 050	2 300	46 000	718	11 220
安阳市市政工程处	762	3 548	0	1 521	46 563
河南省林州建筑工程公司	2 520	6 812	126 600	0	27 034
鹤壁市建筑工程公司	1 265	2 252	50 093	891	17 802
河南省新乡市建筑工程公司	2 141	8 256	87 062	2 647	38 560
河南省第二建筑工程有限责任公司	8 778	40 503	114 160	12 649	46 141
河南省第二火电建设公司	3 124	26 168	0	11 300	83 764
焦作市第一建筑工程公司	2 702	8 540	66 504	2 805	31 606
濮阳市建设工程公司	2 225	3 105	64 725	793	13 955
濮阳市建筑安装公司	2 350	7 450	86 000	428	31 702
河南省濮阳市建筑工程公司	1 258	5 719	64 589	1 166	45 461
河南省濮阳市建筑安装防腐工程集团有限公司	430	500	0	671	11 628
河南省濮阳市公路管理总段市区公路工程处	510	1 136	0	569	22 275
濮阳市第五建筑工程公司	2 900	6 600	82 000	3 731	22 759
范县建设工程公司	2 455	5 148	77 800	1 275	20 969
许昌中原建设股份有限公司	3 040	8 947	115 086	2 738	29 433
南阳市建筑工程总公司	5 378	23 689	238 828	8 565	44 047
南阳市建设工程公司	1 768	5 078	53 684	1 786	28 725
南召县胜利建筑公司	1 240	1 954	19 817	55	15 762
河南省南阳市公路桥梁工程公司	612	2 000	0	1 427	32 680
南阳市市政工程公司	670	2 454	0	885	36 630
南阳华利机械化工程有限公司	425	516	89 228	432	12 141
商丘地区建筑安装公司	1 260	1 437	36 445	529	11 405
商丘市第一建筑公司	938	971	7 143	179	10 357
河南矿业建筑安装工程公司	1 235	4 302	13 776	1 457	34 832
河南省驻马店地区建筑公司	2 686	6 220	46 041	2 407	23 159
河南省水利第二工程局	2 098	5 808	24 865	2 424	27 684
信阳地区建筑总公司	2 827	5 460	64 282	2 181	19 313

主要经济技术指标完成情况(三十五)

按增加值计算的劳动生产率(元/人)	资本金合计(万元)	资产总计(万元)	负债合计(万元)	利润总额(万元)	利税总额(万元)	工程质量优良品率(%)	产值利润率(%)	产值利税率(%)	资产负债率(%)
21 246	2 462	9 450	6 217	17	76	2.0	0.3	1.3	65.8
18 268	3 048	34 578	26 263	31	982	31.0	0.1	3.4	76.0
6 518	139	1 630	1 312	44	59	0.0	0.8	1.0	80.5
8 761	1 578	2 091	381	186	306	23.5	5.7	9.3	18.2
13 492	2 639	20 638	19 508	51	486	25.0	0.4	3.7	94.5
13 841	1 812	23 245	21 778	−1 032	−557	38.5	−7.6	−4.1	93.7
5 319	175	2 162	2 060	−51	70	0.0	−1.3	1.7	95.3
6 673	1 810	4 100	2 111	34	251	28.6	0.5	3.5	51.5
11 141	5 126	7 749	2 279	831	1 595	31.5	3.3	6.4	29.4
3 502	1 501	582	461	121	233	20.0	5.3	10.1	79.2
19 957	880	7 777	6 184	218	267	18.2	6.1	7.5	79.5
0	0	0	0	0	0	37.5	0.0	0.0	0.0
7 046	413	3 886	3 256	0	85	28.6	0.0	3.8	83.8
12 365	777	14 858	11 948	−31	148	20.8	−0.4	1.8	80.4
14 410	13 388	40 992	27 600	22	1 273	68.7	0.1	3.1	67.3
36 172	3 407	35 951	24 573	621	1 600	98.3	2.4	6.1	68.4
10 380	875	10 345	7 697	0	280	27.8	0.0	3.3	74.4
3 565	14	3 002	3 019	−37	−23	32.0	−1.2	−0.7	100.6
1 823	1 590	1 783	258	30	173	47.1	0.4	2.3	14.5
9 268	1 120	4 741	1 263	6	123	60.0	0.1	2.2	26.6
15 609	3 114	3 734	1 430	0	15	0.0	0.0	3.0	38.3
11 155	2 093	3 106	1 350	−2	4	50.0	−0.1	0.3	43.5
12 866	4 934	9 278	4 344	210	500	82.2	3.2	7.6	46.8
5 194	1 100	1 756	600	12	177	54.2	0.2	3.4	34.2
9 008	3 396	5 842	2 091	209	561	60.0	2.3	6.3	35.8
15 927	1 718	22 690	18 471	68	765	37.5	0.3	3.2	81.4
10 102	574	7 115	6 580	14	163	50.0	0.3	3.2	92.5
443	40	236	221	−5	0	6.5	−0.3	0.0	93.8
23 319	400	6 421	4 241	−30	1	75.0	−1.5	0.0	66.0
13 210	420	5 088	3 793	7	7	28.6	0.3	0.3	74.5
10 174	1 635	4 960	3 243	19	229	20.0	3.6	44.5	65.4
4 201	414	3 364	3 043	−388	−349	33.3	−27.0	−24.3	90.5
1 904	351	1 446	1 325	−148	−136	28.6	−15.2	−14.0	91.7
11 800	1 369	1 545	0	293	493	40.0	6.8	11.5	0.0
8 961	1 105	10 456	8 021	36	247	56.3	0.6	4.0	76.7
11 554	3 307	8 131	4 996	−98	−28	50.0	−1.7	−0.5	61.4
7 715	1 559	5 224	3 664	−322	−138	6.2	−5.9	−2.5	70.1

7-20 全国各地区大中型建筑业企业

企业名称	平均人数(人)	建筑业总产值(万元)	竣工面积(平方米)	建筑业增加值(万元)	按总产值计算的劳动生产率(元/人)
信阳地区公路总段工程处	644	2 819	0	333	43 767
湖北省					
湖北省建筑工程总公司第六工程公司	6 126	23 230	202 814	6 541	37 920
武汉地质勘察基础工程总公司	1 368	16 000	0	2 409	116 955
湖北省建筑工程总公司第五工程公司	6 005	41 155	209 614	8 854	68 535
湖北省建筑工程总公司机械施工公司	784	2 215	7 600	1 153	28 247
湖北省水利水电建设总公司	2 995	11 726	0	4 104	39 151
湖北省建总公司第二工程公司	3 576	14 291	115 399	4 546	39 963
湖北省建筑工程总公司第一工程公司	2 902	11 400	198 570	1 992	39 284
湖北省工业建筑总公司天华建筑工程公司	1 285	6 249	71 449	1 375	48 632
湖北省路桥公司	2 300	10 264	0	2 687	44 626
湖北省建筑工程总公司工业设备安装公司	2 828	7 428	2 683	1 538	26 267
武汉建工(集团)有限公司	527	6 756	5 239	3 821	128 197
武汉建工集团第二工程有限公司	2 932	26 774	215 399	10 718	91 317
武汉建工集团建筑安装工程有限公司	1 343	14 294	0	4 039	106 430
武汉建工集团第一工程有限公司	5 729	35 267	147 780	8 883	61 559
武汉建工集团装饰工程有限公司	1 399	9 178	110	2 112	65 606
武汉市商业建筑工程公司	1 050	2 110	40 817	195	20 095
武汉桥口建筑开发(集团)公司	789	2 179	32 468	996	27 621
武汉黄陂二建公司	1 604	3 982	37 475	1 101	24 825
新洲县工业建筑工程公司	1 350	2 241	15 697	814	16 600
武汉建工集团第三工程有限公司	5 209	32 992	81 707	10 153	63 336
武汉建工集团机械施工有限公司	651	5 015	0	1 826	77 034
湖北省武汉市第一市政工程公司	1 489	5 275	0	2 443	35 429
湖北省武汉市第三市政工程公司	1 034	3 348	0	1 929	32 380
武汉钢铁公司民用建筑工程公司	1 391	4 566	45 004	1 963	32 825
武钢(集团)公司武钢建设公司	4 062	22 303	50 273	12 492	54 906
武钢矿业公司矿山建设公司	2 255	7 018	31 803	5 624	31 122
武汉黄陂一建公司	1 015	4 200	23 255	386	41 379
冶钢集团公司工程公司	1 378	2 920	19 310	1 069	21 193
大冶市建工集团有限责任公司	2 000	5 500	40 200	1 520	27 500
十堰市建筑工程集团总公司建筑安装工程公司	1 064	3 401	54 084	1 772	31 965
宜昌市建筑安装工程总公司	1 966	3 013	27 369	1 422	15 325
宜昌建筑总公司	1 166	2 691	42 676	867	23 076

主要经济技术指标完成情况(三十六)

按增加值计算的劳动生产率 (元/人)	资本金合计 (万元)	资产总计 (万元)	负债合计 (万元)	利润总额 (万元)	利税总额 (万元)	工程质量优良品率 (%)	产值利润率 (%)	产值利税率 (%)	资产负债率 (%)
5 169	59	2 563	0	6	6	16.7	0.2	0.2	0.0
10 677	2 300	34 498	31 807	−333	327	8.8	−1.4	1.4	92.2
17 610	2 296	13 627	11 032	28	373	0.0	0.2	2.3	81.0
14 745	1 910	32 300	29 119	128	996	1.5	0.3	2.4	90.2
14 707	1 127	12 499	9 334	−226	−196	28.6	−10.2	−8.8	74.7
13 703	6 477	28 003	22 015	−115	130	50.0	−1.0	1.1	78.6
12 713	2 057	16 402	14 019	−389	57	13.3	−2.7	0.4	85.5
6 863	1 389	14 425	13 501	−1 168	−854	14.3	−10.2	−7.5	93.6
10 699	1 505	6 286	5 542	−864	−740	1.9	−13.8	−11.8	88.2
11 684	5 148	13 436	8 129	52	52	100.0	0.5	0.5	60.5
5 437	1 219	9 637	7 895	−667	−492	27.3	−9.0	−6.6	81.9
72 512	0	151 209	112 345	3 098	3 524	0.0	45.9	52.2	74.3
36 555	3 000	27 110	22 511	450	1 184	52.6	1.7	4.4	83.0
30 075	3 000	17 203	14 041	221	607	2.1	1.5	4.2	81.6
15 505	3 000	34 024	30 493	350	1 194	35.7	1.0	3.4	89.6
15 100	1 000	11 462	9 077	17	257	29.3	0.2	2.8	79.2
1 854	281	3 627	1 671	159	171	16.7	7.5	8.1	46.1
12 626	8 351	8 053	4 614	−64	29	0.0	−2.9	1.3	57.3
6 865	856	1 895	375	26	74	9.1	0.7	1.9	19.8
6 030	1 616	1 932	316	142	206	25.0	6.3	9.2	16.4
19 491	3 000	31 098	27 374	5	770	35.5	0.0	2.3	88.0
28 051	2 000	10 165	7 779	125	194	0.0	2.5	3.9	76.5
16 408	484	7 855	7 962	34	205	25.0	0.6	3.9	101.4
18 658	1 190	5 349	5 281	−145	−37	33.3	−4.3	−1.1	98.7
14 112	1 034	4 068	3 167	58	198	16.3	1.3	4.3	77.9
30 752	8 186	19 339	11 153	1 088	1 687	60.0	4.9	7.6	57.7
24 940	4 790	8 656	3 917	0	143	8.7	0.0	2.0	45.3
3 801	1 651	1 821	211	1	18	0.0	0.0	0.4	11.6
7 759	1 812	6 586	4 799	−188	−142	25.0	−6.5	−4.9	72.9
7 602	186	2 792	1 752	60	330	25.0	1.1	6.0	62.8
16 656	1 098	13 713	10 296	−34	96	13.3	−1.0	2.8	75.1
7 233	3 080	11 031	6 833	−422	−337	0.0	−14.0	−11.2	62.0
7 432	1 800	7 200	5 469	−396	−312	7.1	−14.7	−11.6	76.0

7-20 全国各地区大中型建筑业企业

企业名称	平均人数（人）	建筑业总产值（万元）	竣工面积（平方米）	建筑业增加值（万元）	按总产值计算的劳动生产率（元/人）
宜昌市水利水电工程团	2 300	2 847	0	514	12 378
省工业建筑总公司三公司	4 113	21 956	129 217	9 424	53 383
省工业建筑总公司安装公司	2 324	13 680	0	6 167	58 864
省工业建筑总公司一公司	4 718	16 125	159 641	3 697	34 177
襄樊市建筑集团公司	1 187	3 208	21 654	930	27 028
湖北省水利水电工程三处	667	2 000	0	825	29 985
襄樊市建筑实业总公司	1 023	8 000	74 478	1 076	78 201
湖北省冶金建设公司	1 727	6 880	58 347	2 206	39 838
应城市建筑总公司	4 958	8 117	121 943	2 768	16 373
大悟县振兴建筑工程实业公司	980	6 020	64 829	801	61 429
云梦县第二建筑工程公司	1 164	2 435	59 946	603	20 920
云梦县第四建筑工程公司	910	2 064	40 794	682	22 681
荆沙市城市建设集团公司	1 163	2 096	56 588	1 001	18 021
湖北建筑工程总公司第三工程公司	3 145	11 623	142 186	3 764	36 955
荆州城南开发区建设工程总公司	1 170	1 924	36 634	569	16 444
荆沙市第二建筑工程公司	1 908	2 188	33 443	337	11 468
荆沙市建设集团公司	1 204	2 295	11 070	686	19 061
黄冈鑫宇建设集团公司	2 000	8 442	64 500	176	42 210
湖北黄鑫窑炉建设集团公司	724	4 388	28 960	616	60 608
浠水县建筑安装工程总公司	1 684	4 897	84 716	1 662	29 080
黄冈市淋山河建筑集团公司	1 875	4 300	50 904	1 639	22 933
恩施自治州建筑安装总公司	1 230	7 000	86 954	1 697	56 913
湖南省					
湖南环达公路桥梁建筑总公司	1 842	6 476	0	1 876	35 159
湖南省前辉建筑装饰工程总公司	982	7 200	42 000	3 347	73 320
湖南省第六工程公司	6 901	52 974	209 504	20 331	76 762
湖南省公路桥梁建设总公司	8 415	63 765	0	17 180	75 776
长沙市市政工程公司	1 767	9 894	0	4 031	55 992
湖南省机械化施工公司	1 431	4 270	0	1 833	29 840
湖南省水利水电第一工程公司	632	2 401	0	995	37 984
湖南省水利水电第二工程公司	1 821	6 843	6 500	3 409	37 579
湖南省水利水电机械施工公司	1 009	2 429	0	1 746	24 077
湖南省轻工建设公司	548	1 183	0	437	21 593
长沙市建筑安装工程公司	4 710	16 041	214 731	3 733	34 058
长沙市建筑工程公司	3 718	16 820	210 375	4 242	45 239
湖南省华龙建筑工程总公司	300	3 483	48 600	1 147	116 100
湖南省公路机械工程公司	168	3 797	0	1 369	225 988

主要经济技术指标完成情况(三十七)

按增加值计算的劳动生产率(元/人)	资本金合计(万元)	资产总计(万元)	负债合计(万元)	利润总额(万元)	利税总额(万元)	工程质量优良品率(%)	产值利润率(%)	产值利税率(%)	资产负债率(%)
2 235	624	2 153	1 450	22	66	50.0	0.8	2.3	67.3
22 914	1 873	21 898	18 399	163	890	40.9	0.7	4.1	84.0
26 536	2 324	18 126	14 119	133	630	55.3	1.0	4.6	77.9
7 836	1 913	22 009	19 688	−998	−529	27.3	−6.2	−3.3	89.5
7 836	1 764	5 619	3 855	12	103	6.7	0.4	3.2	68.6
12 370	832	3 266	2 470	−174	−157	0.0	−8.7	−7.8	75.6
10 520	1 240	8 970	6 335	500	767	35.7	6.2	9.6	70.6
12 775	4 143	7 990	3 848	68	298	28.6	1.0	4.3	48.2
5 583	2 039	5 384	3 337	177	658	12.2	2.2	8.1	62.0
8 176	135	1 575	61	25	263	0.0	0.4	4.4	3.9
5 180	1 589	1 644	148	105	262	26.7	4.3	10.7	9.0
7 495	1 655	1 895	401	36	88	0.0	1.7	4.3	21.1
8 610	1 216	8 339	6 244	−550	−447	33.3	−26.3	−21.3	74.9
11 967	1 020	17 648	15 892	−989	−609	18.2	−8.5	−5.2	90.1
4 862	1 578	2 934	548	67	177	36.4	3.5	9.2	18.7
1 765	1 639	2 909	1 138	53	125	0.0	2.4	5.7	39.1
5 694	1 820	3 010	684	13	91	40.0	0.5	4.0	22.7
878	1 762	2 174	20	10	23	26.7	0.1	0.3	0.9
8 514	1 502	2 231	704	62	131	68.2	1.4	3.0	31.6
9 871	241	1 415	29	198	446	10.0	4.0	9.1	2.0
8 741	1 800	4 352	2 552	243	393	30.8	5.7	9.1	58.6
13 801	839	9 090	8 251	−94	62	23.5	−1.3	0.9	90.8
10 187	1 709	6 035	4 326	99	142	100.0	1.5	2.2	71.7
34 084	1 550	3 921	880	450	753	35.7	6.2	10.5	22.4
29 462	5 070	34 826	28 085	720	2 338	28.0	1.4	4.4	80.6
20 416	8 673	72 025	60 057	639	1 379	100.0	1.0	2.2	83.4
22 811	2 179	11 695	7 911	142	427	23.5	1.4	4.3	67.6
12 813	1 823	8 715	6 645	−656	−526	57.1	−15.4	−12.3	76.3
15 752	2 576	4 223	1 647	32	79	0.0	1.3	3.3	39.0
18 721	1 406	8 601	5 568	38	310	0.0	0.6	4.5	64.7
17 304	1 131	6 633	4 564	4	142	60.0	0.2	5.9	68.8
7 976	407	2 610	2 280	−234	−226	50.0	−19.8	−19.1	87.3
7 927	3 707	21 868	17 473	30	448	32.5	0.2	2.8	79.9
11 410	2 145	35 658	22 293	2	414	29.7	0.0	2.5	62.5
38 233	838	3 868	3 030	218	434	16.7	6.2	12.4	78.3
81 500	2 260	4 125	419	−46	−23	0.0	−1.2	−0.6	10.2

7－20 全国各地区大中型建筑业企业

企业名称	平均人数 (人)	建筑业总产值 (万元)	竣工面积 (平方米)	建筑业增加值 (万元)	按总产值计算的劳动生产率 (元/人)
长沙市基建工程公司	600	4 532	20 234	1 568	75 533
长沙大托建筑公司	3 280	12 600	108 000	3 113	38 415
长沙市西城建筑安装工程公司	1 687	5 404	9 020	1 124	32 033
长沙捞刀河建筑公司	1 650	8 200	41 000	1 529	49 697
长沙北区建筑公司	1 180	4 760	29 700	1 653	40 343
长沙高岭建筑总公司	3 420	15 230	95 483	3 822	44 532
长沙沙坪建筑总公司	3 528	9 325	45 775	1 804	26 431
长沙市雨花建筑公司	2 095	4 736	9 507	1 499	22 606
长沙洞井建筑公司	2 858	18 000	113 589	2 939	62 981
长沙黎托建筑工程公司	3 720	9 000	51 972	3 270	24 194
长沙市郊机械化施工公司	450	6 160	0	2 683	136 889
长沙县榔梨建筑工程公司	1 200	6 048	29 400	1 214	50 400
长沙黄花建筑公司	2 409	14 028	71 866	2 903	58 232
长沙高塘建筑工程公司	1 500	6 026	30 197	1 624	40 173
长沙望新建筑工程公司	2 058	12 589	65 028	3 233	61 171
长沙春华建筑工程公司	1 410	6 392	29 496	1 872	45 333
长沙县螺丝塘建筑工程总公司	1 200	6 793	39 100	2 230	56 608
长沙北山安装公司	510	2 180	0	669	42 745
长沙北山建筑工程公司	3 000	12 448	66 434	3 136	41 493
长沙广福建筑工程公司	1 050	3 615	35 060	1 432	34 429
长沙县星沙建筑集团公司	2 680	12 260	80 700	3 054	45 746
长沙莲花建筑工程公司	1 900	6 322	65 151	1 710	33 274
长沙书堂建筑工程公司	1 725	6 144	37 714	1 916	35 617
长沙望城建筑安装工程公司	2 587	12 980	64 741	3 912	50 174
宁乡县道林建筑工程公司	1 450	10 350	68 640	3 072	71 379
宁乡县花明建筑公司	1 803	8 733	45 221	2 893	48 436
浏阳市永安建筑工程公司	2 075	9 607	114 014	3 475	46 297
湖南建工集团工业设备安装公司	3 076	23 764	9 169	7 320	77 255
湖南省建工集团第五工程公司	9 259	40 804	186 005	14 515	44 069
株洲市建筑工程公司	2 423	13 883	112 101	4 664	57 297
株洲市第二建筑工程公司	1 921	10 075	92 484	3 809	52 448
湖南省株洲湘中安装工程总公司	2 840	10 986	103 156	2 892	38 683
湖南省第三工程公司	9 660	33 797	161 336	15 817	34 986
衡阳市第二建筑工程公司	2 794	7 388	68 120	2 407	26 444
湖南省衡阳市第三建筑工程公司	1 395	5 074	36 161	1 824	36 371
湖南省衡阳市第一建筑工程公司	1 557	3 082	26 416	1 286	19 795
衡阳市第四建筑工程公司	2 728	8 165	125 354	2 173	29 931
衡南县第六建筑工程公司	1 860	3 086	21 924	309	16 591
衡阳县第二建筑工程公司	1 780	9 250	115 000	4 382	51 966

主要经济技术指标完成情况(三十八)

按增加值计算的劳动生产率(元/人)	资本金合计(万元)	资产总计(万元)	负债合计(万元)	利润总额(万元)	利税总额(万元)	工程质量优良品率(%)	产值利润率(%)	产值利税率(%)	资产负债率(%)
26 133	527	3 658	1 768	181	342	44.4	4.0	7.5	48.3
9 492	3 138	14 968	11 607	251	649	25.0	2.0	5.1	77.5
6 660	1 580	1 780	318	193	387	16.7	3.6	7.2	17.9
9 267	2 470	2 992	810	225	353	62.5	2.7	4.3	27.1
14 007	1 801	2 842	1 149	144	274	25.0	3.0	5.8	40.4
11 175	3 550	9 539	4 988	590	1 123	50.0	3.9	7.4	52.3
5 115	3 402	7 763	4 468	244	497	25.0	2.6	5.3	57.6
7 157	710	3 122	1 526	39	181	100.0	0.8	3.8	48.9
10 283	3 045	7 318	4 115	238	674	78.4	1.3	3.7	56.2
8 791	3 827	5 737	1 667	321	600	64.3	3.6	6.7	29.1
59 629	3 624	19 089	15 222	210	417	100.0	3.4	6.8	79.7
10 114	1 748	2 668	866	175	300	62.5	2.9	5.0	32.5
12 051	2 391	5 392	1 023	482	869	64.7	3.4	6.2	19.0
10 827	1 529	2 734	1 100	150	268	40.0	2.5	4.4	40.2
15 710	4 390	5 154	669	315	757	47.6	2.5	6.0	13.0
13 279	2 813	4 819	1 839	98	208	41.7	1.5	3.3	38.2
18 585	2 131	4 134	1 269	469	737	45.5	6.9	10.8	30.7
13 118	1 505	1 832	326	33	55	0.0	1.5	2.5	17.8
10 455	3 011	3 688	672	115	459	43.8	0.9	3.7	18.2
13 643	2 420	3 259	1 100	84	256	50.0	2.3	7.1	33.8
11 396	4 950	8 535	2 340	546	858	54.5	4.5	7.0	27.4
9 002	1 354	1 496	900	160	371	18.2	2.5	5.9	60.2
11 108	1 588	6 743	5 182	247	457	14.3	4.0	7.4	76.9
15 122	3 060	9 775	8 950	228	657	80.0	1.8	5.1	91.6
21 189	1 724	4 640	3 946	101	463	52.4	1.0	4.5	85.0
16 045	1 508	6 002	552	1 020	1 288	14.3	11.7	14.7	9.2
16 749	3 085	5 153	2 050	726	996	19.6	7.6	10.4	39.8
23 798	2 863	30 591	21 350	148	763	77.6	0.6	3.2	69.8
15 676	4 189	38 389	33 063	160	1 448	46.6	0.4	3.5	86.1
19 248	1 285	10 684	9 817	290	720	28.0	2.1	5.2	91.9
19 826	2 500	9 807	7 334	50	392	50.0	0.5	3.9	74.8
10 183	1 230	8 864	6 722	130	405	14.3	1.2	3.7	75.8
16 373	3 872	47 387	41 374	201	1 278	61.8	0.6	3.8	87.3
8 616	2 254	10 578	6 664	2	280	8.7	0.0	3.8	63.0
13 077	1 179	8 473	4 601	1	156	36.4	0.0	3.1	54.3
8 263	3 420	9 453	6 228	1	118	37.5	0.0	3.8	65.9
7 965	1 961	7 248	4 725	41	299	31.0	0.5	3.7	65.2
1 664	1 630	3 521	2 258	33	142	80.0	1.1	4.6	64.1
24 616	556	4 362	2 151	1 141	1 535	43.8	12.3	16.6	49.3

7－20 全国各地区大中型建筑业企业

企业名称	平均人数（人）	建筑业总产值（万元）	竣工面积（平方米）	建筑业增加值（万元）	按总产值计算的劳动生产率（元/人）
湖南省第四工程公司	9 241	33 252	298 761	10 367	35 984
邵阳市工程公司	1 207	3 234	65 175	1 207	26 792
湖南省岳阳工程公司	2 945	10 932	77 837	4 075	37 121
岳阳市公路桥梁基建总公司	1 322	12 118	2 000	1 900	91 660
湖南省常德工程公司	2 003	8 338	61 392	2 898	41 626
湖南省常德市第一建筑工程公司	2 300	6 023	41 017	1 362	26 187
澧县第三建筑工程公司	2 611	11 093	71 000	3 666	42 486
湖南省张家界市道路桥梁开发建设总公司	387	2 294	0	1 500	59 276
湖南益阳工程公司	1 451	4 807	42 097	1 953	33 130
益阳市建筑工程公司	1 143	2 333	29 244	1 024	20 409
湖南中奇建筑工程有限公司	1 150	4 325	43 215	1 240	37 609
郴州工程公司	2 488	13 295	172 888	4 145	53 435
永州市第二工程公司	2 457	6 020	43 164	1 625	24 502
娄底地区建筑工程公司	2 498	6 266	59 515	2 221	25 085
涟钢建安公司	1 683	7 844	6 689	2 149	46 608
娄底市第一建筑工程公司	1 220	2 450	31 800	621	20 082
怀化公路桥梁建设总公司	258	7 094	0	491	274 965
广东省					
广东省工业设备安装公司	2 142	27 703	0	8 582	129 332
广东省水电安装公司	974	3 839	0	1 985	39 416
省第四建筑工程公司	4 468	34 937	124 649	13 414	78 194
广东省第一建筑工程公司	4 909	28 188	183 318	8 436	57 421
广东省电力工业局输变电工程公司	2 223	17 648	0	7 066	79 388
广东省农垦建设实业总公司	484	6 213	32 196	1 855	128 368
广东省电力工业局第一工程局	7 573	49 445	64 731	22 910	65 291
广东省水利水电机械施工公司	951	14 200	0	5 405	149 317
广东省水利水电第二工程局	4 553	36 331	0	21 709	79 795
广东省建筑工程机械施工公司	1 691	8 265	207 134	2 802	48 875
广东省电力工业局技术改进公司	668	9 485	0	3 340	141 990
广东省基础工程公司	2 486	19 195	0	6 809	77 212
省第三建筑工程公司	6 000	40 496	407 101	11 184	67 493
广东省公路工程总公司	10 226	114 597	0	39 268	112 065
广东省航务工程总公司	952	15 449	0	3 462	162 282
广东省石油化工建设集团公司	1 845	14 438	0	7 175	78 255
广州市园林建筑工程公司	1 067	5 272	6 931	2 077	49 414
广州市建筑机械施工公司	4 298	2 006	32 631	7 328	4 668
广州市第一建筑工程公司	5 547	34 601	233 304	9 481	62 377

主要经济技术指标完成情况(三十九)

按增加值计算的劳动生产率(元/人)	资本金合计(万元)	资产总计(万元)	负债合计(万元)	利润总额(万元)	利税总额(万元)	工程质量优良品率(%)	产值利润率(%)	产值利税率(%)	资产负债率(%)
11 219	3 822	31 316	25 123	205	1310	35.1	0.6	3.9	80.2
10 002	1 026	4 530	2 919	5	98	0.0	0.2	3.0	64.4
13 839	1 324	11 539	8 314	93	387	15.0	0.9	3.5	72.0
14 372	2 625	8 501	4 335	199	225	100.0	1.6	1.9	51.0
14 468	1 013	12 276	8 182	49	285	30.0	0.6	3.4	66.7
5 921	1 322	5 765	4 242	7	96	38.5	0.1	1.6	73.6
14 042	1 166	4 471	1 865	464	1 007	61.5	4.2	9.1	41.7
38 760	1 750	2 938	438	352	505	0.0	15.3	22.0	14.9
13 461	1 350	4 154	3 220	3	144	50.0	0.1	3.0	77.5
8 959	664	2 162	1 413	−90	−16	58.3	−3.9	−0.7	65.4
10 787	1 590	1 665	327	76	382	0.0	1.8	8.8	19.6
16 662	3 067	7 046	3 542	93	524	70.8	0.7	3.9	50.3
6 613	671	9 183	7 527	3	209	41.7	0.0	3.5	82.0
8 890	1 363	9 763	6 769	−24	181	50.0	−0.4	2.9	69.3
12 771	2 600	14 556	11 069	−128	115	100.0	−1.6	1.5	76.0
5 088	2 068	6 958	4 854	29	132	45.5	1.2	5.4	69.8
19 050	1 570	6 860	2 438	−301	−291	62.5	−4.2	−4.1	35.5
40 068	2 122	63 561	58 632	629	1 898	28.9	2.3	6.9	92.2
20 378	3 382	11 585	7 771	95	214	50.0	2.5	5.6	67.1
30 022	3 072	64 124	58 714	963	3 112	0.0	2.8	8.9	91.6
17 185	1 455	33 906	31 522	166	1 284	21.4	0.6	4.6	93.0
31 788	2 661	45 578	41 840	60	308	100.0	0.3	1.7	91.8
38 333	1 783	3 825	1 937	278	467	22.2	4.5	7.5	50.6
30 252	11 371	78 250	54 262	1 403	2 994	95.0	2.8	6.1	69.3
56 838	1 929	29 992	27 346	229	333	42.9	1.6	2.3	91.2
47 681	10 049	76 945	59 784	252	2 119	0.0	0.7	5.8	77.7
16 571	1 698	34 077	31 444	64	358	14.7	0.8	4.3	92.3
50 000	1 570	14 507	10 978	346	459	0.0	3.7	4.8	75.7
27 389	8 197	22 276	14 079	121	762	22.4	0.6	4.0	63.2
18 640	1 561	93 886	91 163	24	1 211	17.4	0.1	3.0	97.1
38 400	10 386	148 476	128 630	1 848	7 354	83.3	1.6	6.4	86.6
36 361	806	23 116	21 545	288	621	100.0	1.9	4.0	93.2
38 888	3 017	20 042	8 396	607	1 101	99.0	4.2	7.6	41.9
19 462	1 059	2 769	1 568	10	157	42.6	0.2	3.0	56.6
17 051	2 236	67 175	61 147	29	277	50.0	1.5	13.8	91.0
17 092	1 774	110 114	105 998	112	274	7.3	0.3	0.8	96.3

7-20 全国各地区大中型建筑业企业

企业名称	平均人数（人）	建筑业总产值（万元）	竣工面积（平方米）	建筑业增加值（万元）	按总产值计算的劳动生产率（元/人）
广州市机电建筑工程公司	1 115	3 610	43 721	1 274	32 380
广州市轻工建筑安装工程公司	612	5 359	34 204	1 273	87 565
广州市水电设备安装公司	681	13 045	0	5 978	191 551
广州市第二建筑工程公司	7 421	44 690	399 158	16 929	60 221
广州市第三建筑工程公司	5 633	30 093	384 924	8 214	53 423
广州市第四建筑工程公司	4 068	22 055	199 473	17 457	54 215
广州市机电安装公司	2 685	30 486	0	6 890	113 542
广州市公路局公路工程公司	692	9 303	0	2 687	134 436
广州市自来水工程公司	1 818	18 816	0	8 472	103 498
广州市市政工程总公司	5 000	43 175	0	29 678	86 351
广州市房屋经营建设公司	1 041	10 144	125 535	8 201	97 445
广州市建筑置业公司	3 367	34 817	223 805	13 680	103 408
广州市国营华安建筑开发公司	1 582	4 379	27 594	3 125	27 680
广州市住宅建设发展公司	2 391	25 596	270 655	7 980	107 049
广州住友建设发展公司	1 839	7 467	32 752	2 198	40 604
广州穗城建筑工程公司	1 533	3 310	6 810	1 746	21 592
广州市东山区建筑安装工程公司	1 465	6 944	59 402	3 466	47 399
广州市越秀区住宅建设公司	1 873	10 560	81 844	3 413	56 380
广州市海珠区建筑工程总公司	577	6 126	53 323	953	106 165
天河区建安总公司	1 503	12 263	215 894	2 300	81 590
广州市芳村区市政建设工程公司	1 035	6 928	0	1 255	66 937
广州市白云区石井建筑工程公司	2 086	9 150	70 036	1 649	43 864
广州白云第一建筑集团公司	3 128	12 633	130 955	2 705	40 387
广州市白云区第五建筑工程公司	2 086	6 100	41 698	1 997	29 243
广州市白云区第三建筑工程公司	697	4 030	19 000	1 023	57 819
广州市白云区江高建筑工程公司	1 476	6 200	37 147	2 189	42 005
广州市白云区土木建筑公司	688	3 672	20 490	1 090	53 372
广州市白云区市政建设第二工程公司	520	2 031	0	707	39 058
广州市黄埔区第二建筑工程公司	2 016	10 620	88 031	949	52 679
花都市建筑工程公司	2 800	19 926	164 030	3 070	71 164
花都市第二建筑工程公司	2 052	16 587	140 883	2 720	80 834
从化市建筑工程总公司	1 876	4 300	29 900	1 575	22 921
从化市第一建筑工程公司	639	3 123	32 327	574	48 872
从化市三建筑工程公司	2 230	7 500	73 113	2 105	33 632
从化市第四建筑工程公司	1 927	6 132	51 976	2 400	31 821
从化市建筑市政工程总公司	2 160	7 680	46 432	2 949	35 556
增城市建筑工程公司	2 020	6 121	41 592	1 801	30 302
番禺市第三建筑工程公司	2 046	9 128	221 981	4 258	44 614
番禺市第二建筑工程公司	2 477	16 866	169 138	1 620	68 090

主要经济技术指标完成情况(四十)

按增加值计算的劳动生产率(元/人)	资本金合计(万元)	资产总计(万元)	负债合计(万元)	利润总额(万元)	利税总额(万元)	工程质量优良品率(%)	产值利润率(%)	产值利税率(%)	资产负债率(%)
11 422	903	22 850	21 976	1	180	22.2	0.0	5.0	96.2
20 809	259	3 153	1 293	57	232	57.1	1.1	4.3	41.0
87 784	3 611	29 209	24 976	210	723	27.2	1.6	5.5	85.5
22 812	1 564	69 861	65 804	1 233	1 486	28.6	2.8	3.3	94.2
14 583	1 967	78 199	73 344	91	404	7.0	0.3	1.3	93.8
42 912	1 728	80 665	75 880	1 878	2 728	25.0	8.5	12.4	94.1
25 663	1 939	44 070	39 070	262	692	16.7	0.9	2.3	88.7
38 832	4 396	37 820	28 134	518	686	100.0	5.6	7.4	74.4
46 602	2 993	20 245	15 410	419	582	98.1	2.2	3.1	76.1
59 355	6 189	123 867	86 955	566	987	19.0	1.3	2.3	70.2
78 784	3 651	35 871	30 992	795	1 122	16.7	7.8	11.1	86.4
40 631	3 205	123 283	117 492	1 648	2 922	24.1	4.7	8.4	95.3
19 756	1 168	23 909	22 308	74	172	0.0	1.7	3.9	93.3
33 373	3 285	88 977	81 584	1 054	1 454	15.4	4.1	5.7	91.7
11 954	2 506	5 446	2 714	71	303	18.2	1.0	4.1	49.8
11 387	1 088	1 769	1 130	23	136	0.0	0.7	4.1	63.8
23 657	3 034	14 128	13 647	−9	190	50.0	−0.1	2.7	96.6
18 222	298	20 485	10 922	109	403	28.6	1.0	3.8	53.3
16 520	1 401	26 228	24 721	48	222	0.0	0.8	3.6	94.3
15 305	222	8 426	4 841	245	725	36.4	2.0	5.9	57.5
12 129	1 199	21 325	19 015	16	68	0.0	0.2	1.0	89.2
7 907	1 800	5 362	4 220	425	512	37.5	4.6	5.6	78.7
8 648	3 847	34 017	30 253	224	599	46.7	1.8	4.7	88.9
9 574	3 300	3 799	446	183	376	0.0	3.0	6.2	11.7
14 671	1 875	3 063	1 181	65	197	0.0	1.6	4.9	38.6
14 829	1 047	2 178	913	298	547	0.0	4.8	8.8	41.9
15 843	1 250	2 200	1 120	191	317	16.7	5.2	8.6	50.9
13 592	600	1 075	456	39	98	0.0	1.9	4.8	42.4
4 707	1 830	2 444	200	350	713	0.0	3.3	6.7	8.2
10 964	2 213	43 453	41 031	186	526	33.3	0.9	2.6	94.4
13 256	1 855	47 502	45 802	99	467	37.5	0.6	2.8	96.4
8 396	1 680	4 761	2 788	21	251	0.0	0.5	5.8	58.6
8 987	1 605	6 074	4 567	29	75	75.0	0.9	2.4	75.2
9 442	1 600	9 941	8 256	61	388	11.8	0.8	5.2	83.0
12 453	1 605	4 720	2 030	624	893	10.5	10.2	14.6	43.0
13 651	1 677	7 877	5 530	535	892	33.3	7.0	11.6	70.2
8 917	2 961	23 245	21 517	8	207	27.3	0.1	3.4	92.6
20 812	1 524	27 837	25 631	233	757	5.3	2.6	8.3	92.1
6 542	155	30 517	28 620	315	846	32.0	1.9	5.0	93.8

7－20 全国各地区大中型建筑业企业

企业名称	平均人数（人）	建筑业总产值（万元）	竣工面积（平方米）	建筑业增加值（万元）	按总产值计算的劳动生产率（元/人）
番禺市江南建筑工程公司	2 358	12 406	59 236	5 094	52 612
番禺市建筑安装工程公司	4 954	36 868	467 773	10 631	74 421
番禺市石基建筑工程公司	1 035	6 745	48 262	1 632	65 169
番禺市公路建设工程公司	250	2 901	0	1 262	116 056
番禺市桥梁开发建设位置公司	3 475	24 141	44 713	7 500	69 470
广州市市政工程维修处	2 338	14 719	0	8 578	62 954
荔湾区市政建设工程公司	735	4 015	0	1 153	54 629
广东火电工程总公司	3 645	26 643	0	16 371	73 095
广州市白云区第二建筑工程公司	1 851	7 474	107 848	595	40 378
广东省第五建筑工程公司	5 241	26 684	217 215	8 034	50 914
韶关市第一建筑工程公司	3 962	12 528	90 375	4 361	31 620
广东省韶关市第二建筑工程公司	3 673	8 347	67 000	1 916	22 724
广东省韶钢建设公司	3 973	29 216	104 683	4 470	73 536
韶关电力工业局劳动服务公司	84	1 826	0	542	217 393
乐昌市建筑工程公司	1 100	3 765	72 109	687	34 227
深圳市华侨建筑工程公司	1 596	4 577	62 725	1 038	28 678
深圳市第三建筑工程公司	2 180	22 349	190 164	10 157	102 518
深圳市道路工程公司	720	5 752	0	1 309	79 893
深圳市华辉装饰工程公司	215	1 802	22 843	348	83 814
深圳市建筑机械动力公司	474	6 034	0	1 290	127 300
深圳深港建筑公司	1 312	9 157	65 421	2 363	69 794
深圳市建筑工程公司	2 455	23 884	111 078	6 935	97 287
深圳市金众股份有限公司	3 485	23 519	283 561	13 296	67 486
深圳市市政工程总公司	1 610	33 629	17 273	22 350	208 876
深圳市建筑装饰总公司	624	10 386	0	2 729	166 442
深圳市建业建筑工程公司	2 097	15 416	170 901	13 321	73 515
深圳市机电设备安装股份有限公司	1 281	21 322	29 842	5 249	166 448
深圳市建设土石方机械工程公司	136	2 464	0	951	181 154
深圳市第四建筑工程公司	1 437	13 148	175 204	5 750	91 496
江苏省建筑安装工程公司深圳一公司	5 742	34 935	306 800	18 414	60 840
中国华西企业公司	6 385	31 703	98 000	11 827	49 652
深圳市装饰工程工业总公司	1 035	18 398	0	1 770	177 758
广东省第二建筑工程公司深圳公司	949	5 457	0	2 185	57 503
南京市第三建筑工程公司深圳公司	1 100	10 255	25 562	3 851	93 228
中建二局深圳南方建筑公司	1 669	22 517	361 901	8 372	134 914
东北核电建设公司	480	4 100	0	1 740	85 417
汕头市第二建筑工程深圳公司	1 266	5 636	22 197	1 589	44 518
三九工程开发总公司	50	2 116	6 030	1 468	423 200
广东海外建设总公司深圳公司	650	4 363	22 697	1 336	67 131

主要经济技术指标完成情况(四十一)

按增加值计算的劳动生产率(元/人)	资本金合计(万元)	资产总计(万元)	负债合计(万元)	利润总额(万元)	利税总额(万元)	工程质量优良品率(%)	产值利润率(%)	产值利税率(%)	资产负债率(%)
21 601	3 468	29 512	23 595	752	1 307	42.9	6.1	10.5	80.0
21 460	3 312	85 038	79 626	752	2 009	30.9	2.0	5.4	93.6
15 767	879	21 968	19 847	349	511	25.0	5.2	7.6	90.3
50 464	500	20 233	1 845	435	446	0.0	15.0	15.4	9.1
21 583	3 520	116 929	119 269	−4 156	−4 051	9.1	−17.2	−16.8	102.0
36 691	2 979	27 315	17 826	466	626	0.0	3.2	4.3	65.3
15 682	852	9 667	8 147	103	109	1.2	2.6	2.7	84.3
44 912	8 076	84 857	39 642	1 206	1 770	100.0	4.5	6.6	46.7
3 213	1 500	15 882	10 110	−29	104	60.0	−0.4	1.4	63.7
15 330	2 016	42 241	39 970	24	957	45.7	0.1	3.6	94.6
11 006	3 038	17 199	13 853	105	535	17.4	0.8	4.3	80.5
5 216	3 694	18 375	13 084	36	219	36.8	0.4	2.6	71.2
11 252	4 299	47 007	41 579	761	763	14.1	2.6	2.6	88.5
64 583	1 206	4 360	2 236	33	80	0.0	1.8	4.4	51.3
6 243	1 570	8 890	6 987	−8	43	26.7	−0.2	1.1	78.6
6 507	1 890	1 867	427	15	160	71.4	0.3	3.5	22.9
46 594	3 388	26 208	16 119	3 010	3 839	100.0	13.5	17.2	61.5
18 186	3 552	71 175	67 623	423	618	0.0	7.4	10.7	95.0
16 181	546	10 095	9 549	118	204	100.0	6.5	11.3	94.6
27 217	1 375	9 740	7 972	300	364	0.0	5.0	6.0	81.9
18 011	2 228	8 183	5 858	455	797	100.0	5.0	8.7	71.6
28 247	3 900	29 109	24 125	1 381	3 344	66.7	5.8	14.0	82.9
38 152	8 161	76 322	51 443	6 680	8 045	100.0	28.4	34.2	67.4
138 821	11 804	114 780	86 796	6 529	7 843	90.0	19.4	23.3	75.6
43 734	508	5 813	4 661	502	833	95.7	4.8	8.0	80.2
63 524	7 953	71 007	54 434	2 368	3 548	85.7	15.4	23.0	76.7
40 973	6 580	61 484	47 450	260	760	100.0	1.2	3.6	77.2
69 934	411	4 869	3 547	261	310	100.0	10.6	12.6	72.9
40 017	3 000	44 014	38 884	1 141	1 674	88.9	8.7	12.7	88.3
32 070	2 870	200 506	190 480	4 313	6 142	100.0	12.3	17.6	95.0
18 523	1 555	35 440	26 292	1 982	3 012	100.0	6.3	9.5	74.2
17 103	863	7 037	6 173	94	277	52.6	0.5	1.5	87.7
23 028	528	5 456	5 030	−18	173	76.9	−0.3	3.2	92.2
35 012	2 000	5 974	4 829	510	875	100.0	5.0	8.5	80.8
50 159	3 500	51 478	47 396	756	1 720	100.0	3.4	7.6	92.1
36 252	644	3 383	2 716	297	407	100.0	7.3	9.9	80.3
12 553	535	30 955	30 206	29	225	100.0	0.5	4.0	97.6
293 540	9 718	13 648	4 262	333	534	0.0	15.7	25.2	31.2
20 554	9 800	5 501	3 881	0	272	100.0	0.0	6.2	70.5

7-20 全国各地区大中型建筑业企业

企业名称	平均人数（人）	建筑业总产值（万元）	竣工面积（平方米）	建筑业增加值（万元）	按总产值计算的劳动生产率（元/人）
深圳市葛州坝广深工程实业总公司	258	2 239	0	580	86 783
深圳沙头角建筑工程公司	800	3 826	22 971	1 434	47 825
深圳市罗湖建筑安装工程公司	1 830	10 886	3 061	4 531	59 486
福田区建设实业发展公司	1 400	11 218	86 812	2 699	80 129
深圳市特皓股份有限公司	3 523	25 689	209 378	12 894	72 918
广西第一建筑工程公司深圳公司	830	5 468	152 973	2 157	65 876
深圳宝安区建筑工程公司	2 257	10 280	78 790	5 300	45 547
深圳市龙岗区建筑工程公司	1 000	6 000	40 000	2 835	60 000
深圳市龙岗区建筑工程公司	2 455	13 269	199 563	4 594	54 049
深圳市龙岗区公路工程公司	1 016	38 076	0	2 489	374 764
铁道部隧道工程局深圳南方实业公司	550	3 095	0	635	56 265
汕头市建安实业总公司深圳公司	2 959	13 670	125 555	5 580	46 198
湛江市粤西建筑公司深圳分公司	440	3 019	17 773	674	68 623
广东省第二建筑工程公司	3 999	18 060	255 668	7 868	45 162
深圳潮阳建筑工程公司	3 622	12 795	148 369	5 506	35 326
汕头市第二建安总公司	1 715	7 554	81 775	2 715	44 045
汕头市港口建设总公司	17 878	2 628	0	786	1 470
汕头市建安实业总公司	3 600	25 800	349 099	2 372	71 667
汕头市住宅建筑工程公司	1 800	8 500	50 820	1 468	47 222
汕头市市政工程总公司	1 623	11 484	10 230	756	70 757
汕头市第五建筑安装工程公司	1 825	6 939	29 149	871	38 021
汕头市第四建安总公司	2 027	8 986	82 321	2 687	44 332
汕头市航务工程公司	1 068	4 292	0	1 859	40 187
汕头市建安(集团)公司	5 662	51 112	498 198	3 914	90 272
汕头公路桥梁工程总公司	1 058	15 004	0	1 484	141 810
汕头市路桥建设总公司	1 258	5 107	0	495	40 596
汕头市建筑工程总公司	3 708	15 901	144 043	3 735	42 883
汕头经济特区龙湖建筑安装工程公司	1 280	6 196	61 506	1 699	48 406
汕头市广澳建筑总公司	2 100	6 360	54 800	1 397	30 286
汕头经济特区园林建设公司	1 505	8 097	110 159	788	53 801
汕头经济特区兴业建筑工程公司	1 510	6 175	111 829	1 986	40 894
汕头龙华建筑总公司	3 217	14 218	89 580	4 256	44 196
汕头市升艺建筑总公司	1 430	5 307	27 407	980	37 109
汕头市升平建筑总公司	2 002	6 007	16 812	222	30 005
汕头市鮀岛建筑工程公司	1 882	6 752	40 439	1 435	35 877
汕头市升达建筑总公司	2 463	8 800	53 153	2 311	35 729
汕头市安平建筑总公司	1 858	6 513	52 446	1 232	35 053
汕头市南华建筑公司	5 150	25 029	165 839	4 545	48 600
汕头市建华建筑总公司	2 045	9 897	76 088	1 399	48 396

主要经济技术指标完成情况(四十二)

按增加值计算的劳动生产率(元/人)	资本金合计(万元)	资产总计(万元)	负债合计(万元)	利润总额(万元)	利税总额(万元)	工程质量优良品率(%)	产值利润率(%)	产值利税率(%)	资产负债率(%)
22 481	4 450	8 943	4 117	−73	−33	60.0	−3.3	−1.5	46.0
17 929	1 890	3 091	2 734	109	353	100.0	2.9	9.2	88.4
24 762	9 910	8 665	4 368	1 315	1 900	100.0	12.1	17.5	50.4
19 279	850	3 414	2 321	427	1 152	84.6	3.8	10.3	68.0
36 601	5 034	60 337	47 582	3 141	4 372	100.0	12.2	17.0	78.9
25 990	1 578	17 113	13 910	113	426	100.0	2.1	7.8	81.3
23 483	3 428	5 032	0	2 570	3 114	45.5	25.0	30.3	0.0
28 350	600	9 180	350	1 445	1 825	62.5	24.1	30.4	3.8
18 713	1 700	3 500	996	797	1 126	62.5	6.0	8.5	28.5
24 500	2 016	5 340	3 222	161	286	100.0	0.4	0.8	60.3
11 542	844	7 208	6 188	−595	−484	0.0	−19.2	−15.6	85.8
18 858	1 076	21 878	20 249	188	954	100.0	1.4	7.0	92.6
15 330	342	4 704	0	36	96	100.0	1.2	3.2	0.0
19 676	3 390	48 304	45 089	1518	2 155	29.4	8.4	11.9	93.3
15 202	3 029	29 822	26 524	1103	1 981	88.9	8.6	15.5	88.9
15 831	1 558	13 042	10 909	16	276	75.0	0.2	3.6	83.6
440	7 210	10 293	8 545	8	115	42.9	0.3	4.4	83.0
6 588	3 103	30 089	26 082	149	1 026	92.6	0.6	4.0	86.7
8 154	1 167	24 013	22 151	36	255	40.0	0.4	3.0	92.2
4 656	2 479	63 862	61 873	8	37	44.4	0.1	0.3	96.9
4 773	1 555	8 998	7 255	1	104	62.5	0.0	1.5	80.6
13 256	1 525	8 898	7 205	27	334	30.3	0.3	3.7	81.0
17 409	3 800	16 848	12 637	55	198	0.0	1.3	4.6	75.0
6 913	4 194	87 004	81 399	−577	1 125	40.0	−1.1	2.2	93.6
14 023	1 588	37 436	35 303	196	721	50.0	1.3	4.8	94.3
3 932	1 063	7 309	6 094	−66	−8	0.0	−1.3	−0.2	83.4
10 073	2 950	43 585	40 470	22	372	58.3	0.1	2.3	92.9
13 277	1 650	13 170	10 910	72	281	11.1	1.2	4.5	82.8
6 652	1 855	4 775	2 771	40	239	0.0	0.6	3.8	58.0
5 234	151	8 136	6 498	59	357	50.0	0.7	4.4	79.9
13 154	1 680	2 585	681	74	278	73.3	1.2	4.5	26.4
13 231	3 030	18 796	14 687	312	960	59.1	2.2	6.8	78.1
6 850	1 052	16 045	14 474	18	42	0.0	0.3	0.8	90.2
1 110	1 526	3 860	2 148	76	84	16.7	1.3	1.4	55.6
7 623	1 422	11 321	5 330	155	245	57.1	2.3	3.6	47.1
9 383	3 028	11 460	8 342	197	383	66.7	2.2	4.4	72.8
6 633	1 342	36 541	34 888	301	318	23.5	4.6	4.9	95.5
8 825	3 312	30 112	26 376	343	1325	59.4	1.4	5.3	87.6
6 840	2 005	12 247	10 245	6	87	7.1	0.1	0.9	83.7

7-20 全国各地区大中型建筑业企业

企业名称	平均人数(人)	建筑业总产值(万元)	竣工面积(平方米)	建筑业增加值(万元)	按总产值计算的劳动生产率(元/人)
汕头市金砂建筑总公司	1 781	8 011	119 420	1 957	44 980
汕头市金海建筑总公司	1 658	6 600	62 508	1 546	39 807
汕头市金新建筑公司	2 013	8 350	96 935	1 205	41 480
汕头市达诚建筑总公司	3 200	14 068	118 407	1 239	43 963
汕头市达濠区市政工程总公司	1 628	20 012	0	6 043	122 924
汕头市达濠区建筑总公司	2 512	21 937	240 922	4 454	87 329
汕头市达濠区金田建筑总公司	1 872	6 800	17 315	1 995	36 325
澄海市建筑工程公司	2 360	12 496	199 900	4 131	52 950
潮阳市第三建筑工程公司	2 404	6 380	83 162	1 711	26 539
汕头市潮阳建筑工程总公司	3 368	19 762	177 802	5 602	58 676
潮阳市第二建筑总公司	3 352	11 015	87 066	2 957	32 861
潮阳市第四建筑工程公司	2 218	6 245	63 855	1 696	28 156
潮阳市水电建筑安装工程公司	2 001	5 820	31 826	1 571	29 085
潮阳市棉城建筑工程公司	582	1 735	41 826	462	29 811
潮阳市第一建安总公司	2 807	8 720	77 805	2 340	31 065
汕头市河浦建筑工程总公司	1 823	7 878	14 583	1 340	43 214
潮阳市第七建筑工程公司	2 001	6 135	52 185	1 647	30 660
汕头市建安伟业工程公司	1 850	3 653	5 656	888	19 746
汕头市南源建筑公司	1 923	8 715	61 635	1 190	45 320
汕头市金达市政工程总公司	661	2 708	2 351	1 500	40 968
汕头市自来水安装工程公司	369	2 791	0	601	75 634
广东省第六建筑工程公司	6 229	51 724	409 156	16 925	83 037
佛山市第二建筑工程公司	1 500	7 080	147 626	3 005	47 202
南海市第二建筑工程总公司	5 776	41 200	759 576	9 108	71 330
南海市建筑工程公司	3 729	24 403	364 842	2 014	65 441
佛山市房屋建筑工程总公司	2 642	20 506	198 368	4 318	77 614
佛山市政建设工程总公司	440	3 930	0	1 042	89 311
佛山市第一建筑集团公司	3 467	21 120	170 436	6 357	60 917
城区建筑工程公司	1 744	5 096	33 033	131	29 223
南海市建筑基础工程公司	932	1 376	0	1 368	14 760
广东省建筑构件工程公司	929	4 521	69 949	1 599	48 668
顺德恒昌建设集团公司	2 593	12 942	159 336	3 137	49 910
顺德诚业建筑公司	5 002	30 395	240 002	8 157	60 766
顺德北窖建筑公司	780	15 000	140 227	3 711	192 308
高明市建筑工程总公司	1 403	6 118	94 335	1 850	43 609
顺德金城建设集团公司	3 500	22 231	287 496	3 720	63 518
江门市第一建筑工程公司	484	3 106	36 478	229	64 167
江门市水电公司	927	2 617	0	1 391	28 231

主要经济技术指标完成情况(四十三)

按增加值计算的劳动生产率(元/人)	资本金合计(万元)	资产总计(万元)	负债合计(万元)	利润总额(万元)	利税总额(万元)	工程质量优良品率(%)	产值利润率(%)	产值利税率(%)	资产负债率(%)
10 988	1 921	4 908	2 987	31	151	52.9	0.4	1.9	60.9
9 326	2 039	11 364	9 117	51	106	25.0	0.8	1.6	80.2
5 987	1 943	1 649	279	41	184	33.1	0.5	2.2	16.9
3 872	3 088	12 500	9 404	32	319	25.0	0.2	2.3	75.2
37 117	4 336	90 496	84 480	913	2 697	50.0	4.6	13.5	93.4
17 732	3 685	80 255	72 802	347	557	43.8	1.6	2.5	90.7
10 659	2 749	8 290	5 362	40	319	0.0	0.6	4.7	64.7
17 503	2 086	27 085	24 785	65	277	42.1	0.5	2.2	91.5
7 116	1 615	4 866	3 010	58	345	60.0	0.9	5.4	61.9
16 635	4 590	30 991	26 401	725	1 651	57.1	3.7	8.4	85.2
8 822	3 002	6 907	3 891	101	597	62.5	0.9	5.4	56.3
7 647	1 539	4 476	2 465	57	338	60.0	0.9	5.4	55.1
7 853	2 318	3 549	1 159	53	315	57.1	0.9	5.4	32.7
7 936	617	1 875	1 150	16	94	41.7	0.9	5.4	61.3
8 337	1 703	4 840	3 105	79	471	38.9	0.9	5.4	64.2
7 348	1 808	3 719	1 828	132	417	60.0	1.7	5.3	49.2
8 233	1 889	2 745	810	56	332	50.0	0.9	5.4	29.5
4 799	2 403	4 696	2 297	−19	24	60.0	−0.5	0.6	48.9
6 188	1 922	5 573	3 684	55	181	26.7	0.6	2.1	66.1
22 699	2 168	2 071	120	17	159	50.0	0.6	5.9	5.8
16 298	861	1 733	864	6	12	0.0	0.2	0.4	49.9
27 171	2 809	147 188	142 673	843	2 744	34.5	1.6	5.3	96.9
20 033	1 197	20 960	19 546	483	638	28.6	6.8	9.0	93.3
15 769	6 249	82 400	70 446	2 198	3 806	12.7	5.3	9.2	85.5
5 401	1 398	114 755	111 837	583	1 081	17.9	2.4	4.4	97.5
16 342	2 048	79 329	76 163	183	501	50.0	0.9	2.4	96.0
23 686	1 710	8 389	6 767	52	90	0.0	1.3	2.3	80.7
18 337	1 517	128 870	126 656	30	427	40.0	0.1	2.0	98.3
751	367	10 291	9 336	93	111	37.5	1.8	2.2	90.7
14 678	220	3 605	180	592	670	27.0	43.1	48.7	5.0
17 208	1 379	10 658	7 726	33	116	54.5	0.7	2.6	72.5
12 097	3 128	40 829	40 256	2	93	11.8	0.0	0.7	98.6
16 307	2 279	107 077	103 784	197	1 236	40.7	0.6	4.1	96.9
47 581	1 780	45 126	40 805	116	495	16.1	0.8	3.3	90.4
13 188	1 680	3 156	1 446	182	467	4.8	3.0	7.6	45.8
10 628	1 512	71 209	69 857	−93	238	8.3	−0.4	1.1	98.1
4 740	1 050	8 063	6 232	250	298	0.0	8.0	9.6	77.3
15 005	1 500	2 664	1 176	188	289	83.3	7.2	11.0	44.1

7－20 全国各地区大中型建筑业企业

企业名称	平均人数（人）	建筑业总产值（万元）	竣工面积（平方米）	建筑业增加值（万元）	按总产值计算的劳动生产率（元/人）
广东省第七建筑工程公司	5 020	42 715	177 035	12 141	85 090
江门市第二建筑工程公司	1 616	5 400	92 304	2 108	33 416
江门市蓬江区建筑集团有限公司	1 226	5 490	152 456	2 429	44 780
江门市路桥集团有限公司	819	3 725	0	739	45 482
台山市第四建筑工程公司	2 420	8 136	99 803	2 179	33 620
广东省台山市第六建筑工程总公司	2 025	6 848	45 056	483	33 817
台山市第二建筑集团公司	4 085	19 980	264 861	2 152	48 911
广东省台山市第一建筑集团公司	2 106	16 289	127 672	1 438	77 346
广东省台山市第三建筑集团公司	2 050	1 900	75 360	753	9 268
广东省恩平市第一建筑工程公司	1 237	3 494	42 472	1 133	28 246
鹤山市建筑工程公司	1 819	10 538	169 837	1 819	57 933
鹤山市第二建筑工程公司	744	4 123	154 804	710	55 417
台山市保华建筑有限公司	2 053	17 379	0	1 019	84 652
湛江市建筑水电工程公司	956	4 382	35 860	647	45 837
广东省第八建筑工程公司	5 611	32 341	150 037	12 391	57 638
湛江市劳动建筑工程公司	2 010	2 087	2 110	449	10 381
湛江市第七建筑工程公司	2 155	4 106	31 160	1 430	19 053
湛江市政建设工程总公司	680	3 982	415	626	58 565
湛江市第二建筑工程公司	2 116	6 065	0	67	28 664
湛江市建筑工程公司	4 022	11 519	139 905	3 018	28 640
湛江市第四建筑工程公司	2 127	10 961	76 357	2 291	51 533
湛江市建筑基础公司	2 018	5 037	620	818	24 960
湛江市第十建筑工程公司	2 013	3 542	36 981	1 544	17 596
湛江市第九建筑工程公司	1 787	12 284	162 425	4 012	68 742
湛江市土木建筑工程公司	2 286	6 546	33 126	1 760	28 635
湛江市建筑实业工程公司	2 000	6 133	51 631	1 435	30 665
湛江市建筑工程集团公司	71 414	30 208	126 958	7 584	4 230
湛江市广州湾建筑工程公司	2 274	6 065	40 950	1 334	26 671
吴川市第三建筑工程公司	1 717	2 343	5 620	287	13 646
吴川市建安第二分公司	2 018	12 800	97 182	2 479	63 429
吴川市第一建筑工程公司	2 479	10 322	292 919	2 495	41 638
吴川市土木建筑工程公司	785	2 852	23 000	1 061	36 331
湛江市粤西建筑工程公司	3 517	13 373	181 409	3 808	38 024
吴川市建设工程公司	2 643	6 038	13 870	1 978	22 845
廉江市建筑安装公司	2 580	11 071	81 180	4 043	42 911
廉江市建筑工程总公司	2 515	3 712	25 310	1 618	14 759
廉江市第四建筑公司	1 097	6 538	113 500	2 167	59 599
廉江市第一建筑工程公司	1 682	6 318	46 018	1 964	37 562
廉江市住宅建筑工程公司	1 485	6 109	57 758	1 919	41 138

主要经济技术指标完成情况(四十四)

按增加值计算的劳动生产率(元/人)	资本金合计(万元)	资产总计(万元)	负债合计(万元)	利润总额(万元)	利税总额(万元)	工程质量优良品率(%)	产值利润率(%)	产值利税率(%)	资产负债率(%)
24 185	9 517	103 780	93 923	253	1 345	33.3	0.6	3.1	90.5
13 047	1 240	14 561	13 771	177	349	0.0	3.3	6.5	94.6
19 816	1 772	16 436	9 426	449	801	8.3	8.2	14.6	57.3
9 023	5 650	5 974	3 510	128	256	0.0	3.4	6.9	58.8
9 004	1 035	14 168	9 300	9	234	60.0	0.1	2.9	65.6
2 385	2 127	10 068	6 686	−173	−8	33.3	−2.5	−0.1	66.4
5 268	1 101	5 607	4 121	338	935	47.9	1.7	4.7	73.5
6 829	1 256	21 350	19 304	90	144	21.8	0.6	0.9	90.4
3 675	841	2 918	1 871	3	284	9.7	0.2	14.9	64.1
9 158	1 156	5 715	5 355	−286	102	88.9	−8.2	2.9	93.7
10 001	1 505	20 139	18 039	159	255	38.6	1.5	2.4	89.6
9 548	993	19 675	18 579	35	68	44.4	0.8	1.7	94.4
4 963	3 718	33 232	28 420	0	0	0.0	0.0	0.0	85.5
6 772	2 012	8 027	5 663	6	146	7.7	0.1	3.3	70.5
22 083	2 253	29 244	23 515	53	1 497	42.9	0.2	4.6	80.4
2 235	1 100	2 967	1 623	−16	44	0.0	−0.8	2.1	54.7
6 636	1 589	2 045	1 448	−47	−28	16.7	−1.1	−0.7	70.8
9 203	2 115	11 051	8 705	8	20	0.0	0.2	0.5	78.8
316	1 680	2 153	450	−49	−35	0.0	−0.8	−0.6	20.9
7 504	5 167	7 788	2 502	3	287	5.9	0.0	2.5	32.1
10 769	4 803	10 208	2 870	3	256	64.3	0.0	2.3	28.1
4 053	2 861	4 446	1 201	1	25	0.0	0.0	0.5	27.0
7 671	1 538	2 902	460	−30	87	50.0	−0.8	2.5	15.8
22 449	3 269	9 830	4 594	379	784	14.3	3.1	6.4	46.7
7 700	3 960	4 766	258	1	220	33.3	0.0	3.4	5.4
7 175	1 593	2 281	322	1	203	0.0	0.0	3.3	14.1
1 062	1 093	25 363	23 041	467	922	44.0	1.5	3.1	90.8
5 868	1 063	2 620	1 527	1	152	0.0	0.0	2.5	58.3
1 671	2 295	4 235	1 299	54	130	50.0	2.3	5.5	30.7
12 284	3 217	7 912	5 211	149	462	84.2	1.2	3.6	65.9
10 065	3 783	4 861	912	459	797	43.5	4.4	7.7	18.8
13 512	2 238	5 219	2 718	32	126	100.0	1.1	4.4	52.1
10 827	4 550	33 807	26 189	142	580	42.9	1.1	4.3	77.5
7 485	320	3 886	1 391	43	237	80.0	0.7	3.9	35.8
15 669	2 800	17 483	12 238	903	1 381	36.8	8.2	12.5	70.0
6 435	3 006	6 475	3 394	149	277	40.0	4.0	7.5	52.4
19 751	1 612	4 087	2 054	265	471	42.9	4.1	7.2	50.3
11 678	1 500	3 458	505	112	230	57.1	1.8	3.6	14.6
12 922	1 635	3 495	1 122	152	261	25.0	2.5	4.3	32.1

7－20 全国各地区大中型建筑业企业

企业名称	平均人数（人）	建筑业总产值（万元）	竣工面积（平方米）	建筑业增加值（万元）	按总产值计算的劳动生产率（元/人）
遂溪县建筑工程公司	2 027	4 570	57 162	232	22 546
广东省遂溪县建筑工程安装公司	2 466	10 174	67 402	1 587	41 257
雷州市建筑工程公司	2 037	3 604	13 320	992	17 693
雷州市建筑安装工程公司	1 437	4 373	77 640	1 132	30 431
徐闻县第三建筑工程公司	1 080	6 196	38 056	2 046	57 370
徐闻县建筑安装公司	1 118	2 435	35 290	792	21 784
湛江公路工程大队	1 204	2 240	0	2 014	18 605
遂溪县第二建筑工程公司	1 658	4 029	42 420	1 024	24 300
茂名市第三建筑工程公司	802	2 528	15 232	908	31 521
茂名市交通建设工程总公司	455	4 250	0	911	93 407
茂名华粤建筑安装工程总公司	1 569	3 996	18 652	1 723	25 470
茂名市建总二公司	2 205	15 161	179 279	2 785	68 759
茂名市建总一公司	2 450	18 638	98 807	4 242	76 074
茂名市建筑工程公司	2 215	9 098	32 828	2 828	41 074
茂名市茂南建筑安装工程公司	1 332	2 601	38 034	993	19 526
茂名市茂南第三建筑安装工程公司	1 067	3 032	16 077	701	28 416
高州市建筑工程总公司	2 200	13 000	109 002	3 884	59 091
电白县第四建筑工程公司	1 070	6 020	72 865	1 721	56 262
电白县第三建筑工程公司	1 920	4 820	22 300	1 568	25 104
电白县劳动建筑工程公司	1 030	6 357	38 858	2 530	61 720
电白县第二建筑工程公司	1 686	6 472	49 411	2 059	38 387
化州市建筑工程公司	1 884	7 604	96 478	2 898	40 361
化州市第二建筑工程公司	1 386	6 506	547 077	2 538	46 941
化州市第五建筑工程公司	1 959	5 076	66 510	2 289	25 911
化州市第三建筑工程公司	1 512	3 280	44 306	926	21 693
广东省公路工程施工总公司化州分公司	2 747	7 535	0	4 217	27 430
茂名市市政工程公司	378	4 534	0	715	119 947
肇庆市建筑工程公司	1 286	8 543	112 239	2 567	66 431
肇庆市政建设公司	248	1 521	0	719	61 327
肇庆建设工程公司	745	4 061	11 366	1 035	54 510
广东省肇庆市第二建筑工程集团有限公司	2 935	10 542	69 569	1 776	35 918
广东省高要市建筑工程公司	2 180	6 680	49 958	1 261	30 642
肇庆市住宅建设总公司	1 991	12 086	59 802	1 864	60 703
肇庆市北区建筑工程公司	508	1 988	34 097	599	39 130
肇庆市端州区黄岗建筑工程公司	612	2 000	27 300	489	32 680
鼎湖区建筑工程公司	1 087	3 619	67 020	681	33 293
广宁县建筑工程公司	850	2 039	56 996	568	23 988
惠州市水电建筑工程总公司	2 078	5 697	0	754	27 416
惠州市建筑工程总公司	3 968	14 106	179 442	3 188	35 550

主要经济技术指标完成情况(四十五)

按增加值计算的劳动生产率(元/人)	资本金合计(万元)	资产总计(万元)	负债合计(万元)	利润总额(万元)	利税总额(万元)	工程质量优良品率(%)	产值利润率(%)	产值利税率(%)	资产负债率(%)
1 146	1 896	2 446	452	32	79	30.4	0.7	1.7	18.5
6 435	1 600	3 222	945	115	166	29.0	1.1	1.6	29.3
4 870	1 520	6 836	5 136	90	211	100.0	2.5	5.9	75.1
7 881	177	2 514	719	89	230	24.0	2.0	5.3	28.6
18 943	1 680	2 419	1 561	180	404	14.3	2.9	6.5	64.5
7 084	1 518	5 610	4 363	9	116	4.8	0.4	4.8	77.8
16 724	2 206	4 047	0	123	150	40.0	5.5	6.7	0.0
6 176	1 578	3 559	1 682	97	180	33.3	2.4	4.5	47.3
11 319	2 128	5 455	3 393	18	103	0.0	0.7	4.1	62.2
20 029	3 383	2 944	78	49	65	100.0	1.1	1.5	2.6
10 985	824	4 910	4 147	−52	121	0.0	−1.3	3.0	84.5
12 630	816	5 698	4 223	200	398	4.3	1.3	2.6	74.1
17 316	995	8 604	7 122	211	673	25.0	1.1	3.6	82.8
12 769	2 018	10 619	8 501	152	465	33.3	1.7	5.1	80.1
7 452	3 055	4 130	850	73	170	0.0	2.8	6.5	20.6
6 569	2 150	3 509	1 896	0	70	0.0	0.0	2.3	54.0
17 656	5 093	7 877	2 559	13	387	72.7	0.1	3.0	32.5
16 084	1 550	5 298	3 115	221	453	100.0	3.7	7.5	58.8
8 169	2 000	3 747	1 100	202	385	87.5	4.2	8.0	29.4
24 563	1 538	2 217	141	163	383	100.0	2.6	6.0	6.3
12 212	4 111	7 496	3 399	66	243	77.8	1.0	3.8	45.3
15 381	3 782	7 798	3 984	23	361	63.6	0.3	4.7	51.1
18 315	2 168	5 068	2 900	426	549	57.7	6.5	8.4	57.2
11 687	2 985	4 848	1 405	408	552	36.4	8.0	10.9	29.0
6 127	558	2 417	1 294	101	206	100.0	3.1	6.3	53.5
15 351	1 368	7 625	1 566	942	1 276	100.0	12.5	16.9	20.5
18 905	2 118	2 899	1 558	40	141	5.3	0.9	3.1	53.7
19 960	1 480	34 477	32 317	13	312	47.8	0.2	3.7	93.7
28 980	623	4 299	2 872	217	253	0.0	14.3	16.6	66.8
13 897	503	5 800	5 277	94	204	0.0	2.3	5.0	91.0
6 050	3 368	22 298	18 635	363	744	9.5	3.4	7.1	83.6
5 786	2 104	2 668	531	14	185	25.0	0.2	2.8	19.9
9 362	2 067	32 917	30 548	366	485	29.4	3.0	4.0	92.8
11 783	645	4 096	3 450	100	239	0.0	5.0	12.0	84.2
7 993	513	1 384	883	1	35	0.0	0.1	1.8	63.8
6 262	238	27 597	27 901	−447	−439	5.6	−12.3	−12.1	101.1
6 687	515	986	579	15	57	18.5	0.7	2.8	58.7
3 630	1 037	20 452	17 780	−32	0	66.7	−0.6	0.0	86.9
8 034	4 381	28 921	23 479	201	645	21.4	1.4	4.6	81.2

7-20 全国各地区大中型建筑业企业

企业名称	平均人数（人）	建筑业总产值（万元）	竣工面积（平方米）	建筑业增加值（万元）	按总产值计算的劳动生产率（元/人）
鼎湖区建筑工程公司	1 087	3 619	67 020	681	33 293
广宁县建筑工程公司	850	2 039	56 996	568	23 988
惠州市水电建筑工程总公司	2 078	5 697	0	754	27 416
惠州市建筑工程总公司	3 968	14 106	179 442	3 188	35 550
惠州市公路建设总公司	2 225	20 489	8 026	11 327	92 085
惠东县城市建筑工程总公司	687	4 629	13 100	1 191	67 380
梅州市建筑工程公司	1 010	3 987	63 798	957	39 475
梅县第一建筑工程公司	597	1 950	17 052	779	32 663
丰顺县建筑工程公司	1 835	5 380	75 309	1 776	29 319
五华县第二建筑工程公司	3 002	13 803	123 663	3 901	45 979
广东省五华县第一建筑工程公司	3 010	13 822	124 800	3 940	45 921
陆丰市土石方工程总公司	300	1 900	350	239	63 333
河源市建筑工程总公司	400	2 166	24 010	525	54 155
河源市源城区建筑工程公司	1 265	5 100	54 575	3 251	40 316
龙川县建筑工程总公司	1 514	4 998	81 700	3 565	33 012
龙川县第二建筑工程公司	2 312	4 490	110 172	1 144	19 420
龙川县公路建筑工程总公司	240	2 090	1 800	1 350	87 083
阳江市建筑工程公司	1 916	7 044	37 796	1 701	36 766
阳江市建筑安装工程公司	1 535	8 149	75 415	941	53 087
阳江市第二建筑工程公司	983	5 292	19 037	1 241	53 831
阳江市江城第二建筑工程公司	296	1 517	21 310	235	51 243
阳江市江城建筑工程公司	813	3 062	0	937	37 663
阳东县房地产建设住宅公司	403	2 364	5 500	833	58 660
阳东县第二建筑工程公司	882	3 761	69 645	1 295	42 642
阳东县建筑工程公司	569	1 950	19 598	886	34 271
阳东县市政工程公司	497	2 470	22 100	845	49 698
阳东县建筑安装工程公司	1 080	5 255	174 400	1 683	48 657
阳春建筑工程公司	934	2 156	26 556	255	23 088
阳春第四建筑工程公司	775	2 050	45 491	243	26 452
阳春第二建筑工程公司	1 381	3 238	73 772	887	23 447
东莞市第二建筑工程公司	3 499	14 650	123 090	3 181	41 869
广东省水利水电第三工程局	2 957	13 469	0	6 404	45 549
中山市第一建筑工程公司	2 919	18 540	127 817	5 295	63 515
中山市市政工程公司	668	10 149	11 000	3 146	151 934
中山市建筑工程公司	4 888	24 770	356 843	3 140	50 675

主要经济技术指标完成情况(四十六)

按增加值计算的劳动生产率(元/人)	资本金合计(万元)	资产总计(万元)	负债合计(万元)	利润总额(万元)	利税总额(万元)	工程质量优良品率(%)	产值利润率(%)	产值利税率(%)	资产负债率(%)
6 262	238	27 597	27 901	−447	−439	5.6	−12.3	−12.1	101.1
6 687	515	986	579	15	57	18.5	0.7	2.8	58.7
3 630	1 037	20 452	17 780	−32	0	66.7	−0.6	0.0	86.9
8 034	4 381	28 921	23 479	201	645	21.4	1.4	4.6	81.2
50 909	5 322	74 771	71 826	656	7389	0.0	3.2	36.1	96.1
17 339	500	5 175	3 846	29	160	0.0	0.6	3.5	74.3
9 476	1 155	4 167	2 716	7	289	60.0	0.2	7.2	65.2
13 044	1 055	6 130	4 507	4	82	33.3	0.2	4.2	73.5
9 678	1 500	1 868	348	53	328	27.8	1.0	6.1	18.6
12 993	4 329	4 865	170	262	759	37.2	1.9	5.5	3.5
13 089	4 330	4 935	170	263	760	39.7	1.9	5.5	3.5
7 967	3 500	5 080	4 900	23	31	0.0	1.2	1.6	96.5
13 133	1 770	9 831	8 225	3	68	40.0	0.1	3.2	83.7
25 703	2 525	3 163	618	61	273	25.0	1.2	5.4	19.6
23 545	1 650	1 800	150	108	722	44.1	2.2	14.4	8.3
4 948	2 572	3 663	798	30	254	30.3	0.7	5.7	21.8
56 267	50	1 197	1 187	41	255	0.0	2.0	12.2	99.2
8 878	1 012	18 412	16 873	159	321	62.5	2.3	4.6	91.6
6 130	3 680	10 458	5 749	141	419	33.3	1.7	5.1	55.0
12 621	1 755	8 525	6 331	18	54	50.0	0.3	1.0	74.3
7 929	528	2 303	818	0	50	0.0	0.0	3.3	35.5
11 522	5 800	11 261	5 723	211	329	4.5	6.9	10.8	50.8
20 663	120	2 271	1 165	91	169	0.0	3.8	7.1	51.3
14 683	4 300	7 745	510	75	201	15.8	2.0	5.3	6.6
15 571	4 088	2 367	1 600	117	190	40.0	6.0	9.7	67.6
17 008	880	1 340	532	54	136	14.3	2.2	5.5	39.7
15 587	383	980	153	433	606	0.0	8.2	11.5	15.6
2 732	4 480	10 318	6 364	−263	−242	15.4	−12.2	−11.2	61.7
3 130	1 528	3 673	2 012	39	87	14.3	1.9	4.3	54.8
6 425	293	9 042	6 751	−116	−7	16.7	−3.6	−0.2	74.7
9 091	4 475	13 462	8 448	75	384	28.6	0.5	2.6	62.8
21 658	4 897	20 172	13 025	360	985	66.7	2.7	7.3	64.6
18 140	1 969	126 608	122 662	−248	−8	18.8	−1.3	0.0	96.9
47 103	3 705	62 579	58 872	145	255	0.0	1.4	2.5	94.1
6 423	9 231	70 075	18 129	289	763	13.6	1.2	3.1	25.9

7-20 全国各地区大中型建筑业企业

企业名称	平均人数（人）	建筑业总产值（万元）	竣工面积（平方米）	建筑业增加值（万元）	按总产值计算的劳动生产率（元/人）
中山市住宅建筑工程公司	697	6 044	87 268	569	86 714
潮州市建筑安装总公司	2 284	13 800	168 642	5 680	60 420
潮安县建筑安装总公司	1 562	4 621	24 950	2 299	29 581
潮州市第二建筑安装公司	2 670	12 850	151 989	1 413	48 127
潮安县古巷建筑工程公司	509	2 544	36 507	475	49 980
潮州市湘桥区市政工程总公司	403	2 658	0	2 339	65 955
潮州市市政建设工程公司	570	3 080	32 376	791	54 035
潮州市第四建筑安装公司	550	2 600	34 534	244	47 273
普宁市建筑工程公司	2 300	8 125	162 956	3 225	35 326
云浮市建筑工程公司	2 023	3 599	61 216	1 464	17 790
广东云浮市第三建筑工程公司	2 048	4 603	27 423	972	22 476
新兴县建筑工程公司	1 947	6 131	71 646	2 224	31 489
罗定市二建集团有限公司	3 148	6 200	89 269	2 599	19 695
罗定市第三建筑工程公司	7 590	6 010	98 560	1 834	7 918
罗定市第五建筑工程公司	1 732	5 340	22 786	1 606	30 831
罗定市建筑工程公司	2 794	6 012	46 000	1 531	21 518
罗定市第六建筑工程公司	1 320	2 393	31 200	894	18 129
广东省云浮市第二建筑工程公司	835	6 000	50 587	1 550	71 856
广西自治区					
广西建工集团第一建筑工程有限责任公司	8 520	40 065	189 427	14 515	47 025
广西建工集团第二建筑工程有限责任公司	11 402	53 304	328 786	18 800	46 750
广西建工集团第一建筑设备安装工程责任公司	2 718	11 293	0	5 258	41 547
广西区公路桥梁总公司	10 310	66 586	0	15 130	64 584
南宁市基础工程总公司	3 000	19 184	5 927	5 902	63 945
南宁市市政工程总公司	1 292	13 945	1 967	2 926	107 936
南宁市建筑安装工程公司	2 970	15 500	182 895	3 703	52 188
广西区航务工程处	1 962	10 604	0	2 201	54 047
南宁市第二建筑安装工程公司	1 325	4 960	80 121	1 829	37 434
广西建工集团第五建筑工程有限责任公司	4 897	20 120	158 374	10 973	41 086
广西建工集团第三建筑工程有限责任公司	5 838	24 721	202 179	7 984	42 345
广西建工集团第二建筑设备安装工程公司	2 037	5 941	0	3 127	29 167
广西区冶金建设公司	3 517	14 783	37 517	7 004	42 033
柳州市建筑工程总公司	4 768	14 564	146 058	5 430	30 545
柳州市市政工程总公司	2 480	5 521	0	1 298	22 262
广西建工集团第四建筑工程有限责任公司	5 876	27 060	237 459	10 148	46 052
桂林市建筑安装工程公司	3 505	18 258	212 034	5 792	52 091

主要经济技术指标完成情况(四十七)

按增加值计算的劳动生产率(元/人)	资本金合计(万元)	资产总计(万元)	负债合计(万元)	利润总额(万元)	利税总额(万元)	工程质量优良品率(%)	产值利润率(%)	产值利税率(%)	资产负债率(%)
8 159	116	4 908	4 571	180	326	22.2	3.0	5.4	93.1
24 868	6 075	33 619	27 124	309	667	66.7	2.2	4.8	80.7
14 720	1 628	7 071	5 145	25	227	60.0	0.5	4.9	72.8
5 291	2 035	14 372	11 991	171	631	34.8	1.3	4.9	83.4
9 332	550	836	291	18	64	28.6	0.7	2.5	34.8
58 032	1 203	4 644	3 419	69	253	66.7	2.6	9.5	73.6
13 881	799	6 939	6 096	41	210	40.0	1.3	6.8	87.8
4 440	267	2 357	1 980	21	118	44.4	0.8	4.5	84.0
14 023	1 568	9 227	7 809	220	451	65.5	2.7	5.6	84.6
7 239	152	6 406	3 352	177	315	53.8	4.9	8.8	52.3
4 746	182	2 374	512	18	92	77.3	0.4	2.0	21.6
11 422	152	8 999	7 468	1	151	33.3	0.0	2.5	83.0
8 256	3 472	8 860	4 908	156	372	42.4	2.5	6.0	55.4
2 417	1 575	9 865	8 369	96	304	27.3	1.6	5.1	84.8
9 273	1 386	2 788	1 467	211	389	25.9	4.0	7.3	52.6
5 478	1 058	4 148	2 493	22	231	61.5	0.4	3.8	60.1
6 777	1 280	7 362	3 450	131	215	33.3	5.5	9.0	46.9
18 563	1 619	7 928	4 222	227	320	0.0	3.8	5.3	53.3
17 036	4 625	41 700	36 177	265	1 801	81.3	0.7	4.5	86.8
16 488	3 346	60 297	54 149	279	1 443	18.2	0.5	2.7	89.8
19 346	3 611	44 349	40 598	116	372	39.0	1.0	3.3	91.5
14 675	13 342	110 603	83 437	1 460	1 835	100.0	2.2	2.8	75.4
19 675	2 650	27 913	24 628	251	597	28.6	1.3	3.1	88.2
22 648	1 184	14 682	10 820	451	638	41.4	3.2	4.6	73.7
12 467	3 528	38 199	30 407	30	522	33.3	0.2	3.4	79.6
11 221	1 099	14 760	12 945	−190	−96	62.5	−1.8	−0.9	87.7
13 803	990	5 130	3 882	59	535	25.7	1.2	10.8	75.7
22 408	2 420	77 147	75 112	39	942	23.8	0.2	4.7	97.4
13 676	2 863	59 532	56 481	8	696	25.0	0.0	2.8	94.9
15 349	1 478	29 520	28 065	−55	61	35.2	−0.9	1.0	95.1
19 916	2 252	57 158	52 477	53	441	16.1	0.4	3.0	91.8
11 388	2 187	51 303	44 978	32	320	37.0	0.2	2.2	87.7
5 233	1 668	17 781	13 633	52	60	63.6	0.9	1.1	76.7
17 270	1 877	50 770	48 243	236	1 154	30.3	0.9	4.3	95.0
16 525	2 048	20 207	12 795	1	661	20.2	0.0	3.6	63.3

7－20 全国各地区大中型建筑业企业

企业名称	平均人数（人）	建筑业总产值（万元）	竣工面积（平方米）	建筑业增加值（万元）	按总产值计算的劳动生产率（元/人）
梧州市第一建筑安装工程总公司	1 928	10 525	100 050	2 955	54 593
贵港市建筑工程公司	1 276	6 036	57 858	1 169	47 304
北流市建筑工程总公司	2 325	9 253	57 761	1 982	39 800
海南省					
海南公路工程公司	2 856	34 191	0	2 728	119 717
海南省第一建筑工程公司	450	1 703	26 224	459	37 844
海南省海口市建筑工程公司	1 100	2 618	2 709	757	23 800
海南省民族建设总公司	330	2 000	2 000	295	60 606
海南公路建设第二工程公司	200	7 028	0	1 324	351 410
三亚市建筑工程总公司	806	1 005	15 506	455	12 469
海钢建设公司	840	2 100	6 330	145	24 998
海南省农垦建筑公司	5 713	8 218	42 755	1 419	14 385
四川省					
四川第六建筑工程公司	8 274	39 522	169 133	16 793	47 766
四川省工程设备安装公司	8 859	52 347	0	20 542	59 089
四川省第二建筑工程公司	1 514	5 100	45 294	527	33 686
四川省建筑机械化工程公司	4 590	21 006	40 804	8 443	45 765
四川省第三建筑工程公司	11 691	52 890	387 322	22 680	45 240
四川省第十二建筑工程公司	10 216	48 983	397 323	18 594	47 947
四川中地能源建设公司	1 945	2 230	14 428	97	11 465
四川省川武建筑工程公司	616	2 236	11 540	413	36 307
成都市第六建筑工程公司	3 508	20 370	119 720	7 251	58 068
成都市第三建筑工程公司	3 595	30 874	169 188	6 848	85 881
成都市工业工程设备安装公司	1 532	11 304	33 758	2 661	73 785
成都市第四建筑工程公司	3 746	31 251	150 696	3 472	83 425
成都市建筑机械化施工公司	1 274	5 037	26 438	2 173	39 537
成都市地方建设总公司	1 933	2 608	59 680	468	13 492
成都市武侯区建筑工程公司	1 655	6 293	112 132	1 958	38 024
成都市华夏工程公司	1 227	3 626	18 345	1 102	29 553
四川公路桥梁工程总公司三公司	1 988	11 096	0	3 308	55 813
成都市温江县第六建筑工程公司	864	2 587	21 511	560	29 942
温江县建筑工程总公司	419	1 916	21 689	276	45 728
成都市第五建筑工程公司	3 004	20 894	148 428	5 056	69 554

主要经济技术指标完成情况(四十八)

按增加值计算的劳动生产率(元/人)	资本金合计(万元)	资产总计(万元)	负债合计(万元)	利润总额(万元)	利税总额(万元)	工程质量优良品率(%)	产值利润率(%)	产值利税率(%)	资产负债率(%)
15 328	927	20 123	16 765	66	319	15.0	0.6	3.0	83.3
9 165	1 074	11 869	8 402	3	146	20.6	0.0	2.4	70.8
8 525	1 580	2 825	957	32	522	20.0	0.3	5.6	33.9
9 552	2 400	46 917	38 669	372	591	0.0	1.1	1.7	82.4
10 191	2 300	6 066	5 870	−99	−46	0.0	−5.8	−2.7	96.8
6 880	1 329	5 659	3 984	13	95	0.0	0.5	3.6	70.4
8 939	2 000	3 800	2 032	−233	−201	0.0	−11.6	−10.1	53.5
66 180	1 000	3 869	3 208	372	579	100.0	5.3	8.2	82.9
5 649	200	378	281	201	241	0.0	20.0	24.0	74.3
1 732	1 602	4 287	2 929	0	20	22.6	0.0	1.0	68.3
2 484	1 050	4 533	3 562	−128	−74	8.0	−1.6	−0.9	78.6
20 297	3 604	52 566	46 479	354	1 857	35.5	0.9	4.7	88.4
23 188	6 427	45 093	32 494	703	2 177	56.4	1.3	4.2	72.1
3 482	1 529	6 090	4 643	−470	−429	0.0	−9.2	−8.4	76.2
18 394	3 547	43 329	39 292	−1 399	−758	50.0	−6.7	−3.6	90.7
19 399	5 095	44 854	33 210	725	2 797	37.5	1.4	5.3	74.0
18 200	4 413	36 327	27 575	400	2 184	46.3	0.8	4.5	75.9
501	1 486	2 168	789	−52	−20	0.0	−2.3	−0.9	36.4
6 711	1 516	4 425	2 873	11	26	25.0	0.5	1.2	64.9
20 669	764	8 445	5 955	213	841	43.5	1.0	4.1	70.5
19 049	547	10 239	8 292	350	1 284	28.6	1.1	4.2	81.0
17 370	545	5 958	4 692	104	262	55.3	0.9	2.3	78.8
9 268	2 138	12 309	9 242	311	1 026	42.9	1.0	3.3	75.1
17 059	531	5 756	4 863	8	188	50.0	0.2	3.7	84.5
2 422	160	3 148	3 083	59	91	14.3	2.3	3.5	97.9
11 832	1 197	6 321	4 771	25	192	11.1	0.4	3.0	75.5
8 985	3 229	4 510	816	8	118	100.0	0.2	3.3	18.1
16 638	5 506	14 446	7 995	57	206	66.7	0.5	1.9	55.3
6 478	1 134	1 593	1 241	6	52	18.2	0.2	2.0	77.9
6 592	1 182	4 138	3 341	−48	45	0.0	−2.5	2.3	80.7
16 832	735	8 571	6 452	206	897	31.0	1.0	4.3	75.3

7-20 全国各地区大中型建筑业企业

企业名称	平均人数(人)	建筑业总产值(万元)	竣工面积(平方米)	建筑业增加值(万元)	按总产值计算的劳动生产率(元/人)
新都县桂林建司	1 862	9 480	112 967	1 851	50 913
成都市新都县龙虎建筑工程公司	1 483	6 106	77 340	952	41 173
四川省新兴建筑工程公司	2 729	12 200	61 180	817	44 705
成都市新津县第六建筑工程公司	1 850	7 614	123 586	1 567	41 155
成都化肥厂安装公司	382	2 200	0	355	57 592
成都市青白江区建筑工程公司	903	3 385	33 118	1 077	37 486
成都市青白江区第三建筑公司	1 420	4 447	31 300	1 078	31 317
成都市市政工程公司	4 807	12 989	0	4 866	27 020
崇州市建筑工程公司	1 542	5 120	43 474	704	33 204
成都市新津县第四建筑工程公司	1 600	7 800	21 700	1 920	48 750
成都市黄河建筑工程有限公司	1 286	5 400	58 700	1 415	41 991
四川省煤炭第一建筑安装工程公司	2 258	4 100	76 249	1 415	18 158
重庆第四建筑工程公司	3 351	6 021	156 149	2 151	17 967
重庆住宅建筑工程公司	4 044	23 289	237 626	10 227	57 589
重庆第二工业设备安装公司	3 112	13 825	0	5 770	44 425
重庆第一工业设备安装公司	2 056	8 149	0	2 349	39 634
重庆市第二市政工程公司	837	6 585	0	2 385	78 675
重庆建筑机械化工程总公司	2 086	2 080	0	710	9 971
重庆第三建筑工程公司	4 000	20 061	113 975	7 798	50 151
重庆第二建筑工程公司	4 118	26 250	154 227	8 219	63 745
重庆第九建筑工程公司	5 420	20 838	208 646	9 125	38 446
重钢建筑安装公司	1 334	8 212	2 100	1 018	61 559
重庆渝黔建设工程总公司	1 672	4 600	31 160	1 453	27 512
重庆桥梁工程总公司	1 325	20 088	0	4 756	151 607
重庆市市中区第三建筑工程公司	3 204	15 479	107 307	3 202	48 311
重庆市市中区第一建筑工程公司	1 005	2 271	1 374	30	22 597
重庆市公路工程总公司	472	3 115	0	642	65 989
重庆第一建筑(集团)公司	4 870	17 129	158 412	8 523	35 172
重庆第八建筑工程公司	5 401	14 290	150 728	5 732	26 457
重庆市北碚建筑安装工程公司	2 987	9 500	136 580	2 524	31 804
重庆长寿县建筑工程公司	2 997	6 789	77 541	3 352	22 653
重庆渝凤建筑安装工程公司	2 110	14 590	28 480	3 473	69 147
重庆长寿工业设备安装工程公司	1 652	6 200	45 780	3 531	37 531
重庆渝发建设公司	2 900	14 358	92 041	4 288	49 510
重庆一品建筑工程公司	2 323	10 104	98 713	2 893	43 495
江津市德感建筑安装工程公司	2 078	10 201	118 520	3 712	49 090
江津市双九建筑工程公司	2 018	11 307	112 185	2 619	56 033

主要经济技术指标完成情况(四十九)

按增加值计算的劳动生产率(元/人)	资本金合计(万元)	资产总计(万元)	负债合计(万元)	利润总额(万元)	利税总额(万元)	工程质量优良品率(%)	产值利润率(%)	产值利税率(%)	资产负债率(%)
9 941	1 227	2 205	735	121	333	29.6	1.3	3.5	33.3
6 418	785	1 776	964	102	316	33.3	1.7	5.2	54.2
2 994	2 150	4 366	1 966	171	436	72.7	1.4	3.6	45.0
8 468	1 375	1 439	11	98	168	87.5	1.3	2.2	0.7
9 304	67	376	244	121	160	25.0	5.5	7.3	64.7
11 925	53	5 541	5 079	19	94	40.0	0.6	2.8	91.7
7 589	315	1 186	838	2	77	15.4	0.0	1.7	70.6
10 122	3 555	24 427	12 133	184	296	24.1	1.4	2.3	49.7
4 564	1 280	5 392	3 344	1	61	7.7	0.0	1.2	62.0
11 998	1 580	1 580	611	76	520	83.3	1.0	6.7	38.7
11 005	1 624	2 416	566	178	388	75.0	3.3	7.2	23.4
6 268	1 802	5 803	4 367	−658	−551	15.4	−16.0	−13.4	75.3
6 418	1 138	26 153	23 650	−269	−75	36.4	−4.5	−1.3	90.4
25 289	2 038	23 327	18 042	228	1 053	44.4	1.0	4.5	77.3
18 542	3 819	26 490	18 907	173	492	44.8	1.2	3.6	71.4
11 427	1 392	5 647	3 051	105	302	59.1	1.3	3.7	54.0
28 499	668	6 408	4 654	9	121	0.0	0.1	1.8	72.6
3 406	2 545	5 626	3 223	−941	−865	41.0	−45.2	−41.6	57.3
19 494	3 500	21 241	17 191	160	707	38.5	0.8	3.5	80.9
19 958	2 590	17 246	12 443	259	1 166	38.9	1.0	4.4	72.2
16 836	8 253	18 935	15 463	167	1 009	66.7	0.8	4.8	81.7
7 634	2 920	3 745	2 345	33	33	42.9	0.4	0.4	62.6
8 690	1 050	2 492	1 414	41	179	55.6	0.9	3.9	56.7
35 896	1 197	15 084	12 692	70	340	20.0	0.3	1.7	84.1
9 993	3 200	12 206	10 001	102	444	42.9	0.7	2.9	81.9
294	1 477	2 981	3 693	−965	−884	0.0	−42.5	−38.9	123.9
13 600	1 584	3 447	1 504	−173	−139	62.5	−5.6	−4.5	43.6
17 502	2 640	23 243	15 192	263	904	54.5	1.5	5.3	65.4
10 612	1 886	20 194	19 529	10	506	33.3	0.1	3.5	96.7
8 450	4 264	8 207	4 122	40	199	85.7	0.4	2.1	50.2
11 183	1 550	5 294	1 423	183	431	50.0	2.7	6.3	26.9
16 462	376	4 377	3 820	157	505	45.5	1.1	3.5	87.3
21 373	1 100	1 347	222	25	237	81.8	0.4	3.8	16.5
14 787	3 071	10 668	7 431	156	548	71.4	1.1	3.8	69.7
12 454	1 168	5 539	4 347	124	380	70.0	1.2	3.8	78.5
17 866	3 044	11 542	7 208	107	433	44.4	1.0	4.2	62.4
12 977	1 387	3 420	1 953	64	331	13.0	0.6	2.9	57.1

7-20 全国各地区大中型建筑业企业

企业名称	平均人数（人）	建筑业总产值（万元）	竣工面积（平方米）	建筑业增加值（万元）	按总产值计算的劳动生产率（元/人）
江津市建筑建材总公司	2 327	18 518	305 629	5 196	79 580
江津市建筑工程公司	960	5 733	41 075	848	59 715
重庆市璧山县第三建筑工程公司	1 688	8 050	108 500	1 296	47 690
重庆市璧山县第四建筑工程公司	1 285	6 171	50 590	1 159	48 023
四川省交通个第一航道工程处	484	2 250	0	872	46 488
自贡市第一建筑工程公司	2 981	9 338	121 479	2 359	31 327
四川省第十一建筑工程公司	3 051	15 565	152 179	6 959	51 015
自贡市第二建筑工程公司	3 015	10 074	79 908	3 398	33 413
自贡市天然气公司	630	854	0	1 259	13 557
攀枝花市建筑机械化施工公司	920	2 007	2 500	1 025	21 815
攀枝花市交通机械化施工公司	1 681	5 037	0	2 171	29 966
攀枝花市第二建筑工程公司	3 660	7 150	24 233	3 197	19 536
十九冶金建筑公司第三工程公司	1 440	3 880	15 169	2 027	26 947
攀枝花市公路建设公司	2 656	12 023	0	5 009	45 268
攀枝花市桥梁工程公司	11 008	7 665	348	2 001	6 963
攀枝花市安装工程总公司	1 653	7 717	0	3 367	46 686
攀枝花市第一建筑工程公司	4 090	16 004	113 976	7 606	39 129
国营泸州市建筑工程公司	2 155	3 627	32 868	609	16 830
泸州市第二建筑工程公司	1 133	4 860	66 901	1 208	42 895
泸州市轻工建筑安装工程公司	785	3 390	17 838	721	43 182
华西集团四川省第五建筑工程公司	3 256	11 343	115 282	4 786	34 837
泸州市电力工程总公司	222	707	0	353	31 860
泸州天然气化学工业公司化工建筑公司	1 366	3 678	8 152	1 440	26 927
泸州市纳溪区建筑安装工程公司	2 580	9 050	122 018	1 650	35 078
泸州市龙马潭区建筑安装工程公司	808	1 300	25 000	245	16 089
四川省泸州市第十建筑工程公司	2 020	6 576	117 360	1 741	32 554
泸州市川南建筑安装工程公司	1 410	4 015	26 830	129	28 475
四川省泸县建筑安装工程总公司	6 210	16 800	222 000	5 588	27 053
四川省泸县第二建筑工程公司	3 988	12 930	293 967	2 733	32 422
德阳市第十建筑工程公司	1 625	3 632	7 076	470	22 351
四川省化工建设总公司	1 992	4 315	15 776	2 419	21 664
广汉市第一建筑总公司	2 820	11 448	51 413	3 584	40 596
广汉市第二建筑工程公司	1 942	6 053	98 761	2 398	31 169
广汉市华盛建筑公司	1 095	2 103	43 583	654	19 206
四川省公路桥梁工程总公司二公司	2 073	12 866	0	3 956	62 065
四川省第四建筑工程公司	10 059	45 049	347 418	17 622	44 785
德阳市华西企业总公司	925	2 285	17 151	344	24 703
德阳市建设发展股份有限公司	1 107	4 593	23 159	2 383	41 491
四川省水利工程局	3 395	7 703	400	4 026	22 688

主要经济技术指标完成情况(五十)

按增加值计算的劳动生产率(元/人)	资本金合计(万元)	资产总计(万元)	负债合计(万元)	利润总额(万元)	利税总额(万元)	工程质量优良品率(%)	产值利润率(%)	产值利税率(%)	资产负债率(%)
22 328	1 734	6 027	3 994	269	919	25.0	1.5	5.0	66.3
8 832	1 530	4 182	358	30	49	37.5	0.5	0.8	8.6
7 681	1 202	3 918	925	71	267	40.9	0.9	3.3	23.6
9 019	1 978	2 753	775	189	352	33.3	3.1	5.7	28.1
18 027	1 128	2 112	1 184	48	134	50.0	2.1	6.0	56.1
7 913	3 925	12 202	8 181	−79	90	66.7	−0.8	1.0	67.0
22 808	1 780	21 935	19 419	−598	51	44.4	−3.8	0.3	88.5
11 270	1 535	14 801	12 284	11	370	83.3	0.1	3.7	83.0
19 987	4 549	14 527	8 174	20	66	0.0	2.3	7.7	56.3
11 147	1 056	5 181	3 715	−459	−379	57.1	−22.9	−18.9	71.7
12 918	4 950	13 818	9 681	−1 148	−1 078	0.0	−22.8	−21.4	70.1
8 735	2 859	13 832	11 069	−1 826	−1 534	25.0	−25.5	−21.5	80.0
14 079	1 124	3 117	2 032	−39	74	0.0	−1.0	1.9	65.2
18 860	15 077	20 059	4 886	−37	122	66.7	−0.3	1.0	24.4
1 818	1 905	21 427	18 604	−99	34	0.0	−1.3	0.4	86.8
20 370	1 856	14 280	10 468	5	216	37.5	0.1	2.8	73.3
18 596	3 286	28 625	22 029	−600	−50	50.0	−3.7	−0.3	77.0
2 827	1 500	4 046	2 588	9	46	44.4	0.3	1.3	64.0
10 666	2 851	8 304	4 765	24	138	73.3	0.5	2.8	57.4
9 180	1 726	7 573	5 759	−66	−12	37.5	−2.0	−0.4	76.1
14 698	1 571	15 183	10 909	408	807	72.7	3.6	7.1	71.8
15 923	256	2 285	1 625	316	438	0.0	44.7	61.9	71.1
10 542	880	2 765	2 765	194	194	63.0	5.3	5.3	100.0
6 397	710	6 352	586	24	108	65.2	0.3	1.2	9.2
3 036	600	1 096	566	8	60	60.0	0.6	4.6	51.7
8 618	1 085	2 347	706	63	255	60.0	1.0	3.9	30.1
913	1 520	2 596	1 062	−6	6	28.6	−0.1	0.1	40.9
8 998	3 451	4 810	1 226	156	694	41.2	0.9	4.1	25.5
6 853	3 133	6 724	2 999	27	345	52.8	0.2	2.7	44.6
2 894	1 736	1 762	477	8	29	0.0	0.2	0.8	27.1
12 145	3 000	6 314	4 720	36	319	0.0	0.8	7.4	74.8
12 711	3 219	7 966	3 289	371	582	60.0	3.2	5.1	41.3
12 350	2 090	5 311	2 355	231	416	75.0	3.8	6.9	44.3
5 976	150	1 691	492	4	72	28.6	0.2	3.4	29.1
19 085	4 436	16 868	10 458	0	185	100.0	0.0	1.4	62.0
17 518	3 097	51 655	46 258	450	2 315	22.7	1.0	5.1	89.6
3 719	1 115	4 740	3 624	5	19	60.0	0.2	0.8	76.5
21 531	1 656	19 812	13 867	410	560	13.2	8.9	12.2	70.0
11 858	5 240	18 756	10 405	−642	−380	50.0	−8.3	−4.9	55.5

7－20 全国各地区大中型建筑业企业

企业名称	平均人数（人）	建筑业总产值（万元）	竣工面积（平方米）	建筑业增加值（万元）	按总产值计算的劳动生产率（元/人）
四川华西集团公司第十三建筑工程公司	5 094	18 804	148 027	7 186	36 914
四川省轻工业安装公司	631	1 602	0	1 021	25 396
内江市建设工程总公司	1 403	6 848	53 794	794	48 812
乐山市亚东建筑工程公司	480	1 580	23 000	238	32 917
乐山市华通实业有限公司	927	3 500	51 068	843	37 756
乐山市建筑工程公司	2 316	7 464	117 272	2 240	32 228
仁寿县城建建筑工程公司	1 642	5 442	81 300	510	33 143
黑龙滩工程总公司	1 638	1 980	40 000	1 112	12 088
峨眉山市建筑公司	1 039	4 164	33 687	896	40 077
万县市远通建筑工程股份公司	1 348	1 764	28 994	674	13 087
万县市川浦建筑工程总公司	1 500	3 135	44 260	1 260	20 900
万县市天城区华厦建筑工程总公司	2 140	5 442	79 000	408	25 429
四川省东方建筑集团公司	3 261	8 528	253 677	2 956	26 152
四川省云阳长城建筑安装工程总公司	645	1 049	19 670	370	16 260
四川省第十五建筑工程公司	4 024	14 078	140 243	5 190	34 985
涪陵市城市建筑工程公司	1 541	6 776	118 700	658	43 971
南川市东方红建筑工程公司	3 280	6 020	130 250	1 868	18 354
宜宾市第二建筑工程公司	2 200	1 953	67 411	938	8 877
四川省珙县建筑工程总公司	2 350	3 114	15 354	959	13 251
四川省达川建筑实业总公司	3 107	9 800	73 000	5 226	31 542
达川地区建筑公司	2 684	7 047	73 856	2 257	26 256
甘孜州林业工程处	752	1 859	0	803	24 721
四川省华蓥市永兴建筑公司	2 100	6 680	53 800	2 113	31 810
华蓥市第一建筑工程公司	2 468	6 320	110 800	1 814	25 608
华蓥市送变电工程公司	2 700	5 800	0	2 609	21 481
四川省华蓥市建设工程公司	2 402	6 450	52 328	2 767	26 853
四川省华蓥市星星实业建筑公司	1 710	6 474	102 398	1 292	37 861
四川省华蓥山隧道工程公司	1 443	6 057	13 171	2 265	41 977
四川省华蓥市建筑总公司	3 081	9 840	94 300	2 776	31 938
四川省岳池县石垭建安公司	902	4 497	15 993	1 134	49 857
四川省岳池县九龙建筑工程公司	1 820	6 315	62 000	1 642	34 698
岳池县建筑公司	401	1 450	25 345	302	36 160
四川华兴建筑总公司	2 379	7 014	40 907	1 773	29 483
岳池县电力建设总公司	1 560	4 914	13 250	1 396	31 500
四川省岳池送变电工程公司	1 140	5 637	0	1 319	49 449
岳池县输变电工程公司	1 812	5 750	0	978	31 733
岳池县华侨送变电工程公司	1 037	4 120	0	906	39 730

主要经济技术指标完成情况(五十一)

按增加值计算的劳动生产率(元/人)	资本金合计(万元)	资产总计(万元)	负债合计(万元)	利润总额(万元)	利税总额(万元)	工程质量优良品率(%)	产值利润率(%)	产值利税率(%)	资产负债率(%)
14 107	1 632	24 048	21 171	10	621	37.8	0.1	3.3	88.0
16 187	630	1 905	1 227	47	85	46.7	3.0	5.3	64.4
5 657	701	2 506	1 614	−58	−17	40.7	−0.8	−0.2	64.4
4 950	540	861	476	4	21	50.0	0.3	1.3	55.3
9 093	1 010	2 575	1 498	5	95	44.4	0.2	2.7	58.2
9 674	649	5 085	5 177	−98	80	51.6	−1.3	1.1	101.8
3 104	1 600	3 207	1 342	38	180	35.3	0.7	3.3	41.8
6 789	1 603	1 870	551	162	220	100.0	8.2	11.1	29.5
8 626	1 510	3 836	2 205	−12	78	20.0	−0.3	1.9	57.5
5 004	1 250	2 839	1 553	16	43	50.0	0.9	2.5	54.7
8 399	1 625	1 892	252	24	112	10.0	0.8	3.6	13.3
1 906	153	5 455	5 375	9	137	55.3	0.2	2.5	98.5
9 065	1 140	4 641	2 600	223	535	30.6	2.6	6.3	56.0
5 740	663	3 579	3 227	−113	−74	0.0	−10.8	−7.0	90.2
12 897	1 361	10 829	8 214	61	629	45.2	0.4	4.5	75.9
4 272	1 539	8 509	6 928	86	189	31.3	1.3	2.8	81.4
5 695	1 518	2 036	374	90	491	80.0	1.5	8.2	18.4
4 265	3 307	3 307	2 381	−25	34	18.8	−1.3	1.7	72.0
4 083	1 124	2 921	1 789	71	225	55.6	2.3	7.2	61.2
16 820	1 032	1 954	148	5	227	60.0	0.1	2.3	7.6
8 409	2 024	6 845	6 382	−331	−80	75.0	−4.7	−1.1	93.2
10 673	888	2 209	1 856	−310	−250	50.0	−16.7	−13.4	84.0
10 064	1 506	1 968	394	122	334	66.7	1.8	5.0	20.0
7 352	1 545	2 962	1 300	94	285	27.3	1.5	4.5	43.9
9 664	1 504	2 051	217	172	377	85.7	3.0	6.5	10.6
11 519	1 738	2 342	427	231	415	59.0	3.6	6.4	18.2
7 558	1 516	2 760	982	282	461	100.0	4.3	7.1	35.6
15 696	5 885	7 325	1 178	205	389	80.0	3.4	6.4	16.1
9 009	1 696	2 738	717	183	527	62.5	1.9	5.4	26.2
12 575	156	2 112	460	108	239	45.5	2.4	5.3	21.8
9 023	315	2 014	897	134	352	31.0	2.1	5.6	44.5
7 531	46	443	397	5	43	46.7	0.4	3.0	89.6
7 453	1 500	1 810	304	98	245	22.6	1.4	3.5	16.8
8 951	157	1 752	184	47	104	8.3	1.0	2.1	10.5
11 572	546	1 241	586	191	374	91.7	3.4	5.6	47.2
5 398	82	1 561	1 479	1	115	83.3	0.0	2.0	94.7
8 734	105	1 102	1 003	34	194	0.0	0.8	4.7	91.0

7-20 全国各地区大中型建筑业企业

企业名称	平均人数（人）	建筑业总产值（万元）	竣工面积（平方米）	建筑业增加值（万元）	按总产值计算的劳动生产率（元/人）
岳池县华业电力集团公司	782	3 856	973	875	49 315
广安县建筑工程总公司	2 150	8 035	122 017	2 554	37 372
广安县建筑公司	2 014	3 084	34 278	1 019	15 315
广安地区路桥建设总公司	1 487	3 009	2 100	790	20 235
广安地区建筑总公司	1 300	4 954	108 000	1 137	38 112
广安地区建筑工程公司	1 750	5 420	28 861	2 231	30 971
南充第九建筑公司广安分公司	234	1 162	9 300	382	49 658
武胜县建筑公司	2 826	4 384	89 294	1 633	15 515
贵州省					
贵州省桥梁工程公司	2 747	31 009	0	2 089	112 882
贵州省公路工程总公司	7 680	21 003	0	7 388	27 347
贵州开阳磷矿矿务局建设公司	710	2 500	34 992	1 237	35 214
贵州省冶金建设公司	4 109	2 781	39 827	1 312	6 769
云南省					
云南省第一安装工程公司	2 156	13 712	0	5 330	63 601
云南省第三建筑工程公司	5 678	28 049	212 692	9 820	49 399
云南省化学工业建设公司	3 235	18 714	54 930	6 871	57 850
云南省第八建筑工程公司	4 411	27 996	219 077	6 980	63 469
云南省第五建筑工程公司	4 823	50 858	377 227	11 003	105 450
云南省第二安装工程公司	1 515	10 077	0	5 221	66 518
云南省第二建筑工程公司	3 010	23 069	155 658	7 458	76 641
云南省第六建筑工程	5 326	36 038	283 458	6 218	67 664
云南省第四建筑工程公司	9 806	47 486	381 858	14 386	48 425
云南公路桥梁工程处	2 403	14 034	0	3 405	58 401
云南省铁路第一工程公司	843	2 820	0	1 117	33 454
云南省第一建筑工程公司	7 702	42 704	345 207	13 180	55 445
云南林业工程总公司	1 169	6 677	30 907	1 442	57 115
昆明市第二建筑工程公司	2 906	15 216	193 166	4 444	52 361
昆明市自来水工程公司	436	5 062	1 710	1 305	116 092
昆明市第一建筑工程公司	2 475	17 923	152 379	4 768	72 417
昆明市市政工程公司	747	7 389	0	1 935	98 916
昆明钢铁总公司建设公司	4 382	18 471	57 763	6 242	42 151

主要经济技术指标完成情况(五十二)

按增加值计算的劳动生产率(元/人)	资本金合计(万元)	资产总计(万元)	负债合计(万元)	利润总额(万元)	利税总额(万元)	工程质量优良品率(%)	产值利润率(%)	产值利税率(%)	资产负债率(%)
11 189	1 519	1 683	46	36	98	60.0	0.9	2.5	2.7
11 879	1 554	1 477	185	185	440	34.8	2.3	5.5	12.5
5 062	1 045	1 045	137	0	73	25.0	0.0	2.4	13.1
5 313	1 120	2 045	180	52	332	0.0	1.7	11.0	8.8
8 744	135	1 613	698	162	277	50.0	3.3	5.6	43.3
12 749	1 686	2 698	588	211	417	88.9	3.9	7.7	21.8
16 333	400	335	130	70	101	100.0	6.0	8.7	38.8
5 777	1 517	2 586	95	14	342	19.2	0.3	7.8	3.7
7 603	3 175	147 381	143 888	198	231	0.0	0.6	0.7	97.6
9 620	3 100	67 148	62 655	36	81	0.0	0.2	0.4	93.3
17 425	1 557	3 541	1 983	2	36	47.4	0.1	1.4	56.0
3 193	3 816	19 723	9 609	−1 579	−1 494	9.1	−56.8	−53.7	48.7
24 720	2 549	16 578	11 657	253	615	0.0	1.8	4.5	70.3
17 295	3 838	19 417	15 579	93	874	44.2	0.3	3.1	80.2
21 240	1 707	14 958	12 161	24	636	63.0	0.1	3.4	81.3
15 825	1 336	24 801	21 825	229	1 082	68.9	0.8	3.9	88.0
22 814	1 720	13 256	10 290	448	2 158	53.6	0.9	4.2	77.6
34 463	1 978	8 423	5 280	104	352	0.0	1.0	3.5	62.7
24 778	3 143	15 589	12 445	96	831	37.3	0.4	3.6	79.8
11 675	1 219	27 599	25 392	221	1 303	33.7	0.6	3.6	92.0
14 670	2 994	28 090	23 600	263	1 811	27.7	0.6	3.8	84.0
14 171	3 106	14 243	11 137	47	465	91.2	0.3	3.3	78.2
13 248	908	4 570	2 936	−193	−193	0.0	−6.9	−6.9	64.2
17 112	2 213	22 546	19 641	168	1 367	0.0	0.4	3.2	87.1
12 338	1 500	6 431	4 158	76	236	7.4	1.1	3.5	64.7
15 293	1 887	11 618	8 098	226	728	22.5	1.5	4.8	69.7
29 940	1 284	6 770	5 956	281	701	93.8	5.6	13.8	88.0
19 263	2 447	10 295	6 685	340	896	21.6	1.9	5.0	64.9
25 902	1 340	14 452	12 001	19	104	37.5	0.3	1.4	83.0
14 246	2 694	40 199	36 911	43	698	53.3	0.2	3.8	91.8

7－20 全国各地区大中型建筑业企业

企业名称	平均人数（人）	建筑业总产值（万元）	竣工面积（平方米）	建筑业增加值（万元）	按总产值计算的劳动生产率（元/人）
云南第五公路工程处	1 010	19 650	0	2 880	194 557
昆明官房建筑经营公司	7 357	45 583	460 080	11 319	61 959
昆明群力建筑公司	585	2 656	49 575	762	45 405
云南省铁路第二工程公司	1 131	4 828	0	1 279	42 692
楚雄州建筑安装总公司	1 838	10 109	80 682	2 465	55 000
云南省第四公路桥梁工程公司	1 625	25 352	0	5 389	156 011
玉溪建筑工程公司	1 283	6 271	35 324	2 126	48 875
玉溪市建筑工程总公司	1 409	6 123	48 838	738	43 456
个旧市建筑安装公司	2 226	7 811	86 378	2 448	35 090
云南省第二公路桥梁工程公司	6 728	26 905	0	4 659	39 990
石屏县宝秀建筑公司	1 180	6 600	122 034	1 916	55 932
云南省第三公路桥梁工程公司	1 553	23 269	0	4 543	149 831
保山地区建筑工程公司	3 591	11 318	86 190	3 890	31 519
保山市汉庄建筑公司	1 950	6 000	1 800	1 987	30 769
德宏州建筑安装工程总公司	1 742	4 570	20 097	567	26 234
云南省春城建筑工程总公司	2 567	12 083	102 936	3 435	47 072
大理州建筑安装公司	1 181	6 612	86 122	2 401	55 986
云南省第一公路桥梁工程公司	1 776	23 573	0	3 458	132 731
西藏自治区					
西藏自治区电力建设总公司	369	3 126	3 769	767	84 721
西藏自治区公路工程总公司	1 622	9 498	0	3 602	58 555
陕西省					
陕西省石油化工建设公司	2 266	13 071	1 981	5 450	57 682
陕西省机械施工公司	2 198	17 429	0	7 727	79 293
陕西省第八建筑工程公司	5 965	13 837	110 830	7 293	23 197
陕西省第五建筑工程公司	3 290	14 123	101 047	5 354	42 926
陕西省第三建筑工程公司	5 746	14 345	137 459	7 233	24 964
陕西省第二建筑工程公司	4 671	15 570	171 243	6 046	33 334
陕西省第十一建筑工程公司	3 468	15 644	147 294	6 281	45 110
陕西省设备安装工程公司	3 651	24 906	0	9 425	68 217
陕西省第六建筑工程公司	2 468	11 648	80 052	2 377	47 195
陕西省第七建筑工程公司	2 945	14 208	133 507	4 863	48 246
陕西省第一建筑工程公司	4 822	11 884	74 756	4 664	24 645
陕西省第四建筑工程公司	2 592	5 745	76 463	1 873	22 166
陕西省路桥工程总公司	2 758	31 121	0	7 132	112 839

主要经济技术指标完成情况(五十三)

按增加值计算的劳动生产率(元/人)	资本金合计(万元)	资产总计(万元)	负债合计(万元)	利润总额(万元)	利税总额(万元)	工程质量优良品率(%)	产值利润率(%)	产值利税率(%)	资产负债率(%)
28 520	965	10 830	8 885	66	571	100.0	0.3	2.9	82.0
15 385	1 449	14 421	11 794	607	1 130	48.1	1.3	2.5	81.8
13 024	1 371	2 190	562	27	116	12.5	1.0	4.4	25.7
11 311	1 679	6 255	3 973	82	155	0.0	1.7	3.2	63.5
13 412	1 623	9 518	7 289	54	332	29.3	0.5	3.3	76.6
33 161	1 665	20 421	14 427	108	964	62.5	0.4	3.8	70.6
16 573	568	9 040	7 813	44	255	50.0	0.7	4.1	86.4
5 236	1 054	2 319	1 227	−20	167	57.1	−0.3	2.7	52.9
10 997	682	6 935	5 943	3	262	40.0	0.0	3.4	85.7
6 925	3 492	14 699	8 501	727	1 271	94.8	2.7	4.7	57.8
16 240	861	2 378	1 064	105	336	17.8	1.6	5.1	44.7
29 254	1 434	12 682	8 297	212	637	3.7	0.9	2.7	65.4
10 833	5 626	36 420	35 253	12	288	63.8	0.1	2.5	96.8
10 192	1 578	3 208	1 212	118	526	48.0	2.0	8.3	37.8
3 253	1 275	6 099	4 824	−20	57	35.7	−0.4	1.2	79.1
13 382	3 215	11 843	9 943	12	233	23.1	0.1	1.9	84.0
20 328	748	3 699	2 567	−245	−11	31.3	−3.7	−0.2	69.4
19 471	3 261	12 081	8 585	−1 551	−634	100.0	−6.6	−2.7	71.1
20 780	864	6 513	4 415	87	102	33.3	2.8	3.3	67.8
22 205	5 348	16 114	3 848	210	1336	100.0	2.2	14.1	23.9
24 051	1 434	10 873	9 127	15	326	85.5	0.1	2.5	83.9
35 154	3 240	32 114	25 256	200	727	60.6	1.1	4.2	78.6
12 226	2 679	35 428	26 623	61	522	44.4	0.4	3.8	75.1
16 273	2 325	15 980	10 734	61	519	100.0	0.4	3.7	67.2
12 588	2 738	29 180	25 270	0	488	21.4	0.0	3.4	86.6
12 943	2 082	18 599	22 122	60	530	22.5	0.4	3.4	118.9
18 112	2 245	17 949	14 031	60	522	40.9	0.4	3.3	78.2
25 816	1 868	34 040	26 605	208	812	69.2	0.8	3.3	78.2
9 630	786	13 109	11 424	55	373	31.6	0.5	3.2	87.1
16 514	391	17 907	16 609	50	369	28.6	0.4	2.6	92.7
9 672	2 588	24 199	20 053	1	399	45.5	0.0	3.4	82.9
7 228	669	9 013	7 916	−299	−135	30.4	−5.2	−2.3	87.8
25 858	5 416	36 106	27 680	11	859	100.0	0.0	2.8	76.7

7－20 全国各地区大中型建筑业企业

企业名称	平均人数（人）	建筑业总产值（万元）	竣工面积（平方米）	建筑业增加值（万元）	按总产值计算的劳动生产率（元/人）
陕西省第十建筑工程公司	2 231	9 597	38 018	3 479	43 015
西安市第一市政工程公司	1 770	13 473	0	3 929	76 117
西安市第三建筑工程公司	5 344	20 003	103 568	5 921	37 431
西安市第四建筑工程公司	4 698	16 000	87 710	4 287	34 058
西安市第二建筑工程公司	4 235	8 333	62 530	1 562	19 676
西安市第二市政工程公司	1 851	8 296	0	3 271	44 819
西安市第一建筑工程公司	2 540	5 677	56 881	1 415	22 350
西安市第五建筑工程公司	2 815	6 474	57 069	2 019	23 000
西安雁塔建筑工程总公司	896	2 766	54 000	889	30 871
户县建筑工程公司	1 675	2 092	44 015	397	12 490
宝鸡市第二建筑工程公司	2 115	8 080	83 807	1 825	38 205
扶风县第一建筑工程公司	1 580	6 543	27 861	1 323	41 411
汉中公路工程机械化公司	1 108	3 270	0	679	29 513
榆林地区路桥建筑工程公司(一处)	500	2 100	0	475	42 000
横山县建筑工程公司	1 291	3 401	66 677	1 158	26 344
陕西省水电工程局	3 266	32 724	0	10 323	100 196
甘肃省					
甘肃省第七建筑工程公司	7 244	29 354	221 373	10 823	40 522
甘肃省金城建业股份有限公司	5 022	22 834	152 795	6 822	45 468
兰州市市政工程公司	2 557	13 915	0	5 809	54 419
兰州军区后勤部建筑工程总队	3 203	11 827	66 613	4 190	36 925
兰州市第一建筑工程公司	3 576	14 019	123 917	3 959	39 203
甘肃省第二安装工程公司	1 880	6 694	4 482	3 002	35 607
兰州市第二建筑工程公司	4 691	33 353	377 400	9 548	71 101
甘肃省第一建筑工程公司	5 829	17 182	186 794	9 042	29 477
甘肃省第二建筑工程公司	4 015	13 487	131 085	4 672	33 591
甘肃省第四建筑工程公司	5 299	19 966	136 031	9 267	37 679
甘肃省机械化工程公司	892	3 519	0	2 622	39 447
甘肃省第一安装工程公司	2 364	8 117	1 892	3 679	34 336
甘肃省酒钢冶金建设公司	2 820	14 106	39 672	6 324	50 021
白银市白银区第二建筑工程公司	2 523	6 151	92 070	2 716	24 378
白银有色建筑安装有限责任公司	1 210	3 978	27 660	2 321	32 880
甘肃煤炭建筑工程公司	6 067	16 585	26 125	8 551	27 336
靖远县第二建筑公司	4 000	9 600	69 000	3 186	24 000
靖远县第三建筑公司	5 482	12 800	156 750	4 062	23 349
甘肃省水利水电工程局	2 675	6 591	0	2 500	24 639
省八建公司	4 151	14 360	182 061	5 630	34 594

主要经济技术指标完成情况(五十四)

按增加值计算的劳动生产率(元/人)	资本金合计(万元)	资产总计(万元)	负债合计(万元)	利润总额(万元)	利税总额(万元)	工程质量优良品率(%)	产值利润率(%)	产值利税率(%)	资产负债率(%)
15 593	409	12 312	10 534	30	340	50.0	0.3	3.5	85.6
22 198	3 904	13 158	8 672	785	1162	40.0	5.8	8.6	65.9
11 080	6 055	24 904	18 844	2	562	60.0	0.0	2.8	75.7
9 124	3 000	16 851	12 936	2	582	44.4	0.0	3.6	76.8
3 688	7 363	23 620	18 871	−858	−646	26.7	−10.3	−7.8	79.9
17 669	3 525	13 935	10 050	72	368	33.3	0.9	4.4	72.1
5 572	3 036	9 455	8 833	−523	−388	100.0	−9.2	−6.8	93.4
7 173	3 160	11 228	8 111	−543	−391	46.2	−8.4	−6.0	72.2
9 926	1 736	2 768	1 022	10	101	100.0	0.4	3.6	36.9
2 369	1 332	1 999	648	4	78	54.5	0.2	3.7	32.4
8 629	1 070	6 915	5 845	3	157	13.3	0.0	1.9	84.5
8 372	1 680	3 268	1 028	459	817	100.0	7.0	12.5	31.5
6 129	1 613	3 861	1 961	−56	−48	100.0	−1.7	−1.5	50.8
9 500	1 760	2 042	49	122	215	100.0	5.8	10.2	2.4
8 971	1 210	1 875	518	73	203	6.7	2.1	6.0	27.6
31 607	6 471	46 899	40 280	254	1 464	100.0	0.8	4.5	85.9
14 941	2 302	24 576	21 182	211	1 175	42.3	0.7	4.0	86.2
13 583	2 958	26 559	22 346	2	659	26.1	0.0	2.9	84.1
22 716	2 369	20 383	9 404	188	625	92.3	1.3	4.5	46.1
13 080	3 908	21 656	15 305	13	323	60.0	0.1	2.7	70.7
11 072	1 561	17 479	12 449	85	549	14.3	0.6	3.9	71.2
15 966	1 737	6 378	5 166	25	237	8.3	0.4	3.5	81.0
20 353	3 291	23 491	20 000	216	1 334	40.3	0.6	4.0	85.1
15 511	2 584	23 716	18 397	0	567	16.3	0.0	3.3	77.6
11 637	3 259	15 866	12 455	1	439	12.5	0.0	3.3	78.5
17 487	1 660	20 145	18 395	723	1 355	26.3	3.6	6.8	91.3
29 390	2 093	9 250	5 530	11	119	91.7	0.3	3.4	59.8
15 564	1 844	10 903	6 743	100	378	15.0	1.2	4.7	61.8
22 425	6 860	11 911	2 734	956	1 340	66.1	6.8	9.5	23.0
10 766	1 239	3 551	2 453	587	1 101	0.0	9.5	17.9	69.1
19 180	3 384	10 519	7 135	0	0	0.0	0.0	0.0	67.8
14 094	5 442	23 739	21 009	−601	−36	55.0	−3.6	−0.2	88.5
7 965	2 680	4 755	605	798	1 010	31.3	8.3	10.5	12.7
7 410	1 860	2 200	1 300	1 126	1 407	19.7	8.8	11.0	59.1
9 348	2 490	15 036	7 991	27	226	50.0	0.4	3.4	53.1
13 564	1 765	14 766	13 001	81	563	22.2	0.6	3.9	88.0

7-20 全国各地区大中型建筑业企业

企业名称	平均人数（人）	建筑业总产值（万元）	竣工面积（平方米）	建筑业增加值（万元）	按总产值计算的劳动生产率（元/人）
天水市第二建筑公司	2 049	4 413	65 504	1 727	21 537
省第五建筑公司	4 313	13 998	150 825	4 947	32 455
甘肃定西地区建筑安装工程公司	1 039	2 232	39 507	823	21 482
庆阳地区建筑工程公司	1 452	5 472	69 228	978	37 689
青海省					
青海省第二建筑工程公司	3 493	13 192	132 631	4 306	37 767
青海省矿山建设工程公司	1 493	2 580	0	1 623	17 280
青海省第五建筑工程公司	1 450	952	18 056	513	6 569
青海省水利厅水电工程局	1 347	4 105	0	1 765	30 476
青海省第一建筑工程公司	4 771	19 469	120 855	7 448	40 806
青海省第四建筑工程公司	3 214	13 839	113 130	4 430	43 058
青海省路桥工程公司	6 914	17 279	10 444	7 733	24 991
青海建设工程公司	1 100	3 751	40 341	754	34 101
青海省第一安装工程公司	1 197	3 315	10 988	1 453	27 698
宁夏自治区					
宁夏第二建筑工程公司	3 707	14 072	14 784	3 901	37 959
宁夏第三建筑工程公司	3 054	6 841	68 775	2 061	22 400
宁夏第五建筑工程公司	2 791	10 107	98 231	1 402	36 212
宁夏石油化工建设公司	1 176	5 061	52 845	2 123	43 039
宁夏送变电工程公司	1 494	5 586	0	3 233	37 390
宁夏第一建筑公司	5 189	16 306	170 707	5 299	31 425
宁夏伊斯兰地质工程公司	451	3 788	0	1 497	83 984
宁夏电力建筑安装工程公司	1 820	10 068	2 407	4 901	55 319
宁夏公路工程局	2 250	10 482	0	2 947	46 587
宁夏水利水电工程局	1 009	1 661	0	1 099	16 466
银川市第一市政工程公司	513	2 577	0	1 129	50 242
银川市第三建筑工程公司	1 498	4 298	52 503	1 268	28 689
银川市第一建筑工程公司	1 198	3 458	28 555	953	28 869
宁夏煤炭基本建设公司	2 936	9 304	69 502	4 172	31 688
新疆自治区					
新疆维吾尔自治区冶金建设公司	6 742	30 070	164 755	6 764	44 602
新疆维吾尔自治区工业设备安装工程公司	1 430	6 834	0	3 611	47 789
新疆维吾尔自治区建筑机械化工程公司	525	5 249	0	2 719	99 977

主要经济技术指标完成情况(五十五)

按增加值计算的劳动生产率(元/人)	资本金合计(万元)	资产总计(万元)	负债合计(万元)	利润总额(万元)	利税总额(万元)	工程质量优良品率(%)	产值利润率(%)	产值利税率(%)	资产负债率(%)
8 429	3 200	9 214	8 421	32	179	56.0	0.7	4.1	91.4
11 469	1 411	15 125	12 717	−407	10	32.4	−2.9	0.1	84.1
7 921	445	2 557	2 214	37	103	44.4	1.7	4.6	86.6
6 739	333	4 998	4 022	0	158	47.2	0.0	2.9	80.5
12 326	1 461	13 697	11 568	25	429	28.9	0.2	3.3	84.5
10 872	1 020	4 755	4 327	−170	−81	0.0	−6.6	−3.1	91.0
3 541	4 030	11 959	11 452	0	66	0.0	0.0	6.9	95.8
13 103	3 375	8 850	4 967	0	112	28.6	0.0	2.7	56.1
15 610	2 998	21 828	16 788	91	737	0.0	0.5	3.8	76.9
13 784	1 461	18 579	15 958	76	416	24.3	0.5	3.0	85.9
11 185	4 713	28 907	13 960	−110	344	81.0	−0.6	2.0	48.3
6 851	160	240	82	4	72	21.4	0.1	1.9	34.1
12 135	1 026	5 271	3 497	34	145	48.0	1.0	4.4	66.4
10 524	3 000	14 058	10 953	58	505	45.5	0.4	3.6	77.9
6 749	3 186	10 194	9 589	−775	−581	26.1	−11.3	−8.5	94.1
5 022	103	13 449	12 295	−288	58	20.0	−2.9	0.6	91.4
18 049	2 157	6 294	4 088	6	203	2.2	0.1	4.0	65.0
21 641	2 306	6 434	2 195	23	224	100.0	0.4	4.0	34.1
10 212	4 472	21 848	17 274	65	819	23.7	0.4	5.0	79.1
33 184	1 537	7 445	5 334	−5	114	0.0	−0.1	3.0	71.7
26 927	2 679	8 082	4 026	60	772	72.7	0.6	7.7	49.8
13 098	3 842	10 255	4 986	335	387	70.0	3.2	3.7	48.6
10 891	2 285	3 205	1 148	−209	−193	0.0	−12.6	−11.6	35.8
22 018	1 020	5 083	3 144	59	135	53.8	2.3	5.3	61.8
8 465	1 284	16 137	14 816	22	137	41.2	0.5	3.2	91.8
7 953	1 087	10 216	9 029	1	110	14.3	0.0	3.2	88.4
14 210	4 049	18 567	14 558	−2 418	−2 064	27.6	−26.0	−22.2	78.4
10 032	5 567	30 911	26 896	−4 494	−3 506	22.4	−14.9	−11.7	87.0
25 251	1 782	11 030	8 190	4	245	42.3	0.1	3.6	74.2
51 787	3 456	8 628	5 142	9	237	40.0	0.2	4.5	59.6

7-20 全国各地区大中型建筑业企业

企业名称	平均人数(人)	建筑业总产值(万元)	竣工面积(平方米)	建筑业增加值(万元)	按总产值计算的劳动生产率(元/人)
新疆维吾尔自治区第一建筑工程公司	7 914	34 276	196 333	14 594	43 311
新疆维吾尔自治区第二建筑工程公司	3 163	8 817	70 181	2 477	27 875
新疆第三建筑工程公司	13 065	55 268	280 054	21 282	42 303
新疆第四建筑工程公司	11 221	51 560	352 645	18 338	45 950
新疆维吾尔自治区第五建筑工程公司	4 244	17 894	105 898	5 945	42 163
新疆化工建筑安装公司	772	1 493	1 768	821	19 343
新疆煤炭建设工程公司	751	2 257	11 565	1 433	30 048
新疆钢铁机械制造安装公司	1 107	7 833	13 998	4 287	70 761
新疆道路桥梁工程总公司	3 691	22 993	0	11 060	62 295
新疆中建工程公司	1 715	3 632	21 951	1 208	21 177
新疆汇通股份有限公司	986	9 650	0	2 954	97 870
新疆新工建设集团	2 102	3 265	27 600	549	15 533
乌鲁木齐市市政工程公司	945	4 002	0	1 900	42 354
乌鲁木齐第一建筑工程公司	2 100	9 011	86 337	3 259	42 909
乌鲁木齐市第二建筑工程公司	1 454	7 752	59 471	1 729	53 315
新疆水利水电建设工程局	1 541	3 738	0	1 557	24 259
乌鲁木齐石油化工锅炉安装公司	246	2 073	0	543	84 268
克拉玛依市华隆实业总公司	610	4 404	496	1 073	72 197
温泉县联合建筑公司	400	1 010	1 800	184	25 250
新疆巴州建筑安装总公司	1 240	4 041	44 987	860	32 587
新疆库尔勒市第二建筑公司	1 558	4 502	45 890	1 593	28 895
新疆巴州建筑公司	1 285	3 364	4 535	726	26 181
新疆库尔勒市建筑建材公司	2 460	5 000	16 228	2 593	20 325
新疆尉犁县第二建筑公司	2 363	7 800	70 724	2 687	33 009
新疆第六建筑工程公司	2 403	5 425	50 103	1 698	22 575
伊犁建筑工程公司	1 950	5 482	76 934	1 418	28 114

主要经济技术指标完成情况(五十六)

按增加值计算的劳动生产率(元/人)	资本金合计(万元)	资产总计(万元)	负债合计(万元)	利润总额(万元)	利税总额(万元)	工程质量优良品率(%)	产值利润率(%)	产值利税率(%)	资产负债率(%)
18 440	7 262	55 199	45 784	304	1 493	24.0	0.9	4.4	82.9
7 831	2 742	18 563	20 641	−1 900	−1 576	26.9	−21.5	−17.9	111.2
16 290	10 547	60 343	44 948	125	1 890	32.4	0.2	3.4	74.5
16 343	7 577	61 870	50 626	301	2 134	11.6	0.6	4.1	81.8
14 009	3 157	21 493	14 883	19	567	12.5	0.1	3.2	69.2
10 632	1 262	6 064	4 636	−384	−330	0.0	−25.7	−22.1	76.5
19 077	1 813	6 310	4 340	2	72	5.3	0.1	3.2	68.8
38 726	4 098	13 422	9 354	−895	−631	9.7	−11.4	−8.1	69.7
29 965	8 613	30 675	16 407	340	977	77.8	1.5	4.2	53.5
7 047	1 500	2 226	711	3	124	0.0	0.1	3.4	32.0
29 961	5 000	18 575	5 298	1 793	2 081	88.9	18.6	21.6	28.5
2 612	3 500	4 482	639	229	431	50.0	7.0	13.2	14.2
20 107	1 785	12 057	9 545	84	196	22.2	2.1	4.9	79.2
15 520	1 909	14 290	10 324	147	466	29.0	1.6	5.2	72.2
11 895	1 280	9 254	4 390	52	274	0.0	0.7	3.5	47.4
10 103	777	6 832	6 297	−82	2	0.0	−2.2	0.1	92.2
22 057	210	993	796	7	61	84.6	0.3	2.9	80.2
17 589	2 886	6 356	3 055	260	413	81.8	5.9	9.4	48.1
4 595	106	476	357	24	75	0.0	2.4	7.5	75.1
6 935	1 951	2 231	606	53	137	20.0	1.3	3.4	27.2
10 223	1 587	6 282	4 691	34	183	31.3	0.8	4.1	74.7
5 651	915	2 762	1 821	15	50	10.0	0.4	1.5	65.9
10 542	1 085	3 860	2 576	304	480	3.8	6.1	9.5	66.7
11 371	2 469	4 325	1 381	546	812	13.6	7.0	10.4	31.9
7 067	981	7 789	6 701	−453	−308	11.1	−8.4	−5.7	86.0
7 271	1 125	11 242	9 567	29	234	36.4	0.5	4.3	85.1

7-21 有关部门大中型建筑业企业

企业名称	平均人数（人）	建筑业总产值（万元）	竣工面积（平方米）	建筑业增加值（万元）	按总产值计算的劳动生产率（元/人）
中国建筑总公司					
中国建筑地下工程公司	359	4 248	0	1 577	118 329
中国建筑一局（集团）有限公司	8 734	123 804	358 809	25 165	141 749
中国建筑第一工程局五公司	7 645	62 298	232 359	22 213	81 489
中国建筑北方装饰艺术公司	861	7 629	0	1 584	88 606
中国建筑第一工程局四公司	9 230	124 337	260 269	25 705	134 710
中建建筑承包公司	150	3 802	1 133	1 630	253 467
中国建筑第一工程局装饰公司	643	5 783	12 460	1 010	89 938
中国建筑第一工程局机械化公司	2 227	23 345	0	5 029	104 827
中国建筑第一工程局安装公司	2 910	24 094	0	8 065	82 797
中国建筑第一工程局二公司	7 431	47 807	180 382	14 820	64 335
中国建筑第六工程局第五建筑工程公司	1 532	7 003	24 088	1 650	45 711
中国建筑第六工程局第一建筑工程公司	4 212	25 297	96 687	5 961	60 059
中国建筑第六工程局第四建筑工程公司	4 605	43 008	163 961	9 436	93 394
中国建筑第六工程局工业设备安装公司	3 985	17 655	4 684	5 559	44 304
中国建筑第六工程局机械化施工公司	1 563	10 611	24 091	2 959	67 889
中国建筑第六工程局第三建筑工程公司	2 628	23 625	120 731	5 820	89 897
中国建筑六局第二建筑工程公司	4 286	47 819	127 840	9 005	111 570
中国建筑第二工程局第四工程公司	4 139	39 727	118 591	10 358	95 982
中国建筑第二工程局第三工程公司	8 011	125 085	519 176	26 420	156 142
中国建筑第二工程局安装公司	1 897	22 431	6 428	5 882	118 245
中国建筑第一工程局六公司	2 101	18 454	87 555	4 643	87 834
中国建筑第二工程局第一工程公司	7 741	83 790	275 653	21 964	108 242
中国建筑第八工程局机械化施工公司	1 100	12 268	0	3 638	111 527
中国建筑第八工程局工业设备安装公司	6 781	56 081	0	12 069	82 703
中国建筑第八工程局第三建筑公司	10 157	120 730	309 524	20 202	118 864
中国建筑第三工程局东方装饰设计工程公司	388	12 051	0	3 493	310 593
中国建筑第七工程局二公司	3 273	24 384	131 400	4 296	74 500
中国建筑第四工程局第六工程公司	5 474	24 232	244 707	8 431	44 267
中国建筑第七工程局三公司	3 597	40 390	183 800	6 545	112 288
中国建筑第四工程局厦门装饰公司	182	3 608	0	1 319	198 242
中国建筑第八工程局装饰公司	550	5 758	0	1 587	104 691
中国建筑第八工程局第一建筑公司	8 297	67 091	354 580	17 690	80 862
中国建筑第八工程局第二建筑公司	7 974	62 237	202 197	16 821	78 050
中国建筑第八工程局第四建筑公司	8 282	81 213	298 951	19 969	98 060
中国建筑第二工程局第二工程公司	7 872	131 858	205 515	31 087	167 503
中国建筑第七工程局一公司	2 381	23 205	102 358	4 821	97 459

主要经济技术指标完成情况(一)

按增加值计算的劳动生产率(元/人)	资本金合计(万元)	资产总计(万元)	负债合计(万元)	利润总额(万元)	利税总额(万元)	工程质量优良品率(%)	产值利润率(%)	产值利税率(%)	资产负债率(%)
43 928	500	3 343	2 445	202	361	78.6	4.8	8.5	73.1
28 813	5 968	132 214	120 330	617	2 744	42.9	0.5	2.2	91.0
29 056	3 005	64 005	58 860	528	2 028	61.5	0.8	3.3	92.0
18 397	1 004	10 999	9 841	218	511	35.5	2.9	6.7	89.5
27 849	4 585	113 211	107 063	809	4 736	52.2	0.7	3.8	94.6
108 667	1 000	11 774	8 276	722	978	50.0	19.0	25.7	70.3
15 708	913	2 381	1 354	33	194	0.0	0.6	3.4	56.9
22 582	1 063	29 967	28 356	3	815	0.0	0.0	3.5	94.6
27 715	3 924	41 698	35 773	697	1 189	0.0	2.9	4.9	85.8
19 943	3 326	61 535	56 959	551	2411	38.7	1.2	5.0	92.6
10 770	603	7 765	7 620	−896	−661	20.0	−12.8	−9.4	98.1
14 152	3 157	33 536	30 846	−1 008	−164	35.3	−4.0	−0.6	92.0
20 491	1 972	27 320	23 538	59	1 157	69.6	0.1	2.7	86.2
13 950	1 245	16 249	14 047	26	558	85.7	0.1	3.2	86.4
18 932	1 055	9 901	8 006	9	154	60.0	0.1	1.5	80.9
22 146	3 376	26 118	19 734	42	634	31.8	0.2	2.7	75.6
21 010	3 333	37 236	32 507	24	1 536	50.8	0.1	3.2	87.3
25 025	3 000	35 816	32 270	152	1 389	53.8	0.4	3.5	90.1
32 980	3 500	53 027	48 251	1 019	5 202	59.8	0.8	4.2	91.0
31 007	3 000	14 578	11 161	229	777	0.0	1.0	3.5	76.6
22 099	1 055	15 166	13 856	74	548	43.8	0.4	3.0	91.4
28 374	3 555	37 848	33 438	507	3 228	31.0	0.6	3.9	88.3
33 073	1 544	16 520	13 791	186	461	0.0	1.5	3.3	83.5
17 798	2 199	47 578	43 561	410	1 911	91.7	0.7	3.4	91.6
19 890	1 005	97 736	93 543	390	3 995	63.6	0.3	3.3	95.7
90 026	937	13 295	11 806	159	542	66.7	1.3	4.5	88.8
13 126	1 142	16 340	13 707	169	917	51.3	0.7	3.8	83.9
15 402	996	25 135	23 336	203	1 060	9.3	0.8	4.4	92.8
18 196	1 000	22 291	19 286	190	1 498	68.3	0.5	3.7	86.5
72 473	118	6 403	6 009	111	796	0.0	3.1	22.1	93.8
28 855	1 013	4 261	2 961	66	229	0.0	1.1	4.0	69.5
21 321	2 681	49 145	44 797	400	2 503	64.3	0.6	3.7	91.2
21 095	1 226	50 950	48 031	404	2 315	50.0	0.6	3.7	94.3
24 111	2 444	94 135	88 823	391	2 953	56.0	0.5	3.6	94.4
39 491	3 500	39 532	34 926	604	5 167	72.5	0.5	3.9	88.3
20 248	864	20 898	18 846	169	938	70.0	0.7	4.0	90.2

7－21 有关部门大中型建筑业企业

企业名称	平均人数（人）	建筑业总产值（万元）	竣工面积（平方米）	建筑业增加值（万元）	按总产值计算的劳动生产率（元/人）
中国建筑第二工程局机械化施工公司	2 435	15 894	0	6 292	65 273
中国建筑第七工程局建筑装饰公司	157	4 029	1 700	252	256 624
中国建筑第七工程局安装公司	1 677	18 533	0	4 165	110 513
中国建筑第七工程局四公司	2 883	27 231	222 400	3 903	94 454
中国建筑第三工程局机械施工公司	746	5 278	0	1 845	70 751
中国建筑第三工程局第三建筑安装工程公司	6 145	90 077	209 283	23 840	146 586
中国建筑第三工程局第二建筑安装工程公司	7 200	100 100	217 065	33 157	139 028
中国建筑第七工程局第五建筑公司	2 225	14 529	109 700	3 280	65 299
中国建筑第三工程局第一建筑安装工程公司	8 600	148 981	132 246	49 033	173 234
中国建筑第五工程局工业设备安装有限公司	1 261	16 032	23 000	3 512	127 137
中国建筑第五工程局第三建筑安装公司	6 100	51 529	212 100	14 822	84 474
中国建筑第五工程局建筑装饰公司	253	1 981	0	657	78 300
中国建筑第五工程局第一建筑安装公司	2 147	19 041	97 400	3 859	88 687
中国建筑第五工程局第五工程公司	3 151	23 501	61 000	7 955	74 583
中国建筑第五工程局机械施工公司	1 414	16 010	17 100	3 363	113 225
中国建筑第五工程局第二建筑安装公司	4 982	41 802	195 000	9 535	83 906
中国建筑第五工程局第七工程工程公司	1 855	8 650	0	2 617	46 631
深圳海外装饰工程公司	1 458	16 345	0	4 247	112 106
中国建筑第三工程局装饰设计工程公司	406	8 500	0	2 335	209 360
中国建筑第四工程局装饰公司	393	2 328	0	783	59 237
中国建筑第四工程局第二建筑公司	2 395	9 703	70 210	3 239	40 514
中国建筑第四工程局第一建筑公司	4 628	30 101	208 920	9 146	65 041
中国建筑第四工程局机械化施工公司	1 027	3 444	4 828	1 939	33 535
中国建筑第四工程局安装公司	2 378	15 963	0	5 047	67 128
中国建筑第四工程局第三建筑公司	6 194	56 681	289 277	16 689	91 510
中国建筑第四工程局第五工程公司	1 493	3 806	49 246	1 057	25 492
冶金部					
中国第一冶金建设公司	21 025	131 272	242 901	63 109	62 436
中国第三冶金建设公司	13 658	50 878	2 907	25 905	37 251
中国第五冶金建设公司	18 024	125 886	140 995	59 660	69 844
中国第十三冶金建设公司	24 232	142 011	80 651	46 344	58 605
中国第十七冶金建设公司	14 153	64 114	45 984	29 501	45 301
中国第十八冶金建设公司	11 117	40 425	86 143	18 255	36 363
中国第十九冶金建设公司	15 829	83 493	149 693	47 096	52 747
中国第二十冶金建设公司	14 186	111 519	375 603	47 726	78 612
中国第二十二冶金建设公司	13 463	46 229	0	17 979	34 338
上海宝钢冶金建设公司	14 480	121 485	52 107	74 877	83 898

主要经济技术指标完成情况(二)

按增加值计算的劳动生产率(元/人)	资本金合计(万元)	资产总计(万元)	负债合计(万元)	利润总额(万元)	利税总额(万元)	工程质量优良品率(%)	产值利润率(%)	产值利税率(%)	资产负债率(%)
25 840	3 000	16 025	12 372	118	630	90.0	0.7	4.0	77.2
16 051	32	727	736	−119	−69	20.0	−3.0	−1.7	101.2
24 836	961	12 692	10 424	171	746	93.5	0.9	4.0	82.1
13 538	877	20 858	18 726	168	1 071	38.0	0.6	3.9	89.8
24 732	1 005	5 534	4 200	1	146	0.0	0.0	2.8	75.9
38 796	1 833	51 396	48 057	365	3 371	77.4	0.4	3.7	93.5
46 051	2 139	50 041	41 323	1 167	4 552	66.7	1.2	4.5	82.6
14 742	1 586	19 546	15 978	−208	178	27.3	−1.4	1.2	81.7
57 015	3 348	69 337	58 874	2 170	6 857	87.2	1.5	4.6	84.9
27 851	312	14 855	13 912	200	529	41.2	1.2	3.3	93.7
24 298	1 469	30 024	27 239	425	2 122	36.4	0.8	4.1	90.7
25 968	182	2 252	1 994	6	12	60.0	0.3	0.5	88.5
17 974	899	14 564	12 845	180	609	50.0	0.9	3.2	88.2
25 246	1 182	20 072	17 914	201	971	66.7	0.9	4.1	89.2
23 784	2 084	12 338	9 138	201	487	85.3	1.3	3.0	74.1
19 139	1 343	32 043	27 779	350	1 423	46.7	0.8	3.4	86.7
14 108	1 430	9 541	7 676	−500	−206	50.0	−5.8	−2.4	80.5
29 129	2 008	8 098	4 844	921	1 495	83.3	5.6	9.1	59.8
57 512	221	6 950	5 835	201	465	54.5	2.4	5.5	84.0
19 924	71	1 637	1 502	0	30	100.0	0.0	1.3	91.8
13 524	0	9 156	9 700	0	363	16.7	0.0	3.7	105.9
19 762	1 363	29 343	26 647	200	1 120	32.0	0.7	3.7	90.8
18 880	349	6 227	5 063	0	135	0.0	0.0	3.9	81.3
21 224	1 057	9 937	7 363	150	726	51.7	0.9	4.5	74.1
26 944	1 794	38 337	33 434	351	2 281	26.1	0.6	4.0	87.2
7 080	0	3 366	3 848	−239	−86	42.9	−6.3	−2.3	114.3
30 016	23 492	191 462	143 709	508	5 061	85.1	0.4	3.9	75.1
18 967	9 887	103 268	98 489	−4 383	−2 545	94.7	−8.6	−5.0	95.4
33 100	21 009	180 688	147 367	59	4 682	72.5	0.0	3.7	81.6
19 125	15 118	149 081	109 179	59	4 261	89.2	0.0	3.0	73.2
20 844	11 730	88 336	62 888	11	2 450	56.6	0.0	3.8	71.2
16 421	11 014	58 347	47 205	292	1 664	76.5	0.7	4.1	80.9
29 753	19 188	109 613	82 992	12	2 616	88.2	0.0	3.1	75.7
33 643	18 135	127 732	101 529	363	3 508	85.3	0.3	3.1	79.5
13 354	9 904	69 474	64 872	−3 766	−2 159	98.2	−8.1	−4.7	93.4
51 711	26 705	192 714	152 135	1 680	7 813	86.7	1.4	6.4	78.9

7-21 有关部门大中型建筑业企业

企业名称	平均人数（人）	建筑业总产值（万元）	竣工面积（平方米）	建筑业增加值（万元）	按总产值计算的劳动生产率（元/人）
中国华北冶金建设公司	8 215	52 341	41 587	22 490	63 714
攀钢集团冶金建设公司	8 717	33 115	123 821	16 693	37 989
中国有色金属总公司					
中色第十二冶金建设公司	5 004	11 414	130 950	5 152	22 810
江西有色冶金建设公司	2 675	3 250	39 014	496	12 150
中国有色金属工业第六冶金建设公司	1 429	31 999	0	13 025	27 998
中国有色金属工业第十五冶金建设公司	13 831	75 567	64 561	24 462	54 636
中国有色金属工业第十六冶金建设公司	5 369	21 057	56 735	7 728	39 220
中国有色金属工业第十一冶金建设公司	6 544	23 082	131 310	11 655	35 272
中国有色金属工业第七冶金建设公司	4 591	18 564	40 728	7 764	40 436
中国有色金属工业第十四冶金建设公司	14 391	71 242	370 690	30 485	49 505
中国有色金属工业第二十一冶金建设公司	5 882	8 995	30 349	5 923	15 292
中国有色金属工业第八冶金建设公司	9 380	24 035	81 355	10 466	25 624
中国有色金属工业第二十三冶金建设公司	12 775	55 357	200 284	23 775	43 332
煤炭工业部					
开滦矿务局基本建设公司	7 541	13 531	63 095	8 974	17 943
开滦矿务局地矿工程总公司	884	2 032	0	1 720	22 986
中煤第一建设公司	7 515	19 883	16 275	12 316	26 458
中煤建筑安装工程公司	16 311	71 755	254 687	24 463	43 992
峰峰矿务局工程处	1 447	3 045	5 594	1 846	21 044
中煤第六十三工程处	1 893	3 573	7 066	1 228	18 875
峰峰矿务局建筑总公司	1 728	4 053	52 538	1 870	23 455
中煤河北煤炭建设第四工程处	2 214	5 052	69	1 879	22 818
西山矿务局建筑工程处	3 486	11 445	63 386	3 504	32 831
西山矿务局建筑安装工程公司	1 559	5 133	28 337	2 034	32 925
潞安矿务局工程处	539	638	0	235	11 837
内蒙古包头矿务局综合建井工程处	780	1 002	0	629	12 846
包头矿务局土建工程处	1 231	1 274	12 339	607	10 349
内蒙古包头矿务局机电安装工程处	1 845	1 840	0	652	9 973
乌达矿务局建安工程处	502	2 699	13 199	747	53 765
内蒙古海渤湾矿务局建安公司	1 357	1 847	13 388	825	13 611
内蒙古乌达矿务局建井处	358	29	910	160	810

主要经济技术指标完成情况(三)

按增加值计算的劳动生产率(元/人)	资本金合计(万元)	资产总计(万元)	负债合计(万元)	利润总额(万元)	利税总额(万元)	工程质量优良品率(%)	产值利润率(%)	产值利税率(%)	资产负债率(%)
27 377	13 447	74 523	57 135	5	1 574	34.3	0.0	3.0	76.7
19 150	7 868	27 753	19 885	174	1 159	43.9	0.5	3.5	71.6
10 296	4 414	15 382	13 728	−1 606	−1 249	30.8	−14.1	−10.9	89.2
1 854	1 382	10 645	10 464	−483	−359	10.0	−14.9	−11.0	98.3
11 396	9 533	63 072	46 395	0	998	0.0	0.0	3.1	73.6
17 686	7 958	63 548	43 527	208	2 709	67.8	0.3	3.6	68.5
14 394	3 849	27 881	21 067	−604	122	5.8	−2.9	0.5	75.6
17 810	4 119	22 579	14 829	3	635	65.9	0.0	2.8	65.7
16 911	8 339	40 127	23 436	−1 570	−1 047	60.0	−8.5	−5.6	58.4
21 183	10 498	52 963	39 331	86	2 350	62.0	0.1	3.3	74.3
10 070	5 215	33 958	26 053	−3 844	−3 468	45.5	−42.7	−38.6	76.7
11 158	8 167	33 374	19 369	−2 166	−1 343	46.7	−9.0	−5.6	58.0
18 611	9 468	47 296	32 894	121	2 026	36.3	0.2	3.7	69.5
11 900	13 532	28 092	14 537	−168	337	67.2	−1.2	2.5	51.7
19 457	1 509	7 716	4 692	4	79	100.0	0.2	3.9	60.8
16 389	16 118	56 784	35 356	−546	39	73.3	−2.7	0.2	62.3
14 998	15 244	91 151	63 205	−299	2 223	38.9	−0.4	3.1	69.3
12 757	770	9 266	7 555	−214	−118	42.3	−7.0	−3.9	81.5
6 487	1 898	6 180	6 402	−600	−528	9.5	−16.8	−14.8	103.6
10 822	982	4 825	4 242	−554	−456	18.8	−13.7	−11.3	87.9
8 487	2 450	13 188	8 713	−552	−435	0.0	−10.9	−8.6	66.1
10 052	2 372	14 178	11 940	82	472	31.7	0.7	4.1	84.2
13 047	521	6 404	6 723	0	155	6.2	0.0	3.0	105.0
4 360	1 384	3 686	1 514	9	26	79.2	1.4	4.1	41.1
8 064	232	466	370	−108	−76	75.0	−10.8	−7.6	79.4
4 931	451	1 572	1 207	−296	−256	5.0	−23.2	−20.1	76.8
3 534	878	1 435	826	−71	−36	75.0	−3.9	−2.0	57.6
14 880	556	2 943	2 021	5	100	50.0	0.2	3.7	68.7
6 080	1 233	4 015	3 542	−664	−605	0.0	−36.0	−32.8	88.2
4 469	218	963	669	5	5	0.0	17.2	17.2	69.5

7-21 有关部门大中型建筑业企业

企业名称	平均人数（人）	建筑业总产值（万元）	竣工面积（平方米）	建筑业增加值（万元）	按总产值计算的劳动生产率（元/人）
内蒙古满洲里市扎赉诺尔矿务局建安公司	529	1 046	12 660	652	19 773
大雁矿务局建筑安装工程公司	2 445	5 902	33 215	2 821	24 139
内蒙古鄂温克旗大雁矿务局矿建工程处	1 938	6 189	0	3 736	31 935
内蒙古霍林河矿务局建安公司总公司	601	3 628	6 995	455	60 366
沈阳矿务局矿建处	1 490	4 379	0	1 851	29 389
沈阳矿务局基建总公司三处	1 845	5 983	24 535	1 647	32 428
沈阳矿务局安装工程处	669	3 338	0	1 761	49 895
沈阳矿务局第五工程处	1 136	2 559	0	1 081	22 526
沈阳矿务局本汐土建处	1 692	3 501	38 177	1 458	20 691
阜新矿务局建设工程处	1 671	5 731	8 573	1 893	34 297
铁法矿务局第四工程处	1 634	5 019	31 966	1 994	30 716
铁法矿务局矿井建设工程处	1 421	4 121	0	2 394	29 001
北票矿务局建设安装工程公司	1 904	2 204	9 902	845	11 576
北票矿务局基本建设工程处	1 049	1 644	6 566	796	15 672
舒兰矿务局建筑安装工程公司	2 374	6 215	39 673	2 090	26 179
辽源矿务局建筑安装工程公司	574	2 224	11 402	863	38 746
辽源矿务局建井工程处	926	4 082	10 218	1 793	44 082
鸡西矿务局建筑公司	2 042	6 189	13 008	2 557	30 309
鹤岗矿务局建筑安装公司	3 441	6 906	47 687	3 681	20 070
鹤岗矿务局煤矿建设工程处	4 320	9 331	1 943	5 773	21 600
双鸭山矿务局第二建筑安装工程公司	1 438	3 835	17 785	1 594	26 669
双鸭山第一建筑安装工程公司	2 882	7 710	8 266	3 155	26 752
七台河矿务局建设工程总公司	2 569	8 993	41 825	3 862	35 006
七台河矿务局土建工程总公司	1 335	5 368	21 538	1 980	40 210
江苏省煤炭基本建设公司	10 101	17 035	12 830	12 863	16 865
徐州矿务局建筑安装工程处	1 402	4 942	12 408	2 418	35 250
大屯煤电公司矿建工程公司	1 810	7 300	0	4 007	40 331
大屯煤电公司建筑安装工程公司	1 629	9 023	29 011	4 049	55 390
江苏沛县大屯煤电公司铁路工程处	994	2 138	6 936	1 145	21 509
大屯煤电公司特殊建筑基础工程总公司	573	1 676	1 845	831	29 250
中煤特殊工程公司	3 663	3 681	0	3 959	10 049
淮北煤矿工程总公司	4 867	19 301	61 095	8 909	39 657
中煤第三建设公司	15 964	37 110	35 503	19 507	23 246
乐平矿务局建建筑安装公司	362	1 102	5 635	430	30 442
萍乡矿务局建筑安装总公司	2 849	11 519	27 363	2 912	40 432
江西省丰城矿务局基建工程处	926	1 837	1 900	1 134	19 838
英岗岭矿务局建筑安装工程公司	1 750	6 016	42 403	2 008	34 377

主要经济技术指标完成情况(四)

按增加值计算的劳动生产率(元/人)	资本金合计(万元)	资产总计(万元)	负债合计(万元)	利润总额(万元)	利税总额(万元)	工程质量优良品率(%)	产值利润率(%)	产值利税率(%)	资产负债率(%)
12 325	708	1 965	1 924	−38	10	0.0	−3.6	1.0	97.9
11 538	1 058	2 608	1 500	6	196	17.9	0.1	3.3	57.5
19 278	1 942	3 794	1 599	6	215	50.0	0.1	3.5	42.1
7 571	971	3 514	1 952	−44	66	51.0	−1.2	1.8	55.5
12 423	1 005	3 279	2 251	0	143	0.0	0.0	3.3	68.6
8 927	1 221	5 135	3 851	0	187	16.7	0.0	3.1	75.0
26 323	2 412	4 346	3 045	11	117	96.3	0.3	3.5	70.1
9 516	1 027	5 844	4 817	0	81	0.0	0.0	3.2	82.4
8 617	814	6 181	5 367	0	116	30.8	0.0	3.3	86.8
11 329	3 215	7 412	3 069	0	193	27.8	0.0	3.4	41.4
12 203	1 351	7 716	4 482	23	211	31.7	0.5	4.2	58.1
16 847	919	3 584	2 514	65	200	100.0	1.6	4.9	70.1
4 438	1 187	2 945	1 758	1	82	75.0	0.0	3.7	59.7
7 588	103	3 536	2 491	−17	29	7.7	−1.0	1.8	70.4
8 804	1 830	5 451	4 232	31	235	11.1	0.5	3.8	77.6
15 035	625	3 226	2 700	12	54	0.0	0.5	2.4	83.7
19 363	1 370	4 673	3 595	138	250	0.0	3.4	5.1	76.9
12 522	2 373	8 851	5 282	123	333	55.6	2.0	5.4	59.7
10 697	4 258	7 166	3 235	0	287	10.3	0.0	4.2	45.1
13 363	4 960	10 728	5 768	0	299	6.0	0.0	3.2	53.8
11 085	1 049	7 309	3 687	77	209	4.8	2.0	5.4	50.4
10 947	2 508	13 164	9 123	4	250	43.2	0.1	3.2	69.3
15 033	2 816	9 090	4 730	31	215	44.4	0.3	2.4	52.0
14 831	2 333	6 086	3 485	87	183	66.7	1.6	3.4	57.3
12 734	11 470	50 681	39 050	6	445	87.9	0.0	2.6	77.1
17 247	588	7 301	5 840	9	116	9.1	0.2	2.3	80.0
22 138	1 376	4 134	1 908	391	634	66.7	5.4	8.7	46.2
24 856	1 309	7 726	5 213	440	732	47.6	4.9	8.1	67.5
11 519	2 000	3 505	1 327	22	94	10.7	1.0	4.4	37.9
14 503	880	3 670	2 023	−108	−84	35.7	−6.4	−5.0	55.1
10 808	10 906	16 549	6 982	−644	−495	100.0	−17.5	−13.4	42.2
18 305	4 730	15 641	9 009	78	488	54.2	0.4	2.5	57.6
12 219	15 833	75 087	45 902	−706	339	24.6	−1.9	0.9	61.1
11 878	520	674	112	50	80	0.0	4.5	7.3	16.6
10 221	3 096	21 329	20 150	76	883	1.6	0.7	7.7	94.5
12 246	740	1 454	367	0	64	0.0	0.0	3.5	25.2
11 474	2 243	2 278	365	2	205	7.3	0.0	3.4	16.0

7-21 有关部门大中型建筑业企业

企业名称	平均人数(人)	建筑业总产值(万元)	竣工面积(平方米)	建筑业增加值(万元)	按总产值计算的劳动生产率(元/人)
江西省煤矿建设公司	2 276	3 669	5 996	1 162	16 120
枣庄矿务局第一工程处	704	4 217	0	2 181	59 901
枣庄矿务局第四工程处	1 157	5 108	15 834	2 485	44 149
兖州矿务局第七十工程处	3 582	10 752	11 429	7 338	30 017
兖州矿业(集团)有限责任公司第三十二工程处	2 105	12 912	4 099	5 653	61 340
兖州矿业(集团)有限责任公司第二工程处	847	4 944	2 802	1 433	58 371
兖州矿业(集团)有限责任公司第六工程处	703	7 307	0	2 367	103 940
兖州矿业(集团)有限责任公司第三十七工程处	1 573	16 137	35 103	4 668	102 587
兖州矿业(集团)有限责任公司地质工程公司	501	2 562	0	1 508	51 138
兖矿(集团)建筑安装工程公司	899	5 856	23 499	1 987	65 139
临沂矿务局工程公司	443	3 141	17 775	962	70 903
新汶矿务局工程公司	905	6 557	21 454	3 752	72 453
肥城矿务局工程处	864	6 630	59 263	2 079	76 736
河南矿业建设第三工程公司	2 192	9 854	0	4 734	44 954
郑州矿务局建筑工程处	803	2 480	11 358	1 250	30 884
郑州矿务局建井工程处	1 688	2 305	0	2 069	13 655
平顶山煤业(集团)土木建筑有限责任公司	2 941	12 357	61 134	4 303	42 016
河南矿业建筑安装工程公司	1 235	4 302	13 776	1 735	34 834
河南矿业建设工程第一公司	1 849	5 787	8 094	2 306	31 298
湖南省煤炭工业建筑安装公司	497	1 569	4 393	411	31 569
湖南省煤矿基本建设第一工程处	2 712	5 217	5 794	1 322	19 237
湖南省煤矿基本建设第二工程处	1 291	1 362	5 921	917	10 550
湖南省煤矿基本建设第六工程处	943	1 369	5 000	1 319	14 517
四川煤矿基本建设工程公司	6 600	16 247	108 381	5 809	24 617
四川煤矿建设第五工程处	1 022	4 267	2 387	1 421	41 751
四川煤矿建设第九工程处	1 885	4 315	0	2 387	22 891
四川煤矿建设第十工程处	771	982	0	596	12 737
四川煤矿建设第六工程处	892	2 748	50 673	1 044	30 807
六枝矿务局六十五工程处	933	1 609	0	711	17 245
六枝矿务局六十六工程处	1 421	3 708	6 742	1 311	26 094
盘江矿务局建安处	1 376	6 050	3 473	1 657	43 968
水城矿务局建设工程总公司	3 362	12 047	27 567	5 374	35 833
云南煤炭基本建设公司	2 293	7 502	43 168	4 896	32 717
陕西煤炭建设公司	9 908	11 672	24 879	7 714	11 780
韩城矿务局建筑安装公司	2 531	7 516	28 475	2 804	29 696
甘肃省窑街矿务局基本建设工程公司	1 033	1 970	21 182	1 130	19 071
宁夏煤炭基本建设公司	3 235	9 304	69 502	4 172	28 760
新疆煤炭建设工程公司	806	2 257	9 269	1 458	28 002
乌鲁木齐矿务局煤矿建设工程公司	423	1 310	9 748	822	30 969

主要经济技术指标完成情况(五)

按增加值计算的劳动生产率(元/人)	资本金合计(万元)	资产总计(万元)	负债合计(万元)	利润总额(万元)	利税总额(万元)	工程质量优良品率(%)	产值利润率(%)	产值利税率(%)	资产负债率(%)
5 105	2 779	7 866	4 950	−323	−295	55.0	−8.8	−8.0	62.9
30 980	2 400	4 523	3 398	39	203	0.0	0.9	4.8	75.1
21 478	2 231	5 585	2 073	36	218	48.5	0.7	4.3	37.1
20 486	3 662	79 111	80 485	−13 496	−13 113	0.0	−125.5	−122.0	101.7
26 855	3 028	12 431	9 768	189	626	45.5	1.5	4.8	78.6
16 919	1 979	5 001	4 079	−780	−605	72.2	−15.8	−12.2	81.6
33 670	1 990	7 262	4 426	260	532	0.0	3.6	7.3	60.9
29 676	3 745	12 486	8 104	416	970	58.2	2.6	6.0	64.9
30 100	2 311	4 250	2 453	−552	−511	100.0	−21.5	−19.9	57.7
22 102	618	2 651	1 947	34	135	61.5	0.6	2.3	73.4
21 716	1 193	4 929	4 346	85	121	57.1	2.7	3.9	88.2
41 459	1 513	4 007	1 082	676	681	14.5	10.3	10.4	27.0
24 063	1 000	3 902	2 004	−65	97	72.7	−1.0	1.5	51.4
21 597	337	6 227	5 871	0	292	44.4	0.0	3.0	94.3
15 567	277	2 120	1 615	53	135	0.0	2.1	5.4	76.2
12 257	1 870	5 436	3 317	120	194	0.0	5.2	8.4	61.0
14 631	5 100	10 319	5 212	85	509	31.7	0.7	4.1	50.5
14 049	654	4 528	3 844	0	136	50.0	0.0	3.2	84.9
12 472	1 091	9 130	7 656	66	359	0.0	1.1	6.2	83.9
8 270	1 007	2 880	1 726	45	90	0.0	2.9	5.7	59.9
4 875	1 826	8 776	6 602	28	105	25.0	0.5	2.0	75.2
7 103	950	2 423	1 923	−127	−42	0.0	−9.3	−3.1	79.4
13 987	1 165	5 041	3 068	233	269	66.7	17.0	19.6	60.9
8 802	5 139	21 795	16 774	−658	−137	22.6	−4.0	−0.8	77.0
13 904	965	6 567	5 680	5	129	100.0	0.1	3.0	86.5
12 663	2 486	8 180	5 121	5	134	48.8	0.1	3.1	62.6
7 730	1 668	2 312	1 948	−391	−379	0.0	−39.8	−38.6	84.3
11 704	910	3 569	3 117	−356	−323	38.5	−13.0	−11.8	87.3
7 621	941	2 591	1 925	−299	−239	0.0	−18.6	−14.9	74.3
9 226	668	2 778	2 200	−65	62	0.0	−1.8	1.7	79.2
12 042	774	8 525	7 652	10	190	0.0	0.2	3.1	89.8
15 985	1 558	14 902	13 851	−209	161	5.4	−1.7	1.3	92.9
21 352	1 885	12 609	10 362	81	315	71.4	1.1	4.2	82.2
7 786	7 669	44 998	37 940	−283	65	11.5	−2.4	0.6	84.3
11 079	461	7 146	6 484	2	124	52.5	0.0	1.6	90.7
10 939	2 919	2 919	1 310	−366	−301	14.8	−18.6	−15.3	44.9
12 896	4 049	18 567	14 558	−2 418	−2 064	27.6	−26.0	−22.2	78.4
18 089	1 813	6 310	4 340	2	91	10.5	0.1	4.0	68.8
19 433	438	1 576	1 413	0	38	40.0	0.0	2.9	89.7

7-20 有关部门大中型建筑业企业

企业名称	平均人数（人）	建筑业总产值（万元）	竣工面积（平方米）	建筑业增加值（万元）	按总产值计算的劳动生产率（元/人）
抚顺矿务局建筑安装工程公司	5 357	10 130	78 131	5 023	18 910
北京矿务局建筑安装总公司	1 826	7 207	20 543	2 650	39 469
邯郸矿务局工程处	894	1 441	18 459	603	16 119
邢台矿务局工程处	380	1 716	12 289	624	45 158
大同矿务局第二工程处	3 537	12 753	58 017	5 804	36 056
大同矿务局机械化施工处	407	530	0	354	13 022
大同矿务局第一工程处	2 566	8 102	14 457	5 965	31 574
阳泉矿务局机械施工公司	867	2 567	0	1 268	29 608
阳泉矿务局第三工程处	1 881	9 132	10 856	2 088	48 549
阳泉矿务局工程处	5 915	21 115	14 756	8 705	35 697
阳泉矿务局第四建筑工程公司	2 712	6 469	47 041	1 087	23 853
晋城矿务局工程处	1 320	6 605	80 865	1 668	50 038
汾西矿务局工程处	2 190	4 661	28 713	2 670	21 283
汾西矿务局建筑安装工程处	1 120	4 729	17 262	2 060	42 223
山西霍州矿务局建筑安装工程处	1 660	6 316	5 289	2 817	38 048
山西霍州矿务局建井工程处	1 144	3 535	0	878	30 900
西山矿务局古交第三工程处	1 740	5 278	6 384	1 937	30 333
西山矿务局古交工程处	1 835	7 121	10 322	2 131	38 807
平庄矿务局基本建设工程公司	2 090	4 834	29 823	2 207	23 129
南票矿务局土建工程处	575	936	7 392	400	16 278
阜新矿务局土建工程处	1 398	5 545	31 480	1 554	39 664
通化矿务局基本建设工程处	260	1 612	3 939	1 036	62 000
珲春煤炭工贸企业集团建设工程总公司	313	1 635	18 699	606	52 236
鸡西矿务局建设工程公司	3 220	11 739	0	5 789	36 457
淮南矿务局安装工程处	1 109	5 296	0	2 208	47 755
淮南矿务局建井工程处	3 813	5 522	1 637	2 915	14 482
淮南矿务局四十二工程处	26 266	11 037	0	6 410	4 202
淮南矿务局九十六工程处	5 581	15 667	0	7 659	28 072
淮南矿务局九十七工程处	1 820	5 524	31 422	1 813	30 352
淮南矿务局筑路工程处	531	5 017	13 885	3 006	94 482
淄博矿务局工程公司	1 424	4 019	26 034	1 639	28 223
枣庄矿务局第三工程处	1 230	5 239	0	2 436	42 593
龙口矿务局工程处	950	3 251	21 792	2 562	34 221
义马矿务局建井工程处	436	821	5 710	418	18 830
平煤业集团公司建井一处	2 607	900	0	9 971	3 452
平顶山煤业(集团)六处	701	1 808	5 522	509	25 792
平煤集团第三建井工程处	1 549	5 118	0	3 415	33 041
焦作矿务局建筑安装工程总公司	1 118	2 530	14 746	846	22 630
攀枝花矿务局第一建设安装工程公司	954	1 440	1 827	562	15 094

主要经济技术指标完成情况(六)

按增加值计算的劳动生产率(元/人)	资本金合计(万元)	资产总计(万元)	负债合计(万元)	利润总额(万元)	利税总额(万元)	工程质量优良品率(%)	产值利润率(%)	产值利税率(%)	资产负债率(%)
9 377	2 545	18 865	14 755	2	356	22.2	0.0	3.5	78.2
14 513	1 565	8 358	9 071	−239	12	0.0	−3.3	0.2	108.5
6 745	771	2 276	2 620	−436	−393	8.3	−30.3	−27.3	115.1
16 421	2 860	3 236	376	67	67	29.4	3.9	3.9	11.6
16 409	3 313	21 263	16 325	13	349	0.0	0.1	2.7	76.8
8 698	1 517	4 830	3 201	−593	−573	0.0	−111.9	−108.1	66.3
23 246	4 511	23 332	17 191	3	323	0.0	0.0	4.0	73.7
14 625	3 271	2 823	2 823	−198	−197	100.0	−7.7	−7.7	100.0
11 100	1 758	12 221	8 136	26	286	50.0	0.3	3.1	66.6
14 717	5 460	22 217	14 767	185	865	8.6	0.9	4.1	66.5
4 008	116	6 022	1 340	36	262	0.0	0.6	4.1	22.3
12 636	1 736	8 064	5 515	82	194	21.4	1.2	2.9	68.4
12 192	2 721	9 009	6 678	−42	118	60.2	−0.9	2.5	74.1
18 393	1 286	6 291	4 871	202	369	31.3	4.3	7.8	77.4
16 970	866	4 182	2 659	0	223	0.0	0.0	3.5	63.6
7 675	1 174	1 105	1 083	0	124	0.0	0.0	3.5	98.0
11 132	1 948	8 314	5 263	220	398	57.1	4.2	7.5	63.3
11 613	3 244	8 108	3 973	18	286	25.0	0.3	4.0	49.0
10 560	1 708	6 238	4 015	−137	30	77.6	−2.8	0.6	64.4
6 957	550	986	656	0	31	4.3	0.0	3.3	66.5
11 116	1 397	6 195	4 799	86	326	10.3	1.6	5.9	77.5
39 846	1 435	3 892	1 609	−196	87	5.0	−12.2	5.4	41.3
19 361	199	1 420	1 259	2	54	20.6	0.1	3.3	88.7
17 978	5 818	18 483	12 128	223	628	58.3	1.9	5.3	65.6
19 910	931	3 302	1 968	164	340	78.6	3.1	6.4	59.6
7 645	2 488	5 593	3 133	−504	−303	0.0	−9.1	−5.5	56.0
2 440	1 357	8 899	6 905	274	664	0.0	2.5	6.0	77.6
13 723	2 542	6 511	5 653	501	1 060	14.3	3.2	6.8	86.8
9 962	1 140	4 365	4 715	−524	−344	0.0	−9.5	−6.2	108.0
56 610	3 299	6 007	3 149	−25	149	0.0	−0.5	3.0	52.4
11 510	2 129	5 392	3 520	−230	−172	13.3	−5.7	−4.3	65.3
19 805	2 417	4 650	3 588	67	255	0.0	1.3	4.9	77.2
26 968	2 125	6 003	3 332	7	106	33.3	0.2	3.3	55.5
9 587	2 057	3 292	1 193	−201	−199	0.0	−24.5	−24.2	36.2
38 247	1 866	5 956	3 191	64	488	0.0	7.1	54.2	53.6
7 261	1 109	2 264	989	−346	−276	57.1	−19.1	−15.3	43.7
22 046	1 531	3 925	1 816	48	225	41.7	0.9	4.4	46.3
7 567	502	3 900	3 088	0	45	0.0	0.0	1.8	79.2
5 891	907	3 233	4 778	−809	−758	8.3	−56.2	−52.6	147.8

7-21 有关部门大中型建筑业企业

企业名称	平均人数（人）	建筑业总产值（万元）	竣工面积（平方米）	建筑业增加值（万元）	按总产值计算的劳动生产率（元/人）
攀枝花矿务局矿建安装工程处	795	1 107	1 045	449	13 925
铜川矿务局第二建筑安装公司	1 281	1 171	3 549	1 219	9 141
铜川煤矿建筑安装工程公司	1 097	2 453	10 960	876	22 361
澄合矿务局建井工程处	509	597	0	387	11 729
蒲白矿务局建井工程处	1 294	2 918	8 820	2 049	22 550
蒲白矿务局建筑安装工程处	962	2 779	18 154	1 408	28 888
甘肃煤炭第一工程公司	3 177	9 374	21 669	4 561	29 506
甘肃煤炭第二工程公司	2 890	7 321	11 955	3 192	25 332
石炭井矿务局工程处	928	1 679	16 117	1 058	18 093
宁夏石咀山矿务局建安公司	1 381	2 024	28 695	1 601	14 656
宁夏灵武矿务局建井工程处	1 074	1 790	0	1 242	16 667
哈密矿务局煤矿建设工程处	711	1 384	14 067	380	19 466
澄合矿务局建筑安装工程处	963	2 228	3 830	991	23 136
石油天然气总公司					
江汉石油管理局油田建设工程处	2 773	11 596	8 501	5 129	41 818
江汉石油管理局金属容器制造厂	592	1 444	320	830	24 392
江汉石油管理局油田开发处工程大队	472	1 529	482	344	32 394
江汉油田开发建筑安装公司	670	2 510	10 800	660	37 463
江汉油田水电工程实业公司	413	2 010	0	360	48 668
江汉油田开发企业总公司电讯公司	198	1 078	0	277	54 444
江汉油田建昌实业总公司建筑安装公司	413	2 103	1 422	503	50 920
江汉油田电兴实业公司	546	3 040	0	498	55 678
江汉油田城市建设总公司	1 020	3 413	28 748	620	33 461
河南油田兰天建安装饰维修公司	300	850	13 000	427	28 333
河南石油勘探局油田建设工程公司	1 890	13 612	0	4 480	72 021
双流天然气公司	251	1 306	0	222	52 032
重庆市凯发建筑工程公司	837	2 337	20 427	792	27 921
川东开发油气田建设工程公司	745	5 032	530	1 034	67 544
川东钻探建筑安装工程公司	511	4 910	49 760	1 915	96 086
川西南天然气建设工程公司	328	4 016	0	1 589	122 439
川西南基建工程公司	647	5 241	18 049	1 334	81 005
川南油气田建设工程公司	725	5 125	0	958	70 690

主要经济技术指标完成情况(七)

按增加值计算的劳动生产率(元/人)	资本金合计(万元)	资产总计(万元)	负债合计(万元)	利润总额(万元)	利税总额(万元)	工程质量优良品率(%)	产值利润率(%)	产值利税率(%)	资产负债率(%)
5 648	942	4 956	6 322	−659	−654	9.8	−59.5	−59.1	127.6
9 516	117	4 292	3 519	−403	−359	0.0	−34.4	−30.7	82.0
7 985	975	2 921	2 075	76	161	0.0	3.1	6.6	71.0
7 603	582	1 464	782	0	18	0.0	0.0	3.0	53.4
15 835	765	2 562	1 643	12	104	43.8	0.4	3.6	64.1
14 636	686	2 599	1 504	5	98	163.0	0.2	3.5	57.9
14 356	2 808	9 715	7 003	47	367	18.9	0.5	3.9	72.1
11 045	1 576	8 229	6 966	40	282	84.0	0.5	3.9	84.7
11 401	952	3 520	2 064	−318	−250	42.9	−18.9	−14.9	58.6
11 593	574	4 019	3 038	−300	−210	10.7	−14.8	−10.4	75.6
11 564	168	1 519	1 012	2	9	0.0	0.1	0.5	66.6
5 345	372	1 613	1 241	9	55	3.4	0.7	4.0	76.9
10 291	671	2 357	1 527	9	85	0.0	0.4	3.8	64.8
18 496	6 500	16 394	16 394	0	72	70.9	0.0	0.6	100.0
14 020	2 213	3 260	3 260	−447	−438	50.0	−31.0	−30.3	100.0
7 288	730	690	77	0	0	40.5	0.0	0.0	11.2
9 851	634	1 205	998	90	229	0.0	3.6	9.1	82.8
8 717	510	1 272	819	−118	−51	2.2	−5.9	−2.5	64.4
13 990	221	345	124	32	69	25.0	3.0	6.4	35.9
12 179	410	2 387	1 628	26	87	41.4	1.2	4.1	68.2
9 121	150	1 498	891	113	204	37.0	3.7	6.7	59.5
6 078	1 080	1 643	808	36	184	5.2	1.1	5.4	49.2
14 233	500	688	272	12	47	0.0	1.4	5.5	39.5
23 704	3 374	14 503	11 129	40	42	85.3	0.3	0.3	76.7
8 845	868	3 226	777	8	9	0.0	0.6	0.7	24.1
9 462	1 490	3 065	2 905	41	41	90.9	1.8	1.8	94.8
13 879	1 200	1 211	14	94	101	40.0	1.9	2.0	1.2
37 476	500	2 031	1 629	−372	−150	64.3	−7.6	−3.1	80.2
48 445	251	1 584	678	309	309	86.7	7.7	7.7	42.8
20 618	1 064	3 453	3 281	−158	−130	80.4	−3.0	−2.5	95.0
13 214	1 500	3 290	896	207	207	90.0	4.0	4.0	27.2

7－21 有关部门大中型建筑业企业

企业名称	平均人数（人）	建筑业总产值（万元）	竣工面积（平方米）	建筑业增加值（万元）	按总产值计算的劳动生产率（元/人）
川南建筑安装工程公司	1 588	6 367	28 374	1 701	40 094
川西北管道安装工程公司	373	1 560	0	776	41 823
川西北基建工程公司	952	2 034	18 253	1 039	21 366
输气工程公司	815	5 004	0	602	61 399
川中油气田基建工程公司	1 345	10 878	27 780	2 440	80 877
油气田建设工程总公司	7 350	37 314	25 257	16 412	50 767
南充炼油建安公司	476	5 120	1 590	995	107 563
中原油田防腐总公司	447	726	0	712	16 242
中原石油勘探局建筑集团公司	6 016	45 291	25 873	17 236	75 284
中国石油天然气第六建设公司	2 636	22 253	0	9 446	84 420
中国石油天然气第七建设公司	1 943	17 052	0	7 165	87 761
石油物探局建筑公司	1 638	6 667	50 195	3 134	40 702
华北油田第二采油厂安装工程公司	308	1 427	0	403	46 331
华北油田第五采油厂安装工程公司	184	11 990	0	456	651 630
华北油田第四采油厂安装工程公司	247	1 159	0	195	46 923
华北油田工程公司	469	3 447	0	812	73 497
华北油田景业建筑安装工程公司	420	2 095	8 900	707	49 881
华北油田第三采油厂安装工程公司	397	2 125	0	584	53 526
华北油田通讯工程公司	303	2 105	0	2 277	69 472
华北油田第一油田建设公司	3 632	21 386	5 951	4 605	58 882
华北油田第二油田建设公司	4 884	31 481	7 932	6 565	64 457
华北油田筑路工程公司	372	3 210	0	1 280	86 290
长庆石油堪探局油田建设工程处	3 794	21 319	10 291	7 377	56 191
中国石油天然气第一建设公司	5 824	47 581	0	18 839	81 698
大港油田集团建设工程公司	2 468	21 907	7 709	5 006	88 764
大港集团油气开发公司第一安装分公司	213	858	3 467	200	40 282
天津大港油田通力建安实业公司	259	1 900	0	380	73 359
大港油田集团油气开发公司第三安装公司	146	1 969	0	1 342	134 863
大港油田集团公路工程公司	1 933	9 335	31 379	2 942	48 293
大港油田集团建筑安装工程处	262	997	0	192	38 053
中国石油天然气第八建设公司	1 638	9 518	0	2 767	58 107
新疆石油管理局油田建设工程公司	3 286	38 211	8 756	16 077	116 284
新疆石油局路桥建设工程公司	884	11 326	0	3 153	128 122
新疆独山子石油化工总厂炼建处	942	9 320	0	3 498	98 938
胜利石油管理局浅海工程有限责任公司	156	1 867	1 000	377	119 679
胜利石油管理局天宇工程集团有限现任公司	161	1 080	0	630	67 081
胜利石油管理局供应处安装工程公司	263	1 261	3 000	617	47 947
胜利石油管理局现河采油厂维修大队	226	2 018	0	905	89 292

主要经济技术指标完成情况(八)

按增加值计算的劳动生产率(元/人)	资本金合计(万元)	资产总计(万元)	负债合计(万元)	利润总额(万元)	利税总额(万元)	工程质量优良品率(%)	产值利润率(%)	产值利税率(%)	资产负债率(%)
10 712	1 054	2 099	706	45	45	69.4	0.7	0.7	33.6
20 804	1 231	1 117	87	1	55	0.0	0.1	3.5	7.8
10 914	680	1 175	1 173	0	25	23.1	0.0	1.2	99.8
7 387	1 100	1 854	708	62	119	33.3	1.2	2.4	38.2
18 141	1 570	4 167	1 951	213	273	82.9	2.0	2.5	46.8
22 329	7 065	27 543	28 009	−3 847	−3 375	87.2	−10.3	−9.0	101.7
20 903	1 483	1 562	78	13	155	89.7	0.3	3.0	5.0
15 928	2 199	4 966	2 767	439	439	25.0	60.5	60.5	55.7
28 650	7 858	35 481	24 621	27	272	85.2	0.1	0.6	69.4
35 835	3 429	28 355	22 381	139	799	86.5	0.6	3.6	78.9
36 876	5 084	38 036	32 098	163	799	87.5	1.0	4.7	84.4
19 133	2 500	6 897	4 069	1	98	26.7	0.0	1.5	59.0
13 084	1 000	1 109	1 074	75	139	85.6	5.3	9.7	96.8
24 783	530	720	3	60	115	54.5	0.5	1.0	0.4
7 895	590	636	43	17	54	78.1	1.5	4.7	6.8
17 313	425	1 900	800	−23	40	95.0	−0.7	1.2	42.1
16 833	523	1 219	618	33	100	92.9	1.6	4.8	50.7
14 710	530	1 087	543	25	25	38.7	1.2	1.2	50.0
75 149	5 861	11 083	2 176	358	427	89.7	17.0	20.3	19.6
12 679	15 016	19 874	4 859	44	144	87.1	0.2	0.7	24.4
13 442	16 735	23 504	8 450	52	91	100.0	0.2	0.3	36.0
34 409	2 063	6 136	1 255	13	13	82.4	0.4	0.4	20.5
19 444	5 606	50 363	50 024	1 079	1 915	88.2	5.1	9.0	99.3
32 347	7 755	52 710	43 242	230	1 358	90.5	0.5	2.9	82.0
20 284	5 666	18 605	12 939	−1 603	−1 589	84.6	−7.3	−7.3	69.5
9 390	1 000	869	389	0	0	0.0	0.0	0.0	44.8
14 672	900	1 139	90	90	225	0.0	4.7	11.8	7.9
91 918	434	534	256	7	652	69.6	0.4	33.1	47.9
15 220	2 542	11 474	8 931	−880	−880	40.5	−9.4	−9.4	77.8
7 328	550	550	−120	100	103	28.6	10.0	10.3	−21.8
16 893	1 758	22 497	22 362	−898	−791	0.0	−9.4	−8.3	99.4
48 926	9 413	43 566	34 153	917	2 161	91.8	2.4	5.7	78.4
35 667	7 815	13 513	5 320	0	64	75.0	0.0	0.6	39.4
37 134	6 000	7 298	1 632	121	367	84.6	1.3	3.9	22.4
24 167	1 252	3 828	2 955	57	118	35.2	3.1	6.3	77.2
39 130	212	5 093	2 129	118	235	100.0	10.9	21.8	41.8
23 460	330	1 229	847	14	57	35.7	1.1	4.5	68.9
40 044	500	1 057	18	371	430	82.0	18.4	21.3	1.7

7-21 有关部门大中型建筑业企业

企业名称	平均人数（人）	建筑业总产值（万元）	竣工面积（平方米）	建筑业增加值（万元）	按总产值计算的劳动生产率（元/人）
胜利石油管理局胜利海洋工程公司	125	1 926	0	857	154 080
胜利石油管理局钻井设备安装公司	396	1 780	0	813	44 949
胜利石油管理局供电公司综合安装公司	397	2 307	0	770	58 111
胜利石油管理局滨南立业建筑安装工程公司	523	2 405	0	836	45 985
胜利石油管理局纯梁建筑安装工程部	364	2 027	5 600	523	55 687
胜利石油管理局滨南采油厂建安工程公司	434	2 564	0	838	59 078
胜利石油管理局临盘采油厂劳动服务公司	366	3 130	0	1 484	85 519
胜利石油管理局孤岛采油厂综合工程大队	316	1 246	0	224	39 430
胜利石油管理局通讯工程公司	117	2 791	0	408	238 547
胜利石油管理局油建一公司	4 227	31 761	13 352	14 664	75 138
胜利石油管理局孤东建筑安装工程处	254	2 127	0	1 129	83 740
胜利石油管理局桩西采油厂建筑安装工程大队	586	1 834	6 060	386	31 297
胜利石油管理局电力管理总公司电力建设公司	234	1 846	0	678	78 889
胜利石油管理局油建一公司建兴安装工程公司	560	5 090	0	1 558	90 893
胜利石油管理局油建三公司	5 756	38 994	44 623	16 873	67 745
胜利油田胜凯实业开发总公司工程安装	798	2 631	0	1 283	32 970
胜利石油管理局东辛采油厂维修大队	362	2 006	0	538	55 414
胜利石油管理局集输轻烃检修中心	326	1 216	0	402	37 301
胜利石油管理局河口通海安装工程公司	304	2 336	0	1 037	76 842
胜利石油管理局长胜集团总公司	495	2 108	0	429	42 586
胜利石油管理局油建二公司	3 960	19 118	0	5 945	48 278
胜利石油管理局临盘采油厂油建大队	460	1 950	0	788	42 391
冀东石油勘探开发公司油田地面建设工程公司	441	1 803	1 079	285	40 884
江苏石油勘探局油田建设处	1 017	11 816	6 878	3 440	116 185
大庆石油管理局油田建设公司	5 933	83 603	55 724	23 873	140 912
大庆石油管理局机关安装公司	216	1 444	0	726	66 852
大庆石油管理局油田安装工程公司	3 441	36 771	27 467	10 596	106 861
大庆石油管理局公路工程公司	3 999	31 268	0	8 661	78 190
大庆石油管理局建设材料公司	1 871	18 465	0	2 790	98 691
大庆石油管理局第一采油厂第二工程公司	325	7 002	1 484	1 250	215 446
大庆石油管理局第二采油厂安装工程公司	446	6 580	894	969	147 534
大庆石油管理局第二采油厂基建工程二公司	546	7 586	2 500	1 559	138 938
大庆石油管理局第三采油厂工程一公司	270	5 015	1 141	708	185 741
大庆石油管理局第一采油厂第一工程公司	468	7 888	4 351	1 130	168 547
大庆石油管理局通信工程公司	195	3 750	0	621	192 308

主要经济技术指标完成情况(九)

按增加值计算的劳动生产率(元/人)	资本金合计(万元)	资产总计(万元)	负债合计(万元)	利润总额(万元)	利税总额(万元)	工程质量优良品率(%)	产值利润率(%)	产值利税率(%)	资产负债率(%)
68 560	1 164	2 510	621	93	171	32.1	4.8	8.9	24.7
20 530	320	782	347	188	268	79.4	10.6	15.1	44.4
19 395	1 103	1 615	738	114	206	27.6	4.9	8.9	45.7
15 985	1 571	2 334	1 221	132	255	30.2	5.5	10.6	52.3
14 368	268	1 080	884	303	303	8.0	14.9	14.9	81.9
19 309	1 215	1 076	230	124	208	80.6	4.8	8.1	21.4
40 546	1 747	874	284	670	751	84.6	21.4	24.0	32.5
7 089	300	419	45	2	2	31.3	0.2	0.2	10.7
34 872	410	1 167	780	101	190	22.7	3.6	6.8	66.8
34 691	10 860	34 657	10 671	938	1 850	91.3	3.0	5.8	30.8
44 449	1 000	690	7	89	89	16.7	4.2	4.2	1.0
6 587	619	468	394	131	186	9.3	7.1	10.1	84.2
28 974	860	1 253	991	192	297	31.3	10.4	16.1	79.1
27 821	1 363	4 525	2 519	123	230	88.9	2.4	4.5	55.7
29 314	18 690	44 899	26 209	2 134	3 828	90.0	5.5	9.8	58.4
16 078	530	3 139	2 148	194	281	80.6	7.4	10.7	68.4
14 862	1 051	1 051	1 051	17	17	79.3	0.8	0.8	100.0
12 331	500	985	331	51	90	40.0	4.2	7.4	33.6
34 112	502	3 027	338	4	79	1.8	0.2	3.4	11.2
8 667	149	3 500	1 779	33	55	57.1	1.6	2.6	50.8
15 013	19 615	37 001	17 386	−4 881	−4 217	88.6	−25.5	−22.1	47.0
17 130	1 275	1 344	69	234	270	32.2	12.0	13.8	5.1
6 463	1 142	2 011	353	31	48	16.3	1.7	2.7	17.6
33 825	3 675	7 273	4 886	626	945	74.3	5.3	8.0	67.2
40 238	13 300	104 308	74 945	1 669	1 704	97.1	2.0	2.0	71.8
33 611	290	2 726	2 414	13	13	9.1	0.9	0.9	88.6
30 793	5 986	31 411	23 476	1 162	1 162	96.8	3.2	3.2	74.7
21 658	14 749	41 878	25 277	172	215	95.1	0.6	0.7	60.4
14 912	4 618	14 465	10 107	983	993	83.3	5.3	5.4	69.9
38 462	960	6 598	6 418	254	254	100.0	3.6	3.6	97.3
21 726	1 190	1 491	387	330	330	88.9	5.0	5.0	26.0
28 553	1 375	3 063	184	525	525	72.2	6.9	6.9	6.0
26 222	1 498	1 416	654	151	151	71.4	3.0	3.0	46.2
24 145	2 437	4 767	2 004	260	260	100.0	3.3	3.3	42.0
31 846	1 760	3 659	3 351	165	165	90.0	4.4	4.4	91.6

7-21 有关部门大中型建筑业企业

企业名称	平均人数(人)	建筑业总产值(万元)	竣工面积(平方米)	建筑业增加值(万元)	按总产值计算的劳动生产率(元/人)
大庆石油管理局供电公司电力工程公司	485	4 823	0	1 127	99 443
大庆石油管理局供水工程公司	467	7 264	0	1 462	155 546
大庆石油管理局天然气公司工程安装公司	329	5 100	0	904	155 015
大庆石油管理局第七采油厂工程安装公司	415	9 775	2 992	1 243	235 542
大庆石油管理局第六采油厂工程安装一公司	419	6 301	4 807	1 270	150 382
大庆石油管理局第四采油厂工程安装公司	1 070	15 246	2 145	2 539	142 486
大庆石油管理局第五采油厂工程安装公司	346	4 021	2 602	1 139	116 214
大庆石油管理局第五采油厂工程开发公司	210	3 646	1 582	1 874	173 619
大庆石油管理局第三采油厂工程二公司	283	4 427	0	1 608	156 431
大庆石油管理局第六采油厂工程安装二公司	410	6 550	1 430	2 124	159 756
大庆石油管理局天然气公司工程公司	346	4 506	0	666	130 231
大庆石油管理局第九采油厂工程安装公司	146	2 556	0	572	175 068
大庆石油管理局第八采油厂工程大队	160	2 501	351	382	156 313
大庆石油管理局大庆市南垣筑路工程公司	350	2 183	0	544	62 371
青海石油管理局油建工程公司	2 100	20 679	2 300	2 384	98 471
北京北方基础工程公司	194	1 353	0	766	69 742
电力企业联合会					
北京电力建设公司	4 306	22 183	10 018	12 284	51 516
北京送变电公司	4 157	22 535	0	13 945	54 210
北京火电建设公司	5 464	32 744	2 359	14 477	59 927
天津电力建设公司	5 851	34 017	4 000	17 540	58 139
天津送变电工程公司	3 403	12 355	10 128	5 582	36 306
河北省送变电工程公司	3 000	19 600	0	6 958	65 333
山西供电承装公司	844	4 200	0	2 490	49 763
山西省送变电工程公司	1 726	13 068	2 585	5 769	75 713
山西电力建设第四工程公司	2 528	17 511	0	6 261	69 268
山西电力建设第三工程公司	5 141	36 004	12 235	12 482	70 033
山西电力建设第一工程公司	3 351	9 541	35 948	6 794	28 472
山西电力建设第二工程公司	3 961	18 990	0	9 294	47 942
东电送变电工程公司	2 571	18 588	0	8 227	72 299
东电烟塔公司	1 604	11 720	0	4 483	73 067
东电第三工程公司	6 003	46 218	27 821	19 013	76 992
东电第四工程公司	3 073	16 706	0	7 995	54 364
东电第一工程公司	7 269	53 919	40 763	24 925	74 177
吉林省送变电工程公司	2 177	15 018	0	5 515	68 985
吉林省电力管道工程公司	2 023	9 978	0	4 049	49 323

主要经济技术指标完成情况(十)

按增加值计算的劳动生产率(元/人)	资本金合计(万元)	资产总计(万元)	负债合计(万元)	利润总额(万元)	利税总额(万元)	工程质量优良品率(%)	产值利润率(%)	产值利税率(%)	资产负债率(%)
23 237	1 033	7 670	6 502	199	199	92.3	4.1	4.1	84.8
31 306	1 580	2 432	909	447	447	83.3	6.2	6.2	37.4
27 477	1 002	6 082	5 118	160	160	91.7	3.1	3.1	84.1
29 952	1 523	1 368	1 118	300	300	90.0	3.1	3.1	81.7
30 310	927	8 907	7 937	214	221	85.7	3.4	3.5	89.1
23 729	4 699	11 171	9 515	167	231	36.4	1.1	1.5	85.2
32 919	646	1 370	670	55	55	100.0	1.4	1.4	48.9
89 238	1 353	5 882	3 651	68	102	100.0	1.9	2.8	62.1
56 820	1 033	8 863	8 672	457	457	40.0	10.3	10.3	97.8
51 805	562	6 268	5 767	210	210	90.0	3.2	3.2	92.0
19 249	1 457	14 980	13 557	91	91	16.7	2.0	2.0	90.5
39 178	600	1 080	100	87	87	0.0	3.4	3.4	9.3
23 875	120	1 864	1 141	178	181	40.0	7.1	7.2	61.2
15 543	1 080	2 618	1 005	67	67	20.0	3.1	3.1	38.4
11 352	2 447	6 026	6 026	201	214	94.7	1.0	1.0	100.0
39 485	150	1 927	1 504	49	110	0.0	3.6	8.1	78.0
28 528	7 537	44 224	34 651	211	985	100.0	1.0	4.4	78.4
33 546	6 677	39 992	31 402	205	1 003	100.0	0.9	4.5	78.5
26 495	5 729	47 038	35 508	353	1 480	100.0	1.1	4.5	75.5
29 978	9 769	38 753	24 795	366	1 550	100.0	1.1	4.6	64.0
16 403	3 146	15 607	10 849	4	444	92.9	0.0	3.6	69.5
23 193	3 582	32 978	24 496	309	1 023	100.0	1.6	5.2	74.3
29 502	1 186	9 996	6 068	29	141	100.0	0.7	3.4	60.7
33 424	3 238	22 044	15 367	64	529	100.0	0.5	4.0	69.7
24 767	2 177	27 246	21 504	43	675	100.0	0.2	3.9	78.9
24 279	10 774	42 754	29 663	23	1 320	76.9	0.1	3.7	69.4
20 275	6 184	46 631	36 849	32	513	100.0	0.3	5.4	79.0
23 464	7 645	27 263	17 061	−428	269	100.0	−2.3	1.4	62.6
31 999	4 636	35 402	22 034	356	975	100.0	1.9	5.2	62.2
27 949	2 779	24 473	21 864	189	529	100.0	1.6	4.5	89.3
31 672	7 137	33 580	23 911	360	1 711	100.0	0.8	3.7	71.2
26 017	4 783	41 547	32 956	187	775	100.0	1.1	4.6	79.3
34 289	13 770	72 765	61 316	819	2 468	100.0	1.5	4.6	84.3
25 333	4 991	26 318	16 304	38	553	100.0	0.3	3.7	61.9
20 015	3 419	13 524	7 437	5	197	100.0	0.1	2.0	55.0

7-21 有关部门大中型建筑业企业

企业名称	平均人数（人）	建筑业总产值（万元）	竣工面积（平方米）	建筑业增加值（万元）	按总产值计算的劳动生产率（元/人）
吉林省火电第一工程公司	2 042	14 700	0	5 541	71 988
吉林省火电第二工程公司	2 467	13 004	0	2 075	52 712
吉林省火电第三工程公司	2 317	13 951	0	6 030	60 211
黑龙江省送变电工程公司	1 893	13 917	0	4 653	73 518
黑龙江省火电第一工程公司	2 985	24 580	0	9 422	82 345
黑龙江省火电第三工程公司	6 346	35 987	3 957	14 810	56 708
黑龙江省火电第四工程公司	4 083	27 987	0	11 550	68 545
上海送变电工程公司	1 003	9 436	0	3 930	94 078
华东送变电工程公司	1 566	8 352	0	3 126	53 333
上海电力安装第二工程公司	2 288	21 183	0	7 466	92 583
上海电力建设机械化公司	400	2 166	0	2 764	54 150
上海电力安装第一工程公司	2 286	20 058	0	6 407	87 743
上海电力建筑工程公司	3 807	32 667	14 110	11 375	85 808
江苏省送变电工程公司	2 171	18 089	0	8 238	83 321
江苏省电力建设第一公司	3 222	42 898	41 760	15 215	133 141
江苏省电力建设第二公司	1 116	4 162	0	2 478	37 294
江苏省电力建设第三公司	3 273	34 919	0	15 087	106 688
浙江省送变电工程公司	3 496	23 056	0	10 608	65 950
浙江省火电建设公司	3 500	42 096	0	15 757	120 274
安徽送变电工程公司	2 650	17 058	9 970	6 817	64 370
安徽电力建设第一工程公司	5 377	36 045	52 179	11 843	67 036
安徽电力建设第二工程公司	5 151	29 192	8 000	10 551	56 672
福建省电力建设一公司	2 068	18 517	5 166	9 793	89 541
福建省电力建设二公司	3 010	24 850	27 304	12 666	82 558
江西省火电建设公司	4 250	22 631	0	10 499	53 249
江西水电工程局	4 267	20 694	57 830	9 764	48 498
江西省送变电建设公司	2 683	13 340	0	5 764	49 720
山东送变电工程公司	2 802	14 140	10 878	8 138	50 464
山东省电力建设第一工程公司	13 026	115 000	40 674	51 676	88 285
山东省电力管道工程公司	540	2 718	0	1 074	50 333
山东省电力建设第三工程公司	4 958	22 676	31 649	11 152	45 736
山东省电力建设第二工程公司	8 685	61 510	15 000	26 541	70 823
河南电力安装公司	1 153	6 427	0	4 481	55 742
河南第二火电建设公司	3 124	26 168	0	11 738	83 764
河南送变电建设公司	2 117	17 198	0	7 669	81 238
河南第一火电建设公司	3 505	31 104	2 970	13 207	88 742
湖北省电建第一工程公司	3 135	23 878	0	8 342	76 166
湖北省输变电工程公司	2 103	13 050	71 521	6 253	62 054
湖北省电建第二工程公司	2 958	26 573	0	11 543	89 834

主要经济技术指标完成情况(十一)

按增加值计算的劳动生产率(元/人)	资本金合计(万元)	资产总计(万元)	负债合计(万元)	利润总额(万元)	利税总额(万元)	工程质量优良品率(%)	产值利润率(%)	产值利税率(%)	资产负债率(%)
27 135	3 423	23 363	16 207	13	507	100.0	0.1	3.4	69.4
8 411	4 656	22 830	14 117	−2 526	−2 074	0.0	−19.4	−15.9	61.8
26 025	3 574	27 578	14 874	3	459	98.3	0.0	3.3	53.9
24 580	3 103	21 149	16 200	103	582	100.0	0.7	4.2	76.6
31 564	6 097	30 508	20 072	107	922	0.0	0.4	3.8	65.8
23 338	7 224	41 655	31 305	60	1 310	92.4	0.2	3.6	75.2
28 288	4 640	31 778	25 478	−1 819	−891	90.0	−6.5	−3.2	80.2
39 182	1 255	9 361	7 577	5	281	99.0	0.1	3.0	80.9
19 962	3 439	11 531	4 935	105	420	100.0	1.3	5.0	42.8
32 631	1 857	14 241	10 983	129	867	100.0	0.6	4.1	77.1
69 100	1 645	5 775	1 873	53	154	100.0	2.4	7.1	32.4
28 027	992	12 121	10 266	103	770	100.0	0.5	3.8	84.7
29 879	2 800	48 900	43 271	193	998	100.0	0.6	3.1	88.5
37 946	4 003	28 460	19 294	351	824	100.0	1.9	4.6	67.8
47 222	4 927	58 591	52 120	430	2 225	96.0	1.0	5.2	89.0
22 204	2 256	14 049	11 501	−504	−219	89.5	−12.1	−5.3	81.9
46 095	6 045	30 759	20 692	2 201	3 391	0.0	6.3	9.7	67.3
30 343	3 992	30 385	19 524	808	1 582	100.0	3.5	6.9	64.3
45 020	5 480	47 024	34 002	1 309	3 233	100.0	3.1	7.7	72.3
25 725	2 670	15 840	19 390	226	738	100.0	1.3	4.3	122.4
22 025	5 170	44 155	34 899	105	1 429	100.0	0.3	4.0	79.0
20 483	7 664	31 251	18 181	83	1 165	98.2	0.3	4.0	58.2
47 355	3 521	17 057	10 880	280	911	100.0	1.5	4.9	63.8
42 080	3 142	27 582	16 910	370	1 135	100.0	1.5	4.6	61.3
24 704	4 497	33 809	25 663	270	1 082	94.4	1.2	4.3	75.9
22 883	4 023	21 310	15 428	50	687	92.5	0.2	3.3	72.4
21 483	2 552	13 771	9 149	128	586	100.0	1.0	4.4	66.4
29 044	6 455	37 373	26 389	66	542	100.0	0.5	3.3	70.6
39 671	8 635	88 445	70 167	4 433	8 194	100.0	3.9	7.1	79.3
19 889	991	5 407	5 643	14	30	100.0	0.5	1.1	104.4
22 493	7 241	44 887	34 582	23	791	100.0	0.1	3.5	77.0
30 560	9 560	77 004	58 538	300	2 345	100.0	0.5	3.8	76.0
38 864	2 066	11 611	6 125	40	281	100.0	0.6	4.4	52.8
37 574	3 407	35 951	24 573	621	1 600	98.3	2.4	6.1	68.4
36 226	2 696	34 861	26 963	331	842	100.0	1.9	4.9	77.3
37 680	5 019	46 498	35 263	595	1 634	95.1	1.9	5.3	75.8
26 609	2 649	20 695	10 979	372	1 186	100.0	1.6	5.0	53.1
29 734	2 578	21 269	15 809	209	668	95.8	1.6	5.1	74.3
39 023	3 890	44 150	33 408	571	1 507	100.0	2.1	5.7	75.7

7-21 有关部门大中型建筑业企业

企业名称	平均人数（人）	建筑业总产值（万元）	竣工面积（平方米）	建筑业增加值（万元）	按总产值计算的劳动生产率（元/人）
湖南送变电建设公司	4406	24850	1852	12655	56400
湖南水电安装工程公司	1936	13507	6036	5886	69768
湖南火电建设公司	3833	32478	0	14334	84733
广西水电工程局	6023	24011	24522	12223	39866
广西送变电建设公司	2334	16822	0	8844	72074
广西火电建筑公司	1526	4913	2849	2724	32195
广西火电安装公司	1264	6088	0	3609	48165
河北省电力建设一公司	2891	19085	1200	10305	66015
四川电力送变电公司	5890	24011	7580	10640	40766
四川电力建设二公司	2658	17033	5390	5047	64082
四川电力建设一公司	3268	24599	39191	7933	75272
四川电力建设三公司	3784	23904	33122	8895	63171
贵州电力建设第一工程公司	4400	23676	14436	7609	53809
贵州电力建设第二工程公司	4542	23098	15592	9717	50854
贵州送变电工程公司	2461	15050	11433	6161	61154
云南省火电建设公司	2555	23905	2294	7939	93562
云南送变电工程公司	2646	18079	8384	5937	68326
西北电建一工程公司	2818	19070	0	6757	67672
陕西送变电工程公司	1932	11800	0	5464	61077
西北电建四工程公司	4008	21757	13378	9394	54284
西北电建三工程公司	1941	12627	0	6002	65054
甘肃送变电工程公司	4563	25642	13025	12444	56195
甘肃火电工程公司	3195	21682	0	9646	67862
青海送变电工程公司	3140	13518	1915	5451	43051
青海火电工程公司	1604	10516	0	3523	65561
宁夏送变电工程公司	1494	5586	0	3234	37390
宁夏电力建筑安装公司	1820	10068	2407	4957	55319
新疆送变电工程公司	1152	6600	2075	2731	57292
新疆电力安装公司	1818	16310	5019	6571	89714
河北省电力建设二公司	5234	33240	24871	11978	63508
东电第二工程公司	3473	26124	0	10336	75220
北京供电局工程处	3165	19062	0	6074	60227
中国水电工程总公司					
中国水利水电第二工程局	1608	16425	150219	5738	102146
中国水利水电基础工程局	2244	12019	0	5590	53561
中国水利水电第六工程局	5016	29329	14549	12037	58471
中国水利水电第一工程局	10962	46157	82657	18231	42106

主要经济技术指标完成情况(十二)

按增加值计算的劳动生产率(元/人)	资本金合计(万元)	资产总计(万元)	负债合计(万元)	利润总额(万元)	利税总额(万元)	工程质量优良品率(%)	产值利润率(%)	产值利税率(%)	资产负债率(%)
28 722	3 955	36 494	26 076	366	1 154	100.0	1.5	4.6	71.5
30 403	1 175	31 553	28 156	260	731	91.2	1.9	5.4	89.2
37 396	3 952	35 810	27 544	357	1 432	95.1	1.1	4.4	76.9
20 294	10 723	46 739	32 780	13	899	84.6	0.1	3.7	70.1
37 892	8 322	35 109	26 442	330	1 083	88.9	2.0	6.4	75.3
17 851	3 519	9 000	5 232	39	207	85.7	0.8	4.2	58.1
28 552	3 288	18 427	11 705	107	321	100.0	1.8	5.3	63.5
35 645	4 657	27 142	19 552	131	797	96.6	0.7	4.2	72.0
18 065	3 435	37 496	31 762	97	878	100.0	0.4	3.7	84.7
18 988	1 706	19 239	15 503	161	690	98.2	0.9	4.1	80.6
24 275	4 165	21 913	15 502	102	724	95.4	0.4	2.9	70.7
23 507	4 358	18 542	11 746	65	690	94.7	0.3	2.9	63.3
17 293	4 030	21 434	14 713	101	596	100.0	0.4	2.5	68.6
21 394	6 850	27 393	18 904	237	1 075	100.0	1.0	4.7	69.0
25 035	2 200	17 336	12 635	517	1 043	100.0	3.4	6.9	72.9
31 072	4 770	21 507	13 934	62	834	100.0	0.3	3.5	64.8
22 438	3 629	21 051	15 127	560	1 151	100.0	3.1	6.4	71.9
23 978	5 009	19 506	10 637	601	1 352	97.9	3.2	7.1	54.5
28 282	2 570	14 276	8 716	66	449	100.0	0.6	3.8	61.1
23 438	5 368	45 336	31 247	375	983	92.3	1.7	4.5	68.9
30 922	3 830	15 801	8 594	327	674	100.0	2.6	5.3	54.4
27 272	4 250	31 477	20 227	462	1 410	100.0	1.8	5.5	64.3
30 191	3 887	27 719	18 174	269	1 059	97.5	1.2	4.9	65.6
17 360	2 635	12 553	7 998	7	407	100.0	0.1	3.0	63.7
21 964	3 641	14 485	8 316	81	429	96.0	0.8	4.1	57.4
21 647	2 522	6 434	2 195	23	225	100.0	0.4	4.0	34.1
27 236	2 679	8 082	3 532	60	772	81.8	0.6	7.7	43.7
23 707	1 462	10 834	6 854	143	376	91.8	2.2	5.7	63.3
36 144	3 718	18 422	12 797	104	610	95.0	0.6	3.7	69.5
22 885	5 540	31 046	19 144	423	1 643	95.1	1.3	4.9	61.7
29 761	4 970	30 361	23 490	326	1 100	97.4	1.2	4.2	77.4
19 191	3 721	35 566	28 936	254	894	97.2	1.3	4.7	81.4
35 684	3 200	17 040	12 304	85	634	23.9	0.5	3.9	72.2
24 911	3 692	17 555	12 163	139	334	93.1	1.2	2.8	69.3
23 997	11 093	37 461	22 929	51	668	83.3	0.2	2.3	61.2
16 631	9 962	60 145	49 929	180	1 573	0.0	0.4	3.4	83.0

7－21 有关部门大中型建筑业企业

企业名称	平均人数（人）	建筑业总产值（万元）	竣工面积（平方米）	建筑业增加值（万元）	按总产值计算的劳动生产率（元/人）
中国水利水电第十二工程局	7 021	32 097	9 913	14 823	45 716
中国水利水电闽江工程局	4 516	18 020	0	10 260	39 903
中国武警水电第二总队	5 569	28 698	102 855	10 344	51 532
中国水利水电第十三工程局	3 290	20 218	8 561	7 721	61 453
中国水利水电第十一工程局	4 120	35 236	22 105	11 131	85 524
中国葛洲坝水利水电工程集团公司	35 800	177 641	28 000	128 181	49 620
中国水利水电第八工程局	13 437	128 966	59 011	35 218	95 978
中国武警水电第一总队	6 829	51 428	0	17 660	75 308
中国水利水电第七工程局	13 687	46 049	40 736	25 571	33 644
中国水利水电第十工程局	3 159	16 682	6 022	8 622	52 808
中国水利水电第五工程局	8 929	38 730	3 095	14 597	43 376
中国水利水电第九工程局	7 061	31 031	0	18 146	43 947
中国水利水电第十四工程局	11 508	65 856	6 923	26 140	57 226
中国武警水电第三总队	3 323	24 893	5 762	17 630	74 911
中国水利水电第三工程局	12 207	61 182	8 561	28 500	50 120
中国核工业总公司					
中国核工业第二三建设公司	10 056	44 898	0	19 360	44 648
中国核工业第五安装公司	2 279	10 846	0	4 901	47 591
中国核工业华兴建设公司	9 812	53 151	322 073	21 670	54 169
中国核工业第二二建设公司	7 165	37 291	178 564	17 608	52 046
中国核工业第二十五建设公司	2 772	6 489	24 653	2 998	23 409
深圳划泰企业公司	3 844	18 031	457 553	6 947	46 907
中国核工业第二一建设公司	2 970	3 774	26 093	2 156	12 707
中国核工业第二四建设公司	7 823	43 261	252 433	14 037	55 300
水利部					
山东黄河工程局	2 132	13 002	0	4 782	60 985
河南黄河工程局	2 743	12 887	13 221	4 189	46 981
水利部长江水利委员会陆水枢纽工程局	518	2 954	5 989	1 104	57 027
中国石化总公司					
中国石化第四建设公司	9 970	89 507	55 725	35 552	89 776
中国石化第二建设公司	5 162	40 021	7 080	16 558	77 530
中国石化第三建设公司	3 328	31 500	0	14 687	94 651

主要经济技术指标完成情况(十三)

按增加值计算的劳动生产率(元/人)	资本金合计(万元)	资产总计(万元)	负债合计(万元)	利润总额(万元)	利税总额(万元)	工程质量优良品率(%)	产值利润率(%)	产值利税率(%)	资产负债率(%)
21 112	6 337	55 011	46 042	3	947	66.2	0.0	3.0	83.7
22 719	10 721	51 465	38 650	60	1 275	0.0	0.3	7.1	75.1
18 574	8 827	36 078	22 968	28	857	67.6	0.1	3.0	63.7
23 468	10 847	45 827	31 066	13	293	83.3	0.1	1.4	67.8
27 017	12 947	60 053	40 891	31	372	20.0	0.1	1.1	68.1
35 805	43 422	391 457	308 372	4 713	10 418	0.0	2.7	5.9	78.8
26 210	5 103	110 592	92 034	899	3 180	84.6	0.7	2.5	83.2
25 860	27 126	102 356	70 333	388	4 103	0.0	0.8	8.0	68.7
18 683	18 641	49 175	25 536	18	760	0.0	0.0	1.7	51.9
27 293	2 917	25 088	20 436	0	341	50.0	0.0	2.0	81.5
16 348	24 481	60 997	29 712	12	602	33.3	0.0	1.6	48.7
25 699	14 961	82 664	61 142	555	962	66.7	1.8	3.1	74.0
22 715	7 603	77 962	61 803	108	1 565	0.0	0.2	2.4	79.3
53 054	10 343	56 130	35 289	523	523	83.3	2.1	2.1	62.9
23 347	14 333	79 385	49 574	231	1 640	40.0	0.4	2.7	62.4
19 252	6 791	50 553	34 654	164	1 365	95.0	0.4	3.0	68.5
21 505	3 679	13 226	7 045	159	504	60.0	1.5	4.6	53.3
22 085	5 576	85 084	76 949	157	1 902	25.3	0.3	3.6	90.4
24 575	4 027	46 184	37 980	53	1 520	13.9	0.1	4.1	82.2
10 815	2 575	18 268	14 926	− 852	− 682	0.0	−13.1	−10.5	81.7
18 072	2 750	62 206	55 860	0	863	20.9	0.0	4.8	89.8
7 259	2 025	11 074	11 022	− 191	− 72	45.5	−5.1	−1.9	99.5
17 943	5 081	39 273	34 405	61	1 502	43.1	0.1	3.5	87.6
22 430	6 382	20 025	9 024	824	966	78.9	6.3	7.4	45.1
15 272	5 362	25 883	15 621	547	739	19.5	4.2	5.7	60.4
21 313	7 538	6 714	667	11	80	0.0	0.4	2.7	9.9
35 659	23 756	99 100	56 585	910	3 845	92.0	1.0	4.3	57.1
32 077	9 974	31 462	18 288	904	2 312	95.0	2.3	5.8	58.1
44 132	7 960	37 736	22 216	1 500	2 667	91.8	4.8	8.5	58.9

7-21 有关部门大中型建筑业企业

企业名称	平均人数（人）	建筑业总产值（万元）	竣工面积（平方米）	建筑业增加值（万元）	按总产值计算的劳动生产率（元/人）
中国石化第十建设公司	7 115	50 901	46 359	23 946	71 540
中国石化兰州化学工业公司化工建设公司	5 860	38 091	27 267	15 723	65 002
中国化学工程总公司					
中国化学工程重型机械化公司	1 103	7 814	0	3 745	70 843
中国化学工程第十二建设公司	5 435	31 348	3 700	14 453	57 678
中国化学工程第十三建设公司	6 014	32 112	250 463	15 163	53 395
中国化学工程第二建设公司	4 970	24 938	12 362	10 876	50 177
中国化学工程第四建设公司	4 701	27 825	0	10 545	59 190
中国化学工程第九建设公司	5 746	38 564	8 814	15 341	67 115
中国化学工程第十四建设公司	3 674	14 922	1 880	6 463	40 615
中国化学工程第三建设公司	7 883	81 368	46 020	32 861	103 220
中国化学工程第十一建设公司	6 212	36 469	8 343	14 212	58 707
中国化学工程第十六建设公司	3 234	16 888	21 554	5 785	52 220
中国化学工程第六建设公司	5 826	41 208	28 630	14 993	70 731
中国化学工程深圳公司	608	3 817	0	1 731	62 780
中国化学工程第七建设公司	5 243	22 105	7 609	11 568	42 161
中国机械工业安装总公司					
中国机械工业安装总公司	6 410	34 116	0	12 838	53 223
中国电子系统工程总公司					
中国电子系统工程第四建设公司	450	3 290	0	1 102	73 111
中国电子系统工程第二建设公司	635	5 066	0	1 927	79 780
中国电子系统工程第三建设公司	716	2 123	5 000	1 014	29 651
中国电子系统工程第一建设公司	638	2 857	0	1 540	44 781
林业部					
中国林业机械电力设备安装公司	3 218	9 860	0	4 569	30 640
大兴安岭塔河机械筑路工程公司	3 214	5 322	480 000	982	16 559
大兴安岭建筑工程公司	3 637	4 530	29 535	2 932	12 455
航天工业总公司					
北京航天建筑工程公司	3 664	27 191	146 758	11 142	74 211

主要经济技术指标完成情况(十四)

按增加值计算的劳动生产率(元/人)	资本金合计(万元)	资产总计(万元)	负债合计(万元)	利润总额(万元)	利税总额(万元)	工程质量优良品率(%)	产值利润率(%)	产值利税率(%)	资产负债率(%)
33 656	18 675	65 426	39 916	1 449	3 319	93.6	2.8	6.5	61.0
26 831	7 832	17 602	6 873	195	1 391	41.7	0.5	3.7	39.0
33 953	4 264	13 258	7 490	176	395	83.3	2.3	5.1	56.5
26 592	5 267	40 876	29 627	134	1 253	88.0	0.4	4.0	72.5
25 213	5 323	37 464	26 941	121	1 125	81.7	0.4	3.5	71.9
21 883	3 692	31 229	14 855	91	847	88.1	0.4	3.4	47.6
22 431	4 989	32 105	19 845	123	1 418	96.0	0.4	5.1	61.8
26 699	7 947	80 084	64 423	121	1 353	85.1	0.3	3.5	80.4
17 591	2 116	20 351	17 411	31	539	76.2	0.2	3.6	85.6
41 686	4 848	45 730	36 313	454	3 113	86.8	0.6	3.8	79.4
22 878	6 110	25 398	18 314	166	1 244	93.5	0.5	3.4	72.1
17 888	3 475	26 048	20 972	1	512	77.5	0.0	3.0	80.5
25 735	4 483	38 479	29 292	160	1 802	83.2	0.4	4.4	76.1
28 470	624	13 727	12 299	120	206	90.9	3.1	5.4	89.6
22 064	4 211	21 662	3 307	126	786	84.6	0.6	3.6	15.3
20 028	4 524	39 822	33 828	119	1 091	77.0	0.3	3.2	84.9
24 489	865	4 623	3 647	101	221	60.0	3.1	6.7	78.9
30 346	286	7 523	6 655	153	326	54.5	3.0	6.4	88.5
14 162	437	3 287	2 520	64	109	23.3	3.0	5.1	76.7
24 138	440	3 637	2 943	2	96	0.0	0.1	3.4	80.9
14 198	1 735	14 748	11 715	168	498	70.0	1.7	5.1	79.4
3 055	70 613	18 686	17 557	−3 262	−3 083	0.0	−61.3	−57.9	94.0
8 062	1 956	9 367	7 288	9	160	46.2	0.2	3.5	77.8
30 409	2 679	19 628	15 638	332	785	41.4	1.2	2.9	79.7

7-21 有关部门大中型建筑业企业

企业名称	平均人数（人）	建筑业总产值（万元）	竣工面积（平方米）	建筑业增加值（万元）	按总产值计算的劳动生产率（元/人）
河南航天建筑工程公司	0	2 205	48 563	940	0
湖北航天建筑工程公司	550	1 211	18 152	617	22 018
四川航天建筑工程公司	800	4 125	50 000	1 436	51 563
陕西航天建筑工程公司	3 688	11 149	127 030	4 516	30 230
铁道部					
铁道部哈尔滨铁路局齐齐哈尔工程总公司	3 954	24 320	95 085	8 055	61 507
铁道部哈尔滨铁路局哈尔滨工程总公司	3 253	20 637	112 725	9 137	63 440
铁道部哈尔滨铁路局齐齐哈尔分局工程公司	401	4 611	45 906	1 330	114 988
铁道部哈尔滨铁路局海拉尔分局工程段	121	1 805	14 900	209	149 174
铁道部哈尔滨铁路局加格达奇分局工程段	298	4 185	31 219	801	140 436
铁道部哈尔滨局铁路哈尔滨电务工程段	354	3 024	0	975	85 424
铁道部沈阳铁路局沈阳工程总公司	3 892	30 036	27 196	12 310	77 174
铁道部沈阳铁路局吉林工程总公司	4 184	20 853	92 301	8 397	49 840
铁道部沈阳铁路局锦州工程总公司	4 391	20 314	98 656	7 772	46 263
铁道部沈阳铁路局沈阳建筑工程段	699	6 860	32 248	2 152	98 140
铁道部沈阳铁路局本溪工程公司	296	1 540	0	501	52 027
铁道部沈阳铁路局丹东房建工程段	231	1 919	30 741	907	83 074
铁道部沈阳铁路局本溪房建工程段	294	1 619	22 673	731	55 068
铁道部沈阳铁路局大连工程公司	268	3 641	0	904	135 858
铁道部沈阳铁路局长春工程公司	321	1 816	1 351	824	56 573
铁道部沈阳铁路局长春房建工程段	480	2 803	49 850	909	58 396
铁道部沈阳铁路局通化工程段	716	3 589	0	1 338	50 126
铁道部沈阳铁路局通化建筑工程段	541	1 182	15 902	344	21 848
铁道部沈阳铁路局梅河建筑工程段	309	1 431	22 000	536	46 311
铁道部北京铁路局北京工程总公司	8 300	33 394	35 147	16 197	40 234
铁道部北京铁路局北京分局基建工程段	372	1 109	20 550	625	29 812
铁道部北京铁路局太原工程总公司	5 543	31 476	1 014	13 996	56 785
铁道部北京铁路局天津分局基建工程段	291	3 124	48 186	779	107 354
铁道部北京铁路局石家庄分局基建工程段	608	4 489	7 933	1 805	73 832
铁道部北京铁路局太原分局基建工程段	421	3 100	19 615	715	73 634
铁道部北京铁路局临汾分局基建工程段	206	2 944	28 212	417	142 913
铁道部呼和浩特铁路局工程处	4 882	20 668	28 954	7 774	42 335
铁道部郑州铁路局郑州工程总公司	5 050	27 167	52 902	12 356	53 796
铁道部郑州铁路局武汉工程总公司	3 415	16 151	15 757	5 918	47 294
铁道部郑州铁路局西安工程总公司	7 093	24 910	42 749	13 911	35 119
铁道部郑州铁路局洛阳工程公司	819	7 683	1 667	1 774	93 810

主要经济技术指标完成情况(十五)

按增加值计算的劳动生产率(元/人)	资本金合计(万元)	资产总计(万元)	负债合计(万元)	利润总额(万元)	利税总额(万元)	工程质量优良品率(%)	产值利润率(%)	产值利税率(%)	资产负债率(%)
0	1 539	2 617	325	2	76	33.3	0.1	3.4	12.4
11 218	475	1 470	1 064	−69	−27	0.0	−5.7	−2.2	72.4
17 950	955	3 829	3 079	16	29	30.8	0.4	0.7	80.4
12 245	594	6 235	4 449	107	487	59.7	1.0	4.4	71.4
20 372	6 379	28 617	20 383	156	922	100.0	0.6	3.8	71.2
28 088	6 574	29 164	21 021	7	701	84.8	0.0	3.4	72.1
33 167	779	3 372	2 438	31	183	100.0	0.7	4.0	72.3
17 273	270	552	523	−115	−55	25.0	−6.4	−3.0	94.7
26 879	320	2 184	1 864	0	137	41.7	0.0	3.3	85.3
27 542	714	5 405	3 167	19	47	100.0	0.6	1.6	58.6
31 629	6 697	34 953	28 395	74	1 002	92.6	0.2	3.3	81.2
20 069	1 733	16 666	14 323	67	750	84.6	0.3	3.6	85.9
17 700	2 045	17 748	15 432	71	607	81.1	0.3	3.0	87.0
30 787	1 516	5 410	3 521	103	293	50.0	1.5	4.3	65.1
16 926	228	1 441	1 244	−30	18	0.0	−1.9	1.2	86.3
39 264	150	1 205	897	10	44	91.7	0.5	2.3	74.4
24 864	273	1 325	963	6	7	50.0	0.4	0.4	72.7
33 731	226	2 342	2 064	5	120	100.0	0.1	3.3	88.1
25 670	300	1 588	1 208	37	128	66.7	2.0	7.0	76.1
18 938	109	798	644	18	110	22.2	0.6	3.9	80.7
18 687	353	1 745	1 717	30	174	100.0	0.8	4.8	98.4
6 359	519	612	251	−52	−15	37.5	−4.4	−1.3	41.0
17 346	159	465	360	−53	−5	28.6	−3.7	−0.3	77.4
19 514	10 290	53 572	35 654	84	1 006	90.3	0.3	3.0	66.6
16 801	341	1 180	772	2	46	100.0	0.2	4.1	65.4
25 250	6 392	36 819	27 387	66	988	90.4	0.2	3.1	74.4
26 770	523	1 064	702	1	2	57.1	0.0	0.1	66.0
29 688	476	1 555	862	49	83	48.0	1.1	1.8	55.4
16 983	480	2 968	2 403	1	4	33.3	0.0	0.1	81.0
20 243	245	1 210	855	1	80	50.0	0.0	2.7	70.7
15 924	7 765	25 176	14 030	−627	−566	95.3	−3.0	−2.7	55.7
24 467	6 903	39 011	30 433	10	457	100.0	0.0	1.7	78.0
17 329	4 490	21 925	18 637	−957	−579	87.5	−5.9	−3.6	85.0
19 612	8 989	46 889	33 485	7	893	98.9	0.0	3.6	71.4
21 661	570	3 135	2 332	0	144	70.5	0.0	1.9	74.4

7-21 有关部门大中型建筑业企业

企业名称	平均人数（人）	建筑业总产值（万元）	竣工面积（平方米）	建筑业增加值（万元）	按总产值计算的劳动生产率（元/人）
铁道部郑州铁路局襄樊工程公司	748	5 406	5 847	2 398	72 273
铁道部郑州铁路局安康工程公司	824	2 454	1 057	726	29 782
铁道部郑州铁路局洛阳分局洛阳线路工程段	511	5 085	4 606	1 209	99 511
铁道部郑州铁路局西安分局西安基建队	87	2 315	26 525	419	266 092
铁道部济南铁路局工程总公司	6 529	50 015	164 868	18 701	76 604
铁道部济南铁路局徐州分局工程段	240	1 327	20 416	250	55 292
铁道部上海铁路局上海工程总公司	6 691	56 232	62 447	21 672	84 041
铁道部上海铁路局福州工程总公司	3 496	37 600	44 432	11 948	107 551
铁道部上海铁路局蚌埠分局工程段	398	6 802	81 100	866	170 905
铁道部上海铁路局南京分局第二工程公司	278	1 283	1 988	414	46 151
铁道部上海铁路局南京分局第一工程公司	289	2 304	308	714	79 723
铁道部上海铁路局上海分局工程公司	172	1 869	7 124	365	108 663
铁道部上海铁路局杭州分局建筑工程公司	878	6 800	433 900	1 606	77 449
铁道部上海铁路局福州分局工程段	265	1 749	160	639	66 000
铁道部广铁(集团)公司广州铁路工程总公司	7 373	76 209	127 169	18 804	103 362
铁道部广铁(集团)公司羊城铁路建筑工程公司	870	2 609	19 656	1 674	29 989
铁道部广铁(集团)公司深圳土木工程公司	408	6 201	5 500	2 074	151 985
铁道部长沙铁路总公司衡阳建筑工程公司	467	3 400	22 449	712	72 805
铁道部柳州铁路局工程处	5 998	29 443	42 189	10 295	49 088
铁道部成都铁路局工程总公司	8 211	49 987	32 652	21 726	60 878
铁道部成都铁路局昆明工程总公司	3 997	23 518	28 094	9 704	58 839
铁道部兰州铁路工程总公司	5 650	41 747	108 906	21 366	73 888
铁道部乌鲁木齐铁路局工程处	2 665	11 721	17 436	5 546	43 981
铁道部南昌铁路局工程总公司	8 540	96 704	66 057	25 128	113 237
铁道部南昌铁路局南昌工程段	84	632	6 452	112	75 238
铁道部第一工程局	42 279	175 942	113 778	88 151	41 615
铁道部第二工程局	35 960	291 720	299 474	97 955	81 123
铁道部第三工程局	43 401	182 944	185 572	84 931	42 152
铁道部第四工程局	37 119	205 080	205 916	77 266	55 249
铁道部第五工程局	28 022	242 258	356 891	86 456	86 453
铁道部大桥工程局	21 563	114 751	9 375	48 818	53 217
铁道部建厂工程局	10 055	107 750	752 043	31 458	107 161
铁道部电气化工程局	14 916	97 474	27 388	44 718	65 349
铁道部隧道工程局	15 378	129 573	27 065	28 703	84 259
铁道部第十一工程局	12 027	159 709	43 838	48 916	132 792
铁道部第十二工程局	11 616	186 670	154 809	55 311	160 701
铁道部第十三工程局	9 612	135 055	266 900	57 862	140 507
铁道部第十四工程局	13 294	179 825	158 064	64 537	135 268
铁道部第十五工程局	12 574	142 278	84 990	46 800	113 153

主要经济技术指标完成情况(十六)

按增加值计算的劳动生产率(元/人)	资本金合计(万元)	资产总计(万元)	负债合计(万元)	利润总额(万元)	利税总额(万元)	工程质量优良品率(%)	产值利润率(%)	产值利税率(%)	资产负债率(%)
32 059	516	3 774	2 940	16	82	90.9	0.3	1.5	77.9
8 811	144	1 469	1 115	3	20	100.0	0.1	0.8	75.9
23 659	538	2 125	1 542	72	106	100.0	1.4	2.1	72.6
48 161	44	3 259	1 386	0	2	8.3	0.0	0.1	42.5
28 643	8 037	44 652	32 315	45	1 106	98.1	0.1	2.2	72.4
10 417	84	822	694	0	0	0.0	0.0	0.0	84.4
32 390	9 267	58 472	38 203	371	1 740	84.1	0.7	3.1	65.3
34 176	6 545	45 232	29 839	604	2 174	98.7	1.6	5.8	66.0
21 759	511	2 060	1 398	10	195	41.7	0.1	2.9	67.9
14 892	361	1 633	1 163	−88	−78	60.0	−6.9	−6.1	71.2
24 706	485	3 760	3 107	−3	32	50.0	−0.1	1.4	82.6
21 221	201	1 041	697	2	57	33.3	0.1	3.0	67.0
18 292	1 500	7 250	5 035	16	184	0.0	0.2	2.7	69.4
24 113	325	5 289	4 754	4	57	100.0	0.2	3.3	89.9
25 504	10 022	84 947	63 203	260	2 285	94.2	0.3	3.0	74.4
19 241	1 120	1 889	905	77	163	100.0	3.0	6.2	47.9
50 833	1 936	5 602	3 666	128	353	100.0	2.1	5.7	65.4
15 246	1 737	3 543	1 041	6	156	44.4	0.2	4.6	29.4
17 164	3 671	35 470	32 399	−1 682	−804	80.1	−5.7	−2.7	91.3
26 460	10 121	45 135	31 668	155	1 110	79.8	0.3	2.2	70.2
24 278	5 882	27 379	19 807	163	493	89.4	0.7	2.1	72.3
37 816	7 074	70 197	62 370	13	830	90.0	0.0	2.0	88.8
20 811	2 954	21 884	18 365	6	334	20.0	0.1	2.8	83.9
29 424	8 691	66 575	48 061	317	3 131	98.8	0.3	3.2	72.2
13 333	91	444	510	−2	19	100.0	−0.3	3.0	114.9
20 850	52 512	293 876	210 622	128	3 988	90.0	0.1	2.3	71.7
27 240	33 542	364 707	285 984	220	6 669	90.7	0.1	2.3	78.4
19 569	44 950	323 411	249 427	78	4 400	82.9	0.0	2.4	77.1
20 816	29 612	273 508	229 851	91	4 524	87.3	0.0	2.2	84.0
30 853	20 464	251 720	213 035	123	4 397	87.1	0.1	1.8	84.6
22 640	33 017	224 676	169 143	108	3 492	100.0	0.1	3.0	75.3
31 286	9 899	125 887	113 325	82	3 671	52.2	0.1	3.4	90.0
29 980	26 148	148 546	106 857	189	2 493	99.6	0.2	2.6	71.9
18 665	18 888	131 260	105 963	76	2 615	91.1	0.1	2.0	80.7
40 672	16 392	154 684	131 895	172	3 253	44.2	0.1	2.0	85.3
47 616	20 784	216 142	175 304	205	4 824	93.4	0.1	2.6	81.1
60 198	15 665	151 820	122 467	301	4 625	91.5	0.2	3.4	80.7
48 546	18 128	218 189	185 751	369	5 627	92.0	0.2	3.1	85.1
37 220	10 068	167 520	148 488	231	3 817	85.4	0.2	2.7	88.6

7-21 有关部门大中型建筑业企业

企业名称	平均人数（人）	建筑业总产值（万元）	竣工面积（平方米）	建筑业增加值（万元）	按总产值计算的劳动生产率（元/人）
铁道部第十六工程局	12 401	172 646	205 432	48 931	139 219
铁道部第十七工程局	11 267	174 147	397 853	47 153	154 564
铁道部第十八工程局	11 784	230 743	296 447	84 036	195 810
铁道部第十九工程局	10 496	149 675	127 876	47 037	142 602
铁道部第二十工程局	13 010	82 618	106 123	20 421	63 503
铁道部北京中铁建筑工程公司	2 978	73 674	172 359	24 334	247 394
铁道部北京铁城工程公司	416	12 374	9 720	3 309	297 452
铁道部通信信号总公司天津工程公司	838	4 967	0	2 537	59 272
铁道部通信信号总公司上海工程公司	848	7 526	0	4 137	88 750
铁道部通信信号总公司济南工程公司	523	4 031	0	1 888	77 075
铁道部通信信号总公司北京工程部	202	895	0	509	44 307
中国公路桥梁建设总公司					
北京市中交建筑安装工程公司	469	1 957	6 592	1 182	41 727
交通部第一公路工程总公司	9 024	112 584	11 522	35 272	124 761
交通部第二公路工程局	8 163	75 518	0	19 144	92 513
中国港湾建设总公司					
第一航务工程局	17 440	153 407	71 831	55 832	87 963
交通部天津航道局	4 897	31 453	0	18 846	64 229
上海航道局	6 051	34 013	0	25 876	56 211
交通部第三航务工程局	17 677	181 797	323	59 958	102 844
交通部第二航务工程局	12 227	100 369	699	32 402	82 088
交通部第四航务工程局	7 936	72 968	38 900	29 485	91 946
交通部广州航道局	4 655	40 029	0	28 687	85 991
中国通信建设总公司					
中国通信建设第一工程局	2 017	11 287	0	4 068	55 959
中国通信建设第二工程局	1 687	11 392	0	5 115	67 528
中国通信建设第三工程局	3 193	21 000	0	7 806	65 769
中国通信建设第四工程局	2 790	16 579	0	5 579	59 423
中国通信建设第五工程局	911	4 903	0	1 742	53 820
中国通信建设北京工程局	791	7 128	0	2 299	90 114
中国水产广州建港工程公司	1 670	11 699	0	4 749	70 054
北京中广广播电视工程安装公司	196	688	0	394	35 102
中国建筑材料工业建设总公司	7 672	45 628	0	25 808	59 473
中国轻工业安装工程公司	1 170	10 347	4 500	2 592	88 436

主要经济技术指标完成情况(十七)

按增加值计算的劳动生产率(元/人)	资本金合计(万元)	资产总计(万元)	负债合计(万元)	利润总额(万元)	利税总额(万元)	工程质量优良品率(%)	产值利润率(%)	产值利税率(%)	资产负债率(%)
39 457	14 853	189 759	162 659	307	4 593	81.0	0.2	2.7	85.7
41 851	18 915	196 722	168 693	236	5 088	63.0	0.1	2.9	85.8
71 314	25 775	235 668	216 986	288	6 831	70.0	0.1	3.0	92.1
44 814	13 024	142 825	119 011	381	4 725	52.0	0.3	3.2	83.3
15 696	10 260	88 396	72 773	15	2 478	82.6	0.0	3.0	82.3
81 713	3 353	78 318	73 306	260	2 413	63.6	0.4	3.3	93.6
79 543	289	11 972	11 475	50	401	100.0	0.4	3.2	95.8
30 274	2 389	9 263	5 452	143	307	0.0	2.9	6.2	58.9
48 785	2 735	31 952	27 096	161	413	100.0	2.1	5.5	84.8
36 099	893	9 186	7 475	86	256	100.0	2.1	6.4	81.4
25 198	749	2 057	925	19	48	100.0	2.1	5.4	45.0
25 203	895	5 699	4 494	22	92	50.0	1.1	4.7	78.9
39 087	11 729	121 340	101 139	1 069	4 685	90.0	0.9	4.2	83.4
23 452	16 294	104 238	77 326	810	2 251	100.0	1.1	3.0	74.2
32 014	51 289	168 633	108 786	1 058	6 076	97.9	0.7	4.0	64.5
38 485	28 949	102 988	56 679	183	1 434	81.8	0.6	4.6	55.0
42 763	47 414	150 940	96 560	641	1 379	71.7	1.9	4.1	64.0
33 919	44 129	279 423	188 792	2 350	8 211	96.2	1.3	4.5	67.6
26 500	15 072	135 092	98 011	894	3 517	87.9	0.9	3.5	72.6
37 153	19 791	141 488	79 588	818	3 233	77.6	1.1	4.4	56.3
61 626	2 424	145 859	76 392	1 561	2 277	90.9	3.9	5.7	52.4
20 169	1 550	6 436	2 976	193	424	100.0	1.7	3.8	46.2
30 320	3 118	11 202	5 015	381	512	100.0	3.3	4.5	44.8
24 447	2 165	14 231	10 043	475	939	100.0	2.3	4.5	70.6
19 996	1 852	7 795	3 924	226	388	95.3	1.4	2.3	50.3
19 122	816	2 542	1 014	61	172	95.8	1.2	3.5	39.9
29 064	1 570	4 081	1 038	180	221	100.0	2.5	3.1	25.4
28 437	4 626	12 126	7 500	5	417	100.0	0.0	3.6	61.9
20 102	234	1 219	849	11	36	0.0	1.6	5.2	69.6
33 639	11 385	70 677	47 015	2 306	5 255	98.3	5.1	11.5	66.5
22 154	3 375	17 124	13 750	157	764	57.6	1.5	7.4	80.3

附:主要统计指标解释

1. 经济类型:为科学统一地划分国民经济中的各种经济类型,规范统计口径,以便正确反映和研究所有制结构以及经济类型的变化,为宏观决策、管理和业务管理提供依据,国家统计局、 国家工商行政管理局共同制定了《关于经济类型划分的暂行规定》。该规定以生产资料的所有制性质和国家有关法规作为划分经济类型的依据;以在工商行政管理机关登记注册企业,个体工商户和个人合伙,以及其它经济组织为划分对象,将经济类型分为以下几种:

(1)国有经济:是指生产资料归国家所有的一种经济类型,是社会主义公有制经济类型的重要组成部分。

(2)集体经济:是指生产资料归公民集体所有的一种经济类型,是社会主义公有制经济的组成部分。

(3)私营经济:是指生产资料归公民私人所有、以雇佣劳动为基础的一种经济类型,包括私营独资企业、私营合伙企业和私营有限责任公司。

(4)个体经济:是指生产资料归劳动者个人所有,以个体劳动为基础,劳动成果归劳动者个人占有和支配的一种经济类型,包括个体工商户、个人合伙。

(5)联营经济:是指不同所有制性质的企业之间或者企业、事业单位之间共同投资组成新的经济实体的一种经济类型,只包括具备法人条件的紧密型联合企业。

(6)股份制经济:是指全部注册资本由全体股东共同出资,并以股份形式投资举办企业而形成的一种经济类型,包括股份有限公司和有限责任公司。

(7)外商投资经济:是指外国投资者根据中华人民共和国有关涉外经济的法律、法规,以合资、合作或独资的形式在中国大陆境内开办企业而形成的一种经济类型,包括中外合资经营企业、中外合作经营企业和外资企业三种形式。

(8)港、澳、台投资经济:是指港、澳、台地区投资者参照中华人民共和国有关涉外经济的法律、法规,以合资、合作或独资的形式在大陆举办企业而形成的一种经济类型,包括合资经营企业、合作经营企业和独资企业三种形式。

(9)其它经济:是指上述8种经济类型以外的其它经济类型。

2. 资质等级:为适应社会主义市场经济的要求,维护建筑市场的正常秩序,保障建筑业企业依法进行工程建设施工承包与经营活动,建设部制定了《建筑业企业资质管理规定》(试行),即建建〔1995〕666号文。 该规定规定,凡从事土木建筑工程,线路、管道及设备安装工程,装修装饰工程等新建、扩建、改建活动的建筑业企业,根据其人员素质、管理水平、资金数量、承包能力、技术装备和建设业绩进行综合评价划分等级。建筑业企业资质等级分为一、二、三、四级。

3. 建筑业总产值:建筑业总产值是指建筑业企业在一定时期内生产的以货币表现的建筑业产品的总和。它是反映建筑业生产规模、发展速度的重要指标,也是用以计算建筑业经济效益、劳动生产率和建筑业在国民经济中所占比重的依据。在分析和研究建筑业的现状和今后发展趋势时,在为国家制定方针、政策和计划时,以及在衡量判断建筑业企业的工作成就和存在问题时都离不开建筑业总产值指标。 建国以来,建筑业总产值经历了几次较大的变动,经1993年修改,建筑业总产值的口径范围已与建筑业企业自行完成的施工产值的口径范围完全一致,即建筑业总产值等于其自行完成的施工产值。建筑业总产值主要包括以下四部分:

(1)建筑工程产值:指列入工程预算内的各种工程价值,如各种房屋、设备基础、为施工而进行的建筑场地布置以及矿井的开凿、水利工程、防空等特殊工程。

(2)设备安装工程产值:指设备安装工程价值,不包括设备本身价值。

(3)房屋构筑物修理产值: 指对房屋和构筑物修理所完成的产值。但不包括房屋和构筑物本身的价值。

(4)非标准设备制造产值:指加工制造没有定型的非标准生产设备的加工费和原材料价值,以及附属加工厂为本企业承建工程制作的非标准设备的价值。

4. 建筑业增加值:是指建筑业企业在报告期内,以货币表现的建筑业生产经营活动的最终成果。建筑业增加值有两种计算方法:一是生产法,即建筑业总产出减去建筑业中间消耗后的余额;二是分配法,即从收入的角度出发,根据生产要素在生产过程中应得到的收入份额计算 。目前建筑业增加值的计算方法是采用分配法计算的,具体包括如下内容:

(1)固定资产折旧：指固定资产在使用过程中，通过逐渐损耗(包括有形和 无形损耗)而转移到产品成本的那部分价值，即为补偿生产中所耗用的固定资产而提取的价值。固定资产折旧是指按规定比率提取的基本折旧费。

(2)劳动者报酬：指劳动者从事生产活动而从生产单位得到的各种形式的报酬，包括三种基本形式：一是货币工资及收入；二是实物工资；三是由企业为劳动者个人支付的社会保险。

(3)生产税净额：指企业向政府缴纳的生产税与政府向企业支付的生产补贴相抵后的差额，由于建筑业企业没有生产补贴及相应的会计科目，因此，建筑业增加值中的生产税净额就等于生产税，即：包括工程结算税金及附加和管理费用中的税金。

(4)营业盈余：指社会总产品扣除中间投入、固定资产折旧、劳动者报酬、生产税净额后的剩余部分，本项可根据会计资料中的利润和其它项目加以调整计算。计算公式为：

$$\text{建筑业增加值} = \text{本年提取的固定资产折旧} + \text{从业人员报酬} + \text{本年应付福利费} + \text{工程结算税金及附加} + \text{工程结算利润}$$

5. 从业人员：是指建筑业企业报告期实有的与建筑业生产活动有关的全部从业人员。参加本企业建筑活动的非本企业人员，如外单位借入人员、民工、从事建筑业生产的个体劳动者等均应包括在建筑业从业人数中。但不包括企业内部从事社会性服务机构人员和所从事的工作与本企业建筑业生产活动无关的人员。

6. 劳动生产率：是指建筑业劳动者在报告期内生产出建筑业产品的效率。它以建筑产品产量或价值和其相适应的劳动消耗量的比值来表示，是考核建筑业企业生产效率的提高和劳动节约情况的重要指标。在投入劳动力相同的情况下，企业创造的价值越多，劳动生产率越高；反之则低。

(1)按建筑业总产值计算的劳动生产率：即平均每个从事建筑业生产活动的人员完成的建筑业总产值，计算公式为：

$$\text{按建筑业总产值计算的劳动生产率} = \frac{\text{建筑业总产值}}{\text{计算建筑业劳动生产率的平均人数}}$$

(2)按建筑业增加值计算的劳动生产率：即平均每个从事建筑业生产活动的人员完成的建筑业增加值，计算公式为：

$$\text{按建筑业增加值计算的劳动生产率} = \frac{\text{建筑业总产值}}{\text{计算建筑业劳动生产率的平均人数}}$$

7. 工程质量优良品率：是指以竣工的单位工程个数或房屋建筑面积作为观察对象，用以衡量经过验收的已经竣工工程或面积达到优良标准的比率。比率愈大，企业竣工工程质量状况愈好。计算公式为：

$$\text{工程质量优良品率} = \frac{\text{验收鉴定被评为优良品的单位工程个数或房屋建筑竣工面积}}{\text{全部验收鉴定的单位工程个数或房屋建筑竣工面积}} \times 100\%$$

8. 房屋建筑竣工面积：是指报告期内，房屋建筑按照设计要求，已全部完工并达到了使用条件，经检查、验收鉴定合格后，才能计入竣工面积。

9. 工程结算收入：是指本企业承包工程实现的工程价款结算收入以及向发包单位收取的除工程价款以外按规定列作营业收入的各种款项，如临时设施费、劳动保险费、施工机械迁移费等。

10. 利润总额：是指建筑业企业全年实现的利润。亏损以"－"号表示，本项根据"损益表"中的"利润总额"项的本年累计数填列。主要包括：工程结算利润、其它业务利润、投资净收益、营业外收支净额，再扣除管理费用、财务费用和工资含量包干节余等。

11. 利税总额：是指建筑业企业的实现利润与上缴税金(利前税)之和，包括利润总额、工程结算税金及附加，管理费用中的税金。计算公式为：

$$\text{利税总额} = \text{利润总额} + \text{工程结算税金及附加} + \text{管理费用中的税金}$$

12. 资本金合计：资本金是指建筑业企业在工商行政管理部门登记的注册资金。

企业筹集的资本金按其投资主体，一般分为国家资本金、法人资本金、个人资本金以及外商资本金等。

资本金的本年实际数，根据企业在工商行政管理部门的注册资金登记数或者会计师事务所出具的验资报告中的数据填列。当企业增加或减少注册资本金时,应按企业资本金变更登记后的数字填列。

13. 资产总计:是指企业拥有和控制的能以货币计量的经济资源,包括各种财产、债权和其它权利。建筑业企业的资产按其活动性分为:流动资产、长期投资、固定资产、专项工程、无形递延资产和其它资产。

14. 负债合计:是指企业所承担的能以货币计量、将以资产或劳务偿付的债务。、负债一般按其偿还期长短分为流动负债和长期负债。

流动负债是指将在一年或超过一年营业周期内偿还的债务。包括短期借款、各种应付票据、应付帐款、预付帐款、应付工资、应交利税及预提费用等。流动负债为期末数。

长期负债是指偿还期在一年或超过一年的一个营业周期以上的债务。它是除了投资人投入企业的资本以外,企业向债权人筹集,可供企业长期使用的资金。长期负债为期末数。

15. 资产负债率:资产负债率是反映企业全部资产总额中,借用外部资金所占份额的指标。

$$资产负债率 = \frac{负债合计}{资产总计} \times 100\%$$

16. 年末自有机械设备总台数:是指归本企业(或单位)所有,属于本企业(或单位)固定资产的生产性机械设备年末总台数。包括施工机械、生产设备、运输设备及其它设备。

17. 年末自有机械设备总功率:是指本企业 (或单位)自有施工机械、生产设备、运输设备以及其它设备等列为在册固定资产的生产性机械设备年末总功率,按设计能力或查定能力计算。包括机械本身的动力和为该机械服务的单独动力设备,如电动机等。但电焊机、变压器、锅炉不计算动力。计量单位为千瓦。